böhlau

Schriftenreihe des Forschungsinstitutes für politisch-historische Studien
der Dr.-Wilfried-Haslauer-Bibliothek, Salzburg

Herausgegeben von Robert Kriechbaumer · Franz Schausberger · Hubert Weinberger

Band 71

Dr.-Wilfried-
Haslauer-
Bibliothek

Martin Dolezal · Peter Grand · Berthold Molden
David Schriffl

Sehnsucht nach dem starken Mann?

Autoritäre Tendenzen in Österreich seit 1945

Böhlau Verlag Wien · Köln · Weimar

Veröffentlicht mit der Unterstützung durch:
Zukunftsfonds der Republik Österreich
Amt der Salzburger Landesregierung

Bibliografische Information der Deutschen Nationalbibliothek:
Die Deutsche Nationalbibliothek verzeichnet diese Publikation in der Deutschen Nationalbibliografie; detaillierte bibliografische Daten sind im Internet über http://dnb.d-nb.de abrufbar.

Korrektorat: Patricia Simon, Langerwehe
Einbandgestaltung: Michael Haderer, Wien
Satz: Michael Rauscher, Wien
Druck und Bindung: Hubert & Co., Göttingen
Gedruckt auf chlor- und säurefrei gebleichtem Papier
Printed in the EU

Vandenhoeck & Ruprecht Verlage | www.vandenhoeck-ruprecht-verlage.com

ISBN 978-3-205-23195-0

Inhaltsverzeichnis

Vorwort

Das vorliegende Buch ist das Ergebnis eines Forschungsprojekts zu autoritären Tendenzen in der Zweiten Republik. Unser Ziel war es, mithilfe unterschiedlicher Herangehensweisen der Frage nachzugehen, wie bedeutend autoritäre Tendenzen im Zeitverlauf tatsächlich waren und in welchen politischen und gesellschaftlichen Bereichen sie aufkamen. Um dieses vielschichtige Phänomen untersuchen zu können, widmen sich die Autoren in ihren Kapiteln den Einstellungen der Bevölkerung, der Programmatik der politischen Parteien, den medialen Diskursen in Zeitungskommentaren und der Wahrnehmung zentraler Ereignisse der österreichischen Nachkriegspolitik durch das westliche Ausland.

Unser Dank gilt zunächst Univ.-Prof. Dr. Manfried Rauchensteiner, der die ersten Ideen für ein solches Forschungsprojekt formulierte, und Prof. Dr. Michael Dippelreiter, der den Kontakt mit den späteren Autoren herstellte. Die Finanzierung des Projekts erfolgte über den Zukunftsfonds der Republik Österreich (*Projekt P15-2152*). Als Projektträgerin fungierte die Dr. Wilfried-Haslauer-Bibliothek in Salzburg. Deren wissenschaftlichem Leiter, Univ.-Prof. Mag. Dr. Robert Kriechbaumer, danken wir für die Koordinierung des Projekts und der abschließenden Publikation.

Die einzelnen Kapitel beruhen auf umfangreichen und sehr unterschiedlichen Datenquellen, für deren Sammlung beziehungsweise Verwendung wir mehreren Personen und Institutionen zu Dank verpflichtet sind:

Für das Kapitel über die Einstellungen der Bevölkerung konnte Peter Grand neben allgemein zugänglichen Umfragedaten der Meinungsforschung auch auf Datensätze des in Wien ansässigen SORA-Instituts zurückgreifen. Diese wurden dankenswerter Weise von Mag.[a] Martina Zandonella und Günther Ogris, MA zur Verfügung gestellt.

Die von Martin Dolezal erstellten Analysen der programmatischen Entwicklung der Parteien beruhen vor allem auf den im Rahmen der österreichischen nationalen Wahlstudie AUTNES (*Austrian National Election Study*) erstellten Inhaltsanalysen von Wahlprogrammen. Für die Verwendung der größtenteils noch nicht veröffentlichten Daten danken wir dem Leiter von AUTNES, Univ.-Prof. Dr. Wolfgang C. Müller (Universität Wien, Institut für Staatswissenschaft).

Die umfangreiche Archivrecherche für die medienhistorische Untersuchung von Berthold Molden wäre ohne die Unterstützung durch Mag. Monika Pfundner nicht möglich gewesen. Sie sichtete die ausgewählten Zeitungsbestände in der Österreichischen Nationalbibliothek und scannte jene Artikel, die für diese Untersuchung herangezogen wurden.

Die von David Schriffl analysierte Außensicht auf die österreichische Nachkriegspolitik beruht auf umfangreichen Aktenstudien. Hier gebührt Dr. David Fort, Deputy Director der FOIA/MDR Division von der National Archives and Records Administration in Washington/College Park (USA), besonderer Dank für die freundliche Unterstützung und schnelle De-Klassifizierung bisher unzugänglicher Dokumente.

Martin Dolezal, Peter Grand, Berthold Molden und David Schriffl
Wien, im Frühjahr 2019

Einleitung

Stehen wir am Beginn eines neuen autoritären Zeitalters? Sind die politischen und gesellschaftlichen Errungenschaften der vergangenen Jahrzehnte wie die Etablierung liberaler Demokratien in weiten Teilen Europas, die Öffnung von Grenzen zumindest innerhalb der EU, die Gleichberechtigung von Frauen und Männern sowie die Akzeptanz kultureller Diversität bedroht? Schon ein kursorischer Blick auf den aktuellen Buchmarkt, auf reflexive Beiträge in Tageszeitungen und Magazinen und nicht zuletzt auf die teils heftigen Auseinandersetzungen in sozialen Medien lässt erahnen, wie relevant diese Fragen und wie unterschiedlich die dabei geäußerten Sichtweisen sind. Das vorliegende Buch knüpft an diese Debatte an und untersucht anhand ausgewählter Aspekte das Ausmaß und den Charakter autoritärer Tendenzen seit dem Beginn der Zweiten Republik.

Die Bedrohung des liberalen Demokratiemodells durch autoritäre Tendenzen zeigt sich gegenwärtig in vielen Ländern. In den allermeisten Fällen sind es »starke Männer« an der Staatsspitze, die seit einigen Jahren diese Entwicklung in Richtung eines neuen Autoritarismus verkörpern[1]: In Ungarn präsentierte Ministerpräsident Viktor Orbán im Rahmen einer 2014 gehaltenen programmatischen Rede sein Prinzip der »illiberalen Demokratie« als Leitidee für die umfassende Neugestaltung des Staates.[2] Gegnerinnen und Gegner dieses Modells wie der Finanzinvestor und Philanthrop George Soros, regierungskritische Medien oder im Asylbereich tätige NGOs werden bei ihren Aktivitäten durch repressive Maßnahmen des Staates zunehmend bedrängt. Polens geplante Justizreform stellt eine »schwerwiegende Verletzung« der demokratischen Werte der EU dar, weshalb die Kommission im Dezember 2017 erstmals ein Verfahren im Rahmen des Artikels 7 des EU-Vertrags gegen ein Mitgliedsland eröffnete. Aus einem ehemaligen »Musterknaben« der postkommunistischen Übergangsphase ist seit der Machtübernahme durch Jarosław Kaczyńskis PiS-Partei ein europäisches »Problemkind« geworden, schreibt das briti-

---

1 »Sehnsucht nach dem starken Mann. Herrscher wie Putin, Trump, Xi und Erdoğan verändern die Welt«, *Der Spiegel*, 9. Juni 2018, 10 ff. Am 16. Juni 2018 titelte der britische *The Economist* mit »How strongmen subvert democracy« [Wie starke Männer die Demokratie untergraben] und zeigte Viktor Orbán (Ungarn), Recep Tayyip Erdoğan (Türkei), Rodrigo Duterte (Philippinen) und Wladimir Putin (Russland) auf seinem Cover.

2 Die Webseite der ungarischen Regierung enthält eine englischsprachige Version dieser Rede: Zugriff am 14.06.2018. http://www.kormany.hu/en/the-prime-minister/the-prime-minister-s-speeches/prime-minister-viktor-orban-s-speech-at-the-25th-balvanyos-summer-free-university-and-student-camp.

sche Nachrichtenmagazin *The Economist*.[3] Die Türkei verabschiedete sich spätestens seit dem im Juli 2016 gescheiterten Putschversuch gegen Präsident Recep Tayyip Erdoğan endgültig von ihrem Reformkurs und orientiert sich nun zunehmend an einem religiös-nationalistischen Politikmodell.[4] Im Juni 2018 wurde dieser Kurs von den Wählerinnen und Wählern in der Türkei mehrheitlich unterstützt, von den in Österreich ansässigen Wahlberechtigten sogar mit einer überwältigenden Mehrheit.[5] Und selbst in den USA wird seit der lange Zeit für schier unmöglich gehaltenen Wahl Donald Trumps zum Präsidenten über eine fundamentale Bedrohung der amerikanischen Demokratie diskutiert.[6]

Vor allem zwei Entwicklungen gefährden, so eine weitverbreitete Einschätzung, das liberale Demokratiemodell: die Bedrohung durch den Terrorismus und die Herausforderungen durch die Migration. Vor einem »neuen Autoritarismus« als direkte Reaktion auf die Bedrohung der westlichen Demokratien durch den islamistischen Terrorismus warnte bereits der 2009 verstorbene deutsch-britische Soziologe und frühere EU-Kommissar Ralf Dahrendorf.[7] Maßnahmen der Sicherheitsbehörden im Anschluss an die Attacken des 11. Septembers 2001, etwa der USA Patriot Act oder die Errichtung geheimer Gefängnisse, wären, so Dahrendorf, in freien Ländern bis dahin nicht möglich gewesen. Ein anderes Schlüsselereignis stellt ohne Zweifel die Flüchtlingskrise von 2015/16 dar, die in den am meisten betroffenen mitteleuropäischen Ländern als staatlicher »Kontrollverlust«[8] erlebt wurde. In vielen Ländern dominiert das Thema Migration seit damals die politische Debatte und spätestens, seitdem – männliche – Migranten nicht nur als Konkurrenz am Arbeitsmarkt, sondern im Anschluss an die Kölner Silvesternacht 2015/16 auch als Gefahr für die öffentliche Sicherheit gesehen werden, finden restriktive Forderungen immer mehr Akzeptanz. Das Migrationsthema beeinflusst zunehmend das Stimmverhalten bei Wahlen und in weiterer Folge auch die Zusammensetzung von Regierungen, bei denen in den letzten Jahren ein deutlicher Schwenk zu rechten und populistischen Strömungen erkennbar ist.

---

3 »Change of state. Poland under PiS«, *The Economist*, 21. April 2018, 23.

4 Steven A. Cook, »No, Erdoğan was not an authoritarian all along«, *The Washington Post*, 20. April 2017.

5 »Die grenzenlose Liebe zu Erdoğan«, *Die Presse*, 26. Juni 2018, 1.

6 Steven Levitsky und Daniel Ziblatt, *How Democracies Die. What History Reveals About our Future* (New York: Penguin, 2018); Cass R. Sunstein, Hg., *Can It Happen Here? Authoritarianism in America* (New York: Harper Collins Publishers, 2018).

7 Ralf Dahrendorf, »9/11 and the New Authoritarianism«, *Times of Malta*, 11. September 2006. Zugriff am 14.06.2018. https://www.timesofmalta.com/articles/view/20060911/opinion/9-11-and-the-new-authori tarianism.41739 [Project Syndicate].

8 Christian Ultsch, Thomas Prior und Rainer Nowak, *Flucht. Wie der Staat die Kontrolle verlor* (Wien: Molden, 2017).

Auch in Österreich wird eine intensive Debatte über den möglichen Aufstieg eines neuen Autoritarismus geführt. Der Wahlforscher Christoph Hofinger sieht in seinen Umfragedaten eine wachsende Sehnsucht nach einem »starken Mann« und warnt vor dem »stärksten demokratischen Erosionsprozess seit den 30er-Jahren«.[9] Für den Historiker Oliver Rathkolb befindet sich Europa aufgrund des Aufstiegs populistischer, rechtsextremer und rassistischer Parteien sogar an der Schwelle zu einem autoritären Zeitalter.[10] Auch die starke Zunahme der ausländischen Bevölkerung seit den 1980er-Jahren birgt in diesem Zusammenhang ein Konfliktpotenzial, da es zu einer Konfrontation mit bereits überwunden geglaubten Werthaltungen kommen kann: Viele Beobachterinnen und Beobachter warnen vor einer Rückkehr traditioneller Wertvorstellungen, nicht zuletzt im Bereich der Geschlechterverhältnisse, und vor allem vor einem neuen Antisemitismus als Folge der Zuwanderung aus muslimisch geprägten Ländern. Für Hans Rauscher, Kommentator im *Standard*, ist dieser »neue muslimische Antisemitismus« ähnlich gefährlich wie der »alte deutsche, österreichische, rechte Antisemitismus«.[11]

Einen spezifischen Referenzpunkt für die Debatte über einen neuen Autoritarismus enthielt auch das Gedenkjahr 2018. Zwar lag dessen Fokus in erster Linie auf dem 100-jährigen Jubiläum der Republikgründung, doch gab auch ein nur halb so lang zurückliegendes Epochenjahr Anlass für Debatten: 1968. Journalistische Erinnerungsbeiträge, die nicht selten auch autobiografische Züge enthielten, zeichneten ein meist positives Bild der damaligen Ereignisse, vor allem aber der längerfristigen gesellschaftlichen Nachwirkungen, die vormals autoritäre Strukturen etwa im familiären Bereich oder an den Universitäten sukzessive verdrängten.[12] Tatsächlich beobachten wir in den vergangenen Jahrzehnten gerade bei gesellschaftspolitischen Streitfragen zunehmend tolerante, antiautoritäre Einstellungen, die zuvor kaum möglich schienen. Nicht zuletzt im Bereich der Populärkultur fand diese Entwicklung mit Conchita Wursts Sieg beim Eurovision Song Contest 2014 einen symbolträchtigen (vorläufigen?) Höhepunkt, da der Auftritt auch als Sieg der Selbstbestimmung über gesellschaftliche Konventionen interpretiert wurde.[13]

Gleichzeitig wurde im Rahmen der Erinnerung an 1968 betont, dass die Dramatik der damaligen Ereignisse, gerade im Vergleich zu Frankreich oder Deutschland, in Österreich vergleichsweise gering ausgefallen war. Es ist kein Zufall, dass Fritz Kellers Buch über 1968 in Österreich den relativierenden Untertitel »Eine heiße

9 »Die wachsende Sehnsucht nach dem starken Mann«, *Falter*, Nr. 37/2016, 16.

10 »Das Zeitalter des Autoritären«, *Falter*, Nr. 44/2017, 12.

11 Hans Rauscher, »Alte rechte und neue islamische Antisemiten«, *Der Standard*, 27. April 2018, 47.

12 Herbert Lackner, »Barbarische Exzesse«, *Profil*, 22. Jänner 2018, 28–31.

13 »Eine mächtige Symbolfigur«, *Die Presse*, 27. Dezember 2014, 26.

Viertelstunde« trägt.[14] Insgesamt waren es auch weniger die bei Massenprotesten oder wilden Streiks artikulierten Forderungen der 68er, die in bleibender Erinnerung geblieben sind, als etwa das als »Uniferkelei« bekannt gewordene Happening »Kunst und Revolution« des Wiener Aktionismus.[15] Inwieweit tatsächlich von einem umfassenden »Aufbruch« oder gar einem »Scheitern« der 68er in Österreich gesprochen werden kann, bleibt daher offen.[16]

Das Gedenkjahr bot aber nicht nur die Chance zur nüchternen oder nostalgischen Rückerinnerung an 1968 und zur Verteidigung der als gesellschaftlicher Fortschritt gesehenen Veränderungen. Das Jubiläum bot auch die Möglichkeit zur radikalen Abgrenzung, das heißt zur Ablehnung des mit dem Epochenjahr 1968 verbundenen antiautoritären Wertewandels. Innenminister Herbert Kickl, vor der Bildung der ÖVP-FPÖ-Koalition im Dezember 2017 lange Jahre Generalsekretär und programmatischer Vordenker der FPÖ, äußerte sich in diesem Zusammenhang sehr direkt:

> Das Projekt der 68er ist gescheitert. Wir erleben jetzt, nicht nur in Österreich, eine Gegenbewegung. Und das ist auch gut so. Für mich kommt es zu einer Rückkehr zur Normalität. Die 68er versuchten im Namen des Fortschritts zerstörerisch zu wirken. Wenn ich nur an das Aushöhlen der staatlichen Identität oder der Identität des Familienverbundes denke. Diese Regierung steht für einen offensiven Gegenentwurf. Die Thesen der 68er haben sich als falsch herausgestellt. Das Bedürfnis nach Orientierung, Geborgenheit und Heimat wird von uns wieder in ein positives Licht gerückt.[17]

Dimensionen des Autoritarismus

Der kurze Streifzug durch aktuelle politische Entwicklungen und die österreichische Debatte über den Umgang mit dem Erbe von 1968 zeigen, wie unterschiedlich die mit Autoritarismus verbundenen Phänomene sind, aber auch wie verschieden die dabei geäußerten Sichtweisen ausfallen. Diese Vielgestaltigkeit zeigt sich nicht nur in der politischen und gesellschaftlichen Debatte. Auch in der wissenschaftlichen Literatur bestehen unterschiedliche Vorstellungen darüber, welche Phänomene als »autoritär« bezeichnet werden können und was in weiterer Folge unter »Autoritarismus« verstanden werden soll.

14 Fritz Keller, *Wien, Mai 68. Eine heiße Viertelstunde* (Wien: Mandelbaum Verlag, 1988).

15 Matthias Dusini, »Die Bewegung 7. Juni. Vor 50 Jahren fand in einem Wiener Hörsaal ›Kunst und Revolution‹ statt. Wie wichtig war die ›Uniferkelei‹?«, *Falter*, Nr. 23/2018, 33.

16 Maria Dippelreiter und Michael Dippelreiter, Hg., *»1968« in Österreich: Aufbruch und Scheitern?* (Klagenfurt: Wieser, 2018).

17 »Diese Regierung ist der offensive Gegenentwurf zu den 68ern«, *Tiroler Tageszeitung*, 19. Jänner 2018, 3.

Von zentraler Bedeutung für das Thema des vorliegenden Buches ist ohne Zweifel die sozialpsychologische Forschung zur autoritären Persönlichkeit.[18] Für Gero von Randow von der deutschen Wochenzeitung *Die Zeit* sind die von Theodor W. Adorno und seinem Team im Anschluss an den Aufstieg des Nationalsozialismus unternommenen Autoritarismus-Studien auch im 21. Jahrhundert »beklemmend aktuell«[19]. Adornos Werk nimmt aber auch innerhalb des Wissenschaftsbetriebs – trotz vieler Kritik – immer noch einen zentralen Platz ein.[20]

Neben der sozialpsychologischen orientiert sich auch die politikwissenschaftliche Literatur häufig an dem schillernden Begriff des Autoritarismus und untersucht unter anderem die unterschiedlich starke Unterstützung der Demokratie[21] oder den Zusammenhang zwischen autoritären Einstellungen und der Parteiwahl.[22] Häufig werden autoritäre mit rechtsautoritären Einstellungen gleichgesetzt, da die Unterwerfung unter traditionelle Autoritäten wie die Kirche oder das Militär als Wesensmerkmal einer autoritären Persönlichkeit gesehen wird – selbst wenn die Verbindung mit sozial- und wirtschaftspolitischen Orientierungen, die traditionell den Links-rechts-Gegensatz definieren, offenbleibt.[23] Ein anderer wichtiger Forschungszweig ist die Untersuchung autoritärer politischer Systeme[24] oder neuer, auch als »hybride« Staatsformen bezeichneter politischer Ordnungen. Systeme wie etwa der »kompetitive Autoritarismus« achten formale Prinzipien der Demokratie, doch gewähren sie oppositionellen Kräften und unabhängigen Instanzen wie Gerichten oder Medien sehr wenig Handlungsspielraum.[25] Gerade diese Entwicklung hin zu hybriden Staatsformen, keinesfalls die offen artikulierte Ablehnung der Demokratie wie noch in den 1930er-Jahren ist die Ursache für den seit rund einem Jahrzehnt von Organisationen wie dem Freedom House, einer internatio-

18 T. W. Adorno, Else Frenkel-Brunswik, Daniel J. Levinson und R. Nevitt Sanford, *The Authoritarian Personality* (New York: Harper & Row, 1950).

19 Gero von Randow, »Der Trick mit der Gefühls-Befreiung«, *Die Zeit*, 17. November 2018, 38.

20 Martin Roiser und Carla Willig, »The strange death of the authoritarian personality: 50 years of psychological and political debate«, in *History of the Human Sciences* 15, Nr. 4 (2002): 71–96.

21 Z. B. Seymour Martin Lipset, *Political Man. The Social Bases of Politics. Expanded and Updated Edition* (Baltimore: Johns Hopkins University Press, 1981).

22 Z. B. Detlef Oesterreich, »Autoritäre Persönlichkeitsmerkmale, politische Einstellungen und Sympathie für politische Parteien«, in *Persönlichkeit. Eine vergessene Größe der empirischen Sozialforschung*, hrsg. von Siegfried Schumann (Wiesbaden: VS Verlag für Sozialwissenschaften, 2005), 243–261.

23 Z. B. Bob Altemeyer, *The Authoritarian Specter* (Cambridge: Harvard University Press, 1996).

24 Z. B. Juan J. Linz, *Totalitarian and Authoritarian Regimes* (Boulder, Colorado: Lynne Rienner Publishers, 2000).

25 Steven Levitsky und Lucan A. Way, »The Rise of Competitive Authoritarianism. Elections without Democracy«, in *Journal of Democracy* 13, Nr. 2 (2002): 51–65; Fareed Zakaria, »The rise of illiberal democracy«, in *Foreign Affairs* 76, Nr. 6 (1997): 22–43.

nalen Nichtregierungsorganisation, in vielen Ländern beobachteten Rückgang der Demokratie.[26]

Das vorliegende Buch orientiert sich besonders stark an dem von Karen Stenner entwickelten Verständnis von Autoritarismus.[27] Stenner sieht, wie die frühen sozialpsychologischen Ansätze, in der Ablehnung von abweichendem Verhalten und Einstellungen das zentrale Merkmal von Autoritarismus. Sie unterscheidet dabei drei große Bereiche, in denen diese Ablehnungen zu spezifischen »Intoleranzen« führen: *Racial Intolerance* (ethnische Intoleranz) verweist vor allem auf den Bereich der Fremdenfeindlichkeit. *Political Intolerance* führt unter anderem zu einer Präferenz für starke Führung und einer Ablehnung von Diskussion und Konsensfindung. Abweichende politische Haltungen werden geringgeschätzt und als Bedrohung des Zusammenhalts der Gemeinschaft empfunden – selbst wenn demokratische Verfahren nicht grundsätzlich abgelehnt werden. Stenners dritte Komponente, *Moral Intolerance*, beschreibt die Intoleranz gegenüber abweichenden Ansichten und Handlungsweisen bei Fragen der persönlichen Lebensführung, etwa im Bereich der sexuellen Orientierung. Diese unterschiedlichen Bereiche der Intoleranz sind häufig auch mit dem Wunsch nach härterer Bestrafung bei abweichendem Verhalten verknüpft, weshalb *Punitiveness* eine vierte mögliche Komponente des Autoritarismus bildet.[28] Im Gegensatz zum Konservatismus, der als eine generelle Aversion gegenüber politischem oder gesellschaftlichem Wandel verstanden werden kann, ist der Autoritarismus für Stenner in erster Linie durch eine Aversion gegenüber Komplexität und Verschiedenheit charakterisiert.[29]

Die Ablehnung von Fremden, der Wunsch nach stärkerer Führung auch innerhalb demokratischer Systeme, die Zurückweisung alternativer Lebensstile sowie der Wunsch nach einem starken, schützenden und bestrafenden Staat sind somit die vier Bereiche von Autoritarismus, die das thematische Grundgerüst für die Analysen in den nachfolgenden Kapiteln bilden. Die Unterscheidung von vier Dimensionen des Autoritarismus ermöglicht eine differenzierte Vorgehensweise, die auch gegenläufige Entwicklungen aufzeigen kann. Autoritäre Tendenzen im Bereich der Migrations- oder Sicherheitspolitik können etwa durchaus mit antiautoritären Entwicklungen bei Fragen der persönlichen Lebensführung verbunden sein. Erst eine differenzierte Betrachtungsweise kann diese potenziell gegenläufigen Tendenzen thematisieren.

---

26 Vgl. https://freedomhouse.org/report/freedom-world/freedom-world-2018 (Zugriff am 25.06.2018).

27 Karen Stenner, *The Authoritarian Dynamic* (Cambridge: Cambridge University Press, 2005).

28 Shane P. Singh und Kris P. Dunn, »Veto Players, the Policy-Making Environment and the Expression of Authoritarian Attitudes«, in *Political Studies* 61, Nr. 1 (2013): 119–141.

29 Karen Stenner und Jonathan Haidt, »Authoritarianism Is Not a Momentary Madness, But an Eternal Dynamic Within Liberal Democracies«, in *Can It Happen Here? Authoritarianism in America*, hrsg. von Cass R. Sunstein (New York: Harper Collins Publishers, 2018), 175–219.

Das Buch

Um eine umfassende Einschätzung des vielschichtigen Phänomens »Autoritarismus« erlangen zu können, stützt sich das vorliegende Buch auf sehr unterschiedliche Zugänge, die auch die verschiedenen wissenschaftlichen oder »disziplinären« Hintergründe der vier beteiligten Autoren widerspiegeln. Eine Gemeinsamkeit der vier Zugänge besteht vor allem in dem Versuch, längerfristige Entwicklungen aufzuzeigen, wofür regelmäßige Ereignisse wie Wahlen, aber auch zentrale Momente der österreichischen Nachkriegsgeschichte als »Beobachtungsfenster« für die Analyse möglicher autoritärer Tendenzen herangezogen werden. Das Interesse des vorliegenden Bandes liegt daher weniger in einer Analyse der Gegenwart als in einer Darstellung der Entwicklung im Verlauf der Zweiten Republik. Der Blick zurück eröffnet jedoch nicht zuletzt auch die Möglichkeit, gerade jüngere Entwicklungen besser einschätzen zu können. Ein gewisser zeitlicher Abstand zum untersuchten Ereignis führt nicht automatisch zu einer qualitativ besseren Einschätzung des Geschehenen, doch schützt er vor zu weitreichenden, der Tagesaktualität geschuldeten »Schnellschüssen«.

Im ersten der vier Kapitel befasst sich *Peter Grand* mit den autoritären Einstellungen der österreichischen Bevölkerung im Verlauf der Zweiten Republik und geht dabei der Frage nach, wie sehr sich diese verändert haben. Da sich die Meinungsforschung in Österreich relativ spät etabliert hat, sind einschlägige Umfragen erst ab den 1970er-Jahren vorhanden. Längere kohärente Zeitreihen sind sogar erst seit den 1990er-Jahren möglich. Zur Erfassung autoritärer Einstellungen fasst Grand eine Vielzahl an Meinungsumfragen entlang der – oben bereits angeführten – Konzepte der politischen, moralischen und ethnischen Intoleranz zusammen. Zusätzlich bedient er sich einer zentralen Kategorie aus der Autoritarismusforschung Adornos: der »autoritären Submission«. Die Entwicklungen innerhalb dieser vier Themenbündel sind, so das Ergebnis von Grands Analysen, ausgesprochen ambivalent und teilweise sogar widersprüchlich. Bis in die 1990er-Jahre zeigen die vorhandenen Daten einen Rückgang autoritärer Einstellungen in der österreichischen Gesellschaft. Seit den 2000er-Jahren stagniert diese Entwicklung, teilweise sind sogar gegenläufige Tendenzen in Richtung eines neuen Autoritarismus beobachtbar: Langfristige Bindungen an Parteien und der Wunsch, sich politischen Akteuren unterzuordnen (autoritäre Submission) gehen im Zeitverlauf systematisch zurück. Die österreichische Gesellschaft »emanzipiert« sich vom politischen System. Im Bereich der politischen Intoleranz werden jedoch die Rufe nach einem »starken Mann« lauter und abwertende Einstellungen zum Parlamentarismus nehmen nach einer Phase des Rückgangs seit Mitte der 2000er-Jahre wieder zu.

Auch das nachfolgende Kapitel von *Martin Dolezal* ist aus einer politikwissenschaftlichen Perspektive geschrieben, doch liegt sein Fokus auf der Entwicklung der

Parteien. Dolezal untersucht ihr programmatisches Angebot bei den Nationalratswahlen von 1945 bis 2013 und nützt dafür aus Inhaltsanalysen von Wahlprogrammen gewonnene quantitative Daten. Im Anschluss an die internationale Forschung fasst er die inhaltliche Auseinandersetzung der Parteien über gesellschaftspolitische Streitfragen als Liberty-Authority-Konfliktlinie zusammen und zeigt die relative Bedeutung (Salienz) dieser Konfliktlinie in den Wahlkämpfen sowie das Ausmaß der programmatischen Unterschiede der Parteien (Polarisierung). Neben einem kurzen Blick auf die Einstellungen der wichtigsten Parteiwählergruppen in den 2000ern vergleicht Dolezal die österreichische Entwicklung zuletzt auch mit der Situation in anderen europäischen Ländern. Die Analysen zeigen, dass dem Gegensatz von autoritären und libertären Orientierungen eine wichtige Rolle im österreichischen Parteienwettbewerb zukommt, aber keinesfalls die zentrale. Es sind immer noch die hier nicht näher untersuchten Themen der Sozial- und Wirtschaftspolitik, die die Wahlkämpfe in erster Linie prägen. Auch der internationale Vergleich zeigt, dass die hier untersuchte Konfliktlinie bei österreichischen Wahlen nur unterdurchschnittlich stark ausgeprägt ist.

Im dritten Kapitel wechselt *Berthold Molden* die Perspektive und nimmt Diskursstränge österreichischer Printmedien zwischen 1945 und 1995 unter die Lupe einer historischen Autoritarismusforschung. Die Fragestellung seines Kapitels lautet: Gibt es autoritäre und/oder autoritätskritische Tendenzen in der redaktionellen Analyse österreichischer Printmedien nach 1945? Anhand einer Reihe sogenannter Kommunikationsereignisse, deren Auswahl mit den Perspektiven der anderen Kapitel abgestimmt ist, prüft Molden Anzeichen ethnischer, moralischer und politischer Intoleranz. Die Ereignisse bilden nicht nur eine Zeitachse durch die ersten fünf Jahrzehnte der Zweiten Republik bis hin zur großen Zäsur des EU-Beitritts. Jedes Einzelne steht zudem im Zentrum eines Schlüsselthemas: von der institutionellen Rückkehr zur Demokratie bei der ersten Nationalratswahl 1945 zum Staatsvertrag, weiter über historische und sozialpolitische Debatten der 1960er- (Affäre Borodajkewycz) und 1970er-Jahre (Familien- und Strafrechtsreform) bis zum Terroranschlag von Oberwart als Verdichtungsmoment rassistischer Diskurstraditionen und sicherheitspolitischer Grundsatzdiskussionen. Molden verwendet für sein Kapitel österreichische Tageszeitungen, die unterschiedliche ideologische Ausrichtungen repräsentieren – und zwar jeweils nur Leitartikel und Kommentare, also Beiträge, die explizit die Meinung von Journalistinnen und Journalisten und in einigen Fällen der jeweiligen Zeitungsredaktion zum Ausdruck bringen. Mit dem methodischen Blick der historischen Diskursanalyse kann Molden eine Reihe diskursiver Kontinuitäten herausarbeiten: Bestimmte Argumentationsweisen, die mit autoritärem Denken korrelieren, wiederholen sich in den medialen Reaktionen auf ganz unterschiedliche Ereignisse und deuten somit diachrone Entwicklungsmuster an.

Im letzten Kapitel arbeitet *David Schriffl* auf Basis zahlreicher, bisher teils unbekannter ausländischer Quellen eine Außensicht auf wesentliche politische Entwicklungen und Ereignisse in Österreich heraus. Als historische Skizze zeichnet Schriffl den Blick der Westalliierten auf autoritäre Tendenzen in der Zweiten Republik nach. Dieser Blick ist durch ganz andere Prämissen gekennzeichnet als der innerösterreichische (Medien-)Diskurs. Die überragende Rolle des Ost-Westkonflikts und strategischer Interessen im Gegensatz zu Sorgen über entstehende oder sich verstärkende autoritäre oder radikale Tendenzen wird hier überdeutlich. Schriffl untersucht diesen Umstand anhand verschiedener Ereignisse: Nicht nur Wahlen und deren Umfeld werden anhand der Berichte ausländischer Beobachter für die Analyse herangezogen. Auch kritische Momente wie der Oktoberstreik 1950, bei dem der Einsatz alliierter Waffengewalt zur Debatte stand, die Affäre Borodajkewycz mit dem ersten politischen Toten der Zweiten Republik oder Entwicklungen wie die internationalen gesellschaftlichen Veränderungen der 1960er-Jahre werden analysiert. Die teils vertraulichen Gespräche ausländischer Diplomaten mit österreichischen Spitzenpolitikern – etwa Leopold Figl, Oskar Helmer, Bruno Kreisky, Karl Renner oder Adolf Schärf – runden dieses Bild mit neuen Perspektiven auf eine Art »innere Außensicht« auf Schlüsselereignisse der Nachkriegsjahrzehnte ab.

Die unterschiedlichen disziplinären Hintergründe der Autoren und die sehr verschiedenen methodischen Herangehensweisen ermöglichen – so unsere Hoffnung – in der Zusammenschau eine vielschichtige Analyse möglicher autoritärer Tendenzen. Die sich daraus ergebenden teils unterschiedlichen Sichtweisen und spezifischen Akzentuierungen, der Blick auf die längerfristigen Entwicklungen sowie die unterschiedlichen Deutungen abseits von tagespolitischen Konjunkturen stellen eine besondere Stärke dieses Buches dar. Dabei wird kein Anspruch auf Vollständigkeit erhoben, vielmehr werden auch Ansätze für weitere Forschungen aufgezeigt.

Literatur

Adorno, T. W., Else Frenkel-Brunswik, Daniel J. Levinson und R. Nevitt Sanford. *The Authoritarian Personality.* New York: Harper & Row, 1950.

Altemeyer, Bob. *The Authoritarian Specter.* Cambridge, Massachusetts: Harvard University Press, 1996.

Dippelreiter, Maria und Michael Dippelreiter, Hg. *»1968« in Österreich: Aufbruch und Scheitern?* Klagenfurt: Wieser, 2018.

Keller, Fritz. *Wien, Mai 68. Eine heiße Viertelstunde.* Wien: Mandelbaum Verlag, 1988.

Levitsky, Steven und Lucan A. Way. »The Rise of Competitive Authoritarianism. Elections without Democracy.« In *Journal of Democracy* 13, Nr. 2 (2002): 51–65.

Levitsky, Steven und Daniel Ziblatt. *How Democracies Die. What History Reveals About our Future.* New York: Penguin, 2018.

Linz, Juan J. *Totalitarian and Authoritarian Regimes.* Boulder, Colorado: Lynne Rienner Publishers, 2000.

Lipset, Seymour Martin. *Political Man. The Social Bases of Politics. Expanded and Updated Edition.* Baltimore: Johns Hopkins University Press, 1981.

Oesterreich, Detlef. »Autoritäre Persönlichkeitsmerkmale, politische Einstellungen und Sympathie für politische Parteien.« In *Persönlichkeit. Eine vergessene Größe der empirischen Sozialforschung*, herausgegeben von Siegfried Schumann, 243–261. Wiesbaden: VS Verlag für Sozialwissenschaften, 2005.

Roiser, Martin und Carla Willig. »The strange death of the authoritarian personality: 50 years of psychological and political debate.« In *History of the Human Sciences* 15, Nr. 4 (2002): 71–96.

Singh, Shane P. und Kris P. Dunn. »Veto Players, the Policy-Making Environment and the Expression of Authoritarian Attitudes.« In *Political Studies* 61, Nr. 1 (2013): 119–141.

Stenner, Karen. *The Authoritarian Dynamic.* Cambridge: Cambridge University Press, 2005.

Stenner, Karen und Jonathan Haidt. »Authoritarianism Is Not a Momentary Madness, But an Eternal Dynamic Within Liberal Democracies.« In *Can It Happen Here? Authoritarianism in America*, herausgegeben von Cass R. Sunstein, 175–219. New York: Harper Collins Publishers, 2018.

Sunstein, Cass R., Hg. *Can It Happen Here? Authoritarianism in America.* New York: Harper Collins Publishers, 2018.

Ultsch, Christian, Thomas Prior und Rainer Nowak. *Flucht. Wie der Staat die Kontrolle verlor.* Wien: Molden, 2017.

Zakaria, Fareed. »The rise of illiberal democracy.« In *Foreign Affairs* 76, Nr. 6 (1997): 22–43.

Peter Grand

Autoritäre Einstellungen in der österreichischen Bevölkerung in der Zweiten Republik

Die Österreicher unterwerfen sich gern. Darin haben sie Übung.
Das kennt das kollektive Gedächtnis.
Aus der Monarchie, dem Austrofaschismus,
der Nazizeit, der Sozialpartnerschaft. Und darüber hinaus.
Bewegen tut man sich im Rahmen, der von oben vorgegeben wird.
Egal, wie eng der ist. Und egal, wer oben sitzt.
Alles andere birgt nur ein Risiko.[1]
(republik.ch, 22.02.2018)

Einleitung

Es scheint, als fänden verstärkt autoritäre Einstellungen Einzug in die österreichische Gesellschaft und als brächen rings um uns verdeckte autoritäre Strukturen auf, welche großteils als bereits überwunden und/oder gesellschaftlich irrelevant gehalten wurden. Zusätzlich gewinnen rechtspopulistische und rechtsextreme politische Parteien immer höhere Anteile an WählerInnenstimmen und rechtsextreme Bewegungen, wie z. B. Pegida oder die Identitäre Bewegung, fallen verstärkt durch deren Medienpräsenz auf, besonders in den sozialen Medien.

Zum einen wird das deutlich bei öffentlich gemachten patriarchal-autoritären Strukturen in den verschiedensten Bereichen des gesellschaftlichen Lebens, besonders bei Vorherrschen hierarchischer Beziehungen und/oder von Abhängigkeiten. Das betrifft zum Beispiel die Aufdeckungen im Rahmen der #MeToo- und der »Time's Up«-Bewegung und die Missbrauchsvorwürfe an Harvey Weinstein oder die Missbrauchsvorwürfe an unterschiedliche ÖSV-Funktionäre. Aber auch der Missbrauch autoritär-erzieherischer Strukturen innerhalb von Betreuungsbeziehungen und generell kirchlichen und staatlichen Erziehungsheimen, wie z. B. in den Kinderheimen Pitten und Schloss Wilhelminenberg, waren weiterverbreitet als gedacht.

1 https://www.republik.ch/2018/02/22/oesterreich-tickt-rechts?utm_source=newsletter&utm_medium=email&utm_campaign=republik%2Fnewsletter-editorial-22-02-18, (Zugriff am 22.02.2018).

Rechtsextreme gesellschaftliche Bewegungen wurden im Kontext der europäischen Flüchtlingskrise gegründet und gewinnen zunehmend gesellschaftliche Bedeutung, wie z. B. Pegida oder die Identitäre Bewegung, aber auch »skurril« anmutende Gruppierungen wie die Reichsbürgerbewegung. Auch rechtsextreme und/oder rechtsradikale Parteien erfahren steigenden Zuspruch, wie rezente Wahlresultate verdeutlichen, z. B. die FPÖ in Österreich, Fidesz und Jobbik in Ungarn oder die AfD in Deutschland. Wie stark mediale Inszenierungen und politische Kommunikation die globale Politik verändern und/oder beeinflussen können, haben wir nicht zuletzt am Ausgang des Brexit-Referendums in Großbritannien oder dem Sieg der US-Präsidentschaftswahlen von Donald Trump und seinem darauffolgenden Regierungsstil mitverfolgen dürfen. Es entbehrt nicht einer gewissen Ironie, dass beide »Erfolge« auf der Beratungsleistung der Firma Cambridge Analytica beruhen sollen, welche für ihre psychografischen *micro-targetting*-Strategien illegal Millionen Facebook-Userdaten ausgewertet haben sollen.

Doch was bedeuten diese widersprüchlichen gesellschaftlichen Entwicklungen des Aufdeckens patriarchal-autoritärer Verhältnisse und der steigende Zuspruch zu rechtspopulistischen und/oder rechtsextremen politischen Bewegungen und Parteien? Werden wir gerade Zeugen eines gesellschaftlichen Wandels und des Aufkommens neuer autoritärer Strömungen? Entspricht der zunehmenden Polarisierung auf der Ebene der politischen Eliten, wie in Österreich zuletzt im Zuge der Bundespräsidentschaftswahlen 2016 deutlich wurde, auch eine zunehmende Polarisierung auf gesellschaftlicher Ebene? Mit Bezug auf die Bundespräsidentschaftswahlen im Jahr 2016: Bei dieser Wahl ist zum ersten Mal in der Geschichte der Zweiten Republik kein Kandidat der zwei (ehemals) großen Parteien in die Stichwahl gekommen. Dies ist zwar nur die Spitze des Eisberges der aufbrechenden Lagerbindungen, jedoch wurde dieser gesellschaftliche Emanzipierungsprozess selten so deutlich und sichtbar. Für die US-amerikanische Gesellschaft ist dieser Befund zurückzuweisen, hier ist der ideologische Gegensatz zwischen politischen Eliten ausgeprägter als in der Gesellschaft selbst.[2]

Dieser Beitrag versucht, das mögliche Aufkommen neuer autoritärer Strömungen und/oder das Fortbestehen alter autoritärer Strukturen auf der Ebene der Gesellschaft mithilfe individueller Einstellungen aufzuzeigen und nachzuzeichnen. Autoritarismus und/oder autoritäre Einstellungen in Bezug zu Individuen werden in diesem Beitrag als persönliche Eigenschaft oder Prädisposition verstanden, welche das Resultat eines individuellen Abwägens von Gruppenzwang und Uniformität auf der einen Seite und individueller Selbstständigkeit und gesellschaftlicher Diversität auf der anderen Seite darstellt.[3]

2 Seth J. Hill und Chris Tausanovitch. A Disconnect in Representation? Comparison of Trends in Congressional and Public Polarization. In *The Journal of Politics* 77, Nr. 4 (2015), 1058–1075.

3 Karen Stenner. *The Authoritarian Dynamic*. New York: Cambridge University Press 2005, 14.

Autoritäre Einstellungen umfassen somit jene Präferenzen, welche Differenzen in menschlichem Verhalten und/oder Differenzen bezogen auf Merkmale wie Hautfarbe, Herkunft, Sprache, Religion, Ethnie etc. unterdrücken und Konformität und (gruppen)konformes Verhalten einfordern und/oder erzwingen, wie z. B. Traditionen, Rituale etc. Für Menschen mit autoritären Einstellungen sind demnach Differenzen nicht ertragbar und/oder müssen eliminiert werden, d. h. diese Menschen fordern differenzausgleichende oder differenzerdrückende Politiken und dies führt wiederum zu autoritärer Unterwerfung unter die Zwänge der jeweiligen Gruppe oder im Extremfall zur Ausweisung der Menschen mit abweichenden Merkmalen oder Verhaltensweisen.

Individuen und auch Gesellschaften lassen sich also, zumindest analytisch, auf einem Kontinuum, welches zwischen den Extremen Autorität und Liberalität aufgespannt ist, einordnen. Funktioniert dies noch analytisch-empirisch auf Ebene der politischen Parteien auf zufriedenstellende Weise (siehe der Beitrag von Martin Dolezal in diesem Band), so ist diese Unterscheidung auf der Ebene der Individuen – also in der Sphäre der Einstellungen der Gesellschaft – nicht ohne Weiteres möglich. Eine Analyse aufgrund der Parteiprogramme der Parteien beruht auf der Existenz natürlicher Daten in Form der Parteiprogramme, auf Ebene der Gesellschaft können wir nur auf die (spärlich) verfügbaren Umfragedaten zurückgreifen.

Theoretische Ansätze zur Erklärung autoritärer Einstellungen

Die Motivation für die Präsentation relevanter theoretischer Anbindungen weicht in diesem Kapitel von jener ab, welche üblicherweise in wissenschaftlichen Texten Anwendung findet. Theorien offerieren logisch konsistente Erklärungen und kausale Zusammenhänge, welche bestimmte Phänomene in der Gesellschaft als Resultat spezifischer Ursachen deutlich machen. Dazu werden zentrale Konzepte der jeweiligen Theorie operationalisiert, d. h. in messbare Konzepte übersetzt, und deren Wirkmächtigkeit mit gewonnenen Daten überprüft. Die Problematik, welche eine Darstellung der autoritären Einstellungen innerhalb der österreichischen Bevölkerung in der Zweiten Republik mit sich bringt, ist, dass Daten zu deren Überprüfung niemals konsistent erhoben wurden und daher vorhandene Theorien auch nicht umfassend genutzt werden können. Notwendigerweise können immer nur Bruchstücke aus konkurrierenden theoretischen Ansätzen nachgezeichnet werden in der Hoffnung, aus diesen Mosaiksteinen am Ende doch noch eine sinnvolle und kohärente Geschichte zusammensetzen zu können. Die nachfolgende Darstellung dieser theoretischen Ansätze erfolgt daher mit dem Hintergedanken, die Gründe für die Verwendung bestimmter Fragen in der Umfrageforschung zu erläutern und die theoretischen Konzepte dahinter verständlich zu machen, sowie die zentralen Diskussionspunkte zu verdeutlichen.

Damit wurde bereits ein anderer wichtiger Punkt angesprochen: das für die Analyse verwendete Datenmaterial, welches ausschließlich aus Umfragedaten[4] besteht. Diese Daten sind über zahlreiche Umfragen verteilt und aus den unterschiedlichsten Motivationen heraus erhoben worden, d. h. in überwiegendem Maße nicht mit dem Ziel konsistent, autoritäre Einstellungen in der österreichischen Bevölkerung zu messen.

Im folgenden Abschnitt werden die wichtigsten Theorien zu autoritären Einstellungen und der autoritären Persönlichkeit präsentiert und diskutiert. Das kann im vorliegenden Zusammenhang nur skizzenhaft geschehen und mit besonderem Bezug auf die darauffolgende Darstellung des vorhandenen Datenmaterials. Das betrifft auch Themen, welche für die Darstellung autoritärer Einstellungen in Österreich irrelevant sind, wie z. B. die universelle Gültigkeit des Konzeptes der autoritären Persönlichkeit über kulturelle Kontexte hinweg.[5] Dieser Aspekt ist nur dahingehend wichtig, um zu zeigen, dass autoritäre Einstellungen und/oder das Konzept des Autoritarismus nicht von kulturellen Kontexten abhängig und somit keine spezielle Eigenschaft eines bestimmten Landes oder Kulturkreises sind.

Die autoritäre Persönlichkeit

Jede Darstellung der Autoritarismusforschung beginnt unweigerlich mit der Studie *The Authoritarian Personality*[6] der sogenannten *Berkeley-Gruppe* rund um Theodor W. Adorno. Aufbauend auf den Arbeiten von Wilhelm Reich[7] und Erich Fromm[8] und vor dem Kontext des Faschismus im Deutschland der 1920er/30er-Jahre stellten sich Theodor W. Adorno, Else Frenkel-Brunswik, Daniel Levinson und Nevitt Sanford die Frage nach den Ursachen für Antisemitismus und dem Zusammenhang zwischen charakterlichen Eigenschaften und Autoritarismus.[9] Welche psychologischen und

4 Da diese Daten aus unterschiedlichen Umfragen gesammelt wurden, werde ich –soweit für dieses Kapitel notwendig – auf mögliche Probleme der Vergleichbarkeit und die Qualität der verwendeten Daten hinweisen.

5 Susanne Rippl, Angela Kindervater und Christian Seipel. Die autoritäre Persönlichkeit: Konzept, Kritik und neuere Forschungsansätze. In *Autoritarismus. Kontroversen und Ansätze der aktuellen Autoritarismusforschung* hrsg. von Susanne Rippl, Christian Seipel und Angela Kindervater, Opladen: Leske + Budrich 2000, 13–30.

6 Theodor W. Adorno u. a, The Authoritarian Personality, New York: Norton 1950.

7 Wilhelm Reich. *Die Massenpsychologie des Faschismus*, Kopenhagen: Verlag für Sexualpolitik 1936.

8 Erich Fromm. *Escape from Freedom*, New York: Holt, Rinehart, and Winston 1941.

9 Rippl/Kindervater/Seipel, Die autoritäre Persönlichkeit: Konzept, Kritik und neuere Forschungsansätze; vgl. Gerda Lederer. Die »Autoritäre Persönlichkeit«: Geschichte einer Theorie. In *Autoritarismus und Gesellschaft. Trendanalysen und vergleichende Jugenduntersuchungen von 1945–1993 hrsg.* von Gerda Lederer, und Peter Schmidt, Opladen: Leske + Budrich 1995, 25–51; Jens Benicke. *Autorität und Charakter, 2., überarbeitete Auflage.* Wiesbaden: Springer Fachmedien 2016.

gesellschaftlichen Mechanismen waren für eine derartige Katastrophe wie den Holocaust verantwortlich? Könnten solche Vorkommnisse auch in den USA stattfinden? Waren zu Beginn der Forschungsarbeiten noch die Ursachen für Antisemitismus zentrales Erkenntnisinteresse, verlagerte sich der Fokus im weiteren Verlauf zunehmend auf einen generellen Zusammenhang zwischen Persönlichkeitsstrukturen und Vorurteilen gegenüber Minderheiten, da Antisemitismus nicht als isoliertes Phänomen gesehen wurde, sondern als Teil eines allgemeinen Ethnozentrismus. Gleich in der Einleitung formuliert das Forschungsteam die grundlegende Annahme und das Ziel des Projektes,

> [...] that the political, economic, and social convictions of an individual often form a broad and coherent pattern, as if bound together by a ›mentality‹ or ›spirit‹, and that this pattern is an expression of deep-lying trends in his personality. The major concern was with the *potentially fascistic* individual, one whose structure is such as to render him particularly susceptible to anti-democratic propaganda.[10]

Um diese grundlegenden Muster einer autoritären Persönlichkeit untersuchen zu können, wurde ein mehrdimensionales Analyseinstrument entwickelt, die sogenannte F-Skala[11] (Faschismusskala). Dieses Messinstrument in Form eines Fragebogens beinhaltet neun Dimensionen (auch als Subskalen bezeichnet):

- *Konventionalismus.* Starre Bindung an die konventionellen Werte des Mittelstandes.
- *Autoritäre Unterwürfigkeit.* Unkritische Unterwerfung unter idealisierte Autoritäten der Eigengruppe.
- *Autoritäre Aggression.* Tendenz, nach Menschen Ausschau zu halten, die konventionelle Werte missachten, um sie zu verurteilen, ablehnen und bestrafen zu können.
- *Anti-Intrazeption.* Abwehr des Subjektiven, des Fantasievollen, Sensiblen.
- *Aberglaube und Stereotypie.* Glaube an die mystische Bestimmung des eigenen Schicksals; die Disposition, in rigiden Kategorien zu denken.
- *Machtdenken und »Kraftmeierei«.* Denken in Dimensionen wie Herrschaft – Unterwerfung, stark – schwach, Führer – Gesellschaft; Identifizierung mit Machtgestalten; Überbetonung der konventionalisierten Attribute des Ich; übertriebene Zurschaustellung von Stärke und Robustheit.
- *Destruktivität und Zynismus.* Allgemeine Feindseligkeit, Diffamierung des Menschlichen.
- *Projektivität.* Disposition, an wüste und gefährliche Vorgänge in der Welt zu glauben; die Projektion unbewusster Triebimpulse auf die Außenwelt.
- *Sexualität.* Übertriebene Beschäftigung mit sexuellen ›Vorgängen‹.

10 Adorno u. a. *The Authoritarian Personality*, 1.

11 Das Team entwickelte neben der F-Skala noch eine Reihe weiterer Skalen bzw. Fragebögen zu Antisemitismus, Ethnozentrismus und politisch-ökonomischem Konservatismus, welche aber für unser Vorhaben nicht von Interesse sind.

Jede dieser Subskalen[12] wurde mit mehreren Fragen ›gemessen‹, wobei sich im Zeitverlauf die Anzahl als auch die Formulierungen änderten, um die grundlegenden autoritären und antidemokratischen Einstellungen von Individuen zu erheben. Die Zusammenhänge und die relative Wichtigkeit der einzelnen Dimensionen wurden in der weiteren Rezeption widersprüchlich diskutiert, wobei in der späteren Forschung besonders die Dimensionen Konventionalismus, autoritäre Unterwürfigkeit und autoritäre Aggression als zentral aufgefasst wurden.[13]

Das Forschungsteam selbst hat explizit darauf hingewiesen, dass autoritäre Persönlichkeitsstrukturen nicht zwangsläufig zu minderheitenfeindlichen Vorurteilen führen und/oder in weiterer Folge zu autoritären Regierungsformen, sondern dass die Manifestation derselben innerhalb totalitärer Strukturen befördert wird. Das bedeutet auch, dass gut funktionierende Demokratien und Menschen mit starken autoritären Einstellungen keinen Widerspruch darstellen müssen. Problematisch wird dieser latente Autoritarismus für demokratisch verfasste Staaten erst, wenn damit auch eine potenzielle Bereitwilligkeit der Gesellschaft einhergeht, demokratische Strukturen zu beseitigen und eine totalitäre Regierungsform zu installieren.

Die Studie »Die autoritäre Persönlichkeit« hat vom Zeitpunkt ihrer Veröffentlichung bis zum heutigen Tage zahlreiche Kritiken und Weiterentwicklungen nach sich gezogen, sowohl die Konzeptualisierung betreffend als auch deren Durchführung.[14] Wie bereits erwähnt wird an dieser Stelle nicht auf alle Kritikpunkte und Erweiterungen eingegangen, da das Datenmaterial für Österreich als nur gering bezeichnet werden kann und somit auch die empirische Darstellung in weiten Teilen nicht möglich ist. Dennoch werden verschiedene grundlegende Überlegungen in der theoretischen Anbindung diskutiert, um ein Grundverständnis zu ermöglichen und die wissenschaftliche Diskussion greifbar zu machen.

Bob Altemeyer[15] entwickelte ein eigenes Messinstrument, um ›right-wing-authoritarianism‹ (RWA) zu messen, mit dem er nur mehr auf drei der ursprünglich neun Subskalen fokussiert, nämlich: autoritäre Unterwürfigkeit, autoritäre Aggression

12 Subskalen der F-Skala (zit. nach Benicke, *Autorität und Charakter*, 15; siehe auch Adorno u.a. *The Authoritarian Personality*, 228).

13 Vgl. Rippl/Kindervater/Seipel. Die autoritäre Persönlichkeit: Konzept, Kritik und neuere Forschungsansätze, 18.

14 Vgl. Benicke, *Autorität und Charakter*; Detlef Oesterreich, Detlef. Autoritäre Persönlichkeit und Sozialisation im Elternhaus. Theoretische Überlegungen und empirische Ergebnisse. In *Autoritarismus. Kontroversen und Ansätze der aktuellen Autoritarismusforschung* hrsg. von Susanne Rippl, Christian Seipel und Angela Kindervater, Opladen: Leske + Budrich 2000, 69–92.

15 *Right-wing authoritarianism*, Winnipeg: University of Manitoba Press 1981; *Enemies of freedom: Understanding right-wing authoritarianism*, San Francisco: Jossey-Bass Publishers 1988; *The authoritarian specter*, Cambridge, Mass: Harvard University Press 1996.

und Konventionalismus. Altemeyer verwirft aber auch den psychoanalytischen Ansatz, welchen die Berkeley-Gruppe ihrer Studie zugrunde gelegt hat, und präferiert einen lerntheoretischen Ansatz. Demnach können autoritäre Einstellungen während des gesamten Lebens eines Individuums gebildet werden, im Gegensatz zur Konzeption der autoritären Persönlichkeit, hier wird der autoritäre Charakter im Zuge frühkindlicher Sozialisation geprägt. Die RWA-Skala ist eines der meistbenutzten Messinstrumente zur Erhebung autoritärer Dispositionen.

Detlef Oesterreich[16] baut sein Autoritarismuskonzept ebenfalls auf der Theorie des sozialen Lernens auf, betont jedoch explizit situative Faktoren, welche autoritäre Einstellungen auslösen können. In diesen Situationen empfindet der jeweilige Mensch Angst und Verunsicherung und sucht deswegen Schutz.

> Grundsätzlich ist Autorität ein Phänomen im und nicht außerhalb des Individuums. In unklaren Situationen, die verunsichernd oder gar gefährlich zu sein scheinen, orientieren sich Menschen an denjenigen, die Sicherheit anbieten. Das sind normalerweise Menschen, die den Anschein erwecken, Macht zu besitzen, Schutz gewähren zu können, die Probleme des Einzelnen lösen zu können und die von sich aus Hilfe anbieten.[17]

Dieses Verhalten wird von Oesterreich als »autoritäre Reaktion« bezeichnet und als vollkommen normale Reaktion in Gefahrensituationen betrachtet, wie z. B. im Fall von Kindern, welche Schutz bei ihren Eltern suchen. Im Laufe der Entwicklung eines Menschen lernt dieser Strategien zu entwickeln, um mit unterschiedlichen Situationen umzugehen und diese autonom zu bewältigen. Zur »autoritären Reaktion« kommt es bei Erwachsenen, wenn auf eine Bedrohungssituation nicht mit adäquaten Bewältigungsstrategien geantwortet werden kann. Die Folge ist die »Flucht in die Sicherheit« zu entsprechenden Autoritäten.[18]

---

16 *Autoritäre Persönlichkeit und Gesellschaftsordnung: der Stellenwert psychischer Faktoren für politische Einstellungen: eine empirische Untersuchung von Jugendlichen in Ost und West*, Weinheim: Juventa 1993; *Flucht in die Sicherheit: zur Theorie des Autoritarismus und der autoritären Reaktion*, Opladen: Leske + Budrich 1996; Flight into Security: A New Approach and Measure of the Authoritarian Personality. In *Political Psychology* 26, Nr. 2 (2005), 275–298.

17 Detlef Oesterreich. Autoritäre Persönlichkeit und Sozialisation im Elternhaus. Theoretische Überlegungen und empirische Ergebnisse. In *Autoritarismus Kontroversen Ansätze Aktuellen Autoritarismusforschung* hrsg. von Rippl, Susanne, Christian Seipel und Angela Kindervater, Opladen: Leske + Budrich 2000, 69–92.

18 Oesterreich. *Flight into Security.*

Die autoritäre Dynamik

Karen Stenner[19] wiederum lehnt den lerntheoretischen Ansatz von Altemeyer als untheoretisch ab, da damit jegliche kausale Erklärung zwischen autoritären Dispositionen und individuellen Einstellungen auf soziales Lernen zurückgeführt wird und individuelle Einstellungen, z. B. gegenüber Minderheiten, nur als Syndrom autoritärer Prädispositionen aufgefasst werden können. Stenner unterscheidet jedoch explizit zwischen autoritären Prädispositionen und deren Wirkungen, nämlich individuellen Einstellungen bezüglich der Differenzen (ethnisch, politisch, moralisch) zwischen verschiedenen Gruppen von Menschen, z. B. InländerInnen und AusländerInnen, Kindern und Erwachsenen, Männern und Frauen, arbeitenden und arbeitslosen Menschen etc. Stenner konzentriert sich auf zwei Einflussfaktoren, welche manifeste Formen von Intoleranz erzeugen, nämlich autoritäre Prädispositionen und Gefahrensituationen (unabhängig davon, ob im Alltag erfahren oder subjektiv wahrgenommen) sowie die Interaktion zwischen diesen beiden Einflussfaktoren.[20] Autoritäre Einstellungen und autoritäres Verhalten werden in mehreren Kategorien zusammengefasst:

Ethnische Intoleranz: Diese Kategorie umfasst die Ablehnung ausländischer Menschen, xenophobe Einstellungen, Rassismus, Ablehnung von Asylsuchenden und die Ablehnung autochthoner Minderheiten, wie z. B. jüdischer Menschen, MuslimInnen und Roma/Sinti.

Politische Intoleranz: Einschränkungen politischer Meinungsäußerung für bestimmte Gruppen, Präferenzen für starke Führung durch entschlossene Männer oder einen starken Führer, Ablehnung von Parlamentarismus und generell die Ablehnung von Diskussion und Konsensfindung.

Moralische Intoleranz: Ablehnung von Homosexualität, Abtreibung, Scheidung; Gleichstellung der Geschlechter; generell Erziehungsfragen etc.

(Sanktionierung/Bestrafung): Dies stellt keine eigene Kategorie im Analyseschema von Karen Stenner dar, sondern wird vielmehr als eine Steigerung der letzten Kategorie »moralische Intoleranz« konzipiert. Hierunter fallen individuelle Einstellungen, welche explizit die Anwendung von physischer Gewalt und Zwang fordern, wie z. B. Haftstrafen, restriktive Regelungen für Rückführungen von Asylsuchenden, Umsiedelung etc., um das konforme Verhalten anderer Gruppen zu erzwingen.

---

19 Stenner. *The Authoritarian Dynamic.*

20 Stenner. *The Authoritarian Dynamic*, 7. Möglicherweise ist hier ein Anknüpfungspunkt gegeben für die Analyse des Erfolges rechtspopulistischer Parteien, welche fortlaufend Krisensituationen diskursiv »aufrecht«erhalten müssen und somit den »Nährboden« für autoritäre Einstellungen liefern (vgl. z. B. Moffitt 2015; Priester 2011; Rooduijn 2014).

Um diese autoritären Einstellungen zu aktivieren oder zu verstärken, bedarf es immer einer real erfahrenen oder wahrgenommenen Gefahrenlage, entweder einer gesellschaftlichen oder einer normativen Gefahr, damit eine individuelle autoritäre Grundhaltung (Prädisposition) auch zu autoritären Einstellungen und in weiterer Folge zu autoritärem Verhalten führt.

> Autoritäre Ängste werden durch Verteidigung der kollektiven normativen Ordnung gelindert, nämlich durch: eine positive Differenzierung der In-Gruppe, Abwertung und Diskriminierung von Out-Gruppen, Gehorsamkeit gegenüber Behörden, Einhaltung von Regeln und Normen sowie Intoleranz und Bestrafung derjenigen, die nicht gehorchen und sich nicht anpassen. Es ist zu erwarten, dass all diese Verhaltensweisen im Angesicht einer Bedrohung zunehmen werden – diese Bedrohungen äußern sich in politischer Meinungsverschiedenheit und Vielfalt, »moralischem Verfall«, gesellschaftlicher Unruhe und »nationalem Verfall«. Autoritäre Institutionen sind sich dieser Bedrohungen bewusst, autoritäre Prädispositionen werden aktiviert und es werden charakteristische defensive Haltungen eingenommen.[21]

Mit dieser Dynamik und der besonderen Funktion von normativen Bedrohungslagen als Auslöser von autoritären Einstellungen und autoritärem Verhalten kann die Rolle von »fake news« als fabrizierte Geschichten sozialer Konflikte verursacht durch schwache oder inkompetente politische Führungspersönlichkeiten erklärt werden. Gerade im Bereich der sozialen Medien, welche eine weitgehend anonyme Beteiligung an gesellschaftlichen Diskursen ermöglichen, wird deutlich, wie diese Dynamik an Fahrt gewinnen kann, wenn soziale Hemmschwellen vergleichsweise niedrig sind.

Mit diesem Modell, welches von Stenner als »autoritäre Dynamik« bezeichnet wird, können Ereignisse erklärt werden, wie z.B. das Entstehen (radikaler) expressiver Intoleranz in Form der Organisation Pegida vor dem Kontext des Wirkens des Daesh und in weiterer Folge der Flüchtlingsbewegungen nach Europa ab dem Jahr 2015. Wiederum müssen Einschränkungen aufgrund der Datenverfügbarkeit erwähnt werden, da das ohnehin schon spärliche Datenmaterial oftmals keine Daten zur individuellen Einschätzung der jeweiligen gesellschaftlichen Lage oder eines wie auch immer definierten Bedrohungspotenzials enthält. Das vorhandene Datenmaterial kann jedoch vor dem Kontext der Detailanalyse wichtiger gesellschaftlicher Ereignisse (siehe der Beitrag von David Schriffl in diesem Band) und/oder der Medienanalyse (siehe der Beitrag von Berthold Molden in diesem Band) gelesen und somit zumindest indirekt Rückschlüsse gebildet werden.

21 Ebd., 33 (Übersetzung P. G.).

Einen weiteren Anknüpfungspunkt[22], um autoritäre Einstellungen in Österreich erfassen zu können, stellt ein aufkommendes Phänomen dar, welches die grundsätzliche demokratische Verfasstheit des österreichischen demokratischen politischen Systems nicht infrage stellt, jedoch einen Ethnozentrismus betont und, hier ergibt sich eine Anbindung an das »klassische« Autoritarismuskonzept, Vorurteile und Ressentiments gegenüber Minderheiten bedient. Dies betrifft die einseitige Auflösung gesellschaftlicher Solidarität im Bereich des Wohlfahrtsstaates – die Verschärfung von Zugangsbedingungen, die Kürzung von Leistungen oder die Verweigerung von sozialen Sicherungsinstrumenten für zugewanderte Menschen.

Der Begriff des »new liberal dilemma« beschreibt einen solchen Schwächungsprozess gesellschaftlichen Zusammenhalts. Die Kernthese geht davon aus, dass aufgrund zunehmender Migration Gesellschaften heterogener werden, d. h. multiethnischer und/oder multikultureller, und dadurch das Sozialkapital und soziales Vertrauen sinken.[23] Im Zusammenhang mit dem Wohlfahrtsstaat bedeutet dieser Befund, dass aufgrund zunehmender gesellschaftlicher Heterogenität die gesellschaftliche Solidarität, die Bereitschaft zur Umverteilung von Ressourcen durch den Wohlfahrtsstaat, abnimmt. Der Sozialstaat kann also als institutionalisierte Form gesellschaftlicher Solidarität gesehen werden.[24] Wohlfahrtsstaatliche Instrumente sollen die Auswirkungen von Risiken, welche eine Erwerbstätigkeit einschränken oder (temporär) verhindern, abschwächen und/oder einen Einkommensverlust substituieren. Einige dieser Risiken haben gemeinsam, dass sie egalitär sind, d. h., dass aller Wahrscheinlichkeit nach alle Menschen einer Gesellschaft davon betroffen sein können, wie z. B. Krankheit oder Alter. Das bedeutet, dass Solidarität die Einsicht widerspiegelt, dass die Schicksale einer Gesellschaft miteinander verbunden sind, der Wohlfahrtsstaat stellt somit eine »extensive form of

---

22 Ein zusätzliches Konzept bildet der sogenannte »new (political) authoritarianism«, welcher sich besonders auf die Aufgabe von Freiheiten aufgrund von zunehmender Sicherheit fokussiert, d. h. dichtere Überwachungsmaßnahmen, striktere Kontrollen etc. aufgrund von (wahrgenommenen) Bedrohungen.

23 Kenneth Newton. *The New Liberal Dilemma: Social Trust in Mixed Societies*, Helsinki 2007; Marc Hooghe et. al. Ethnic Diversity and Generalized Trust in Europe: A Cross-National Multilevel Study. In *Comparative Political Studies* 42, Nr. 2 (2008), 198–223; Staffan Kumlin und Bo Rothstein. Questioning the New Liberal Dilemma: Immigrants, Social Networks, and Institutional Fairness. In *Comparative Politics* 43, Nr. 1 (2010), 63–80; Tim Reeskens und Wim van Oorschot. Disentangling the ›New Liberal Dilemma‹: On the relation between general welfare redistribution preferences and welfare chauvinism. In *International Journal of Comparative Sociology* 53, Nr. 2 (2012), 120–139.

24 Steinar Stjernø. Social democratic values in the European welfare states, In. *Culture and Welfare state: Values and Social Policy in Comparative Perspective. Hg. von* Wim van Oorschot, Michael Opielka und Birgit Pfau-Effinger, Cheltenham, UK; Northampton, MA: Edward Elgar 2008, 50–70; Paul de Beer und Ferry Koster. *Sticking together or falling apart? Solidarity in an era of individualization and globalization*, Amsterdam: Amsterdam University Press 2009.

organized solidarity«[25] dar. Der Sozialstaat kann jedoch nicht nur als institutionelle Solidarität, als Endprodukt gesellschaftlicher Einsicht gesehen werden, sondern auch als Ursache gesellschaftlichen Zusammenhaltes, wie z. B. im multiethnischen Habsburgerreich, in dem die Herausbildung wohlfahrtsstaatlicher Institutionen als Mittel gegen die zentrifugalen Tendenzen des multiethnischen Reiches gesehen wurden.[26] Diese Solidarität ist aber nicht bedingungslos und war immer an mehr oder weniger restriktive Bedingungen gebunden, wie z. B. Mitglied eines bestimmten Staates zu sein. Im Zusammenhang mit wohlfahrtsstaatlicher Umverteilung als Einlösung gesellschaftlicher Solidarität können drei Prinzipien solcher Bedingungen als zentral angesehen werden:[27]

- Leistungsprinzip: eine zeitlich vorangegangene Beitragsleistung, z. B. über Steuern oder über Beitragsleistungen. Dies entspricht dem Sozialversicherungsprinzip konservativer Wohlfahrtsstaaten.[28]
- Gleichheitsprinzip: Alle Mitglieder einer Gruppe haben Anspruch auf sozialstaatliche Leistungen unabhängig von bisherigen Beitragsleistungen. Damit soll ein möglichst gleicher Lebensstandard aller gewährleistet werden (typisch für sogenannte sozialdemokratische Wohlfahrtsstaaten).
- Bedürftigkeitsprinzip: Jene Menschen, welche Hilfe am dringendsten brauchen, sollen diese auch erhalten (das organisierende Prinzip liberaler Wohlfahrtsstaaten).

Je nachdem, wie Individuen diese drei Prinzipien für sich gewichten, können diese auf die Einstellungen bezüglich der Anspruchswürdigkeit verschiedener EmpfängerInnengruppen einwirken. Die empfundene Anspruchswürdigkeit verschiedener Menschen kann wiederum entlang von drei Dimensionen organisiert werden:[29]

25 Beer/Koster. *Sticking together or falling apart?*, 2009, 43.

26 Herbert Obinger und Stephan Leibfried und Francis G. Castles. 'Old and ›new politics‹ in federal welfare states, In. *Federalism and the welfare state: new world and European experiences* hrsg. von Herbert Obinger und Stephan Leibfried und Francis G. Castles, Cambridge; New York: Cambridge University Press 2005, 181–221.

27 Wil Arts und John Gelissen. Welfare States, Solidarity and Justice Principles: Does the Type Really Matter?. In. *Acta Sociologica* 44, Nr. 4 (2001), 283–299; James Konow. Which Is the Fairest One of All? A Positive Analysis of Justice Theories. In *Journal of Economic Literature* 41, Nr. 4 (2003), 1188–1239; Reeskens/Oorschot: *Disentangling the ›New Liberal Dilemma‹*.

28 Gøsta Esping-Andersen. *The Three Worlds of Welfare Capitalism*, Cambridge: Polity Press 1990.

29 Wim van Oorschot. Why pay for welfare? A sociological analysis of reasons for welfare solidarity. In *The Netherlands Journal of Social Sciences* 36, Nr. 1 (2000), 15–36; Wim van Oorschot. Making the difference in social Europe: deservingness perceptions among citizens of European welfare states. In *Journal of European Social Policy* 16, Nr. 1 (2006), 23–42; Wim van Oorschot. Popular deservingness perceptions and conditionality of solidarity in Europe. In: *Culture and Welfare state: Values and Social Policy in Comparative*

- Identität: der Grad der Ähnlichkeit oder kulturellen Distanz.
- Reziprozität: die Bedeutung bisheriger Beitragsleistungen.
- Kontrolle: das Ausmaß der Kontrolle, die Betroffene über ihre Situation haben oder ihnen zugeschrieben wird im Gegensatz zu unverschuldeten Situationen.

Bisherige Analysen deuten darauf hin, dass Kontrolle gefolgt von Identität die stärkste Bedeutung bei der Beurteilung von Anspruchswürdigkeit zukommt.[30]

Das Konzept des Wohlfahrtschauvinismus, d. h. die Beschränkung des Zugangs zu Sozialleistungen und/oder das Infragestellen der Anspruchswürdigkeit von MigrantInnen und AsylbewerberInnen ist eng mit der Dimension »Identität« verbunden. Der Begriff des Wohlfahrtschauvinismus fand erstmals in den 1990er-Jahren Eingang in die politikwissenschaftliche Debatte,[31] und zwar im Zusammenhang mit dem Aufkommen populistischer Parteien. Seither hat dieses Konzept in der einschlägigen Forschung zunehmend an Bedeutung gewonnen. Untersuchungen über die relative Anspruchswürdigkeit von verschiedenen EmpfängerInnen haben in nahezu allen europäischen Ländern dieselbe Reihenfolge gezeigt, bei der ImmigrantInnen die geringste Anspruchswürdigkeit zugesprochen wird, gefolgt von arbeitslosen Menschen, kranken Menschen, die Gruppe mit der höchsten zugeschriebenen Anspruchswürdigkeit sind alte Menschen.[32]

Besonders seit dem Beginn der Flüchtlingskrise im Jahr 2015 wurden auch in Österreich politische Forderungen nach restriktiveren sozialpolitischen Regulierungen laut,[33]

Perspective. hrsg. von Wim van Oorschot, Michael Opielka und Birgit Pfau-Effinger, Cheltenham, UK; Northampton, MA: Edward Elgar 2008, 268–288; Carsten Jensen und Michael Bang Petersen: The Deservingness Heuristic and the Politics of Health Care. In *American Journal of Political Science* 61, Nr. 1 (2017), 68–83.

30 Oorschot. *Why pay for welfare? A sociological analysis of reasons for welfare solidarity*; Oorschot: *Making the difference in social Europe*; Oorschot: *Popular deservingness perceptions and conditionality of solidarity in Europe*; Wim van Oorschot und Bart Meuleman. Welfare Performance and Welfare Support. In: Svallfors, Stefan (Hg.): *Contested Welfare States. Welfare Attitudes in Europe and Beyond*, Stanford: Stanford University Press 2012,25–57; Wim van Oorschot und Bart Meuleman: Welfarism and the multidimensionality of welfare state legitimacy: Evidence from The Netherlands, 2006. In *International Journal of Social Welfare* 21, Nr. 1 (2012), 79–93.

31 Jørgen Goul Andersen und Tor Bjørklund. Structural Change and New Cleavages: The Progress Parties in Denmark and Norway. In *Acta Sociologica* 33, Nr. 3 (1990), 195–217.

32 Wim van Oorschot. Who should get what, and why? On deservingness criteria and the conditionality of solidarity among the public. In *Policy & Politics* 28, Nr. 1 (2000), 33–48; Oorschot. *Popular deservingness perceptions and conditionality of solidarity in Europe*.

33 Selbstverständlich ist dies in Österreich kein neues Phänomen und taucht im öffentlichen Diskurs seit Ende der 1980er-Jahre immer wieder auf und war mitunter auch treibender Faktor für das fünfjährige Moratorium der Arbeitsfreizügigkeit im Rahmen der EU-Osterweiterungen 2004 und 2007.

sowohl für Flüchtlinge[34] als auch für EU-MigrantInnen.[35] Wohlfahrtschauvinismus bedeutet nun, dass die Anspruchsberechtigungen für Sozialleistungen nicht mit vorhergehenden Versicherungsleistungen oder mit dem Wohnort verknüpft sind, sondern mit der Herkunft eines Menschen. Die Restriktion von Sozialleistungen für MigrantInnen ist in Österreich nur für wenige Teilleistungen sinnvoll, wie z. B. die bedarfsorientierte Mindestsicherung. Im Fall einer nach dem Versicherungsprinzip ausgestalteten Leistung, wie z. B. dem Arbeitslosengeld, müssen die entsprechenden Erwerbszeiten erfüllt werden, unabhängig davon, ob Inländer oder Ausländer. Jedoch ungeachtet der gesetzlichen Grundlagen ist es im Zusammenhang mit autoritären Einstellungen wesentlich, ob in der Gesellschaft die Bereitschaft zur Aufkündigung der gesellschaftlichen Solidarität gegenüber MigrantInnen vorhanden ist.

Die Untersuchung wohlfahrtschauvinistischer Einstellungen ermöglicht die (leider nur) indirekte Verknüpfung von gesellschaftlicher/normativer Bedrohung und der Aktivierung autoritärer Einstellungen und autoritären Verhaltens. Verkürzt dargestellt: Die wahrgenommene gesellschaftliche Bedrohung erfolgt durch die Flüchtlingsbewegungen in Europa besonders in den Jahren 2015 und 2016. Für diesen Zeitraum stehen Daten der Welle 7 der Europäischen Sozialstudie (ESS) zur Verfügung. Die normative Bedrohung baut auf dem Narrativ der inkompetenten politischen Führung in Bezug auf die Sicherung nationalstaatlicher Grenzen auf und der wahrgenommenen unterschiedlichen Behandlung von ÖsterreicherInnen (in-group) und Flüchtlingen (out-group) besonders auch bezogen auf die Zuerkennung von Sozialleistungen und/oder Unterstützungszahlungen. Wohlfahrtschauvinismus stellt somit eine besondere Art von Vorurteil und Diskriminierung von (ethnischen) Minderheiten dar. Dieses Fallbeispiel verdeutlicht auch die Vielschichtigkeit und Multidimensionalität des Begriffes Autoritarismus, ein Umstand, welcher häufig beklagt wurde, jedoch auch die Wandelbarkeit eines Konzeptes befördert.

Die Darstellung autoritärer Einstellungen orientiert sich an nachfolgender Analyseskizze: Menschen verfügen über eine mittelfristig stabile Grundhaltung auf einer liberal-autoritären-Dimension. Durch reale oder wahrgenommene gesellschaftliche oder normative Bedrohungen werden autoritäre Einstellungen aktiviert und/oder verstärkt und können zu autoritären Handlungen führen (Teilnahme an gesellschaftlichen Diskursen bis hin zu gewalttätigen Auseinandersetzungen). Diese Einstellungen und/oder Haltungen können unter den Kategorien ethnische, politische und moralische Intoleranzen zusammengefasst werden. Da jedoch diese Kategorisierung die Dimension der autoritären Unterwürfigkeit, wie sie im Rahmen der autoritären Per-

34 https://kurier.at/politik/inland/kurz-will-mindestsicherung-fuer-fluechtlinge-kuerzen/284.214.006 (Zugriff am 08.11.2017).

35 http://diepresse.com/home/innenpolitik/5186223/Keine-Sozialleistung-fuer-EUBuerger (Zugriff am 08.11.2017).

sönlichkeit angesprochen wurde, nicht umfasst, erfolgt die folgende Darstellung autoritärer Einstellungen zuzüglich der Kategorie »autoritäre Unterwürfigkeit«. Damit sind alle Einstellungen gemeint, welche die Unterordnung eines Individuums unter die Normen und in das Wertegerüst einer bestimmten Gruppe ermöglichen, wie z. B. die Ausübung von Traditionen, die Unterordnung innerhalb bestimmter hierarchischer Herrschaftsordnungen etc. Generell ist die Einordnung bestimmter Daten in dieses Kategorienschema nicht immer einfach, daher muss ein Kompromiss gefunden werden, wie z. B. bei der Frage, wie sehr Menschen anderen Menschen vertrauen. Diese Einstellungen sind zum einen wichtig, da sie die Grundlage für Parlamentarismus und demokratische Aushandlungsmuster bilden, damit wären diese Daten in der Kategorie »politische Intoleranz« zu verorten. Diese Einstellungen können aber auch Ausgangspunkt für die Unterordnung in bestehende Machtstrukturen sein und wären damit in der Kategorie »autoritäre Unterwerfung« einzuordnen.

Die empirische Darstellung autoritärer Persönlichkeit und der autoritären Dynamik

Wie bereits erwähnt ist die Datenlage zu autoritären Einstellungen der österreichischen Bevölkerung in den ersten drei Jahrzehnten der Zweiten Republik ausgesprochen spärlich.[36] Dieser Umstand hat mehrere Ursachen, von denen hier zwei davon angeführt werden sollen. Zum einen ist dies auf die spezifisch österreichische Ausprägung der politischen Kultur in den »langen Fünfzigerjahre«[37] zurückzuführen, zum anderen wurden Daten zu autoritären Einstellungen in Österreich erst im Zusammenhang mit der Forschung zur politischen Kultur[38] erhoben, welche in Österreich erst in den späten 1970er-Jahren einsetzt. In den folgenden Abschnitten wird auf diese beiden wichtigen Ursachen der spezifischen österreichischen Kultur genauer eingegangen.

---

36 Peter A. Ulram. *Hegemonie und Erosion: politische Kultur und politischer Wandel in Österreich*, Wien: Böhlau 1990; Marcello Jenny. Demokratieverständnis in Österreich: Zum Stand der Umfrageforschung. In Manuela Delpos und Birgitt Haller (Hg.). *Demokratietheorie und Demokratieverständnis in Österreich.* Wien: Passagen Verlag 2001; Oliver Rathkolb. *Die paradoxe Republik: Österreich 1945 bis 2015*, Wien: Paul Zsolnay Verlag 2015.

37 Werner Abelshauser. *Die langen fünfziger Jahre: Wirtschaft und Gesellschaft der Bundesrepublik Deutschland, 1949–1966*, Düsseldorf: Schwann 1987; Roman Sandgruber. *Ökonomie und Politik: österreichische Wirtschaftsgeschichte vom Mittelalter bis zur Gegenwart*, Wien: Ueberreuter 1995.

38 Gabriel A. Almond. *Comparative Political Systems.* In *Journal of Politics* 18, Nr. 2 (1956), 391–409; Gabriel A. Almond und Sidney Verba. *The Civic Culture*, Princeton: Princeton University Press 1963; Ernst Hanisch. *Der lange Schatten des Staates: österreichische Gesellschaftsgeschichte im 20. Jahrhundert*, Wien: Ueberreuter 1994, 337 ff.

Die Formationsphase der österreichischen politischen Kultur

Nach 1945 haben sich die handlungsfähigen Nachfolger der beiden großen Lager der Zwischenkriegszeit, SPÖ und ÖVP, gemeinsam mit der KPÖ in der Provisorischen Staatsregierung unter Karl Renner zusammengeschlossen. Nach dem verheerenden Wahlergebnis der KPÖ bei den ersten Nationalratswahlen im November 1945 und eines fortschreitenden Isolationsprozesses aufgrund des sich verschärfenden Ost-West-Konfliktes war die KPÖ ab 1947 nicht mehr Bestandteil der Allparteien-Koalition. Das Lager der Deutschnationalen, welches sich zum großen Teil in der NSDAP konzentriert hatte, war handlungsunfähig, da es sowohl vom aktiven als auch vom passiven Wahlrecht ausgeschlossen war. Dieser Umstand änderte sich zum einen 1949 mit der Gründung des »Verbandes der Unabhängigen« (VdU) und zum anderen mit dem Werben der beiden Großparteien um die Stimmen der sogenannten »Ehemaligen«. Zu diesem Zeitpunkt waren die Grundsteine für zwei wichtige Charakteristika der Zweiten Republik in Österreich gelegt:

Erstens eine Instrumentalisierung der ›Moskauer Deklaration‹ und die damit verbundene Opferthese Österreichs.[39] »Wenn alle verbrecherischen Aspekte des NS-Regimes nach außen, nach Deutschland projiziert werden konnten, musste es als geboten erscheinen, die Fragen nach der Verantwortung für dieses Regime in Österreich selbst erst gar nicht zu stellen.«[40] Die beiden großen politischen Parteien warben um die Stimmen ehemaliger NSDAP-Mitglieder, was das Verdrängen der NS-Vergangenheit nochmals verstärkte.[41] Dieses freiwillige Miteinander und gleichzeitige Abgrenzen der beiden großen Lager bildet die Basis für die Proporz- bzw. Konkordanzdemokratie zu Beginn der Zweiten Republik.

39 Vgl. z.B. Heidemarie Uhl. Das »erste Opfer«. Der österreichische Opfermythos und seine Transformationen in der Zweiten Republik. In *Österreichische Zeitschrift für Politikwissenschaft* 30, Nr. 1 (2001), 19–34.

40 Anton Pelinka. Die geänderte Funktionalität von Vergangenheit und Vergangenheitspolitik. Das Ende der Konkordanzdemokratie und die Verschiebung der Feindbilder. In *Österreichische Zeitschrift für Politikwissenschaft* 30, Nr. 1 (2001), 35–47.

41 Thomas Albricht. *Holocaust und Schuldabwehr. Vom Judenmord zum kollektiven Opferstatus*. Bd. 2, Wien: Böhlau 1997, 39–105; Heidemarie Uhl. Das »erste Opfer«. Der österreichische Opfermythos und seine Transformationen in der Zweiten Republik. *In Österreichische Zeitschrift für Politikwissenschaft* 30, Nr. 1 (2001), 19–34.; Brigitte Bailer-Galanda. Hoch klingt das Lied vom »kleinen Nazi«. Die politischen Parteien Österreichs und die ehemaligen Nationalsozialisten. In *Themen der Zeitgeschichte und der Gegenwart. Arbeiterbewegung – NS-Herrschaft – Rechtsextremismus. Ein Resümee aus Anlass des 60. Geburtstags von Wolfgang Neugebauer* hrsg. von Dokumentationsarchiv des Österreichischen Widerstandes. Wien: DÖW 2004, 120–135; Winfried R. Garscha. Entnazifizierung, Volksgerichtsbarkeit und die »Kriegsverbrecherprozesse« der sechziger und siebziger Jahre, In. *Österreich. 90 Jahre Republik. Beitragsband zur Ausstellung im Parlament*. hrsg. von Stefan Karner und Lorenz Mikoletzky, Innsbruck: StudienVerlag 2008, 127–138.

> Die Herrschaftsfrage in einer fragmentierten Gesellschaft, charakterisiert durch miteinander konkurrierende, nebeneinander existierende Subsysteme (und den entsprechenden politischen Subkulturen) kann also auf höchst unterschiedliche Weise beantwortet werden: zum einen (im Österreich der Ersten Republik) als ein jederzeit aufkündbares Provisorium, zum anderen (im Österreich der Zweiten Republik) als ein auf Dauer angelegtes Arrangement.[42]

Dieses Vorgehen der politischen Eliten und/oder der beiden großen politisch-weltanschaulichen Lager, nämlich die Verdrängung der nationalsozialistischen Vergangenheit bestimmter Teile der österreichischen Bevölkerung, kann aus Sicht des Individuums auch mit den Konzepten von Detlef Oesterreich[43] als »autoritäre Reaktion« interpretiert werden, da eine Flucht vor einer drohenden Gefahr in die Arme Schutz anbietender Eliten und/oder in den Schutz des kollektiven Opferstatus erfolgt.[44] Dieser Elitenkonsens und die Aufrechterhaltung der Opferthese wurden über vier Jahrzehnte lang in der österreichischen Öffentlichkeit niemals ernsthaft infrage gestellt. Und auch die Sichtweise, dass diese »Lebenslüge« der Zweiten Republik einen Teil der Basis des institutionalisierten Elitenkonsenses, d.h. der Sozialpartnerschaft bzw. der österreichischen Version des Neokorporatismus bildet, findet man in der Literatur nur selten.[45] Michael Pollak spricht das gegenseitige Misstrauen von SPÖ und ÖVP als Grundlage der Errichtung der Sozialpartnerschaft explizit an:

> Die historische und psychologische Begründung der Sozialpartnerschaft könnte weniger als positives Lernen aus der Vergangenheit dargestellt werden, als vielmehr als Wille der gegenseitigen permanenten Kontrolle, die in einer tiefsitzenden Angst des politischen Gegners begründet ist. Der Hinweis auf die gemeinsame Unterdrückung durch die Nazis wäre dann nicht zuletzt eine Teilrationalisierung im psycho-analytischen Sinne, die der Abwehr der Einsicht in die volle Realität dient.[46]

---

42 Anton Pelinka. Die Politik der politischen Kultur. In *Österreichische Zeitschrift für Politikwissenschaft* 35, Nr. 3 (2006), 225–235.

43 *Autoritäre Persönlichkeit und Gesellschaftsordnung*; *Flucht in die Sicherheit*; *Flight into Security*.

44 Albricht. *Holocaust und Schuldabwehr. Vom Judenmord zum kollektiven Opferstatus*.

45 Indirekt angesprochen bei Anton Pelinka. *Austria: out of the shadow of the past*, Boulder, Colorado: Westview Press 1998 (Nations of the modern world), 107 ff.; aber auch Barbara Kaindl-Widhalm. *Demokratien wider Willen? Autoritäre Tendenzen und Antisemitismus in der 2. Republik*, Wien: Verlag für Gesellschaftskritik 1990, 15 ff.

46 Michael Pollak. *Vom Konflikt- zum Kompromissverhalten. Die Sozialpartnerschaft als Sozialisationsmittel politischen Handelns*, Nr.3 special (1979), 376–382.

Es sollte dann auch in weiterer Folge die Singularität der NS-Herrschaft in Österreich und die Opferrolle Österreichs betont werden. Die autoritäre Periode zwischen 1934 und 1938 hingegen wurde verschwiegen und verdrängt.

Zweitens, die Errichtung der institutionellen Grundlagen eines umfassenden Elitenkonsenses, welcher den politischen Stil des Nachkriegsösterreich über Jahrzehnte prägen sollte und welcher in der spezifisch österreichischen Spielart des (Neo-)Korporatismus[47], der Sozialpartnerschaft, seine Vollendung fand.[48] Der Österreichische Gewerkschaftsbund wurde 1945 gegründet und erhielt 1947 das Kollektivvertragsrecht, welches seine dominante Rolle im Bereich der ArbeitnehmerInnenvertretung fundiert.[49] Mit dem Handelskammergesetz 1946 wurde die Wirtschaftskammer (WKO) neu konstituiert,[50] 1945/46 wurde die Arbeiterkammer (AK) wieder eingeführt und 1946 hat sich die Industriellenvereinigung neu organisiert, die Präsidentenkonferenz der Landwirtschaftskammern wurde ebenfalls 1946 wieder installiert.[51] Gemeinsam mit den bereits bestehenden Parteien SPÖ und ÖVP bildeten diese Interessensgruppen und Verbände die Sozialpartnerschaft, welche besonders in der Form der Paritätischen Kommission sichtbar agierte und zwischen 1947 und 1951 fünf Lohn- und Preisabkommen verhandelte.[52]

Dieser umfassende Elitenkonsens, welchen ein Großteil der Bevölkerung akzeptierte, reichte bis in die 1970er-Jahre und besonders das Konstrukt der Sozialpart-

---

47 Die Basis für das korporatistische Wirtschaftssystem in Österreich bildete die 1946 mit dem ersten Verstaatlichungsgesetz einsetzende Verstaatlichung wichtiger Industriezweige, wie z. B. Eisen und Stahlindustrie, Chemie- und Erdölindustrie, das Bankenwesen und Werften, 1947 wurde auch die Elektrizitätswirtschaft hinzugefügt. Ernst Bruckmüller. *Sozialgeschichte Österreichs*, 2. Aufl., Wien: Verl. für Geschichte und Politik 2001, 436 ff.

48 Vgl. z. B. Anton Pelinka. *Die geänderte Funktionalität von Vergangenheit und Vergangenheitspolitik. Das Ende der Konkordanzdemokratie und die Verschiebung der Feindbilder.*

49 Vgl. z. B. Ferdinand Karlhofer. Arbeitnehmerorganisationen. In: *Politik in Österreich. Das Handbuch* hrsg. von Herbert Dachs u. a., Wien: Manz 2006, 462–479.

50 Vgl. z. B. Marcel Fink. Unternehmerverbände, In: *Politik in Österreich. Das Handbuch* hrsg. von Herbert Dachs u. a., Wien: Manz 2006, 443–461.

51 Vgl. z. B. Josef Krammer und Gerhard Hovorka. Interessenorganisation der Landwirtschaft: Landwirtschaftskammern, Präsidentenkonferenz und Raiffeisenverband. In: *Politik in Österreich. Das Handbuch* hrsg. von Herbert Dachs u. a., Wien: Manz 2006, 462–479.

52 Emmerich Tálos und Bernhard Kittel. Sozialpartnerschaft – Zur Konstituierung einer Grundsäule der Zweiten Republik. In *Österreich 1945-1955. Gesellschaft Politik Kultur* hrsg. von Reinhard Sieder und Heinz Steinert und Emmerich Tálos, Wien: Verlag für Gesellschaftskritik 1996, 107–121; Anton Pelinka. *Die geänderte Funktionalität von Vergangenheit und Vergangenheitspolitik. Das Ende der Konkordanzdemokratie und die Verschiebung der Feindbilder*; Emmerich Tálos. *Vom Vorzeige- zum Auslaufmodell? Österreichs Sozialpartnerschaft 1945 bis 2005*. In *Sozialpartnerschaft. Österreichische und Europäische Perspektiven* hrsg. von Ferdinand Karlhofer und Emmerich Tálos, Wien: LIT Verlag 2005, 185–216; Emmerich Tálos. *Sozialpartnerschaft: ein zentraler politischer Gestaltungsfaktor in der Zweiten Republik*, Innsbruck: StudienVerlag 2008.

nerschaft fand hohe Zustimmung bei entsprechenden Umfragen. Dieser Stellenwert des Elitenkonsenses kann folgendermaßen kursorisch umrissen werden:

- Die beiden großen Parteien, SPÖ und ÖVP, welche in dieses System eingebunden waren, bekamen bis zum Beginn der 1980er-Jahre um die 90 Prozent aller Wählerstimmen (1975: 93,4 %).
- Ein ausgesprochen hoher gewerkschaftlicher Organisationsgrad mit Werten über 60 Prozent zwischen 1950 und 1970, dieser war in Westeuropa nur in Schweden höher.[53]
- Ausgesprochen niedrige Streikintensität.
- Hohe Beliebtheit der Sozialpartnerschaft (s. u.).
- Bereitschaft der ArbeitnehmerInnen zu Lohnverzicht im Sinne einer geringeren Gehaltssteigerung verglichen mit der Preissteigerung, auch bei generell ungünstigen wirtschaftlichen Rahmenbedingungen.[54]
- Hohes Maß an Vertrauen in die politischen Eliten (s. u.).
- Geringes Vertrauen in die eigene Fähigkeit, politische Prozesse zu beeinflussen (s. u.).

Dieser Elitenkonsens ist jedoch auch Ausdruck dafür, dass die beiden Großparteien gar kein Interesse daran hatten, das Ausmaß und die Qualität von autoritären Einstellungen in der österreichischen Bevölkerung zu erheben. Besonders nach der Wahl zum Nationalrat 1945 trachteten SPÖ und ÖVP danach, einen möglichst hohen Anteil der Ehemaligen, welche 1945 kein Wahlrecht hatten, für sich zu gewinnen und möglichst schnell wieder in die Gesellschaft einzugliedern. Diese »Umklammerung« der Bevölkerung durch die beiden großen weltanschaulichen Lager mithilfe der Sozialpartnerschaft und der Großen Koalition ist nun kein Mittel, um die Perioden autoritärer Herrschaft und die Mitwirkung und/oder Betroffenheit der österreichischen Bevölkerung zu thematisieren oder gar aufzuarbeiten.

> Der demokratische Konsens war daher in der Nachkriegszeit auf die politischen Eliten beschränkt, der nationale Konsens war ein »Konsens des Ausklammerns«, in dem jene Bereiche, in denen die Diskrepanz eskalieren könnte, ausgeklammert, tabuisiert wurden. Das fehlende Demokratieverständnis an der Basis als Grundlage nationaler Eini-

53 Zit. nach Ferdinand Karlhofer und Hubert Sickinger. Korporatismus und Sozialpakte im europäischen Vergleich. In *Zukunft der Sozialpartnerschaft. Veränderungsdynamik Reformbedarf* hrsg. von Ferdinand Karlhofer und Emmerich Tálos, Wien: Signum 1999, 241–276.

54 Fritz Weber. Österreichs Wirtschaft in der Rekonstruktionsperiode nach 1945. In *zeitgeschichte* 14, Nr. 7 (1986), 267–298.

gung wurde durch Ersatzintegrationsideologien (Antikommunismus, Österreichideologie, Wiederaufbauideologie) kompensiert.[55]

Diese hohe Organisationsdichte und die dazugehörigen Patronagestrukturen stabilisierten das österreichische politische System und ermöglichten in weiterer Folge eine hohe Partizipationsrate und reduzierten offene gesellschaftliche Konflikte.

In Österreich setzt die politische Kulturforschung[56] mit den späten 1960er-Jahren ein. Das sozialwissenschaftliche Konzept der politischen Kultur wurde zuerst von Gabriel Almond[57] eingeführt und von Almond/Verba[58] weiterentwickelt. Unter politischer Kultur[59] werden das Verhältnis zwischen Gesellschaft und Eliten sowie das Verhältnis zwischen der Gesellschaft und der institutionellen Ausgestaltung eines politischen Systems verstanden. Auf der Ebene des Individuums konzentriert sich dieses Konzept auf politische Orientierungen und Einstellungen, diese können wiederum eine kognitive, affektive und bewertende Dimension aufweisen.[60] Das bedeutet, dass politische Kultur sich fortlaufend verändert, somit ständig aufgrund von politischen Entscheidungen, vorhergehender politischer Geschehnisse sowie Erfahrungen mitgeformt wird. Jedes politische System erfüllt eine Sozialisationsfunktion[61] für die Gesellschaft, welche wiederum durch diese verändert wird. Politisches System und die politischen Einstellungen und das politische Verhalten der Gesellschaft sind in einem ständigen Wechselspiel, welches als politische Kultur einer Gesellschaft bezeichnet werden kann. Politische Kultur hat immer eine vertikale und eine horizontale Dimension: Die Erste beschreibt das Verhältnis zwischen Eliten und Gesellschaft und die Zweite das Zusammenspiel zwischen verschiedenen Teilen einer Gesellschaft, z. B. links und rechts.[62] Almond/Verba[63] entwickelten ein Kategorisierungsschema von Idealtypen politischer Kultur:[64]

---

55 Kaindl-Widhalm. *Demokratien wider Willen? Autoritäre Tendenzen und Antisemitismus in der 2. Republik*, 93.

56 Die erste veröffentlichte Arbeit zur politischen Kultur erschien 1967 und stammte von dem deutschen Politikwissenschaftler Gerhard Lehmbruch (Lehmbruch 1967; siehe auch Steiner 1972).

57 *Comparative Political Systems.*

58 *The Civic Culture.*

59 Der Begriff der politischen Kultur, wie er in der Sozialwissenschaft verwendet wird, darf nicht verwechselt werden mit dem Verständnis einer politischen Kultur, welcher im tagespolitischen Diskurs verwendet wird und auf den Stil des Umganges zwischen verschiedenen politischen AkteurInnen abzielt.

60 Vgl. Pelinka. *Die Politik der politischen Kultur*, 226.

61 Diese Sozialisationsfunktion kann naturgemäß sowohl von den Eliten als auch der Gesellschaft beeinflusst werden. Eine interessante Frage, welcher hier nicht weiter nachgegangen werden kann, ist, wie die Machtverhältnisse in Bezug auf diese Sozialisationsfunktion aussehen, z. B. liegt diese vorrangig beim Staat oder sind auch andere Institutionen wie z. B. die Kirche oder Medien involviert?

62 Pelinka. *Die Politik der politischen Kultur*, 226.

63 *The Civic Culture.*

64 Almond/Verba. ebd. gingen davon aus, dass eine Mischung aus diesen drei Idealtypen politischer Kultur die Stabilität eines politischen Systems maximiert.

- Die vormoderne parochiale politische Kultur weist keine Beziehung zum politischen System auf.
- Die Untertanenkultur ist vorrangig am Output des politischen Systems interessiert.
- Die partizipative politische Kultur beschreibt eine Gesellschaft, welche aktiv am politischen Geschehen teilnimmt.

Rufen wir uns die erwähnten Charakteristika der formativen Phase der österreichischen politischen Kultur in Erinnerung, so weist diese einen hohen Anteil an Untertanenkultur auf. Der umfassende Elitenkonsens resultierte aus einer ausgesprochen geringen Konfliktbereitschaft der gesellschaftlichen Subsysteme, d. h. der politisch-weltanschaulichen Lager, welche entlang der »cleavages« Klasse und Religion weitgehend voneinander abgrenzbar waren. Diese politisch-weltanschaulichen Lager haben über die Sozialisationsfunktion des politischen Systems hinaus stabile Loyalitäten der jeweils eigenen Wählerschaft erzeugt. Manfried Welan formuliert diesen Umstand in mehr essayistischer Form:

> Diese obrigkeitsgläubige Einstellung zur Politik erwartet von Staat, Regierung und Bürokratie weit mehr, als diese geben können. Sie bereitet den Boden für unglaubliche Anhänglichkeit und Abhängigkeit. [...] Sie fragt nach der zuständigen Autorität und nicht nach der freien Individualität. [...] Die private, passive Freiheit ist dem Volk noch immer wichtiger als die politische, aktive Freiheit.[65]

Zu diesem Befund kommt jedoch auch die einschlägige wissenschaftliche Literatur.

> Zu den weiterwirkenden Traditionsbeständen zählen ferner ein verbreitetes obrigkeitsstaatliches Denken und ein hohes Ausmaß an Autoritätsgläubigkeit. Dies betrifft nicht nur das Verhältnis der Bevölkerung zur staatlichen Verwaltung und das Selbstverständnis letzterer, sondern auch die Beziehungen zwischen Partei- und Verbandsbasis und den jeweiligen Führungsgruppen. Es dominieren Gefühle mangelnder individueller politischer Kompetenz und geringer Durchsetzungsfähigkeit – das politische Geschehen erscheint dem einzelnen nur wenig beeinflußbar.[66]

Im Folgenden wird auf verschiedene Aspekte autoritärer Unterwürfigkeit (aus der Forschung zu politischer Kultur) und den Dimensionen autoritärer Einstellungen

---

65 Manfried Welan. Hat sich die politische Kultur Österreichs gewandelt? In *Österreich auf dem Weg zur Demokratie? Aufmerksame Beobachtungen aus einem halben Jahrhundert* hrsg. von Alfred Noll, Wien: Böhlau 2012, 197–220.

66 Fritz Plasser und Peter A. Ulram (Hg.). *Staatsbürger oder Untertanen? Politische Kultur Deutschlands, Österreichs und der Schweiz im Vergleich*, Frankfurt am Main; New York: P. Lang 1991, 106.

und Verhaltensweisen – ethnische, politische und moralische Intoleranz – eingegangen und jeweils versucht, Daten für eine möglichst lange Zeitreihe zu präsentieren, um Veränderungen im Verlauf der Zweiten Republik sichtbar zu machen. Wie bereits erwähnt liegt besonders die formative Phase im empirischen Dunkel aufgrund unzureichender Umfragedaten. Hier werde ich verschiedene punktuelle Umfragen präsentieren, welche einzelne Aspekte autoritärer Einstellungen näher beleuchten werden.

Autoritäre Unterwürfigkeit: Lagerbindung, Partizipation, Elitenvertrauen (Sozialpartnerschaft), politische Effektivität

Im Verlauf der 1950er-Jahre war die Integrationskraft der beiden großen politisch-weltanschaulichen Lager ausgesprochen stark.[67] Die Parteibindung erreichte bei beiden Großparteien Werte über 80 Prozent der deklarierten WählerInnen. Die affektive Parteibindung, d.h., Menschen identifizieren sich mit dieser Partei, beträgt bei der ÖVP 85 Prozent aller deklarierten WählerInnen und bei der SPÖ 89 Prozent. Und auch die konative Parteibindung, d.h. jener Anteil an deklarierten WählerInnen, welche sich als StammwählerInnen bezeichnen, ist hoch: 82 Prozent der ÖVP-WählerInnen sind StammwählerInnen dieser Partei und 81 Prozent der SPÖ-WählerInnnen.

In % der deklarierten Wähler	ÖVP	SPÖ
a) sind Angehörige der sozialen Kerngruppe der Partei (Beruf: Arbeiter-SPÖ, Selbstständige/Landwirte-ÖVP), (1955)	43	39
b) sind Angehörige der sozialen Kernschichte der Partei (leben in Arbeiterhaushalten-SPÖ, Selbstständigen-/Landwirtehaushalten-ÖVP), (1961)	57	75
c) gehen sonntags regelmäßig in die Kirche, (1955)	67	15
d) identifizieren sich mit einer Partei (affektive Parteibindung), (1954)	85	89
d) sind deklarierte Stammwähler (konative Parteibindung), (1954)	82	81

Tabelle 1: Indikatoren der Lagerbindung in den 1950er-Jahren

Die Parteiidentifikation nimmt zwischen den 1950er-Jahren und Mitte der 1990er-Jahre kontinuierlich ab. Bis Ende der 1960er-Jahre haben sich bis zu 75 Prozent der wahlberechtigten Personen mit einer bestimmten Partei identifiziert und waren in deren Lagerkulturen eingebunden. Diese Lagerbindung umfasst eine starke Verankerung politisch-weltanschaulicher Milieus aufgrund sozioökonomischer Berufslagen und damit einhergehend eine Einbindung in die entsprechenden Inter-

67 Daten aus Ulram: *Hegemonie und Erosion*, 65.

essensvertretungen und politischen Vorfeldorganisationen. Diese engen politisch-weltanschaulichen Verflechtungen beginnen mit den 1970er-Jahren und dem damit einhergehenden sozialen Wandel – wirtschaftlicher Aufschwung, Individualisierung und Pluralisierung, Entwicklung zu einer postindustriellen Gesellschaft etc. – abzunehmen.[68] Damit ist auch die Möglichkeit eröffnet, dass andere Parteien als die beiden alten Großparteien vermehrt WählerInnen an sich binden und/oder neue Parteien entstehen können, welche neue Themen aufgreifen und somit Wählerschichten ansprechen können (siehe Grafik 1[69]).

In der Mitte der 1990er-Jahre beginnt die Parteiidentifikation jedoch wieder zuzunehmen, dies wird als »realignment« bezeichnet, d.h. ein Wiedererstarken konativer Parteibindungen. Dieser Effekt ist weitgehend auf das Erstarken der FPÖ seit der Parteiübernahme durch Jörg Haider am Innsbrucker Parteitag 1986 – und nachfolgend der Verfolgung einer rechtspopulistischen Strategie – zurückzuführen. Weiter erfolgt in den 1980er-Jahren eine, wie Anton Pelinka es bezeichnet, »Entaustrifizierung Österreichs«[70]. Damit ist eine Angleichung des politischen Systems Österreichs an andere westliche politische Systeme gemeint, d.h. analog zu anderen europäischen Ländern emanzipiert sich die Gesellschaft zunehmend vom politischen System. Die wichtigsten Entwicklungen betreffen eine Abkehr von der Hyperstabilität des österreichischen politischen Systems in Hinblick auf das WählerInnenverhalten, die Abkehr vom echten Zweiparteiensystem (FPÖ und Einzug der Grünen), eine Abschwächung der Bedeutung der Sozialpartnerschaft und eine zunehmende Internationalisierung der österreichischen Wirtschaft (Abkehr vom Austro-Keyne-

---

68 Fritz Plasser. *Parteien unter Stress: zur Dynamik der Parteiensysteme in Österreich, der Bundesrepublik Deutschland und den Vereinigten Staaten*, Wien: Böhlau 1987; Fritz Plasser. Das österreichische Parteiensystem zwischen Erosion und Innovation. Eine empirische Langzeitanalyse. In. *Das Österreichische Parteiensystem* hrsg. von Anton Pelinka und Fritz Plasser, Wien: Böhlau 1988, 53–78; Fritz Plasser, Peter A. Ulram und Alfred Grausgruber. The Decline of »Lager Mentality« and the New Model of Electoral Competition in Austria. In. *Politics in Austria: Still a Case of Consociationalism* hrsg. von Kurt R. Luther und Wolfgang C. Müller, London: Frank Cass 1992, 16–44.

69 Daten aus Ulram. *Hegemonie und Erosion*, 75; Plasser/Ulram/Grausgruber. *The Decline of »Lager Mentality« and the New Model of Electoral Competition in Austria*, 25; Wolfgang C. Müller, Fritz Plasser und Peter A. Ulram. Schwäche als Vorteil. Stärke als Nachteil. Die Reaktion der Parteien auf den Rückgang der Wählerbindungen in Österreich. In. *Parteien auf komplexen Wählermärkten. Reaktionsstrategien politischer Parteien in Westeuropa* hrsg. von Peter Mair, Wolfgang C. Müller und Fritz Plasser, Wien: Signum 1999, 201–245; Fritz Plasser und Peter A. Ulram. *Das österreichische Politikverständnis: von der Konsens- zur Konfliktkultur?*, Wien: WUV, Universitätsverlag 2002, 88; Fritz Plasser, Fritz und Gilg Seeber. The Europeanization of Austrian Political Culture: Austrian Exceptionalism Revisited. In. *Global Austria. Austria's Place in Europe and the World* hrsg. von Günther Bischof und Fritz Plasser, New Orleans: UNO Press 2011, 212–237; Fritz Plasser und Franz Sommer. *Wahlen im Schatten der Flüchtlingskrise*, Wien: Facultas 2018, 20.

70 Anton Pelinka. Die Entaustrifizierung Österreichs: Zum Wandel des politischen Systems 1945–1995. In. *Österreichische Zeitschrift für Politikwissenschaft* 24, Nr. 1 (1995), 5–16.

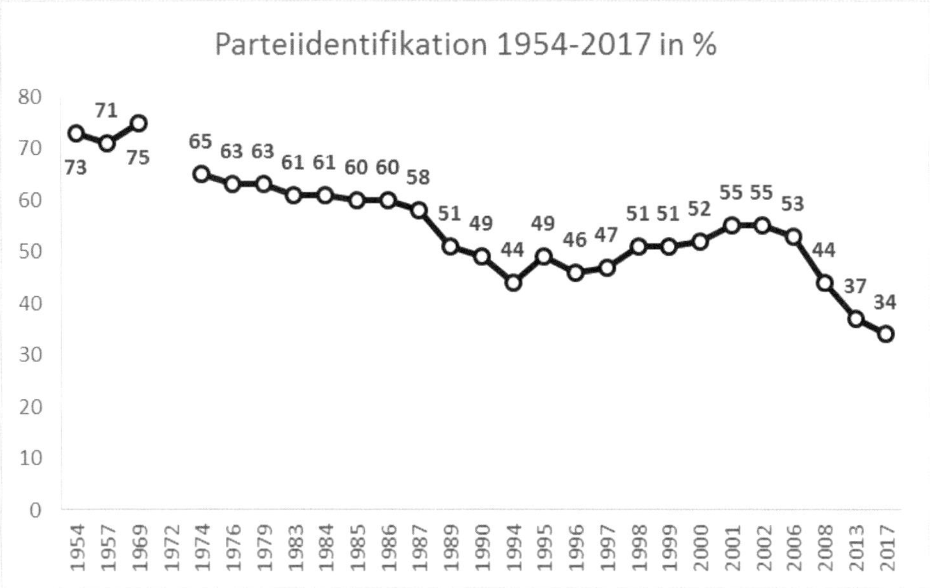

Grafik 1: Parteiidentifikation 1954–2008

sianismus, Krise der verstaatlichten Industrie, Hinwendung zu Europa, Globalisierung etc.) und der Zusammenbruch der real-sozialistischen Systeme.[71] Erst mit den vorgezogenen Wahlen im Jahr 2002 nach der Regierungsauflösung aufgrund des FPÖ-Parteitages in Knittelfeld beginnt wieder ein Rückgang der Parteiidentifikation wegen der hohen Verluste der FPÖ. Es kann jedoch aufgrund der nachfolgenden Wahlerfolge der FPÖ – sie erreichte bei der NR-Wahl 2013 wieder über 20 Prozent und bei der NR-Wahl 2017 26 Prozent der WählerInnenstimmen – nicht von einem neuerlichen Prozess des »realignment« ausgegangen werden, da das Wahlverhalten ausgesprochen volatil ist und (vorläufig) keine dauerhaften Parteibindungen entstehen. Der Anteil der WählerInnen, welche sich mit einer bestimmten Partei identifizieren, hat sich zwischen 1954 und 2014 nahezu halbiert und beträgt jetzt rund 42 Prozent.

Der Verlauf der Anteile der StammwählerInnen zeigt ein ähnliches Bild,[72] auch hier gehen die Anteile von StammwählerInnen an der Gesamtwählerschaft stetig

71 Martin Dolezal. Austria: transformation driven by an established party. In. *West European Politics in the Age of Globalization*, hrsg. von Hanspeter Kriesi u.a., Cambridge: Cambridge University Press 2008, 105–129.

72 Daten aus Ulram. *Hegemonie und Erosion*, 75; Plasser/Ulram/Grausgruber. *The Decline of »Lager Mentality« and the New Model of Electoral Competition in Austria*, 25; Müller/Plasser/Ulram. *Schwäche als Vorteil. Stärke als Nachteil. Die Reaktion der Parteien auf den Rückgang der Wählerbindungen in Österreich*; Plasser/

zurück. Auch anhand dieses Zahlenmaterials kann konstatiert werden, dass die Integrationskraft der beiden (alten) Großparteien schwindet und der demokratische Wettbewerb zunimmt.

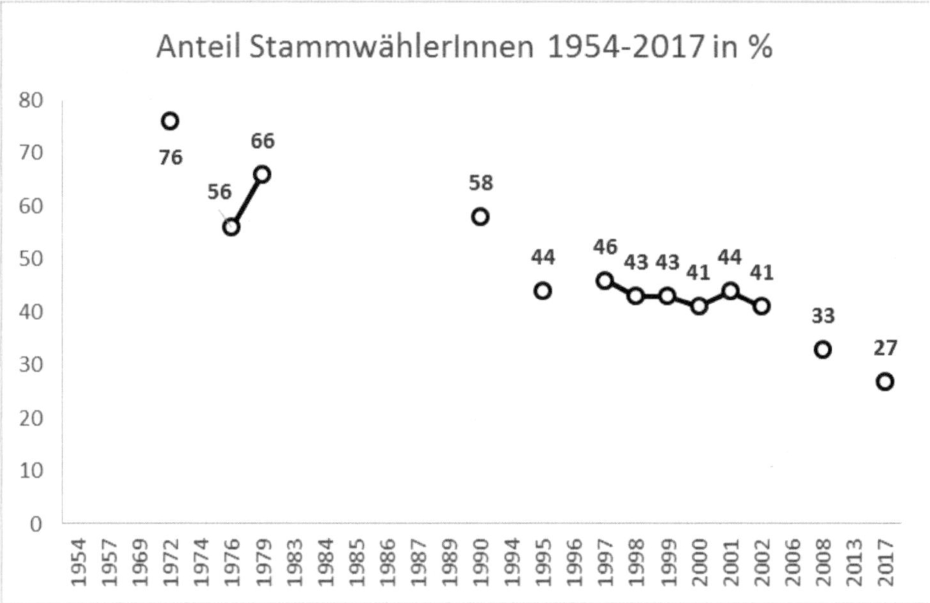

Grafik 2: Anteil der StammwählerInnen an der Gesamtwählerschaft 1954–2001

Abschließend werfen wir noch einen Blick auf den Anstieg der WechselwählerInnen in Österreich.[73] Dieser nimmt im Verlauf ständig zu und hat sich seit Beginn der 1980er-Jahre mehr als verdreifacht und beträgt im Jahr 2017 rund 34 Prozent. Neben den bereits erwähnten Modernisierungs- und Individualisierungsentwicklungen sind mit Hinblick auf den Anstieg des Anteils der WechselwählerInnen besonders die Tertiärisierung der Gesellschaft anzuführen, d. h. der Rückgang des Arbeiteranteils, und die Bildungsexpansion der Gesellschaft. Zusammengefasst wird in diesem

---

Ulram: *Das österreichische Politikverständnis*, 88; Plasser/Seeber. *The Europeanization of Austrian Political Culture: Austrian Exceptionalism Revisited*; Plasser/Sommer. *Wahlen im Schatten der Flüchtlingskrise*, 22.

73 Daten aus Ulram. *Hegemonie und Erosion*, 75; Plasser/Ulram/Grausgruber. *The Decline of »Lager Mentality« and the New Model of Electoral Competition in Austria*, 25; Müller/Plasser/Ulram. *Schwäche als Vorteil. Stärke als Nachteil. Die Reaktion der Parteien auf den Rückgang der Wählerbindungen in Österreich*; Plasser/Ulram: *Das österreichische Politikverständnis*, 88; Plasser/Seeber. *The Europeanization of Austrian Political Culture: Austrian Exceptionalism Revisited*; Plasser/Sommer. *Wahlen im Schatten der Flüchtlingskrise*, 21.

Zusammenhang auch von einer Entwicklung zu einer postindustriellen Gesellschaft gesprochen. [74]

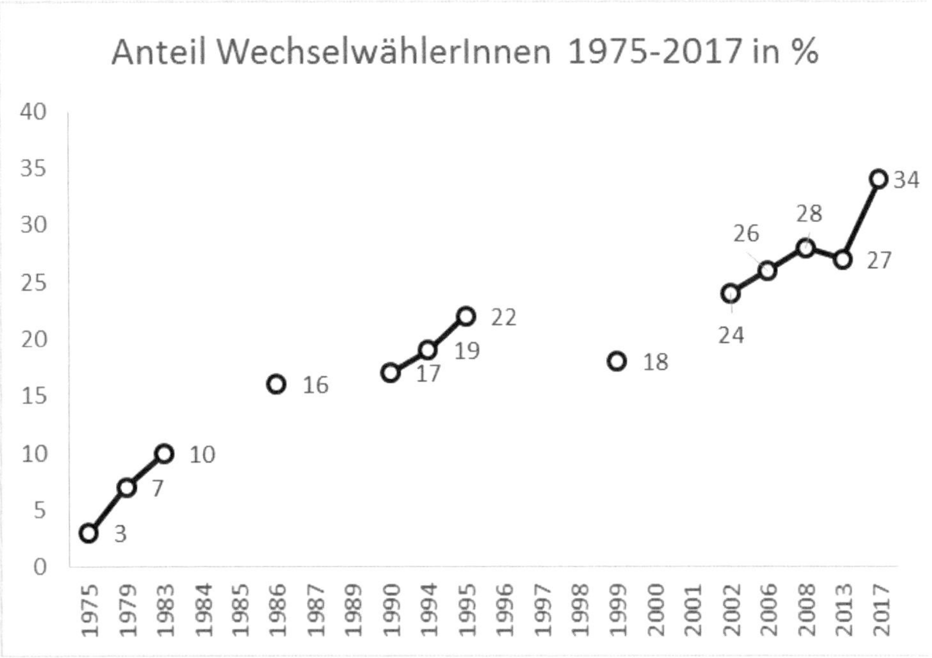

Grafik 3: Anteil der WechselwählerInnen an der Gesamtwählerschaft 1954–2001

Die Nationalratswahlen im Jahr 2017 haben einige Rekorde im Bezug auf statistische Kennziffern des Wahlverhaltens aufgestellt. Nur mehr rund ein Drittel der WählerInnen identifiziert sich mit einer bestimmten Partei, etwas mehr als ein Viertel ist als StammwählerIn zu bezeichnen und rund ein Drittel der Wahlberechtigten wählte bei der Nationalratswahl 2017 eine andere Partei als bei der Nationalratswahl 2013 und ist somit als WechselwählerIn zu bezeichnen. Alle diese Werte sind als einzigartig in der Zweiten Republik anzusehen.

Zusammenfassend kann gesagt werden, dass die Integrationskraft der politischen Lager stark abgenommen hat und die Volatilität des Wahlverhaltens stark gestiegen ist. Der Grund dafür ist der bereits angesprochene soziokulturelle und soziostrukturelle Wandel der österreichischen Bevölkerung. Damit einher geht auch ein zunehmendes Selbstvertrauen, Einfluss auf das politische Geschehen nehmen zu können,

74 Alain Touraine. *Die postindustrielle Gesellschaft*, Frankfurt am Main: Suhrkamp 1972; Daniel Bell. *Die nachindustrielle Gesellschaft*, Reinbek bei Hamburg: Rowohlt 1979.

d.h. sowohl die interne politische Effektivität als auch die individuell wahrgenommene externe politische Effektivität steigen im Laufe der Zeit.

Die interne politische Effektivität beschreibt die individuell wahrgenommene Einschätzung der eigenen Fähigkeiten, am politischen Geschehen aktiv teilzunehmen und sich somit als StaatsbürgerIn in den demokratischen Prozess einzubringen. Das bedeutet auch, dass ein hoher Anteil an Menschen der Überzeugung sein sollte, am politischen Geschehen teilnehmen zu können, da nur so eine partizipative politische Kultur erreicht werden und eine vormoderne parochiale oder Untertanenkultur überwunden werden kann.

Tabelle 2[75] zeigt Daten für die individuelle politische Selbstwahrnehmung für die Jahre 1974 bis 2001. Die interne politische Effektivität wurde mit unterschiedlichen Fragestellungen gemessen, unter denen die Problemwahrnehmung, die eigene Qualifizierung, die Komplexität politischer Zusammenhänge, das Bewusstsein der verschiedenen Einflussmöglichkeiten und die eigene Einschätzung, ob man die Fähigkeit hat, ein politisches Amt zu übernehmen, erhoben wurden.

Internes politisches Effektivitätsbewusstsein, 1974–2001							
Antworten in %	1974	1976	1981	1989	1993	1996	2001
Ich glaube, dass ich einen guten Einblick in die wichtigsten Probleme unseres Landes habe (Zustimmung).					53	55	60
Ich betrachte mich als ausreichend qualifiziert, um am politischen Geschehen teilzunehmen (Zustimmung).					41	43	44
Manchmal ist Politik so kompliziert, dass Leute wie ich kaum noch verstehen können, was vorgeht (Ablehnung).	26	20	23	30	32	42	40
Neben dem Wählen gibt es keinen anderen Weg, um Einfluss darauf zu nehmen, was die Regierung tut (Ablehnung).	10	16	20	31	30	38	31
Ich glaube, dass ich mich in einer politischen Funktion genauso bewähren kann wie die meisten Leute (Zustimmung).					31	36	36

Tabelle 2: Interne politische Selbstwahrnehmung

Bei allen Teilaspekten der politischen Selbstwahrnehmung steigen die Anteile im beobachteten Zeitraum an. Die Selbsteinschätzung der Fähigkeit zur Problemwahrnehmung steigt von 53 Prozent der befragten Menschen auf 60 Prozent. Ein wichtiger Aspekt, nämlich das Wissen, dass es neben regelmäßigen Wahlen auch andere Formen der politischen Einflussnahme gibt, wie z.B. BürgerInneninitiativen oder

75 Zit. nach Plasser/Ulram. *Das österreichische Politikverständnis*, 102.

bestimmte Protestformen (Demonstration, Boykott etc.), steigt auf das Dreifache (auf 31 %) der RespondentInnen. Bemerkenswert ist auch der Umstand, dass sich rund zwei Fünftel der befragten Menschen in der Lage sehen, eine politische Funktion zu übernehmen. Insgesamt kann ein langsamer Zuwachs an staatsbürgerlicher Kompetenz in Österreich seit den 1970er-Jahren festgestellt werden, sowohl bezogen auf das individuelle Verstehen komplexer politischer Prozesse sowie die Wahrnehmung verschiedener Instrumente politischer Einflussnahme. Wiederum kann in diesem Zusammenhang auf das steigende Bildungsniveau und die Entwicklung zu einer postindustriellen Gesellschaft verwiesen werden.

Für den Zeitraum zwischen 2002 und 2010[76] können Daten der Europäischen Sozialstudie herangezogen werden; da hier jedoch die Antwortmöglichkeiten andere sind, werden diese Daten in einer eigenen Tabelle[77] dargestellt.

Wie oft erscheint Ihnen das politische Geschehen so kompliziert, dass Sie nicht wirklich verstehen, worum es eigentlich geht?	2002	2004	2006	2010
Nie	10	10	10	13
Selten	25	24	26	26
Manchmal	34	37	37	32
Ziemlich häufig	18	19	19	17
Häufig	12	10	9	11

Tabelle 3: Interne politische Effektivität

Folgen wir wiederum nur den »effektiven« Antworten, so steigt der Anteil jener Menschen, welche sich »nie« oder nur »selten« in der Lage sehen, das komplizierte politische Geschehen zu verstehen von 35 Prozent im Jahr 2002 auf 39 Prozent im Jahr 2010. Zusammenfassend kann somit festgehalten werden, dass über die Zeit hinweg der Anteil jener Menschen steigt, welche sich in der Lage sehen, aktiv am politischen Geschehen teilzunehmen, also ihre staatsbürgerliche Kompetenz als hoch einstufen. Angemerkt werden muss noch, dass eine hohe staatsbürgerliche Kompetenz nicht automatisch zu politischer Partizipation führt, diese jedoch die Bedingung der Möglichkeit ist.

> Eine Staatsbürgerkultur unterscheidet sich so von einer Untertanenkultur, in der den institutionellen Eliten politische Entscheidungen nicht nur aus pragmatischen Überlegungen überlassen werden, sondern auch aus Zweifel an der persönlichen politischen

76 Die Daten für die 4. Welle der ESS in Österreich wurden mit zwei Jahren Verspätung im Zeitraum 01.11.2010–28.02.2011 erhoben. Diese Frage wurde in späteren Wellen nicht mehr gestellt.

77 Quelle: ESS 2002–2010, eigene Darstellung.

Urteilskompetenz. Zugleich stellt staatsbürgerliche Kompetenz ein demokratisches Partizipations- und Einspruchspotential dar, das dem einzelnen Wahlmöglichkeiten eröffnet: zwischen politischer Aktivität, die man im individuellen oder gesellschaftlichen Bedarfsfall setzt, oder aus politischer Passivität, weil man die aktive Teilnahme als nicht notwendig oder aufgrund der individuellen Präferenzlage als nicht vordringlich erachtet.[78]

Die Europäische Sozialstudie erlaubt es uns jedoch, auch diese Entwicklung mit anderen europäischen Ländern[79] zu vergleichen und somit festzustellen, wie der Anstieg einer (potenziell) partizipativen politischen Kultur im Vergleich mit ausgewählten europäischen Nachbarstaaten zu beurteilen ist.

Wie oft erscheint Ihnen das politische Geschehen so kompliziert, dass Sie nicht wirklich verstehen, worum es eigentlich geht (Prozentanteile der Menschen, welche »nie« oder »selten« geantwortet haben)?	2002	2004	2006	2010
Österreich	36	34	36	40
Polen	22	24	22	24
Schweiz	30	28	30	30
Tschechische Republik	23	20	20	21
Deutschland	33	28	31	29
Ungarn	29	34	28	23
Niederlande	32	29	29	31
Großbritannien	23	21	24	25

Tabelle 4: Interne politische Effektivität

Im Zeitraum von 2002 bis 2010[80] steigt in Österreich der Anteil jener Menschen, welche das politische Geschehen »nie« oder »selten« als besonders kompliziert ansehen, auf 40 Prozent. Damit weist Österreich zu den hier dargestellten Ländern den höchsten Anteil an Menschen mit hoher politischer Urteilskompetenz auf. Und die Unterschiede sind zum Teil erheblich, wie z. B. verglichen mit der Tschechischen Republik oder mit Ungarn, wo diese Anteile nur rund die Hälfte betragen. Im Fall

78 Plasser/Ulram. *Das österreichische Politikverständnis*, 101.

79 Die Auswahl der Länder erfolgt nach der Verfügbarkeit der Daten, und wenn eine Auswahl getroffen werden muss, wird Österreich mit jenen Ländern verglichen, welche derzeit eine Entwicklung hin zu autoritären Systemen aufweisen (Ungarn, Tschechische Republik, Polen, Türkei) und mit den wichtigen Vergleichsländern der EU (Deutschland, Großbritannien etc.) bzw. mit Ländern, welche im jeweiligen Datenbestand die höchste oder niedrigste Ausprägung aufweisen.

80 Quelle: ESS 2002–2010, eigene Darstellung.

der Tschechischen Republik und Ungarn kann der späte demokratische Transitionsprozess nach dem Zusammenfall der autoritären Systeme 1989 angeführt werden.[81]

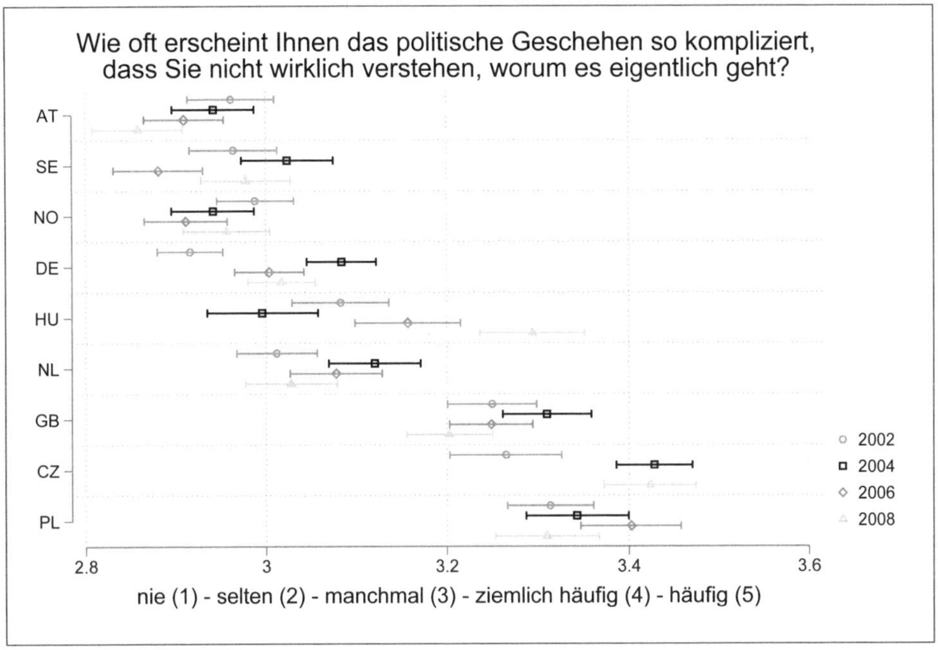

Grafik 4: Kompliziertheit des politischen Geschehens

Grafik 4[82] stellt die mittleren Antworten auf die Frage nach der Kompliziertheit des politischen Geschehens für neun Länder und den Zeitraum von 2002 bis 2008 grafisch dar. Jede horizontale Reihe (getrennt durch die grauen gepunkteten Linien) beinhaltet bis zu vier Zeitpunkte pro Land. Was auf den ersten Blick auffällt, ist, dass die Variabilität der durchschnittlichen Antworten innerhalb der Länder über einen längeren Zeitraum hinweg relativ konstant ist (Ungarn mag hier eine Ausnahme sein bei der Differenz zwischen 2004 und 2008). Die durchschnittlichen Antworten liegen alle um die mittlere Antwortkategorie »manchmal« herum.

Eine eher skeptische Einstellung gegenüber der Kompliziertheit des politischen Geschehens haben die PolInnen und die TschechInnen mit einer durchschnittlichen

81 Janos Simon. Non-Participative Political Culture in Hungary – Why are the Participatory Pillars of Democratic Political Culture Weak in Hungary? In *Central European Papers* 2, Nr. 1 (2014), 167–188; Jiri Zatloukal. *Flaws in the Czech political culture*. In *Reuters Institute Fellowship Paper University of Oxford* (2014).

82 Quelle: ESS 2002–2008.

Antwort zwischen »manchmal« und »ziemlich häufig«. Die ÖsterreicherInnen sind in diesem Zusammenhang ähnlich neutral wie die SchwedInnen und die NorwegerInnen und empfinden das politische Geschehen nur manchmal als zu kompliziert. In Österreich hat sich das individuell wahrgenommene Verständnis für das politische Geschehen über die Zeit zwar stetig jedoch nur geringfügig verbessert.

Um jedoch aktiv am demokratischen Geschehen teilnehmen zu können, ist es nicht nur wichtig zu wissen, welche Konsequenzen bestimmte Entscheidungen haben oder welche politischen Alternativen möglicherweise existieren. Es ist auch ein Grundvertrauen in die Mitmenschen notwendig, um aktiv an einem demokratisch verfassten politischen System teilzunehmen, besonders im Fall einer Entscheidung, welche gegen die eigenen Interessen gerichtet ist, oder einer Regierungskoalition ohne die individuell präferierte politische Partei (»the losers' consent«).[83]

Die meisten Mittelwerte bewegen sich um die neutrale Antwortkategorie 5, die Ausnahme bilden die NorwegerInnen, die ihren Mitmenschen ein hohes Maß an Vertrauen entgegenbringen. Die ÖsterreicherInnen sind ihren Mitmenschen gegenüber weder besonders vorsichtig noch besonders leichtsinnig eingestellt und insgesamt hat sich das Vertrauen in die Mitmenschen ganz leicht verbessert über den dargestellten Zeitraum. Die PolInnen und die UngarInnen sind etwas vorsichtiger eingestellt im Vergleich zu den ÖsterreicherInnen und auch den TschechInnen. Jedenfalls ist auch hier wieder augenscheinlich, dass die Varianz innerhalb der Länder geringer ist als zwischen den Ländern.

Insgesamt kann also festgehalten werden, dass sich in Bezug auf die Kompliziertheit des politischen Geschehens (2002–2008) und auch auf das Vertrauen in die jeweiligen Mitmenschen (2002–2016) nicht sehr viel verändert hat – zumindest im Licht der Demoskopie.

Neben der politischen Selbstwahrnehmung (interne politische Effektivität) ist auch die wahrgenommene Responsivität des politischen Systems ausschlaggebend, d. h., ob politische Akteure auch auf die Beteiligung von BürgerInnen reagieren und deren Forderungen und/oder Wünsche in deren Entscheidungen berücksichtigen. Davon hängt es unter anderem in weiterer Folge ab, ob es aus der Perspektive von StaatsbürgerInnen sinnvoll ist, sich politisch zu engagieren und aktiv an der Demokratie teilzuhaben. Die ersten Zahlen dazu stammen aus einer Umfrage zu Einstellungen von Frauen zur Politik aus dem Jahr 1969. Tabelle 5[84] präsentiert die entsprechenden Ergebnisse:

83 Quelle: ESS 2002–2016.

84 Quelle: IFES, Frauen und Politik (1969).

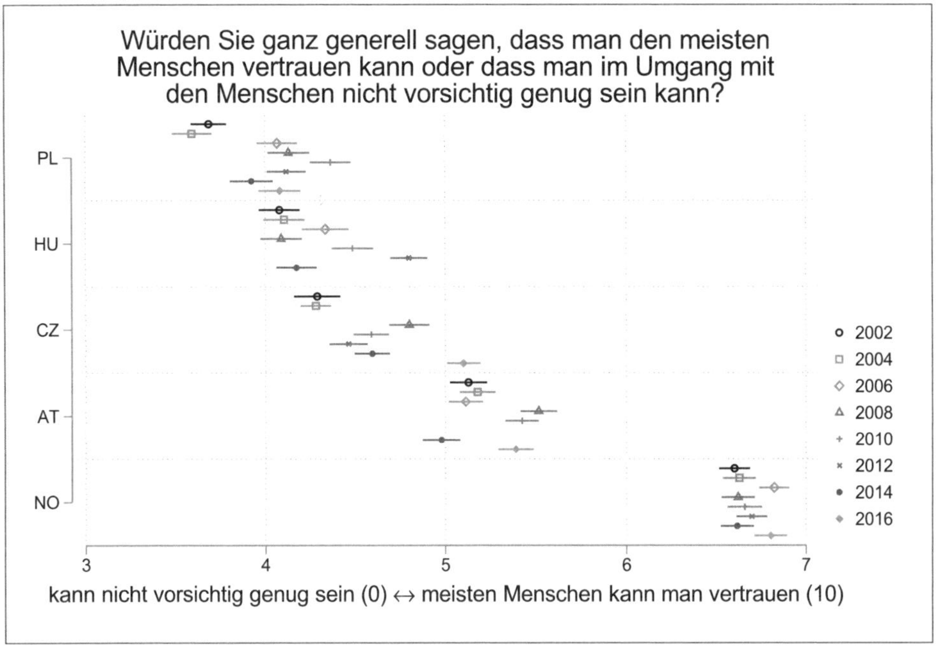

Grafik 5: Vertrauen in die Mitmenschen

Hier sind einige Behauptungen über die Politik. Sagen Sie zu jeder, ob sie stimmt oder nicht stimmt (in %).	Stimmt	Unentschieden	Stimmt nicht
a. Politik ist keine saubere Angelegenheit.	38	36	23
b. Der kleine Mann kann da doch nichts machen.	60	18	19
c. Wenn gute Leute an der Spitze sind, kann man das ihnen allein überlassen.	54	24	17
d. Politik geht jeden an.	65	23	8

Tabelle 5: Einstellungen von Frauen zur Politik 1969

Der Aussage »Politik ist keine saubere Angelegenheit« stimmten 38 Prozent aller befragten Frauen zu (jedoch haben 36 Prozent nicht eindeutig auf diese Frage geantwortet) und dem Befund »Der kleine Mann (sic!) kann da doch nichts machen« stimmten 60 Prozent aller Respondentinnnen zu. Andererseits sind 65 Prozent der Frauen der Meinung, dass Politik jeden angeht, jedoch würden 54 Prozent den richtigen Menschen an der Spitze dieses Geschäft alleine überlassen. Diese Zahlen hinterlassen einen paradoxen Nachgeschmack, da drei Fünftel der Befragten der Meinung sind, dass sie machtlos der Politik gegenüberstehen, jedoch mehr als drei Fünftel gleichzeitig der Meinung sind, dass Politik alle zu kümmern hat. Dieser vermeintliche Widerspruch löst sich jedoch auf, wenn zwischen interner und externer politischer Effektivität unterschieden wird. Das Problembewusstsein, dass Politik jeden angeht, war Ende der 1960er-Jahre eindeutig vorhanden, jedoch wurde an der Zugänglichkeit des politischen Systems gezweifelt.[85] Zweifellos herrscht noch ein gerüttelt Maß an politischer Passivität, wenn mehr als die Hälfte der Aussage zustimmt, dass man Politik guten Leuten an der Spitze allein überlassen kann. Hier herrscht das Bild einer Untertanenkultur vor, da angenommen werden kann, dass die Bewertung des politischen Systems rein aufgrund der Evaluierung eines Endergebnisses erfolgt und nicht zusätzlich anhand des demokratischen Prozesses (outputorientiert). Die entsprechenden Zahlen zwischen den 1970er-Jahren und den beginnenden 2000er-Jahren lassen jedoch weiterhin auf einen ausgeprägten Skeptizismus gegenüber der Responsivität österreichischer politischer Institutionen und PolitikerInnen schließen.

Prozent »effektiver« Antworten	1974	1976	1984	1989	1993	1996	2001
Leute wie ich haben keinen Einfluss darauf, was die Regierung tut (Ablehnung).	18	22	26	24	33	32	25
Die Parteien wollen nur die Stimme der Wähler, ihre Ansichten interessieren sie nicht (Ablehnung).	24	n. a.	25	26	23	21	22
Die Politiker kümmern sich nicht viel um das, was Leute wie ich denken (Ablehnung).	27	27	n.a.	26	23	26	23
Was die Politiker heute tun und diskutieren, hat mit den Sorgen und Wünschen der Bürger immer weniger zu tun (Ablehnung).	n. a.	n. a.	n. a.	30	22	25	n. a.
Die Politiker kümmern sich viel zu viel darum, ihre Macht zu erhalten, anstatt sich über die wirklichen Bedürfnisse der Bevölkerung Gedanken zu machen (Ablehnung).	n. a.	n. a.	n. a.	15	15	12	n. a.
Die Abgeordneten im Parlament verlieren ziemlich schnell den Kontakt mit dem Volk (Ablehnung).	19	n. a.	16	15	15	13	12

Tabelle 6: Externe politische Effektivität[86]

Nur rund ein Fünftel der befragten Personen Mitte der 1970er-Jahre geht davon aus, dass sie auf die Entscheidungen der Bundesregierung Einfluss nehmen können, und dieser Wert hat sich bis zu Beginn der 2000er-Jahre nur auf ein Viertel erhöht.[87] Ähnliche Werte liefern auch Fragen nach der Responsivität von politischen Parteien und die Responsivität von PolitikerInnen über den Wahlakt hinaus. Aus-

85 In der Literatur wird häufiger diskutiert, ob diese Fragestellung eher ein Indikator für interne oder für externe politische Effektivität darstellt, d.h. für das eigene individuelle Vermögen (intern) oder die Responsivität politischer Eliten oder des politischen Systems (extern). Ich folge hier der Darstellung von Plasser/Ulram (2002). Dasselbe gilt auch für die Fragestellungen »Leute wie ich haben keinen Einfluss darauf, was die Regierung tut« und »Die Politiker kümmern sich nicht viel um das, was Leute wie ich denken«.

86 Die Wahrnehmung einer Responsivität politischer Eliten oder des politischen Systems.

87 Quelle: zit. nach Plasser/Ulram: *Das österreichische Politikverständnis*, 105.

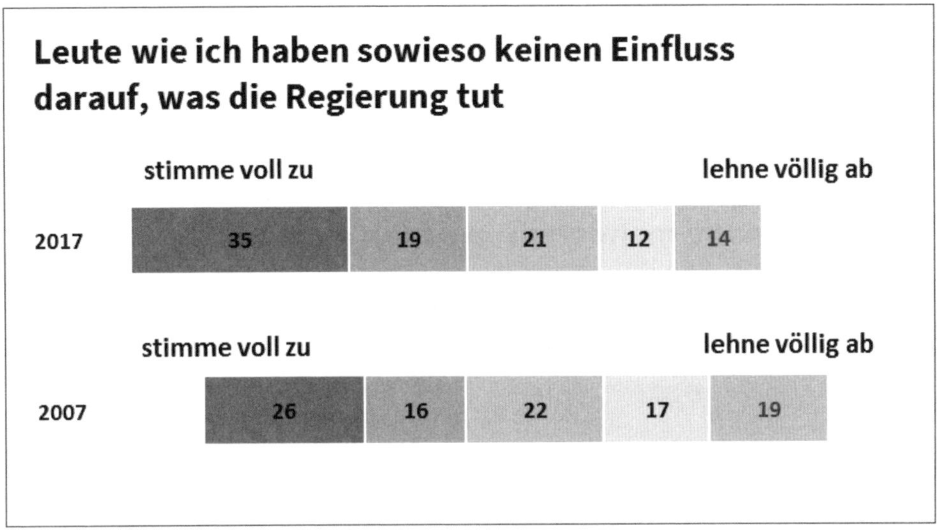

Grafik 6: Einfluss auf Regierungstätigkeit

gesprochen niedrig sind die Zahlen bezogen auf die wahrgenommene Diskrepanz zwischen Machterhalt und den Bedürfnissen der Bevölkerung und die Responsivität von Abgeordneten im Parlament. Bei der letzten Fragestellung finden wir zu Beginn der 2000er-Jahre die niedrigsten Werte im dargestellten Untersuchungszeitraum.

Für die Jahre 2007 und 2017 kann auch auf Erhebungen des SORA-Institutes zurückgegriffen werden. Die Zahlen sind nicht direkt vergleichbar, da die zur Verfügung gestellten Antwortmöglichkeiten variieren. Die Fragen aus der »Political Action«-Studie und der Fessel-GfK und Ifes-Umfragen, welche in Tabelle 6 dargestellt sind, stellten keine »mittlere Antwortkategorie« zur Verfügung, die Umfragen von Sora[88] jedoch sehr wohl. Bei der Frage nach der individuellen Einflussnahme auf Regierungsentscheidungen wählte rund ein Fünftel der befragten Personen diese mittlere Kategorie und legte sich somit in der Aussage nicht fest. Jedoch ist die Richtung des Trends einer Abnahme dieser Selbsteinschätzung auch in den Zahlen von SORA[89] wiederzufinden. Haben im Jahr 2007 noch 36 Prozent eine persönliche Einflussnahme für möglich gehalten, so ist dies im Jahr 2017 nur noch rund ein Viertel. Spiegelbildlich dazu stieg der Anteil der Menschen, welche dieser Aussage zustimmten, von rund zwei Fünfteln im Jahr 2007 auf mehr als die Hälfte im Jahr 2017.

88 Vgl. Oliver Rathkolb und Günther Ogris (Hg.). *Authoritarianism, history and democratic dispositions in Austria, Poland, Hungary and the Czech Republic*, Innsbruck: Studienverlag 2010.

89 Quelle: SORA 2007, 2017.

In eine ähnliche Richtung wie die Frage nach der Kompliziertheit des politischen Geschehens geht die Frage nach der Unordnung, obwohl hier eher eine generelle Orientierungslosigkeit abgefragt wird, jedoch in einem politischen Kontext.[90]

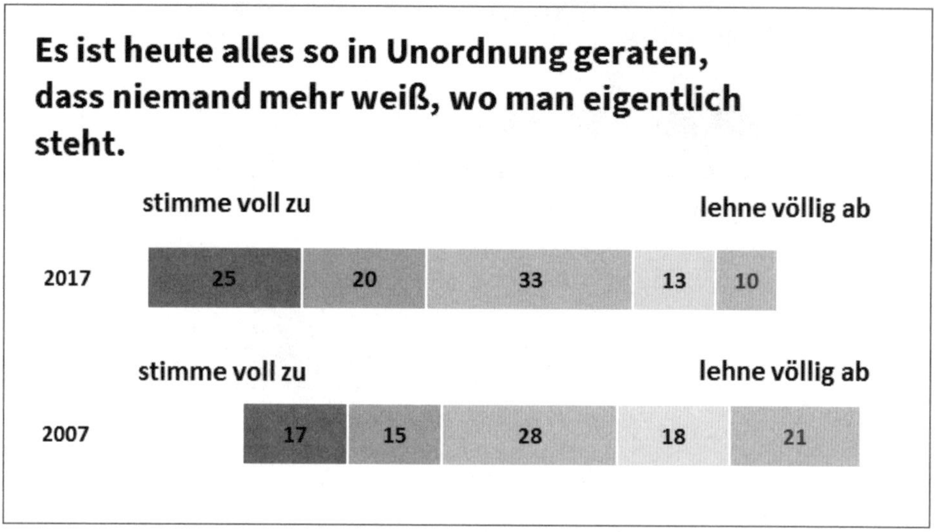

Grafik 7: Subjektive Orientierungslosigkeit

Der Anteil jener Menschen, welche diese Aussage ablehnen, sinkt von rund zwei Fünfteln im Jahr 2007 auf rund ein Viertel im Jahr 2017, dagegen steigt die Zustimmung dieser Befindlichkeit von rund einem Drittel auf 45 Prozent. Insgesamt ist das Ausmaß kognitiver Orientierungslosigkeit[91] zwischen 2007 und 2017 angestiegen. Nicht eindeutig ist, ob die befragten Menschen dieser Aussage zustimmen, weil das Durchführen politischer Entscheidungen intransparenter wird oder politische Themen zusehends komplexeres und spezifischeres Wissen erfordern.

Und eine letzte für Österreich repräsentative Umfrage ist jene der österreichischen Wahlstudie aus dem Jahr 2017 (AUTNES). Hier ist die Fragestellung wiederum etwas abgewandelt und die Ergebnisse nicht direkt miteinander vergleichbar, jedoch deuten die Resultate in eine ähnliche Richtung.

90 Quelle: ebd.

91 Aleksandra Ptaszyńska, *Rossalina Latcheva und Christian Gerbel.* Theoretical framework and historical development. In *Authoritarianism, history and democratic dispositions in Austria, Poland, Hungary and the Czech Republic. Hg. von Oliver Rathkolb und Günther Ogris*, Wien: Studienverlag 2010, 11–20.

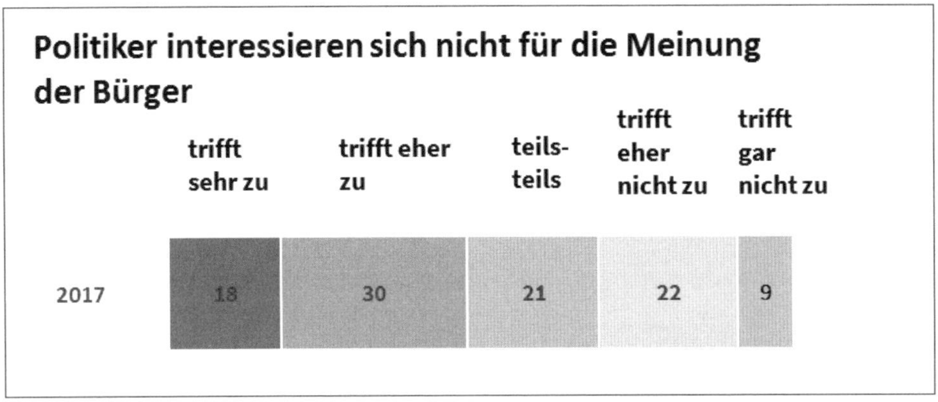

Grafik 8: Politiker interessieren sich nicht für die Meinung der Bürger

Die Fragestellung bei der AUTNES-Umfrage[92] ist deutlicher auf den Grad der Responsivität bezogen, als dies bei der Umfrage von SORA der Fall ist, da hier direkt auf PolitikerInnen Bezug genommen wird. Die Ergebnisse sind jedoch recht ähnlich, 48 Prozent der befragten Personen stimmen dieser Aussage eher oder sehr zu, für 31 Prozent trifft dieser Umstand eher oder gar nicht zu. Für sich alleine genommen stimmen diese Ergebnisse eher skeptisch, dass die österreichische Bevölkerung eine aktive, partizipative demokratische Kultur lebt. Wie sehen diese Ergebnisse jedoch im internationalen Vergleich aus?

Tabelle 7[93] zeigt die Veränderungen in der individuellen Wahrnehmung der eigenen politischen Wirksamkeit zwischen 1973 und 2009 für Österreich und im internationalen Vergleich.[94] Österreich weist dabei einen auch im Vergleich relativ hohen Anteil an Menschen auf, welche der Meinung sind, dass sie keinen Einfluss darauf haben, was die Regierung tut. Rund um das Jahr 2009 sind das noch rund drei Viertel der befragten Menschen. Lediglich zwei der untersuchten Länder weisen einen höheren Anteil im Zeitraum 2006–2009 auf: Italien und Polen. Im internationalen Vergleich ist also in Österreich der Anteil jener Menschen, welche politische Machtlosigkeit empfinden, besonders hoch.

92 Quelle: Autnes 2017.

93 Zit. nach Plasser, Fritz und Gilg Seeber. Politische Kultur und Demokratiebewusstsein in der Zweiten Republik im internationalen Vergleich. In: *Die österreichische Demokratie im Vergleich*, 2. Aufl., herausgegeben von Helms, Ludger und David M. Wineroither, Baden-Baden/Wien: Nomos/facultas 2017, 337–364.

94 Falls die jeweiligen Daten verfügbar sind, werden auch Ländervergleiche präsentiert.

»Leute wie ich haben keinen Einfluss darauf, was die Regierung tut.«			
Zustimmung in %	1973–1976	1989–1992	2006–2009
Österreich	82	72	75
Italien	72	80	81
Deutschland	73	68	67
Schweiz	64	52	62
Großbritannien	63	71	64
Niederlande	56	43	39
USA	41	41	49
Portugal	–	–	63
Ungarn	–	78	50
Polen	–	87	80

Tabelle 7: Eindruck politischer Machtlosigkeit

Auch mit Bezug auf die Responsivität von PolitikerInnen stehen vergleichende Daten zur Verfügung, ebenfalls für den Zeitraum 1973–2009. Wie aus Tabelle 8[95] ersichtlich ist, befindet sich Österreich bei der Frage nach der Responsivität von PolitikerInnen im internationalen Mittelfeld. Besonders hoch ist der Anteil der Menschen, welche davon ausgehen, dass PolitikerInnen auf die Bedürfnisse der Bevölkerung eingehen, in den Niederlanden mit rund zwei Drittel der befragten Personen. Vergleichsweise skeptisch – mit rund vier Fünftel der Befragten – sind die Menschen in Portugal, Ungarn und Polen.

»Politiker kümmern sich nicht darum, was Leute wie ich denken.«			
Zustimmung in %	1973–1976	1989–1992	2006–2009
Österreich	72	68	77
Italien	80	83	77
Deutschland	66	76	67
Schweiz	62	50	65
Großbritannien	69	66	64
Niederlande	59	45	35
USA	57	52	60
Portugal	–	–	81
Ungarn	–	83	82
Polen	–	87	80

Tabelle 8: Eindruck politischer Machtlosigkeit (Fortsetzung)

95 Zit. nach ebd., 347.

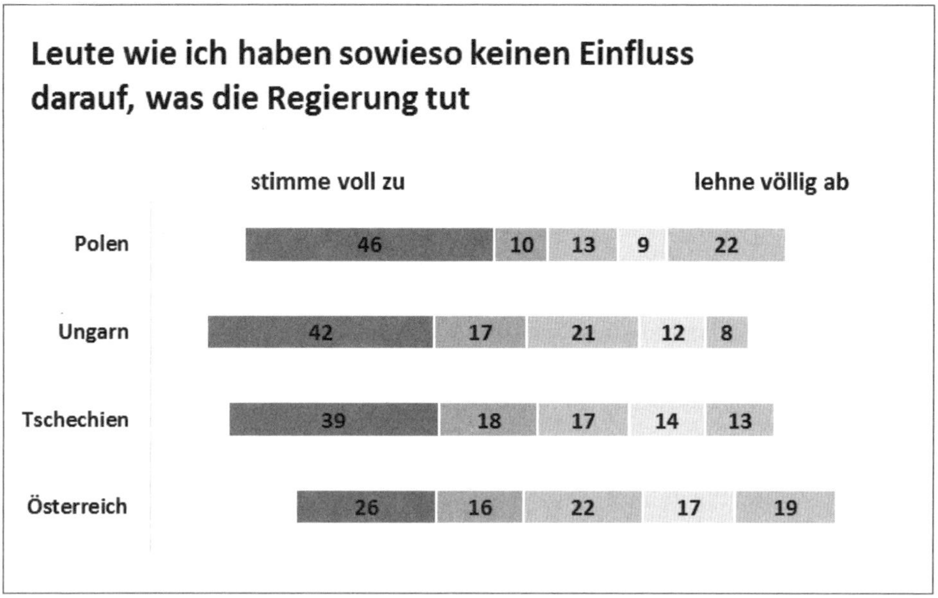

Grafik 9: Einfluss auf Regierungstätigkeit – Ländervergleich

Eine weitere Datenquelle für einen Ländervergleich erschließt sich wiederum durch die bereits erwähnte Umfrage zu autoritären Einstellungen aus dem Jahr 2007 von SORA.

Im Vergleich mit den drei Visegrád-Staaten Polen, Ungarn und Tschechien weist Österreich den geringsten Anteil an Menschen auf, welche der Meinung sind, dass sie keinen Einfluss auf die Entscheidungen der jeweiligen Regierung haben.[96] Gleichzeitig weist Ungarn den geringsten und Polen den höchsten Anteil an Menschen auf, welche diese Aussage völlig ablehnen. Im internationalen Vergleich relativieren sich also die österreichischen Ergebnisse und im Vergleich mit den Visegrád-Staaten weist Österreich sogar ein hohes Maß an externer politischer Effektivität auf.

Ein besonderes Merkmal des österreichischen politischen Systems, welches auch als Ausprägung einer Untertanenkultur interpretiert werden kann, ist das System der Sozialpartnerschaft. Damit soll nicht gesagt werden, dass ein System des Interessenausgleichs prinzipiell einer aktiven demokratischen politischen Kultur widerspricht oder dieser entgegensteht. Vielmehr liegt das Augenmerk hier auf der spezifisch österreichischen Ausgestaltung der großen marktwirtschaftlichen Interessen Arbeit und Kapital als Elitenkooperation, deren Entscheidungen weitgehend intransparent

96 Quelle: SORA 2007.

erfolgten und welches als Fortführung der Machtverklammerung aufgrund eines gegenseitigen Misstrauens der beiden großen Lager angesehen werden kann.[97]

Die Sozialpartnerschaft ist ein ausdifferenziertes Muster konzertiert-akkordierter Interessensvermittlung und damit gleichzeitig die spezifisch-österreichische Ausprägung des Neokorporatismus. Österreich wird auch als Konkordanzdemokratie (Ebene der Parteien und Regierung) oder auch korporatistischen Verhandlungsdemokratie (Ebene Interessensorganisationen und Regierung) bezeichnet.[98] Die Sozialpartnerschaft baut auf keiner gesetzlichen Grundlage auf, sondern auf dem Konsens der beteiligten Akteure. Deren Bereitschaft zur Koordination ist unabdingbare Voraussetzung für das Funktionieren dieses Interessenabgleichs. Die Akteure sind jedoch nicht demokratisch legitimiert und der Entscheidungsfindungsprozess verläuft weitgehend intransparent hinter ›verschlossenen Türen‹.

> Sozialpartnerschaft ist eine extreme Form der Elitenkooperation. Sie ist gesetzlich nicht geregelt, fundiert auf freiwilligen Vereinbarungen, funktioniert in weiten Bereichen informell, kennt – im Sinne des »Democratic Audit« – keinerlei demokratische Verfahrensregeln, Bestellungs- und Kontrollverfahren. Zugespitzt gesagt: Sozialpartnerschaft kann weder gewählt noch abgewählt werden.[99]

Im Zusammenhang mit autoritärer Submission sind besonders die Einstellungen der Bevölkerung zu diesen demokratisch nicht legitimierten institutionellen Entscheidungsfindungsstrukturen interessant. Die positiven Einschätzungen der Sozialpartnerschaft in der Bevölkerung sind ausgesprochen hoch, so beträgt der Anteil der Menschen, welche der Meinung sind, dass die Sozialpartnerschaft viel Positives oder überwiegend Vorteilhaftes leistet, im Zeitraum zwischen 1985 bis 2000 zwischen 52 Prozent und 68 Prozent. Für die Periode 2003 bis 2009 wurden von der Sozialwissenschaftlichen Studiengesellschaft vier Umfragen über die Sozialpartnerschaft durchgeführt. Obwohl diese Umfragen nicht mit den vorhergehenden direkt vergleichbar sind, kann doch ein gewisses Stimmungsbild der öffentlichen Meinung gezeichnet werden.[100]

97 Vgl. z. B. Anton Pelinka. Der verdrängte Bürgerkrieg. In *Das große Tabu. Österreichs Umgang mit seiner Vergangenheit* hrsg. von Anton Pelinka und Erika Weinzierl, Wien: Österreichische Staatsdruckerei 1997, 143–153; Pelinka: *Die Politik der politischen Kultur.*

98 Vgl. Emmerich Tálos und Christian Stromberger. *Zäsuren in der österreichischen Verhandlungsdemokratie.* In *Sozialpartnerschaft. Österreichische und Europäische Perspektiven*, hrsg. von Ferdinand Karlhofer und Emmerich Tálos, Wien: LIT Verlag 2005, 79–108; Tálos: *Vom Vorzeige- zum Auslaufmodell? Österreichs Sozialpartnerschaft 1945 bis 2005.*

99 Emmerich Tálos. *»Zwangskammerstaat«?: Zur Demokratiequalität der Sozialpartnerschaft.* In *IHS Political Science Series* Nr. 29 (1996).

100 Zit. nach Plasser/Ulram. *Das österreichische Politikverständnis*, 145.

»Die Sozialpartnerschaft leistet für Österreich ...« (in %)		1985	1990	1992	1994	1995	1997	2000
Sehr viel und meist Positives		16	10	12	13	11	14	19
Manches Negative, aber die Vorteile überwiegen.		46	50	50	53	51	50	51
Manches Positive, aber die Nachteile überwiegen.		14	16	20	18	18	15	12
Sie bringt heute meist nur Nachteile.		4	4	3	3	6	4	4
Keine Angabe		20	20	15	14	15	13	13
Positive	Leistungswahrnehmung	(62)	(60)	(62)	(66)	(62)	(64)	(70)
Negative		(18)	(20)	(23)	(21)	(24)	(19)	(16)

Tabelle 9: Leistungsbewertung der Sozialpartnerschaft 1985–2000

Leider steht hier nur Datenmaterial ab dem Jahr 1985 zur Verfügung, d.h. für die Zeit nach der Hochblütephase des Austro-Korporatismus in den 1970er-Jahren.[101] Mit Mitte der 1980er-Jahre beginnt der Bedeutungsverlust der Sozialpartnerschaft, welcher mit dem Beitritt Österreichs zur EU im Jahr 1995 und der Koalitionsregierung zwischen ÖVP und FPÖ im Jahr 2000 weitere Brüche erfährt.[102] Nichtsdestotrotz ist die gesellschaftliche Zustimmung zur Sozialpartnerschaft im hier untersuchten Zeitraum ausgesprochen hoch und steigt sogar leicht an. Zwischen 1985 und 2000 liegt der Anteil jener Menschen, welche der Sozialpartnerschaft überwiegend Vorteile oder viel Positives zuschreiben, bei 60 Prozent und darüber. Interessant sind in diesem Zusammenhang auch zwei Erhebungen in Bezug auf die Relevanz der Sozialpartnerschaft verglichen mit dem Parlament aus dem Jahr 1980 und 1993. Der Aussage, dass die Zusammenarbeit der Sozialpartner wichtiger ist als die Zusammenarbeit des Parlaments,[103] stimmten im Jahr 1980 65 Prozent eher oder voll zu, dagegen lehnten 30 Prozent diese Aussage ab oder stimmten eher nicht zu. Dieses Verhältnis hat sich im Jahr 1993 zum Vorteil der direkt demokratisch legitimierten Institution, dem österreichischen Parlament, verändert, jedoch hielt noch immer ein höherer Anteil der Menschen die Zusammenarbeit der Sozialpartner für wichtiger als die Zusammenarbeit im Parlament. Dieser Umstand mag mit dem »Mythos Sozialpartnerschaft« zu tun haben[104] und dem deutlich sichtbareren Dissens, besonders

101 Vgl. z.B. Tálos/Kittel. *Sozialpartnerschaft - Zur Konstituierung einer Grundsäule der Zweiten Republik*; Tálos/Stromberger. *Zäsuren in der österreichischen Verhandlungsdemokratie*; Tálos. *Vom Vorzeige- zum Auslaufmodell? Österreichs Sozialpartnerschaft 1945 bis 2005*; Tálos. *Sozialpartnerschaft.*

102 Vgl. z.B. Tálos. *Vom Vorzeige- zum Auslaufmodell? Österreichs Sozialpartnerschaft 1945 bis 2005*; Tálos. *Sozialpartnerschaft.*

103 Quelle: IFES 1980, SWS, FB 294, Oktober 1993.

104 Vgl. z.B. Emmerich Tálos. Sozialpartnerschaft: Zwischen Entmystifizierung und Anpassungsherausforderungen. Ein Resümee. In *Zukunft der Sozialpartnerschaft. Veränderungsdynamik und Reformbedarf*, hrsg. von Ferdinand Karlhofer und Emmerich Tálos, Wien: Signum 1999, 277–298.

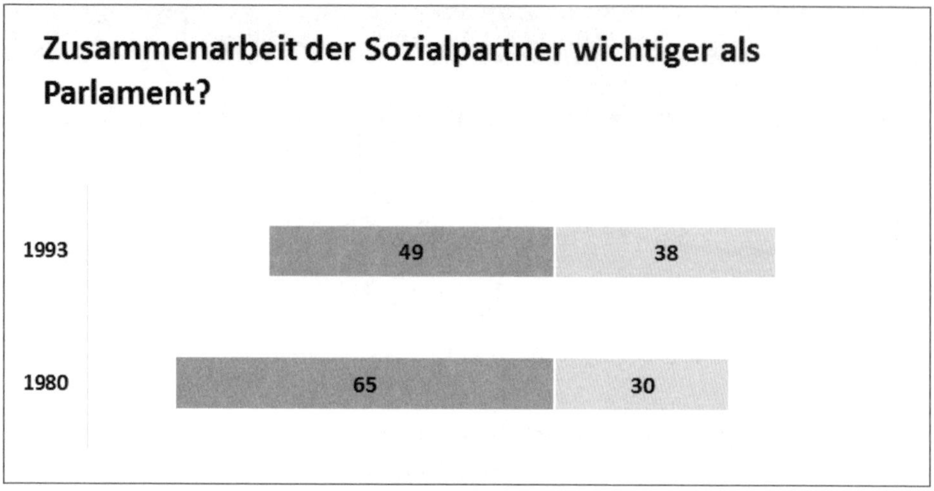

Grafik 10: Zusammenarbeit Sozialpartner vs. Parlament

der beiden ehemaligen Großparteien SPÖ und ÖVP innerhalb der parlamentarischen Arena, verglichen mit den sozialpartnerschaftlichen Entscheidungsfindungsprozessen hinter »verschlossenen Türen«.

Ein weiterer Untersuchungszeitraum, für welchen Daten vorhanden sind, umfasst den Zeitraum 2003 bis 2009:[105]

Ist die Zusammenarbeit von Regierung, Unternehmerverbänden, Gewerkschaft und Kammern – die sogenannte »Wirtschafts- und Sozialpartnerschaft« – für Österreich im Großen und Ganzen…?	2003	2004	2006	2009
vorteilhaft	63	52	68	62
nachteilig	10	10	6	7
weder/noch	20	26	17	20
weiß nicht/keine Angabe	7	12	9	11

Tabelle 10: Auswirkungen sozialpartnerschaftlicher Zusammenarbeit

In der folgenden Grafik wurden jeweils die Anteile der ersten beiden Antwortkategorien aus Tabelle 9 zusammengezählt (schwarze Linie) und die graue Linie stellt den Anteil der Kategorie »vorteilhaft« aus Tabelle 10 dar.

Interpretationen über einen Trend im Verlauf der Einschätzungen sind aufgrund der unterschiedlichen Datenlage nicht möglich, jedoch kann davon ausgegangen werden, dass die Zustimmungsraten zur Sozialpartnerschaft ungebrochen hoch ausfallen. Dies

105 Quelle: SWS-Face-to-Face-Befragungen 2003–2009, N = jeweils mind. 1000.

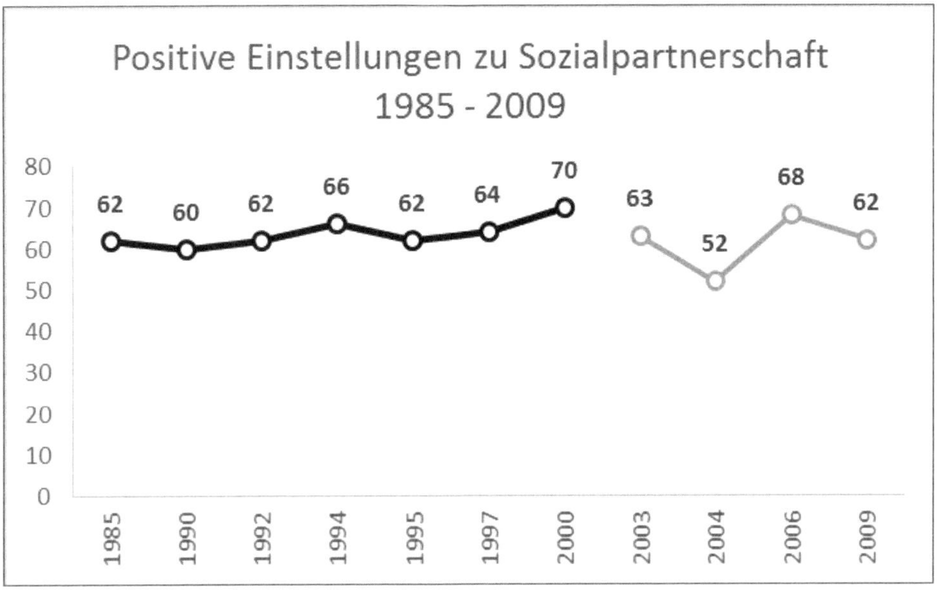

Grafik 11: Einstellungen Sozialpartnerschaft (eigene Darstellung)

ist umso bemerkenswerter, da die Bedeutung und Einflussmöglichkeit der Sozialpartnerschaft seit den 1970er-Jahren im Abnehmen begriffen ist – mit Zäsuren im Jahr 1995 aufgrund des EU-Beitritts und dem Jahr 2000 mit der Bildung der Schwarzblauen Koalition.[106] Mit dem Höhepunkt der Sozialpartnerschaft in den 1970er-Jahren setzen auch die ersten öffentlichen Diskussionen um ein Demokratiedefizit der Sozialpartnerschaft ein[107] sowie eine Kritik an Ämterkumulierungen zwischen Sozialpartnern und Nationalrat und/oder der Regierung[108] und mit den 1990er-Jahren wird auch vermehrt Kritik an der Pflichtmitgliedschaft laut,[109] welche mit unterschiedli-

106 Tálos/Kittel. *Sozialpartnerschaft - Zur Konstituierung einer Grundsäule der Zweiten Republik*; Tálos/Stromberger: *Zäsuren in der österreichischen Verhandlungsdemokratie*; Tálos. *Vom Vorzeige- zum Auslaufmodell? Österreichs Sozialpartnerschaft 1945 bis 2005*; Tálos, Emmerich. Sozialpartnerschaft. Austrokorporatismus am Ende? In: *Politik in Österreich: Das Handbuch* hrsg. von Herbert Dachs u. a., Wien: Manz 2006, 425–442; kritisch dazu Tobias Hinterseer. *Totgesagte leben länger: Stabilität und Kontinuität der Sozialpartnerschaft in Österreich*. In *Momentum Quarterly - Zeitschrift für sozialen Fortschritt* 6, Nr. 1 (2017), 28.

107 Tálos. *»Zwangskammerstaat«?: Zur Demokratiequalität der Sozialpartnerschaft*; Christian Domany. Zukunftsmodell Sozialpartnerschaft. In *Österreichisches Jahrbuch für Politik 2001*, hrsg. von Khol, Andreas u. a.:, Wien: Verlag für Geschichte und Politik 2002, 335–354.

108 Domany. Zukunftsmodell Sozialpartnerschaft; Laurenz Ennser-Jedenastik. Die personelle Verflechtung zwischen Sozialpartnern und Bundesregierung in Österreich, 1945–2015. In *Österreichische Zeitschrift für Politikwissenschaft* 45, Nr. 3 (2017), 29–44.

109 Tálos. *»Zwangskammerstaat«?: Zur Demokratiequalität der Sozialpartnerschaft.*

cher Intensität bis heute anhält.[110] Dessen ungeachtet hat sich die Vorstellung einer positiven und leistungsfähigen Sozialpartnerschaft in der österreichischen Gesellschaft gehalten, scheinbar losgelöst von sonstigen Vorbehalten das Verbändesystem betreffend (z. B. die wiederkehrenden Diskussionen um das Kammernsystem).

Allem Anschein nach schaffen es die Sozialpartner, als InteressensvertreterInnen aufzutreten und nicht als PolitikerInnen oder VertreterInnen politischer Parteien, und können damit auch die generell schlechten Umfragewerte dieser Berufsgruppe vermeiden. PolitikerInnen werden oft Egoismus, Abgehobenheit und das generelle Interesse am eigenen Machterhalt vorgeworfen (siehe Tabelle 6). Damit ist auch die Responsivität des politischen Systems angesprochen, welche die Fähigkeit des politischen Systems beschreibt, auf die Wünsche und Bedürfnisse der Gesellschaft zu reagieren. Diese gesellschaftliche Einschätzung der Responsivität des politischen Systems und der politischen Akteure wird – wie bereits oben angesprochen – auch als externe politische Effektivität (»external political efficacy«) bezeichnet. Werden die an das politische System herangetragenen politischen Forderungen der Bevölkerung ignoriert oder dieses Ignorieren zumindest als solches wahrgenommen, kann die Legitimität eines demokratisch verfassten politischen Systems gefährdet sein, da die Bevölkerung diesem politischen System die Unterstützung entziehen kann.

Zwischenresümee

Österreich hat die Demokratie erst vergleichsweise spät »gelernt«[111] und daher setzte auch relativ spät eine gesellschaftliche Emanzipierung vom politischen System ein. Vorausgegangen ist diesem Prozess jedoch eine relativ starre Lagerbildung, welche weit in die Gesellschaft hineinreichte und eine starke Lager- und/oder Parteienbindung nach sich zog. Österreich bildete mit seiner spezifischen Lagerkultur, der starken Durchdringung des österreichischen Staates und der Gesellschaft durch die politischen Parteien und damit verbunden z. B. die hohen Partizipationsraten, ausgesprochen stabilen WählerInnenbindungen und die intensive Ausgestaltung der österreichischen Sozialpartnerschaft im internationalen Vergleich einen Sonderfall. Das Aufweichen von Parteibindungen (»dealignment«), die Zunahme an WechselwählerInnen und eine zunehmend selbstbewusstere Einschätzung der eigenen politischen Möglichkeiten können auch als eine »Normalisierung« der österreichischen politischen Kultur angesehen werden. Die österreichische Gesellschaft hat sich vom politischen System emanzipiert.

110 Im Verlauf des Wahlkampfes zur Nationalratswahl 2017 wurde die Abschaffung der Pflichtmitgliedschaft wieder öfter diskutiert, besonders von Seiten der Neos.

111 Vgl. z. B. Hanisch. *Der lange Schatten des Staates*; Pelinka. *Der verdrängte Bürgerkrieg*; Pelinka. *Die Politik der politischen Kultur*.

> Diese Emanzipation hat einen gesellschaftlichen und politischen Hintergrund: die abnehmende Fähigkeit der Politik, speziell der Parteien, die Lebenschancen und Lebensentwürfe der Mitglieder der Gesellschaft zu steuern. [...] Die politischen Loyalitäten, die in einer tief fragmentierten Gesellschaft primär den Subsystemen galten – also den historisch gewachsenen politisch-weltanschaulichen Lagern –, haben sich von diesen weg entwickelt: zu einer generell nationalen (»Österreich-Patriotismus«), bzw. zu einer zivilgesellschaftlich dezentralen Loyalität.[112]

Im Zuge der Nationalratswahlen 2008 konnten die beiden ehemaligen Großparteien SPÖ und ÖVP erstmals weniger als die Hälfte der wahlberechtigten Stimmen auf sich vereinen, jedoch immer noch mehr als die Hälfte der gültigen Stimmen (55,24 %) und mehr als 50 Prozent der Mandate im Nationalrat (108). Bei der Nationalratswahl 2013 sanken diese Anteile weiter auf 50,81 Prozent der gültigen Stimmen und 99 Mandate im Nationalrat und im Jahr 2017 stiegen diese Zahlen wiederum auf 58,33 Prozent der gültig abgegebenen Stimmen und 114 Mandate im Nationalrat. Ein Novum in der Geschichte der Zweiten Republik stellen auch die Bundespräsidentenwahlen (sic!) des Jahres 2016 dar. Nicht so sehr aufgrund der Tatsache, dass diese Wahl wegen einer Anfechtung vor dem Verfassungsgerichtshof, welcher stattgegeben wurde, wiederholt werden musste. Vielmehr stand bereits nach der ersten Runde fest, dass kein Kandidat der beiden ehemaligen Großparteien in die Stichrunde kommen wird, sondern Kandidaten vom linken (der ehemalige Parteivorsitzende der Grünen Alexander van der Bellen) und rechten (Norbert Hofer von der FPÖ) äußeren Rand des parteipolitischen Spektrums Österreichs. Der Sieg Alexander van der Bellens bei den Bundespräsidentschaftswahlen bedeutete jedoch nur einen kurzen Höhenflug der Grünen, im Zuge der Nationalratswahlen 2017 verfehlten sie die 4-Prozent-Hürde und somit den Einzug in den Nationalrat und dieser Trend hat sich bei den Landtagswahlen weiter fortgesetzt, wobei in Tirol und Niederösterreich jeweils ein Mandat verloren wurde und bei den Landtagswahlen in Kärnten der Einzug in den Landtag nicht geschafft wurde. Damit haben die Grünen vorläufig auch den Fraktionsstatus im Bundesrat verloren.

Mit der Emanzipierung der österreichischen Gesellschaft vom politischen System einher geht auch eine weitreichende Auflösung der parochialen Komponente der österreichischen politischen Kultur, und es kommt zu einer relativen Stärkung der aktiven demokratischen Partizipation auch im internationalen Vergleich. Bezogen auf die postkommunistischen Staaten Ungarn, Polen und die Tschechische Republik weist Österreich ein hohes Maß an interner und externer politischer Effektivität auf. Dies kann durchaus mit der noch jungen Erfahrung mit der Demokratie in diesen Staaten zusammenhängen. Jedenfalls werden die demokratischen Entwicklungen in Ungarn und Polen von BeobachterInnen skeptisch verfolgt, besonders seit der

112 Pelinka. *Die Politik der politischen Kultur*, 231 ff.

Fidesz-Regierung unter Viktor Orbán in Ungarn und der PiS-Regierung in Polen zuerst unter Beata Szydlo und nun Mateusz Morawiecki, wobei in beiden Fällen auch Rückgriffe auf alte Stereotype erfolgen, in Ungarn das Schüren antisemitischer Ressentiments, besonders gegen die Person George Soros[113], und in Polen die Verabschiedung des sogenannten »Holocaust-Gesetzes«[114].

Wohin die Entwicklung der politischen Kultur in Österreich führen wird, ist ungewiss. Zahlreichen positiven Entwicklungen, wie z. B. der zunehmenden Individualisierung und Kritikfähigkeit, dem steigenden politischen Selbstbewusstsein und der Loslösung von den politisch-weltanschaulichen Lagern, stehen auch weniger positive Tendenzen gegenüber, wie z. B. eine zunehmende Polarisierung, welche besonders während des Präsidentschaftswahlkampfes 2016 deutlich wurde, aber auch eine zunehmende Skepsis gegenüber PolitikerInnen, eine steigende Wahrnehmung zunehmender Kompliziertheit und Unordnung. Diese paradoxe Entwicklung einer zunehmenden politischen Emanzipation und dennoch steigenden (zumindest wahrgenommenen) politischen Entfremdung wird durch die Debatten um »echo chambers«, »fake news« und post-faktische Politik[115] eher noch verstärkt.

Im folgenden Kapitel fokussieren wir auf die Dimension der autoritären Aggression. Darunter fallen besonders die Einstellungen der österreichischen BürgerInnen gegenüber Minderheiten und die Einstellungen zur österreichischen Demokratie.

Ethnische Intoleranz – Einstellungen zu Rechten von Minderheiten und xenophobe Einstellungen

Bezogen auf die Einstellungen gegenüber Minderheiten und/oder Menschen mit sozial deviantem Verhalten sind nur wenige Daten und nahezu keine Zeitreihen vorhanden. Daher werden im Folgenden schlaglichtartig verschiedene Umfragen mit unterschiedlichen Fragestellungen präsentiert. Die erste Umfrage[116] stammt aus dem Jahr 1969 und fragt nach bestimmten Einstellungen gegenüber spezifischen Gruppen.[117] Folgende Einstellungen wurden abgefragt:

---

113 Siehe z. B. https://www.politico.eu/article/viktor-orban-hungary-election-2018-essential-guide-must-reads/ (Zugriff am 04.04.2018).

114 Siehe z. B. http://www.zeit.de/kultur/2018-01/rechtsruck-polen-gesetz-strafe-ns-vernichtungslager-kz (Zugriff am 04.04.2018).

115 Siehe https://www.washingtonpost.com/opinions/when-the-facts-dont-matter-how-can-democracy-survive/2016/10/17/560ff302-94a5-11e6-9b7c-57290af48a49_story.html?noredirect=on&utm_term=.876de6026d2f (Zugriff am 17.06.2018).

116 Arbeitskreis für Stereotypieforschung. Vorurteile in Österreich. In *Journal für angewandte Sozialforschung* 11, Nr. 2 (1969), 3–11.

117 Die Wortwahl und Begrifflichkeiten in den Tabellen und Darstellungen folgen dem ursprünglichen Text der Umfrage und Studie.

Gruppe/Einstellung	Fragenwortlaut
Juden	
Historische Schuld	»Es ist nicht nur Zufall, dass die Juden in ihrer ganzen Geschichte so oft verfolgt wurden, zumindest zum Teil sind sie selbst schuld daran.«
Persönlicher Widerwille	»Für einen Nicht-Juden ist es oft, wenn er einem Juden die Hand gibt oder sonst mit ihm näher zu tun hat, schwer, einen gewissen Widerwillen zu unterdrücken.«
Neger[1]	
Segregation	»Für die Negerstudenten in Europa sollten eigene Internate geschaffen werden; man kann es Zimmervermietern nicht verargen, wenn sie sich scheuen, Neger aufzunehmen.«
Araber	
Sexualneid	»Ich würde meiner Tochter verbieten, mit einem arabischen Studenten tanzen zu gehen.«
Gastarbeiter	
Unredlichkeit	»Besonders die Türken, aber auch die Jugoslawen, die in Österreich arbeiten, beziehen so hohe Kinderbeihilfen, dass man sagen kann: Der österreichische Steuerzahler beschenkt diese Gastarbeiter und man kann nicht einmal genau kontrollieren, ob sie auch wirklich so viele Kinder zu Hause haben.«
Gammler	
Einreiseverbot	»Gewissen Typen von ausländischen Jugendlichen, so richtig verwahrlosten Gammlern, sollte die Einreise nach Österreich glatt verwehrt werden.«
Sexualverbrecher	
Prügelstrafe	»Sexualverbrechen wie Vergewaltigung und Kinderschändung sollten härter als nur mit Gefängnis bestraft werden; solche Verbrechen verdienen Prügelstrafe oder Schlimmeres.«

Tabelle 11: Vorurteile in Österreich SWS 1969

1 Dieser Ausdruck wird nur deswegen verwendet, da dieser in der damaligen Formulierung benutzt wurde.

Die Abfrage der oben beschriebenen Einstellungen hat folgende Ergebnisse[118] gebracht:

Zustimmung in %	Juden		Neger	Araber	Gastarbeiter	Gammler	Sexualverbrecher
	Histor. Schuld	Persönl. Widerwille	Segregation	Sexual-neid	Unredlichkeit	Einreiseverbot	Prügelstrafe
Ges.	27	13	35	47	64	72	81
Geschlecht							
M	29	14	33	47	63	73	76
F	24	12	37	48	64	72	85

Tabelle 12: Vorurteile in Österreich – Ergebnisse (n = 1.712)

118 Ebd., 8.

Die Gruppen mit den höchsten Anteilen an Vorurteilen und/oder Ressentiments ist die Gruppe der damaligen GastarbeiterInnen, der sogenannten »GammlerInnen« und Menschen, welche ein Sexualverbrechen begangen haben. Bemerkenswert ist hier, dass mehr als die Hälfte der befragten Personen GastarbeiterInnen Unredlichkeit in Bezug auf den Erhalt von Sozialleistungen[119] unterstellen und vier Fünftel aller RespondentInnen Sexualverbrechen auch mit körperlicher Züchtigung bestrafen wollen. Insgesamt kann hier ein hohes Maß an autoritärer Aggression festgestellt werden.

Mit Bezug auf Einstellungen gegenüber der Gruppe der GastarbeiterInnen wurde 1971 ebenfalls vom Arbeitskreis für Stereotypieforschung eine Umfrage durchgeführt:[120]

Wortlaut der Frage	Anteil in %	
	stimmt	stimmt nicht
»Die Gastarbeiter nehmen den Österreichern die Arbeitsplätze weg.«	24	76
»Ohne Gastarbeiter könnte die österreichische Wirtschaft ihre Aufgabe nur schwer lösen.«	60	40
»Aus manchen Gastarbeitern, die jetzt einwandern, werden gute Österreicher werden.«	44	53
»Wir sollten alles nur mögliche unternehmen, um rasch die Gastarbeiter wieder loszuwerden.«	34	64

Tabelle 13: Vorurteile gegenüber GastarbeiterInnen

Hier sind die erhobenen Einstellungen schon etwas moderater, jedoch sind noch immer 53 Prozent der befragten Menschen der Meinung, dass aus GastarbeiterInnen niemals »gute« (sic!) ÖsterreicherInnen werden. Drei Fünftel sehen auch die Zuwanderung von Menschen als eine wirtschaftliche Notwendigkeit an, ein Umstand, der auch heute oftmals für Diskussionen sorgt.

Ähnliche Fragen[121] wurden auch in den Jahren 1991, 1996 und 2001 erhoben, wobei die großen Unterschiede zum einen in der Adressierung von AusländerInnen und nicht GastarbeiterInnnen zu finden sind sowie in den generell leicht variierenden Fragestellungen als auch in den angebotenen Antwortskalen. Tabelle 14 zeigt die Ergebnisse dieser Befragungen zwischen 1991 und 2001. Zwei der Fragen sind weitgehend vergleichbar, nämlich jene nach der Konkurrenz um Arbeitsplätze zwischen ÖsterreicherInnen und GastarbeiterInnen/AusländerInnen und jene nach der wirtschaftlichen Notwendigkeit von ausländischen Arbeitskräften. Bezogen auf

119 Bemerkenswert ist aber auch die derzeitige Relevanz ausgeprochen ähnlich gelagerter Diskussionen, wie z. B. die Kürzung der Mindestsicherung für anerkannte AsylbewerberInnen oder die Indexierung der Kinderbeihilfe.

120 Quelle: Sozialwissenschaftliche Studiengesellschaft (SWS 1971).

121 Nach Plasser/Ulram. *Das österreichische Politikverständnis*, 159.

In Prozent		Stimme … überein			Lehne … ab			Keine Angabe
		Sehr	Eher	Sehr + eher	Sehr	Eher	Sehr + eher	
Die meisten Ausländer machen Arbeiten, für die sich kaum mehr ein Österreicher findet.	1991	58	25	83	16	11	5	1
	1996	46	38	84	16	12	4	1
	2001	38	44	82	16	13	3	2
Ohne die vielen ausländischen Arbeitskräfte könnte die Wirtschaft in Österreich gar nicht mehr auskommen.	1990	23	35	58	39	22	17	3
	1996	22	36	58	41	28	13	1
	2001	23	40	63	31	24	7	6
Ausländer sind eine Bereicherung für das Land; das Leben wird bunter, interessanter und weltoffener.	1990	12	27	39	58	36	22	3
	1996	16	39	55	43	33	10	1
	2001	15	35	50	44	31	13	6
Es sollten vermehrt Einwanderer mit Kindern aufgenommen werden, damit die Wirtschaft läuft und die Pensionen gesichert bleiben.	1991	12	26	38	59	32	27	3
	1996	3	22	25	72	38	34	3
	2001	6	25	31	60	40	20	9
Die vielen Ausländer nehmen den Österreichern die Arbeitsplätze weg.	1991	20	29	49	47	33	14	4
	1996	15	31	46	53	33	20	1
	2001	9	19	28	67	48	19	4
Mit den Ausländern kommt vor allem Kriminalität.	1991	36	26	62	35	22	13	2
	1996	27	29	56	43	26	17	1
	2001	15	33	48	48	34	14	4
Es gibt schon zu viele Ausländer in Österreich.	1990	38	29	67	29	20	9	4
	1991	37	27	64	34	20	14	2
	1996	31	33	64	34	23	11	2
	2001	26	33	59	36	28	8	5

Tabelle 14: Einstellung zu AusländerInnen und MigrantInnen

das letzte Thema liegt der Anteil jener Menschen, welche der Notwendigkeit von ausländischen Arbeitskräften sehr oder eher zustimmen, zwischen 1971 und 2001 nahezu konstant bei ca. drei Fünftel der österreichischen Gesellschaft. Jener Anteil der Menschen, welche eine Konkurrenzsituation zwischen ÖsterreicherInnen und ausländischen Arbeitskräften sehen, hat sich in den 1990er-Jahren verdoppelt und ist zur Jahrtausendwende wieder auf jenen Wert vom Beginn der 1970er-Jahre zurückgegangen, und zwar auf rund 28 Prozent. Unter diesen Daten befinden sich jedoch auch einige Paradoxien: So sind nahezu über den gesamten Untersuchungszeitraum hinweg mehr als vier Fünftel der befragten Personen der Meinung, dass AusländerInnen Arbeiten machen, für die sich kein/e ÖsterreicherIn interessiert. Andererseits ist, wie bereits erwähnt, besonders in den 1990er-Jahren knapp die Hälfte der befragten Personen ebenfalls der Meinung, dass AusländerInnen den ÖsterreicherInnen Arbeitsplätze wegnehmen. Und ebenfalls knapp bis über die Hälfte der RespondentInnen ist der Meinung, dass ImmigrantInnen eine Bereicherung für das Land sind und das Leben bunter und interessanter gestalten. Ein nahezu gleich hoher Anteil an befragten Menschen ist der Meinung, dass mit AusländerInnnen vor allem Kriminalität kommt und dass bereits zu viele AusländerInnen in Österreich sind, nämlich rund zwei Drittel der Befragten in den 1990er-Jahren und rund die Hälfte zur Jahrtausendwende.

Zwei der hier behandelten Fragen, jene nach der Konkurrenz um Jobs und jene nach dem Zusammenhang zwischen Zuwanderung und Kriminalität, wurden auf ähnliche Weise auch in der Europäischen Sozialstudie Welle 7 erhoben und ermöglichen, damit nicht nur einen Eindruck für die Situation im Jahr 2014 zu erhalten, sondern auch einen entsprechenden Ländervergleich. Die RespondentInnen erhielten bei beiden Fragen die Möglichkeit, ihre Antworten auf einer 11-teiligen Skala zu geben, welche jeweils von 0 bis 10 reicht. In den Grafiken wurde die horizontale Achse entsprechend der Antwortvorgaben beschriftet, d. h. höhere Werte entsprechen der Aussage rechts vom Doppelpfeil, niedrigere Werte der Aussage links vom Doppelpfeil, die beiden Aussagen sind die jeweiligen Endpunkte der Antwortskala, dazwischen konnten sich die RespondentInnen selbst einstufen.

In den folgenden Grafiken werden zudem die Mittelwerte pro Land inklusive der 95-Prozent-Konfidenzintervalle angegeben, da die 11-teilige Antwortskala sonst nur umständlich darstellbar ist.

Grafik 12[122] zeigt die Mittelwerte bezüglich der wahrgenommenen Konkurrenz am Arbeitsmarkt zwischen ImmigrantInnen und einheimischen Arbeitskräften in Österreich und drei Staaten der Visegrád-Gruppe.[123] Die pessimistischsten Einstellungen weisen die befragten Personen in Ungarn und der Tschechei auf, beide haben einen Mittelwert rund um 3,4[124]. Die RespondentInnen in Polen haben hier eine optimistischere Einstellung und die befragten Menschen in Österreich gaben im Durchschnitt nahezu die mittlere Antwortmöglichkeit (= 4,64).[125]

122 Folgende Länderkürzel werden hier und in der weiteren Analyse verwendet: Österreich (AT), Tschechische Republik (CZ), Deutschland (DE), Frankreich (FR), Großbritannien (GB), Ungarn (HU), Irland (IL), Israel (IS), Litauen (LT), Norwegen (NO), Polen (PL), Schweden (SE).

123 In den Grafiken basierend auf den ESS-Daten werden alle verfügbaren Länder gezeigt, um einen Eindruck der Variabilität über Länder hinweg zu geben, interpretiert werden jedoch nur die Daten für Österreich und die drei erwähnten Staaten der Visegrád-Gruppe.

124 Die Grafik zeigt nur den Ausschnitt der Antwortskala zwischen 3 und 5, d. h. der »unteren« Hälfte der Antwortmöglichkeiten.

125 Quelle: ESS 2014.

Grafik 12: ImmigrantInnen nehmen/schaffen Jobs

Eine in Umfragen immer wieder gestellte Frage, um die Offenheit und den Toleranzlevel von Menschen zu erheben, ist jene nach denjenigen Gruppen, welche Menschen nicht als Nachbarn haben möchten, welche sie also, aus welchen Gründen auch immer, nicht in ihrer Umgebung wissen wollen. Für diese Daten sind mit der Europäischen Wertestudie wiederum Ländervergleiche über einen längeren Zeitraum hinweg möglich. Grafik 13 bis Grafik 16 zeigen die Anteile jener Menschen, welche angegeben haben, eine der erwähnten Personengruppen nicht als Nachbarn haben zu wollen. Bei der Darstellung haben wir uns auf sechs Gruppen beschränkt.[126]

Für Österreich[127] ist über den Untersuchungszeitraum deutlich zu erkennen, dass zu Beginn der 1990er-Jahre homosexuelle Menschen eindeutig jene Gruppe darstellten, welche die meisten Menschen nicht als Nachbarn haben wollten. Obwohl die Ressentiments gegen homosexuelle Menschen im Jahr 2008 weiterhin hoch

126 Es werden hier auch die Daten zu Einstellungen gegenüber homosexuellen Menschen dargestellt, obwohl diese Daten streng genommen im Abschnitt zu »moralischer Intoleranz« zu verorten sind.

127 Quelle: EVS: European Values Study Longitudinal Data File 1981-2008 (EVS 1981–2008), GESIS Data Archive 2015, https://dbk.gesis.org/dbksearch/sdesc2.asp?no=4804&db=e&doi=10.4232/1.12253 (Zugriff am 11.04.2018).

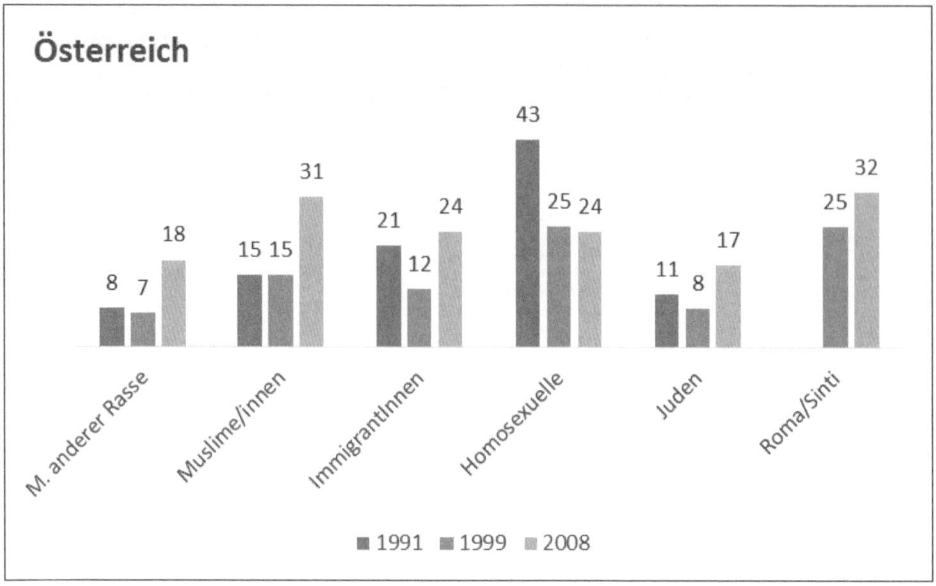

Grafik 13: Gruppen, welche als Nachbarn unerwünscht sind – Österreich

sind – rund ein Viertel der befragten Menschen will homosexuelle Menschen nicht als Nachbarn haben und ebenso viele möchten keine ImmigrantInnen als Nachbarn –, so erreichen zwei Personengruppen höhere Ablehnungswerte, nämlich jene der muslimischen Menschen und die Gruppe der Roma und Sinti. Beide Personengruppen werden von rund einem Drittel der befragten Personen als Nachbarn abgelehnt. Bedenklich stimmt jedoch, dass – mit der Ausnahme der homosexuellen Menschen – die Ablehnung aller anderen Gruppen als NachbarInnen im Zeitverlauf angestiegen ist, obwohl das nicht zwangsläufig bedeuten muss, dass dies auch für die generelle Zuwanderung dieser Gruppen gilt.

In Ungarn[128] ergibt sich ein ähnliches Bild. Auch hier widerfuhr der Gruppe der homosexuellen Menschen Anfang der 1990er-Jahre die höchste Ablehnung auf jedoch ungleich höherem Niveau, rund drei Viertel der RespondentInnen lehnten diese Personengruppe als Nachbarn ab. Im Jahr 2008 ist es die Gruppe der Roma und Sinti, welche die meisten Ungarn – rund zwei Fünftel – nicht als Nachbarn haben wollen.

In Polen[129] wiederum sticht eine Personengruppe heraus, welche über den gesamten Untersuchungszeitraum von den meisten PolInnen als Nachbarn abgelehnt wird, jene der homosexuellen Menschen. Dieser Anteil wird zwar kleiner, jedoch

128 Quelle: ebd.

129 Quelle: ebd.

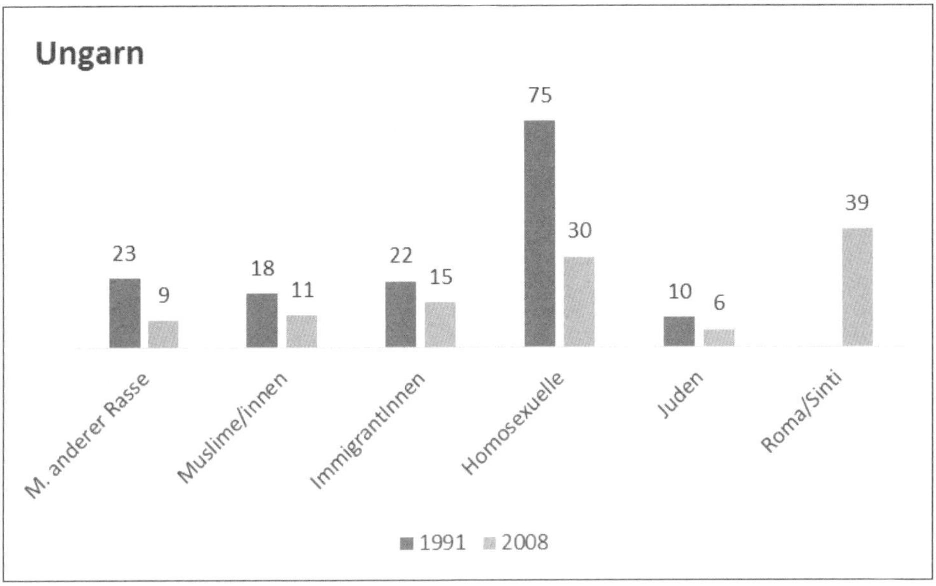

Grafik 14: Gruppen, welche als Nachbarn unerwünscht sind – Ungarn

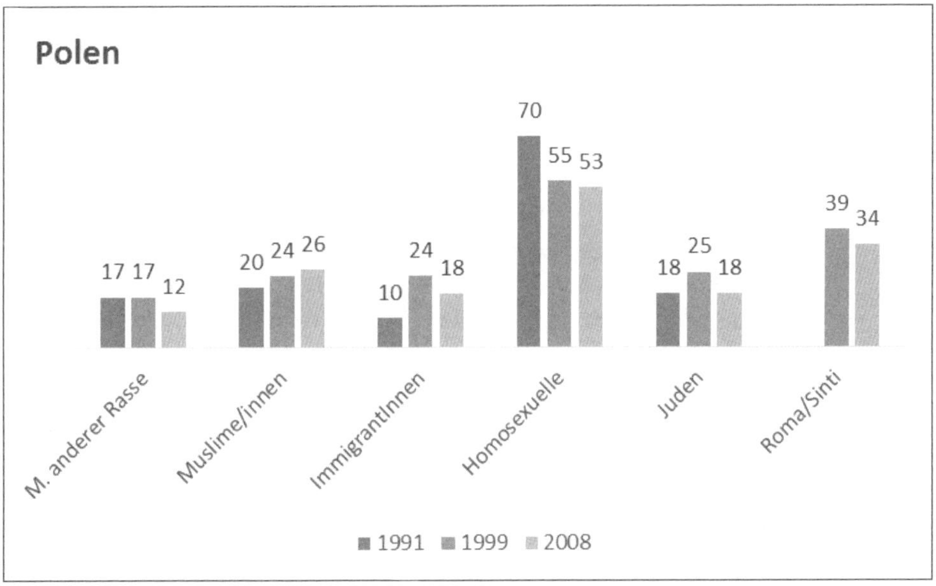

Grafik 15: Gruppen, welche als Nachbarn unerwünscht sind – Polen

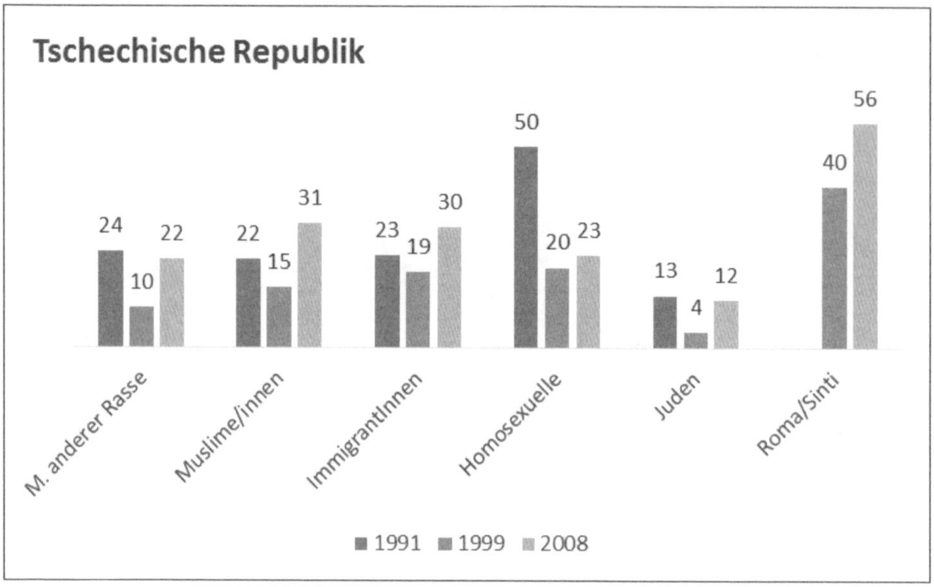

Grafik 16: Gruppen, welche als Nachbarn unterwünscht sind – Tschechien

steht jede/r zweite RespondentIn homosexuellen Menschen als Nachbarn ablehnend gegenüber. Rund ein Drittel der befragten Menschen will keine Roma oder Sinti als Nachbarn, im Fall der Personengruppe der muslimischen Menschen ist das ungefähr ein Viertel.

Auch im Fall der Tschechischen Republik[130] stechen besonders zwei Personengruppen ins Auge, welchen besondere Ablehnung widerfährt. Zu Beginn der Untersuchungsperiode ist das wiederum die Gruppe der homosexuellen Menschen, gefolgt von der Gruppe der Menschen anderer Hautfarbe/Ethnie, den MuslimInnen und ImmigrantInnen. Ende der 1990er-Jahre und Ende der 2000er-Jahre ist es jedoch die Gruppe der Roma und Sinti, welche von zwei Fünfteln oder mehr als der Hälfte der befragten Personen als Nachbarn abgelehnt wird.

Insgesamt ergibt sich ein eher gemischtes Bild, welches die/den BetrachterIn zweifelnd zurücklässt. Von der Höhe der Ablehnungsraten Ende der 2000er-Jahre sind Österreich und Ungarn relativ ähnlich und haben auch die niedrigsten Ablehnungsraten verglichen mit den anderen Visegrád-Staaten. In Ungarn haben alle Ablehnungsraten – wenn auch teilweise von einem hohen Niveau aus – abgenommen, während in Österreich teils eklatante Zuwächse der Ablehnung zu verzeichnen sind, wie z. B. gegen MuslimInnen oder allgemein gegen Menschen mit anderer Hautfarbe/Ethnie.

130 Quelle: ebd.

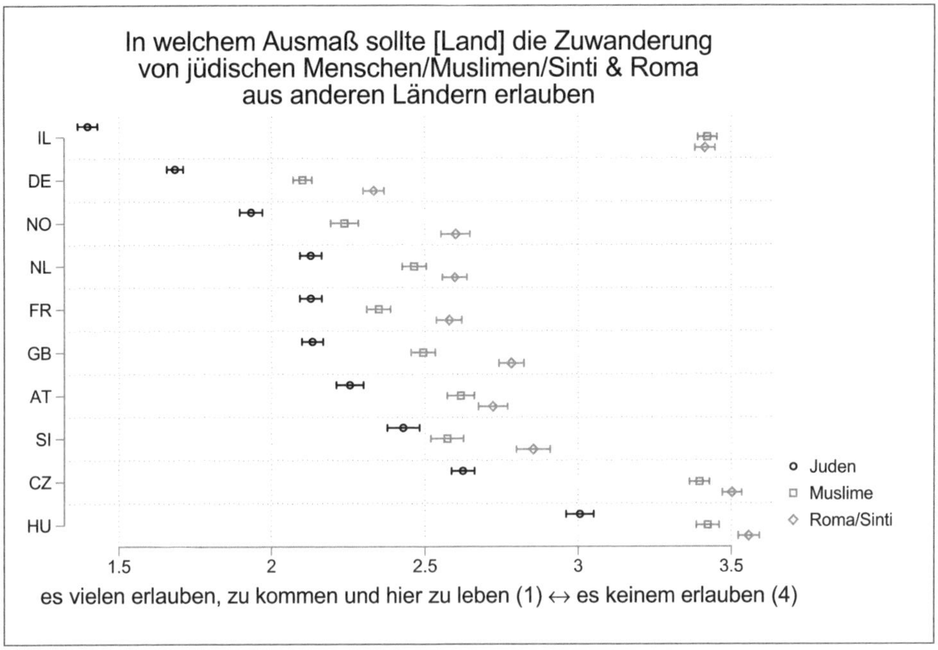

Grafik 17: Erwünschtes Ausmaß der Zuwanderung nach Personengruppen

Daten aus der im Jahr 2014 erhobenen ESS (Welle 7) bestätigen die Eindrücke aus den oben präsentierten Darstellungen. Auf die Frage, in welchem Ausmaß Österreich es jüdischen Menschen, Menschen muslimischen Glaubens oder Roma und Sinti erlauben sollte einzureisen, nehmen die ÖsterreicherInnen gegenüber der Einreise jüdischer Menschen eine leicht ablehnende Haltung und gegenüber Menschen muslimischen Glaubens und Roma oder Sinti eine noch stärke prohibitive Position ein. Die drei Länder der Visegrád-Gruppe sind noch ablehnender gegenüber der Einreise dieser Gruppen von Menschen eingestellt. Bemerkenswert ist auch, dass über nahezu alle Länder hinweg die Reihenfolge der Gruppen aufgrund der Stärke der Ablehnung bzw. des Erlaubens einer Einreise gleich ist. Jüdischen Menschen wird es von der jeweiligen Bevölkerung im Durchschnitt eher erlaubt, mehr Ablehnung erfahren Menschen muslimischen Glaubens und das höchste Maß an Ablehnung widerfährt der Gruppe der Roma und Sinti.[131]

Die nächsten Fragen behandeln die Bereitschaft, Zuwanderung zuzulassen, abhängig vom ethnischen Hintergrund der ImmigrantInnen und ob das Herkunftsland ärmer und außerhalb von Europa liegt. Wiederum ist es wichtig, sich bei der Interpretation der Grafiken ständig vor Augen zu führen, dass immer nur Ausschnitte der

131 Quelle: ESS 2014.

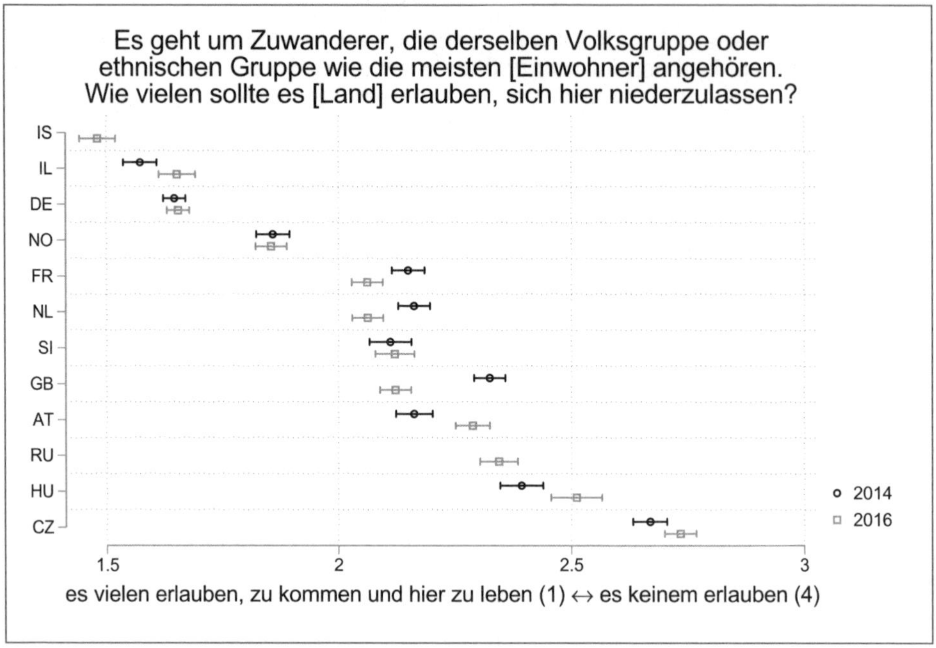

Grafik 18: Akzeptanz Zuwanderung der von Menschen derselben Volksgruppe

Antwortskala gezeigt werden, welche bei diesen Fragen gesamt von 1 bis 4 reichte. Die Grafiken zeigen für jedes Land bis zu zwei Mittelwerte sowie das entsprechende 95-Prozent-Konfidenzintervall, die Daten stammen aus der ESS 2014 (Welle 7) und der ESS 2016 (Welle 8).

Die erste Fragestellung bezieht sich auf die Zuwanderung von Menschen aus derselben Volks- oder ethnischen Gruppe wie die meisten ÖsterreicherInnen, TschechInnen, UngarInnen oder PolInnen.[132] Die Unterschiede zwischen den Ländern sind eher gering (weniger als ein halber Skalenpunkt auf der 4-teiligen Antwortskala). Die Bereitschaft, ImmigrantInnen derselben Volks- oder ethnischen Gruppe die Niederlassung zu erlauben, war in allen dargestellten Ländern eher gebremst (zwischen »es einigen erlauben« und »es wenigen erlauben«[133]). Diese Bereitschaft ist im Jahr 2016[134] leicht gesunken, wobei dieser Unterschied im Fall von Österreich und Polen auch statistisch signifikant ist.

132 Quelle: ESS 2014, ESS 2016.

133 Ich präsentiere bei diesen Fragen absichtlich keine Zahlenwerte, da die Berechnung eines Mittelwertes bei einer 4-teiligen Skala sehr wohl kritisiert werden kann, jedoch sind Unterschiede über einen längeren Zeitraum hinweg und zwischen den Ländern grafisch leicht erfassbar darstellbar.

134 Die ungarischen Daten sind im derzeit verfügbaren Datensatz des ESS Welle 8 nicht vorhanden.

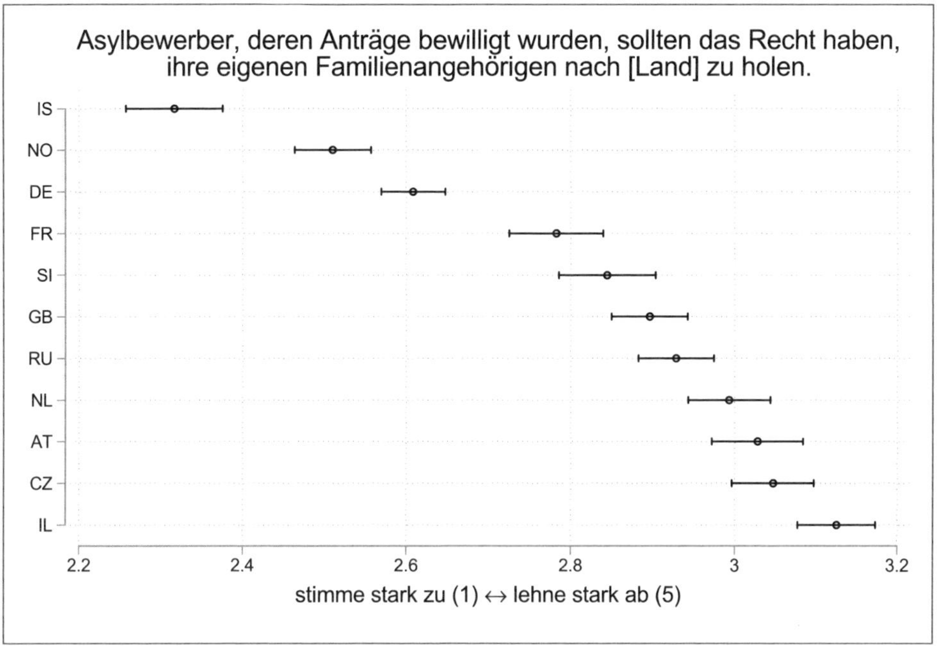

Grafik 19: Akzeptanz der Zuwanderung von Menschen anderer Volksgruppen

Die Bereitschaft zur Zuwanderung wird bei Menschen einer anderen Volks- oder ethnischen Gruppe als der im jeweiligen Land vorherrschenden noch geringer[135]. Und auch der Unterschied in den mittleren Einstellungen zwischen 2014 und 2016 fällt größer aus. Hier liegt es nahe, dass die Unterschiede zwischen den Einstellungen Folge der europäischen Flüchtlingskrise und des politischen Umgangs damit sind, obwohl natürlich an dieser Stelle nichts über kausale Effekte gesagt werden kann.

Noch restriktiver sind die Einstellungen in Bezug auf die Zuwanderung von ärmeren Menschen aus Ländern außerhalb Europas.[136] Alle Mittelwerte befinden sich, wie bei der letzten Frage, in der oberen Hälfte der Antwortskala. Zudem hat sich auch bei dieser Personengruppe die Bereitschaft, Zuwanderung zuzulassen, zwischen 2014 und 2016 verringert.

Insgesamt betrachtet ist die Bereitschaft in diesen vier Ländern eher bis äußerst gering, Zuwanderung zuzulassen. Im Fall von Zuwanderung aus ärmeren Ländern außerhalb Europas nimmt Ungarn eine Spitzenposition nahezu am Ende der Antwortskala ein (»es keinem erlauben«). So widersprüchlich die Befunde bisher waren

135 Quelle: ESS 2014, ESS 2016.
136 Quelle: ebd.

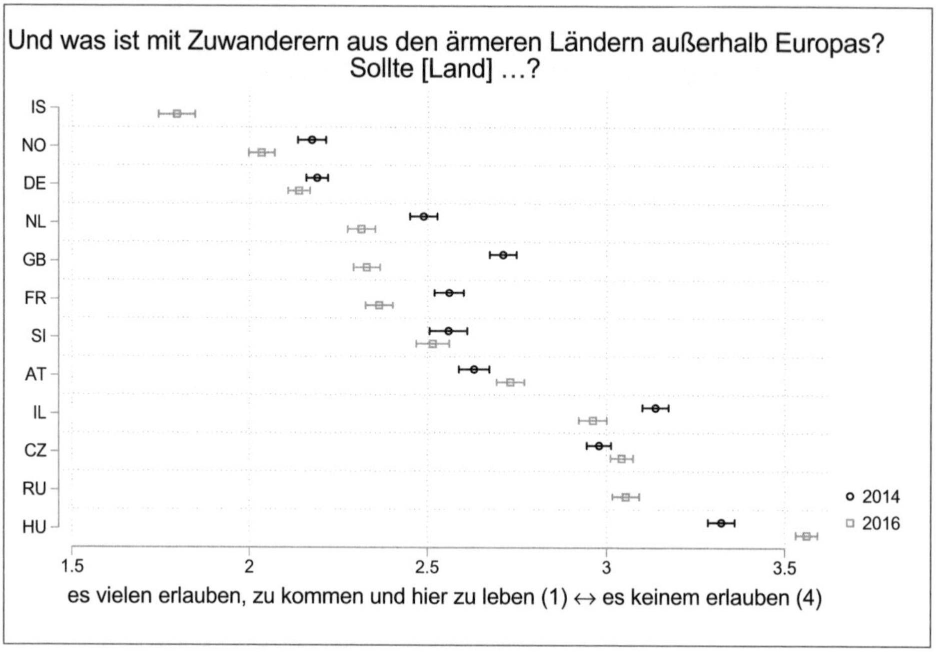

Grafik 20: Akzeptanz der Zuwanderung aus ärmeren Ländern außerhalb Europas

und die Eindrücke eher gemischt, so ernüchternd sind die Ergebnisse bezüglich der Einstellungen zur Zuwanderung. Die durchschnittlichen individuellen Einstellungen in Österreich und den drei Staaten der Visegrád-Gruppe befinden sich immer in der Hälfte der restriktiveren Gruppe an Ländern und hier oftmals bei den extremeren Ländern. Den ÖsterreicherInnen kann in Bezug auf die zugestandene Immigration demnach eine besonders autoritäre Position zugeschrieben werden.

Die folgenden drei Fragen erheben allesamt die individuellen Einstellungen zu wahrgenommenen oder antizipierten Konsequenzen von Zuwanderung, dabei werden drei Aspekte erhoben: die Wirtschaft, die Kultur und eine normative Bewertung einer Entwicklung hin zu einem besseren oder schlechteren Ort. Diese Fragen hatten wiederum eine 11-teilige Antwortskala, welche von 0 bis 10 reichte. Die Grafiken zeigen aus dieser möglichen Bandbreite wiederum nur einen Ausschnitt, bei allen Fragen wird nur der Bereich zwischen 3 und 7 der möglichen Antworten gezeigt, da sich hier die Mittelwerte der analysierten Länder befinden.

Die erste Frage zielt auf die individuelle Einschätzung ab, ob Zuwanderung schlecht oder gut für das jeweilige Land ist.[137] Wie aus Grafik 21 ersichtlich finden sich im durchschnittlichen Antwortverhalten erhebliche Unterschiede zwischen den

137 Quelle: ebd.

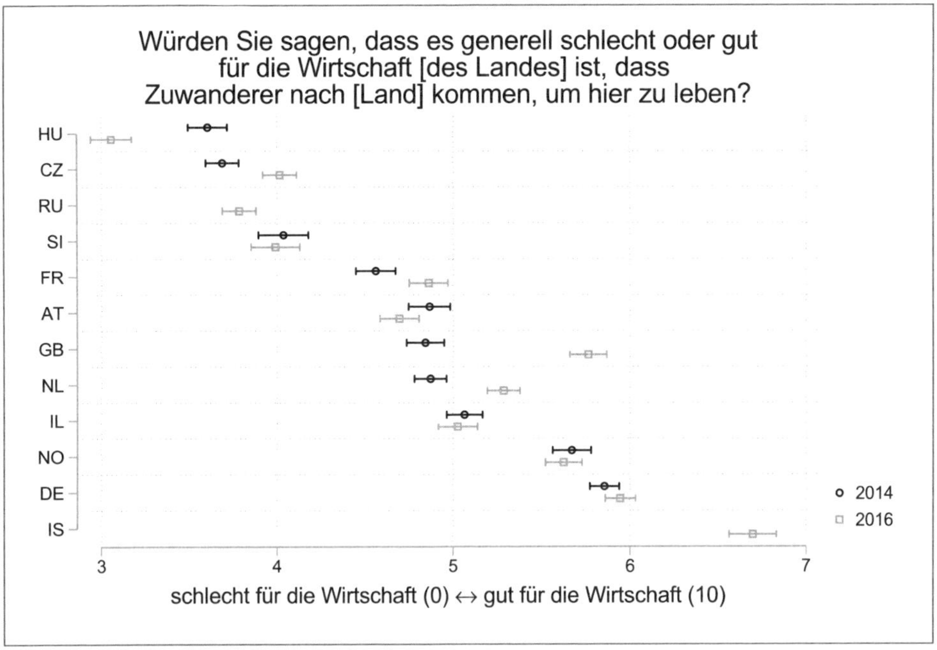

Grafik 21: Zuwanderung gut oder schlecht für die Wirtschaft

untersuchten Ländern. Ungarn und die Tschechische Republik befinden sich abermals in der Gruppe der pessimistischsten Länder, während Österreich und Polen eine eher neutrale Position einnehmen und sich diese zwischen 2014 und 2016 auch nicht geändert hat.

Dieses Bild ändert sich ein wenig, wenn nach den Veränderungen im kulturellen Zusammenleben gefragt wird.[138] In diesem Zusammenhang äußern die Menschen in Österreich eine ausgesprochen skeptische Meinung und sehen weder eine Bereicherung noch eine Verschlechterung, jedoch wurden die durchschnittlichen Einstellungen zwischen 2014 und 2016 ein wenig skeptischer. Im europäischen Vergleich sind Österreich sowie Ungarn und Tschechien im eher skeptischen Drittel der beobachteten Länder zu finden. Die Länder mit dem höchsten Maß an Optimismus in Bezug auf eine Bereicherung des kulturellen Zusammenlebens sind unter den nordischen Ländern zu finden, und zwar Schweden, Finnland und Island.

Grafik 23[139] zeigt die Daten für die letzte Frage nach möglichen Konsequenzen von Zuwanderung, nämlich, ob das jeweilige Land ein schlechterer oder besserer Ort zum Leben wird aufgrund von Zuwanderung. Die Tschechische Republik, Öster-

138 Quelle: ebd.

139 Quelle: ebd.

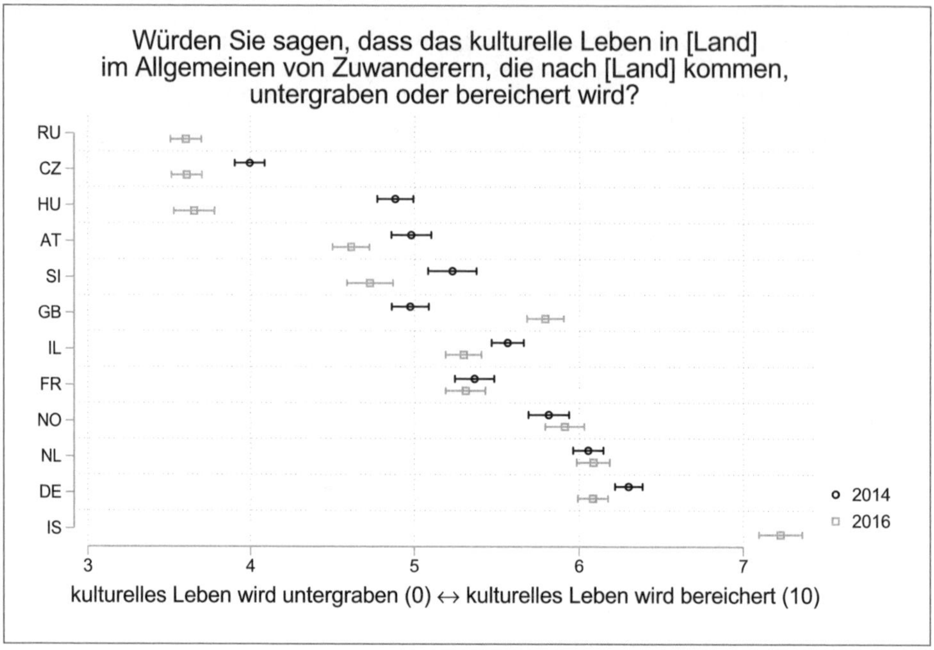

Grafik 22: Zuwanderung gut oder schlecht für kulturelles Zusammenleben

reich und Ungarn finden sich hier wiederum in der Gruppe der eher skeptischeren Länder und Polen nimmt eine nur leicht optimistische Position ein.

Insgesamt betrachtet ist die österreichische Gesellschaft den Konsequenzen von Zuwanderung gegenüber neutral bis eher skeptisch eingestellt. Dieser Umstand ist möglicherweise auf die wahrgenommenen Folgen der europäischen Flüchtlingskrise zurückzuführen, jedoch zeigen auch die historischen Daten, dass die ÖsterreicherInnen gegenüber ImmigrantInnen traditionell eher skeptisch eingestellt sind.

Abschließend werfen wir – vor dem Kontext der europäischen Flüchtlingskrise – noch einen Blick auf Einstellungsdaten bezüglich AsylbewerberInnen[140] im internationalen Vergleich. Die erste Frage zielt auf die Großzügigkeit des Staates bei der Beurteilung von Asylansuchen ab. Die RespondentInnen konnten ihre Einstellung hier auf einer 5-teiligen Skala, welche von »stimme stark zu« bis »lehne stark ab« reichte, einordnen.

Die Unterschiede zwischen den Ländern sind nicht sehr groß, jedoch befinden sich nahezu alle in der »restriktiveren« Hälfte der Skala. Die schärfste staatliche Beurteilung von Asylanträgen wünschen die TschechInnen, welche im Durchschnitt eine großzügige Beurteilung ablehnen, gefolgt von der österreichischen und der

140 Quelle: ESS 2016.

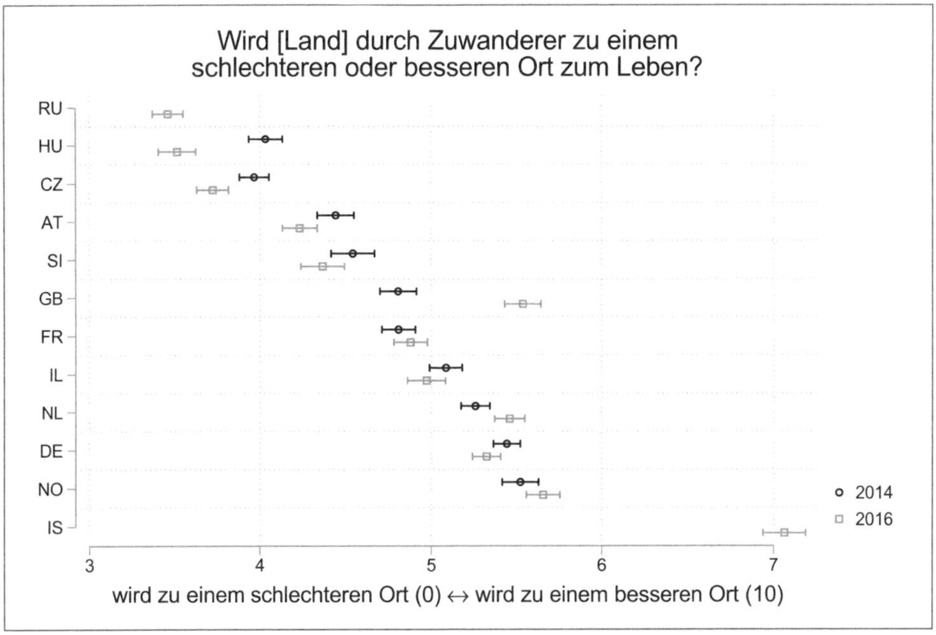

Grafik 23: Zuwanderung macht [Land] zu einem schlechteren/besseren Ort

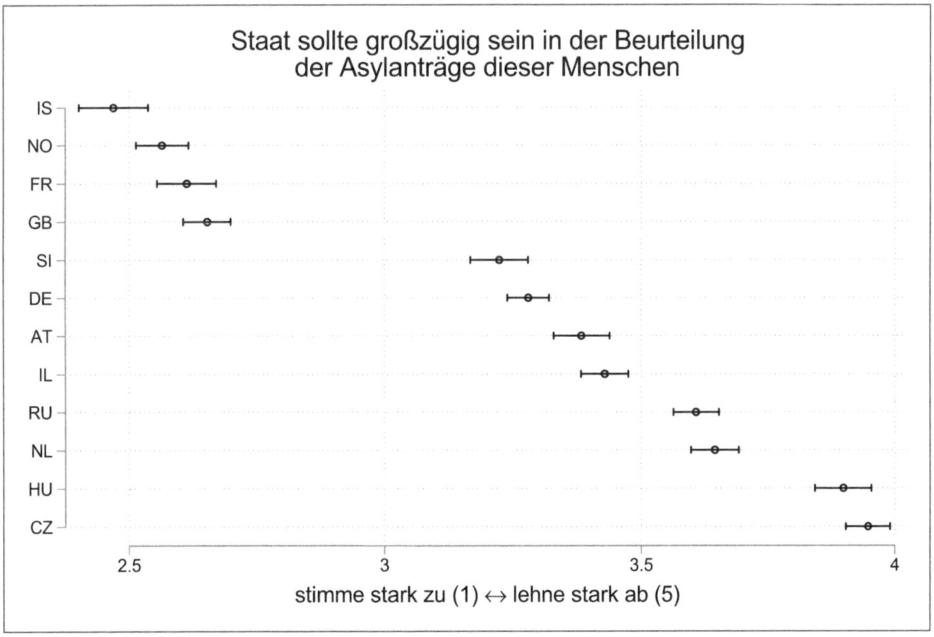

Grafik 24: Großzügigkeit des Staates bei der Beurteilung von Asylanträgen

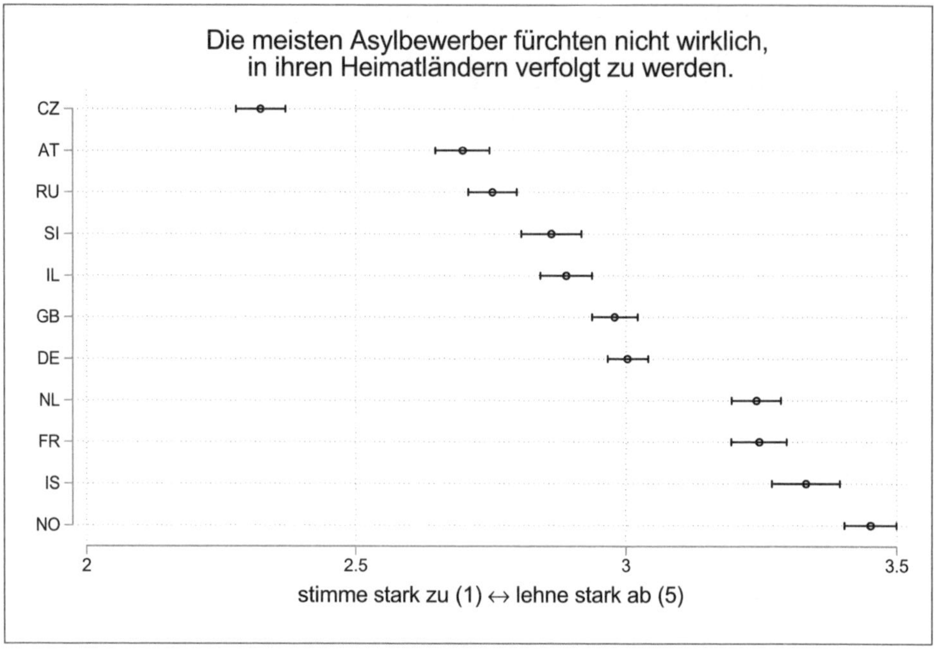

Grafik 25: Motivation von AsylbewerberInnen

polnischen Bevölkerung. Zielt diese Frage auf den grundsätzlichen Umgang mit AsylbewerberInnen ab, so versucht die nächste Fragestellung Einstellungen über die Motivation von AsylbewerberInnen zu erheben. Diese Frage spricht das wesentliche Kriterium für ein erfolgreiches Asylverfahren an, dass begründete Furcht vor Verfolgung aus Gründen der Ethnie, Religion, Nationalität, Zugehörigkeit zu einer bestimmten sozialen Gruppe oder aus politischen Gründen im jeweiligen Heimatland gegeben ist.

Grafik 25[141] zeigt die durchschnittlichen Antworten für die Aussage »Die meisten Asylbewerber fürchten nicht wirklich, in ihren Heimatländern verfolgt zu werden.« Wiederum sammeln sich die durchschnittlichen Antworten in der Mitte der Antwortskala, womit Länder, welche sich in der Grafik weiter rechts befinden, diese Aussage stärker ablehnen. Die polnische sowie die österreichische Bevölkerung sind sich eher uneins in Bezug auf diese Aussage, jedoch überwiegt leicht der Anteil jener Menschen, welche dieser Aussage eher zustimmen. Am stärksten stimmen die TschechInnen dieser Aussage zu.

141 Quelle: ebd.

Die folgende Tabelle[142] zeigt die Verteilung von wohlfahrtschauvinistischen Einstellungen in sechs ausgewählten europäischen Ländern.[143] Die Menschen wurden nach ihren Einstellungen, wann ImmigrantInnen Sozialleistungen erhalten sollen, befragt, wobei fünf Antwortmöglichkeiten zur Verfügung standen: »sofort bei Ankunft«, »nach einem Jahr Aufenthalt in [Land], egal ob sie gearbeitet haben oder nicht«, »nur, nachdem sie mindestens ein Jahr gearbeitet und Steuern gezahlt haben«, »sobald sie [Land] Staatsbürger geworden sind« und »sie sollten nie die gleichen Ansprüche bekommen«. Die Antwortskala spiegelt eine anwachsende Restriktivität beim Zugang zu Sozialleistungen wider.

Wann sollen ImmigrantInnen Sozialleistungen erhalten (in %)	AT	PL	CZ	DE	NL	GB
sofort bei Ankunft	8	4	5	12	8	5
nach einem Jahr Aufenthalt in [Land], egal ob sie gearbeitet haben oder nicht	10	5	4	14	8	8
nur, nachdem sie mindestens ein Jahr gearbeitet und Steuern gezahlt haben	40	41	33	49	34	58
sobald sie [Land] Staatsbürger geworden sind	26	42	35	23	48	22
sie sollten nie die gleichen Ansprüche bekommen	16	8	24	2	3	7

Tabelle 15: Bedingungen für den Zugang von ImmigrantInnen zu Sozialleistungen

Der Großteil der Antworten findet sich in den Antwortkategorien »nur, nachdem sie mindestens ein Jahr gearbeitet und Steuern gezahlt haben« und »sobald sie [Land] Staatsbürger geworden sind«, diese beiden Antwortmöglichkeiten wählten zwischen 66 Prozent (AT) und 83 Prozent (PL) aller befragten Menschen. Die restriktivsten Einstellungen finden sich in der Tschechischen Republik, Österreich befindet sich im Mittelfeld und die liberalsten Einstellungen weist die deutsche Bevölkerung auf. In drei der sechs dargestellten Länder ist die häufigste Antwort »nur, nachdem sie mindestens ein Jahr gearbeitet und Steuern gezahlt haben« und in den drei anderen Ländern »sobald sie [Land] Staatsbürger geworden sind«.

Aufgrund der hier präsentierten Daten über die Einstellungen der österreichischen Bevölkerung zu Immigration und die Fragen zur Asylpolitik nehmen die durchschnittlichen Meinungen eine eher neutrale Position ein, d. h. die österreichische Gesellschaft zeigt sich weder als besonders offen für Migration noch als besonders zuwanderungsfeindlich. Dieser Befund steht in gewissem Widerspruch zur politischen Landschaft in Österreich, besonders zur Parteienlandschaft (zu autoritären Tendenzen auf der Ebene der politischen Parteien in Österreich siehe den Beitrag von Martin Dolezal in diesem Band). Seit den 1990er-Jahren kann die Freiheitliche Partei Österreichs, welche international als rechts-außen und/oder rechtsextreme

142 Quelle: ESS Welle 8, gewichtet.

143 Die Daten für die Welle 8 des ESS sind derzeit noch nicht für alle teilnehmenden Länder verfügbar.

Partei eingestuft wird, mit dem Fremden- und Asylthema beträchtliche Wahlerfolge erzielen. Da eine ähnlich starke Partei im linken politischen Spektrum fehlt, kann auch nicht darüber spekuliert werden, ob die dargestellten durchschnittlichen Meinungen die mögliche breite Streuung »verdecken«. Augenscheinlich ist die öffentliche Meinung in Österreich weniger »rechts«, als dies die Wahlerfolge der politischen Parteien vermuten lassen würden.[144] Andererseits hat besonders im Rahmen des Wahlkampfs zum Nationalrat 2017 das Thema Asyl und Flüchtlingskrise dominiert. Viele Menschen haben Ende 2017 den Eindruck geäußert, dass sich Österreich in »eine falsche Richtung« entwickelt (69 %) und dieser Umstand auf Probleme in der Flüchtlings- und Asylpolitik zurückzuführen ist (49 %).[145] Eine Umfrage aus dem Jahr 2017 identifizierte mit einer offenen Fragestellung, d. h. ohne vorgegebene Antwortmöglichkeiten, die Themen Asyl, Zuwanderung, Integration, Islam und Sozialmissbrauch als die wichtigsten Themen- und Problemfelder. Diese Themen wurden von 44 Prozent der befragten Menschen angeführt.[146]

Im Bereich der ethnischen Intoleranz ist das Meinungsbild der österreichischen Gesellschaft oftmals dem der Bevölkerungen der Viségrad-Staaten und jenem von Großbritannien ähnlich. Dies wird besonders deutlich bei den Einstellungen zur Zuwanderung nach Österreich und den wahrgenommenen Auswirkungen von Zuwanderung (kulturell, ob Österreich ein besserer oder schlechterer Ort wird) und bei der Beurteilung, welche Voraussetzungen ImmigrantInnen zu erfüllen haben, bevor sie Zugang zum österreichischen Sozialsystem bekommen. Zudem sind die Einstellungen in Österreich die Zuwanderung betreffend – dort, wo ein Vergleich über einen längeren Zeitraum hinweg möglich ist – generell restriktiver geworden, obwohl dies meist nur den Zeitraum zwischen 2014 und 2016 betrifft. Ob diese Verschärfung auf die Flüchtlingskrise in Europa 2015 zurückgeführt werden kann, ist mit dem vorliegenden Datenmaterial nicht zu beantworten.

Politische Intoleranz – Einstellungen zur Demokratie, zum Parlamentarismus und Präferenzen für einen »starken Mann«

Die folgenden Abschnitte beschäftigen sich mit dem Verhältnis der ÖsterreicherInnen zur im internationalen Vergleich noch jungen österreichischen Demokratie. Dabei kann im Sinne von David Easton[147] zwischen spezifischer und diffuser Unter-

144 Eine diesem Befund entgegengesetzte Analyse, wenn auch nur indirekt, siehe https://derstandard.at/2000082435589/Was-Sebastian-Kurz-erkannt-hat-Die-Mitte-ist-weit-rechts (Zugriff am 02.07.2018).

145 Plasser/Sommer. *Wahlen im Schatten der Flüchtlingskrise*, 51.

146 Ebd., 56.

147 *A Framework for Political Analysis*, New Jersey: Prentice Hall 1965; *A Systems Analysis of Political Life*, New York: Wiley and Sons 1965.

stützung, welche einem politischen System von der Bevölkerung entgegengebracht wird, unterschieden werden. Spezifische Unterstützung betrifft spezifische Teile der Ausgestaltung des politischen Systems, z.B. Kritik an der Effektivität direktdemokratischer Elemente oder einzelner politischer Entscheidungen. Daher ist spezifische Unterstützung auch kurzfristig änderbar, d.h. theoretisch im alltäglichen politischen Verlauf. Die »klassische« Frage der Umfrageforschung ist in diesem Fall jene nach der Zufriedenheit mit der Demokratie und/oder dem Funktionieren der Demokratie. Diffuse Unterstützung ist langfristiger und breiter konzipiert verglichen mit spezifischer Unterstützung. Der Entzug diffuser Unterstützung kann antisystemisch wirken, d.h. die demokratische Verfasstheit Österreichs selbst infrage stellen. Diese Einstellungen werden mit den Fragen nach »einem starken Mann« oder »einer Gruppe von Menschen«, welche anstelle des Parlamentes entscheiden sollen, erhoben.

Mit dem wirtschaftlichen und politischen Aufschwung am Ende der »langen Fünfziger Jahre«[148] verblassen auch die meisten Ressentiments gegen die demokratische Verfasstheit der jungen Zweiten Republik. Noch Mitte der Fünfzigerjahre präferierten 16 Prozent der Bevölkerung ein Einparteiensystem, 23 Prozent die Monarchie und nahezu jeder Zweite bestritt die Existenz eines österreichischen Staates.[149] Umfragedaten aus dem Jahr 1955[150] zeigen, dass 56 Prozent der Befragten bereit sind, für ihre persönliche Freiheit und/oder die Freiheit der Österreicher zu kämpfen, jedoch »nur« 40 Prozent für die Demokratie in Österreich.

Die ersten Daten, welche sich wiederum mit der Demokratiezufriedenheit beschäftigen, sind die Jugendstudien, welche zwischen 1980 und 2000 erhoben wurden.[151] Teilweise haben diese Jugendlichen bereits die Jugendbewegungen Ende der 1960er-Jahre aktiv miterlebt. Diese Generation war die Erste, welche die NS-Zeit nicht mehr aktiv miterlebt hat und die durchgängig in einem demokratischen System aufgewachsen ist. Wie aus Tabelle 16 ersichtlich haben der Aussage »Es ist mir im Grunde egal, ob ich in einer Demokratie lebe oder nicht« in diesem Zeitraum rund 10 Prozent der befragten Jugendlichen zugestimmt und dieser Anteil ist relativ konstant geblieben. Auch der Anteil der Jugendlichen, welche der Meinung sind, dass die Teilnahme an Wahlen sinnlos ist, blieb zwischen einem Fünftel und einem Viertel ziemlich konstant. Für die Jahre 1996 und 2000 wurden auch Einstellungen bezüglich der politischen Effektivität erhoben, hier haben rund drei Fünftel geantwortet, dass sie der Meinung sind, keinen Einfluss auf die Regierungstätigkeit zu haben. Im

148 Sandgruber. *Ökonomie und Politik*, 471.

149 Vgl. Ulram. *Hegemonie und Erosion*, 69.

150 Nach ebd., 68.

151 Quelle: Fessel-GfK, Jugendstudien (1980–2000).

Vergleich (siehe Tabelle 6) mit der österreichischen Gesamtbevölkerung sind diese Werte sogar noch etwas niedriger, und zwar um rund 10 Prozentpunkte.

In Prozent der 14–24-Jährigen	1980	1984	1986	1992	1996	1999	2000
Es ist mir im Grunde egal, ob ich in einer Demokratie lebe oder nicht.	9	n. v.	9	8	6	11	11
Es ist ziemlich sinnlos zur Wahl zu gehen, weil man damit sowieso nichts ändern kann.	n. v.	21	25	29	19	28	25
Leute wie ich haben keinen Einfluss auf das, was die Regierung tut.	n. v.	n. v.	n. v.	n. v.	59	n. v.	63
In Österreich fehlt ein starker Mann, der endlich Ordnung schafft.	22	n. v.	49	35	38	38	34

Tabelle 16: Politische Distanz österreichischer Jugendlicher 1980–2000

Die Frage nach einem »starken Mann« in der Politik wird oft als Gradmesser für autoritäre Einstellungen herangezogen. Dabei darf aber auch nicht außer Acht gelassen werden, dass die Antworten auf diese Frage auch einiges Protestverhalten und Politikverdrossenheit oder -müdigkeit enthalten können. Jedenfalls hat im Jahr 1980 rund ein Fünftel der befragten Jugendlichen dieser Frage zugestimmt, danach kam es zu einem Hoch mit nahezu der Hälfte aller 14–24-Jährigen, und bis zum Jahr 2000 hat sich dieser Anteil auf rund ein Drittel gesenkt. Diese Frage wird uns jedoch am Ende dieses Kapitels nochmals beschäftigen.

Für den Zeitraum zwischen 1987 und 2001 wurden die Einstellungen zum demokratischen Regime in Österreich erhoben.[152]

In Prozent	1987	1989	1996	1999	2001
Demokratie ist auf jeden Fall besser als eine Diktatur.	91	90	90	90	93
Unter bestimmten Umständen kann Diktatur besser sein als Demokratie.	5	5	5	5	3
Egal, ob man in einer Demokratie oder Diktatur lebt.	3	4	5	3	3

Tabelle 17: Einstellungen zum demokratischen Regime, 1987–2001

Der Frage, ob die Demokratie in jedem Fall besser ist als eine Diktatur, stimmen neun Zehntel und mehr der befragten Menschen zu. Der Anteil jener, welche unter Umständen eine Diktatur befürworten, bleibt zwischen 3–5 Prozent ebenfalls relativ konstant und der Anteil, welchem es egal ist ob Demokratie oder Diktatur, ist 2001 auf demselben Niveau wie 1987, nämlich auf 3 Prozent. Im direkten Vergleich zu

152 Nach Plasser/Ulram. *Das österreichische Politikverständnis*, 131.

einer Diktatur sind also das demokratische Grundverständnis und das Bekenntnis zur Demokratie zwischen 1987 und 2001 ausgesprochen gefestigt.

Ende der 1990er-Jahre glauben rund drei Viertel der befragten Menschen an die Problemlösungsfähigkeit der Demokratie,[153] wobei dieser Anteil 2001 bei nahezu vier Fünftel liegt. Wie bei der Frage, ob unter bestimmten Umständen eine Diktatur besser sein kann als eine Demokratie, kann hier bei der Beantwortung der Frage auch eine Zeitdimension eine Rolle gespielt haben, d. h., dass RespondentInnen das schnelle Finden von Lösungen und Entscheidungen als Motiv vor Augen hatten.

Glauben Sie, dass die Demokratie in der Lage ist, die Probleme in unserem Land zu lösen? (in %)	Ja, ist in der Lage	Nein, ist nicht in der Lage
1997	72	25
1999	72	23
2001	78	15

Tabelle 18: Problemlösungsfähigkeit der Demokratie

Für die 2000er- und 2010er-Jahre stehen auch international vergleichende Daten zur Verfügung. Tabelle 19 zeigt die Anteile der Bevölkerung verschiedener Länder eingeteilt nach Kategorien der demokratischen Orientierung. Dabei werden vier demokratische Orientierungen unterschieden:[154]

- Überzeugte Demokraten: Das sind Menschen, welche für demokratische Werte und Ideale, besonders demokratische Aushandlung divergierender Interessen und ein Mehrparteiensystem, eintreten.
- Kritische Demokraten: Menschen, welche grundsätzlich für ein demokratisches System eintreten, jedoch in bestimmten Fällen schnellere Entscheidungen wünschen oder leichte Präferenzen für Einparteiensysteme entwickeln.
- Entfremdete: Diese Menschen bevorzugen weder ein demokratisches noch ein autoritäres politisches System, treten jedoch für ein Mehrparteiensystem ein.
- Autoritäre: Menschen, die unter bestimmten Umständen eher eine Diktatur oder ein autoritäres System bevorzugen verglichen mit einer Demokratie.

Österreich wird hier mit anderen postautoritären bzw. postkommunistischen politischen Systemen verglichen und weist mit einem Anteil von vier Fünfteln überzeugter DemokratInnen die höchste demokratische Orientierung auf. Italien mit der in dieser Länderauswahl nach Österreich längsten Erfahrung mit einem demokratischen

153 Nach ebd., 134.

154 Vgl. Fritz Plasser, Peter A. Ulram und Harald Waldrauch. *Politischer Kulturwandel in Ost-Mitteleuropa: Theorie und Empirie demokratischer Konsolidierung*, Leverkusen: Leske + Budrich 1997, 166.

System liegt[155] beim Anteil der überzeugten DemokratInnen sogar hinter Portugal und Spanien, deren Demokratien zum Erhebungszeitpunkt der Daten gerade einmal zehn Jahre alt waren.

Anteil in %	Überzeugte Demokraten	Kritische Demokraten	Entfremdete	Autoritäre
Österreich (2001)	81	13	3	3
Portugal (1985)	77	9	10	5
Spanien (1989)	76	11	6	7
Italien (1995)	65	19	7	9
Tschechische Republik (2001)	45	13	26	15
Ungarn (2001)	44	26	19	11
Slowenien (2001)	34	19	28	19
Slowakische Republik (2001)	33	25	24	18

Tabelle 19: Typen demokratischer Orientierungen

Die Europäische Sozialstudie erhebt ebenfalls die individuelle Zufriedenheit mit der Demokratie und ermöglicht somit einen längerfristigen Vergleich, von 2002 bis 2016 über mehrere Länder hinweg. Grafik 26[156] zeigt die entsprechenden Daten, welche sich vorwiegend zwei Skalenpunkte über und unter dem neutralen Skalenpunkt befinden.

Österreich weist auch hier eine überdurchschnittliche Zufriedenheit mit der Demokratie auf, und zwar auf nahezu demselben Niveau wie Deutschland. Norwegen ist der Spitzenreiter mit einem Durchschnittswert über 7 auf der 11-teiligen Skala in den letzten drei Runden der ESS. Auch die Tschechische Republik weist eine neutrale Zufriedenheit mit dem demokratischen System auf. Ausgesprochen unzufrieden mit der Demokratie waren die UngarInnen bis 2010, ab diesem Zeitpunkt übernahm die Fidesz-Partei die Regierungsverantwortung. Dennoch bleiben die Werte für Ungarn, aber auch für Polen nur unterdurchschnittlich.

Die nächsten Fragen beschäftigen sich mit Vorstellungen von dichotomen Gesellschaften, d.h. einer Trennung zwischen Volk und Elite. Ein Bild, welches oft

155 Nach Plasser/Ulram. *Das österreichische Politikverständnis*, 201.

156 Quelle: ESS ESS Round 1: European Social Survey Round 1 Data. Data file edition 6.5. 2002; ESS Round 2: European Social Survey Round 2 Data. Data file edition 3.5 2004; ESS Round 3: European Social Survey Round 3 Data. Data file edition 3.6 2006; ESS Round 4: European Social Survey Round 4 Data. Data file edition 4.4 2008; ESS Round 5: European Social Survey Round 5 Data. Data file edition 3.3 2010; ESS Round 6: European Social Survey Round 6 Data. Data file edition 2.3 2012; ESS Round 7: European Social Survey Round 7 Data. Data file edition 2.1 2014; ESS Round 8: European Social Survey Round 8 Data. Data file edition 1.0 2016.

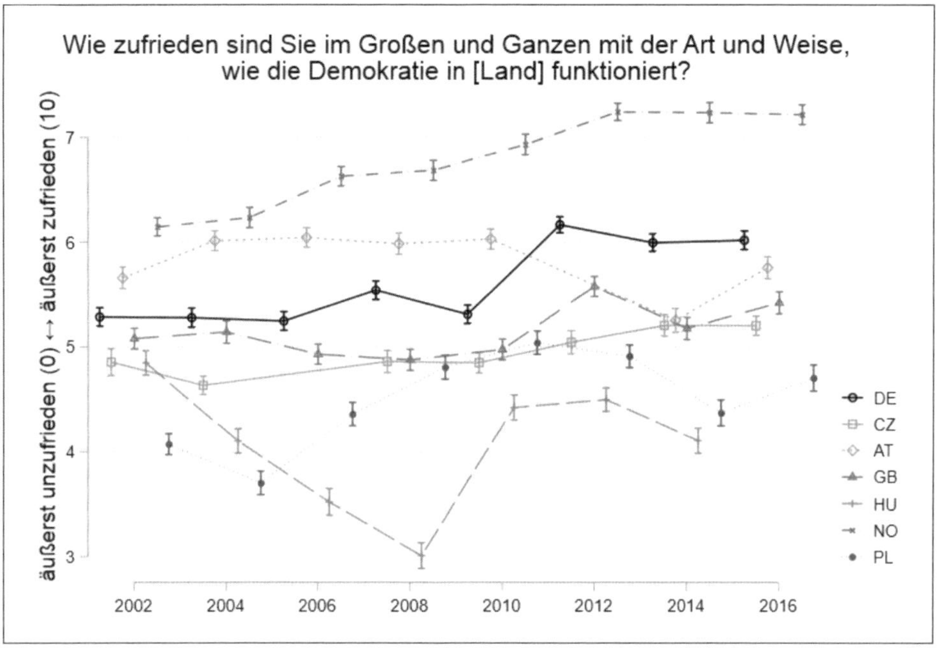

Grafik 26: Zufriedenheit mit der Demokratie

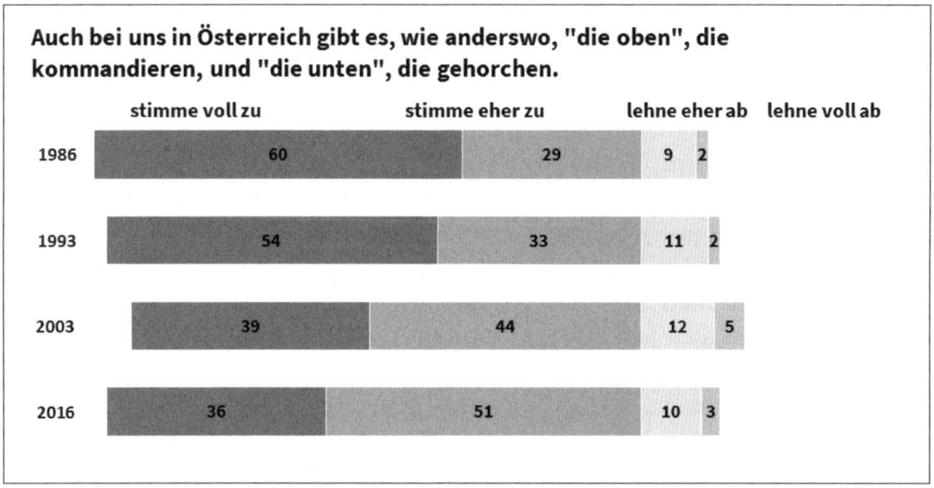

Grafik 27: Dichotomes Gesellschaftsbild

von populistischen Akteuren gebraucht wird, hier oft auch noch angereichert mit entsprechenden Adjektiven, wie z. B. einer korrupten Elite und einem betrogenen Volk.[157] Implizit also mit einer »inkompetenten« Elite, woraus in der Diktion von Karen Stenner eine normative Bedrohungssituation abgeleitet werden kann.

Die folgenden Daten stammen aus dem Sozialen Survey Österreich[158] (SSÖ, verschiedene Wellen): Der Aussage, es gäbe in Österreich auch »die oben«, die kommandieren, und »die unten«, die gehorchen, stimmten im Jahr 1989 drei Fünftel voll zu und rund 30 Prozent eher zu. Bei nahezu gleichbleibenden Ablehnungsraten hat sich dieses Bild fast spiegelverkehrt, d. h. im Jahr 2016 stimmten mehr als ein Drittel voll zu und die Hälfte stimmte eher zu.

Dieser Befund ist ernüchternd, da sich der Anteil der effektiven Antworten zwischen 1986 und 2016, d. h. über drei Jahrzehnte hinweg kaum verändert hat und rund vier Fünftel von einem dichotomen Gesellschaftsbild ausgehen. Diese Zahlen sagen nun nichts darüber aus, ob sich jene, welche dieser Aussage voll zustimmen, auch diesen Eliten »da oben« fügen und zu denen »da unten« gehören und damit einverstanden sind zu gehorchen und somit den Verhaltenstyp der autoritären Unterwürfigkeit erfüllen. Wie wir jedoch weiter oben gesehen haben, zeigt das umfangreiche Datenmaterial, dass die Unterordnung und starre Eingliederung, zumindest bezogen auf politische Parteien und Interessensvertretungen, im Laufe der Zweiten Republik stark zurückgegangen sind und die österreichische Gesellschaft sich vom politischen System Österreichs emanzipiert hat. Eine weitere wichtige Frage wäre, ob sich jene ÖsterreicherInnen, welche davon ausgehen, dass »die oben« kommandieren, sich diesen Zustand auch wünschen. Einen ersten Hinweis darauf gibt die Frage nach der Effizienz einer solchen dichotomen Gesellschaftsordnung mit eindeutigen hierarchischen Beziehungen.[159] Wiederum gibt es hier einen Bruch in der Zeitreihe der Daten bei der SSÖ-Welle 2003, da von da an feiner unterteilte Antwortskalen verwendet wurden. Fassen wir jedoch die jeweiligen Kategorien zusammen, ergibt sich im Zeitverlauf ein einheitliches Bild. War 1986 noch mehr als die Hälfte der österreichischen Bevölkerung, nämlich 55 Prozent, der Meinung, dass viele Dinge besser funktionieren, wenn einer befiehlt und die anderen gehorchen, so hat sich dieser Anteil im Jahr 1993 auf rund zwei Fünftel und im Jahr 2003 auf rund ein Drittel reduziert. Im selben Ausmaß ist der Anteil jener Menschen, welche dieser Aussage ablehnend gegenüberstehen, von etwas weniger als die Hälfte im Jahr 1986 auf zwei Drittel im Jahr 2003 angestiegen. Kritisch angemerkt sei an dieser Stelle

157 Vgl. Priester. *Definitionen und Typologien des Populismus*; Rooduijn: *The Nucleus of Populism*; Rooduijn, Matthijs. Vox populismus: a populist radical right attitude among the public? In *Nations and Nationalism* 20, Nr. 1 (2014), 80–92; Moffitt. *How to Perform Crisis*.

158 Quelle: SSÖ versch. Wellen.

159 Quelle: ebd.

noch, dass die Formulierung »viele Dinge funktionieren besser« nicht unbedingt auf politische Entscheidungsstrukturen bezogen sein muss, möglicherweise haben RespondentInnen gänzlich andere Dinge im Kopf. Jedoch ist es naheliegend, das sich RespondentInnen im Rahmen einer Umfrage mit gesellschaftspolitischem Inhalt auf die politische Ebene beziehen.

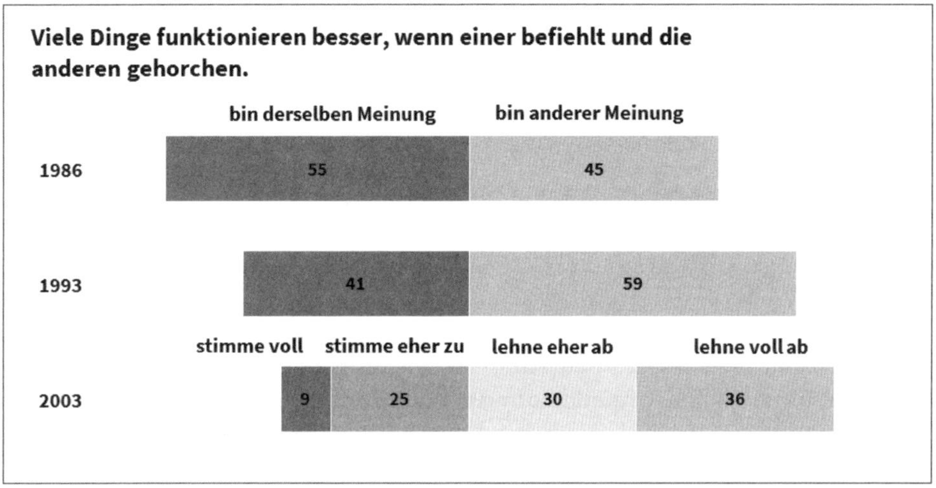

Grafik 28: Effizient: Einer befiehlt und die anderen gehorchen

Schon etwas genauer erhebt die Frage nach der Zustimmung zur Aussage »Die Streitereien im Parlament schaden uns mehr, als sie nutzen; besser wäre es, es gäbe ein paar mutige, unermüdliche und selbstlose Männer und Frauen, denen das Volk vertrauen kann.« die diesbezüglichen Einstellungen.[160] Die Ergebnisse überraschen einigermaßen, im Jahr 1986 stimmten dieser Aussage mehr als vier Fünftel dieser Frage zu. In den Jahren 1993 und 2003 waren die Anteile jeweils etwas niedriger, im Jahr 2003 rund zwei Drittel. Und im Jahr 2016 ist dieser Anteil wieder gestiegen, und zwar auf nahezu drei Viertel.

Es ist auf Grundlage dieser Datenbasis nicht möglich festzustellen, ob die Antworten eher auf den ersten oder auf den zweiten Teil der Frage bezogen sind. Das ist auch gar nicht so wichtig, viel wesentlicher erscheint, dass die Auseinandersetzungen im Parlament nicht als ein Aushandlungsprozess divergierender Interessen aufgefasst werden, sondern von weiten Teilen der Bevölkerung augenscheinlich als pure Streiterei und Unfähigkeit zur Einigung. Diese Frage spiegelt das populistische Narrativ der Dichotomie zwischen Elite und homogenem Volk und der irrigen Annahme, eine bestimmte Bewegung – die Bezeichnung »politische Partei« wird tunlichst ver-

160 Quelle: ebd.

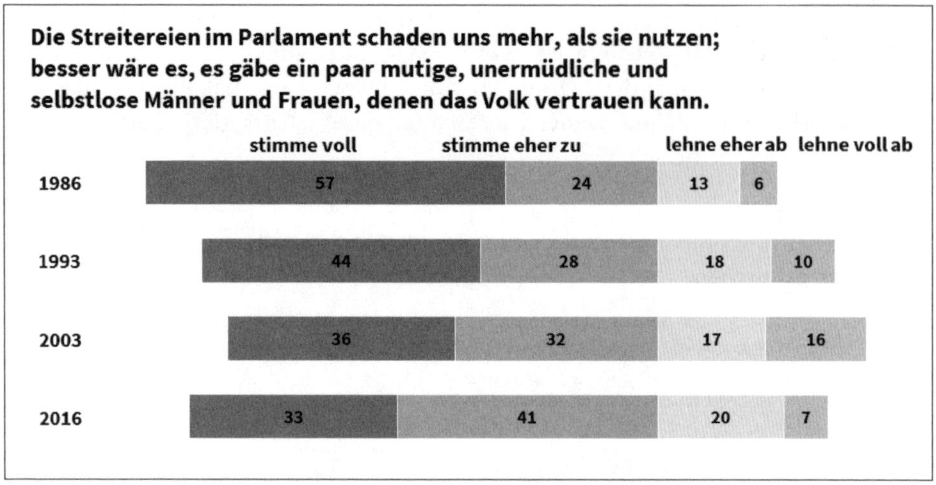

Grafik 29: Relevanz des Parlamentarismus

mieden – könne den wahren Willen des Volkes identifizieren und umsetzen, wider.[161] SORA hat für die Jahre 2014 und 2017 Antworten auf die Frage »Wäre es aus Ihrer Sicht für Österreich sehr, ziemlich, wenig oder gar nicht wünschenswert, wenn an der Spitze ein starker Mann steht, der regiert?« erhoben.[162] Die Anteile haben sich in diesem kurzen Zeitraum nur geringfügig verändert, jedoch ist der Anteil der Menschen, welche diese Frage mit »sehr wünschenswert« oder »ziemlich wünschenswert« beantworten, ernüchternd: 2014 haben 41 Prozent diese Frage zustimmend beantwortet, dieser Anteil hat sich leicht auf 43 Prozent im Jahr 2017 erhöht.

Einen Schritt weiter, zumindest in der Fragenformulierung und der damit verbundenen Konnotation, geht die Fragestellung der Europäischen Wertestudie. Diese fragt nach verschiedenen Regierungsformen und ob diese für Österreich gut oder schlecht sind. Eine dieser Regierungsformen wird wie folgt dargestellt: »Man sollte einen starken Führer haben, der sich nicht um ein Parlament und um Wahlen kümmern muss.« Im Jahr 1999 haben 16 Prozent diese Regierungsform als sehr oder ziemlich gut bezeichnet. Dieser Anteil ist im Jahr 2008 auf knapp ein Viertel angestiegen.[163]

---

161 Neben der Annahme, dass jene, welche einen starken Mann wünschen, auch davon ausgehen, dass dieser dieselben Interessen vertritt.

162 Quelle: SORA 2014, 2017.

163 Quelle: EVS: European Values Study 1999 – Integrierter Datensatz, GESIS Data Archive 2011, https://dbk.gesis.org/dbksearch/sdesc2.asp?no=3811&db=e&doi=10.4232/1.10789 (Zugriff am 11.04.2018); EVS: European Values Study 2008: Integrated Dataset (EVS 2008), GESIS Data Archive 2016, https://dbk.gesis.org/dbksearch/sdesc2.asp?no=4800&db=e&doi=10.4232/1.12458 (Zugriff am 11.04.2018).

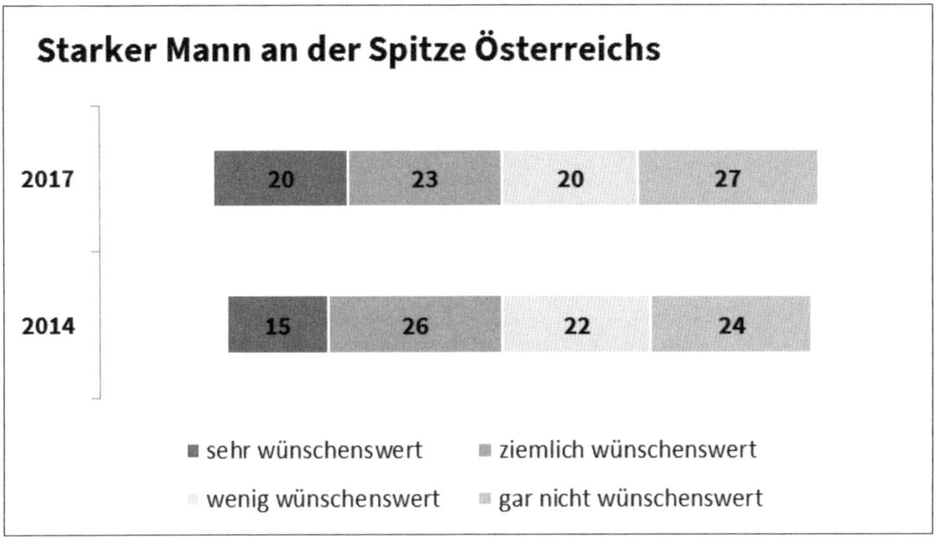

Grafik 30: Sehnsucht nach einem starken Mann an der Spitze

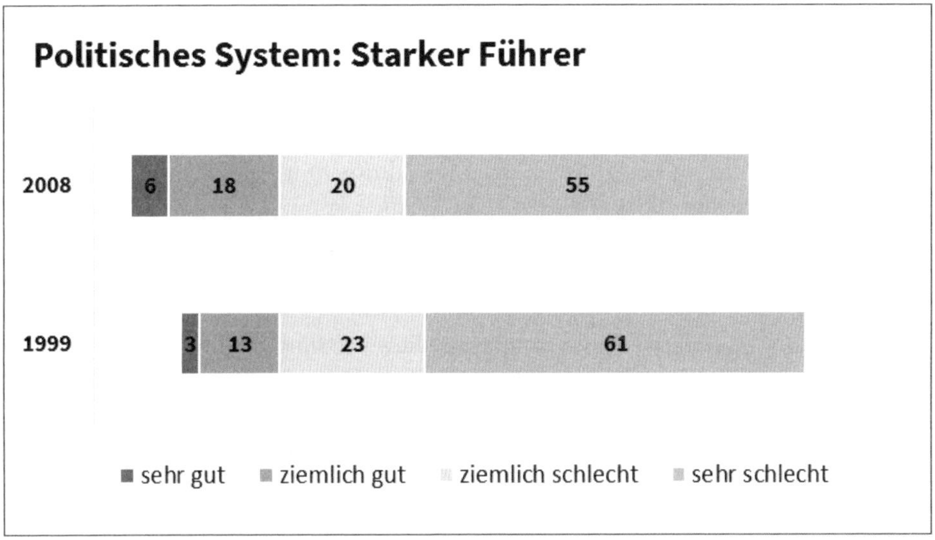

Grafik 31: Starker Führer, der sich nicht ums Parlament kümmern muss

Eine ähnliche Fragestellung hat auch SORA in ihren Umfragen, diesmal aus dem Jahr 2007 und 2017,[164] nämlich: »Man sollte einen starken Führer haben, der sich nicht um ein Parlament und Wahlen kümmern muss.« Die Ergebnisse der EVS und

164 Quelle: SORA 2007, 2017.

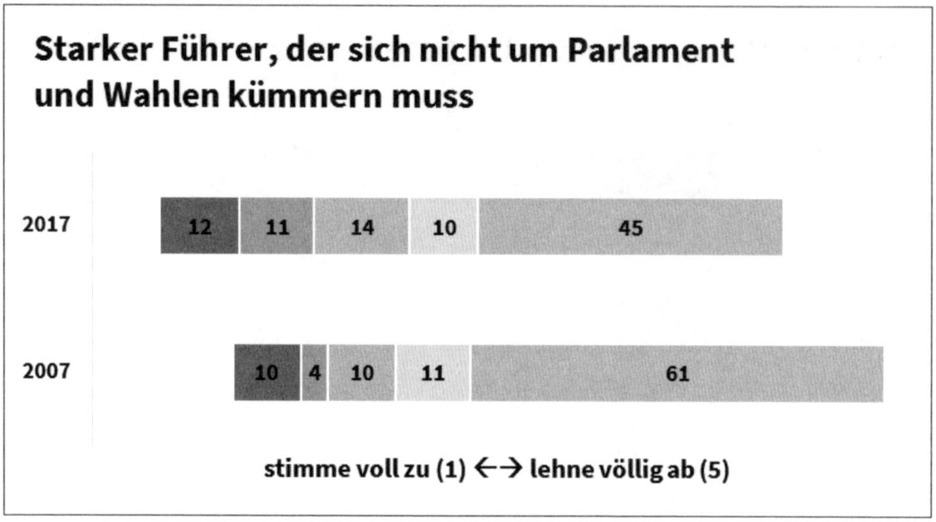

Grafik 32: Wunsch: starker Führer

von SORA sind nicht direkt vergleichbar, da die Antwortskalen unterschiedliche sind, jedoch kann eine Tendenz abgelesen werden. Im Fall der SORA-Umfrage aus dem Jahr 2007 haben 14 Prozent dieser Aussage zugestimmt, im Jahr 2017 ist dieser Anteil auf nahezu ein Viertel angestiegen.

Das bedeutet, dass in beiden Umfragen die Sehnsucht nach einem starken Führer, welcher sich nicht um das Parlament oder Wahlen kümmern muss, deutlich angestiegen ist. Die Daten von SORA aus dem Jahr 2007 erlauben auch noch einen Ländervergleich, wiederum mit drei Staaten der Visegrád-Gruppe: Polen, Tschechien und Ungarn.[165]

Bezogen auf die effektive Zustimmungsrate liegen Österreich und Tschechien sehr nahe beisammen, dagegen liegt die Zustimmungsrate in Ungarn bei 41 Prozent und in Polen bei 45 Prozent. Besonders in Polen und in Ungarn sind die Zustimmungsraten zu einem starken Führer, welcher sich nicht um das Parlament kümmern muss, zumindest als bedenklich einzustufen.

Die Kategorie der »politischen Intoleranz« stellt uns vor ambivalente Ergebnisse. Zum einen ist das Bekenntnis zur Demokratie gefestigt und auch über einen längeren Zeitraum hinweg ausgesprochen stabil auf hohem Niveau – mehr als vier Fünftel der österreichischen Gesellschaft sind als »überzeugte Demokraten« einzustufen. Zum anderen wird der Parlamentarismus als Aushandlungsprozess divergierender Interessen sehr skeptisch wahrgenommen und sind die Zustimmungsraten zu einem

165 Quelle: SORA 2007.

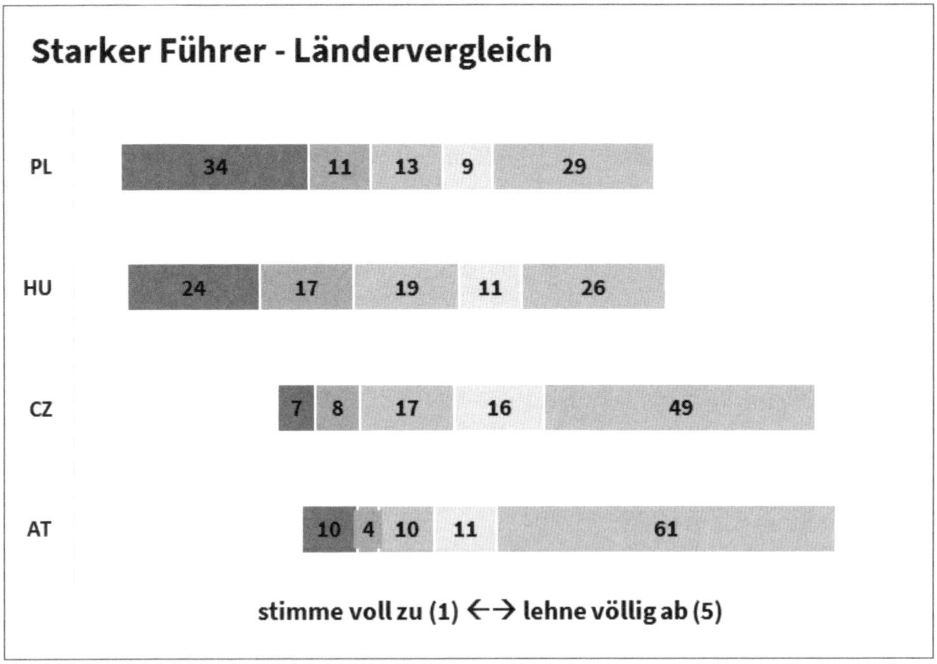

Grafik 33: Starker Führer – Ländervergleich

»starken Mann« oder auch »starken Führer« unter Umgehung des Parlaments ausgesprochen beunruhigend und in den letzten ein bis zwei Jahrzehnten auch angestiegen. Im Vergleich zu den drei dargestellten Viségrad-Staaten sind die Zustimmungsraten noch relativ gering, nichtsdestotrotz: Bedeutet dieser Befund eine Abkehr der österreichischen Gesellschaft von demokratischen Organisationsprinzipien? Nicht unbedingt. Im Sinne Eastons[166] kann die Zustimmung zur grundlegenden demokratischen Organisation des österreichischen politischen Systems als langfristige stabile Einstellung aufgefasst werden, und die Einstellungen zu Parlamentarismus und »starken Männern« als Mittel zur Umgehung des Parlaments können als eher kurzfristige, auf Interpretationen des unmittelbaren politischen Geschehens beruhende Äußerungen interpretiert werden. Ob diese Auffassung jedoch zutrifft, kann nicht abschließend festgestellt werden und bedarf weiterer Untersuchungen.

166 Easton. *A Framework for Political Analysis*; Easton. *A Systems Analysis of Political Life*.

Moralische Intoleranz: Kindererziehung, Meritokratie, Bestrafung

Die Dimension »moralische Intoleranz« umfasst, wie bereits erwähnt, auch das harte Durchgreifen gegenüber – wie auch immer definiertem – normabweichendem Verhalten oder gegenüber Individuen, welche nicht zur eigenen Gruppe gezählt werden.[167] Besonders deutlich wird die Präferenz eines derartigen konformen Verhaltens bei der Kindererziehung.[168] Die mehrmals wiederholte Studie »Religion im Leben der ÖsterreicherInnen« hat dazu Daten zwischen 1970 und 2010 erhoben. Diese Frage ist auch Bestandteil des in dieser Studie kreierten Autoritarismus-Index. Der Anteil der effektiven Antworten auf die Aussage »Das Wichtigste, was Kinder lernen müssen, ist Gehorsam« im Jahr 1970 betrug noch 85 Prozent, dieser Anteil ging über die Jahre kontinuierlich zurück. Im Jahr 2010 stimmte noch rund ein Drittel der befragten Menschen dieser Frage zu oder voll zu. Wichtig in diesem Zusammenhang ist, dass der Rückgang zum vorwiegenden Teil innerhalb der Antwortkategorie »stimme voll zu« erfolgt, dieser Anteil sinkt von 71 Prozent im Jahr 1970 auf 13 Prozent im Jahr 2010.

Das Wichtigste, was Kinder lernen müssen, ist Gehorsam (in %)	1970	1980	1990	2000	2010
Stimme voll zu	71	43	24	17	13
Stimme zu	14	20	20	26	19
Teils, teils	5	21	25	25	26
Stimme nicht zu	4	8	13	14	22
Lehne voll ab	6	9	18	18	20

Tabelle 20: Autoritäre Erziehung

In eine ähnliche Richtung geht auch die Aussage »Wo strenge Autorität ist, dort ist auch Gerechtigkeit«, welche ebenfalls Bestandteil des Autoritarismus-Index ist.[169] Die effektive Zustimmung zu dieser Aussage ist ebenfalls zwischen 1970 und 2010 stetig gesunken, von 43 Prozent im Jahr 1970 auf ein Fünftel im Jahr 2010. Wiederum sank der Anteil jener Menschen, welche mit »stimme voll zu« antworteten, erheblich, nämlich von 31 Prozent (1970) auf 7 Prozent (2010).[170]

167 Vgl. u.a. Stefano Passini. Different Ways of Being Authoritarian: The Distinct Effects of Authoritarian Dimensions on Values and Prejudice. In *Political Psychology* (2015), 73-86; Stefano Passini. Exploring the Multidimensional Facets of Authoritarianism: Authoritarian Aggression and Social Dominance Orientation. In *Swiss Journal of Psychology* 67, Nr. 1 (2008), 51–60.

168 Quelle: Religion im Leben der Österreicherinnen (versch. Wellen).

169 Die Grundgesamtheit und die Fallzahlen variieren erheblich zwischen den einzelnen Wellen: Im Jahr 1970 wurden n = 2966 aus den Diözesen Linz, Gurk-Klagenfurt und Innsbruck befragt, im Jahr 1980 n = 1985 Personen mit katholischem Glauben und ab 1990 repräsentativ für die österreichische Bevölkerung; 1990: n = 1963, 2000: n = 1227, 2010: n = 2105.

170 Quelle: Religion im Leben der Österreicherinnen (versch. Wellen).

Wo strenge Autorität ist, dort ist auch Gerechtigkeit (in %)	1970	1980	1990	2000	2010
Stimme voll zu	31	20	14	8	7
Stimme zu	12	13	12	14	13
Teils, teils	14	27	26	21	22
Stimme nicht zu	12	11	16	20	23
Lehne voll ab	31	30	32	38	36

Tabelle 21: Autoritäre Gerechtigkeit

Die dritte Dimension des Autoritarismus-Index besteht aus den effektiven Zustimmungsraten betreffend die Aussage: »Mitreden und Mitentscheiden soll man erst, wenn man durch harte Arbeit eine Position erreicht hat.«[171] Hier klingt wieder die Einforderung eines gruppenkonformen Verhaltens durch, welches sogar das Recht zur Partizipation grundsätzlich streitig macht oder mit Voraussetzungen verknüpft.

Mitreden und Mitentscheiden soll man erst, wenn man durch harte Arbeit eine Position erreicht hat (in %)	1970	1980	1990	2000	2010
Stimme voll zu	48	27	18	7	10
Stimme zu	16	16	16	15	14
Teils, teils	9	25	23	23	30
Stimme nicht zu	9	10	15	21	23
Lehne voll ab	18	22	28	34	23

Tabelle 22: Recht zur Partizipation

Dieser Aussage stimmten im Jahr 1970 noch rund zwei Drittel der befragten Menschen zu, dieser Anteil hat sich im Jahr 2010 auf rund ein Viertel reduziert. Auch hier ist wiederum anzumerken, dass der Rückgang des Anteils an effektiver Zustimmung zu einem großen Ausmaß aufgrund der Anteile jener Menschen erfolgte, welche mit »stimme voll zu« antworteten. Der Prozentsatz dieser Menschen reduzierte sich auf nahezu ein Fünftel.

Die letzte Frage aus dem Autoritarismus-Index der Studie »Religion im Leben der ÖsterreicherInnen« erhebt die Zustimmung zu folgender Aussage »Die viele Freiheit, die heute die jungen Menschen haben, ist sicher nicht gut.« Hier zeigt die Entwicklung ein leicht verändertes Bild. Der Anteil der effektiven Antworten ist insgesamt wiederum rückläufig, und zwar von rund zwei Dritteln an zustimmenden Antworten im Jahr 1970 auf 38 Prozent im Jahr 2010. Wiederum ist der Anteil der »stimme voll zu«-Antworten erheblich zurückgegangen, im Jahr 2010 auf weniger

171 Quelle: ebd.

als ein Drittel des Anteils von 1970, jedoch ist der Anteil der »stimme zu«-Antworten um rund ein Drittel auf 23 Prozent angestiegen.[172]

Die viele Freiheit, die heute die jungen Menschen haben, ist sicher nicht gut (in %)	1970	1980	1990	2000	2010
Stimme voll zu	51	33	22	17	15
Stimme zu	17	18	18	24	23
Teils, teils	9	24	23	25	31
Stimme nicht zu	9	9	15	18	17
Lehne voll ab	14	16	22	16	13

Tabelle 23: Freiheiten der Jugend

Ein weiteres Beispiel für die Einforderung gruppenkonformen Verhaltens und gleichzeitiger Bestrafung bei Abweichung erhebt die Frage, ob Leute, die nicht ordentlich arbeiten, unterstützt werden sollen.[173] Dieser Meinung sind 1970 drei Viertel aller befragten Personen und im Jahr 2010 rund ein Drittel der RespondentInnen. Wiederum ein großer Teil des Rückgangs findet in der Kategorie »stimme voll zu« statt, diese Antwort wählten 1970 noch 59 Prozent und 2010 nur mehr 11 Prozent der interviewten Menschen.

Leute, die nicht ordentlich arbeiten, soll man besser gar nicht unterstützen (in %)	1970	1980	1990	2000	2010
Stimme voll zu	59	38	24	11	11
Stimme zu	16	19	18	15	21
Teils, teils	10	25	24	30	27
Stimme nicht zu	8	9	14	19	19
Lehne voll ab	8	10	19	24	21

Tabelle 24: Sozialer Zusammenhalt

Der aus diesen Fragestellungen gewonnene Autoritarismus-Index wird weiter unten im Kontext anderer Messinstrumente autoritärer Einstellungen vorgestellt und verglichen. Im Rahmen der Europäischen Wertestudie wurde ebenfalls ein Autoritarismus-Index verwendet, welcher aus den Zustimmungsraten zu den Aussagen in Tabelle 25[174] gebildet wird. Auf den ersten Blick fällt auf, dass die ersten drei Fragestellungen in der Europäischen Wertestudie dieselben sind wie im Autoritarismus-Index

172 Quelle: ebd.

173 Quelle: ebd.

174 Quelle: Christian Friesl, Regina Polak und Ursula Hamachers-Zuba (Hg.). *Die Österreicherinnen: Wertewandel 1990–2008*, Wien: Czernin 2009, 235.

der Studie »Religion im Leben der ÖsterreicherInnen«. Und die Ähnlichkeiten sind bei den Zustimmungsraten, d.h. den effektiven Antworten nicht von der Hand zu weisen, obwohl die Grundgesamtheiten, wie bereits erwähnt, bei der Studie »Religion im Leben der ÖsterreicherInnen« höchst heterogen waren. Der endgültige Autoritarismus-Index wird weiter unten vorgestellt.

Fragestellung (Zustimmung in %)	1994	1999	2008
Wo strenge Autorität ist, dort ist auch Gerechtigkeit.	23	25	27
Das Wichtigste, was Kinder lernen müssen, ist Gehorsam.	41	40	40
Mitreden und mitentscheiden soll man erst, wenn man durch harte Arbeit eine Position erreicht hat.	29	25	29
Der Sinn des Lebens besteht darin, eine angesehene Position zu gewinnen.	29	24	30
Sicherheit und Wohlstand sind wichtiger als Freiheit.	17	23	28

Tabelle 25: Bestandteile des Autoritarismus-Index EVS

Autoritarismus-Indizes und sozioökonomische Merkmale

Dieser Abschnitt versucht auf Basis von ausgewählten Daten zusammenfassende Indizes darzustellen und mithilfe einer Regressionsanalyse Merkmale aufzuzeigen, welche Individuen mit autoritären Einstellungen gemeinsam haben.

Die nächsten grafischen Darstellungen betreffen die beiden oben bereits angesprochenen Autoritarismus-Indizes. Der erste stammt aus den Erhebungen der Europäischen Wertestudie 1999 und 2008 und der Solidaritätsstudie 1994. Diese Daten sind im präsentierten Zeitraum relativ stabil.[175]

Der nächste Autoritarismus-Index stammt aus den verschiedenen Wellen der »Religion im Leben der ÖsterreicherInnen«-Studie. Diese Daten decken den Zeitraum von 1970 bis 2010 ab.[176] Bemerkenswert ist hier, dass der Anteil der »stark autoritär« eingestellten Menschen in diesem Zeitraum relativ konstant bei rund einem Drittel der befragten Menschen liegt. Die erhebliche Veränderung findet bei den »sehr stark autoritär« einstellten Personen statt, deren Anteil im Jahr 1970 51 Prozent beträgt und dann kontinuierlich auf 14 Prozent im Jahr 2010 absinkt.

Was bedeuten nun diese Befunde für unser Erkenntnisinteresse, ob autoritäre Tendenzen in der Gesellschaft über den Verlauf der Zweiten Republik stärker geworden sind oder nicht? Ganz eindeutig sind die Ergebnisse nicht, jedoch zeigt der Index in Grafik 35 eine eindeutige Richtung zwischen 1970 und 2000 und eine darauffolgende Stagnation zwischen 2000 und 2010. Hier ist darauf hinzuweisen, dass

175 Quelle: ebd.

176 Quelle: Religion im Leben der Österreicherinnen (versch. Wellen).

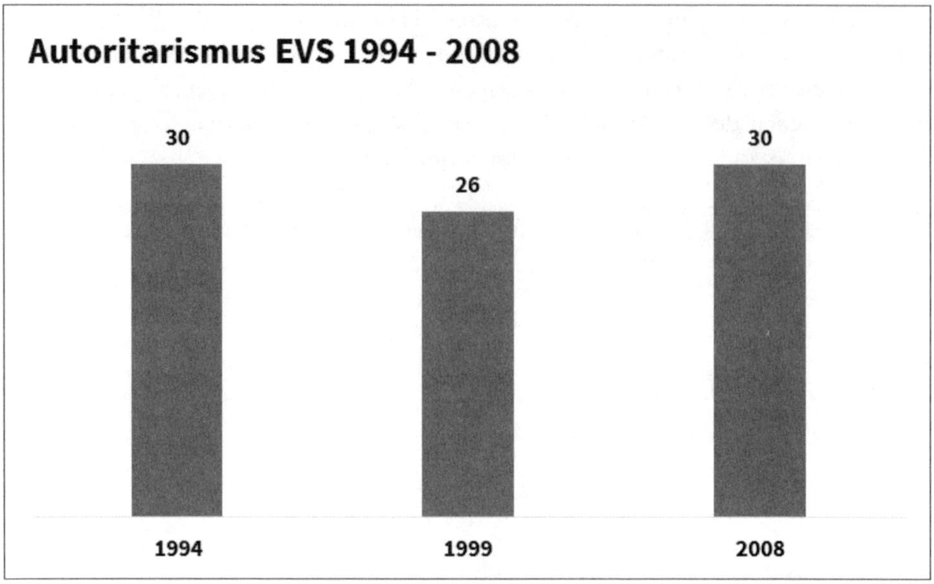

Grafik 34: Autoritarismus-Index EVS

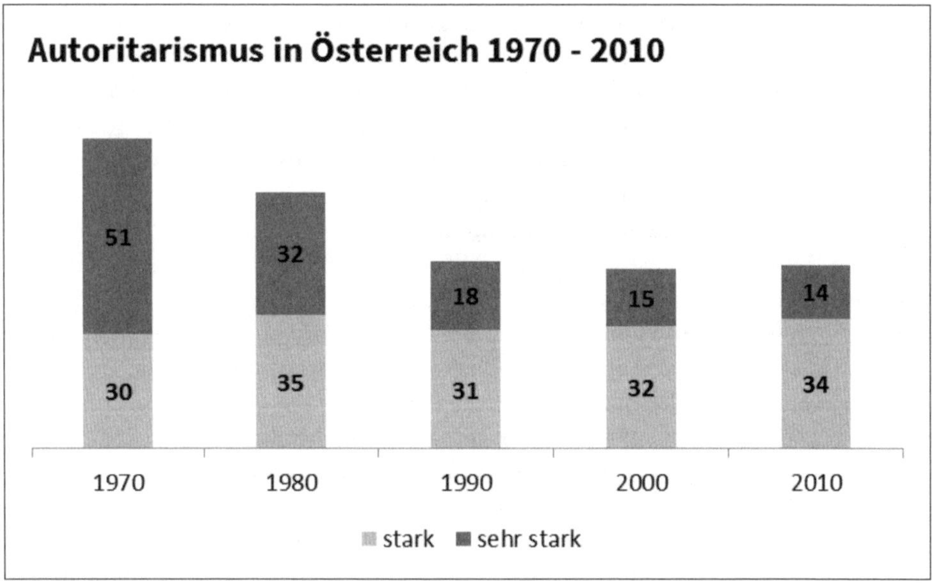

Grafik 35: Autoritarismus-Index

dieser Index aus Fragestellungen im Bereich der »moralischen Intoleranz« gebildet wurde und daher die ethnische und politische Dimension ausblendet. Die Hintergründe und/oder kausalen Einflüsse sind mithilfe von Umfragedaten nicht eindeutig feststellbar. Die Vermutung liegt nahe, dass die Finanzkrise seit 2008 verbunden mit der Eurokrise 2010 und der europäischen Flüchtlingskrise 2015 zumindest einen Anteil haben. Die bisher präsentierten Daten sind hoch aggregiert, die ESS bietet jedoch auch die Möglichkeit, autoritäre Einstellungen mithilfe von Mikrodaten zu analysieren. Dazu werden drei Fragen aus der Schwartz Human Values Scale[177] zu einem Index zusammengefasst. Die Fragestellungen lauten:

- »Sie/Er glaubt, dass Leute das machen sollten, was man ihr/ihnen sagt. Sie/Er meint, dass Leute sich immer und überall an Regeln halten sollten, selbst wenn es niemand sieht.«
- »Es ist ihr/ihm wichtig, ein anständiges Leben zu führen. Sie/Er möchte alles vermeiden, was Leute als Fehltritt bezeichnen könnten.«
- »Traditionen sind ihr/ihm wichtig. Sie/Er möchte jene Sitten und Gebräuche befolgen, die ihr/ihm durch Religion oder die Familie überliefert wurden.«

Die Antwortmöglichkeiten reichen auf einer 6-teiligen Skale von »gleicht mir sehr (1)« bis »gleicht mir ganz und gar nicht (6)«. Diese drei Fragen sind zu einem einzelnen additiven Autoritarismus-Index zusammengefasst worden.[178] Die Fragestellungen wurden so rekodiert, dass im Index hohe Werte für ein niedriges Ausmaß an autoritären Einstellungen stehen und umgekehrt, der Index selbst reicht von nicht autoritär (1) bis sehr autoritär (6). Die Werte für die jeweiligen Länder sind:

	Autoritarismus-Index						
	AT	DE	CZ	GB	HU	NO	PL
Cronbachs α	0,58	0,57	0,60	0,61	0,49	0,58	0,66
Mittelwert	4,30	3,82	4,35	4,05	4,29	4,26	4,72

Tabelle 26: Cronbachs des Autoritarismus-Index

177 Vgl. u. a. Shalom H. Schwartz u. a. Extending the Cross-Cultural Validity of the Theory of Basic Human Values with a Different Method of Measuremen. In *Journal of Cross-Cultural Psychology* 32, Nr. 5 (2001), 519–542; Shalom H. Schwartz. A Theory of Cultural Value Orientations: Explication and Applications. In *Comparative Sociology* 5, Nr. 2/3 (2006), 137–182; Eldad Davidov, Peter Schmidt und Shalom H. Schwartz: Bringing Values Back in the Adequacy of the European Social Survey to Measure Values in 20 Countries. In *Public Opinion Quarterly* 72, Nr. 3 (2008), 420–445.

178 Cronbachs alpha (oder auch tau-äquivalente Reliabilität) für die österreichischen Daten beträgt 0,58 und kann damit als (gerade noch) akzeptables Maß für die innere Konsistenz des gebildeten Index angesehen werden.

Wie aus Tabelle 26 ersichtlich ist, weist Deutschland das geringste Ausmaß an autoritären Einstellungen und die polnische Bevölkerung das höchste Maß unter den hier vorgestellten Ländern auf. Es muss aber darauf hingewiesen werden, dass die Werte zwischen 3,82 und 4,72 liegen und somit auf einer 6-teiligen Skala wiederum eng beieinander sind.

Die statistische Auswertung für die österreichischen Daten[179] zeigt, dass Menschen mit höherem Bildungsabschluss und universitärem Abschluss ein niedrigeres Ausmaß an autoritären Einstellungen aufweisen. Ebenso weist die Gruppe der arbeitslosen Menschen geringere autoritäre Einstellungen auf verglichen mit der Gruppe der erwerbstätigen Menschen. Dahingegen sind Menschen in Pension eher autoritär eingestellt, ebenfalls wieder verglichen mit Menschen in Erwerbsarbeit. Ebenso sind Menschen mit einem niedrigen mittleren Einkommen[180] eher autoritär als Menschen mit einem niedrigeren Einkommen. Bei den höheren Einkommensklassen ergibt sich kein statistischer Zusammenhang zwischen Einkommen und autoritärer Prädisposition. Aber auch dieses Ergebnis ist interessant, da es bedeutet, dass die autoritären Einstellungen bei Menschen mit einem selbst angegebenen Haushaltseinkommen über dem Medianeinkommen[181] von diesem Haushaltseinkommen unabhängig sind. Autoritäre Einstellungen sind in der einkommensstärkeren Hälfte der österreichischen Bevölkerung genauso verteilt wie in der Gruppe mit den niedrigsten Haushaltseinkommen. Dieser Befund kann aber auch dahingehend interpretiert werden, dass autoritäre Einstellungen mittlerweile in weiten Teilen der österreichischen Bevölkerung zu finden sind und z. B. ihre Ursachen nicht in materiellen Differenzen begründet liegen. In der vorliegenden Analyse verlieren ökonomische Einflussfaktoren ihre Erklärungskraft, d. h. das Vorhandensein autoritärer Einstellungen ist auch nicht auf die Auswirkungen der Finanzkrise 2008 und/oder der Eurokrise 2010 zurückzuführen. Wäre das der Fall, müssten arbeitslose Menschen autoritärer sein als erwerbstätige Menschen, da davon ausgegangen werden kann, dass zumindest ein Teil der Arbeitslosigkeit als Resultat dieser beiden »Krisen« aufgefasst wird. Das genaue Gegenteil ist jedoch der Fall. Bezüglich des Alters finden wir in der Gruppe der 16- bis 29-Jährigen das geringste Ausmaß an autoritären Einstellungen. Die höchsten Werte für autoritäre Prädispositionen finden sich in der Gruppe der 30- bis 44-Jährigen gefolgt von der Gruppe 65+ und der 45- bis 64-jährigen Menschen, jeweils verglichen mit der

179 Die Ergebnisse der linearen Regressionsanalyse befinden sich im Appendix.

180 Die Bezeichnung niedriges mittleres Haushaltseinkommen bezieht sich auf das dritte bis fünfte Dezil der Einkommensverteilung. RespondentInnen haben sich anhand einer in Dezilen präsentierten Einkommensverteilung selbst eingeordnet, die Daten für die Einkommensverteilung stammen aus EU-SILC 2016.

181 Höheres mittleres Einkommen ist definiert als sechstes bis achtes Dezil und hohes Einkommen als neuntes und zehntes Dezil.

Gruppe der 16- bis 29-Jährigen. Ein weiterer Zusammenhang ergibt sich bei der Intensität individueller Religiosität. Je religiöser Menschen sind, desto eher sind sie autoritär eingestellt. Und damit hängt zusammen, dass Menschen ohne Bekenntnis weniger autoritär sind als Menschen mit religiösem Bekenntnis. Und abschließend: Menschen, die in großen Städten wohnen, sind im Durchschnitt ebenfalls weniger autoritär eingestellt.

Wie sind diese Ergebnisse nun zu interpretieren? Je höher der erreichte Bildungsgrad, desto geringer sind autoritäre Einstellungen, je älter die Menschen und je religiöser, desto autoritärer sind sie in ihren Urteilen und Meinungen. Materielle Faktoren spielen weitgehend keine Rolle, und wenn jemand im städtischen Bereich lebt, ist dieser Mensch eher weniger autoritär. Das Geschlecht spielt keine Rolle und auch, ob jemand in Österreich geboren ist oder nicht. Es liegt die Vermutung nahe, dass politische und/oder kulturelle Faktoren hier Einfluss haben könnten. In Regressionstabelle 2 sind die Ergebnisse zusammengefasst für ein Modell,[182] welches sowohl die Links-Rechts-Selbstpositionierung aufnimmt als auch die Einstellungen zu Immigration von Menschen aus einer anderen Volksgruppe oder ethnischen Gruppe als der Großteil der ÖsterreicherInnen.

Werden die Links-Rechts-Selbstpositionierung und die Demokratiezufriedenheit ins Modell aufgenommen, so sind beide Faktoren statistisch signifikant; je weiter rechts sich ein Individuum einordnet, desto autoritärer ist dieses, je zufriedener jemand mit dem Funktionieren der Demokratie ist, desto weniger autoritär ist dieser Mensch. Nimmt man jedoch auch die Einstellungen zur Zuwanderung von Menschen aus anderen Volksgruppen oder ethnischen Gruppen ins Modell auf, verliert die Links-Rechts-Selbstpositionierung ihren Einfluss. Das bedeutet, dass in diesem Modell die Links-Rechts-Selbstpositionierung nur ein Platzhalter für die Einstellungen zur Zuwanderung ist. Und dieser Einfluss ist beachtlich, denn je stärker jemand die Zuwanderung von Menschen anderer ethnischer Gruppen ablehnt, desto autoritärer ist dieser Mensch. Andere Faktoren verlieren ihre Erklärungskraft, so ist nur mehr ein universitärer Abschluss relevant für die autoritären Einstellungen und auch der Einfluss des urbanen Wohnortes verliert an Bedeutung. Andererseits haben nun Menschen mit einem hohen Haushaltseinkommen im Durchschnitt höhere autoritäre Einstellungen. Einstellungen zu Zuwanderung von Menschen aus anderen ethnischen Gruppen hat in diesem Modell die höchste Effektstärke.[183] Den zweitstärksten Effekt übt die individuelle Zufriedenheit mit dem Funktionieren der Demokratie

182 Auf den ersten Blick fällt auf, dass das Maß für die Modellgüte r^2 von 17,0 % auf 25,2 % ansteigt. Dieser Wert ist für ein Modell basierend auf Umfragedaten ausgesprochen gut.

183 Ein Wechsel vom Skalenminimum (1) zum Skalenmaximum (4) hat einen Effekt von 1,2 Skalenpunkten auf der 6-teiligen Autoritarismus-Skala, d. h. von einem Fünftel der gesamten Skala.

aus, gefolgt von Religiosität.[184] Diese drei Themenbereiche sind gerade jene, welche in der öffentlichen Auseinandersetzung oftmals zu hören sind: staatliches Versagen und das Versagen demokratisch gewählter, repräsentativer PolitikerInnen, welche die Flüchtlingsbewegungen erst ermöglicht haben, sowie die wahrgenommene Angst vor einer »Islamisierung« des Westens und Religion als Hindernis zur Integration etc. Aber vor allen anderen Themen haben sich Einstellungen zu Migration und Asyl als relevante Einflussfaktoren durchgesetzt und beeinflussen maßgeblich die autoritären Grundeinstellungen der österreichischen Bevölkerung.

Conclusio

Wer in den letzten Jahren – nach der internationalen Finanzkrise und der europäischen Flüchtlingskrise – aufmerksam die Nachrichtenberichterstattung verfolgt hat und besonders auch die Diskurse innerhalb der sozialen Medien, gewann möglicherweise den Eindruck, dass autoritäre Einstellungen innerhalb der österreichischen Bevölkerung zugenommen haben. Oftmals wird der Ruf laut nach strikteren Regelungen bezüglich religiöser Verhaltensweisen oder religiöser Symbole, Sicherung von Grenzen, strengeren Bestimmungen bezüglich der Gewährung von Asyl, Reduzierungen von Sozialleistungen besonders betreffend AusländerInnen und xenophoben Einstellungen generell. Sichtbar wird diese Entwicklung besonders an den Wahlerfolgen rechtspopulistischer und rechtsextremer Parteien in vielen Ländern der Europäischen Union aber auch durch medienwirksames Auftreten von Gruppen wie Pegida und der Identitären Bewegung. Zudem beobachten wir das Aufbrechen alter patriarchal-autoritärer Verkrustungen, wie sie z.B. innerhalb der #MeToo-Debatte sichtbar werden. Wie hoch der Anteil der Effekte einer möglichen Filterblase, d.h. der verstärkte Konsum einschlägiger Nachrichtenmeldungen aufgrund entweder individueller Selektion wie z.B. dem ausschließlichen Lesen bestimmter Printmedien, oder aufgrund von Algorithmen, wie z.B. Facebook oder Google, an solch einem Eindruck ist, sei für unseren Zusammenhang dahingestellt. In diesem Beitrag geht es nicht darum, ob autoritäre Einstellungen auf realen Vorgängen beruhen, sondern wie weit autoritäre Einstellungen in Österreich verbreitet sind und wie sich dieser Anteil im Lauf der Zeit verändert hat.

Im Zusammenhang mit Einstellungen der autoritären Unterwerfung hat definitiv – wie Anton Pelinka dies bereits konstatiert hat – eine »Entaustrifizierung Österreichs« stattgefunden. Langfristige Bindungen an politische Parteien sind massiv zurückgegangen und generell hat eine Emanzipierung der österreichischen Gesell-

184 In beiden Fällen verändert ein Wechsel vom Minimum (1) zum Maximum (10) die autoritären Einstellungen um rund ein Zehntel der Autoritarismus-Skala.

schaft von politischen Parteien stattgefunden. Das bedeutet keinesfalls, dass Parteibindungen nicht mehr existieren, jedoch werden diese kontinuierlich infrage gestellt. Die Übermacht der beiden alten Großparteien, SPÖ und ÖVP, ist spätestens seit den Bundespräsidentenwahlen 2016 gebrochen und das österreichische Parteiensystem ist zu einem tatsächlich effektiven Mehrparteiensystem geworden. Bezogen auf die demokratische politische Teilhabe ist die österreichische Bevölkerung selbstbewusster geworden und die Wahlentscheidung ist nicht nur auf die Position innerhalb der Gesellschaft und/oder die eigene Sozialisation beschränkt. Zweifel bestehen jedoch in Bezug auf die Wirksamkeit des eigenen politischen Handelns, d.h. ob dieses auch Niederschlag in den Entscheidungen der jeweiligen Regierung findet, und auch gegenüber der Responsivität von PolitikerInnen herrscht ein gerütteltes Maß an Skepsis. Auch im internationalen Vergleich weist Österreich in den Umfragedaten ein eher niedriges Ausmaß an autoritärer Unterwürfigkeit auf. In diesem Bereich hat also eine enorme Veränderung stattgefunden vorrangig aufgrund von Individualisierungs- und Modernisierungsprozessen und weniger durch gesellschaftliche Lernprozesse.

Einstellungen gegenüber AusländerInnen und AsylbewerberInnen haben keine derart positive Entwicklung durchlaufen, wie die Analyse der Kategorie ethnische Intoleranz offenbart hat. Verglichen mit anderen europäischen Ländern hat die österreichische Bevölkerung eine ausgeprägte ausländerkritische Einstellung. Es scheint, dass im zeitlichen Verlauf die ausländerkritischen Einstellungen lediglich das Objekt ändern, d.h. die Gruppe an Menschen, welche jeweils im Fokus steht, derzeit MuslimInnen und AsylbewerberInnen. Das bedeutet jedoch nicht, dass die ÖsterreicherInnen anderen ImmigrantInnen-Gruppen weniger skeptisch gegenüberstehen, die generellen Einstellungen sind unabhängig davon, ob die ZuwanderInnen derselben oder einer anderen ethnischen Gruppe angehören als die ÖsterreicherInnen oder aus ärmeren Ländern außerhalb Europas kommen. Die mittleren Einstellungen sind ähnlich und diese sind besonders nach der europäischen Flüchtlingskrise nochmals ablehnender und restriktiver geworden. Das wird besonders bei den Einstellungen zu AsylbewerberInnen deutlich.

Das Vertrauen in das österreichische Parlament und die Einsicht, dass für eine Demokratie parlamentarische Aushandlungsprozesse unabdingbar sind, waren in der österreichischen Bevölkerung in der Zweiten Republik nicht weit verbreitet. Vielmehr herrscht die Ansicht vor, dass die Diskussion zur Konsensfindung zwischen divergierenden Interessen mehr Schaden als Nutzen bringt, und diese Anteile sind in den letzten Jahren sogar noch gestiegen. Vielleicht sind gerade deswegen die Beliebtheitswerte der Sozialpartnerschaft in Österreich ungebrochen hoch, da intransparente Entscheidungsprozesse niemanden »belästigen«. Ausgesprochen hoch ist auch die Ansicht einer dichotomen Aufteilung der Gesellschaft zwischen »denen da oben« und »wir da unten«, also jenen, die befehlen, und jenen, die gehorchen. Diese Ansicht mag konsequent erscheinen, wenn man sich die Daten zur Responsivität von PolitikerInnen und der Einflussmöglichkeit der eigenen politischen Teilhabe in Erinnerung ruft. Nicht ganz so trivial ist das Bild, wenn es um die politische Ausgestaltung geht, d.h. die Präferenzen für autoritäre politische Strukturen. Die Einstellungen darüber, ob es besser ist, wenn einer befiehlt und andere gehorchen, haben sich erheblich zugunsten demokratischer Ausgestaltung verändert, der Anteil jener Menschen, welche Gehorsam befürworten, ist aber weiterhin hoch. Und der Ruf nach einem »starken Führer« hat sich in den letzten Jahren ebenfalls verstärkt. Diese Entwicklung ist demokratiepolitisch ausgesprochen beunruhigend und da hilft es wenig, wenn Österreich hier noch eine relativ geringe Intensität aufweist verglichen mit den drei hier untersuchten Visegrád-Staaten, besonders im Vergleich mit Ungarn und Polen.

Die letzte Kategorie autoritärer Einstellungen betrifft die moralische Intoleranz. Einstellungen bezüglich des Gehorsams in der Kindererziehung, Autorität als Ausdruck von Gerechtigkeit, die Einschränkung von Freiheiten Jugendlicher oder meritokratische Einstellungen sind mehr liberal-demokratischen Einstellungen gewichen. Hier dürfte die österreichische Bevölkerung ähnlichen Entwicklungen unterworfen gewesen sein wie im Bereich der autoritären Submission. Die Bedeutung individueller Freiheiten und grundsätzlicher demokratischer Rechte hat hier ihren Niederschlag gefunden.

Wie sind diese Entwicklungen insgesamt zu interpretieren? Es muss an dieser Stelle darauf hingewiesen werden, dass die hier benutzten Datenquellen einen entscheidenden Nachteil bei der Messung autoritärer Einstellungen aufweisen. Bedrohungsszenarien können nur indirekt berücksichtigt werden, z.B. dadurch, dass ein medial relevantes Ereignis wie z.B. die europäische Flüchtlingskrise als Auslöser autoritärer Einstellungen angesehen wird. In keiner dieser Umfragen wurde aktiv ein Stimulus gesetzt, indem z.B. in einer Fragestellung auf ein gesellschaftlich polarisierendes Phänomen Bezug genommen wurde.

Wie haben sich die autoritären Einstellungen im Österreich der Zweiten Republik nun verändert? Die am Ende des Beitrages gebildeten Autoritarismus-Indizes liefern eine erste Bestätigung der bereits geäußerten Vermutungen. Bis in die 2000er-Jahre ist im Verlauf der Zweiten Republik eine Entwicklung der öffentlich erhobenen Meinung der österreichischen Bevölkerung in Richtung liberal-demokratischer Prinzipien zu erkennen. Im ersten Jahrzehnt des 21. Jahrhunderts findet jedoch ein Umkehrprozess statt, der zwar in keinem Vergleich zum Ausgangsniveau steht, jedoch zumindest als bedenklich einzustufen ist. Verstärkt wurde diese Trendwende noch durch die Instrumentalisierung der europäischen Flüchtlingsbewegung durch einschlägige politische und gesellschaftliche Akteure.

Und ebendiese Instrumentalisierung verleiht der autoritären Dynamik ihre gesellschaftliche Sprengkraft. Autoritäre Grundhaltungen sind mittel- bis langfristig stabil und kaum veränderbar, und bei Abwesenheit von realen oder wahrgenommenen gesellschaftlichen und/oder normativen Bedrohungen führen diese zu keinen autoritären Einstellungen oder Verhaltensweisen. Werden diese jedoch durch reale oder konstruierte Bedrohungsszenarien geweckt, so können selbst ansonsten indifferente Individuen zu überzeugten BefürworterInnen der Unterdrückung von Differenzen und zu Advokaten einer wie auch immer definierten Gruppenzusammengehörigkeit werden. Dabei wird auch nicht davor zurückgescheut, diese Forderungen mit voller staatlicher Autorität und staatlich legitimierter Gewaltanwendung – und möglicherweise darüber hinaus – durchzusetzen. Der Auslösemechanismus solcher autoritären Einstellungen und Verhaltensweisen sind gesellschaftliche oder normative Bedrohungsszenarien. Oftmals werden diese Eigenschaften auch miteinander kombiniert, wenn z. B. eine europäische Flüchtlingskrise zu einem gesellschaftlichen Bedrohungsszenarium – auch aufgrund einer unterstellten politischen Inkompetenz der gegenwärtigen politischen Führungspersönlichkeiten – umgedeutet wird, welches in weiterer Folge unausweichlich zu einem Verfall westlicher Wertestrukturen führen wird. Und die Intensität solcher Bedrohungen können medial erst erzeugt oder auch als übertrieben bedeutsam dargestellt werden. Der Ursprung solcher Bedrohungen muss jedoch nicht außerhalb einer Gesellschaft oder staatlicher Grenzen liegen. Die #MeToo-Debatte, dabei die Emanzipation der Frauen reflektierend, oder die fortschreitende gesellschaftliche und rechtliche Gleichstellung homosexueller Menschen stellen bestimmte Vorstellungen einer Gesellschaftsordnung infrage und rufen Gegenreaktionen hervor, welche von politischen Akteuren zur normativen Bedrohungssituation hochstilisiert werden können, um bestimmte gesellschaftliche Gruppen zu mobilisieren. Diese fortschreitende Entwicklung, Bedrohungsszenarien als Instrument politischer Auseinandersetzung zu benutzen und damit eine gesellschaftliche Polarisierung zu befördern, stellt das Zündfass für autoritäre Einstellungen und Verhaltensweisen dar. Dagegen steht eine Zivilgesellschaft, welche für demokratische Prinzipien und Werte eintritt. Dieses Gleichgewicht ist aber kein dauerhaftes und es scheint, dass das Alter einer Demokratie einen Einfluss auf dieses Gleichgewicht hat, wie die hier dargestellten Visegrád-Länder belegen, aber auch die besorgniserregenden Entwicklungen in Russland oder der Türkei.

Österreich hat sich über Jahrzehnte hinweg von seinem autoritären Erbe emanzipiert und sich weitgehend liberal-demokratischen Einstellungen angenähert. Diese Entwicklung scheint spätestens in den späten 1990er-Jahren eine Wende genommen zu haben, und gegenwärtig sind die gesellschaftlichen Einstellungen in Österreich – zumindest gegenüber Flüchtlingen und Asylbewerbenden – eher mit jenen in den hier untersuchten Visegrád-Staaten zu vergleichen als mit jenen der west- und nordeuropäischen Staaten der Europäischen Union. Die österreichischen demokratischen Prinzipien und Werte sind kein selbstverständliches Gut, welches unumstößlich mit Österreich verknüpft ist. Die hier vorgelegte Analyse hat gezeigt, dass zur Wahrung demokratischer Prinzipien gesellschaftliche Entwicklungen konstitutiv sind, eine entscheidende Rolle kommt jedoch auch politischen AkteurInnen zu und deren Umgang mit gesellschaftlichen Herausforderungen im politischen Wettbewerb.

Literatur

Abelshauser, Werner. *Die langen fünfziger Jahre: Wirtschaft und Gesellschaft der Bundesrepublik Deutschland, 1949–1966.* Düsseldorf: Schwann 1987.

Adorno, Theodor W. u. a. *The Authoritarian Personality*. New York: Norton 1950.

Albrich, Thomas. »Holocaust und Schuldabwehr. Vom Judenmord zum kollektiven Opferstatus«. In *Österreich im 20. Jahrhundert. Vom Zweiten Weltkrieg bis zur Gegenwart*, Bd. 2, herausgegeben von Rolf Steininger und Michael Gehler, 39–105. Wien: Böhlau 1997.

Almond, Gabriel A. und Sidney Verba. *The Civic Culture*. Princeton: Princeton University Press 1963.

Almond, Gabriel A. Comparative Political Systems. In *Journal of Politics* 18,2 (1956): 391–409.

Altemeyer, Bob. *Right-wing authoritarianism*. Winnipeg: University of Manitoba Press 1981.

Altemeyer, Bob. *Enemies of freedom: understanding right-wing authoritarianism*. San Francisco: Jossey-Bass Publishers 1988.

Altemeyer, Bob. *The authoritarian specter*. Cambridge, Mass: Harvard University Press 1996.

Andersen, Jørgen Goul und Tor Bjørklund. Structural Change and New Cleavages: The Progress Parties in Denmark and Norway. In *Acta Sociologica* 33,3 (1990): 195–217.

Arbeitskreis für Stereotypieforschung. Vorurteile in Österreich. In *Journal für angewandte Sozialforschung* 11,2 (1969): 3–11.

Arts, Wil und John Gelissen. Welfare States, Solidarity and Justice Principles: Does the Type Really Matter?, In *Acta Sociologica* 44,4 (2001): 283–299.

Bailer-Galanda, Brigitte. Hoch klingt das Lied vom »kleinen Nazi«. Die politischen Parteien Österreichs und die ehemaligen Nationalsozialisten. In *Themen der Zeitgeschichte und der Gegenwart. Arbeiterbewegung – NS-Herrschaft – Rechtsextremismus. Ein Resümee aus Anlass des 60. Geburtstags von Wolfgang Neugebauer*, herausgegeben von Dokumentationsarchiv des Österreichischen Widerstandes, 120–135, Wien: DÖW 2004.

Beer, Paul de und Ferry Koster. *Sticking together or falling apart? Solidarity in an era of individualization and globalization*. Amsterdam: Amsterdam University Press 2009.

Bell, Daniel. *Die nachindustrielle Gesellschaft*. Reinbek bei Hamburg: Rowohlt 1979.

Benicke, Jens. *Autorität und Charakter*. 2., überarbeitete Auflage. Wiesbaden: Springer Fachmedien 2016.

Bruckmüller, Ernst. *Sozialgeschichte Österreichs*. 2. Aufl., Wien: Verl. für Geschichte und Politik 2001.

Davidov, Eldad, Peter Schmidt und Shalom H. Schwartz. »Bringing Values Back In The Adequacy of the European Social Survey to Measure Values in 20 Countries" In *Public Opinion Quarterly* 72,3 (2008): 420–445.

Dolezal, Martin. »Austria: transformation driven by an established party". In *West European*

Politics in the Age of Globalization, herausgegeben von Hanspeter Kriesi, Edgar Grande, Ramain Lachat, Martin Dolezal, Simon Bornschier und Timotheos Frey, 105–129. Cambridge: Cambridge University Press 2008.
Domany, Christian. »Zukunftsmodell Sozialpartnerschaft« In *Österreischisches Jahrbuch für Politik* 2001, herausgegeben von Andreas Khol, Günther Ofner, Günther Burkert-Dottolo und Stefan Karner, 335–354. Wien: Verlag für Geschichte und Politik 2002.
Easton, David. *A Framework for Political Analysis*. New Jersey: Prentice Hall 1965.
Easton, David. *A Systems Analysis of Political Life*. New York: Wiley and Sons 1965.
Ennser-Jedenastik, Laurenz. »Die personelle Verflechtung zwischen Sozialpartnern und Bundesregierung in Österreich, 1945–2015«. In *Österreichische Zeitschrift für Politikwissenschaft* 45,3 (2017): 29–44.
Esping-Andersen, Gøsta. *The Three Worlds of Welfare Capitalism*. Cambridge: Polity Press 1990.
EVS. European Values Study 1999 – Integrierter Datensatz, GESIS Data Archive 2011, https://dbk.gesis.org/dbksearch/sdesc2.asp?no=3811&db=e&doi=10.4232/1.10789 (Zugriff am 11.04.2018).
EVS. European Values Study Longitudinal Data File 1981-2008 (EVS 1981-2008), GESIS Data Archive 2015, https://dbk.gesis.org/dbksearch/sdesc2.asp?no=4804&db=e&doi=10.4232/1.12253 (Zugriff am 11.04.2018).
EVS. European Values Study 2008: Integrated Dataset (EVS 2008), GESIS Data Archive 2016, https://dbk.gesis.org/dbksearch/sdesc2.asp?no=4800&db=e&doi=10.4232/1.12458 (Zugriff am 11.04.2018).
Fink, Marcel. »Unternehmerverbände« In *Politik in Österreich. Das Handbuch*, herausgegeben von Herbert Dachs, Peter Gerlich, Herbert Gottweis, Helmut Kramer, Volkmar Lauber, Wolfgang C. Müller und Emmerich Tálos, 443–461. Wien: Manz 2006.
Friesl, Christian, Regina Polak und Ursula Hamachers-Zuba, Hg. *Die Österreicher-innen: Wertewandel 1990–2008*. Wien: Czernin 2009.
Fromm, Erich, *Escape from Freedom*. New York: Holt, Rinehart, and Winston 1941.
Garscha, Winfried R. »Entnazifizierung, Volksgerichtsbarkeit und die »Kriegsverbrecherprozesse« der sechziger und siebziger Jahre«. In *Österreich. 90 Jahre Republik. Beitragsband der Ausstellung im Parlament*, herausgegeben von Stefan Karner und Lorenz Mikoletzky, 127–138. Innsbruck: StudienVerlag 2008.
Hanisch, Ernst. *Der lange Schatten des Staates: österreichische Gesellschaftsgeschichte im 20. Jahrhundert*. Wien: Ueberreuter 1994.
Hill, Seth J. und Chris Tausanovitch. »A Disconnect in Representation? Comparison of Trends in Congressional and Public Polarization«. In *The Journal of Politics* 77,4 (2015): 1058–1075.
Hinterseer, Tobias. »Totgesagte leben länger: Stabilität und Kontinuität der Sozialpartnerschaft in Österreich« In *Momentum Quarterly – Zeitschrift für sozialen Fortschritt* 6,1 (2017): 28.
Hooghe, M. u. a. »Ethnic Diversity and Generalized Trust in Europe: A Cross-National Multilevel Study«. In *Comparative Political Studies* 42,2 (2008): 198–223.
Jensen, Carsten und Michael Bang Petersen. »The Deservingness Heuristic and the Politics of Health Care«. In *American Journal of Political Science* 61,1 (2017): 68–83.

Kaindl-Widhalm, Barbara. *Demokratien wider Willen? Autoritäre Tendenzen und Antisemitismus in der 2. Republik*. Wien: Verlag für Gesellschaftskritik 1990.

Karlhofer, Ferdinand und Hubert Sickinger. »Korporatismus und Sozialpakte im europäischen Vergleich«. In *Zukunft der Sozialpartnerschaft. Veränderungsdynamik und Reformbedarf*, herausgegeben von Ferdinand Karlhofer und Emmerich Tálos, 241–276. Wien: Signum 1999.

Karlhofer, Ferdinand. »Arbeitnehmerorganisationen«. In *Politik in Österreich: Das Handbuch*, herausgegeben von Herbert Dachs, Peter Gerlich, Herbert Gottweis, Helmut Kramer, Volkmar Lauber, Wolfgang C. Müller und Emmerich Tálos, 462–479. Wien: Manz 2006.

Konow, James. »Which Is the Fairest One of All? A Positive Analysis of Justice Theories«. In *Journal of Economic Literature* 41,4 (2003): 1188–1239.

Krammer, Josef und Gerhard Hovorka. »Interessenorganisation der Landwirtschaft: Landwirtschaftskammern, Präsidentenkonferenz und Raiffeisenverband«. In *Politik in Österreich: Das Handbuch*, herausgegeben von Herbert Dachs, Peter Gerlich, Herbert Gottweis, Helmut Kramer, Volkmar Lauber, Wolfgang C. Müller und Emmerich Tálos, 462–479. Wien: Manz 2006.

Kumlin, Staffan und Bo Rothstein. »Questioning the New Liberal Dilemma: Immigrants, Social Networks, and Institutional Fairness«. In *Comparative Politics* 43,1 (2010): 63–80.

Lederer, Gerda. »Die »Autoritäre Persönlichkeit«: Geschichte einer Theorie«. In *Autoritarismus und Gesellschaft. Trendanalysen und vergleichende Jugenduntersuchungen von 1945–1993*, herausgegeben von Gerda Lederer und Peter Schmidt, 25–51. Opladen: Leske + Budrich 1995.

Lehmbruch, Gerhard. *Proporzdemokratie. Politisches System und Politische Kultur in der Schweiz und in Österreich*. Tübingen: J. C. B. Mohr 1967.

Moffitt, Benjamin. »How to Perform Crisis: A Model for Understanding the Key Role of Crisis in Contemporary Populism«. In *Government and Opposition* 50,2 (2015): 189–217.

Müller, Wolfgang C., Fritz Plasser und Peter A. Ulram. »Schwäche als Vorteil. Stärke als Nachteil. Die Reaktion der Parteien auf den Rückgang der Wählerbindungen in Österreich«. In *Parteien auf komplexen Wählermärkten. Reaktionsstrategien politischer Parteien in Westeuropa*, herausgegeben von Peter Mair, Wolfgang C. Müller und Fritz Plasser, 201–245. Wien: Signum 1999.

Newton, Kenneth. *The New Liberal Dilemma: Social Trust in Mixed Societies*. Helsinki 2007.

Norwegian Centre for Research Data, Norway – Data Archive and distributor of ESS data for ESS ERIC. ESS Round 1: European Social Survey Round 1 Data. Data file edition 06.05.2002.

Norwegian Centre for Research Data, Norway – Data Archive and distributor of ESS data for ESS ERIC. ESS Round 2: European Social Survey Round 2 Data. Data file edition 03.05.2004.

Norwegian Centre for Research Data, Norway – Data Archive and distributor of ESS data for ESS ERIC. ESS Round 3: European Social Survey Round 3 Data. Data file edition 03.06.2006.

Norwegian Centre for Research Data, Norway – Data Archive and distributor of ESS data for ESS ERIC. ESS Round 4: European Social Survey Round 4 Data. Data file edition 04.04.2008.

Norwegian Centre for Research Data, Norway – Data Archive and distributor of ESS data for ESS ERIC. ESS Round 5: European Social Survey Round 5 Data. Data file edition 03.03.2010.

Norwegian Centre for Research Data, Norway – Data Archive and distributor of ESS data for ESS ERIC. ESS Round 6: European Social Survey Round 6 Data. Data file edition 02.03.2012.

Norwegian Centre for Research Data, Norway – Data Archive and distributor of ESS data for ESS ERIC. ESS Round 7: European Social Survey Round 7 Data. Data file edition 02.01.2014.

Norwegian Centre for Research Data, Norway – Data Archive and distributor of ESS data for ESS ERIC. ESS Round 8: European Social Survey Round 8 Data. Data file edition 01.0.016.

Obinger, Herbert, Stephan Leibfried und Francis G. Castles. »›Old‹ and ›new politics‹ in federal welfare states«. In *Federalism and the welfare state: new world and European experiences*, herausgegeben von Herbert Obinger, Stephan Leibfried und Francis G. Castles, 181–221. Cambridge: Cambridge University Press 2005.

Oesterreich, Detlef. *Autoritäre Persönlichkeit und Gesellschaftsordnung: der Stellenwert psychischer Faktoren für politische Einstellungen: eine empirische Untersuchung von Jugendlichen in Ost und West*. Weinheim: Juventa 1993.

Oesterreich, Detlef. *Flucht in die Sicherheit: zur Theorie des Autoritarismus und der autoritären Reaktion*. Opladen: Leske + Budrich 1996.

Oesterreich, Detlef. »Autoritäre Persönlichkeit und Sozialisation im Elternhaus. Theoretische Überlegungen und empirische Ergebnisse«. In *Autoritarismus. Kontroversen und Ansätze der aktuellen Autoritarismusforschung*, herausgegeben von Susanne Rippl, Christian Seipel und Angela Kindervater, 69–92. Opladen: Leske + Budrich 2000.

Oesterreich, Detlef. »Flight into Security: A New Approach and Measure of the Authoritarian Personality«. In *Political Psychology* 26,2 (2005): 275–298.

Oorschot, Wim van und Bart Meuleman. »Welfare Performance and Welfare Support«. In *Contested Welfare States. Welfare Attitudes in Europe and Beyond*, herausgegeben von Stefan Svallfors, 25–57. Stanford: Stanford University Press 2012.

Oorschot, Wim van und Bart Meuleman. »Welfarism and the multidimensionality of welfare state legitimacy: Evidence from The Netherlands, 2006«. In *International Journal of Social Welfare* 21,1 (2012): 79–93.

Oorschot, Wim van. »Who should get what, and why? On deservingness criteria and the conditionality of solidarity among the public«. In *Policy & Politics* 28,1 (2000): 33–48.

Oorschot, Wim van. »Why pay for welfare? A sociological analysis of reasons for welfare solidarity". In *The Netherlands Journal of Social Sciences* 36,1 (2000): 15–36.

Oorschot, Wim van. »Making the difference in social Europe: deservingness perceptions among citizens of European welfare states«. In *Journal of European Social Policy* 16,1 (2006): 23–42.

Oorschot, Wim van. »Popular deservingness perceptions and conditionality of solidarity in Europe". In *Culture and welfare state: values and social policy in comparative perspective*, herausgegeben von Wim van Oorschot, Michael Opielka und Birgit Pfau-Effinger, 268–288. Cheltenham, UK; Northampton, MA: Edward Elgar 2008.

Passini, Stefano. »Exploring the Multidimensional Facets of Authoritarianism: Authoritarian Aggression and Social Dominance Orientation«. In *Swiss Journal of Psychology* 67,1 (2008): 51–60.

Passini, Stefano. »Different Ways of Being Authoritarian: The Distinct Effects of Authoritarian Dimensions on Values and Prejudice«. In *Political Psychology* 38,1 (2015): 73-86.

Pelinka, Anton. »Die Entaustrifizierung Österreichs: Zum Wandel des politischen Systems 1945–1995«. In *Österreichische Zeitschrift für Politikwissenschaft* 24,1 (1995): 5–16.

Pelinka, Anton. »Der verdrängte Bürgerkrieg«. In *Das große Tabu. Österreichs Umgang mit seiner Vergangenheit*, herausgegeben von Anton Pelinka und Erika Weinzierl, 143–153. Wien: Österreichische Staatsdruckerei 1997.

Pelinka, Anton. Austria: out of the shadow of the past. Boulder, Colo: Westview Press 1998.

Pelinka, Anton. »Die geänderte Funktionalität von Vergangenheit und Vergangenheitspolitik. Das Ende der Konkordanzdemokratie und die Verschiebung der Feindbilder«. In *Österreichische Zeitschrift für Politikwissenschaft* 30,1 (2001): 35–47.

Pelinka, Anton. »Die Politik der politischen Kultur«. In *Österreichische Zeitschrift für Politikwissenschaft* 35,3 (2006): 225–235.

Plasser, Fritz und Gilg Seeber. »The Europeanization of Austrian Political Culture: Austrian Exceptionalism Revisited«. In *Global Austria. Austria's Place in Europe and the World*, herausgegeben von Günther Bischof und Fritz Plasser, 212–237. New Orleans: UNO Press 2011.

Plasser, Fritz und Gilg Seeber. »Politische Kultur und Demokratiebewusstsein in der Zweiten Republik im internationalen Vergleich«. In *Die österreichische Demokratie im Vergleich*, herausgegeben von Ludger Helms und David M. Wineroither, 2. Aufl., 337–364. Baden-Baden/Wien: Nomos/facultas 2017.

Plasser, Fritz und Franz Sommer. *Wahlen im Schatten der Flüchtlingskrise*. Wien: Facultas 2018.

Plasser, Fritz, Peter A. Ulram und Alfred Grausgruber. »The Decline of ‹Lager Mentality' and the New Model of Electoral Competition in Austria". In *Politics in Austria: Still a Case of Consociationalism*, herausgegeben von Kurt R. Luther, und Wolfgang C. Müller, 16–44. London: Frank Cass 1992.

Plasser, Fritz, Peter A. Ulram und Harald Waldrauch. *Politischer Kulturwandel in Ost-Mitteleuropa: Theorie und Empirie demokratischer Konsolidierung*. Leverkusen: Leske + Budrich 1997.

Plasser, Fritz und Peter A. Ulram, Hg. *Staatsbürger oder Untertanen? Politische Kultur Deutschlands, Österreichs und der Schweiz im Vergleich*. Frankfurt am Main/New York: P. Lang 1991.

Plasser, Fritz und Peter A. Ulram. *Das österreichische Politikverständnis: von der Konsens- zur Konfliktkultur?* Wien: WUV, Universitätsverlag 2002.

Plasser, Fritz. *Parteien unter Stress: zur Dynamik der Parteiensysteme in Österreich, der Bundesrepublik Deutschland und den Vereinigten Staaten*. Wien: Böhlau 1987.

Plasser, Fritz. »Das österreichische Parteiensystem zwischen Erosion und Innovation. Eine empirische Langzeitanalyse«. In *Das Österreichische Parteiensystem*, herausgegeben von Anton Pelinka und Fritz Plasser, 53–78. Wien: Böhlau 1988.

Pollak, Michael. *Vom Konflikt- zum Kompromissverhalten. Die Sozialpartnerschaft als Sozialisationsmittel politischen Handelns*, Nr. 3 special (1979): 376–382.

Priester, Karin. »Definitionen und Typologien des Populismus«. In *Soziale Welt* 62,2 (2011): 185–198.

Ptaszyńska, Aleksandra, Rossalina Latcheva und Christian Gerbel. »Theoretical framework and historical development«. In *Authoritarianism, history and democratic dispositions in Austria, Poland, Hungary and the Czech Republic*, herausgegeben von Oliver Rathkolb und Günther Ogris, 11–20. Wien: StudienVerlag 2010.

Rathkolb, Oliver und Günther Ogris, Hg. *Authoritarianism, history and democratic dispositions in Austria, Poland, Hungary and the Czech Republic*. Innsbruck: Studienverlag, 2010.

Rathkolb, Oliver. *Die paradoxe Republik: Österreich 1945 bis 2015*. Wien: Paul Zsolnay Verlag 2015.

Reeskens, Tim und Wim van Oorschot. »Disentangling the ›New Liberal Dilemma‹: On the relation between general welfare redistribution preferences and welfare chauvinism«. In *International Journal of Comparative Sociology* 53,2 (2012): 120–139.

Reich, Wilhelm. *Die Massenpsychologie des Faschismus*. Kopenhagen: Verlag für Sexualpolitik 1936.

Rippl, Susanne, Angela Kindervater und Christian Seipel. »Die autoritäre Persönlichkeit: Konzept, Kritik und neuere Forschungsansätze«. In *Autoritarismus. Kontroversen und Ansätze der aktuellen Autoritarismusforschung*, herausgegeben von Susanne Rippl, Christian Seipel und Angela Kindervater, 13–30. Opladen: Leske + Budrich 2000.

Rooduijn, Matthijs. »The Nucleus of Populism: In Search of the Lowest Common Denominator«. In *Government and Opposition* 49,4 (2014): 573–599.

Rooduijn, Matthijs. »Vox populismus: a populist radical right attitude among the public?« In *Nations and Nationalism* 20,1 (2014): 80–92.

Sandgruber, Roman. *Ökonomie und Politik: österreichische Wirtschaftsgeschichte vom Mittelalter bis zur Gegenwart*. Wien: Ueberreuter 1995.

Schwartz, Shalom H., Gila Melech, Arielle Lehmann, Steven Burgess, Mari Harris und Vicki Owens. »Extending the Cross-Cultural Validity of the Theory of Basic Human Values with a Different Method of Measurement". In *Journal of Cross-Cultural Psychology* 32,5 (2001): 519–542.

Schwartz, Shalom H. A »Theory of Cultural Value Orientations: Explication and Applications«. In *Comparative Sociology* 5,2/3 (2006): 137–182.

Simon, Janos. »Non-Participative Political Culture in Hungary – Why are the Participatory Pillars of Democratic Political Culture Weak in Hungary?« In *Central European Papers* 2,1 (2014): 167–188.

Steiner, Kurt. *Politics in Austria*. Boston: Little Brown 1972.

Stenner, Karen. *The Authoritarian Dynamic*. New York: Cambridge University Press 2005.

Stjernø, Steinar. »Social democratic values in the European welfare states«. In *Culture and welfare state: values and social policy in comparative perspective*, herausgegen von Wim van Oorschot, Michael Opielka und Birgit Pfau-Effinger, 50–70. Cheltenham: Edward Elgar 2008.

Tálos, Emmerich und Bernhard Kittel. »Sozialpartnerschaft – Zur Konstituierung einer Grundsäule der Zweiten Republik«. In *Österreich 1945-1955. Gesellschaft Politik Kultur*, herausgegeben von Reinhard Sieder, Heinz Steinert und Emmerich Tálos, 107–121. Wien: Verlag für Gesellschaftskritik 1996.

Tálos, Emmerich und Christian Stromberger. »Zäsuren in der österreichischen Verhandlungsdemokratie«. In *Sozialpartnerschaft. Österreichische und Europäische Perspektiven*, herausgegeben von Ferdinand Karlhofer und Emmerich Tálos, 79–108. Wien: LIT Verlag 2005.

Tálos, Emmerich. »Zwangskammerstaat«? Zur Demokratiequalität der Sozialpartnerschaft. In *IHS Political Science Series* Nr. 29 (1996).

Tálos, Emmerich. »Sozialpartnerschaft: Zwischen Entmystifizierung und Anpassungsherausforderungen. Ein Resümee«. In *Zukunft der Sozialpartnerschaft. Veränderungsdynamik und Reformbedarf*, herausgegeben von Ferdinand Karlhofer und Emmerich Tálos, 277–298. Wien: Signum 1999.

Tálos, Emmerich. »Vom Vorzeige- zum Auslaufmodell? Österreichs Sozialpartnerschaft 1945 bis 2005«. In *Sozialpartnerschaft. Österreichische und Europäische Perspektiven*, herausgegeben von Ferdinand Karlhofer und Emmerich Tálos, 185–216. Wien: LIT Verlag 2005.

Tálos, Emmerich. »Sozialpartnerschaft. Austrokorporatismus am Ende?« In *Politik in Österreich: Das Handbuch*, herausgegeben von Herbert Dachs, Peter Gerlich, Herbert Gottweis, Helmut Kramer, Volkmar Lauber, Wolfgang C. Müller und Emmerich Tálos, 425–442. Wien: Manz 2006.

Tálos, Emmerich. *Sozialpartnerschaft: ein zentraler politischer Gestaltungsfaktor in der Zweiten Republik.* Innsbruck: StudienVerlag 2008.

Touraine, Alain. *Die postindustrielle Gesellschaft.* Frankfurt am Main: Suhrkamp 1972.

Uhl, Heidemarie. »Das »erste Opfer«. Der österreichische Opfermythos und seine Transformationen in der Zweiten Republik«. In *Österreichische Zeitschrift für Politikwissenschaft* 30,1 (2001): 19–34.

Ulram, Peter A. *Hegemonie und Erosion: politische Kultur und politischer Wandel in Österreich.* Wien: Böhlau 1990.

Weber, Fritz. »Österreichs Wirtschaft in der Rekonstruktionsperiode nach 1945«. In *zeitgeschichte* 14,7 (1986): 267–298.

Welan, Manfried. »Hat sich die politische Kultur Österreichs gewandelt?« In *Österreich auf dem Weg zur Demokratie? Aufmerksame Beobachtungen aus einem halben Jahrhundert*, herausgegeben von Alfred Noll, 197–220. Wien: Böhlau 2012.

Zatloukal, Jiri. »Flaws in the Czech political culture«. In *Reuters Institute Fellowship Paper, University of Oxford* (2014).

Appendix

Regressionstabelle 1:

	Autoritarismus-Index	
In A geboren	0,10	(0,10)
Geschlecht	0,02	(0,05)
Pflichtschule (Referenz)		
Lehre/mittlerer Abschluss	−0,10	(0,08)
Höherer Schulabschluss	−0,20*	(0,10)
Tertiärer Abschluss	−0,38***	(0,11)
Bezahlte Arbeit (Referenz)		
Inaktiv	−0,16	(0,10)
Arbeitslos	−0,34**	(0,12)
Arbeitsunfähig	−0,00	(0,38)
Pension	0,18*	(0,09)
Niedriges HE (Referenz)		
niedriges mittleres HE	0,15*	(0,07)
höheres mittleres HE	0,09	(0,08)
Hohes HE	0,16	(0,12)
16–29 (Referenz)		
30–44	0,35***	(0,08)
45–64	0,17*	(0,08)
65+	0,27*	(0,12)
Religiosität	0,05***	(0,01)
Katholisch (Referenz)		
Evangelisch	−0,21	(0,13)
Andere	−0,14	(0,11)
o. B.	−0,35***	(0,07)
Großstadt	−0,13*	(0,06)
Constant	3,91***	(0,19)
Observations	1472	
R2	0,1695	

Tabelle 27: Ergebnisse Regressionsanalyse Autoritarismus-Index auf soziodemografische Merkmale

Regressionstabelle 2:

	Autoritarismus-Index	
In A geboren	0,13	(0,10)
Geschlecht	0,05	(0,05)
Pflichtschule (Referenz)		
Lehre/mittlerer Abschluss	–0,08	(0,08)
Höherer Schulabschluss	–0,16	(0,10)
Tertiärer Abschluss	–0,28*	(0,11)
Bezahlte Arbeit (Referenz)		
Inaktiv	–0,07	(0,10)
Arbeitslos	–0,41**	(0,13)
Arbeitsunfähig	0,24	(0,37)
Pension	0,20*	(0,08)
Niedriges HE (Referenz)		
Niedriges mittleres HE	0,16*	(0,07)
Höheres mittleres HE	0,11	(0,08)
Hohes HE	0,26*	(0,12)
16–29 (Referenz)		
30–44	0,33***	(0,09)
45–64	0,17*	(0,08)
65+	0,23*	(0,11)
Religiosität	0,05***	(0,01)
Katholisch (Referenz)		
Evangelisch	–0,21	(0,13)
Andere	–0,10	(0,13)
o. B.	–0,29***	(0,07)
Großstadt	–0,12	(0,06)
Links-Rechts-Position	0,00	(0,01)
Demokratie(un)zufriedenheit	0,06***	(0,01)
Migration anderer ethnischer Gruppen	0,29***	(0,03)
Constant	2,61***	(0,23)
Observations	1354	
R^2	0,2515	

Tabelle 28: Ergebnisse Regressionsanalyse Autoritarismus-Index auf soziodemografische Merkmale inkl. Links-Rechts-Selbstpositionierung und Einstellungen zur Migration

Aufstellung der verwendeten Umfragen:

Jahr	Umfrageinstitut/Studie/Projekt	Titel
1954	Dr. Fessel Institut	Untersuchung über die politischen Einstellungen der österreichischen Bevölkerung
1955	Dr. Fessel Institut	Barometer Study XX4, USIS/Vienna
1955	Dr. Fessel Institut	Repräsentativumfrage 1955
1961	Dr. Fessel Institut	Wahlanalyse 1961
1969	SWS/Arbeitskreis für Stereotypieforschung	Vorurteile in Österreich
1971	SWS	Vorurteile gegenüber Gastarbeitern
1973–1976	Political Action Study	Political Action Study
1976	Fessel GfK	Staat und Bürokratie
1981	Fessel-GfK/IFES	Parteienverdrossenheit
1987	Fessel/GfK	Österreichbewußtsein
1988	Fessel/GfK	Jahreszählung der Parteipräferenzen 1988
1989	Fessel/GfK	Politische Kultur in Österreich
1990	Fessel/GfK	Repräsentativumfrage 1990
1991	Fessel/GfK	Ausländerpolitik
1980–1993	Fessel-GfK/IFes/SWS	Parlamentsverständnis in Österreich
1993	Fessel/GfK	Politische Effektivität
1996	Fessel/GfK	Milleniumsprojekt: Politischer Kulturwandel in Österreich
1997	Fessel-GfK/IFES	Parlamentarismus
1999	Fessel/GfK	Exit Poll 1999
1985–2000	Fessel/GfK	Wirtschaftsfragen
2000	TNS	Eurobarometer 54
2000	Fessel/GfK	Politische Indikatoren
2001	Fessel/GfK	Politische Kultur in der Konfliktdemokratie
2007	SORA/Zukunftsfonds	Geschichts- und Demokratiebewusstsein
2003–2009	SWS	SWS Bildstatistiken
2008–2009	GMF Europa Survey	Gruppenbezogene Menschenfeindlichkeit Europa
1970–2010	Religion im Leben der Österreicherinnen	Religion im Leben der ÖsterreicherInnen
1990–2008	European Values Study	EVS-Umfrage
1986–2016	Sozialer Survey Österreich	Sozialer Survey Österreich
2002–2016	European Social Survey	ESS Welle 1–8
2017	SORA/Zukunftsfonds	Autoritarismus Österreich

Tabelle 29: Liste der für die Analyse verwendeten Umfragen

Martin Dolezal

Libertäre und autoritäre Positionen im österreichischen Parteiensystem: die Nationalratswahlkämpfe von 1945 bis 2013

Einleitung

Das vorangegangene Kapitel befasste sich mit dem Ausmaß autoritärer Einstellungen in der österreichischen Bevölkerung sowohl im Zeitverlauf als auch im Vergleich mit ausgewählten europäischen Ländern. Das vorliegende Kapitel wechselt die Perspektive und rückt die Parteien, die wichtigsten politischen Akteurinnen in modernen Demokratien, in das Zentrum des Interesses. Untersucht wird, welche programmatischen Positionen die österreichischen Parteien bei dem Gegensatz zwischen libertären und autoritären Orientierungen einnehmen und wie relevant die damit verbundenen Themen im Verlauf der Zweiten Republik für das Parteiensystem insgesamt und für die einzelnen Parteien waren. Analysiert wird dies anhand der Kampagnen bei den Nationalratswahlen von 1945 bis 2013, den zentralen Ereignissen der österreichischen Demokratie.

Die bewusst gewählten Begriffe »libertär« und »autoritär« verdeutlichen einmal mehr das Interesse an den in diesem Buch behandelten gesellschaftspolitischen Streitfragen. Der Begriff »autoritär« wurde bereits in der Einleitung eingehend erläutert. Für seinen inhaltlichen Gegenpol könnte anstelle des hier gewählten Begriffs »libertär« auch »liberal« verwendet werden, doch wird Letzterer im politischen Sprachgebrauch sowohl für gesellschaftspolitische als auch für wirtschaftspolitische Orientierungen verwendet. Aus diesem Grund wird dem im Alltag weniger häufig verwendeten Begriff »libertär« der Vorzug gegeben.

Der bewusst auf Wahlen gesetzte Fokus des Kapitels bedeutet nicht, dass die Auseinandersetzung der Parteien über politische Streitfragen nur in diesem Rahmen beobachtet werden kann. Wahlen eignen sich jedoch besonders gut zur Analyse politischer Konflikte, da in einem relativ kurzen Zeitraum die zentralen politischen Themen eines Landes angesprochen werden und die Parteien ihre unterschiedlichen Positionen artikulieren. Die hier als gesellschaftspolitisch oder, in Anlehnung an die englischsprachige Literatur, auch als »kulturell« bezeichneten Themen stehen in den Kampagnen in einer Konkurrenz mit den die Politik zumeist dominierenden wirtschafts- und sozialpolitischen Fragen. Eine Analyse von Wahlkämpfen ergibt daher gerade in Bezug auf die relative Bedeutung der Konfliktlinie zwischen libertären und autoritären Positionen, der Liberty-Authority-Konfliktlinie, ein realistisches Bild.

Als Grundlage der Untersuchung dienen in erster Linie die Ergebnisse quantitativer Inhaltsanalysen von Wahlprogrammen, die im Rahmen der österreichischen nationalen Wahlstudie AUTNES *(Austrian National Election Study)*[1] sowie des internationalen Projekts MARPOR *(Manifesto Research on Political Representation)*[2] erstellt wurden. Zusätzlich wird auf Umfragedaten des *Eurobarometers*[3] und vor allem des ESS *(European Social Survey)*[4] zurückgegriffen, da neben der Analyse der Parteien auch ein Blick auf die Wählerinnen und Wähler geworfen wird. Im Zentrum des Kapitels stehen jedoch die Parteien, das heißt nicht Individuen, sondern kollektive Akteurinnen.

Der zweite Abschnitt erläutert die Entwicklung politischer Konfliktlinien in westlichen Demokratien und fasst dabei die wissenschaftliche Debatte über den möglichen Wandel von ökonomischen zu kulturellen Gegensätzen und die damit verbundene Bedeutung einer Liberty-Authority-Konfliktlinie zusammen. Neben der internationalen Forschung wird auch ein Blick auf die bereits vorhandenen Ergebnisse zur österreichischen Entwicklung geworfen, auf die der vorliegende Beitrag aufbaut. Anschließend wird im dritten Abschnitt der Frage nachgegangen, welche Positionen der Parteien zu erwarten sind und welche Bedeutung die Parteien den mit dem hier behandelten Gegensatz verbundenen Themen zuschreiben sollten. Als Ausgangspunkt für die Formulierung dieser Erwartungshaltungen dienen die fundamentalen programmatischen Unterschiede der Parteien, wofür in der Literatur in erster Linie auf deren Grundsatzprogramme (*Parteiprogramme*) zurückgegriffen wird. Gerade in Österreich können diese – wie gezeigt werden wird – sehr gut von den Programmen für spezifische Wahlen, das heißt von den *Wahlprogrammen*, unterschieden werden.

Nach dieser theoretischen Verortung wird im vierten Abschnitt dargestellt, wie das programmatische Angebot von Parteien bei Wahlen untersucht werden kann und welche Art von Daten im vorliegenden Kapitel verwendet wird. Die gewählte Methode – die quantitative Inhaltsanalyse von Wahlprogrammen – wird erklärt und zusätzlich werden andere mögliche Ansätze diskutiert, um die Vor- und Nachteile des hier gewählten Untersuchungsdesigns einschätzen und die daraus abgeleiteten Ergebnisse besser einordnen zu können.

---

1 Zugriff am 02.05.2018, http://www.autnes.at/.

2 Zugriff am 02.05.2018, http://manifesto-project.wzb.eu/.

3 Zugriff am 04.05.2018, http://ec.europa.eu/COMMFrontOffice/publicopinion/index.cfm.

4 Zugriff am 02.05.2018, http://www.europeansocialsurvey.org/.

Darauf folgt die Darstellung der Ergebnisse der Inhaltsanalysen, die sich an den zentralen Merkmalen der Salienz und der Position orientiert. Unter Salienz wird die relative Bedeutung eines politischen Themas (oder *Issues*) für die Programmatik einer Partei beziehungsweise die relative Bedeutung einer allgemeineren Konfliktlinie wie der hier behandelten Liberty-Authority-Konfliktlinie verstanden. Dieses rein quantitative Merkmal wird im fünften Abschnitt sowohl für die einzelnen Parteien als auch für das Parteiensystem insgesamt untersucht. Daran anschließend folgt eine Analyse der Parteipositionen und des als Polarisierung bezeichneten Ausmaßes der programmatischen Gegensätze zwischen den Parteien. Zusätzlich wird das Konzept der Politisierung eingeführt, das die beiden Komponenten Salienz und Polarisierung zu einem Wert verdichtet (sechster Abschnitt). Alle genannten Maße – Salienz, Position, Polarisierung und Politisierung – dienen allein der systematischen Erfassung des programmatischen Angebots von Parteien, nicht einer normativen Bewertung der hier untersuchten Entwicklung.

Anschließend wird im siebten Abschnitt anhand der vier Nationalratswahlen von 2002 bis 2013 gezeigt, welchen Einfluss der Gegensatz zwischen libertären und autoritären Einstellungen bei der Entscheidung der Wählerinnen und Wähler hatte. Zuletzt richtet sich der Blick wieder auf die Parteien, wobei die österreichische Entwicklung in eine ländervergleichende Perspektive gerückt wird, für die Daten zu insgesamt 31 europäischen Ländern präsentiert werden (achter Abschnitt). Dieser Vergleich erfolgt sowohl auf Basis der Länder als auch auf Ebene der Parteien, wofür die programmatische Entwicklung der österreichischen Parteien mit ihren jeweiligen europäischen Schwesterparteien kontrastiert wird.

Abschließend werden die Ergebnisse der Untersuchung zusammengefasst. Dabei wird auch der Versuch unternommen, die jüngste Nationalratswahl von 2017 – die aufgrund des Zeitplans des Buchprojekts in diesem Beitrag nicht näher behandelt werden kann – in die längerfristige Entwicklung der Liberty-Authority-Konfliktlinie einzuordnen.

Die Liberty-Authority-Konfliktlinie

Konflikte um unterschiedliche Interessen bei der Verteilung knapper Güter und Auseinandersetzungen über einander widersprechende Werthaltungen bilden laut Elmer Eric Schattschneider, einem der Gründerväter der modernen Politikwissenschaft, die Grundlage für ein realistisches Verständnis von Politik.[5] Die Anzahl der verteilungspolitischen und wertebezogenen Konflikte ist aufgrund der Komplexität moderner

5 Elmer Eric Schattschneider, *The Semisovereign People. A Realist's View of Democracy in America. Reissued with an Introduction by David Adamany* (Boston: Wadsworth, 1988 [1960]), 2.

Gesellschaften und der Vielfalt der beteiligten Akteurinnen und Akteure letztlich unbegrenzt. In einer analytischen Perspektive ist es daher notwendig, die Vielzahl der politisierten Themen zu kategorisieren. Einzelne politische Streitfragen (oder *Issues*) werden dabei als Ausdruck größerer, abstrakterer Konfliktlinien gesehen.

Unter Konfliktlinien versteht die Wahl- und Parteienforschung langfristig wirkende gesellschaftliche Spaltungen, das heißt thematisch definierte politische Gegensätze, die über punktuelle tagespolitische Debatten hinausgehen und diese in einen größeren Zusammenhang setzen. In einer historischen Perspektive begründen Konfliktlinien die Existenz von Parteien und prägen deren programmatisches Angebot. In der wahlpolitischen Auseinandersetzung wirken Konfliktlinien stabilisierend, da sich, folgt man den klassischen mikrosoziologischen[6] und makrosoziologischen[7] Modellen der Wahlforschung, spezifische Wählergruppen an eben diesen Gegensätzen orientieren und sich auf diesem Weg längerfristig an Parteien binden.

Diese Vereinfachung einer komplexen Materie durch die Wissenschaft wird von den Politikerinnen und Politikern nicht immer gutgeheißen. Sie selbst orientieren sich weniger an abstrakten Konfliktlinien als an einzelnen Problemen oder Sachfragen, die in einer biografischen Perspektive häufig auch den Ausgangspunkt ihres politischen Engagements bilden. Aus Sicht des externen Beobachters ist eine Abstraktion und damit Vereinfachung jedoch unerlässlich. Nur auf diesem Weg können einzelne Phänomene über Zeit und Raum verglichen werden.

Der vorliegende Abschnitt gibt zunächst einen kurzen Überblick über die Entwicklung der Konfliktlinien in westeuropäischen Gesellschaften und begründet auf Basis der einschlägigen Literatur die nachfolgende Analyse der Liberty-Authority-Konfliktlinie bei den österreichischen Nationalratswahlen. Anschließend wird, erneut auf Basis der vorhandenen Literatur, die österreichische Entwicklung seit Beginn der Zweiten Republik skizziert.

Von ökonomischen zu kulturellen Gegensätzen?

Jede Beschäftigung mit politischen Konfliktlinien, vor allem dann, wenn sie wie im vorliegenden Kapitel in einer historischen Perspektive erfolgt, beginnt mit dem von Seymour Martin Lipset und Stein Rokkan entwickelten makrosoziologischen Modell.[8] Diese auch heute immer noch »obligatorische Referenz«[9] der Wahl- und

6 Paul F. Lazarsfeld, Bernard Berelson und Hazel Gaudet, *The People's Choice. How the Voter makes up his Mind in a Presidential Campaign*. Third Edition (New York: Columbia University Press, 1968 [1944]).

7 Seymour M. Lipset und Stein Rokkan, »Cleavage Structures, Party Systems, and Voter Alignments: An Introduction«, in *Party Systems and Voter Alignments. Cross-National Perspectives*, hrsg. von Seymour M. Lipset und Stein Rokkan (New York: Free Press, 1967), 1–64.

8 Lipset und Rokkan, »Cleavage Structures«.

9 Kevin Deegan-Krause, »New Dimensions of Political Cleavage«, in *The Oxford Handbook of Political Be-*

Parteienforschung verweist auf vier fundamentale Konfliktlinien (*Cleavages*)[10] in westlichen Parteiensystemen, die in einer historischen Langzeitperspektive auf zwei zentrale Entwicklungen zurückgeführt werden: die Herausbildung von Nationalstaaten und die industrielle Revolution.

Die Herausbildung der Nationalstaaten führte zum *Zentrum-Peripherie-Konflikt* und dem *Staat-Kirche-Gegensatz*. Ersterer umfasst den Konflikt zwischen den Eliten des Zentrums, die neben der Schaffung nationalstaatlicher politischer Strukturen auch eine nationale Vereinheitlichung, vor allem der Sprache, anstreben. Während die Bildung von Nationalstaaten zumindest in Westeuropa lange Zeit als abgeschlossen galt, zeigen die aktuellen Sezessionsbestrebungen in Schottland und Katalonien den immer noch virulenten Charakter dieser Konfliktlinie. Der zweite Antagonismus bezieht sich auf den Konflikt zwischen dem säkularen Staat und der Kirche, die ihre traditionelle Stellung im Bereich der Bildung, aber auch im Eherecht verteidigt. Mit der industriellen Revolution ist der *Stadt-Land-Gegensatz* verbunden, das heißt der Konflikt zwischen den Interessen der Landwirtschaft und der Industrie, etwa im Zusammenhang mit protektionistischen Maßnahmen. Oft treten auch kulturelle Gegensätze zwischen der Metropole und der Provinz in Erscheinung, wobei diese Konflikte häufig mit dem *Staat-Kirche-Gegensatz* verbunden sind und diesen verstärken. Vor allem hat die industrielle Revolution aber den Konflikt zwischen Arbeit und Kapital, den *Klassenkonflikt*, ausgelöst.[11]

Lipset und Rokkan betonten in ihren historischen Analysen vor allem die Stabilität der von ihnen identifizierten Konfliktlinien und die damit verbundene Stabilität der untersuchten westlichen Parteiensysteme. Letztere bezeichneten sie in einer berühmt gewordenen Metapher sogar als »eingefroren«, da in den 1960er-Jahren, als sie ihre Überlegungen entwickelten, die meisten relevanten Parteien älter als ihre Wählerinnen und Wähler waren und das parteipolitische Angebot seit den 1920er-Jahren im Wesentlichen unverändert geblieben war. Die beiden Forscher sahen aber auch Potenzial für Veränderungen, wobei sie auf die zu ihrer Zeit noch nicht absehbaren längerfristigen Folgen der amerikanischen Bürgerrechtsbewegung und der beginnenden europäischen Studentenbewegung verwiesen.[12]

Im Anschluss an Lipset und Rokkan erfolgte eine umfangreiche wissenschaftliche Debatte über die weitere Existenz und den Inhalt langfristig wirkender Konfliktli-

---

havior, hrsg. von Russell J. Dalton und Hans-Dieter Klingemann (Oxford: Oxford University Press, 2007), 538–556, hier 538.

10 Das vorliegende Kapitel bezeichnet den Untersuchungsgegenstand als »Konfliktlinie« und verzichtet bewusst auf die Verwendung des inhaltlich anspruchsvolleren Terminus *Cleavage*, der in der deutschsprachigen Literatur auch als »politisierte Sozialstruktur« bezeichnet wird. Für eine grundlegende Diskussion dieses Konzeptes vgl. v. a. Stefano Bartolini und Peter Mair, *Identity, competition, and electoral availability. The stabilisation of European electorates 1885–1985* (Cambridge: Cambridge University Press, 1990).

11 Lipset und Rokkan, »Cleavage Structures«.

12 Lipset und Rokkan, »Cleavage Structures«, 54.

nien, die bis heute anhält. Stark vereinfacht lassen sich in dieser Debatte drei große Richtungen beziehungsweise Gruppen von Autorinnen und Autoren unterscheiden.[13]

Eine Gruppe betont die weitgehende Stabilität traditioneller Konfliktlinien, vor allem des Klassenkonflikts,[14] aber auch von religiösen Gegensätzen.[15] Tatsächlich zeigen sich bei konfessionellen Spaltungen und bei Konflikten zwischen religiösen und nichtreligiösen Wählergruppen in vielen Ländern immer noch sehr deutliche Unterschiede bei der Parteiwahl. Allerdings haben diese Gegensätze aufgrund des sinkenden Anteils der religiös Gebundenen an der Gesamtwählerschaft an Bedeutung verloren. Im Zusammenhang mit dem Klassenkonflikt wird häufig betont, dass die mit traditionellen Methoden gewonnenen Ergebnisse, die einen Rückgang des klassenbasierten Wählens zeigen, problematisch sind. Vor allem der immer noch weitverbreitete Alford-Index[16] kann mit seiner vereinfachten Gegenüberstellung des Wahlverhaltens der Arbeiterschaft auf der einen und der Parteipräferenz des »Rests« der Bevölkerung auf der anderen Seite die Folgen einer veränderten Sozialstruktur, vor allem die Ausdifferenzierung der Mittelschicht nicht sinnvoll erfassen.[17]

Eine zweite Gruppe von Autorinnen und Autoren betont den Rückgang traditioneller Konfliktlinien und gleichzeitig das Fehlen neuer, die politische Auseinandersetzung längerfristig stabilisierender Konflikte.[18] Im Bereich der Wahlforschung hat dies zur Folge, dass vor allem kurzfristige Faktoren, wie zum Beispiel die Spitzenkandidatinnen und Spitzenkandidaten im Sinne einer verstärkten Personalisierung, in den Vordergrund rücken. Der wachsende Anteil an Wechselwählerinnen und Wechselwählern und an Personen, die sich erst im allerletzten Moment für eine Partei entscheiden, wird von dieser Gruppe als sichtbares Anzeichen des Verschwindens längerfristig wirkender Konfliktlinien interpretiert. Im Extremfall führt dies zu einer »politischen Atomisierung«,[19] das heißt zu einer Auflösung aller stabilisierenden Muster. Politische Einstellungen und Verhaltensweisen, vor allem die Parteiwahl,

13 Ich folge hier Hanspeter Kriesi, »The transformation of cleavage politics. The 1997 Stein Rokkan lecture«, in *European Journal of Political Research* 33, Nr. 2 (1998): 165–185.

14 Z. B. Bartolini und Mair, *Identity*.

15 Z. B. Oddbjorn Knutsen, »Religious Denomination and Party Choice in Western Europe: A Comparative Longitudinal Study from Eight Countries, 1970–97«, in *International Political Science Review* 25, Nr. 1 (2004): 97–128.

16 Robert R. Alford, »A Suggested Index of the Association of Social Class and Voting«, in *Public Opinion Quarterly* 26, Nr. 3 (1962): 417–425.

17 Z. B. Geoffrey Evans, Hg., *The End of Class Politics? Class Voting in Comparative Perspective* (Oxford: Oxford University Press, 1999).

18 Z. B. Mark N. Franklin, Thomas T. Mackie und Henry Valen, Hg., *Electoral change. Responses to evolving social and attitudinal structures in Western countries* (Cambridge: Cambridge University Press, 1992).

19 Fritz Plasser, Gilg Seeber und Peter A. Ulram, »Breaking the Mold: Politische Wettbewerbsräume und Wahlverhalten Ende der neunziger Jahre«, in *Das österreichische Wahlverhalten*, hrsg. von Fritz Plasser, Peter Ulram und Franz Sommer (Wien: Signum, 2000), 55–115, hier 58.

werden dann zu rein anlassbezogenen Phänomenen, die sich Prognosen zunehmend entziehen.

Die dritte Gruppe verweist wie die zweite ebenso auf den Bedeutungsverlust traditioneller Konflikte, betont jedoch das Aufkommen neuer beziehungsweise die Transformation bestehender Konfliktlinien. Dieser Ansatz dient auch als Ausgangspunkt für das vorliegende Kapitel.

Die wohl bekannteste Re-Interpretation politischer Konfliktlinien propagiert seit den 1970er-Jahren Ronald Inglehart.[20] Seine Postmaterialismus-These wurde auch außerhalb des Wissenschaftsbetriebs breit rezipiert und fand letztlich sogar Eingang in den allgemeinen politischen Sprachgebrauch.[21] Im Kern besagt seine These, dass der wachsende Wohlstand und die – verglichen mit den Katastrophen der ersten Hälfte des 20. Jahrhunderts – in der Nachkriegszeit weitgehend krisenfreie Entwicklung westlicher Gesellschaften zu einem Wertewandel geführt haben. Diese von Inglehart mit dem prägnanten Bild der »stillen Revolution« (*Silent Revolution*) bezeichnete Entwicklung weg von materialistischen Werten, das heißt weg von der Betonung der ökonomischen und der physischen Sicherheit, hin zu postmaterialistischen Werten wie Selbstverwirklichung und Lebensqualität hat fundamentale Auswirkungen auf die inhaltliche Substanz von politischen Auseinandersetzungen.

> Daraus folgt, dass sich die wichtigste Achse des politischen Konflikts schrittweise von klassenbasierten Themen, wie die Einkommensumverteilung oder die Verstaatlichung der Industrie, wegbewegen sollte hin zu einer wachsenden Betonung von Fragen der Lebensqualität.[22]

Inglehart führt diesen Wertewandel auf zwei Mechanismen zurück: Seine an Abraham Maslows Bedürfnispyramide angelehnte Knappheitshypothese besagt, dass postmaterialistische Werte dann zentral werden, wenn grundsätzliche materielle Bedürfnisse erfüllt sind und Menschen das nächsthöhere knappe Gut erreichen wollen, zum Beispiel die Möglichkeit von Mitbestimmung.[23] Zweitens ist für die Herausbil-

---

20 Ronald Inglehart, *The Silent Revolution. Changing values and political styles among western publics* (Princeton: Princeton University Press, 1977).

21 In späteren Publikationen widmete sich Inglehart einer weltweiten Untersuchung des Wertewandels, den er als *Postmodernization* beschreibt. Der Wandel von materialistischen zu postmaterialistischen Werten ist für ihn eine zentrale Komponente dieses umfassenderen Veränderungsprozesses. Vgl. Ronald Inglehart, *Modernization and Postmodernization. Cultural, Economic, and Political Change in 43 Societies* (Princeton: Princeton University Press, 1997), 5.

22 Ronald Inglehart, »Changing Values among Western Publics from 1970 to 2006«, in *West European Politics* 31, Nr. 1–2 (2008): 130–146, hier 142. Übersetzung MD.

23 A. H. Maslow, »A Theory of Human Motivation«, in *Psychological Review* 50, Nr. 4 (1943): 370–396.

dung stabiler Werthaltungen das politische und wirtschaftliche Umfeld in der Phase der Sozialisation entscheidend. Die in der Kindheit und Jugend als Reaktion auf das private, vor allem aber gesellschaftliche Umfeld entwickelten Wertorientierungen bleiben, so Inglehart, im weiteren Lebensverlauf stabil und werden auch von kurzfristigen Veränderungen der Umweltbedingungen – etwa Wirtschaftskrisen – nicht grundlegend beeinflusst.

Gegen Ingleharts Thesen wurden eine Vielzahl von Einwänden formuliert: Studien zeigen etwa, dass ökonomische Faktoren wie wachsende Arbeitslosigkeit – zumindest im Aggregat – zu kurzfristigen Veränderungen der Wertorientierungen führen, konkret zu einer wachsenden Betonung materialistischer Orientierungen.[24] Dies widerspricht der stabilisierenden Kraft der Sozialisationshypothese. Ferner wurde die Eindimensionalität des Wandels von Werthaltungen kritisiert, da andere beobachtbare Gegensätze, etwa zwischen libertären und autoritären Orientierungen, ausgeblendet sind beziehungsweise nicht gut in der Materialismus-Postmaterialismus-Dimension verortet werden können.[25]

Den letztgenannten Einwand betonte in seiner Auseinandersetzung mit Inglehart vor allem Scott C. Flanagan.[26] Dieser bezog materialistische Orientierungen allein auf ökonomische Anliegen, während Inglehart darunter auch Aspekte der Sicherheit und der Kriminalitätsbekämpfung zuordnete. Im Gegensatz zu Ingleharts eindimensionalem Werteraum kommt Flanagan somit zu einer zweidimensionalen Struktur politischer Orientierungen. Neben einer Materialismusdimension ist dies der Gegensatz von libertären und autoritären Werten. Erstere definiert er folgendermaßen:

> Eine Betonung der persönlichen und politischen Freiheit, von Partizipation (mehr Einfluss im Staat, in der Gemeinde und am Arbeitsplatz), von Gleichheit, von Toleranz gegenüber Minderheiten und jenen, die andere Meinungen vertreten, der Offenheit gegenüber neuen Ideen und neuen Lebensstilen, von Umweltschutz und der Sorge um Fragen der Lebensqualität, des Hedonismus und der Selbstverwirklichung.[27]

Den Gegenpol dieser Konfliktdimension und damit die autoritären Werthaltungen definiert Flanagan als:

---

24 Harold D. Clarke und Nitish Dutt, »Measuring Value Change in Western Industrialized Societies: The Impact of Unemployment«, in *American Political Science Review* 85, Nr. 3 (1991): 905–920.

25 Vgl. die Diskussion bei Alexander Gallus, »Ronald Inglehart, The Silent Revolution. Changing Values and Political Styles Among Western Publics, Princeton/New Jersey 1977«, in *Schlüsselwerke der Politikwissenschaft*, hrsg. von Steffen Kailitz (Wiesbaden: Verlag für Sozialwissenschaften, 2007), 190–194.

26 Ronald Inglehart und Scott C. Flanagan, »Value Change in Industrial Societies«, in *American Political Science Review* 81, Nr. 4 (1987): 1289–1319.

27 Inglehart und Flanagan, »Value Change«, 1304. Übersetzung MD.

> eine breite Gruppe von Werten, die, zusammen mit der Sorge um Sicherheit und Ordnung, Respekt für Autorität, Disziplin und Gehorsam, Patriotismus und Intoleranz gegenüber Minderheiten, die Anpassung an Traditionen und die Unterstützung für religiöse und moralische Werte inkludiert.[28]

Der so verstandene Liberty-Authority-Gegensatz wurde in weiterer Folge von vielen Autorinnen und Autoren aufgegriffen. Dies geschah nicht nur im Zusammenhang mit Fragen der Wahl- und Parteienforschung. Die neue Konfliktlinie wurde gerade auch bei Analysen von politischen Protesten sichtbar, da sich die neuen sozialen Bewegungen der 1970er- und 1980er-Jahre, etwa die Friedens- oder die neue Frauenbewegung, in erster Linie über eben diese nichtökonomischen Themen definierten.[29]

Flanagans pragmatische Definition des Inhalts dieser Konfliktlinie stieß aber auch auf Kritik. Raymond Duch und Kaare Strøm etwa verwiesen auf innere Widersprüche eines solchen Verständnisses libertärer Einstellungen, da sich gerade die Trägerinnen und Träger dieser Positionen für Verbote etwa von beleidigender Sprache einsetzen.[30] Auch die seit Langem währende Debatte über die *Political Correctness*[31] kann in diesem Zusammenhang genannt werden, da es hierbei zu einer Umkehrung der beiden Pole kommen kann: Häufig sind es gerade autoritär gesinnte Gruppen, die den Libertären eine Einschränkung ihrer Meinungsfreiheit vorwerfen.

Ein weiterer Kritikpunkt betrifft die Einbeziehung ökologischer Orientierungen in die neue Konfliktlinie. Während sowohl bei Inglehart als auch bei Flanagan der Umweltschutz zu den postmaterialistischen (Inglehart) beziehungsweise libertären Orientierungen (Flanagan) gezählt wird, ist sowohl die theoretische als auch die empirische Verortung dieses Themas umstritten. Auffällig ist, dass der Umweltschutz bei Ingleharts ursprünglich verwendeten Fragen zur Messung materialistischer und postmaterialistischer Einstellungen noch keine Rolle spielte.[32] Auch in der späteren,

---

28 Inglehart und Flanagan, »Value Change«, 1305. Übersetzung MD.

29 Hanspeter Kriesi, Ruud Koopmans, Jan Willem Duyvendak und Marco G. Giugni, *New Social Movements in Western Europe. A Comparative Analysis* (Minneapolis: University of Minnesota Press, 1995).

30 Raymond M. Duch und Kaare Strøm, »Liberty, Authority, and the New Politics. A Reconsideration«, in *Journal of Theoretical Politics* 16, Nr. 3 (2004): 233–262, hier 237.

31 Für Österreich vgl. Maria Dippelreiter und Michael Dippelreiter, Hg., *Politische Korrektheit. Der lange Weg vom Postulat zur Performanz* (Klagenfurt: Wieser, 2017).

32 Die befragten Personen wurden mit zwei materialistischen (mat) und zwei postmaterialistischen (post) Zielen konfrontiert, die sie nach ihrer Wichtigkeit reihen sollten: »Recht und Ordnung aufrechterhalten« (mat), »mehr Mitbestimmung des Bürgers in wichtigen Entscheidungen der Regierung« (post), »verhindern, dass die Preise steigen« (mat) und »die Meinungsfreiheit erhalten« (post). Je nach Reihung der Ziele werden auf diesem Weg »reine Materialistinnen und Materialisten« oder »reine Postmaterialistinnen und

von vier auf zwölf Aspekte erweiterten Befragung kommt ihm nur eine kleine Nebenrolle zu, da er sich ausschließlich auf ästhetische Aspekte bezieht.[33] Diese stehen jedoch in erster Linie für den Beginn des klassischen Naturschutzes des 19. und frühen 20. Jahrhunderts. Im Gegensatz dazu können zentrale umweltpolitische Forderungen der Gegenwart, etwa der Kampf gegen den Klimawandel, eher als materialistische Anliegen interpretiert werden, da sie zumindest längerfristig fundamentale Fragen des physischen Überlebens betreffen.[34] Aufgrund dieser theoretischen Schwäche des Konzepts werden umweltpolitische Forderungen in der nachfolgenden Analyse bewusst nicht der hier untersuchten Liberty-Authority-Konfliktdimension zugeordnet.

Auch wenn bei der Analyse politischer Konfliktlinien häufig auf den Liberty-Authority-Gegensatz oder ähnliche Konzepte zurückgegriffen wird, bedeutet dies nicht, dass sozialen und wirtschaftlichen Konflikten keine Bedeutung mehr zugemessen wird. Ganz im Gegenteil betonen die meisten Forscherinnen und Forscher – im klaren Kontrast zu Inglehart –, dass sozioökonomischen Gegensätzen immer noch eine, wenn nicht die zentrale Rolle bei politischen Auseinandersetzungen zukommt. Allein der Inhalt dieser ökonomischen Konfliktlinie hat sich gewandelt, da etwa nur mehr extreme Randgruppen eine Verstaatlichung der Produktionsmittel oder die Aufgabe aller wohlfahrtsstaatlichen Einrichtungen fordern. Konkurrierende politische Orientierungen bei wirtschafts- und sozialpolitischen Fragen sind jedoch keineswegs verschwunden und treten seit den 1980er-Jahren gerade im Zusammenhang mit der ökonomischen Dimension der Globalisierung[35] sowie den Folgen der Automatisierung und Digitalisierung der Arbeitswelt auf. Der Liberty-Authority-Konflikt wird daher im Großteil der Literatur als zweite, als »kulturelle« Konfliktlinie interpretiert. In welchem Verhältnis die beiden großen Konfliktlinien, das heißt die sozioökonomische und die kulturelle, zueinander stehen, ist Gegenstand einer intensiven Debatte.

Postmaterialisten«, aber auch »Mischtypen« identifiziert. Die deutschsprachigen Formulierungen der Items stammen aus dem World Values Survey.

33 Das besagte Item bezog sich allein auf die Verschönerung der Städte und ländlichen Gebiete (»trying to make our cities and countryside more beautiful«). Interessant ist, dass dieses Item bei Faktorenanalysen, einem statistischen Verfahren, das ein Muster von Einstellungen identifizieren kann, weder den postmaterialistischen noch den materialistischen Orientierungen eindeutig zugeordnet werden kann. Vgl. Inglehart, *Modernization*, 109.

34 Neil Carter, *The Politics of the Environment. Ideas, Activism, Policy. Second Edition* (Cambridge: Cambridge University Press, 2007), 97–98. In späteren Publikationen, vor allem wenn es um Vergleiche zwischen entwickelten und nicht entwickelten Ländern ging, hat auch Inglehart auf diesen Umstand verwiesen. Vgl. Inglehart, *Modernization*, 242.

35 Ronald Rogowski, »Political Cleavages and Changing Exposure to Trade«, in *American Political Science Review* 81, Nr. 4 (1987): 1121–1137.

Ein Aspekt des Verhältnisses ist die relative Bedeutung der beiden Konfliktlinien. Eine in diesem Zusammenhang häufig genannte Einschätzung geht auf den amerikanischen Präsidentschaftswahlkampf von 1992 zurück, als ein Berater des demokratischen Kandidaten Bill Clinton mit einer berühmt gewordenen Formulierung auf die für die allermeisten Wählerinnen und Wähler immer noch größere Bedeutung ökonomischer Themen verwies: »It's the economy, stupid« (»Es geht um die Wirtschaft, Dummkopf«). Aber auch bei dieser Wahl waren es, so die Ergebnisse einer Studie von Alan Abramowitz, nichtökonomische Themen, darunter die Debatte über das Abtreibungsrecht, die die Wählerschaft stärker mobilisierten.[36] Der Streit über die Abtreibung, aber auch andere häufig religiös motivierte Positionen werden in den USA mit dem von James Davison Hunter popularisierten Begriff der *Culture Wars* zusammengefasst.[37] Dieser Begriff lehnt sich bewusst an den als »Kulturkampf« bezeichneten Konflikt zwischen dem preußischen Staat und der katholischen Kirche im späten 19. Jahrhundert an. Im vorliegenden Kapitel wird der Begriff jedoch nicht weiter aufgegriffen, da er in der österreichischen politischen Debatte nur sehr selten verwendet wird. Zudem sind nicht alle der in den USA mit diesem Begriff erfassten Themen – darunter etwa auch der Streit über die Einbeziehung der Evolutionslehre in den Schulunterricht – in Österreich relevant.

Ein anderer Aspekt des Verhältnisses der beiden großen Konfliktlinien ist das Ausmaß der inhaltlichen »Überlappung« der beiden Dimensionen. Im Extremfall können diese unabhängig voneinander sein. In einer solchen Konstellation kann aus der Position einer Partei auf der ökonomischen Konfliktlinie nicht auf ihre Position auf der kulturellen Konfliktlinie geschlossen werden. So könnten etwa ökonomisch linksorientierte Parteien auf der kulturellen Konfliktlinie sowohl libertäre als auch autoritäre Positionen vertreten. Im Gegensatz dazu verwies vor allem Herbert Kitschelt in seinen breit rezipierten Untersuchungen sozialdemokratischer[38] und rechtspopulistischer Parteien[39] auf eine theoretisch begründete und empirisch beobachtbare Nähe ökonomisch linker und kulturell libertärer beziehungsweise ökonomisch rechter und kulturell autoritärer Positionen hin. Diese Sichtweise, von der er in weiterer Folge tendenziell abwich,[40] traf jedoch nicht auf ungeteilte Zustimmung.

36 Alan I. Abramowitz, »It's Abortion, Stupid: Policy Voting in the 1992 Presidential Election«, in *Journal of Politics* 57, Nr. 1 (1995): 176–186.

37 James Davison Hunter, *Culture Wars. The Struggle to Define America. Making sense of the battles over the family, art, education, law, and politics* (New York: Basic Books, 1991).

38 Herbert Kitschelt, *The Transformation of European Social Democracy* (Cambridge: Cambridge University Press, 1994).

39 Herbert Kitschelt, *The Radical Right in Western Europe. A Comparative Analysis* (Ann Arbor: The University of Michigan Press, 1995).

40 In späteren Publikationen verwies Kitschelt auf eine zunehmende Unabhängigkeit der beiden Konfliktdimensionen. Vgl. Herbert Kitschelt, »Social class and the radical right. Conceptualizing political pre-

Neben verschiedenen methodischen Problemen bei den von Kitschelt durchgeführten Untersuchungen verwiesen kritische Stimmen auch auf abweichende Fälle, etwa auf durchaus autoritäre gesellschaftspolitische Positionierungen kommunistischer, also ökonomisch linksorientierter Parteien.[41]

Neben der Debatte über den Zusammenhang mit wirtschafts- und sozialpolitischen Streitfragen spielt der Gegensatz von libertären und autoritären Orientierungen seit den 2000er-Jahren auch eine bedeutende Rolle bei Analysen von Positionen zur europäischen Integration. Im Gegensatz zu früheren Epochen, als der Integrationsprozess in erster Linie auf einem Elitenkonsens und der stillschweigenden, nicht offen artikulierten Unterstützung der Bevölkerung beruhte, dem berühmten *Permissive Consensus*,[42] besteht seit den 1990er-Jahren zunehmend eine Politisierung des Integrationsprozesses, das heißt eine offen ausgetragene politische Debatte über dessen Vor- und Nachteile.[43] Die Frage, wie Positionen zu Europa den großen, ursprünglich nationalen beziehungsweise innenpolitisch geprägten Konfliktdimensionen zugeordnet werden können, hat daher stark an Bedeutung gewonnen.

Zunächst wurde auf die Verbindung mit der sozioökonomischen Konfliktdimension verwiesen, wobei ursprünglich von einem linearen Links-rechts-Zusammenhang ausgegangen wurde. Bis in die frühen 1990er-Jahre war die politische Linke – auch viele gemäßigte sozialdemokratische Parteien – überwiegend europaskeptisch eingestellt und rechtspopulistische Parteien waren noch keine relevanten Akteurinnen. Europa war, nicht nur in Österreich, in erster Linie ein Projekt christdemokratischer und konservativer Parteien. Die Hinwendung der gemäßigten Linken zu Europa im Anschluss an die verstärkte Regulierung ökonomischer Abläufe durch sozial-, aber auch umweltpolitische Maßnahmen der EU sowie das Aufkommen der europaskeptischen Rechtspopulisten führten in weiterer Folge zu einer Neuinterpretation des Zusammenhangs mit der Links-rechts-Orientierung. Da linke und rechte Randparteien europaskeptisch, Parteien der Mitte aber europafreundlich sind, zeigte sich ab den 1990er-Jahren in den meisten Ländern kein linearer Zusammenhang, sondern, wenn das Ausmaß der Zustimmung zu Europa in einem Diagramm die vertikale Achse definiert, das Bild eines »umgekehrten U«.

---

ference formation and partisan choice«, in *Class Politics and the Radical Right*, hrsg. von Jens Rydgren (London: Routledge, 2013), 224–251.

41 Duch und Strøm, »Liberty«.

42 Leon N. Lindberg und Stuart A. Scheingold, *Europe's Would-Be Polity. Patterns of Change in the European Community* (Englewood Cliffs/New Jersey: Prentice-Hall, 1970).

43 Paul Statham und Hans-Jörg Trenz, *The Politicization of Europe. Contesting the Constitution in the mass media* (London: Routledge, 2013); Swen Hutter, Edgar Grande und Hanspeter Kriesi, Hg., *Politicising Europe: Integration and Mass Politics* (Cambridge: Cambridge University Press, 2016); Liesbet Hooghe und Gary Marks, »A Postfunctionalist Theory of European Integration: From Permissive Consensus to Constraining Dissensus«, in *British Journal of Political Science* 39, Nr. 1 (2009): 1–23.

Seit den 2000ern gerieten sozioökonomische Erklärungsansätze jedoch zunehmend ins Hintertreffen. Vor allem Liesbet Hooghe und Gary Marks greifen in ihren breit rezipierten Arbeiten auf die kulturelle Konfliktlinie als Erklärung für Positionen zu Europa zurück, wobei sie eine neue Begrifflichkeit einführen: Anstelle des Liberty-Authority-Gegensatzes bezeichnen sie diese Konfliktlinie als GAL-TAN-Gegensatz, als Konflikt zwischen den Polen grün/alternativ/libertär (GAL) und traditionell/autoritär/nationalistisch (TAN).[44] Die umweltpolitischen Orientierungen betten sie somit einmal mehr automatisch in die kulturelle Konfliktlinie ein. Parteien, die nahe am GAL-Pol dieser Achse positioniert sind, weisen im Durchschnitt eine deutlich stärkere Unterstützung für den Integrationsprozess auf. Auch insgesamt kann die Verortung von Parteien auf der GAL-TAN-Konfliktlinie die Position zu Europa besser erklären als die Verortung auf der klassischen, sozioökonomisch definierten Links-rechts-Skala.

Mit den Konsequenzen der Öffnung der Nationalstaaten für die Neugestaltung von Konfliktlinien beschäftigen sich vor allem Hanspeter Kriesi und seine Co-Autoren.[45] In der Globalisierung sehen diese Autoren einen dreifachen Öffnungsprozess: einen ökonomischen, einen kulturellen (Migration) und einen politischen (vor allem europäische Integration). In einer programmatischen Perspektive entsteht daraus ein Gegensatz zwischen Integration und Abgrenzung, der sich als Konflikt zwischen Gewinnerinnen und Gewinnern des Öffnungsprozesses auf der einen und Verliererinnen und Verlierern dieses Prozesses auf der anderen Seite zeigt. In den von der Autorengruppe um Kriesi untersuchten westeuropäischen Ländern sind libertäre Einstellungen auf der kulturellen Konfliktdimension mit der Unterstützung für Europa und einer positiven Haltung zu Migration verbunden. Am anderen Pol identifizieren sie vor allem rechtspopulistische Parteien, die die Interessen und Werthaltungen der Verliererinnen und Verlierer des Öffnungsprozesses vertreten. Die kulturelle Konfliktlinie erfährt aufgrund der gewachsenen Bedeutung und Polarisierung dieser neuen Themen somit eine zweite Transformation: Waren es in den 1970er-Jahren die Themen der neuen sozialen Bewegungen, die den klassischen *Staat-Kirche-Gegensatz* zurückdrängten, sind es nun Auseinandersetzungen um die kulturelle Öffnung im Zuge von Migration sowie Konflikte um die politische Öffnung der Na-

---

44 Z. B. Liesbet Hooghe, Gary Marks und Carole J. Wilson, »Does Left/Right Structure Party Positions on European Integration?«, in *Comparative Political Studies* 35, Nr. 8 (2002): 965–989.

45 Hanspeter Kriesi, Edgar Grande, Romain Lachat, Martin Dolezal, Simon Bornschier und Timotheos Frey, »Globalization and the transformation of the national political space: Six European countries compared«, in *European Journal of Political Research* 45, Nr. 6 (2006): 921–956; Hanspeter Kriesi, Edgar Grande, Romain Lachat, Martin Dolezal, Simon Bornschier und Timotheos Frey, *West European Politics in the Age of Globalization* (Cambridge: Cambridge University Press, 2008); Hanspeter Kriesi, Edgar Grande, Martin Dolezal, Marc Helbling, Dominic Höglinger, Swen Hutter und Bruno Wüest, *Political Conflict in Western Europe* (Cambridge: Cambridge University Press, 2012).

tionalstaaten, wofür die Europäische Union das am weitaus fortgeschrittenste Beispiel darstellt. Ähnlich argumentierte zuletzt Wolfgang Merkel, der den Gegensatz zwischen Kosmopolitismus und Kommunitarismus als neue zentrale Konfliktlinie in Europa bezeichnet.[46] Während sich der Kosmopolitismus an universellen Werten orientiert, steht für den Kommunitarismus – in diesem Zusammenhang – der Bezug auf die eigene, häufig national oder ethnisch definierte Gruppe im Vordergrund und legitimiert politisches Handeln.

Die Entwicklung in Österreich

Die Diskussion über Konfliktlinien und ihre von gesellschaftlichen Entwicklungen ausgelösten Veränderungen betont in erster Linie die Gemeinsamkeiten zwischen entwickelten (westlichen) Demokratien. Dennoch gibt es länderspezifische Eigenheiten, die Auswirkungen sowohl auf die inhaltliche Ausprägung als auch die relative Bedeutung der hier untersuchten Liberty-Authority-Konfliktlinie haben können.

Die Forschung zu Österreich hat in einer historischen Perspektive vor allem drei traditionelle Konfliktlinien identifiziert: erstens eine sozioökonomische Konfliktlinie zwischen Kapital und Arbeit, das heißt den traditionellen Klassenkonflikt beziehungsweise den Gegensatz zwischen marktwirtschaftlichen und wohlfahrtsstaatlichen Orientierungen; zweitens eine kulturelle Konfliktdimension zwischen säkularen, kirchenfernen Gruppen und der (katholischen) Kirche; und drittens eine nationale Konfliktlinie zwischen der Unterstützung einer österreichischen Eigenstaatlichkeit und Nationsbildung auf der einen und deutschnationalen Orientierungen auf der anderen Seite.[47] Eng verbunden mit dieser Trias traditioneller österreichischer Konfliktlinien ist das bekannte Konzept der drei politischen Lager, deren Ursprünge bis in die Spätphase der österreichisch-ungarischen Monarchie reichen.[48] Diese drei Konfliktlinien bilden immer noch den Referenzpunkt für eine Analyse der österreichischen Entwicklung, doch sind sie einem unterschiedlich starken Wandel unterworfen.

Die ökonomische Konfliktlinie wird von den meisten Autorinnen und Autoren – analog zur internationalen Debatte – immer noch als zentral eingestuft, wenngleich sich der Inhalt dieses Konflikts gewandelt hat. Vor allem sektorspezifische Interes-

46 Wolfgang Merkel, »Kosmopolitismus versus Kommunitarismus. Ein neuer Konflikt in der Demokratie«, in *Parties, Governments and Elites. The Comparative Study of Democracy*, hrsg. von Philipp Harfst, Ina Kubbe und Thomas Poguntke (Wiesbaden: Springer, 2017), 9–23.

47 Z.B. Plasser, Seeber und Ulram, »Breaking the Mold«, 56–59.

48 Adam Wandruszka, »Österreichs Politische Struktur. Die Entwicklung der Parteien und politischen Bewegungen«, in *Geschichte der Republik Österreich*, hrsg. von Heinrich Benedikt (Wien: Verlag für Geschichte und Politik, 1954), 289–485.

sengegensätze, etwa zwischen dem geschützten Bereich des Staates und der Privatwirtschaft, werden seit einigen Jahren in der Literatur diskutiert.[49]

Die traditionelle religiöse Konfliktlinie zwischen der (katholischen) Kirche und dem Staat hat gerade im Vergleich mit der Ersten Republik ohne Zweifel an Schärfe verloren. Die weitreichende Säkularisierung der Gesellschaft in der zweiten Hälfte des 20. Jahrhunderts, aber auch die offizielle Politik der Äquidistanz der katholischen Kirche gegenüber allen Parteien hat zu einem Abbau dieses Konflikts beigetragen.[50] Der Einfluss der Kirche ist als Folge der sinkenden Bekenntnis- und Kirchgangsraten zurückgegangen. Dennoch ist die Kirche eine relevante politische Akteurin geblieben, da sie gerade bei moralischen Politikfeldern – vor allem Abtreibung und Fragen der sexuellen Orientierung – in die politische Debatte eingreift.[51] Religiöse Konflikte können auch mit dem Aufkommen neuer Religionen verbunden sein, das heißt vor allem mit dem Islam. Diese Debatte ist aufgrund der Herkunft der allermeisten Musliminnen und Muslime in Österreich jedoch in erster Linie mit dem Thema Migration verbunden (siehe unten).

Noch stärker an Relevanz in der Gesamtbevölkerung verloren hat die dritte traditionelle Konfliktlinie, der Gegensatz zwischen den Deutschnationalen und den Anhängerinnen und Anhängern einer österreichischen Nation. Umfragen zeigen, dass in der Frühphase der Zweiten Republik in einem relativ kurzen Zeitraum eine weitreichende Veränderung der Einstellungen erfolgte: Noch 1956 gaben 46 Prozent der Befragten an, dass die österreichische Bevölkerung zur deutschen Nation gehört; Mitte der 1960er-Jahre ging dieser Anteil je nach Umfrage auf 15 beziehungsweise 20 Prozent zurück; 1971 waren es schließlich nur noch acht Prozent.[52] Dieser Wandel wurde nicht zuletzt als Ergebnis der positiven ökonomischen Entwicklung interpretiert. Die für die Erste Republik so typische Skepsis bezüglich einer Überlebensfähigkeit des Kleinstaats wurde zunehmend von einem durch wachsenden Wohlstand genährten Österreichbewusstsein verdrängt.[53]

Angesichts der rückläufigen Bedeutung traditioneller politischer Gegensätze stellte sich auch in Österreich die Frage nach dem Aufkommen neuer politischer

---

49 Z.B. Plasser, Seeber und Ulram, »Breaking the Mold«, 80–89.

50 Paul M. Zulehner, »Die Kirchen und die Politik«, in *Österreich 1945–1995. Gesellschaft, Politik, Kultur*, hrsg. von Reinhard Sieder, Heinz Steinert und Emmerich Talos (Wien: Verlag für Gesellschaftskritik, 1996), 525–536.

51 Christoph Knill, Caroline Preidel und Kerstin Nebel, »Brake rather than Barrier: The Impact of the Catholic Church on Morality Policies in Western Europe«, in *West European Politics* 37, Nr. 5 (2014): 845–866.

52 Kurt Steiner, *Politics in Austria* (Boston: Little, Brown and Company, 1972), 156.

53 Ernst Bruckmüller, *Nation Österreich. Kulturelles Bewußtsein und gesellschaftlich-politische Prozesse. 2., ergänzte und erweiterte Auflage* (Wien: Böhlau, 1996), 35–85; Oliver Rathkolb, *Die paradoxe Republik. Österreich 1945 bis 2005* (Wien: Paul Zsolnay Verlag, 2005), 30–31.

Konfliktlinien. Im Anschluss an die internationale Forschung wurde dabei auch Ingleharts Theorie des Wertewandels rezipiert, wenngleich nicht immer mit eindeutigen Ergebnissen. In den 1970er-Jahren durchgeführte Untersuchungen deuteten eher Veränderungen auf Basis eines Lebenszyklusmodells an. Dieser Befund steht im Widerspruch zur These des Generationenwandels, da es zu relevanten Veränderungen der Wertorientierungen eines Individuums vor allem infolge spezifischer Etappen der Lebensführung, wie dem Auszug aus dem Elternhaus oder der Eheschließung, kommt.[54] Inglehart selbst ermittelte im Rahmen der bekannten, fünf Länder – Niederlande, Großbritannien, USA, Deutschland und Österreich – umfassenden *Political Action*-Studie in Österreich das geringste Ausmaß an Unterstützung für den Postmaterialismus.[55] Der von ihm konstatierte Wandlungsprozess erfolgte in Österreich somit – wenn überhaupt – mit Verspätung. In den 2000er-Jahren zeigen Daten sogar einen Wiederanstieg des Anteils materialistischer Orientierungen.[56]

Analog zu anderen Ländern, aber in der Intensität besonders stark ausgeprägt sind es vor allem zwei Themen, die seit den 1990er-Jahren die politische Auseinandersetzung maßgeblich bestimmen: Migration und Europa.

Vor allem die Migration ist seit den späten 1980er-Jahren ein zentrales Thema der österreichischen Politik.[57] Oliver Gruber zeigt in seiner 1971 einsetzenden Längsschnittuntersuchung von Wahlkämpfen, dass dieses *Issue* seit der Nationalratswahl 1990 ein relevantes Thema in der Programmatik und Selbstdarstellung der Parteien ist.[58] Gerade die jüngste Nationalratswahl von 2017 war aufgrund der Nachwirkungen der Flüchtlingskrise von 2015/16 besonders stark von diesem Thema geprägt.[59] Die besondere Bedeutung dieser Thematik und die seit den 2000er-Jahren intensiv geführte Debatte über die Rolle des Islam[60] sollten einen Bedeutungsanstieg der

54 Franz Birk und Kurt Traar, Hg., *Der durchleuchtete Wähler – in den achtziger Jahren* (Wien: 1987), 43–44.

55 Ronald Inglehart, »Value Priorities and Socioeconomic Change«, in *Political Action. Mass Participation in Five Western Democracies*, hrsg. von Samuel H. Barnes und Max Kaase (Beverly Hills: SAGE, 1979), 305–342, hier 320.

56 Christian Friesl, Thomas Hofer und Renate Wieser, »Die Österreicher/-innen und die Politik«, in *Die Österreicher/-innen. Wertewandel 1990–2008*, hrsg. von Christian Friesl, Regina Polak und Ursula Hamachers-Zuba (Wien: Czernin Verlag, 2009), 207–293, hier 228–230.

57 Sarah Meyer und Sieglinde Rosenberger, »The Politicisation of Immigration in Austria«, in *The Politicisation of Migration*, hrsg. von Wouter van der Brug, Gianni D'Amato, Joost Berkhout und Didier Ruedin (London: Routledge, 2015), 31–51.

58 Oliver Gruber, *Campaigning in Radical Right Heartland. The politicization of immigration and ethnic relations in Austrian general elections, 1971–2013* (Wien: Lit Verlag, 2014), 133.

59 Fritz Plasser und Franz Sommer, *Wahlen im Schatten der Flüchtlingskrise. Parteien, Wähler und Koalitionen im Umbruch* (Wien: Facultas, 2018).

60 Martin Dolezal, Marc Helbling und Swen Hutter, »Zwischen Gipfelkreuz und Halbmond. Die Auseinandersetzung um den Islam in Österreich und der Schweiz, 1998–2007«, in *Österreichische Zeitschrift für Politikwissenschaft* 37, Nr. 4 (2008): 401–417; Martin Dolezal, Marc Helbling und Swen Hutter, »Debating

Liberty-Authority-Konfliktlinie mit sich bringen – mit einem besonderen Fokus auf den in der Einleitung als *ethnische Intoleranz* bezeichneten Aspekt autoritärer Einstellungen.

Neben Migration ist Europa ein zweites Thema im Zusammenhang mit der Öffnung von Nationalstaaten, das politische Konflikte in Österreich seit den 1990er-Jahren maßgeblich prägt. Aufgrund der spezifischen Ausprägung europaskeptischer Positionen, die wegen der traditionellen Schwäche kommunistischer Strömungen in erster Linie von der politischen Rechten getragen werden, kommt es zu einer starken Überlappung von migrationskritischen und europaskeptischen Positionen der Parteien, die auch bei den Einstellungen der Kandidatinnen und Kandidaten bei Nationalratswahlen und der Wählerschaft beobachtbar ist.[61] Österreich stellt somit ein besonders prägnantes Beispiel für die Erklärungskraft des oben erwähnten GAL-TAN-Gegensatzes dar.

Die nachfolgende Untersuchung knüpft an die aktuelle Literatur an und ordnet daher, wie schon in der Einleitung des Buches erläutert wurde, auch das Thema Migration der Liberty-Authority-Konfliktlinie zu. Im Gegensatz dazu werden die in der Literatur unterschiedlich interpretierten Bereiche Umweltschutz und europäische Integration nicht erfasst. In welchem Verhältnis diese Themen zur Liberty-Authority-Konfliktlinie stehen, ist in erster Linie eine empirische Frage, die über die hier behandelte Forschungsfrage hinausreicht.

Die in der Einleitung des vorliegenden Buches aus der Literatur über Autoritarismus entwickelten vier Subdimensionen politische Intoleranz, moralische Intoleranz, ethnische Intoleranz und *Punitiveness* (*Law-and-Order*) werden im vorliegenden Kapitel, aufgrund der stärkeren Betonung der Gegensätze von libertären und autoritären Positionen der Parteien, mit neutralen Bezeichnungen geführt:

Islam in Austria, Germany, and Switzerland: Ethnic Citizenship, Church-State Relations and Right-Wing Populism«, in *West European Politics* 33, Nr. 2 (2010): 171–190; Farid Hafez, *Islamophober Populismus. Moschee- und Minarettbauverbote österreichischer Parlamentsparteien* (Wiesbaden: VS Verlag für Sozialwissenschaften, 2010).

61 Anton Pelinka, »Austrian Euroscepticism: The Shift from the Left to the Right«, in *Euroscepticism: Party Politics, National Identity and European Integration*, hrsg. von Robert Harmsen und Menno Spiering (Amsterdam: Rodopi, 2004), 207–225; Franz Fallend, »Euroscepticism in Austrian Political Parties: Ideologically Rooted or Strategically Motivated?«, in *Opposing Europe? The Comparative Party Politics of Euroscepticism. Volume 1. Case Studies and Country Surveys*, hrsg. von Aleks Szczerbiak und Paul Taggart (Oxford: Oxford University Press, 2008), 201–220; Martin Dolezal, »Austria: transformation driven by an established party«, in *West European Politics in the Age of Globalization*, hrsg. von Hanspeter Kriesi, Edgar Grande, Romain Lachat, Martin Dolezal, Simon Bornschier und Timotheos Frey (Cambridge: Cambridge University Press, 2008), 105–129; Martin Dolezal, Nikolaus Eder, Sylvia Kritzinger und Eva Zeglovits, »The Structure of Issue Attitudes Revisited: A Dimensional Analysis of Austrian Voters and Party Elites«, in *Journal of Elections, Public Opinion & Parties* 23, Nr. 4 (2013): 423–443.

Die politische Subdimension des Liberty-Authority-Gegensatzes bezieht sich bei einer Untersuchung von Parteien vor allem auf Fragen der Ausgestaltung staatlicher Strukturen, das heißt im Kontext eines westlichen Industriestaats auf die unterschiedlichen Vorstellungen von Demokratie. Diese umfassen die Gegensätze zwischen konsensorientierten und mehrheitsorientierten Konzepten, aber auch die politische Rolle autochthoner Minderheiten, denen ein libertäres Konzept von Demokratie offener gegenübersteht. Zusätzlich werden auch historische Konflikte über den Umgang mit der autoritären und totalitären Vergangenheit Österreichs dieser Subdimension zugeordnet. Die Subdimension *Demokratie* wird daher bewusst breit zugeschnitten. Einige Aspekte dieser Subdimension bereiten durchaus konzeptionelle Probleme, wenn es um die Richtung der Parteipositionen geht: So können etwa Forderungen nach einem Ausbau der direkten Demokratie, also nach einem Ausbau politischer Partizipationsrechte, durchaus – gerade im Sinne der oben erwähnten Definition Flanagans[62] – als libertäres Ziel interpretiert werden. Allerdings erschwert der grundsätzlich dichotome Charakter direktdemokratischer Entscheidungen die Bildung von Kompromissen und gefährdet im Extremfall auch die Rechte von Minderheiten. Dennoch werden Forderungen nach einem Ausbau direktdemokratischer Institutionen in der nachfolgenden Untersuchung als libertär eingestuft. In die autoritäre Richtung verweisen hingegen alle Forderungen nach stärkerer Führung (etwa durch ein mit mehr Rechten ausgestattetes Amt des Bundespräsidenten oder der Bundespräsidentin)[63] oder auch nach mehrheitsfördernden Elementen des Wahlrechts.

Bei den drei übrigen Subdimensionen der Liberty-Authority-Konfliktlinie fallen die Zuordnung der Themen sowie die Differenzierung von libertären und autoritären Positionen leichter: Die moralische Subdimension (*Moral*) umfasst erneut alle Aspekte der Lebensführung, darunter Fragen des Verhältnisses der Geschlechter, aber auch den Umgang mit sexuellen Minderheiten. Die mit ethnischer Intoleranz verbundenen Aspekte werden im vorliegenden Kapitel mit der Migrationsdebatte erfasst, das heißt mit allen Fragen von Zuwanderung, Asyl und Integration (*Migration*). Die vierte Subdimension der Liberty-Authority-Konfliktlinie, *Punitiveness* oder *Law-and-Order*, wird erneut mit Fragen der inneren (und auch äußeren) *Sicherheit* erschlossen.

62 Inglehart und Flanagan, »Value Change«.

63 Siehe dazu auch die Ausführungen in den Kapiteln von Berthold Molden und David Schriffl.

Der Ausgangspunkt: die programmatische Basis der österreichischen Parteien

Die eben diskutierten Veränderungen politischer Konfliktlinien in der zweiten Hälfte des 20. und dem beginnenden 21. Jahrhundert werden maßgeblich von den Parteien beeinflusst. Auch wenn ihnen dabei kein Monopol zukommt, sind es gerade in Österreich in erster Linie die Parteien, die den Inhalt der politischen Auseinandersetzung definieren. Nur wenige Themen wurden im Verlauf der Zweiten Republik von Akteurinnen und Akteuren außerhalb des Parteiensystems, das heißt außerhalb der etablierten Parteien, in die politische Auseinandersetzung eingebracht.

Die wohl wichtigste Ausnahme ist die Politisierung des Umweltthemas. Aber auch dieses Thema wurde rasch in den Parteienwettbewerb integriert: Einerseits nahmen sich die institutionalisierte Politik und die traditionellen Parteien, wenngleich in unterschiedlicher Intensität und Ausrichtung, der ökologischen Forderungen an. Andererseits plädierten maßgebliche Personen in der ursprünglich außerparlamentarischen Umweltbewegung rasch für die Gründung einer Partei und das Antreten bei Wahlen.

Parteien greifen somit ständig neu auftretende Themen auf und integrieren diese in ihr politisches Angebot. Bei der Frage, wie sie auf neue programmatische Herausforderungen reagieren sollen, orientieren sie sich im Normalfall an ihrer ideologischen Grundausrichtung. Dies ist möglich, da die meisten neuen Themen als aktuelle Ausprägung länger bestehender Konflikte interpretiert werden können. Der *Staat-Kirche-Gegensatz* zeigt sich etwa – wenngleich in unterschiedlich starker Konfliktträchtigkeit – sowohl in der Auseinandersetzung um die Einführung der Zivilehe in der ersten Hälfte des 20. Jahrhunderts[64] als auch in der aktuell geführten Debatte über die Sichtbarkeit christlicher Symbole in Gerichtssälen.[65]

Parteien positionieren sich somit im Idealfall zu allen relevanten Themen und schnüren auf diesem Weg ein Angebotspaket, mit dem sie den Wählerinnen und Wählern eine rationale Grundlage für die Entscheidung bei Wahlen bieten. Dieser Prozess sorgt für eine dauerhafte Verbindung zwischen den Präferenzen der Wählerschaft auf der einen und den Entscheidungen des Parlaments oder der Regierung auf der anderen Seite. Trotz der gerade in den letzten Jahren wieder aufgekommenen Parteienkritik, vielleicht sogar Parteienfeindlichkeit, sind Parteien unerlässlich für das Funktionieren der repräsentativen Demokratie.

Vor der Analyse der Nationalratswahlkämpfe stellt sich somit die Frage, welche programmatischen Unterschiede zwischen den Parteien zu erwarten sind. Diese Erwartungshaltungen beziehen sich sowohl auf die Positionen, die die Parteien bei

64 Sie wurde erst 1938, d. h. nach dem Anschluss an das Deutsche Reich, eingeführt.

65 »Richter wollen kein Kreuz im Gerichtssaal«, *Tiroler Tageszeitung*, 20. März 2017, 10.

der Liberty-Authority-Konfliktlinie und ihren vier Subdimensionen einnehmen, als auch auf die Bedeutung, die sie den damit verbundenen Themen in den Kampagnen zuschreiben.

Als Ausgangspunkt für diese Überlegungen dienen die fundamentalen programmatischen Orientierungen der Parteien. Aus diesen sollten sich mehr oder weniger klare Erwartungshaltungen für die Inhalte der Wahlprogramme in Bezug auf libertäre und autoritäre Ansätze entwickeln lassen, da Parteien grundsätzlich ein kohärentes programmatisches Profil und zumindest mittelfristig ein Mindestmaß an programmatischer Kontinuität anstreben, um glaubwürdig und damit auch wettbewerbsfähig zu bleiben. Gerade das häufig gebrauchte Bild einer quasi dauerhaften Existenz von drei politischen Lagern in Österreich, das heißt einem christlich-sozialen/konservativen, einem sozialistischen und einem nationalen, betont stark die Kontinuität programmatischer Orientierungen quer über politische Systembrüche.[66]

Durch das Aufkommen der Grünen in den späten 1970er- und frühen 1980er-Jahren und die, zumindest zeitweisen Erfolge genuin liberaler Parteien seit Mitte der 1990er-Jahre hat diese Dreifaltigkeit politischer Orientierungen jedoch stark an Relevanz eingebüßt. Die zentrale Bedeutung der programmatischen Kontinuität bedeutet auch nicht, dass ein ideologischer Wandel generell ausgeschlossen ist. Parteien müssen auch kurzfristig auf externe Entwicklungen reagieren, doch wird dies in erster Linie zu einer Verschiebung der Bedeutung einzelner Themen und zu einer Zuspitzung bereits vorhandener Positionen führen, seltener zu grundsätzlichen Veränderungen politischer Orientierungen. Aber auch solche sind nicht ausgeschlossen.

Für die Analyse der programmatischen Orientierungen der österreichischen Parteien wurde in der Literatur zu Recht vor allem auf deren Grundsatzprogramme (Parteiprogramme) zurückgegriffen. Vor allem in der älteren Literatur wurden diese Programme regelmäßig analysiert. Eine alle relevanten Parteien umfassende Mischung aus Analyse und Textdokumentation bieten vor allem die Überblickswerke von Klaus Berchtold[67] sowie von Albert Kadan und Anton Pelinka.[68] Eine reine Textdokumentation der aktuellen Grundsatzprogramme, verbunden mit einem Index zur Auffindung thematischer Blöcke, veröffentlichte zuletzt Christoph Kotanko.[69] Ferner liegen zu den Grundsatzprogrammen der Parteien Kapitel in Sammelbänden

66 Wandruszka, »Österreichs Politische Struktur«.

67 Klaus Berchtold, Hg., *Österreichische Parteiprogramme 1868–1966* (München: R. Oldenbourg, 1967).

68 Albert Kadan und Anton Pelinka, *Die Grundsatzprogramme der österreichischen Parteien. Dokumentation und Analyse* (St. Pölten: Verlag Niederösterreichisches Pressehaus, 1979).

69 Christoph Kotanko, Hg., *Die Qual der Wahl: die Programme der Parteien im Vergleich* (Wien: Czernin, 2013).

vor, etwa von Erwin Riess und Norbert Winkler.[70] Robert Kriechbaumer[71] beschäftigte sich in einer Monografie mit der programmatischen Entwicklung der beiden traditionellen Großparteien ÖVP und SPÖ, Erich Reiter[72] mit der FPÖ. Die frühe Entwicklung der Grünen bis Mitte der 1990er-Jahre zeigen vor allem Franz Schandl und Gerhard Schattauer.[73]

Auf Basis der analysierten Grundsatzprogramme fasste Pelinka die programmatische Entwicklung vor allem der Großparteien von 1945 bis Mitte der 1970er-Jahre mit dem Begriff der »Konvergenz«, das heißt einer zunehmenden inhaltlichen Angleichung, zusammen.[74] SPÖ und ÖVP, zum Teil auch die FPÖ, haben sich, so Pelinka, verglichen mit ihren Vorgängerparteien in der Ersten Republik, in Bezug auf ihr grundsätzliches Verständnis zentraler politischer Themenfelder stark angenähert. Pelinka nennt hier die Bereiche Demokratie, Gesellschaft, Österreich und Religion – und spricht damit mehrere Themen des hier untersuchten Liberty-Authority-Gegensatzes an.[75]

Die folgende Darstellung beschränkt sich auf die fünf seit den 1980er-Jahren relevanten Parteien, wobei stärker auf die programmatische Basis der drei traditionellen Parteien SPÖ, ÖVP und FPÖ (inklusive VdU und BZÖ) eingegangen wird. Zusätzlich werden auch Erwartungshaltungen für die Grünen sowie die liberalen Parteien LIF und NEOS formuliert. Insgesamt fällt dies in Bezug auf die Liberty-Authority-Konfliktlinie bei den Kleinparteien deutlich leichter als bei den drei größeren Parteien, da sie über eine klare und in sich homogene Programmatik verfügen.

Anstelle des Lagerbegriffs, der nur für drei dieser fünf Parteien relevant ist, wird für die generelle Einordnung der Parteien und den später im achten Abschnitt unternommenen Ländervergleich in weiterer Folge auf den weniger voraussetzungsreichen Begriff der Parteienfamilie zurückgegriffen. Für die Zuordnung individueller Parteien zu einzelnen »Familien« werden in der Literatur vor allem vier Strategien

70 Erwin Riess und Norbert Winkler, »Die österreichischen Parteiprogramme seit 1945«, in *Zwischen Koalition und Konkurrenz. Österreichs Parteien seit 1945*, hrsg. von Peter Gerlich und Wolfgang C. Müller (Wien: Braumüller, 1982), 201–221.

71 Robert Kriechbaumer, *Parteiprogramme im Widerstreit der Interessen. Die Programmdiskussionen und die Programme von ÖVP und SPÖ 1945–1986* (Wien: Verlag für Geschichte und Politik, 1990).

72 Erich Reiter, *Programm und Programmentwicklung der FPÖ* (Wien: Wilhelm Braumüller, 1982).

73 Franz Schandl und Gerhard Schattauer, *Die Grünen in Österreich. Entwicklung und Konsolidierung einer politischen Kraft* (Wien: Promedia, 1996).

74 Anton Pelinka, »Die Entwicklungslinien der Grundsatzprogramme«, in *Die Grundsatzprogramme der österreichischen Parteien. Dokumention und Analyse*, hrsg. von Albert Kadan und Anton Pelinka (St. Pölten: Niederösterreichisches Pressehaus, 1979), 62–74.

75 Mit dem Begriff »Gesellschaftsverständnis« bezeichnete Pelinka – im Kontext des vorliegenden Buches etwas missverständlich – grundsätzliche ökonomische Orientierungen, etwa das klare Bekenntnis der ÖVP zum Privateigentum an Produktionsmitteln und die schrittweise Abkehr der SPÖ von Forderungen nach einer Veränderung der Eigentumsverhältnisse.

genannt: erstens die Analyse der Herkunft der Parteien und ihrer sozialstrukturellen Basis, zweitens ihre transnationalen Verbindungen, drittens ihre politischen Inhalte und Ideologie und viertens ihr Name.[76]

Der erste Aspekt bezieht sich auf die historische Verortung einer Partei im Zusammenhang mit den traditionellen Konfliktlinien eines politischen Systems und den Bevölkerungsgruppen, die die Partei vertreten will. Die zweite Strategie nimmt die Mitgliedschaft in internationalen Parteienbünden oder auch in den Fraktionen des Europaparlaments als Basis einer Zuordnung. Dies ist eine einfach festzustellende Eigenschaft einer Partei und spiegelt in den meisten Fällen auch tatsächlich ihre inhaltlichen Orientierungen wider. Auf Basis eines Prinzips der gegenseitigen Anerkennung der Parteien, einer gemeinsamen Familie anzugehören, kann die Forschung somit von einer ihr bekannten Partei auf die ungefähre programmatische Orientierung einer unbekannten Partei schließen. Allerdings kann die Mitgliedschaft von Parteien auch machtpolitischen Interessen dienen. Dies gilt etwa für Fraktionen des Europaparlaments, da dort Mehrheiten organisiert werden müssen. Das dritte Merkmal, die politischen Forderungen der Partei sowie deren Ideologie, ist von grundsätzlicher Bedeutung, aber deutlich schwieriger zu erfassen, da ländervergleichende Analysen der Programmatik viele Ressourcen benötigen. Leichter fällt da das vierte Zuordnungsprinzip, das sich tatsächlich am Parteinamen orientiert.

Nicht alle Zuordnungsstrategien sind bei allen Parteien anwendbar. So ist etwa die Namensgebung bei grünen Parteien weitgehend stringent und ermöglicht auf diesem Weg sowohl der Wählerschaft als auch der Politikwissenschaft eine einfache Bestimmung der programmatischen Identität. Fast alle europäischen grünen Parteien tragen die Begriffe »grün« oder »Ökologie« in ihrem Namen. Die Identifikation rechtspopulistischer Parteien ist im internationalen Vergleich auf Basis der Namensgebung jedoch nicht möglich. Einige Parteien, zum Beispiel der französische Front National, verwenden in ihrem Namen Begriffe, die deutlich auf eine rechte Programmatik hinweisen.[77] Andere Parteien, etwa die deutsche AfD (Alternative für Deutschland), führen hingegen neutrale Bezeichnungen, die keine direkte Zuordnung ermöglichen. Zumindest im internationalen Vergleich gilt dies auch für die FPÖ, die aufgrund ihres Parteinamens auch als liberale Partei eingeordnet werden könnte.

---

76 Peter Mair und Cas Mudde, »The Party Family and its Study«, in *Annual Review of Political Science* 1 (1998): 211–229.

77 Seit 1. Juni 2018 heißt die Partei nun Rassemblement National (Nationale Sammlungsbewegung). Diese Umbenennung ist Teil einer programmatischen Neuorientierung, die als De-Radikalisierung bezeichnet werden könnte.

SPÖ

Die SPÖ sah sich nach 1945 trotz der erfolgten Neugründung der Partei in einer starken Traditionslinie mit der Sozialdemokratie der Ersten Republik. Dieses starke Traditionsbewusstsein ist bei der SPÖ bis in die Gegenwart greifbar und lässt sich auch gut an der Art und Weise ihrer Selbstdarstellung ablesen: etwa dann, wenn auf einer Webseite der Partei die Liste der Parteivorsitzenden mit Victor Adler am 1. Jänner 1889 beginnt und – im Mai 2018 – mit Christian Kern ihren vorläufigen Abschluss findet.[78] Keine andere österreichische Partei verfügt über eine ähnlich lange und starke Traditionslinie.

In programmatischer Sicht brachte der organisatorische Neustart von 1945 jedoch auch eine Abkehr von Positionen der Sozialdemokratie in der Ersten Republik mit sich: Neben dem nun klaren Bekenntnis zur österreichischen Eigenstaatlichkeit (und Nationsbildung), das den Anschlussgedanken endgültig beendete,[79] betraf dies vor allem das Verhältnis der SPÖ zur parlamentarischen oder pluralistischen Demokratie. Vor allem in der praktischen Politik hatten sich Österreichs Sozialdemokraten seit ihren Anfängen, zumindest seit dem Wiener Programm von 1901, auf den Parlamentarismus bezogen.[80] In einer programmatischen Perspektive wurde im Linzer Programm von 1926 auch die Möglichkeit einer vorübergehenden Diktatur des Proletariats propagiert, doch wurde dies ausdrücklich im Sinne eines »defensiven Kampfmittels für den Fall einer bürgerlichen Konterrevolution«[81] interpretiert. Dennoch wurde im Aktionsprogramm von 1947 ein klares Bekenntnis zur pluralistischen Demokratie formuliert[82] und der »schüchterne Hinweis auf die defensive Benützung der Mittel der Diktatur«[83] in der Zweiten Republik nicht mehr aufgegriffen.

---

78 Zugriff am 03.05.2018, http://rotbewegt.at/#/seite/kanzler-regierungen-und-prasidenten.

79 Das Linzer Programm von 1926 bezeichnete »den Anschluß Deutschösterreichs an das Deutsche Reich als notwendigen Abschluß der nationalen Revolutionen von 1918« (Abschnitt VI, Punkt 4). Diese Forderung wurde nach der Machtübernahme der NSDAP in Deutschland gestrichen. Nach 1945 spielten Forderungen nach einem Anschluss auch an ein demokratisches Deutschland keine Rolle mehr. Das Linzer Programm und alle anderen Grundsatzprogramme der SPÖ bzw. der Sozialdemokratischen Partei vor 1934 sind abrufbar unter http://www.renner-institut.at/themen/programme-der-sozialdemokratie/parteiprogramme/ (Zugriff am 07.05.2018).

80 Karl Ucakar, »Sozialdemokratische Partei Österreichs«, in *Politik in Österreich. Das Handbuch*, hrsg. von Herbert Dachs, Peter Gerlich, Herbert Gottweis, Helmut Kramer, Volkmar Lauber, Wolfgang C. Müller und Emmerich Talos (Wien: Manz, 2006), 322–340, hier 326.

81 Norbert Leser, »Die SPÖ gibt sich ein Programm. Analyse des Gestaltwandels der Programmvorbereitungen«, in *Österreichische Zeitschrift für Politikwissenschaft* 7, Nr. 2 (1978): 141–154, hier 146.

82 Albert Kadan, »Vergleichende Darstellung der Grundsatzprogramme«, in *Die Grundsatzprogramme der österreichischen Parteien. Dokumention und Analyse*, hrsg. von Albert Kadan und Anton Pelinka (St. Pölten: Niederösterreichisches Pressehaus, 1979), 18–61, hier 34.

83 Felix Kreissler, »Die Entwicklung der SPÖ in ihren Programmen und in ihrer Politik: Vom Austromar-

Der Kampf für die Demokratie wurde somit zentral für das Selbstbild der Partei und diente auch, etwa in der Eisenstädter Erklärung von 1969, als zentrales Motiv für die Abgrenzung von der KPÖ. Im Gegensatz zur Ersten Republik, als die parlamentarische (oder bürgerliche) Demokratie in erster Linie als Mittel zur Erreichung des angestrebten Endziels Sozialismus gesehen wurde, wurde sie nach 1945 zum Wert an sich.[84] Damit verbunden waren die Akzeptanz einer Zusammenarbeit mit dem bürgerlichen Lager und ein genereller Rollenwechsel von einer »natürlichen« Oppositionspartei zu einer »natürlichen Regierungspartei«.[85]

Im Bereich der Sozial- und Wirtschaftspolitik setzten sich nach 1945 reformistische oder »rechtssozialistische Tendenzen« durch; vor allem in der politischen Praxis.[86] Auch die faktische Auslagerung zentraler Bereiche der Wirtschafts- und Sozialpolitik an die Sozialpartnerschaft verstärkte die pragmatische Orientierung der SPÖ. Trotz der mit dem Grundsatzprogramm von 1958 erfolgten Abschwächung der alten austromarxistischen Ideologie[87] strebte die SPÖ zumindest verbal jedoch weiterhin die Überwindung des Kapitalismus und den Aufbau einer sozialistischen Gesellschaftsordnung an.[88] Im Programm von 1978 wurde dies bereits abgeschwächt und das Ziel einer »menschengerechten Wirtschaft«[89] propagiert. Weiterhin wurden dabei aber Elemente der Planung betont und bis in die 1980er-Jahre gab es in der politischen Praxis eine klare Präferenz für die Beibehaltung der staatlich geführten Betriebe.[90] Der mit der Krise der verstaatlichten Industrie einsetzende Kurswechsel der Partei beeinflusste schließlich auch das immer noch gültige Grundsatzprogramm von 1998. Der Begriff Marxismus kommt dort nicht mehr vor, vielmehr werden »funktionierende Märkte und fairer Wettbewerb«[91] als effiziente Mechanismen ge-

---

xismus zum ›Austrosozialismus‹ (1945–1973)«, in *Geschichte und Gesellschaft. Festschrift für Karl R. Stadler zum 60. Geburtstag*, hrsg. von Gerhard Botz, Hans Hautmann und Helmut Konrad (Wien: Europaverlag, 1974), 209–246, hier 214.

84 Kurt L. Shell, *The Transformation of Austrian Socialism* (New York: State University of New York, 1962), 142.

85 Anton Pelinka, »Österreich«, in *Die politischen Parteien in Westeuropa. Geschichte - Programm - Praxis. Ein Handbuch*, hrsg. von Joachim Raschke (Reinbek bei Hamburg: Rowohlt, 1978), 412–431, hier 413.

86 Fritz Weber, »Die Angst der Parteiführung vorm Klassenkampf. Die SPÖ 1945–1950«, in *Auf dem Weg zur Staatspartei. Zu Geschichte und Politik der SPÖ seit 1945*, hrsg. von Peter Pelinka und Gerhard Steger (Wien: Verlag für Gesellschaftskritik, 1988), 11–21, hier 11.

87 Herbert P. Secher, »The Socialist Party of Austria: Principles, Organization and Policies«, in *Midwest Journal of Political Science* 3, Nr. 3 (1959): 277–299.

88 Kadan, »Vergleichende Darstellung«, 34.

89 SPÖ, *Das neue Parteiprogramm. Beschlossen vom Bundesparteitag der SPÖ am 20.5.1978*, 23. Onlinezugriff: siehe FN 79.

90 Wolfgang C. Müller, »The Catch-All Party Thesis and the Austrian Social Democrats«, in *German Politics* 1, Nr. 2 (1992): 181–199.

91 SPÖ, *Das Grundsatzprogramm* [1998], Abschnitt III.1.8. Onlinezugriff: siehe FN 79.

priesen. Die Abgrenzung zu anderen Parteien erfolgt somit allein über das Ausmaß der als notwendig erachteten Regulierung der Märkte, nicht mehr über ein fundamental anderes Verständnis der Wirtschaftsordnung.

Insgesamt stehen die Umgestaltung, vor allem aber die Reform der sozialen und wirtschaftlichen Verhältnisse ohne Zweifel im Zentrum sowohl der sozialdemokratischen Programmatik als auch der praktischen Politik, weshalb von einer relativ geringen Bedeutung der Themen der Liberty-Authority-Konfliktlinie in den Wahlkämpfen ausgegangen werden kann. In Bezug auf die vier zuvor definierten Subdimensionen dieser Konfliktlinie lassen sich auf Basis der sozialdemokratischen Programmatik jedoch in den meisten Fällen klare Positionierungen ableiten:

In der politischen Subdimension geht es der Sozialdemokratie in ihrem Selbstverständnis um eine umfassende Demokratisierung.[92] Diese soll über die staatliche Sphäre hinausreichen und alle Bereiche des gesellschaftlichen Lebens umfassen, etwa Schulen und Universitäten, aber auch Betriebe, wofür der Begriff der »Wirtschaftsdemokratie« gebraucht wurde.[93] Im Programm von 1978 wurde das in eine ähnliche Richtung weisende Prinzip der »sozialen Demokratie« wie folgt definiert: »Die soziale Demokratie wird verwirklicht, indem immer neue Bereiche der Gesellschaft mit den Ideen der Demokratie durchdrungen werden.«[94]

Auch in der moralischen Subdimension ist grundsätzlich eine libertäre Positionierung zu erwarten. Die schrittweise Annäherung der SPÖ an die (katholische) Kirche führte zu einem Abbau antiklerikaler Orientierungen und einer Akzeptanz der Rolle der Kirche vor allem im Schulbereich. Etwas spöttisch fasste Fritz Kaufmann diese Veränderung anlässlich der Debatte über das Parteiprogramm von 1978 wie folgt zusammen:

> Was die Einstellung des Programms zur Religion betrifft, so ist der kämpferische Atheismus des klassischen Sozialismus einem konzilianten »Leben und Lebenlassen« gewichen, das zwischen Glauben an Gott und an Karl Marx keinen wesentlichen Unterschied macht.[95]

Dennoch kam es im Verlauf der Zweiten Republik zu klaren Konflikten mit der Kirche, etwa im Zusammenhang mit der Abtreibungsfrage oder auch in der praktischen

---

92 Werner W. Ernst, »Zur Programmatik der SPÖ seit 1945«, in *Auf dem Weg zur Staatspartei. Zu Geschichte und Politik der SPÖ seit 1945*, hrsg. von Peter Pelinka und Gerhard Steger (Wien: Verlag für Gesellschaftskritik, 1988), 199–211, hier 199.

93 Pelinka, »Österreich«, 420.

94 SPÖ, *Parteiprogramm 1978*, 8.

95 Fritz Kaufmann, *Sozialdemokratie in Österreich. Idee und Geschichte einer Partei von 1889 bis zur Gegenwart* (Wien: Amalthea, 1978), 449.

Umsetzung des Religionsunterrichts.[96] Ferner zeigt sich die SPÖ in dieser Subdimension der Liberty-Authority-Konfliktlinie traditionell offen für Anliegen der Homosexuellenbewegung, und schließlich ist auch das Eintreten für die Gleichstellung der Geschlechter, ein weiterer Aspekt dieser Subdimension, zentral für das Selbstbild der SPÖ.[97]

Auch ethnische Intoleranz ist mit einer traditionell stark internationalistisch geprägten Programmatik nicht vereinbar. Im Programm von 1978 wurden das in diesem Zusammenhang zentrale Thema der (Arbeits-)Migration nach Österreich und der Umgang mit Gastarbeiterinnen und Gastarbeitern noch nicht in einem eigenen Abschnitt aufgegriffen, doch gab es mehrere Forderungen nach einer Angleichung der Rechte von inländischen und ausländischen Arbeitnehmerinnen und Arbeitnehmern.[98] Zusätzlich wurde ein erleichterter Zugang zur Staatsbürgerschaft für diese Personengruppe angestrebt.[99] 1998 findet sich folgende Formulierung:

> Dies [Das Zusammenleben zwischen Minderheiten und Mehrheit, MD] schließt insbesondere unsere ausländischen Mitbürgerinnen und Mitbürger ein, für deren Integration im politischen Leben, auf dem Arbeits- und Wohnungsmarkt sowie im Bildungs- und Sozialsystem wir eintreten.[100]

Weniger eindeutig ist die Programmatik im Bereich der inneren Sicherheit. Im Linzer Programm von 1926 blieben die Formulierungen – gerade im Vergleich mit den klaren Aussagen zur sozioökonomischen Konfliktlinie – noch sehr vage: »Reform des Strafrechtes nach sozialen und demokratischen Gesichtspunkten. Sozialpädagogische Gestaltung des Strafvollzuges.«[101] Deutlicher formuliert wurde dieser Bereich im Programm von 1958, in dem das Strafrecht »in gleichem Maße dem Schutz der Gesellschaft wie der Wiedereinführung der Rechtsbrecher in die Gemeinschaft der redlichen Staatsbürger dienen« sollte. Ferner wurden die sozialen Ursachen von Kriminalität betont, da »eine sorgfältige Erziehung und die fortschreitende Verbesserung der sozialen Umwelt […] die Kriminalität einschränken [werden]«.[102] Vor allem in den 1970er-Jahren war die Rechtspolitik dann ein zentraler Bestandteil der

96 Melanie A. Sully, »The Socialist Party of Austria«, in *Social Democratic Parties in Western Europe*, hrsg. von William E. Paterson und Alastair H. Thomas (London: Croom Helm, 1977), 213–233.

97 Josef Cap und Karl A. Dufek, »Elegie oder Energie in Rot? Das neue Parteiprogramm der SPÖ«, in *Österreichisches Jahrbuch für Politik* 1998 (1999): 129–138.

98 SPÖ, *Parteiprogramm 1978*, hier 4, 5, 11.

99 SPÖ, *Parteiprogramm 1978*, hier 5.

100 SPÖ, *Grundsatzprogramm* [1998], III.7.10.

101 SDAP, *Programm der Sozialdemokratischen Arbeiterpartei Österreichs, beschlossen vom Parteitag zu Linz am 3. November 1926*, Abschnitt IV, Punkt I. Onlinezugriff: siehe FN 79.

102 SPÖ, *Das Parteiprogramm 1958. Die Grundsätze der Sozialisten.* Onlinezugriff: siehe FN 79.

sozialdemokratischen Reformpolitik. Das Ausmaß ihrer Einbettung in die Parteiprogrammatik wurde jedoch unterschiedlich bewertet: Für Manfred Matzka war die Justizpolitik weniger Ausdruck der Programmatik der Gesamtpartei als Ausdruck des Wirkens von Justizminister Christian Broda. [103] Heinrich Keller betonte im Gegensatz dazu die starke programmatische Fundierung dieser Reformen.[104]

Auf Basis ihrer Programmatik sprechen somit viele Traditionen der SPÖ für eine libertäre Orientierung bei der hier untersuchten Konfliktlinie, wenngleich deren generelle Bedeutung hinter die für die Sozialdemokratie zentralen Themen der Sozial- und Wirtschaftspolitik zurückfallen sollte. Allerdings stellt sich für eine Volkspartei wie die SPÖ immer auch die strategische Frage, inwieweit eine solche Orientierung oder gar politische Praxis mit den Interessen (vor allem im Zusammenhang mit der Arbeitsmigration) und Werthaltungen ihrer heterogenen Anhängerschaft konform gehen. In einer häufig rezipierten Studie aus den 1950er-Jahren verwies Lipset auf weitverbreitete autoritäre Tendenzen in der Arbeiterschaft westlicher Demokratien.[105] Wenngleich diese Tendenzen in der Gegenwart sicher weniger stark ausgeprägt sind, bildet die Spannung zwischen einer weitgehend libertären Programmatik und Parteielite auf der einen und einer teilweise autoritär gesinnten potenziellen Wählerbasis auf der anderen Seite bis heute ein strategisches Problem der SPÖ. Dies betrifft vor allem den Bereich der Migration, bei dem gerade der Gewerkschaftsflügel der SPÖ regelmäßig für restriktive Positionen steht, die mit dem Schutz der heimischen Arbeitnehmerschaft begründet werden.[106]

ÖVP

Die Gründung der ÖVP erfolgte 1945 in einem Spannungsverhältnis zwischen dem totalen organisatorischen Bruch mit der Vergangenheit und einer vor allem personell starken Kontinuität sowohl mit der christlichsozialen Partei der demokratischen Phase der Ersten Republik als auch dem austrofaschistischen Regime ab 1933/34.

103 Manfred Matzka, »Reformen abseits der Partei. Die Rechtspolitik der SPÖ seit 1945«, in *Auf dem Weg zur Staatspartei. Zu Geschichte und Politik der SPÖ seit 1945*, hrsg. von Peter Pelinka und Gerhard Steger (Wien: Verlag für Gesellschaftskritik, 1988), 303–312, hier 303.

104 Heinrich Keller, »Die Rechtsreform seit 1970«, in *Der österreichische Weg 1970–1985. Fünfzehn Jahre, die Österreich verändert haben. Beiträge zum wissenschaftlichen Symposium des Dr.-Karl-Renner-Instituts abgehalten vom 27. Februar bis zum 1. März 1985 in Wien*, hrsg. von Erich Fröschl und Helge Zoitl (Wien: Europa-Verlag, 1986), 177–185.

105 Seymour Martin Lipset, »Democracy and Working-Class Authoritarianism«, in *American Sociological Review* 24, Nr. 4 (1959): 482–501.

106 Oliver Gruber, »Mehr als nur ›the economy, stupid!‹ – Österreichs Sozialdemokratie und ihr ambivalentes Verhältnis zu Migration«, in *Flucht, Migration und die Linke in Europa*, hrsg. von Michael Bröning und Christoph P. Mohr (Bonn: Verlag J. H. W. Dietz, 2017), 91–107.

In programmatischer Sicht zeigte die ÖVP – ähnlich wie die SPÖ – schon in ihrer ersten Selbstdarstellung, den insgesamt 15 »Programmatischen Leitsätzen« von Juni 1945, ein klares Bekenntnis zu Österreich und der parlamentarischen Demokratie.[107] Entscheidend war ferner der mit der Namensgebung verbundene »Verzicht auf die religiöse Etikettierung«.[108]

In Bezug auf die Sozial- und Wirtschaftspolitik war die programmatische Entwicklung der ÖVP zunächst von einem Ringen um ihr Verhältnis zum Kapitalismus geprägt, wobei die Arbeitnehmerseite innerhalb der ÖVP anfangs stark linksorientierte Konzepte entwickelte. Seit den 1950er-Jahren folgte jedoch eine stärkere Anlehnung an den Kapitalismus beziehungsweise das neu formulierte Konzept der sozialen Marktwirtschaft.[109] Das seit Ende der 1980er-Jahre diskutierte Prinzip einer ökosozialen Marktwirtschaft war eine Reaktion auf die Umweltbewegung und die parteipolitische Konkurrenz durch die Grünen. Noch Mitte der 1980er-Jahre hatte der spätere Generalsekretär Helmut Kukacka vehement gegen eine »unkritische Übernahme« grüner Themen argumentiert, da dies zu einer Aufwertung der Grünen führen würde. [110] Die Wählerwirksamkeit der neuen ökosozialen Programmatik blieb in jedem Fall beschränkt und innerparteilich erzeugte sie auch Widerstand, vor allem beim Wirtschaftsbund.[111] Dennoch wurde das Prinzip der ökosozialen Marktwirtschaft in das Parteiprogramm von 1995 aufgenommen und ist auch im aktuellen Programm von 2015 enthalten. Von parteioffizieller Seite wird es als »unser Wirtschaftsmodell« bezeichnet.[112] Neben dem ökologischen Faktor ist es aber vor allem das Verhältnis zum Christentum, konkret zur katholischen Soziallehre, das einer rein marktliberalen Orientierung der ÖVP entgegensteht. [113]

107 Ludwig Reichhold, *Geschichte der ÖVP* (Graz: Styria, 1975), 103–106.

108 Wolfgang C. Müller, »Die Österreichische Volkspartei«, in *Politik in Österreich. Das Handbuch*, hrsg. von Herbert Dachs, Peter Gerlich, Herbert Gottweis, Helmut Kramer, Volkmar Lauber, Wolfgang C. Müller und Emmerich Tálos (Wien: Manz, 2006), 341–363.

109 Wolfgang C. Müller und Barbara Steininger, »Christian Democracy in Austria: The Austrian People's Party«, in *Christan Democracy in Europe. A Comparative Pespective*, hrsg. von David Hanley (London: Pinter Publishers, 1994), 87–100.

110 Helmut Kukacka, »Anpassung oder Abgrenzung? Anmerkungen zur ›Grün-Strategie‹ der ÖVP«, in *Österreichisches Jahrbuch für Politik* 1984 (1985): 151–162.

111 Robert Kriechbaumer, »Programme und Programmdiskussionen«, in *Volkspartei – Anspruch und Realität. Zur Geschichte der ÖVP seit 1945*, hrsg. von Robert Kriechbaumer und Franz Schausberger (Wien: Böhlau, 1995), 103–136.

112 Dietmar Halper, *Werte und Grundsätze der ÖVP. Woher wir kommen. Wer wir sind. Wohin wir gehen* (Wien: Edition Noir, 2017), 43–47.

113 Wolfgang C. Müller, »Conservatism and the Transformation of the Austrian People's Party«, in *The Transformation of Contemporary Conservatism*, hrsg. von Brian Girvin (London: Sage Publications, 1988), 98–119, hier 98.

Von größerer Bedeutung ist das Verhältnis der ÖVP zur katholischen Kirche beziehungsweise zum Christentum jedoch bei den Streitfragen, die mit der Liberty-Authority-Konfliktlinie verbunden sind. Auch wenn sich die ÖVP, in klarem Kontrast zu den Christlichsozialen der Ersten Republik, nicht als genuine Interessenvertretung des Katholizismus sieht, hat sie nie den Anspruch aufgegeben, christliche Werte zu vertreten.[114] Anfang der 1980er-Jahre fasste Pelinka die sich daraus ergebenden Konsequenzen folgendermaßen zusammen:

> Die Volkspartei hat sich immer gegen eine konsequente Trennung von Kirche und Staat gewendet. Sie vertritt meistens den Standpunkt der Kirche in allen Fragen, die die Nahtstelle des Zusammenwirkens von Staat und Kirche betreffen; so in der Frage der Schule, des Familienrechts und des Strafrechts.[115]

Die Orientierung an christlichen Werten ist für die gesamte ÖVP zentral, dennoch zeigen sich, wie bei der sozioökonomischen Konfliktlinie, auch bei gesellschaftspolitischen Fragen heterogenere Ansätze als in der stärker programmorientierten und daher inhaltlich im Normalfall geschlossener auftretenden SPÖ. Im Gegensatz zur erstgenannten Konfliktlinie sind diese unterschiedlichen Standpunkte jedoch organisatorisch nicht leicht zu verorten, da die Bünde – vor allem die drei großen Organisationen der Arbeitnehmerinnen und Arbeitnehmer (ÖAAB), der Wirtschaftstreibenden (Wirtschaftsbund) und der Bäuerinnen und Bauern (Bauernbund) – sich häufig quer zu diesen Fragen positionieren.[116]

Insgesamt bilden Ehe und Familie, das heißt die klassische Familie, in der moralischen Subdimension der Liberty-Authority-Konfliktlinie weiterhin die Leitbilder der ÖVP.[117] Auch im aktuell gültigen Parteiprogramm von 2015 wird dieses Leitbild nicht geleugnet, doch wird es bewusst zu einem Angebot, das Orientierung bieten soll, abgeschwächt:

---

114 Kriechbaumer, »Programme und Programmdiskussionen«, 103–136; Norbert Leser, »Das Salzburger Programm der ÖVP in ideologiekritischer Sicht«, in *Österreichisches Jahrbuch für Politik* 1978 (1979): 85–102.

115 Anton Pelinka, »Die Österreichische Volkspartei (ÖVP)«, in *Christlich-demokratische und konservative Parteien in Westeuropa* 1, hrsg. von Hans-Joachim Veen (Paderborn: Ferdinand Schöningh, 1983), 195–265, hier 235–236. Der Verweis auf das Strafrecht bezog sich auf die Diskussion über die Strafbarkeit von Abtreibung.

116 Müller, »Die Österreichische Volkspartei«, 359.

117 Kriechbaumer, »Programme und Programmdiskussionen«, 133.

> Wie Menschen ihr Leben gestalten und welche Lebensentwürfe sie verfolgen, liegt in ihrer freien Entscheidung. Als christdemokratische Partei wollen wir Orientierungen für ein gelingendes Leben und eine erfolgreiche Gesellschaft bieten.[118]

Christliche Werthaltungen, etwa im Bereich von Fragen der Abtreibung oder Scheidung, können durchaus im Konflikt mit dem Ziel der Wählermaximierung stehen.[119] Andererseits besteht bei einer völligen Aufgabe dieser Positionen – zumindest theoretisch – die Gefahr einer Konkurrenz durch betont christliche Parteien. In Österreich waren diese Gruppierungen bislang jedoch bedeutungslos. Die Christliche Partei Österreichs (CPÖ) trat etwa bei der Nationalratswahl 2017 nur in Vorarlberg an und kam selbst dort nicht über 0,2 Prozent der Stimmen hinaus. Die ÖVP hat es daher bislang immer geschafft, das religiöse christliche Wählerpotenzial an sich zu binden.

Während in Bezug auf moralische Fragen somit tendenziell autoritäre Orientierungen zu erwarten sind, ist dies bei der politischen Subdimension nicht der Fall. Im Gegensatz zur SPÖ, die traditionell für eine Demokratisierung unterschiedlichster nichtstaatlicher Bereiche steht, bezieht sich die ÖVP in ihrer Programmatik jedoch vor allem auf die staatliche Ebene. Schwierig einzuordnen ist das Eintreten der ÖVP für die direkte Demokratie, da diese immer in einem Spannungsverhältnis sowohl mit der parlamentarischen Demokratie als auch einer Konsensorientierung stehen muss. Wie bereits weiter oben erwähnt, werden Forderungen nach einem Ausbau der direkten Demokratie in der vorliegenden Studie dennoch dem libertären Pol zugeordnet, da sie für mehr Partizipationsrechte stehen. Ein weiterer in diesem Zusammenhang relevanter Punkt ist die besonders starke föderalistische Orientierung der ÖVP, während die SPÖ am Beginn der Zweiten Republik noch die »Stärkung der Einheitsrepublik« forderte.[120] Föderale politische Systeme gewähren grundsätzlich mehr Partizipationschancen, da mit den Ländern eine zusätzliche demokratisch legitimierte politische Ebene besteht. Allerdings ist das föderalistische Bekenntnis der ÖVP auch mit machtpolitischen Überlegungen verbunden; schließlich dominiert sie die Politik in sechs der neun Bundesländer.

Auch ethnische Intoleranz ist mit der Programmatik einer christdemokratischen Partei grundsätzlich nicht vereinbar. Bereits im Grundsatzprogramm von 1972 widmete sich die ÖVP erstmals dem Thema Zuwanderung und formulierte dabei ein überraschend deutliches Bekenntnis zur Integration:

---

118 ÖVP, *Grundsatzprogramm 2015 der Österreichischen Volkspartei* (Wien, 2015), 5. Abrufbar unter https://www.oevp.at/Download/Grundsatzprogramm.pdf (Zugriff am 07.05.2018).

119 Müller und Steininger, »Christian Democracy«, 96.

120 SPÖ, *Aktionsprogramm der Sozialistischen Partei Österreichs, beschlossen auf dem Parteitag Wien, 23. bis 26. Oktober 1947*. Onlinezugriff: siehe FN 79.

> Die ÖVP sieht es als dringend notwendig an, die soziale und kulturelle Integration der Gastarbeiter in unsere Gesellschaft durch geeignete Maßnahmen voranzutreiben, um auch ihnen die Möglichkeit zu geben, an der höheren Lebensqualität teilzuhaben.[121]

In ein Spannungsverhältnis gerät die ÖVP jedoch, wenn nichtchristliche Gruppen religiös motivierte Forderungen stellen. Die ÖVP kann dann in eine Art programmatische Zwickmühle geraten, wenn sie etwa nichtchristliche Symbole ablehnt, christliche jedoch verteidigt und damit an auch verfassungsrechtlich relevante Prinzipien der Gleichbehandlung anstößt. Auffällig ist, dass im Grundsatzprogramm von 2015 die in diesem Zusammenhang konfliktreichen Themen Islam und Muslime nicht direkt angesprochen werden. Die folgende Formulierung lässt sich jedoch durchaus auf fundamentalistische Ausprägungen des Islam beziehen: »Religionen, die Staat und Menschenrechte nicht anerkennen oder zu Gewalt aufrufen, treten wir konsequent entgegen.«[122]

Im Bereich der inneren Sicherheit betont die ÖVP, als konservative Partei, grundsätzlich die Eigenverantwortung der Kriminellen und tritt für einen starken Staat ein, der wenig Scheu davor hat, seine Befugnisse auszuweiten. In den grundsätzlichen programmatischen Debatten der Partei spielt dieses Thema aber keine große Rolle. Im aktuellen Parteiprogramm wird die Sicherheit vor Kriminalität als »Voraussetzung für gelebte Freiheit« bezeichnet. Das gewünschte Ausmaß an Bestrafung bleibt jedoch äußerst vage, wie die folgende, kaum Widerspruch auslösende Formulierung zeigt: »Rechtsverletzungen und Strafen sollen in einem angemessenen Verhältnis zueinander stehen.«[123]

Insgesamt zeigen sich bei der Programmatik der ÖVP autoritärere Positionen als bei der SPÖ. Dies gilt vor allem für die Subdimensionen Moral und Sicherheit, wohingegen bei der Migrationsfrage auch libertäre Traditionen existieren. Ähnlich wie bei der SPÖ liegt der Schwerpunkt der programmatischen Inhalte jedoch bei wirtschafts- und sozialpolitischen Themen, weshalb insgesamt ein ähnlich geringer Stellenwert der hier behandelten Streitfragen in den Wahlprogrammen zu erwarten ist.

FPÖ (VDU/BZÖ)

In der historischen Langzeitperspektive Adam Wandruszkas[124] repräsentiert die FPÖ, ebenso wie ihr Vorgänger, der Verband der Unabhängigen (VdU), das dritte,

---

121 ÖVP, *Das »Salzburger Parteiprogramm« der Österreichischen Volkspartei beschlossen vom Bundesparteitag der ÖVP am 1.12.1972*, Punkt 4.3.5. Abgedruckt in: Kadan und Pelinka, *Grundsatzprogramme*, 190–211.

122 ÖVP, *Grundsatzprogramm 2015*, 20.

123 ÖVP, *Grundsatzprogramm 2015*, 19.

124 Wandruszka, »Österreichs Politische Struktur«.

das heißt das »nationale« Lager, wobei »national« in dieser traditionellen Perspektive immer als »deutschnational« zu verstehen ist. Von zentraler Bedeutung für das Selbstbild dieses Lagers war somit die dritte historische Konfliktlinie der österreichischen Politik: der Gegensatz zwischen Unterstützung und Ablehnung einer Eigenstaatlichkeit Österreichs beziehungsweise – in der Zweiten Republik – der Anerkennung einer österreichischen Nationsbildung. Aber auch die Anschlussfrage war zumindest in den 1960er-Jahren theoretisch noch ein relevantes Thema für die FPÖ, wie eine Umfrage aus 1965 zeigt: Während damals nur noch je fünf Prozent der Anhängerinnen und Anhänger von ÖVP und SPÖ einen Anschluss an Deutschland befürworteten, waren es bei der FPÖ 42 Prozent.[125] Weitere für die FPÖ fundamentale Orientierungen waren, neben einer Absage an den Proporz der Großparteien und damit einer grundsätzlichen Protestorientierung, der Antiklerikalismus und der Antisozialismus sowie der Liberalismus.[126] Dominant war aber stets die nationale Komponente, klassische liberale Positionen traten dagegen in den Hintergrund.[127] Letzteres gilt auch für den kurzzeitigen ideologischen Zwilling der FPÖ: das BZÖ. Dessen 2005 erfolgte Abspaltung von der FPÖ wurde in erster Linie mit der notwendigen Regierungsfähigkeit des freiheitlichen Lagers argumentiert, weniger mit programmatischen Gegensätzen. Allein eine stärkere Abgrenzung von traditionellen deutschnationalen Kräften wurde genannt. Die zuletzt von Parteiobmann Josef Bucher versuchte Positionierung des BZÖ als »rechtsliberale« Kraft[128] blieb jedoch ohne Erfolg und das BZÖ verschwand von der politischen Bühne.

Die Spannung zwischen liberalen und nationalen Orientierungen zeigen auch parteinahe Darstellungen der programmatischen Entwicklung der FPÖ. Die »Richtlinien freiheitlicher Politik«[129] von 1957 schätzte Reiter, ein Exponent des liberalen Flügels der Partei, folgendermaßen ein: »Liberale Ideen scheinen eher als Anhängsel zu nationalen Zentralaussagen auf […].« Die FPÖ der späten 1950er-Jahre bezeich-

---

125 Steiner, *Politics in Austria*, 158.

126 Kurt Richard Luther, »Die Freiheitliche Partei Österreichs (FPÖ) und das Bündnis Zukunft Österreich (BZÖ)«, in *Politik in Österreich. Das Handbuch*, hrsg. von Herbert Dachs, Peter Gerlich, Herbert Gottweis, Helmut Kramer, Volkmar Lauber, Wolfgang C. Müller und Emmerich Talos (Wien: Manz, 2006), 364–388, hier 377.

127 Bernhard Perchinig, »National oder liberal: Die Freiheitliche Partei Österreichs«, in *Zwischen Koalition und Konkurrenz. Österreichs Parteien seit 1945*, hrsg. von Peter Gerlich und Wolfgang C. Müller (Wien: Braumüller, 1982), 69–90.

128 Elisabeth Steiner, »BZÖ als ›österreichische FDP‹. Bucher verteidigt seinen rechtsliberalen Kurs«, *Der Standard*, 1. Oktober 2009, 7.

129 FPÖ, *Richtlinien freiheitlicher Politik in Österreich: Erläuterungen zum Programm der Freiheitlichen Partei Österreichs (FPÖ)* [1957]. Abgedruckt in: Berchtold, *Österreichische Parteiprogramme*, 494–509.

net er daher als »national-konservativ«. Mit dem »Salzburger Bekenntnis«[130] von 1964 wurde jedoch, so Reiter, »zweifellos eine gewisse Verbindung zwischen liberalen Wertvorstellungen und völkischem Denken geschaffen«, weshalb er die FPÖ in weiterer Folge als »national-liberale« Partei einstufte.[131]

Das Bekenntnis zur deutschen Volks- und Kulturgemeinschaft blieb ein zentrales Merkmal, auch wenn der Anschlussgedanke aufgegeben wurde.[132] In der Selbstdarstellung wurden deutsch-nationale Positionen, auch aufgrund ihrer mangelnden Verbreitung in der Wählerschaft, jedoch sukzessive in den Hintergrund gedrängt.[133] Seit den 1990er-Jahren wird im auffälligen Kontrast dazu ein starker Österreich-Patriotismus gepflegt.[134] Aber auch im jüngsten Parteiprogramm von 2011, das den Untertitel »Österreich zuerst« trägt, finden sich deutschnationale Bezüge. Diesen kommt für die Funktionärinnen und Funktionäre der Partei, vor allem für die als Rekrutierungsbasis wieder wichtiger gewordenen (schlagenden) Studentenverbindungen, immer noch eine identitätsstiftende Bedeutung zu. Der Österreich-Patriotismus wird deshalb mit diesen klassischen Orientierungen verbunden: »Wir bekennen uns zu unserem Heimatland Österreich als Teil der deutschen Sprach- und Kulturgemeinschaft […]«.[135] Im Kontrast zu früheren Epochen schließt daran jedoch ein Bekenntnis zu den autochthonen Minderheiten Österreichs an, die in weiterer Folge auch als Bereicherung gewürdigt werden.[136]

Vor allem in den 1970er- und frühen 1980er-Jahren bereitete die ideologische Einordnung der FPÖ Probleme. Besonders deutlich wurde dies, wenn die Mitgliedschaft in internationalen Parteienbünden als Kriterium der Zugehörigkeit zu Parteienfamilien herangezogen wurde. In der vergleichenden Forschung war und ist dies – wie weiter oben bereits erwähnt – ein durchaus gebräuchliches Kriterium.[137] Nach der 1979 erfolgten Aufnahme der FPÖ in die Liberale Internationale, das internationale Bündnis liberaler Parteien, fasste Friedhelm Frischenschlager, wie Reiter ein

130 FPÖ, *Das Salzburger Bekenntnis der Freiheitlichen Partei Österreichs* [1964]. Abgedruckt in: Berchtold, *Österreichische Parteiprogramme*, 509–512.

131 Reiter, *Programm und Programmentwicklung der FPÖ*, 69–71.

132 Kadan, »Vergleichende Darstellung«, 40.

133 Wolfgang C. Müller, »Evil or the ›Engine of Democracy‹? Populism and Party Competition in Austria«, in *Democracies and the Populist Challenge*, hrsg. von Yves Mény und Yves Surel (Basingstoke: Palgrave Macmillan, 2002), 155–175.

134 Susanne Frölich-Steffen, »Die Identitätspolitik der FPÖ: Vom Deutschnationalismus zum Österreichpatriotismus«, in *Österreichische Zeitschrift für Politikwissenschaft* 33, Nr. 3 (2004): 281–295.

135 FPÖ, *Parteiprogramm der Freiheitlichen Partei Österreichs (FPÖ). Beschlossen vom Bundesparteitag der Freiheitlichen Partei Österreichs am 18. Juni 2011 in Graz. Österreich zuerst*, 2. Abrufbar unter https://www.fpoe.at/fileadmin/user_upload/www.fpoe.at/dokumente/2015/2011_graz_parteiprogramm_web.pdf (Zugriff am 07.05.2018).

136 FPÖ, *Parteiprogramm 2011*, 5.

137 Vgl. Mair und Mudde, »Party Family«.

Exponent des liberalen Parteiflügels, die Konsequenz folgendermaßen zusammen: »Damit ist die Frage, ob die FPÖ eine liberale Partei ist, formal mit ›Ja‹ zu beantworten.« Zumindest sei sie auf dem Weg dorthin.[138] Und auch Pelinka sah die FPÖ Mitte der 1970er-Jahre als »eine Partei im Übergang zwischen Deutschnationalismus und Liberalismus«.[139]

Die Mitgliedschaft in der Liberalen Internationale blieb jedoch nur eine kurze, heute beinahe schon vergessene Episode in der Parteigeschichte der FPÖ. Bereits kurz nach der Übernahme der Parteiführung durch Jörg Haider und dem damit verbundenen Schwenk zu einer rechtspopulistischen Orientierung wurden in der Liberalen Internationale kritische Stimmen laut. 1987 entschied sich dort nur eine knappe Mehrheit für den Verbleib der FPÖ.[140] Nach den Aussagen Haiders über die »ordentliche Beschäftigungspolitik« des NS-Regimes, die 1991 zu seiner Abwahl als Landeshauptmann von Kärnten führten, wurden in der Liberalen Internationale erneut Stimmen für einen Ausschluss laut.[141] Um eine offene Debatte darüber zu verhindern, verzichtete die FPÖ zunächst zwei Jahre lang auf ihr Stimmrecht.[142] 1993, nach der Gründung und Abspaltung des Liberalen Forums, trat sie aus der Organisation aus.[143]

Nach dem EU-Beitritt Österreichs wurde die internationale Vernetzung der FPÖ erneut ein relevantes Thema, da die EU-Abgeordneten grundsätzlich in ideologisch definierten transnationalen Fraktionen tätig sind. Anfangs verzichtete die FPÖ jedoch auf die Mitgliedschaft in einer solchen Fraktion und begründete dies mit ihrer Absicht, allein österreichische Interessen zu vertreten.[144] Seit 2015 ist sie nun Teil der rechten, europakritischen Gruppierung »Fraktion Europa der Nationen und der Freiheit«, der auch Parteien wie der französische Front National (seit Juni 2018 Rassemblement National) oder die italienische Lega Nord angehören. Frühere Kooperationsversuche, etwa im Rahmen der 2007 gebildeten Fraktion »Identität, Tradition, Souveränität«, waren laut dem damaligen FPÖ-Abgeordneten Andreas Mölzer an internen Konflikten zwischen den rechten Parteien, etwa um Südtirol, gescheitert.[145]

---

138 Friedhelm Frischenschlager, »Wie liberal ist die FPÖ?«, in *Österreichisches Jahrbuch für Politik* 1979 (1980): 135–181, hier 135 und 163.

139 Pelinka, »Österreich«, 415.

140 Alfred Stirnemann, »Die Freiheitlichen – Abkehr vom Liberalismus? Zu einigen Aspekten der FPÖ unter Jörg Haider«, in *Österreichisches Jahrbuch für Politik* 1987 (1988): 165–201, hier 191.

141 »Noch kein Ausschluß der FP«, *Der Standard*, 9. September 1991, 7.

142 »FP-Stimme schweigt zwei Jahre«, *Der Standard*, 2. Dezember 1991, 5.

143 »Liberale Internationale: FP scheidet spottend aus«, *Der Standard*, 12. Juli 1993, 4.

144 So der damalige Delegationsleiter Erich Schreiner. Vgl. Norbert Rief, »Debatte um Isolierung der FPÖ in der EU«, *Die Presse*, 27. August 1996, 6.

145 Oliver Grimm, »Mölzer: FPÖ bleibt im Europaparlament allein«, *Die Presse*, 17. Juli 2010, 6.

Die Frage nach dem Verhältnis von Nationalismus und Liberalismus wurde in den 1980er-Jahren aber auch ohne Bezugnahme auf die internationale Vernetzung der Partei sehr unterschiedlich interpretiert. Alfred Stirnemann sah in der Machtübernahme Haiders keine »Abkehr vom Liberalismus«, da die FPÖ dort nie gewesen sei.[146] Auch das Salzburger Programm von 1985 war laut Stirnemann nicht liberal ausgerichtet, sondern stärker als zuvor von nationalen Elementen geprägt.[147] Anders die Interpretation bei Kurt Richard Luther:

> Im Salzburger Programm widerspiegeln sich also sowohl die liberale als auch die nationale Komponente, aber es dominiert zweifellos der Liberalismus, zu dem sich die Partei nun erstmals ausdrücklich bekennt.[148]

Seit den späten 1980er-Jahren hat sich die FPÖ stark in Richtung einer rechtspopulistischen Kraft gewandelt;[149] die Frage nach einer Zugehörigkeit der FPÖ zur liberalen Parteienfamilie ist damit endgültig obsolet geworden. Autoritäre Werthaltungen gelten als ein typisches Merkmal des Rechtspopulismus.[150] Dies gilt vor allem für die drei Subdimensionen Demokratie, Migration und Sicherheit, bei denen durchweg klare Positionen der FPÖ zu erwarten sind.

Das mit der FPÖ der Gegenwart am häufigsten verbundene Thema Migration spielte schon in der Programmatik der 1970er-Jahre eine gewisse Rolle. Bereits das »Freiheitliche Manifest zur Gesellschaftspolitik« von 1973 enthielt einen »Gastarbeiter« genannten Abschnitt, in dem die »mobile Armee der Gastarbeiter« als »bedeutsames gesellschaftspolitisches Problem« bezeichnet wurde. Die Anzahl der Gastarbeiterinnen und Gastarbeiter sei niedrig zu halten, »da dem momentanen Gewinn für die Wirtschaft langfristig wirtschaftliche, soziale und bevölkerungspolitische Belastungen gegenüberstehen«. »Eine Assimilierungspolitik ist abzulehnen«, da die Rückkehr in das Heimatland als Normalfall gesehen wurde.[151] Während die SPÖ diese Thematik in ihrem Grundsatzprogramm von 1978 in erster Linie in den Kontext von Arbeitnehmerrechten stellte, stand die Positionierung der ÖVP im

146 Stirnemann, »Die Freiheitlichen«.

147 Alfred Stirnemann, »Das neue Parteiprogramm der FPÖ – eine kritische Analyse«, in *Österreichisches Jahrbuch für Politik* 1985 (1986): 657–678.

148 Luther, »Die Freiheitliche Partei Österreichs«, 378.

149 Fritz Plasser und Peter A. Ulram, »Wandel der politischen Konfliktdynamik: Radikaler Rechtspopulismus in Österreich«, in *Wählerverhalten und Parteienwettbewerb. Analysen zur Nationalratswahl 1994*, hrsg. von Wolfgang C. Müller, Fritz Plasser und Peter A. Ulram (Wien: Signum Verlag, 1995), 471–503.

150 Cas Mudde, *Populist Radical Right Parties in Europe* (Cambridge: Cambridge University Press, 2007).

151 FPÖ, *Freiheitliches Manifest zur Gesellschaftspolitik* [1973], Abschnitt »Gastarbeiter«. Abgedruckt in: Kadan und Pelinka, *Grundsatzprogramme*, 217–262.

»Salzburger Programm« von 1972, wie oben gezeigt, klar für Integration und somit im deutlichen Gegensatz zur FPÖ.

Weniger eindeutig ist die programmatische Basis der FPÖ im Zusammenhang mit moralischen Fragen. Traditionell war die FPÖ als deutschnationale Kraft in einem katholischen Land wie Österreich säkular oder gar antiklerikal orientiert. Eine in den 1990er-Jahren von Teilen der Partei, allen voran vom damaligen Klubobmann Ewald Stadler, versuchte Annäherung an konservative Kreise der katholischen Kirche richtete sich strategisch gegen die ÖVP, war aber insgesamt sicher kein taugliches Mittel zur Maximierung von Wählerstimmen.[152] Dennoch bekennt sich die FPÖ auch aktuell zur Rolle des Christentums, ohne eine zu starke Bindung anzustreben:

> Wir bekennen uns [...] zu einem europäischen Weltbild, das wir in einem umfassenden Sinn als Kultur-Christentum bezeichnen und das auf der Trennung von Kirche und Staat beruht.[153]

Bei anderen Themen, die der moralischen Subdimension der Liberty-Authority-Konfliktlinie zugeordnet werden können, ist das Profil der FPÖ relativ unscharf. Gerade im Zusammenhang mit der weitverbreiteten Kritik am Islam bedienen sich rechtspopulistische Parteien seit einigen Jahren einer zumindest libertären Rhetorik.[154] Und auch in Österreich werden islamkritische Aussagen häufig mit der europäischen Tradition von Menschenrechten und gerade auch der Gleichberechtigung der Geschlechter verbunden. Diese Entwicklung ist auch bei der FPÖ zu beobachten, doch wird eine zu große Nähe etwa zur Frauenbewegung klar zurückgewiesen und häufig ein eher konservatives Gesellschaftsbild verteidigt, das in programmatischer Hinsicht zwischen SPÖ und ÖVP verortet werden kann.[155]

Stärker als die ÖVP betont die FPÖ in ihrer Programmatik die Bekämpfung von Kriminalität und betont dabei den Opferschutz. Der Gedanke der Rehabilitation von Täterinnen und Tätern wird auch im aktuellen Grundsatzprogramm eindeutig als sekundär eingestuft und der vor allem für die SPÖ zentrale Ansatz des sozialen Umfelds als Erklärung kriminellen Handelns spielt keine Rolle:

152 Müller, »Evil«.

153 FPÖ, *Parteiprogramm 2011*, 5.

154 Vgl. z. B. Tjitske Akkerman und Anniken Hagelund, »›Women and Children First!‹ Anti-Immigration Parties and Gender in Norway and the Netherlands«, in *Patterns of Prejudice* 41, Nr. 2 (2007): 197–214.

155 Für einen kritischen Befund zur Rolle der Frauen in der FPÖ der 1990er-Jahre vgl. Maria Rösslhumer, *Die FPÖ und die Frauen* (Wien: Döcker Verlag, 1999).

> Im Strafvollzug haben der Schutz unserer Gesellschaft sowie Schutz und Hilfe für Verbrechensopfer höchsten Stellenwert. Eine Resozialisierung von Straftätern hat diesen Aspekt zu berücksichtigen.[156]

In der politischen Subdimension plädiert die FPÖ traditionell für Elemente einer stärkeren Führung. Besonders ausgeprägt war dies in den 1990er-Jahren, als der damalige Parteiobmann Haider die Bildung einer »Dritten Republik« propagierte. Dieses Konzept beinhaltete unter anderem die Zusammenlegung der Funktionen der Regierungsspitze und der Staatsspitze, das heißt den Systemwechsel von einer parlamentarischen (beziehungsweise semi-präsidentiellen) zu einer präsidentiellen Demokratie.[157] Haiders Konzept fand Aufnahme in das Parteiprogramm von 1997, wurde später aber wieder verworfen.[158] Das aktuelle Programm enthält keinerlei Vorschläge für eine grundlegende Neugestaltung des politischen Systems, doch tauchten die alten Konzepte zuletzt im Vorfeld der Bundespräsidentenwahl 2016 wieder auf.[159] Die Präferenz für stärkere Führung, das Bekenntnis zum Ausbau der direkten Demokratie und die regelmäßig geäußerte Kritik an der Rolle von Parteien stehen in einem Spannungsverhältnis zu den Prinzipien der parlamentarischen Demokratie und der Parteiendemokratie, doch sind sie für sich genommen keineswegs als antidemokratisch zu bezeichnen. Der in der Literatur über die FPÖ manchmal verwendete Begriff »rechtsextrem« ist für die offizielle Position der Partei nicht geeignet, da der Rechtsextremismus – im Gegensatz zum Rechtspopulismus – Demokratie grundsätzlich ablehnt.[160] Darüber hinaus sind bei der FPÖ aufgrund ihres Strebens nach Regierungsbeteiligung auch Entwicklungen erkennbar, die als »Mainstreaming«, das heißt als Anpassung an die etablierten Parteien, bezeichnet werden können.[161]

Neben den zum Teil klaren Positionierungen ist bei der FPÖ grundsätzlich auch eine höhere Salienz der mit der Liberty-Authority-Konfliktlinie verbundenen Themen in den Wahlkämpfen zu erwarten. Im Gegensatz zur SPÖ und zur ÖVP sind es keinesfalls sozial- und wirtschaftspolitische Themen, die den Kern der freiheitlichen Programmatik und vor allem ihres öffentlichen Bildes bestimmen. Darüber hinaus

---

156 FPÖ, *Parteiprogramm 2011*, 13.

157 Christian Dickinger, »Die ›Dritte Republik‹. Freiheitliche ›Reformvorschläge‹ auf dem Wege zu einer autoritären Präsidialrepublik«, in *SWS-Rundschau* 36, Nr. 4 (1996): 367–379.

158 FPÖ, *Das Programm der Freiheitlichen Partei Österreichs* [1997], Kapitel VIII, Artikel 5.

159 »Strache möchte ein ›Superamt‹ schaffen«, *Salzburger Nachrichten*, 31. Dezember 2015, 2.

160 Mudde, *Populist Radical Right Parties*, 31.

161 Reinhard Heinisch und Kristina Hauser, »The mainstreaming of the Austrian Freedom Party. The more things change… » in *Radical Right-Wing Populist Parties in Western Europe: Into the Mainstream?*, hrsg. von Tjitske Akkerman, Sarah L. de Lange und Matthijs Rooduijn (London: Routledge, 2016), 73–93.

wird der FPÖ in diesen Politikfeldern von den Wählerinnen und Wählern auch eine deutlich geringere Kompetenz zugeschrieben.[162]

Grüne

Mit dem Erfolg der Grünen bei der Nationalratswahl von 1986 war erstmals eine Partei im Parlament vertreten, die keinem der drei traditionellen weltanschaulichen Lager zuordenbar war.[163] Ohne Zweifel war die Umweltpolitik das zentrale programmatische Merkmal der Grünen, doch spielten auch andere Themen und Forderungen der neuen sozialen Bewegungen der 1970er- und 1980er-Jahre eine entscheidende Rolle für das Selbstbild der jungen Partei.[164] In Bezug auf die Liberty-Authority-Konfliktlinie können hier vor allem die Friedensbewegung, die (neue) Frauenbewegung und die Homosexuellenbewegung genannt werden. Aber auch die Verortung in der Antirassismusbewegung und die grundsätzliche Unterstützung von Migration bildeten in weiterer Folge eine Grundlage der grünen Politik. Die programmatische Basis zeigt sich auch in den 2001 im Parteiprogramm festgelegten sechs Grundwerten der Partei, die explizit als Handlungsorientierung verstanden werden: ökologisch, solidarisch, selbstbestimmt, basisdemokratisch, gewaltfrei und feministisch.[165]

Trotz einer mehr oder weniger stark ausgeprägten linken Orientierung, die vor allem am Grundwert »solidarisch« festzumachen ist, nehmen soziale und ökonomische Fragen bei den Grünen eine vergleichsweise geringe Bedeutung ein.[166] Bei allen mit dem Liberty-Authority-Gegensatz verbundenen Themen ist somit nicht nur eine klare Konfrontation mit autoritären Positionen, vor allem jenen der FPÖ – in moralischen Fragen auch der ÖVP – zu erwarten, sondern auch eine relativ hohe Salienz in den Wahlkämpfen. Da der für die Grünen zentrale Aspekt des Umwelt-

162 Thomas M. Meyer und Wolfgang C. Müller, »The Issue Agenda, Party Competence and Popularity: An Empirical Analysis of Austria 1989–2004«, in *Journal of Elections, Public Opinion and Parties* 23, Nr. 4 (2013): 484–500.

163 Herbert Dachs, »Grünalternative Parteien«, in *Politik in Österreich. Das Handbuch*, hrsg. von Herbert Dachs, Peter Gerlich, Herbert Gottweis, Helmut Kramer, Volkmar Lauber, Wolfgang C. Müller und Emmerich Tálos (Wien: Manz, 2006), 389–401; Robert Kriechbaumer, *Nur ein Zwischenspiel(?) Die Geschichte der Grünen in Österreich. Von den Anfängen bis 2017* (Wien: Böhlau, 2018).

164 Zu den inhaltlichen Anliegen der neuen sozialen Bewegungen im europäischen Vergleich siehe Kriesi, Koopmans, Duyvendak und Giugni, *New Social Movements*.

165 Die Grünen, *Grundsatzprogramm der Grünen. Beschlossen beim 20. Bundeskongress der Grünen am 7. und 8. Juli 2001 in Linz*, 6–10.

166 Martin Dolezal, »The Greens in Austria and Switzerland: Two successful opposition parties«, in *Green Parties in Europe*, hrsg. von Emilie Van Haute (Surrey: Ashgate, 2016), 15–41.

schutzes bewusst nicht dieser Konfliktlinie zugeordnet wird, sind jedoch keinesfalls extreme Werte zu erwarten.

LIF/NEOS

Die liberale Parteienfamilie ist in der Zweiten Republik insgesamt ähnlich schwach vertreten wie die hier nicht näher behandelte kommunistische. Da die Programmatik der FPÖ, wie oben angeführt, gegen eine Einordnung in diese Parteienfamilie spricht, gelang es liberalen Parteien von 1945 bis 2017 nur viermal, in den Nationalrat einzuziehen: 1994 und 1995 dem LIF, 2013 und 2017 den NEOS. Vor allem in der historischen Langzeitperspektive kann daran erinnert werden, dass alle drei großen parteipolitischen Strömungen in Österreich zunächst als Reaktion auf die kurzfristige Dominanz des politischen Liberalismus in den 1870er-Jahren entstanden waren. Kurt Steiner fasste dies so zusammen: »Die drei Feinde des Liberalismus waren so erfolgreich, dass der Liberalismus als politische Bewegung praktisch ausgelöscht wurde.«[167]

Die Gründung des Liberalen Forums[168], das heißt die Abspaltung von der FPÖ, wurde 1993 mit zwei wesentlichen programmatischen Positionen begründet: mit der Kehrtwende der FPÖ in der Europapolitik, konkret dem Wechsel von einer Beitrittsbefürwortung zu einer zunehmend klaren Gegnerschaft, und mit der Migrationspolitik, vor allem dem Umgang mit dieser Frage anlässlich des umstrittenen Volksbegehrens »Österreich zuerst«.[169] Letzteres ist für die vorliegende Untersuchung besonders relevant, da ein zentraler Aspekt der Liberty-Authority-Konfliktlinie angesprochen ist.

Die neugegründete Partei gab sich folgerichtig eine Mischung aus wirtschafts- und gesellschaftspolitisch liberalen Positionen und bezeichnete dies als »integrativen Liberalismus«.[170] Von konservativer Seite wurde die Partei mit den Begriffen »radikal-liberal« und »radikal-emanzipatorisch« eingeordnet.[171] Sowohl in Bezug auf die Salienz als auch in Bezug auf die Positionierung sind somit deutlich libertäre Inhalte

---

167 Steiner, *Politics in Austria*, 122. Übersetzung MD.

168 Barbara Liegl, »Das Liberale Forum«, in *Handbuch des politischen Systems Österreichs. Die Zweite Republik. 3., erweiterte und völlig neu bearbeitete Auflage*, hrsg. von Herbert Dachs, Peter Gerlich, Herbert Gottweis, Franz Horner, Helmut Kramer, Volkmar Lauber, Wolfgang C. Müller und Emmerich Tálos (Wien: Manz, 1997), 315–322.

169 Friedhelm Frischenschlager, »Das Liberale Forum und das österreichische politische System«, in *Österreichisches Jahrbuch für Politik* 1993 (1994): 301–342, hier 306.

170 Friedhelm Frischenschlager, »Analyse der Entwicklung des Liberalen Forums«, in *Österreichisches Jahrbuch für Politik* 1995 (1996): 223–241.

171 Andreas Khol, »Das Liberale Forum – Sternschnuppe oder neuer Stern?«, in *Österreichisches Jahrbuch für Politik* 1993 (1994): 343–374.

des LIF in den Wahlkämpfen zu erwarten. Wahlpolitisch erwies sich diese Strategie zumindest beim ersten Versuch als nicht nachhaltig. Bei der Nationalratswahl 1999 schied das LIF aus dem Parlament aus. Die starke Fokussierung auf gesellschaftspolitische Themen, die häufig als »Randthemen« gesehen wurden, und die damit verbundene mediale Zuspitzung der Positionen wurde auch vom LIF selbst als ein Grund für sein Scheitern interpretiert.[172]

Seit 2013 ist der Liberalismus erneut mit einer eigenen Partei im Nationalrat vertreten.[173] NEOS, mit dem das Liberale Forum fusionierte, vertritt grundsätzlich ähnliche Positionen, betont aber stärker als das LIF wirtschaftspolitische Fragen sowie die Bildungspolitik. Insgesamt sind daher ähnlich libertäre Positionen wie bei den Grünen zu erwarten, doch sollte die Salienz der mit der Liberty-Authority-Konfliktlinie verbundenen Themen bei den liberalen Parteien kleiner sein.

Quelle und Methode der Untersuchung

Der Gegensatz von libertären und autoritären Parteipositionen ist nicht nur in Wahlkämpfen sichtbar. Die Bedeutung dieser politischen Konfliktlinie kann auch während einer Legislaturperiode beobachtet werden, wenn Regierung und Opposition unterschiedliche Standpunkte vertreten oder auch innerhalb des Regierungslagers gegensätzliche Positionen sichtbar werden. Wahlkämpfe sind jedoch eine besonders intensive Phase der politischen Auseinandersetzung, bei der in relativ kurzer Zeit eine Fülle von Streitfragen verhandelt wird. Im Gegensatz zu normalen Perioden des politischen Wettbewerbs, die häufig von wenigen Themen beherrscht werden, ermöglichen die Wahlkampagnen einen Blick auf das gesamte programmatische Angebot der Parteien. Insgesamt können Wahlkämpfe daher als ein sehr gutes »Beobachtungsfenster« für die Analyse politischer Konfliktlinien interpretiert werden. Die Kampagnen geben Auskunft sowohl über die Positionen der Parteien als auch über die relative Bedeutung, die sie den einzelnen Themen beimessen. In weiterer Folge können auch die Einstellungen der Wählerschaft analysiert und die Bedeutung der Liberty-Authority-Konfliktlinie für das Wahlverhalten bestimmt werden.

Der vorliegende Abschnitt zeigt, welche Quelle für die Untersuchung der Parteien verwendet wurde und wie deren Analyse erfolgte. Bei den im vorangegange-

172 Friedhelm Frischenschlager, »Politischer Liberalismus in Österreich – Chancenlos als Partei? Die Entwicklung des Liberalen Forums 1996–2000«, in *Österreichisches Jahrbuch für Politik* 1999 (2000): 543–585, hier 564–566.

173 David Johann, Marcelo Jenny und Sylvia Kritzinger, »Mehr Wettbewerb bei Österreichs Wahlen? Die neue Partei NEOS und ihre engsten Konkurrenten«, in *Zeitschrift für Parlamentsfragen* 47, Nr. 4 (2016): 814–830.

nen Kapitel untersuchten Einstellungen der Bevölkerung musste Peter Grand nicht näher auf die zugrunde liegende Methode und die Art der verwendeten Daten eingehen, da letztlich keine sinnvollen Alternativen zur Umfrageforschung bestanden. Die mit dieser Methode verbundenen Einschränkungen und Probleme wurden nur dann erwähnt, wenn sie für die Interpretation der Ergebnisse wichtig waren.

Bei einer Analyse des programmatischen Angebots von Parteien in Wahlkämpfen sind im Gegensatz dazu sehr verschiedene Vorgehensweisen möglich. Der hier gewählte Ansatz, die quantitative Inhaltsanalyse von Wahlprogrammen, aber auch alternative Möglichkeiten sollen daher erläutert werden. Gerade die Darstellung der möglichen Alternativen verdeutlicht sowohl die Vor- als auch die Nachteile der hier gewählten Untersuchungsstrategie. Beide Aspekte sind für die abschließende Einschätzung der Ergebnisse bedeutend.

Quelle: die zentrale Rolle von Wahlprogrammen

Für eine Analyse des programmatischen Angebots von Parteien bei Wahlen, vor allem in einer Langzeitperspektive wie in der vorliegenden Untersuchung, stellen Wahlprogramme ohne Zweifel die bedeutendste und in der Forschung meistgebrauchte Quelle dar. Sie sind – wenngleich nicht immer leicht auffindbar – auch für weiter zurückliegende Wahlen verfügbar und können aufgrund ihrer grundsätzlich ähnlichen Textart und Zielsetzung auch über längere Zeiträume hinweg sinnvoll verglichen werden. Zusätzlich ermöglicht die nahezu weltweite Verbreitung dieser Textgattung auch internationale Vergleiche.

Generell können Wahlprogramme als autoritative oder »offizielle« Sammlungen des programmatischen Angebots einer Partei zu einem bestimmten Zeitpunkt, konkret im Vorlauf einer spezifischen Wahl, interpretiert werden. Im Gegensatz zu den im vorangegangenen Abschnitt erwähnten Grundsatzprogrammen (oder »Parteiprogrammen«) werden die Wahlprogramme in Österreich von exekutiven Parteigremien beschlossen, nicht von den Parteitagen.[174] Die Grundsatzprogramme werden zumeist nach langen innerparteilichen Diskussionen veröffentlicht und orientieren sich nicht an einzelnen Parteiobleuten oder Wahlen. Sie bleiben daher auch für deutlich längere Perioden gültig. Im Mai 2018 waren die aktuellen Grundsatzprogramme der vier seit den 1980er-Jahren wichtigsten österreichischen Parteien seit 1998 (SPÖ), 2001 (Grüne), 2011 (FPÖ) und 2015 (ÖVP) in Kraft. Die beiden Programmtypen unterscheiden sich aber nicht nur in Bezug auf ihre Lebensdauer: Anders als die Grundsatzprogramme, die aufgrund ihrer häufig vagen, vielleicht auch »philosophischen« Formulierungen zum Teil sehr unterschiedliche Interpretationen

174 Martin Dolezal, Laurenz Ennser-Jedenastik, Wolfgang C. Müller und Anna Katharina Winkler, »The Life Cycle of Party Manifestos: The Austrian Case«, in *West European Politics* 35, Nr. 4 (2012): 869–895.

ermöglichen, lassen Wahlprogramme »noch am ehesten Rückschlüsse auf die tatsächlichen politischen Intentionen der Parteien zu«.[175]

Von wenigen Ausnahmen abgesehen, beschließen alle Parteien bei jeder Nationalratswahl ein neues Wahlprogramm.[176] Dessen Veröffentlichung stellt durchaus ein mediales Ereignis dar, da es häufig – neben der Präsentation der Kandidatenlisten – als Auftakt des »eigentlichen« Wahlkampfs interpretiert wird. Die ÖVP trieb dies im jüngsten Nationalratswahlkampf von 2017 auf die Spitze: Das Wahlprogramm wurde stückweise, in drei Anläufen präsentiert, um mehr mediale Aufmerksamkeit zu erzeugen. Nicht nur die Veröffentlichung, auch das Fehlen eines Programms beziehungsweise dessen ausbleibende Herausgabe ist, zumindest in Qualitätsmedien, ein Thema der Wahlkampfberichterstattung. Auch wenn über die Texte selbst in weiterer Folge nur wenig berichtet wird, ist ihr Inhalt dennoch relevant, da er über die Reden der Kandidatinnen und Kandidaten in den Wahlkreisen an die Wählerschaft transportiert wird.[177] Manchmal präsentieren die Zeitungen auch direkte Gegenüberstellungen von Ausschnitten aus den einzelnen Wahlprogrammen und ermöglichen somit einen direkten Einblick in das programmatische Angebot der Parteien. Aufgrund der in Österreich seit Mitte der 1990er-Jahre bestehenden Internetauftritte der Parteien sind zumindest die jeweils aktuellen Wahlprogramme über Downloads leichter zugänglich als in früheren Perioden.[178] Ob dies auch den Kreis der Leserinnen und Leser erweitert hat, muss jedoch offenbleiben.

Neben der Darstellung der Positionen zu verschiedenen Sachfragen und grundsätzlichen Orientierungen bei eher abstrakten, ideologischen Themenfeldern bieten sich Wahlprogramme gerade auch für die Analyse der Bedeutung einzelner Aspekte an. Es sind die Autorinnen der Texte, das heißt die Parteien, die entscheiden, welche Themen in welchem Umfang vorkommen.

---

175 Franz Horner, »Programme – Ideologien: Dissens oder Konsens«, in *Handbuch des politischen Systems Österreichs. 2., durchgesehene Auflage*, hrsg. von Herbert Dachs, Peter Gerlich, Herbert Gottweis, Franz Horner, Helmut Kramer, Volkmar Lauber, Wolfgang C. Müller und Emmerich Tálos (Wien: Manz, 1992), 197–209, hier 200–201.

176 Vor allem neu kandidierende Listen, die sich selbst nicht als Partei im herkömmlichen Sinn begreifen, verzichten auf die Erstellung von Wahlprogrammen und drücken auch auf diesem Weg einen Antiparteienreflex aus. Der 2017 mit einer eigenen Liste kandidierende langjährige Grünpolitiker Peter Pilz formulierte dies etwa so: »Unsere Personen sind Programme«. Vgl. Katharina Mittelstaedt, »Chemikerin Renée Schroeder kandidiert für Pilz«, *Der Standard*, 5./6. August 2017, 10.

177 Nikolaus Eder, Marcelo Jenny und Wolfgang C. Müller, »Manifesto functions: How party candidates view and use their party's central policy document«, in *Electoral Studies* 45, Nr. 1 (2017): 75–87.

178 Die ÖVP gilt hier als Vorreiterin, ihre Homepage ging bereits am 27.07.1995 online (Peter Krotky, »Die Parteien entdecken den Datenhighway«, *Die Presse*, 6. November 1995, 3). Die SPÖ folgte am 15.11.1995, die Grünen und das Liberale Forum am 22.11.1995 (»Parteien sind fast komplett im Internet«, *Der Standard*, 30. November 1995, 31). Die FPÖ ist erst seit Juli 1996 mit einer Homepage vertreten (Norbert Rief, »Politik im Internet«, *Die Presse*, 6. Juli 1996, 6).

In Bezug auf die programmatischen Aussagen kann auch eine zeitliche Dimension analysiert werden: Aussagen können retrospektiv, in die Vergangenheit gerichtet sein (*Was haben wir erreicht?*), sie können einen zeitübergreifenden Charakter haben (*Wofür stehen wir?*) oder auch in die Zukunft verweisen (*Was wollen wir erreichen?*). Ergebnisse der Wahlforschung zeigen, dass sich viele Wählerinnen und Wähler bei ihrer Entscheidung an den Leistungen der Parteien in der abgelaufenen Legislaturperiode orientieren und daher »retrospektiv« wählen.[179] Können Parteien in diesem Zusammenhang auf Leistungen verweisen, dienen Wahlprogramme als Plattform für die Übermittlung dieser Informationen. Bei den Zukunftsaussagen kann wiederum zwischen allgemeinen Zielsetzungen und tatsächlichen Versprechen – in der englischsprachigen Fachliteratur *Pledges* genannt – unterschieden werden. Und schließlich können auch nichtprogrammatische Aspekte der Wahlauseinandersetzung wie Personalisierung, aber auch *Negative Campaigning* in den Wahlprogrammen eine Rolle spielen. Diese Textsorte bietet somit eine Fülle von Analysemöglichkeiten.[180]

Wahlprogramme sind – nicht nur in Österreich – ein zentrales Element aller zeitgenössischen Wahlkämpfe, weshalb die Untersuchung dieser Textsorte in der zeitgenössischen vergleichenden Wahl- und Parteienforschung eine sehr prominente Rolle einnimmt. Dies steht in einem starken Gegensatz zu den Pionieren der Politikwissenschaft, die den Wahlprogrammen noch sehr kritisch gegenüberstanden. In seiner Untersuchung der amerikanischen Parteien des späten 19. Jahrhunderts bewertete Moisei Ostrogorski die bei den Nominierungsparteitagen beschlossenen Wahlprogramme etwa folgendermaßen:

> Das Wahlprogramm sollte das Glaubensbekenntnis der Partei und ihr Aktionsprogramm sein; es sollte daher das wichtigste Anliegen des Parteitags sein. In der Realität ist ein Wahlprogramm aber nur eine Farce, die größte Farce von allen Handlungen dieses großen Parlaments der Partei. Das Wahlprogramm stellt eine lange Liste politischer Aussagen dar, in der jeder etwas finden kann, das ihm gefällt, aber von der niemand, weder die Autoren des Dokuments noch der gesamte Parteitag annimmt, dass diese irgendeine Konsequenz hätte.[181]

Ähnlich kritisch äußerte sich der bereits am Beginn des Kapitels erwähnte Elmar Eric Schattschneider ein halbes Jahrhundert später über die Wahlprogramme von

179 Morris P. Fiorina, *Retrospective Voting in American National Elections* (New Haven und London: Yale University Press, 1981).

180 Martin Dolezal, Laurenz Ennser-Jedenastik, Wolfgang C. Müller, Katrin Praprotnik und Anna Katharina Winkler, »Beyond salience and position-taking: How political parties communicate through their manifestos«, in *Party Politics* 24, Nr. 3 (2018): 240–252.

181 Moisei Ostrogorski, *Democracy and the Organization of Political Parties.* Volume II (London: Macmillan, 1902), 261. Übersetzung MD.

Republikanern und Demokraten: »Sie überzeugen niemand, sie täuschen niemand und sie klären niemand auf.«[182]

Dass Wahlprogramme nur Schall und Rauch seien, ist auch in der Gegenwart – nicht zuletzt an den »Stammtischen« – ein häufig gehörter Vorwurf. Diese Einschätzung entspricht jedoch nicht den Tatsachen. Gerade Untersuchungen des Zusammenhangs zwischen Wahlversprechen, das heißt konkreten Aussagen in Wahlprogrammen, und dem späteren Regierungshandeln zeigen insgesamt ein relativ positives Bild – auch in Österreich.[183] Im Gegensatz zu Grundsatzprogrammen, deren Herstellung auch die Rolle einer Beschäftigungstherapie für unzufriedene Funktionärinnen und Funktionäre zukommen kann und die deshalb nicht immer mit der tatsächlichen Politik einer auch alleinregierenden Partei übereinstimmen,[184] haben Wahlprogramme somit durchaus eine realpolitische Bedeutung. Dies kann sich schon am Beginn einer Legislaturperiode zeigen, wenn die neu gebildete Bundesregierung ihre Regierungserklärung präsentiert. Eine frühe inhaltsanalytische Untersuchung von Helmut Ornauer zeigt etwa, dass die dabei präsentierten Themen in vielen Fällen mit den Schwerpunkten der Wahlprogramme übereinstimmen.[185]

Auch wenn die nachfolgende Analyse des Liberty-Authority-Gegensatzes auf einer Inhaltsanalyse der Wahlprogramme der Parteien basiert, sollen alternative Strategien zur Bestimmung des programmatischen Angebots der Parteien kurz vorgestellt werden. Diese zeigen die Vorteile, aber auch die Nachteile des hier gewählten Ansatzes.

Eine erste Alternative zur Analyse von Wahlprogrammen besteht darin, das programmatische Angebot der Parteien auf Basis der medialen Berichterstattung zu erfassen.[186] Für eine solche Vorgehensweise spricht, dass die allermeisten Wählerinnen und Wähler den Inhalt der Wahlprogramme nicht kennen und die Parteipositionen in erster Linie – in vielen Fällen auch ausschließlich – über die Berichterstattung in den Massenmedien erfahren. Dieser Einwand muss vor allem dann ernst genommen werden, wenn sich das Forschungsinteresse weniger auf das »objektive« oder »reale«

---

182 Elmer Eric Schattschneider, *The Struggle for Party Government* (College Park: University of Maryland Programm in American Civilization, 1948). Übersetzung MD.

183 Katrin Praprotnik, *Parteien und ihre Wahlversprechen. Einblicke in die Politikgestaltung in Österreich* (Wiesbaden: Springer, 2017).

184 So z. B. Franz Buchegger und Walter Stamminger, »Anspruch und Wirklichkeit: Marginalien zur Geschichte der SPÖ«, in *Zwischen Koalition und Konkurrenz. Österreichs Parteien seit 1945*, hrsg. von Peter Gerlich und Wolfgang C. Müller (Wien: Braumüller, 1982), 17–51, hier 36.

185 Helmut Ornauer, »Wahlprogramme und Regierungserklärungen 1956–1979: ein Vergleich«, in *Österreichisches Jahrbuch für Politik* 1979 (1980): 69–97.

186 Z. B. Martin Dolezal, »Globalisierung und die Transformation des Parteienwettbewerbs in Österreich. Eine Analyse der Angebotsseite«, in *Österreichische Zeitschrift für Politikwissenschaft* 34, Nr. 2 (2005): 163–176; Dolezal, »Austria«.

programmatische Angebot der Parteien als auf die diesbezügliche Einschätzung der Wählerschaft richtet. Liegt das Interesse jedoch in erster Linie auf dem programmatischen Angebot der Parteien selbst, ergibt sich im Gegensatz dazu das Problem, dass ihre Botschaften eine mehr oder weniger starke Filterung, vielleicht auch Verzerrung durch die mediale Berichterstattung erfahren.

Eine andere Option besteht deshalb darin, die programmatischen Aussagen der Parteien zwar direkt, das heißt ohne mediale Filterung zu erfassen, aber dafür nicht die selten gelesenen Wahlprogramme, sondern andere Kommunikationskanäle heranzuziehen. Zu den klassischen Quellen zählen hier vor allem Werbemittel wie Plakate und Inserate, denen gerade in Österreich – ablesbar am Anteil der Werbebudgets der Parteien[187] – eine enorm große Bedeutung zukommt und die daher bereits in mehreren Publikationen untersucht wurden.[188] Plakate und Inserate können durchaus auch inhaltliche Positionen der Parteien enthalten, doch sind diese in Ausmaß und Differenzierung nicht mit den weitaus informativeren Wahlprogrammen gleichzusetzen. Vor allem Plakate zeichnen sich durch extrem fokussierte, tatsächlich »plakative« Botschaften aus, wohingegen Inserate – je nach Stil der Werbung – durchaus auch größere Textelemente enthalten können.[189] Im Vordergrund stehen bei beiden Formen jedoch häufig nichtprogrammatische Inhalte wie Personalisierung oder *Negative Campaigning*. Die von Lore Hayek durchgeführte Langzeituntersuchung von 1945 bis 2013 zeigt, dass Österreichs Parteien nur rund 50 Prozent der Plakatsujets bei den Nationalratswahlen für Sachthemen genutzt haben.[190] Neben der mit den beiden Werbemitteln automatisch verbundenen geringeren Informationstiefe und -breite tritt bei einer Analyse von Plakaten auch ein wichtiges methodisches Problem auf: Während die geschalteten Inserate durch (aufwendige) Recherchen in archi-

187 Bei der Nationalratswahl 2013 investierten die Parteien nicht weniger als 88,9 Prozent ihrer Werbebudgets in diese traditionellen Formen. Vgl. Martin Dolezal und Eva Zeglovits, »Almost an Earthquake: The Austrian Parliamentary Election of 2013«, in *West European Politics* 37, Nr. 3 (2014): 644–652, hier 646.

188 Vgl. Lore Hayek, *Design politischer Parteien. Plakatwerbung in österreichischen Wahlkämpfen* (Wien: Lit Verlag, 2016); Andreas Lederer, »Politische Werbung in der Wahlkampfarena: Analysen politischer Werbekommunikation«, in *Politik in der Medienarena. Praxis politischer Kommunikation in Österreich*, hrsg. von Fritz Plasser (Wien: Facultas. WUV, 2010), 241–272; Norbert Hölzl, *Propagandaschlachten. Die österreichischen Wahlkämpfe 1945 bis 1971* (Wien: Verlag für Geschichte und Politik, 1974); Franziska Marquart, »Rechtspopulismus im Wandel. Wahlplakate der FPÖ 1978–2008«, in *Österreichische Zeitschrift für Politikwissenschaft* 42, Nr. 4 (2013): 353–371.

189 Im Salzburger Landtagswahlkampf von 2018 wandten sich etwa die Spitzenkandidatinnen und Spitzenkandidaten von ÖVP, FPÖ und Grünen mit als Briefen gestalteten Inseraten an die Wählerschaft. ÖVP und Grüne verwendeten dabei sogar handschriftliche Texte, um eine größere emotionale Verbindung mit den Leserinnen und Lesern zu erreichen. Vgl. *Salzburger Nachrichten (Aus Stadt und Land)*, 21. April 2018, 11, 17, 36.

190 Hayek, *Design politischer Parteien*, 193.

vierten Printmedien[191] systematisch erfasst werden können, ist dies bei Plakaten nur eingeschränkt möglich, da diese nie vollständig aufbewahrt werden. Ferner liegen der Forschung im Normalfall keine Informationen über die relative Häufigkeit, mit der einzelne Sujets verwendet wurden, vor. Die Bedeutung einzelner Themen kann somit nur über die Verteilung der in Archiven identifizierten Plakatsujets, nicht über die Verteilung der bei einer Wahl tatsächlich aufgehängten Plakate ermittelt werden.

Vor allem im internationalen Bereich sind es jedoch nicht die traditionellen Formen der Print- und Außenwerbung, sondern in erster Linie die TV-Spots der Parteien, denen – ausgehend von den USA – das zentrale Interesse der Forschung gilt.[192] In Österreich spielen diese eine deutlich geringere Rolle. Die traditionellen Belangsendungen der Parteien und Interessenvertretungen wurden 2001 abgeschafft. Bis zur Nationalratswahl 1999 wurden den Parteien Sendeplätze zugeteilt, deren Zahl dem Stimmenverhältnis bei der vorangegangenen Wahl entsprach. Bei der Nationalratswahl 1975 konnten die Parteien etwa 24 Slots im Hauptabendprogramm zeigen: elf die SPÖ, zehn die ÖVP und drei die FPÖ. Zusätzlich gab es auch Wiederholungen außerhalb der Hauptsendezeit. Die Parteien produzierten damals jeweils fünfminütige Spots, die sich schon in ihrer Länge von der kommerziellen Werbung unterschieden und eher an Magazinbeiträge erinnerten.[193] Zusätzlich besteht seit der Reform von 2001 ein De-facto-Verbot politischer Werbung im ORF-Fernsehen und -Radio.[194] Die TV-Werbung der Parteien beschränkt sich daher auf die österreichischen Privatsender und auf für Österreich zugeschnittene Werbefenster deutscher Kanäle.

Bei der Erfassung anderer Kommunikationskanäle der Parteien muss für die Wahlen des 21. Jahrhunderts noch der Onlinebereich genannt werden, das heißt klassische Webseiten und seit Mitte der 2000er-Jahre zunehmend auch soziale Medien wie Facebook oder Twitter. Diese ermöglichen es den Parteien – gerade aber auch einzelnen Kandidatinnen und Kandidaten[195] – traditionelle Medien und die damit verbundene Gatekeeper-Funktion des Journalismus zu umgehen und direkt mit der Wählerschaft zu kommunizieren. In Österreich hat dies in den letzten Jahren vor allem die FPÖ stark forciert. Über soziale Medien wie YouTube übermittelte Kurz-

---

191 Bei online geschalteten Inseraten ist dies nicht möglich.

192 Lynda Lee Kaid und Christina Holtz-Bacha, Hg., *Political Advertising in Western Democracies. Parties & Candidates on Television* (Thousand Oaks: Sage Publications, 1995); Lynda Lee Kaid und Christina Holtz-Bacha, Hg., *The SAGE Handbook of Political Advertising* (Thousand Oaks: SAGE, 2006).

193 Peter Eder, Hans Heinz Fabris, Eveline Kögler, Helmut Parzer, Reinhard Rössler und Gertrud Tirala, »Wahlen und Werbung. Wahlwerbung der Parteien für die Nationalratswahl 1975«, in *Österreichische Zeitschrift für Politikwissenschaft* 6, Nr. 1 (1977): 71–92, hier 84.

194 »Parteienwerbung im ORF: Internet ja, Radio und TV nein«, *Der Standard*, 24. März 2004, Zugriff am 14.06.2018, https://derstandard.at/1582427/Parteienwerbung-im-ORF-Internet-ja-Radio-und-TV-nein.

195 Martin Dolezal, »Online Campaigning by Austrian Political Candidates: Determinants of Using Personal Websites, Facebook, and Twitter«, in *Policy & Internet* 7, Nr. 1 (2015): 103–119.

filme dienen auch zunehmend als funktionaler und vor allem äußerst kostengünstiger Ersatz für die eingeschränkten Möglichkeiten der TV-Werbung. Für die Wahlforschung ergeben sich bei der Analyse der Onlineaktivitäten ungeahnte Möglichkeiten, da die Interaktion der Parteien mit der Wählerschaft besser erfasst werden kann als in früheren Zeiten. Große Probleme bereitet jedoch die fehlende Archivierung dieser Kommunikationsformen. Ein Rückblick auf zurückliegende Wahlkämpfe ist – wenn überhaupt – nur sehr eingeschränkt möglich. Auch hier zeigt sich ein simpler, in der Forschungspraxis jedoch entscheidender Vorteil von Wahlprogrammen.

Eine Zwischenstellung zwischen den medial vermittelten Inhalten und der direkten Parteikommunikation nehmen die gerade in Österreich besonders prominenten TV-Debatten der Spitzenkandidatinnen und Spitzenkandidaten ein. Im Rahmen von Nationalratswahlen fanden diese erstmals zwischen Bundeskanzler Josef Klaus (ÖVP) und SPÖ-Spitzenkandidat Bruno Kreisky am 28. Jänner 1970 statt. Das erste solche TV-Ereignis gab es jedoch bereits fünf Jahre zuvor, am 24. Oktober 1964, einen Tag vor der Wiener Gemeinderatswahl, als die Vertreter von SPÖ, ÖVP, FPÖ und KPÖ in einer halbstündigen Sendung aufeinandertrafen.[196] Je nach Format dieser Diskussionssendungen können die Kandidatinnen und Kandidaten die Themen frei wählen oder sind einem von der Moderation vorgegebenen, mehr oder weniger engen thematischen Korsett unterworfen.[197] Nicht immer kann daher die Bedeutung eines Themas für die betreffende Partei auf Basis der TV-Diskussionen eruiert werden. Bei den Wahlprogrammen sind es im Gegensatz dazu ausschließlich die Parteien selbst, die über die relative Gewichtung der Themen entscheiden.

In jüngster Zeit wurden schließlich auch Presseaussendungen (OTS-Meldungen) der Parteien für die Analyse von Wahlkämpfen, etwa für den Aspekt des *Negative*

196 Martin Dolezal, »Wien blieb rot. Landtagswahlkämpfe in Wien 1945–1969«, in *Zwischen Wettbewerb und Konsens. Landtagswahlkämpfe in Österreichs Bundesländern 1945 bis 1970*, hrsg. von Herbert Dachs (Wien: Böhlau, 2006), 407–454, hier 437.

197 Bis 1983 wurde bei den TV-Debatten vor Nationalratswahlen auf eine Moderation verzichtet. Die Kanzlerkandidaten Josef Klaus und Bruno Kreisky (1970), Kreisky und Karl Schleinzer (1971), Kreisky und Josef Taus (1975, 1979) sowie Kreisky und Alois Mock (1983) saßen einander direkt gegenüber und führten eine freie Debatte, bei der allein die Redezeit manchmal mit einer Ampel reguliert wurde. Ein ähnliches Format wurde erst wieder bei der Präsidentschaftswahl 2016 versucht, jedoch ohne Erfolg, da die Kandidaten Alexander Van der Bellen (früher Grüne) und Norbert Hofer (FPÖ) – so die einhellige Meinung in der anschließenden Berichterstattung – letztlich keine nachvollziehbare Diskussion zustande brachten. Seit 1986 werden die Debatten moderiert; die bis heute im ORF übliche Runde von Zweierkonfrontation aller im Parlament vertretenen Parteien wurde erstmals 1994 durchgeführt. Aufgrund ähnlicher Formate in den Privatsendern ist die Anzahl der TV-Auftritte zuletzt enorm angestiegen. Vgl. Martin Dolezal, Jakob-Moritz Eberl, Carina Jacobi und Eva Zeglovits, »Die Rolle der Spitzenkandidatinnen und -kandidaten«, in *Die Nationalratswahl 2013. Wie Parteien, Medien und Wählerschaft zusammenwirken*, hrsg. von Sylvia Kritzinger, Wolfgang C. Müller und Klaus Schönbach (Wien: Böhlau, 2014), 67–86, hier 76.

Campaigning,[198] herangezogen. Diese Aussendungen sind in erster Linie an Journalistinnen und Journalisten gerichtet und sollen daher den Inhalt der medialen Berichterstattung beeinflussen. Die OTS-Meldungen haben den Vorzug, dass sie direkt die Kommunikationsbemühungen der Parteien sichtbar machen und aufgrund der Fülle von Meldungen auch die Dynamik eines Wahlkampfs zeigen. Gerade Wahlprogramme leisten Letzteres naturgemäß nicht, da sie bereits am Beginn beziehungsweise im Vorlauf der Kampagne geschrieben werden. Die Presseaussendungen eignen sich aber auch für Untersuchungen, die nicht an der Dynamik einzelner Kampagnen, sondern – wie das vorliegende Kapitel – an Längsschnittuntersuchungen mehrerer Wahlkämpfe interessiert sind. Gruber analysierte mithilfe von Parteiaussendungen (und Wahlprogrammen) die Auseinandersetzung über das Migrationsthema bei den Nationalratswahlen von 1971 bis 2013.[199] Gabriele Melischek, Uta Rußmann und Josef Seethaler untersuchten das Agendabuilding der Parteien bei den Wahlkämpfen von 1970, 1983, 1999 und 2008.[200]

Neben den genannten analogen und digitalen Quellentypen, die mit unterschiedlichen Methoden der manuellen oder automatisierten Inhaltsanalyse erfasst werden können, besteht schließlich noch die Möglichkeit, die Programmatik der Parteien über Befragungen zu ermitteln. Bei den auch in Österreich durchgeführten Kandidaten-Surveys[201] stellt sich das Problem, wie die »offiziellen« Positionen der Parteien ermittelt werden sollen. Sind diese mit dem Mittelwert der Einstellungen der Kandidierenden auf einer Liste gleichzusetzen? Da in Österreich besonders viele Personen kandidieren[202] und nur eine kleine Gruppe eine realistische Chance hat, ein Mandat

---

198 Martin Dolezal, Laurenz Ennser-Jedenastik und Wolfgang C. Müller, »When do parties attack their competitors? Negative campaigning in Austria, 2002–2008«, in *New Perspectives on Negative Campaigning: Why Attack Politics Matters*, hrsg. von Alessandro Nai und Annemarie S. Walter (Colchester: ECPR Press, 2015), 163–179; Martin Dolezal, Laurenz Ennser-Jedenastik und Wolfgang C. Müller, »Negative Campaigning and the logic of retaliation in multi-party competition«, in *International Journal of Press/Politics* 21, Nr. 2 (2016): 253–272; Laurenz Ennser-Jedenastik, Martin Dolezal und Wolfgang C. Müller, »Gender Differences in Negative Campaigning: The Impact of Party Environments«, in *Politics & Gender* 13, Nr. 1 (2017): 81–106; Martin Dolezal, Laurenz Ennser-Jedenastik und Wolfgang C. Müller, »Who Will Attack the Competitors? How Political Parties Resolve Strategic and Collective Action Dilemmas in Negative Campaigning«, in *Party Politics* 23, Nr. 6 (2017): 666–679.

199 Gruber, *Campaigning*.

200 Gabriele Melischek, Uta Rußmann und Josef Seethaler, »Agenda Building in österreichischen Nationalratswahlkämpfen, 1970–2008«, in *Politik in der Medienarena. Praxis politischer Kommunikation in Österreich*, hrsg. von Fritz Plasser (Wien: Facultas. WUV, 2010), 101–143.

201 Nikolaus Eder, Marcelo Jenny und Wolfgang C. Müller, »Winning over voters or fighting party comrades? Personalized constituency campaigning in Austria«, in *Electoral Studies* 39 (2015): 316–328.

202 Martin Dolezal, Martin Haselmayer und Marcelo Jenny, »Kandidatinnen und Kandidaten im Wahlkampf«, in *Die Nationalratswahl 2013. Wie Parteien, Medien und Wählerschaft zusammenwirken*, hrsg. von Sylvia Kritzinger, Wolfgang C. Müller und Klaus Schönbach (Wien: Böhlau, 2014), 87–98, hier 90.

zu erreichen, ermittelt die Forschung die »offiziellen« Parteipositionen auch über einen eingeschränkten Kandidatenkreis.

Ferner werden in der Politikwissenschaft zunehmend Expertenbefragungen durchgeführt, bei denen eine ausgewählte Gruppe von Forscherinnen und Forschern die Positionen von Parteien, aber auch die Bedeutung einzelner Themen auf vorgegebenen Skalen einschätzt. Solche Befragungen können sich auch explizit an Wahlen orientieren, im Normalfall umfassen sie jedoch längere Perioden und haben nicht das Ziel, die Programmatik der Parteien bei einzelnen Wahlen zu ermitteln. Daten zu österreichischen Parteien wurden sowohl in nationalen[203] als auch in internationalen Studien[204] erhoben. Gegen diese in den letzten Jahren geradezu inflationär gebrauchte Methode wurden aber auch kritische Einwände formuliert. So ist es etwa häufig unklar, ob sich die Einschätzung der Expertinnen und Experten auf die Intentionen und Forderungen der Parteien beziehen oder auf ihr tatsächliches Handeln. Und ähnlich wie bei den Kandidatenbefragungen ist es unklar, was mit »Partei« gemeint ist, das heißt, inwieweit die Befragung eine offizielle Position der Gesamtpartei ermittelt oder in erster Linie die Aussagen des Spitzenpersonals widerspiegelt.[205] Beide Zugänge sind für die Forschung relevant, doch ist es problematisch, wenn sie aufgrund der Methode nicht differenziert werden.

Auch die Positionsbestimmung einer Partei über das Stimmverhalten ihrer Abgeordneten im Parlament ist nur indirekt mit Wahlen verbunden. In Österreich besitzt diese Methode jedoch keine Bedeutung, da aufgrund des starken Fraktionszusammenhalts keine zusätzlichen Informationen gewonnen werden können.[206] Ferner liegen im Normalfall, abgesehen von namentlichen Abstimmungen, auch keine Informationen über das individuelle Stimmverhalten vor.

---

203 David F. J. Campbell, »Die Dynamik der politischen Links-rechts-Schwingungen in Österreich. Die Ergebnisse einer Expertenbefragung«, in *Österreichische Zeitschrift für Politikwissenschaft* 21, Nr. 2 (1992): 165–179.

204 Kenneth Benoit und Michael Laver, *Party Policy in Modern Democracies* (London: Routledge, 2006); Francis G. Castles und Peter Mair, »Left-Right Political Scales: Some ›Expert‹ Judgments«, in *European Journal of Political Research* 12, Nr. 1 (1984): 73–88; John Huber und Ronald Inglehart, »Expert Interpretations of Party Space and Party Locations in 42 Societies«, in *Party Politics* 1, Nr. 1 (1995): 73–111; Michael Laver und W. Ben Hunt, *Policy and party competition* (New York: Routledge, 1992). Zusätzlich muss hier der seit 1999 regelmäßig durchgeführte Chapel Hill Expert Survey (CHES) erwähnt werden (Zugriff am 09.08.2017, http://ches.web.unc.edu/).

205 Ian Budge, »Expert judgements of party policy positions: Uses and limitations in political research«, in *European Journal of Political Research* 37, Nr. 1 (2000): 103–113.

206 Marcelo Jenny, »Programme: Parteien im politischen Wettbewerbsraum«, in *Politik in Österreich. Das Handbuch*, hrsg. von Herbert Dachs, Peter Gerlich, Herbert Gottweis, Helmut Kramer, Volkmar Lauber, Wolfgang C. Müller und Emmerich Talos (Wien: Manz, 2006), 305–321, hier 311.

Methode: die quantitative Inhaltsanalyse

Ältere Studien zur programmatischen Entwicklung von Parteien beruhten häufig auf unsystematischen, manchmal auch nur anekdotischen Referenzen zum Inhalt der Wahlprogramme. Seit den 1970er-Jahren hat sich in der Politikwissenschaft jedoch die quantitative Inhaltsanalyse als zentrale Methode für die Analyse von Wahlprogrammen durchgesetzt. Bei dieser Methode »zerlegen« Forscherinnen und Forscher – entweder manuell oder automatisiert mithilfe von Computerprogrammen – die Texte in kleine Einheiten, etwa grammatikalische Sätze, Argumente oder andere Sinneinheiten, und weisen diese einem System von Themenkategorien zu. Bei vollständig automatisierten Verfahren wird aus den verwendeten Wörtern direkt eine programmatische Orientierung des Textes abgeleitet. In weiterer Folge werden aus den systematisch erfassten Textinhalten Skalen gebildet. Generell transformiert die quantitative Inhaltsanalyse somit Wörter beziehungsweise Sprache in numerische Werte, die in weiterer Folge statistisch verarbeitet werden.

Die nachfolgende Analyse der Parteipositionen sowie der relativen Bedeutung (Salienz) der mit der Liberty-Authority-Konfliktlinie verbundenen Themen basiert auf zwei vorhandenen quantitativen Inhaltsanalysen. Der Schwerpunkt des Kapitels, die detaillierte Analyse der Nationalratswahlkämpfe von 1945 bis 2013, basiert auf Daten der österreichischen nationalen Wahlstudie AUTNES *(Austrian National Election Study)*. Für den abschließend im achten Abschnitt unternommenen Versuch, den österreichischen Fall auch ländervergleichend einzuordnen, wird auf Daten des internationalen Projekts MARPOR (*Manifesto Research on Political Representation*) zurückgegriffen. Beide Datensätze sowie die vom Autor des Kapitels entwickelte Vorgehensweise bei der Skalenbildung sollen kurz vorgestellt werden, um die nachfolgende Analyse einordnen zu können.

AUTNES

Im Rahmen der österreichischen nationalen Wahlstudie AUTNES wurde eine detaillierte Inhaltsanalyse der Wahlprogramme aller relevanten Parteien erstellt.[207] Im Dezember 2016 umfasste die vorläufige, für interne Zwecke erstellte Datensatzversion v13 alle 21 Nationalratswahlen von 1945 bis 2013; insgesamt wurden 87 Wahlprogramme von elf Parteien analysiert.[208] Ziel war es, alle vor oder nach der betref-

207 Martin Dolezal, Laurenz Ennser-Jedenastik, Wolfgang C. Müller und Anna Katharina Winkler, »How parties compete for votes: A test of saliency theory«, in *European Journal of Political Research* 53, Nr. 1 (2014): 57–76; Martin Dolezal, Laurenz Ennser-Jedenastik, Wolfgang C. Müller und Anna Katharina Winkler, »Analyzing Manifestos in their Electoral Context: A New Approach Applied to Austria, 2002–2008«, in *Political Science Research and Methods* 4, Nr. 3 (2016): 641–650.

208 Zum gegenwärtigen Zeitpunkt (Juli 2018) sind die Datensätze zu den Wahlen von 2002, 2006, 2008 und 2013 veröffentlicht und können über das GESIS-Datenarchiv in Köln bezogen werden. Der Datensatz

fenden Wahl im Nationalrat vertretenen Parteien zu erfassen. Zusätzlich wurden alle Parteien aufgenommen, die rund zwei Prozent der Stimmen erhielten und somit die Kampagne bis zu einem gewissen Grad beeinflussten. Tabelle 1 zeigt, welche Parteien bei den einzelnen Wahlen untersucht wurden.

Tabelle 1: Von AUTNES erfasste Wahlprogramme

	BZÖ	FPÖ	GRÜNE	KPÖ	LIF	NEOS	ÖVP	SPÖ	TS	VdU	VGÖ	(N)
1945				✓			✓	✓				3
1949				✓			✓	✓		✓		4
1953				✓			✓	✓		✓		4
1956		✓		✓			✓	✓				4
1959		✓		✓			✓	✓				4
1962		✓		–			✓	✓				3
1966		–		–			✓	✓				3
1970		✓		–			✓	✓				3
1971		✓		–			✓	✓				3
1975		✓		–			✓	✓				3
1979		✓		–			✓	✓				3
1983		✓		–			✓	✓			–	3
1986		✓	✓	–			✓	✓			(✓)	4
1990		✓	✓	–			✓	✓			✓	5
1994		✓	✓	–	✓		✓	✓			–	5
1995		✓	✓	–	✓		✓	✓				5
1999		✓	✓	–	✓		✓	✓				5
2002		✓	✓	–	✓		✓	✓				5
2006	✓	✓	✓	–			✓	✓				5
2008	✓	✓	✓	–	✓		✓	✓				6
2013	✓	✓	✓	–		✓	✓	✓	✓			7
(N)	3	18	9	5	5	1	21	21	1	2	1	87

Quelle: AUTNES (interne Datensatzversion v13, 19.12.2016)

Anmerkung: Wahlen, bei denen die betreffende Partei nicht antrat oder noch nicht oder nicht mehr existierte, sind grau markiert.

Symbole: ✓ Programm ist im Datensatz erfasst; – Programm ist im Datensatz (noch) nicht erfasst; (✓) gemeinsame Kandidatur mit den Grünen.

2013 hat dort den folgenden Eintrag: AUTNES Content Analysis of Party Manifestos 2013; Müller, Wolfgang C.; Bodlos, Anita; Dolezal, Martin u.a.; ZA6877 Datenfile Version 1.1.0 (2017), doi:10.4232/1.12752.

Die identifizierten Texte, das hier noch als fehlend gelistete Programm der FPÖ für die Nationalratswahl 1966 wurde erst später identifiziert, wurden in einem ersten Schritt in die kleinstmöglichen Sinneinheiten – genannt »Aussagen« – aufgeteilt. Als Ausgangspunkt dienen die grammatikalischen Sätze, aber auch ähnliche Elemente wie Aufzählungen, die zum Teil nur als Schlagworte formuliert sind. Innerhalb der Sätze werden alle Beziehungen zwischen dem semantischen Subjekt (im Normalfall die Partei, das heißt die Autorin des Wahlprogramms) und den semantischen Objekten (im Normalfall Themen, zum Teil auch Individuen oder Organisationen) identifiziert. Die Betonung des semantischen Subjekts beziehungsweise Objekts anstelle des grammatikalischen ist allein dem Umgang mit Passivkonstruktionen geschuldet. Inhaltlich besteht bei der Codierung kein Unterschied, wenn die Partei schreibt, dass sie »den Ausbau der Bahn immer unterstützt hat« (aktiv), oder dass »der Ausbau der Bahn von ihr immer unterstützt wurde« (passiv). Die Beziehungen zwischen Subjekt und Objekt definieren die Aussagen für die nachfolgende Inhaltsanalyse. Jeder Aussage, konkret jedem semantischen Objekt, wird eine Kategorie aus einer sehr umfangreichen Themenliste mit rund 600 Einträgen zugeordnet. Zusätzlich wird die Position, das heißt die Richtung der betreffenden Aussage erfasst, wobei zwischen Ablehnung (–1), einer neutralen Position (0) und Zustimmung (+1) unterschieden wird. Das folgende Beispiel, ein Satz aus dem Wahlprogramm der SPÖ bei der Nationalratswahl 2002, zeigt, wie dieser sehr technisch anmutende Vorgang in der Praxis erfolgt:

> Wir wollen demgegenüber die Wertsicherung der Pensionen gewährleisten sowie unser System solidarischer Alterssicherung langfristig absichern und mehr Gerechtigkeit erreichen.[209]

In einem ersten Untersuchungsschritt wird dieser Satz in drei Aussagen geteilt. Diese sind zur besseren Veranschaulichung erneut als grammatikalische Sätze formuliert, und anstelle des »wir« im Original wird das semantische – und hier auch grammatikalische – Subjekt, das heißt die SPÖ, genannt: 1. Die SPÖ will demgegenüber die Wertsicherung der Pensionen gewährleisten. 2. Die SPÖ will unser [d.h. das österreichische, MD] System der solidarischen Alterssicherung langfristig absichern. 3. Die SPÖ will mehr Gerechtigkeit [im Pensionssystem, MD] erreichen. Die erste Aussage bezieht sich letztlich auf die Höhe der Pensionen, die zweite Aussage drückt eine Präferenz für das bestehende Umlageverfahren aus, die dritte Aussage ist unspezifisch, da eine allgemeine Wertorientierung angesprochen wird. Auf Basis des umfangreichen Kategoriensystems werden diese Aussagen wie folgt codiert: 1. +1

209 SPÖ, *Faire Chancen für alle! 26 Projekte für die Zukunft Österreichs. Programm der Sozialdemokratischen Partei Österreichs für die Jahre 2003 bis 2006*, 12.

Pensionserhöhung; 2. +1 Umlageverfahren; 3. +1 soziale Gerechtigkeit. Die von AUTNES verwendeten Kategorien umfassen also sowohl spezifische Themen (hier vor allem das Umlageverfahren) als auch allgemeine Themen (hier vor allem soziale Gerechtigkeit).

Für die nachfolgende Analyse der Liberty-Authority-Konfliktlinie wurden vom Autor des vorliegenden Kapitels nun jene Kategorien identifiziert, die auf Basis inhaltlicher Überlegungen den vier Subdimensionen der Konfliktlinie zugeordnet werden können. Zusätzlich wurde entschieden, ob eine positiv codierte Aussage mit der betreffenden Kategorie als libertär oder als autoritär bewertet wird. Letzteres ist wesentlich für die Bestimmung der Position, die sich ausschließlich aus der extra codierten Richtungsvariable erschließen lässt. Bei sieben Kategorien ist eine Zuordnung zu den Polen der Skala nicht möglich. Diese werden daher ausschließlich für die Bestimmung des Salienzwerts verwendet.

Die Salienz der vier Subdimensionen und der Liberty-Authority-Konfliktlinie insgesamt ergibt sich aus dem Anteil der Aussagen mit relevanten Themenkategorien an allen codierten Aussagen eines Wahlprogramms – einschließlich der Sätze oder Aussagen, die keiner thematischen Kategorie zugeordnet werden konnten.

Die Position einer Partei entspricht dem Mittelwert aller erfassten Positionen, wobei neutrale Positionen, die Entwicklungen oder Sachverhalte beschreiben (in AUTNES »Realitätsaussagen« genannt), nicht einbezogen wurden. Diese auch »Realanalysen«[210] genannten Elemente spielen nicht nur bei Grundsatzprogrammen eine Rolle, sondern auch bei den hier codierten Wahlprogrammen, weshalb eine eigene Variable zu deren Identifizierung codiert wurde. Eine Realitätsaussage liegt zum Beispiel dann vor, wenn eine Partei – ohne dies als gut oder schlecht zu empfinden – schreibt, dass Österreich seit 1995 Mitglied der EU ist. Genuin neutrale Aussagen gehen jedoch in die Positionsmessung ein.

MARPOR

Um die österreichische Entwicklung auch ländervergleichend verorten zu können, wird zusätzlich auf Ergebnisse des internationalen Projekts MARPOR zurückgegriffen.[211] Diese riesige Datensammlung umfasst den Zeitraum seit dem Zweiten

210 Pelinka, »Funktionen von Parteiprogrammen«, 11.

211 MARPOR ist am Wissenschaftszentrum Berlin (WZB) angesiedelt und schließt an zwei ältere Projekte an: Manifesto Research Group (MRG) und Comparative Manifestos Project (CMP). Vgl. Ian Budge, Hans-Dieter Klingemann, Andrea Volkens, Judith Bara und Eric Tanenbaum, *Mapping Policy Preferences. Estimates for Parties, Electors, and Governments 1945–1998* (Oxford: Oxford University Press, 2001); Hans-Dieter Klingemann, Andrea Volkens, Judith Bara, Ian Budge und Michael McDonald, *Mapping Policy Preferences II. Estimates for Parties, Electors, and Governments in Eastern Europe, European Union, and OECD 1990–2003* (Oxford: Oxford University Press, 2006).

Weltkrieg (bei einigen Ländern auch seit den 1920er-Jahren) und hat aktuell, in der Version 2017a, 708 Wahlen in 56 Ländern erfasst.[212] Codiert wurden dabei nicht weniger als 4214 Wahlprogramme von 1086 unterschiedlichen Parteien.

Für Österreich wurden alle Nationalratswahlen von 1949 bis 2008 codiert; die Daten für 2013 (und 2018) waren zum Zeitpunkt der Niederschrift dieses Kapitels noch nicht vorhanden. Allerdings wurden nicht immer die Wahlprogramme aller vor oder nach der Wahl im Parlament vertretenen Parteien codiert. Dies betrifft jedoch nur Kleinparteien wie die KPÖ und das LIF, deren Wahlprogramme nur für die Wahlen von 2002 und 2008 (KPÖ) beziehungsweise 1994 und 1995 (LIF) analysiert wurden.

Die Methodik des Manifestoprojekts ist mit dem eben beschriebenen Ansatz von AUTNES grundsätzlich vergleichbar. Die thematischen Aussagen der Parteien sind jedoch weniger detailliert erfasst, da – von länderspezifischen Ausnahmen abgesehen – nur 56 Kategorien verwendet werden, das heißt nur rund ein Zehntel der Anzahl der von AUTNES verwendeten Kategorien. Ferner basiert die Codierung auf größeren Texteinheiten, den sogenannten »Quasi-Sätzen«, worunter Sinneinheiten verstanden werden können. Ein grammatikalischer Satz mit einer Aufzählung von drei Forderungen zum Thema Universität wird im Manifestoprojekt als ein Quasi-Satz interpretiert und daher als eine einzige Beobachtung in den Datensatz aufgenommen. Bei AUTNES würden hingegen – wie oben erklärt – drei Beobachtungen codiert werden.

Darüber hinaus beruht das Manifestoprojekt auf einer spezifischen Theorie des Parteienwettbewerbs: der Salienztheorie.[213] Diese besagt, dass sich Parteien in erster Linie durch die unterschiedlich starke Betonung von Themen unterscheiden, weniger durch unterschiedliche Positionen zu ein und demselben Thema. Gegen diese Theorie können gewichtige empirische Argumente eingebracht werden, weshalb im Rahmen von AUTNES beide Aspekte, das heißt Position und Salienz, stets unabhängig voneinander erfasst werden.[214]

Während für die Richtung einer codierten Aussage bei AUTNES eine eigene Variable verwendet wird, erfasst das Manifestoprojekt die Richtung der Aussagen direkt durch ein System »gerichteter« Kategorien: Für einige Themenbereiche liegt nur eine solche Kategorie, das heißt nur eine mögliche Richtung vor (zum Beispiel

---

212 Andrea Volkens, Pola Lehmann, Theres Matthieß, Nicolas Merz, Sven Regel und Bernhard Weßels, *The Manifesto Data Collection. Manifesto Project (MRG/CMP/MARPOR). Version 2017a. Berlin: Wissenschaftszentrum Berlin für Sozialforschung (WZB).* Zugriff am 09.09.2017, https://doi.org/10.25522/manifesto.mpds.2017a (2017).

213 Ian Budge und Dennis Farlie, »Party Competition – Selective Emphasis or Direct Confrontation? An Alternative View with Data«, in *Western European Party Systems. Continuity and Change*, hrsg. von Hans Daalder und Peter Mair (London: Sage Publications, 1983), 267–305.

214 Dolezal, Ennser-Jedenastik, Müller und Winkler, »How parties compete for votes«.

per501 »Umweltschutz«), andere Themenbereiche können durch unterschiedlich ausgerichtete Kategorien erfasst werden (zum Beispiel per104 »Militär: positiv«, per105 »Militär: negativ«). Dieses System kann zu Problemen bei der Codierung führen, da etwa für negative Aussagen zum Umweltschutz auf eine Kategorie mit einem anderen thematischen Schwerpunkt ausgewichen werden muss.

Wie im Bereich der AUTNES-Daten muss zunächst geklärt werden, welche Kategorien für die zu konstruierende Skala relevant sind. Zusätzlich muss aber aufgrund des spezifischen Charakters des Kategoriensystems festgelegt werden, wie aus den relativen Häufigkeiten der einzelnen Kategorien eine programmatische Position der Partei errechnet werden kann.

Von Seiten des Manifestoprojekts wurden mehrere Skalen entwickelt, vor allem aber der »right-left ideological index« (RILE) für die umfassende ideologische Einordnung einer Partei.[215] Dieser Index greift auf 26 der insgesamt 56 Kategorien zurück und interpretiert 13 davon als eine linke und ebenso viele als eine rechte Position. Für die Ermittlung der Links-rechts-Position einer Partei werden die Anteile der linken Kategorien summiert und von den ebenfalls summierten Anteilen der rechten Kategorien abgezogen. Der mögliche Wertebereich einer solchen Skala reicht von –100 (links) bis +100 (rechts), doch sind diese Werte nicht realistisch, da etwa ein Skalenwert von –100 nur dann erreicht werden kann, wenn eine Partei das gesamte Wahlprogramm mit Inhalten füllt, die mit den 13 als links eingestuften Kategorien codiert werden.

Bei dieser Skalenbildung wird der Anteil der ausgewählten Kategorien somit auf das gesamte Wahlprogramm bezogen, also auch auf Kategorien (und damit thematische Inhalte), die nicht in die Skala aufgenommen wurden. Eine alternative Möglichkeit besteht darin, die Prozentanteile allein über die relevanten Kategorien zu berechnen. Am Beispiel des Themas Europa, für das das Manifestoprojekt eine positive und eine negative Kategorie verwendet (per108 »Europäische Gemeinschaft/Union: positiv«; per110 »Europäische Gemeinschaft/Union: negativ«), können die Unterschiede der beiden Berechnungsarten leicht erfasst werden:

Enthält ein Wahlprogramm zehn positive und fünf negative, also insgesamt 15 Aussagen zu Europa sowie 200 Aussagen zu anderen Themen, ergibt die erstgenannte Methode über die Formel ((10 / 215 * 100) – (5 / 215 * 100)) einen Positionswert von 2,3. Wenn dieses Wahlprogramm um 200 zusätzliche Aussagen zu Themen ohne Europabezug erweitert wird und die eigentlichen Sätze zu Europa unverändert bestehen bleiben, verändert sich dennoch die Europaposition der Partei: ((10 / 415 * 100) – (5 / 415 * 100)) = 1,2. Die Partei rückt daher ein wenig in Richtung einer neutralen Position. Intuitiver erscheint daher die Berechnung der programmatischen

215 Ian Budge, *The Standard Right-Left-Scale (Research Note)* (Essex University, 2013).

Position allein über das Größenverhältnis der beiden relevanten Kategorien.[216] Die Europaposition würde dann so kalkuliert werden: (10 / 15 * 100) – (5 / 15 * 100) = 33,3. Im Gegensatz zur »klassischen« Methode ist dieses Ergebnis nicht von den anderen Inhalten des Wahlprogramms beeinflusst. Für die Konstruktion der Liberty-Authority-Skala wird daher auf diese zweite Berechnungsart zurückgegriffen.

Vor der Berechnung der Skalenwerte muss jedoch die Auswahl der Kategorien entschieden werden. Während es im Zusammenhang mit der allgemeinen Links-rechts-Skala und anderen thematischen Skalen eine Fülle von Vorschlägen in der Literatur und des Manifestoprojekts selbst gibt, ist dies bei der hier untersuchten Liberty-Authority-Konfliktlinie nicht der Fall. Keiner der identifizierten Vorschläge basiert auf der in diesem Buch verwendeten, bewusst umfassenden Konzeptualisierung des Gegensatzes zwischen libertären und autoritären Positionen. Duch und Strøm maßen etwa allein den »political libertarianism«, beschränkten sich also bewusst auf eine der vier hier relevanten Subdimensionen der Konfliktlinie.[217] Michael McDonald und Silvia Mendes konstruierten eine »social policy«-Skala mit insgesamt zehn Kategorien,[218] sehr ähnlich gingen Eric Linhart und Susumo Shikano vor, die ihre Dimension »social« nannten.[219] Beide Skalen umfassen jedoch weniger Aspekte als die hier eingeführte Konfliktdimension, wobei anzumerken ist, dass sich die für die Skalen verwendete Bezeichnung »social« keineswegs auf Fragen der Sozialpolitik bezieht, sondern auf *Social Issues*. Diese werden im Deutschen als »gesellschaftspolitische Themen« bezeichnet. Auch die von Franz Urban Pappi und Nicole Seher verwendete »Interior & Justice«-Skala (Innenpolitik und Justiz) ist thematisch enger geschnitten.[220]

Aus diesem Grund wurde für das vorliegende Kapitel eine eigene Operationalisierung der Konfliktlinie entwickelt, die sich bei der Auswahl der Kategorien jedoch stark an den in der Literatur vorhandenen Vorschlägen orientiert. Leider ist es aufgrund der weniger differenzierten Codierung des Manifestoprojekts nicht möglich, die vier Subdimensionen der Konfliktlinie zu unterscheiden, da einige der vorhandenen Kategorien mehr als eine dieser Dimensionen erfassen. Dies betrifft vor allem die Ka-

216 Heemin Kim und Richard C. Fording, »Voter ideology in Western Democracies, 1946–1989«, in *European Journal of Political Research* 33, Nr. 1 (1998): 73–97, hier 97; Michael D. McDonald und Silvia M. Mendes, »The policy space of party manifestos«, in *Estimating the Policy Positions of Political Actors*, hrsg. von Michael Laver (London: Routledge, 2001), 90–114.

217 Duch und Strøm, »Liberty«, 261.

218 McDonald und Mendes, »The policy space«, 109.

219 Eric Linhart und Susumu Shikano, »Ideological Signals of German Parties in a Multi-Dimensional Space: An Estimation of Party Preferences Using the CMP Data«, in *German Politics* 18, Nr. 3 (2009): 301–322.

220 Franz Urban Pappi und Nicole Michaela Seher, »Party Election Programmes, Signalling Policies and Salience of Specific Policy Domains: The German Parties from 1990 to 2005«, in *German Politics* 18, Nr. 3 (2009): 403–425.

tegorie per705 »unterprivilegierte Minderheitengruppen«, mit der positive Aussagen zu Minderheiten erfasst werden, die weder ökonomisch (zum Beispiel Teilzeitbeschäftigte) noch demografisch (zum Beispiel Jugendliche) definiert sind. Laut den Angaben des Projekts zählen dazu unter anderem Homosexuelle sowie Einwanderinnen und Einwanderer, das heißt die Kategorie umfasst Inhalte der moralischen Subdimensionen, aber auch mit der Subdimension Migration verbundene Themen. Zusätzlich bereitet auch die Kategorie per503 »Gleichheit: positiv« Probleme, da sie sich auf die Gleichbehandlung sozialer Gruppen bezieht, aber auch Appelle gegen rassistische und sexuelle Diskriminierung umfasst. Da – sehr wahrscheinlich – die soziale Komponente im Vordergrund steht, wird diese Kategorie für die Skalenbildung nicht verwendet.

Insgesamt wurden 20 von 56 Kategorien für die Messung der Konfliktlinie ausgewählt. Für die Positionsmessung werden jedoch nur 18 einbezogen, da zwei Kategorien keine eindeutige Richtung im Zusammenhang mit libertären und autoritären Positionen aufweisen (Tabelle 2).

Tabelle 2: Manifestoprojekt-Kategorien für die Konstruktion der Liberty-Authority-Skala

Libertär (Position und Salienz)	Nur Salienz	Autoritär (Position und Salienz)
per103 Anti-Imperalismus per105 Militär: negativ per106 Frieden per107 Internationalismus: positiv per201 Freiheit und Menschenrechte per202 Demokratie per301 Dezentralisierung per602 nationaler Lebensstil: negativ per604 traditionelle Moral: negativ per607 Multikulturalismus: positiv per705 unterprivilegierte Minderheiten-Gruppen	per203 Konstitutionalismus: positiv per204 Konstitutionalismus: negativ	per104 Militär: positiv per109 Internationalismus: negativ per302 Zentralisierung per601 nationaler Lebensstil: positiv per603 traditionelle Moral: positiv per605 Law & Order: positiv per608 Multikulturalismus: negativ

Quelle: MARPOR. Die Auswahl und Zuordnung der Kategorien (vgl. die Angaben im Haupttext) sowie die Übersetzung ins Deutsche erfolgten durch den Autor des Kapitels.

Die Kategorien per203 »Konstitutionalismus: positiv« und per 204 »Konstitutionalismus: negativ« beziehen sich auf positive beziehungsweise negative Aussagen zum Status quo der Verfassungsordnung des betreffenden Landes. Die libertäre oder autoritäre Richtung solcher Aussagen ist daher vom jeweiligen Kontext abhängig. Auch die mit diesen Kategorien codierten Forderungen nach einer Beibehaltung oder Veränderung der Verfassung können nur dann der Liberty-Authority-Konfliktlinie zugeordnet werden, wenn der Status quo des Verfassungsrechts berücksichtigt wird.

Für die Bestimmung der Position auf der so konstruierten Liberty-Authority-Skala werden die prozentuellen Anteile autoritärer Quasi-Sätze von den prozentuellen Anteilen libertärer Quasi-Sätze abgezogen und durch 100 dividiert. Höhere Werte stehen somit für eine libertäre Ausrichtung der Partei. Die so errechneten Dezimalzahlen variieren zwischen −1 (autoritär) und +1 (libertär). Sowohl die Salienz- als auch die Positionsmaße können demnach direkt mit den AUTNES-Daten verglichen werden, da sie die gleichen Wertebereiche abdecken: 0 bis 100 bei der Salienz eines Themas und −1 bis +1 bei der Positionsmessung.

Salienz: die Bedeutung der Liberty-Authority-Konfliktlinie, 1945–2013

Auf Basis der Ergebnisse der im vorherigen Abschnitt vorgestellten Inhaltsanalysen der österreichischen nationalen Wahlstudie AUTNES wird nun in einem ersten Untersuchungsschritt die Bedeutung der Liberty-Authority-Konfliktlinie gezeigt. Die Frage ist, wie stark dieser Konflikt die Nationalratswahlkämpfe der Zweiten Republik prägte und welche Bedeutung dabei den vier Subdimensionen der Konfliktlinie zukam. In weiterer Folge wird auf die Unterschiede zwischen den Parteien eingegangen, das heißt auf die parteispezifischen Salienzwerte sowohl der allgemeinen Konfliktlinie als auch ihrer vier Komponenten.

Alle folgenden Ergebnisse beruhen auf den Inhalten von Wahlprogrammen, das heißt auf Texten, die, wie im vierten Abschnitt dargelegt wurde, in einer autoritativen Weise das programmatische Angebot von Parteien bei einer Wahl zusammenfassen. Inwieweit die bei den Wahlkämpfen tatsächlich aufgetretenen Themen mit den Wahlprogrammen übereinstimmen, muss jedoch eine offene Frage bleiben. Manchmal gelingt es Parteien, ihre Kampagne auf die von ihnen gewünschten Themen zu konzentrieren. Häufig müssen sie aber auch kurzfristig auf externe Ereignisse reagieren. Und zusätzlich sind die Parteien gezwungen, auf die Themen der anderen Parteien, auf deren Attacken und auch auf von den Medien forcierte Themen einzugehen. Die Salienz von Themen in einem spezifischen Wahlkampf ist daher von vielen Faktoren abhängig und lässt sich nur ungefähr auf die Bedeutung der Themen in den Wahlprogrammen zurückführen. Auch aus diesem Grund liegt im vorliegenden Kapitel der Schwerpunkt immer auf der langfristigen Entwicklung, nicht auf einzelnen Wahlen. Diese werden nur in Ausnahmefällen angesprochen.

Bei den im nächsten Abschnitt analysierten thematischen Positionen der Parteien ist eine stärkere Übereinstimmung zwischen dem Inhalt der Texte und dem »realen«, vor allem massenmedial vermittelten Geschehen in einer Kampagne zu erwarten. Vergleichende Analysen unterschiedlicher Zugänge bei der Erfassung des programmatischen Angebots von Parteien haben auf diesen spezifischen Unterschied hingewiesen.[221]

Die Ebene der Wahlen

Grafik 1 zeigt die Entwicklung der Liberty-Authority-Konfliktlinie von 1945 bis 2013. Dazu wurde für jede Wahl ein nach den unterschiedlichen Parteistärken gewichteter Mittelwert der einzelnen Salienzwerte gebildet. Durch die unterschiedliche Gewichtung kommt den Wahlprogrammen der größeren Parteien, also vor allem der SPÖ und der ÖVP, bei der Berechnung der Werte für einzelne Wahlen eine größere Bedeutung zu. Dies ergibt ein realistischeres Bild des Wahlkampfgeschehens als eine einfache Mittelwertberechnung, bei der allen Parteien der gleiche Einfluss auf die Ermittlung eines Kampagnenwerts zugemessen wird. In der Praxis weichen die so ermittelten Werte jedoch nur geringfügig von den ungewichteten Mittelwerten ab, da, wie weiter unten gezeigt wird, die Unterschiede der Parteien vor allem bei der allgemeinen Konfliktlinie relativ gering sind.

Grafik 1: Salienz der Liberty-Authority-Konfliktlinie bei den Nationalratswahlen, 1945–2013 (Prozentwerte)

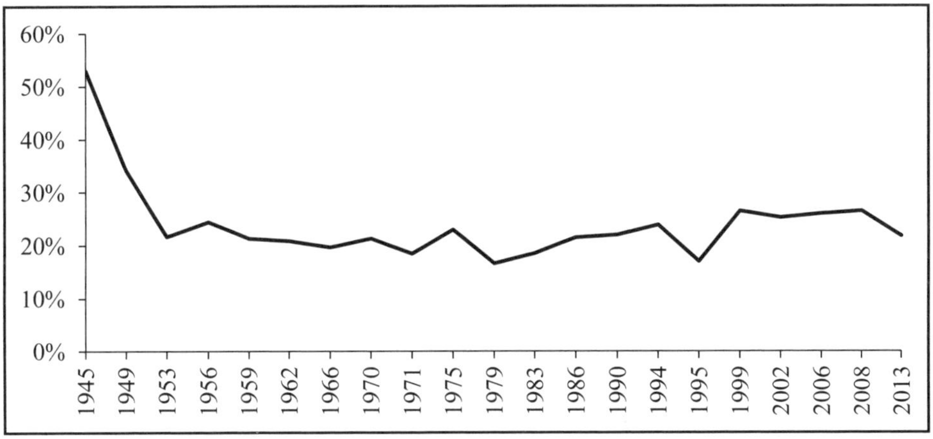

Quelle: AUTNES (interne Datensatzversion v13, 19.12.2016); eigene Berechnungen.

Anmerkung: Die gezeigten Werte entsprechen dem nach Parteistärke gewichteten Mittelwert der für eine Wahl codierten Wahlprogramme.

221 Vgl. Marc Helbling und Anke Tresch, »Measuring party positions and issue salience from media coverage: Discussing and cross-validating new indicators«, in *Electoral Studies* 30, Nr. 1 (2011): 174–183.

Die Analyse der Liberty-Authority-Konfliktlinie bei den österreichischen Nationalratswahlen beginnt mit einer großen Überraschung. Grafik 1 zeigt, dass die Bedeutung dieser Konfliktlinie bei den ersten beiden Nationalratswahlen, das heißt 1945 (53 %) und 1949 (34 %), sehr hoch war, 1953 deutlich zurückging und seit damals auf einem relativ stabilen Niveau von rund 20 Prozent verblieb. Ein prägnanter »Knick« zeigt sich vor allem bei der vorgezogenen Nationalratswahl im Dezember 1995, als die Kampagne besonders stark von sozial- und wirtschaftspolitischen Gegensätzen der Regierungsparteien SPÖ und ÖVP geprägt war.[222] Auch insgesamt waren es seit den 1950er-Jahren somit in erster Linie sozioökonomische Themen, die die Wahlkämpfe bestimmten, nicht die hier gezeigte gesellschaftspolitische oder »kulturelle« Dimension des Parteienwettbewerbs. Auch die hier nicht behandelten Bereiche wie Umweltschutz, Europa oder Bildung nehmen einen deutlich geringeren Stellenwert in den Wahlprogrammen ein. Ähnliche Ergebnisse zeigen auch Studien, die auf Inhaltsanalysen der medialen Berichterstattung basieren.[223] Insgesamt erinnert die Entwicklung in Österreich somit stark an die Situation in anderen westlichen Ländern, in denen sich in den letzten Jahrzehnten, wie im zweiten Abschnitt diskutiert wurde, eine zweite, kulturell definierte Konfliktlinie herausgebildet hat, der politische Wettbewerb insgesamt aber immer noch von wirtschafts- und sozialpolitischen Themen dominiert wird.

Die Erklärung für die Ausnahmesituation bei den Wahlen von 1945 und 1949 wird sichtbar, wenn die Salienzen der vier Subdimensionen der Konfliktlinie einzeln gezeigt werden (Grafik 2). Um die Lesbarkeit zu erleichtern, sind für die vier folgenden Teilgrafiken bei der Prozentskala unterschiedliche Wertebereiche angeführt. Bei der Subdimension Demokratie reicht die Skala bis 50 Prozent, bei den drei anderen Subdimensionen nur bis 15 Prozent. Dies muss bei einem direkten Vergleich der Größenordnungen berücksichtigt werden. Zusätzlich ist stets eine lineare Trendlinie eingefügt, um die generelle Entwicklung im gesamten Verlauf der Zweiten Republik zu verdeutlichen. In der Teilgrafik Demokratie ist eine zweite, strichlierte Trendlinie eingefügt, die sich auf die Wahlen seit 1953, also ohne die beiden ersten, bezieht.

Grafik 2 zeigt, dass es allein die Subdimension Demokratie war, die das außergewöhnliche Ergebnis für 1945 und 1949 sowie den nachfolgenden Rückgang bei der Bedeutung der Konfliktlinie erklärt. Im Mittel beträgt der Anteil dieser Subdimension aufgrund deren enormer Salienz zu Beginn über den gesamten Zeitverlauf immer noch 14,3 Prozent.

Gerade die Wahlprogramme von 1945 betonten nach dem Zusammenbruch der nationalsozialistischen Diktatur besonders stark den demokratischen Neubeginn

222 Wolfgang C. Müller, »A Vote for Stability: The Austrian Parliamentary Elections of 1995«, in *Electoral Studies* 15, Nr. 3 (1996): 410–414.

223 Melischek, Rußmann und Seethaler, »Agenda Building«, 120.

Grafik 2 : Salienz der vier Subdimensionen der Liberty-Authority-Konfliktlinie bei den Nationalratswahlen, 1945–2013 (Prozentwerte und Trendlinie)

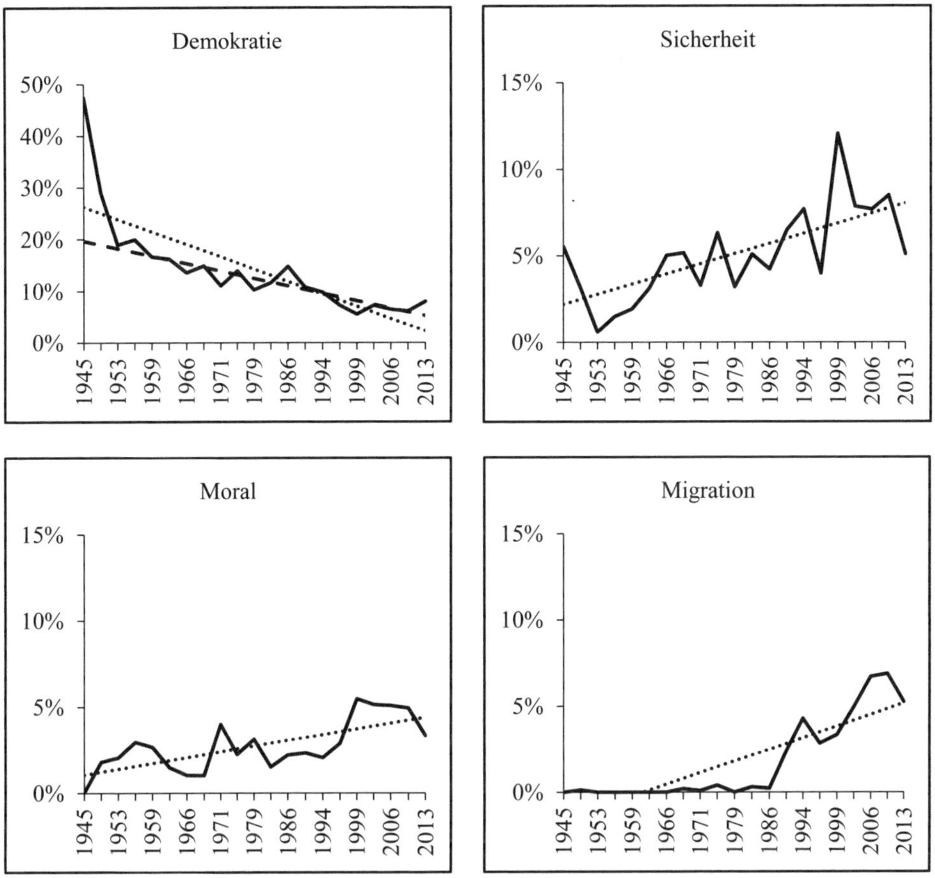

Quelle: AUTNES (interne Datensatzversion v13, 19.12.2016); eigene Berechnungen.

Anmerkung: Die gezeigten Werte entsprechen dem nach Parteistärke gewichteten Mittelwert der für eine Wahl codierten Wahlprogramme. Bei der Teilgrafik Demokratie zeigt eine zweite – strichlierte – Trendlinie die Entwicklung ohne die beiden ersten Nationalratswahlen.

Österreichs. Die beiden folgenden Beispiele aus den Programmen der SPÖ, danach der ÖVP verdeutlichen diesen Aspekt und geben auch Einblick in die damals gebrauchten bedeutungsschweren Formulierungen:

> In geschichtlicher Stunde ruft die Provisorische Staatsregierung euch auf, durch freie Wahl euch eine Volksvertretung und damit der Republik eine vollberechtigte Regierung zu geben.[224]
>
> Die Österreichische Volkspartei lehnt jede dieser Diktaturen ab, die Diktatur des Faschismus genauso wie die Diktatur des Proletariats oder die Diktatur der Plutokratie.[225]

Bei allen anderen Subdimensionen zeigt sich im Gegensatz dazu die erwartete graduelle Zunahme bei der Salienz, wobei jedoch prägnante Unterschiede auftreten: Beim Thema Sicherheit ist seit den 1950er-Jahren (1953: 0,6 %) ein insgesamt starker Anstieg erkennbar, doch wurde der Höhepunkt bereits 1999 erreicht. Seit damals ist die Bedeutung des Themas, unter das vor allem Fragen der inneren Sicherheit, aber auch Aspekte der Landesverteidigung fallen, sehr stark zurückgegangen: von zwölf auf fünf Prozent. Über die gesamte Periode waren es im Mittel 5,1 Prozent. Auch bei den mit moralischen Fragen verbundenen Themen der Liberty-Authority-Konfliktlinie zeigt sich generell ein deutliches Wachstum und zuletzt, nach einem Höhepunkt bei der Wahl 1999, ein Rückgang. Insgesamt sind diese Themen mit einem Mittelwert von 2,7 Prozent jedoch nur halb so wichtig wie der Themenbereich Sicherheit. Besonders prägnant ist die Entwicklung schließlich bei der vierten Subdimension, der Migration: Von 1945 bis einschließlich 1986 war dieses Thema kein relevantes *Issue* bei den Wahlkämpfen, danach zeigen die Salienzwerte einen insgesamt enormen und auch weitgehend kontinuierlichen Anstieg. Allein 1995 und 2013 gingen die Werte leicht zurück. Im Mittel waren es von 1945 bis 2013 – aufgrund der lange Zeit sehr niedrigen Werte – jedoch nur 1,8 Prozent.

Wie kann diese unterschiedliche Entwicklung in den vier Subdimensionen erklärt werden? Neben den unterschiedlichen Strategien der Parteien, auf die weiter unten eingegangen wird, können die in den Wahlkämpfen artikulierten Themen bis zu einem gewissen Grad auf gesellschaftliche Einflüsse zurückgeführt werden, das heißt auf externe Faktoren, auf die Parteien reagieren müssen, um wettbewerbsfähig zu bleiben. Gerade im Zusammenhang mit dem Abschneiden grüner Parteien wurde häufig auf die kurz- und mittelfristig bemerkbaren Auswirkungen ökologischer Krisen verwiesen. Neben der Debatte über das Waldsterben in den frühen 1980er-Jahren können hier vor allem die Reaktorunfälle in Tschernobyl (1986) und Fukushima (2011) genannt werden. Diese Krisen führten zu einem deutlichen Anstieg der Bedeutung des Umweltthemas in der Wahrnehmung der Bevölkerung. In Österreich war der Umweltschutz in den späten 1980er-Jahren sogar das wichtigste Thema.[226]

224 SPÖ, *Wahlaufruf der Sozialistischen Partei*. Abgedruckt in: *Arbeiterzeitung*, 30. Oktober 1945, 1.

225 ÖVP, *Unser Wahlprogramm. Freiheit, Gleichheit, Menschenwürde*, 1.

226 Meyer und Müller, »The Issue Agenda«, 491.

Dies hat nicht nur das Abschneiden der Grünen, sondern auch die programmatische Orientierung der anderen Parteien maßgeblich beeinflusst.

Bei den hier untersuchten gesellschaftspolitischen Streitfragen zeigt sich der Einfluss externer Ereignisse vor allem bei der Subdimension Demokratie, die ohne Zweifel in erster Linie vom historischen Kontext der Frühphase der Zweiten Republik geprägt ist. Die beiden Wahlen von 1945 und 1949 stehen für den demokratischen Neubeginn Österreichs und werden daher in den nachfolgenden Kapiteln von Berthold Molden und David Schriffl noch einmal aufgegriffen. Die moralische Komponente der Liberty-Authority-Konfliktlinie weist im Normalfall keine ähnlich starke Abhängigkeit von externen Ereignissen auf, da hier eher graduelle, im Hintergrund ablaufende Entwicklungen des gesellschaftlichen Wandels relevant sind. Diese könnten allenfalls über Umfragedaten ermittelt werden, jedoch nicht über objektive Daten. Im vorangegangen Kapitel wurde dies für mehrere Themenbereiche gezeigt. Bei den beiden übrigen Subdimensionen bietet sich im Gegensatz dazu ein Vergleich sowohl mit externen objektiven Daten als auch mit Einstellungsdaten an. In einem ersten Schritt werden die objektiven Daten zu gesellschaftlichen Entwicklungen für die Erklärung der Salienzwerte in den Wahlprogrammen herangezogen.

Bei der Subdimension Sicherheit, die stark vom Thema Kriminalität geprägt ist, stellt sich die Frage, ob deren Bedeutung in einem Zusammenhang mit der realen Entwicklung der Kriminalität steht. Ohne Zweifel sind für die gesellschaftliche Wahrnehmung der Bedrohung durch Kriminalität auch andere Faktoren relevant: nicht zuletzt deren mediale Darstellung, die sich maßgeblich auf das in letzter Zeit stark diskutierte Konzept der »subjektiven Kriminalitätsbedrohung« auswirkt. Da über die Berichterstattung beziehungsweise mediale Darstellung von Kriminalität keine Langzeitdaten zur Verfügung stehen, wird für die folgende Grafik 3 allein auf objektive Daten zurückgegriffen. Sie zeigen die Zahl der durch Anzeigen bekannt gewordenen Straftaten im Zeitraum von 1953 bis 2013, wobei nicht die absolute Anzahl, sondern die Anzahl der Straftaten pro 100.000 Einwohnerinnen und Einwohner gezeigt wird, die sogenannte »Häufigkeitszahl«. Dieser standardisierte Wert wird in den Sicherheitsberichten des Innenministeriums vor allem für den Vergleich der unterschiedlich großen Bundesländer herangezogen. Im vorliegenden Fall berücksichtigt er jedoch die starke Zunahme der Bevölkerung im Untersuchungszeitraum von 7 auf 8,7 Millionen.

Ein Vergleich der beiden Entwicklungen zeigt auf den ersten Blick einen gewissen Zusammenhang der beiden Werte. Tatsächlich korrelieren die beiden, insgesamt 19 Wahljahre umfassenden Datenreihen mit 0,74 (Pearson).[227] Der Höhepunkt der

227 Die Werte des Korrelationskoeffizienten nach Pearson reichen von –1 bis +1. Beim vorliegenden Beispiel bedeutet ein positiver Wert, dass mehr Kriminalität mit einer höheren Salienz des Themas Sicherheit verbunden ist. Grundsätzlich zeigen Korrelationen nur eine bestehende Assoziation von Daten an, nicht

Grafik 3 : Entwicklung der Kriminalität und Salienz der Subdimension Sicherheit, 1953–2013 (Prozentwerte und absolute Zahlen)

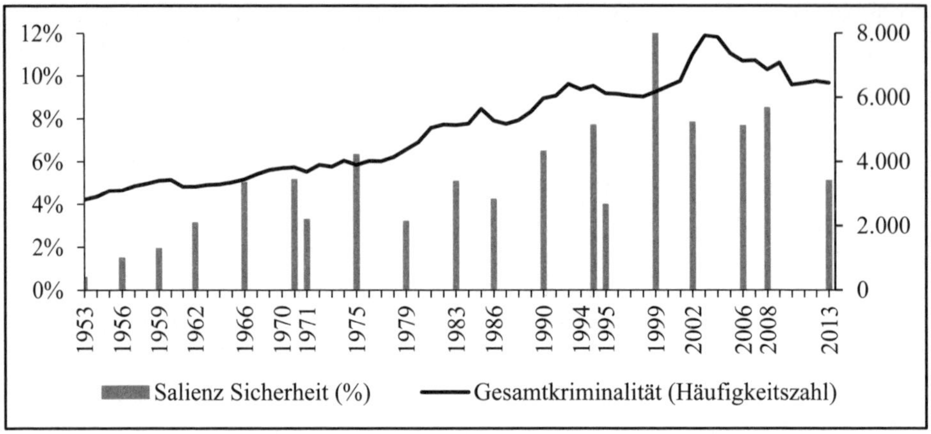

Quellen: Bundesministerium für Inneres (Polizeiliche Kriminalitätsstatistik, Sicherheitsberichte), Statistik Austria, AUTNES (interne Datensatzversion v13, 19.12.2016); eigene Berechnungen.

Anmerkung: Die hier gezeigten »Häufigkeitszahlen« zeigen die Gesamtkriminalität pro 100.000 Einwohnerinnen und Einwohner. Für deren Größe wurde auf die von der Statistik Austria ermittelte – zum Teil nachträglich revidierte – Jahresdurchschnittsbevölkerung zurückgegriffen (Stand: 27.08.2017), weshalb es bei der Berechnung der Häufigkeitszahlen minimale Abweichungen von den offiziellen Angaben des Innenministeriums gibt. Die Daten für 2000 sind interpoliert, da in der Jahresstatistik des Sicherheitsberichts aufgrund einer Systemumstellung allein der Zeitraum von Februar bis Dezember erfasst ist.

Kriminalitätsbelastung im Untersuchzeitraum wurde 2003 mit dem Häufigkeitswert von 7924 erreicht, danach ging sie leicht zurück.[228] Auch bei den Wahlprogrammen zeigen sich zuletzt wieder niedrigere Werte. Insgesamt stellt die reale Bedrohung durch Kriminalität somit durchaus eine mögliche Erklärung für die Relevanz des Themas in den Wahlkämpfen dar.

Auch bei der vierten Subdimension Migration bieten sich objektive Vergleichszahlen an, die die hier relevanten externen Entwicklungen erfassen. Dabei können zumindest zwei Einflüsse unterschieden werden: einerseits die typischerweise mit

die Richtung des Einflusses. Im vorliegenden Beispiel besteht jedoch nur eine mögliche Einflussrichtung, das heißt Parteien reagieren auf veränderte Umweltbedingungen – und nicht Kriminelle auf die Wahlprogramme der Parteien.

228 Der Sicherheitsbericht 2003 des Innenministeriums weist den Wert 7988 aus. Wie bei den Anmerkungen zu Grafik 3 erläutert, gibt es unterschiedliche Angaben beziehungsweise Berechnungsmethoden bei der Ermittlung der Gesamtbevölkerung. Im vorliegenden Kapitel werden allein die von der Statistik Austria ermittelten jährlichen Durchschnittswerte verwendet.

internationalen Krisen verbundenen Flucht- und Migrationsbewegungen, die gerade seit 2015 ein zentrales Thema der österreichischen Politik geworden sind, und andererseits die generelle Entwicklung des Anteils der ausländischen Wohnbevölkerung. Grundsätzlich sind diese beiden Aspekte inhaltlich zu trennen und können daher auch spezifisch anhand der in den Wahlprogrammen angesprochenen Themenbereiche Asyl und Einwanderung untersucht werden.[229] In der Praxis der politischen Auseinandersetzung, das heißt vor allem außerhalb der Wahlprogrammtexte, wird zwischen diesen beiden Phänomenen jedoch nicht immer unterschieden, weshalb die hier verwendete Subdimension, die beide Aspekte umfasst, bewusst beibehalten wird. Grafik 4 zeigt zunächst die jährliche Anzahl der Asylanträge für den Zeitraum von 1980 bis 2013 und die Salienzwerte der Subdimension Migration bei den zehn in dieser Periode abgehaltenen Wahlen. Gezeigt wird also nur der Zeitraum, in dem das Migrationsthema in den Wahlprogrammen erwähnt wurde.

Grafik 4: Zahl der Asylanträge und Salienz der Subdimension Migration, 1980–2013 (Prozentwerte und absolute Zahlen)

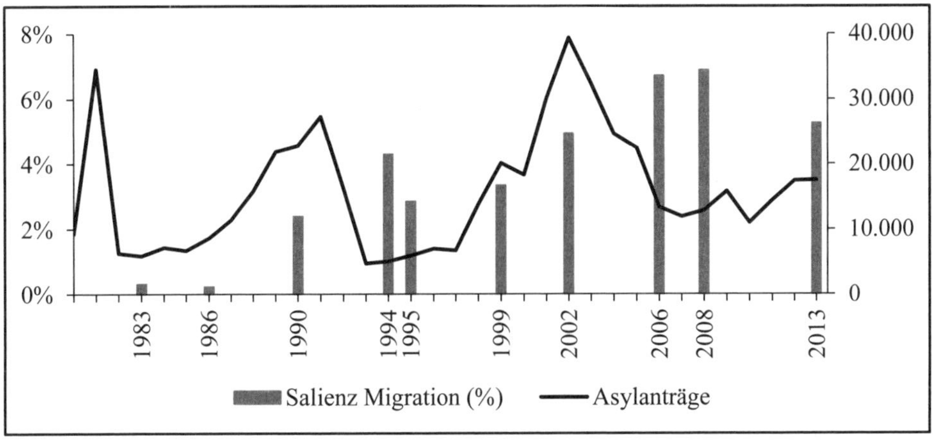

Quelle: Bundesministerium für Inneres, AUTNES (interne Datensatzversion v13, 19.12.2016); eigene Berechnungen.

Die Entwicklung der Asylanträge ist, wie erwartet, von sehr starken Schwankungen geprägt. Die drei Peaks in den Jahren 1981, 1991 und 2002 können auf Basis des wichtigsten Herkunftslandes der Asylwerbenden direkt auf internationale Krisen zurückgeführt werden: 1981 die Ausrufung des Kriegsrechts in Polen infolge der Proteste der Gewerkschaft Solidarność, 1991 der beginnende Krieg in Jugoslawien und

229 Vgl. Gruber, *Campaigning*, 180–185.

2002 der Antiterrorkrieg in Afghanistan. Nicht erfasst in diesen Zahlen sind rund 13.000 aus Kroatien und 95.000 aus Bosnien-Herzegowina geflüchtete Personen, die während des Bürgerkriegs in Jugoslawien in den frühen 1990er-Jahren ein zunächst temporäres Aufenthaltsrecht in Österreich erhielten, aber keine Asylanträge stellten.[230]

Diese starke Fluktuation steht im Kontrast zur kontinuierlichen Entwicklung bei der Bedeutung des Themas in der wahlpolitischen Auseinandersetzung und führt auch zu einer deutlich geringeren Korrelation der beiden Wertreihen (0,31). Allerdings muss berücksichtigt werden, dass vor allem die erste große hier erfasste Fluchtbewegung – ähnlich wie die Ungarnkrise 1956 – zu keiner dauerhaften Ansiedlung geführt hat, da Österreich für die meisten Polinnen und Polen letztlich nur ein Transitland darstellte.[231] Im Gegensatz dazu blieben etwa 65.000 von 95.000 Flüchtlingen aus Bosnien-Herzegowina dauerhaft in Österreich.[232] Diese Unterschiede hinsichtlich der dauerhaften Ansiedlung von Flüchtlingen sind ein wesentlicher Faktor bei der politischen Diskussion über die Entwicklung der Asylzahlen.

Anders verhält es sich bei der Entwicklung des Anteils der ausländischen Wohnbevölkerung, dessen kontinuierlicher Anstieg in den letzten Jahrzehnten mit der ebenso kontinuierlichen Bedeutungszunahme des Themas in den Wahlkämpfen mit dem extrem hohen Wert von 0,93 korreliert (Grafik 5).

Hinter diesem kontinuierlichen Anstieg stehen relativ starke jährliche Schwankungen beim Zuzug beziehungsweise der Abwanderung von Ausländerinnen und Ausländern. Dazu kommt der nicht erfasste Anteil an Personen, denen die österreichische Staatsbürgerschaft verliehen wird. Für das in diesem Zusammenhang wichtige Konzept des Migrationshintergrunds liegen erst seit 2008 Daten der Statistik Austria vor. Zuletzt, das heißt 2013, lag der Anteil der Bevölkerung, der selbst oder dessen Eltern im Ausland geboren wurde, bei 19 Prozent, also deutlich über dem hier gezeigten klassischen »Ausländeranteil«, der 2013 rund zwölf Prozent betrug. Um auch die Dynamik der Entwicklung erfassen zu können, zeigt Grafik 6 den jährlichen Nettozuwachs bei der ausländischen Bevölkerung, das heißt die Differenz zur absoluten Zahl des Vorjahres.

---

230 Rainer Münz, Peter Zuser und Josef Kytir, »Grenzüberschreitende Wanderungen und ausländische Wohnbevölkerung: Struktur und Entwicklung«, in *Österreichischer Migrations- und Integrationsbericht. Demographische Entwicklungen - sozioökonomische Strukturen - rechtliche Rahmenbedingungen*, hrsg. von Heinz Fassmann und Irene Stacher (Klagenfurt: Drava Verlag, 2003), 20–61, hier 26.

231 Rainer Münz, »Austria and its Migrants«, in *Global Austria. Austria's Place in Europe and the World*, hrsg. von Günter Bischof, Fritz Plasser, Anton Pelinka und Alexander Smith (Innsbruck: Innsbruck University Press, 2011), 184–199, hier 186 u. 199.

232 Münz, Zuser und Kytir, »Grenzüberschreitende Wanderungen«, 26.

Grafik 5: Anteil der ausländischen Wohnbevölkerung und Salienz der Subdimension Migration, 1961–2013 (Prozentwerte)

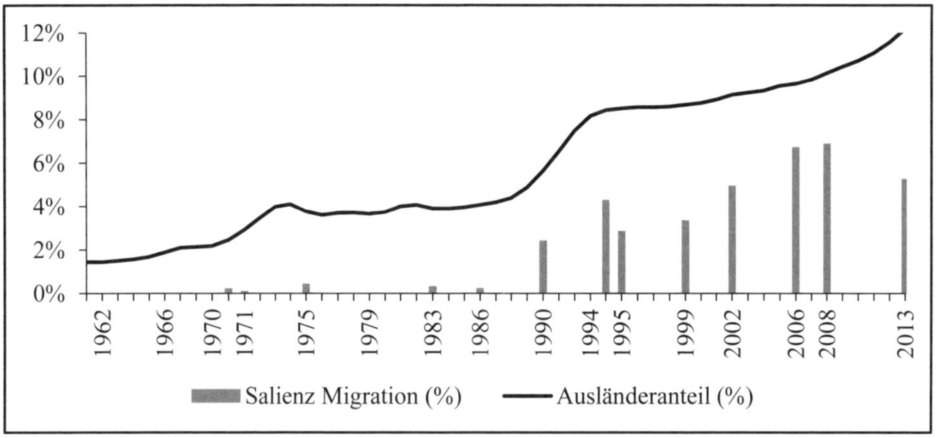

Quelle: Statistik Austria, AUTNES (interne Datensatzversion v13, 19.12.2016); eigene Berechnungen.
Anmerkung: Die Bevölkerungsdaten beziehen sich auf die »Jahresdurchschnittsbevölkerung«.

Grafik 6: Nettozuwachs der ausländischen Wohnbevölkerung und Salienz der Subdimension Migration, 1961–2013 (Prozentwerte und absolute Zahlen)

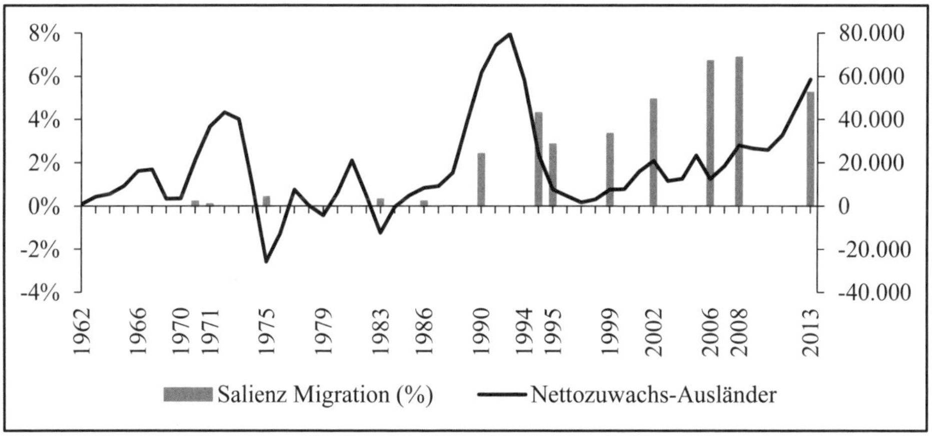

Quelle: Statistik Austria, AUTNES (interne Datensatzversion v13, 19.12.2016); eigene Berechnungen.
Anmerkung: Die Bevölkerungsdaten beziehen sich auf die »Jahresdurchschnittsbevölkerung«.

Im Gegensatz zur Darstellung des Anteils der ausländischen Wohnbevölkerung zeigt Grafik 6 keinen kontinuierlichen Anstieg, sondern starke Schwankungen. In der ersten Hälfte der 1970er-Jahre, nach dem 1974 erfolgten Anwerbestopp bei Gastarbeiterinnen und Gastarbeitern, und in den frühen 1980er-Jahren treten dabei auch negative Werte auf. Den mit Abstand größten Zuwachs gab es um das Jahr 1990, als es mit dem Fall des Eisernen Vorhangs und dem beginnenden Zerfall Jugoslawiens zu sehr großen Zuwächsen bei der ausländischen Bevölkerung kam. Auch am Ende der Untersuchungsperiode sind die Zuwächse – vor allem aufgrund der EU-Binnenmigration – besonders stark. Diese Schwankungen sind aus den Salienzwerten der Wahlprogramme nicht ablesbar.

Ein alternativer Erklärungsansatz für die relative Bedeutung der hier untersuchten Themen in den Wahlprogrammen bezieht sich auf die öffentliche Meinung. Hierbei lautet die Frage, ob sich die von der Bevölkerung als zentral eingestuften Themen auch in den Wahlprogrammen der Parteien widerspiegeln. Im Gegensatz zu den vorher gezeigten Einflussfaktoren ist die Richtung des Zusammenhangs hier letztlich offen: Aus pragmatischen Gründen kann davon ausgegangen werden, dass es eher die Parteien sind, die auf veränderte Einstellungen der Bevölkerung reagieren. Gerade im Vorlauf von Nationalratswahlen investieren die Parteien schließlich viel Geld in die Umfrageforschung. Allerdings ist nicht auszuschließen, dass die Wahrnehmung der relativen Bedeutung unterschiedlicher Themen auch von den Kampagnen der Parteien beeinflusst wird.

Fragen nach dem oder den wichtigsten Themen werden regelmäßig bei Umfragen gestellt, doch hängen die dabei ermittelten Ergebnisse besonders stark von wechselnden Frageformaten ab. Die Befragten erhalten etwa unterschiedliche Listen mit möglichen zentralen Themen und können häufig auch mehrere Themen, nicht nur das wichtigste nennen. Manchmal wird auch mit offenen Frageformaten gearbeitet, das heißt ohne eine Vorgabe möglicher Antwortkategorien. Ein Langzeitvergleich solcher Daten ist daher nur sehr eingeschränkt möglich.

Grafik 7 zeigt einen Vergleich der wichtigsten Themen aus Sicht der österreichischen Bevölkerung für den relativ kurzen Zeitraum von 2002 bis 2013, also indirekt für die Nationalratswahlen 2002, 2006, 2008 und 2013. Bei den im Rahmen des Eurobarometers erhobenen Daten können jeweils zwei Themen aus einer vorgegebenen, im Zeitverlauf nahezu unveränderten Liste gewählt werden. Zwei der hier gezeigten Themen beziehen sich direkt auf hier relevante Aspekte (Kriminalität und Migration), zusätzlich wird in der Grafik die Bedeutung von zwei sozioökonomischen Themen (Arbeitslosigkeit und steigende Preise) dargestellt, um erneut auch die relative Bedeutung der mit der Liberty-Authority-Konfliktlinie verbundenen Themen besser einschätzen zu können. Die Grafik zeigt links den Anteil der Befragten, die die hier gezeigten Themen zu den zwei wichtigsten Problemen Österreichs zählten, und rechts den Rangplatz, den diese Themen bei der zugeschriebenen Bedeutung generell einnahmen.

Grafik 7: Umfrageforschung: Bedeutung ausgewählter Themen aus Sicht der Bevölkerung, 2002–2013 (links: Prozentwerte; rechts: Rangplatz)

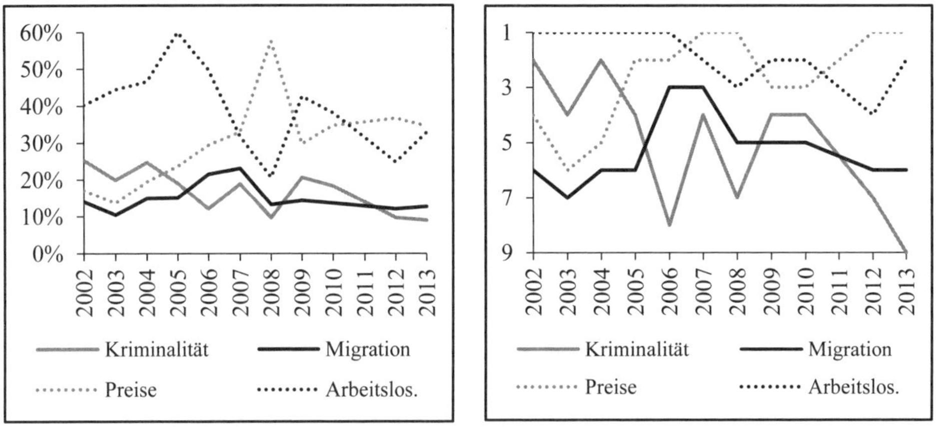

Quelle: Eurobarometer (Reports der Wellen 57.2, 59.1, 60.1, 61.0, 62.0; ab 2005 über http://ec.europa.eu/commfrontoffice/publicopinion/index.cfm/Chart/index; Zugriff am 07.09.2017).
Fragestellung: »Was sind Ihrer Meinung nach die beiden wichtigsten Probleme, denen Österreich derzeit gegenübersteht?« (Quelle: deutschsprachiger Fragebogen für den EB 80/Herbst 2013).

Anmerkung: Die Grafik beruht zum Teil auf Jahresmittelwerten, die Werte für 2011 sind hingegen interpoliert.

Grafik 7 verdeutlicht einmal mehr, dass sozioökonomische Themen in den allermeisten Fällen von weit größerer Bedeutung sind als die hier untersuchte kulturelle Konfliktlinie. Die Themen Arbeitslosigkeit und Preissteigerung, Letzteres vor allem 2008, werden von deutlich mehr Österreicherinnen und Österreichern als zentral eingestuft als die Bereiche Kriminalität und Migration. In den meisten Jahren war eines der beiden hier gezeigten sozioökonomischen Themen das insgesamt wichtigste. Allein 2009 und 2010 war es die – ebenso diesem Bereich zuordenbare, aber hier nicht gezeigte – »wirtschaftliche Lage insgesamt«, gefolgt von der Arbeitslosigkeit und den steigenden Preisen. Erst die Flüchtlingskrise im Spätsommer 2015 hat das Migrationsthema mit 56 Prozent an die Spitze der Themenliste gestellt. Im Herbst 2017, das heißt bei der vorgezogenen Nationalratswahl, lag das Thema mit 28 Prozent immer noch auf Platz 1.[233] Diese Entwicklung liegt jedoch außerhalb des Untersuchungszeitraums dieses Beitrags.

233 Quelle: Eurobarometer. Vgl. die Angaben bei Grafik 7.

Die Ebene der Parteien

Hinter den für die einzelnen Wahlen kumulierten Daten stehen die programmatischen Angebote der Parteien. Inwieweit unterscheiden sich diese in Bezug auf die hier untersuchte Salienzkomponente? Auf Basis der grundsätzlichen programmatischen Orientierungen der Parteien wurden im dritten Abschnitt unterschiedliche Erwartungshaltungen formuliert: Aufgrund der stärkeren Fokussierung auf sozioökonomische Themen sollte vor allem die SPÖ, aber auch die ÖVP weniger stark auf die Liberty-Authority-Konfliktlinie setzen. Im Gegensatz dazu sollten vor allem Grüne und FPÖ die mit der kulturellen Konfliktlinie verbundenen Themen stärker betonen, da diese für ihre programmatische Basis von größerer Bedeutung sind. Dazu kommt, dass beiden Parteien deutlich weniger Kompetenz bei sozioökonomischen Themen zugeschrieben wird als den beiden traditionellen Großparteien. Und schließlich ergeben sich für Grüne und FPÖ auch wahlstrategische Vorteile, da gerade die Subdimension Migration die Anhängerschaft der beiden Großparteien, vor allem jene der SPÖ, spaltet.

Tabelle 3 zeigt die durchschnittliche Bedeutung, die die Parteien in ihren Wahlprogrammen der Liberty-Authority-Konfliktlinie sowie den vier Subdimensionen zumaßen, wobei zwei Zeitabschnitte unterschieden werden: zunächst die Jahre von 1945 bis 1983 als – in Bezug auf den Parteienwettbewerb – »klassische Phase« der österreichischen Nachkriegspolitik, danach die Wahlen von 1986 bis 2013, bei denen die Grünen, vor allem aber die FPÖ (plus BZÖ) eine relevante Rolle spielten. Bei den Wahlen von 2006, 2008 und 2013, als FPÖ und BZÖ parallel kandidierten, wird bei der Salienzmessung (und der im nächsten Abschnitt erfolgenden Positionsmessung) ein gemeinsamer Mittelwert der beiden Parteien errechnet, bei dem – analog zur generellen Vorgehensweise – die unterschiedliche Stärke der beiden Parteien berücksichtigt wird. Da für das Team Stronach (2013) und die Vereinten Grünen (1990) nur eine Messung vorliegt, werden diese Parteien in weiterer Folge nicht mehr berücksichtigt. Die Inhalte ihrer Wahlprogramme beeinflussten aber die allgemeinen Salienzwerte bei den zuvor gezeigten Vergleichen der Wahlen.

Über den gesamten Untersuchungszeitraum von 1945 bis 2013 entsprechen die parteispezifischen Unterschiede bei der Salienz den Erwartungen, doch sind die Differenzen vor allem bei der hoch aggregierten allgemeinen Konfliktdimension nicht besonders stark ausgeprägt: Am wenigsten Bedeutung maßen diesen Themen die Liberalen (22,1 %) und die ÖVP bei (22,4 %), am meisten die KPÖ (30,8 %). Für Letztere sind jedoch nur Werte aus den Anfangsjahren der Zweiten Republik vorhanden, als die Werte insgesamt extrem hoch waren. Relevanter ist daher der Spitzenwert der Grünen (29,9 %). Neben den Salienzwerten der Parteien ist rechts ein Maß für den Unterschied der Werte angeführt. Der hier verwendete Variationskoeffizient kann die Werte von 0 bis 100 annehmen. Der für die allgemeine Konfliktlinie errechnete Wert 13,6 verdeutlicht daher die relativ geringen Unterschiede zwischen den Parteien.

Tabelle 3: Parteispezifische Salienz der Liberty-Authority-Konfliktlinie und der vier Subdimensionen, 1945–2013 (Prozentwerte)

	KPÖ	GRÜNE	SPÖ	LIF/ NEOS	ÖVP	FPÖ/ BZÖ[1]	Var. Koeff.
1945–2013							
Konfliktlinie	30,8	29,9	23,5	22,1	22,4	25,7	13,6
Demokratie	23,0	10,8	13,2	8,5	14,4	14,7	32,2
Sicherheit	5,9	7,0	5,6	5,2	4,6	5,5	12,8
Moral	1,9	6,2	3,5	4,0	2,0	2,1	46,5
Migration	0,0	5,9	1,2	4,4	1,4	3,4	75,2
1945–1983							
Konfliktlinie	30,8	—	24,4	—	23,8	23,6	11,6
Demokratie	23,0	—	17,9	—	18,9	19,0	9,9
Sicherheit	5,9	—	4,3	—	2,9	2,9	30,5
Moral	1,9	—	2,1	—	1,9	1,7	7,4
Migration	0,0	—	0,1	—	0,1	0,0	73,1
1986–2013							
Konfliktlinie	—	29,9	22,1	22,1	20,5	28,1	15,3
Demokratie	—	10,8	6,8	8,5	8,4	9,9	15,5
Sicherheit	—	7,0	7,3	5,2	6,9	8,4	14,6
Moral	—	6,2	5,3	4,0	2,2	2,6	38,3
Migration	—	5,9	2,8	4,4	3,0	7,2	36,6

Quelle: AUTNES (interne Datensatzversion v13, 19.12.2016); eigene Berechnungen.
Der Variationskoeffizient (Var. Koeff.) ist ein von 0 bis 100 reichendes Streuungsmaß, für das der Quotient aus Standardabweichung und Mittelwert mit 100 multipliziert wird. Diese »Standardisierung« ermöglicht einen direkten Vergleich von Zahlenreihen, die – wie im vorliegenden Beispiel – recht große Unterschiede bei den Mittelwerten aufweisen. Für die Berechnung der Standardabweichung wurden die vorhandenen Parteienwerte als Grundgesamtheit, nicht als Stichprobe interpretiert.
Anmerkung: [1]1949 und 1953 VdU. Bei parallelen Kandidaturen von FPÖ und BZÖ (NRW 2006, 2008 und 2013) wurde ein nach Parteistärke gewichteter Mittelwert für die Berechnung verwendet.

In der ersten Periode, von 1945 bis 1983, fallen vor allem die besonders niedrigen Werte der Migrationsdimension auf. Der errechnete Unterschied zwischen den Parteien (73,1) ist nicht relevant, da er minimale Salienzwerte mit der Salienz 0 vergleicht.

Interessanter ist der zweite Untersuchungszeitraum, das heißt die Wahlen seit 1986. Erneut zeigen sich für die allgemeine Konfliktlinie bei der ÖVP die niedrigsten Werte (20,5 %), gefolgt von SPÖ und LIF/NEOS (jeweils 22,1 %). Wie erwartet, ist die parteispezifische Salienz bei FPÖ/BZÖ (28,1 %) und vor allem bei den

Grünen (29,9 %) deutlich größer. Insgesamt sind die Unterschiede jedoch nur minimal größer geworden, da der Variationskoeffizient nun 15,3 beträgt.

In Bezug auf die vier Subdimensionen fällt auf, dass die Dimensionen Demokratie und Sicherheit mit dem Variationswert von 15,5 beziehungsweise 14,6 keine relevanten Unterschiede in der Periode von 1986 bis 2013 aufweisen. Dahinter stehen jedoch – wie im nächsten Abschnitt gezeigt werden wird – fundamentale programmatische Differenzen der Parteien. Bei den moralischen Themen sind die ÖVP und die FPÖ weniger sichtbar. Es sind die linksorientierten Parteien, die diese Themen ansprechen. Es scheint, dass autoritäreren Positionen weniger Raum in der politischen Auseinandersetzung eingeräumt wird. Sie werden erst gar nicht angesprochen, weshalb der Variationswert mit 38,3 deutlich höher ist als bei den Subdimensionen Demokratie und Sicherheit. Ein nahezu perfektes Ergebnis im Sinne der zuvor formulierten Erwartungshaltungen zeigt sich zuletzt bei der Subdimension Migration: Die Grünen (5,9 %) und die FPÖ/BZÖ (7,2 %), die beiden Polarparteien dieser Dimension, sind hier deutlich präsenter als die beiden traditionellen Großparteien, die diesem Thema, das ihre eigene Wählerschaft zum Teil spaltet, weniger Platz einräumen. Insgesamt ist der Variationswert mit 36,6 ähnlich hoch wie bei der moralischen Komponente.

Position: Konflikt und Konsens bei den Nationalratswahlen, 1945–2013

Die im vorherigen Abschnitt durchgeführte Analyse der Salienz der Liberty-Authority-Konfliktlinie zeigte relevante Unterschiede sowohl zwischen den Parteien als auch im Zeitverlauf. Vor allem bei der Aufgliederung der Konfliktlinie in ihre vier Subdimensionen bestätigten sich in den meisten Fällen die im dritten Abschnitt formulierten Erwartungen.

Neben der unterschiedlichen Bedeutung der Konfliktlinie bestehen programmatische Unterschiede zwischen den Parteien aber in erster Linie bei den Positionen. Im Gegensatz zur weiter oben erwähnten Salienztheorie des Parteienwettbewerbs wird im vorliegenden Kapitel – wie in der Politikwissenschaft generell üblich – stets zwischen den Phänomenen Salienz und Position unterschieden. Extreme Positionen können durchaus mit höheren Salienzwerten verknüpft sein, doch muss dies nicht immer der Fall sein. Dies ist eine empirische Frage, für deren Beantwortung es notwendig ist, die beiden Phänomene unabhängig voneinander zu erfassen.[234]

Zunächst werden die unterschiedlichen Positionen der Parteien auf der Liberty-Authority-Konfliktlinie und ihren Subdimensionen dargestellt. Danach werden diese Werte für die einzelnen Wahlen zusammengefasst, wofür auf ein Maß für die Pola-

234 Dolezal, Ennser-Jedenastik, Müller und Winkler, »How parties compete for votes«.

risierung, das heißt für das Ausmaß der programmatischen Unterschiede zwischen den Parteien, zurückgegriffen wird. Zuletzt wird, um die beiden Aspekte Salienz und Position zusammenzufügen, auf das Konzept der Politisierung zurückgegriffen und die diesbezügliche Entwicklung der Konfliktlinie gezeigt.

Die Positionen der Parteien

Im dritten Abschnitt wurden Erwartungen für die Unterschiede zwischen den Parteien sowohl für die Salienz- als auch für die Positionswerte formuliert. Tabelle 4 zeigt, welche Positionen die Parteien bei den Wahlen von 1945 bis 2013 tatsächlich einnahmen. Analog zur Darstellung im vorangegangenen Abschnitt werden dabei erneut zwei Perioden, 1945 bis 1983 und 1986 bis 2013, unterschieden. Zunächst werden die Werte jedoch für die volle Periode gezeigt.

Tabelle 4: Positionen der Parteien auf der Liberty-Authority-Konfliktlinie und den vier Subdimensionen, 1945–2013 (Skala von –1 [autoritär] bis +1 [libertär])

	KPÖ	GRÜNE	SPÖ	LIF/NEOS	ÖVP	FPÖ/BZÖ[1]
1945–2013						
Konfliktlinie	0,48	0,73	0,45	0,62	0,19	0,10
Demokratie	0,33	0,77	0,59	0,73	0,37	0,42
Sicherheit	0,85	0,53	0,13	0,28	–0,19	–0,33
Moral	0,72	0,79	0,74	0,81	0,34	0,70
Migration	–	0,76	0,60	0,70	0,29	–0,61
1945–1983						
Konfliktlinie	0,48	–	0,46	–	0,31	0,26
Demokratie	0,33	–	0,53	–	0,44	0,42
Sicherheit	0,85	–	0,29	–	0,05	–0,12
Moral	0,72	–	0,65	–	0,09	0,74
Migration	–	–	1,00	–	0,69	–0,20
1986–2013						
Konfliktlinie	–	0,73	0,44	0,62	0,04	–0,09
Demokratie	–	0,77	0,68	0,73	0,29	0,41
Sicherheit	–	0,53	–0,08	0,28	–0,51	–0,51
Moral	–	0,79	0,85	0,81	0,69	0,66
Migration	–	0,76	0,51	0,70	0,05	–0,66

Quelle: AUTNES (interne Datensatzversion v13, 19.12.2016); eigene Berechnungen.

Anmerkung: [1]1949 und 1953 VdU. Bei parallelen Kandidaturen von FPÖ und BZÖ (NRW 2006, 2008 und 2013) wurde ein nach Parteistärke gewichteter Mittelwert für die Berechnung verwendet.

Die generelle Positionierung der Parteien zeigt über den gesamten Zeitverlauf das erwartete Bild, da die Grünen, gefolgt von den Liberalen (d.h. LIF sowie NEOS) die libertärste Position einnehmen. Die FPÖ bildet den deutlich autoritäreren Gegenpol. Die übrigen Parteien platzieren sich zwischen diesen beiden Polen, wobei sich die ÖVP insgesamt näher bei der FPÖ positioniert. Generell liegen aber alle Parteien, auch die FPÖ, im positiven Bereich der hier verwendeten Skala von –1 bis +1.

Prägnanter wird das Bild nach 1986, da die FPÖ nun im – leicht – negativen Bereich liegt. Bei den Subdimensionen zeigen sich im Zeitraum von 1986 bis 2013 unterschiedliche Muster: In der Subdimension Demokratie weisen alle Parteien positive Werte auf. Die niedrigeren Werte bei der ÖVP weisen auf weniger stark ausgeprägte Forderungen nach einer Ausweitung der Demokratie in den nichtstaatlichen Bereich hin; die relativ hohen Werte der FPÖ sind auf Forderungen nach einem Ausbau der direkten Demokratie zurückzuführen. Ebenso – und dies ist ein überraschender Befund – zeigen sich bei der Subdimension Moral bei allen Parteien positive Werte. Weder die christdemokratische ÖVP noch die rechtspopulistische FPÖ positionieren sich hier in Richtung autoritärer Positionen. Die generell vorhandenen Orientierungen werden in den Wahlprogrammen offenbar nicht angesprochen. Besonders interessant ist dies in Bezug auf die ÖVP, da sich – wie im achten Abschnitt gezeigt werden wird – deren Wählerinnen und Wähler in diesem Zusammenhang stark von den anderen Parteien unterscheiden.

Die erwarteten Unterschiede zeigen sich zunächst bei der Sicherheitskomponente, da die Grünen und – etwas abgeschwächt – die Liberalen eine libertäre Position vertreten, wohingegen sich ÖVP und FPÖ mit jeweils –0,5 Skalenpunkten auf dem identischen, deutlich autoritäreren Platz befinden. Die SPÖ positioniert sich mit –0,1 in der ideologischen Mitte.

Noch ausgeprägter sind die Unterschiede beim Thema Migration, dem seit den 1990er-Jahren wohl umstrittensten Thema der österreichischen Politik. Grüne und Liberale positionieren sich besonders libertär, etwas weniger stark die SPÖ. Im Gegensatz zur Sicherheitsdimension bestehen hier auch relevante Unterschiede zwischen der ÖVP und der FPÖ. Während die ÖVP mit 0,1 eine neutrale Position einnimmt, positioniert sich die FPÖ mit –0,7 sehr deutlich in Richtung des autoritären Pols.

Polarisierung und Politisierung

Die unterschiedlich großen Positionsunterschiede zwischen den Parteien verweisen auf eine unterschiedliche Intensität der Konfliktdimension sowohl im Zeitverlauf als auch zwischen den vier Subdimensionen. Um dies direkt vergleichen zu können, wird das Ausmaß der Unterschiede zwischen den Parteien in den folgenden Grafiken mit einer Maßzahl gezeigt. Für jede Wahl und thematische Kategorie wird dafür der Grad der Polarisierung der Parteipositionen berechnet, wobei auf die in der aktuellen Literatur zumeist verwendete Formel von Dalton zurückgegriffen wird.[235] Der so ermittelte Indexwert reicht von 0 (komplette Übereinstimmung der Positionen) bis 10 (größter Dissens), wobei nicht nur die Positionen der Parteien, sondern auch ihre relative Stärke berücksichtigt werden. Der theoretisch höchste Wert wird zum Beispiel dann erreicht, wenn sich bei insgesamt zwei gleichstarken Parteien eine Partei auf einem Skalenende positioniert und die andere Partei auf dem entgegengesetzten Skalenende.

Grafik 8: Polarisierung der Parteipositionen auf der Liberty-Authority-Konfliktlinie, 1945–2013 (Skala von 0–10)

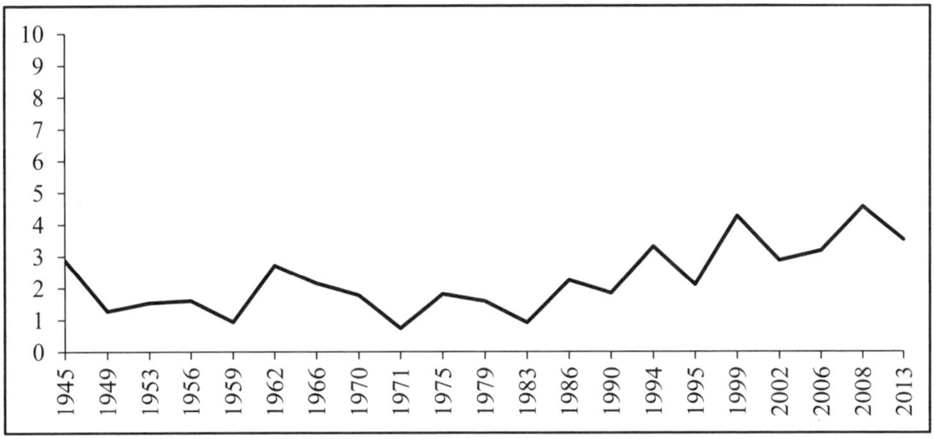

Quelle: AUTNES (interne Datensatzversion v13, 19.12.2016); eigene Berechnungen.
Anmerkung: Die Polarisierungswerte basieren auf der Formel von Dalton (vgl. Haupttext).

Grafik 8 zeigt, dass die Polarisierung der Parteipositionen auf der allgemeinen Liberty-Authority-Konfliktlinie von Wahl zu Wahl unterschiedliche Werte aufweist, im Lauf der Zeit aber zunimmt. Allerdings ist das Ausmaß der Polarisierung, die, wie erwähnt, von 0 bis 10 reichen kann, nicht besonders groß. Allein bei den Nationalratswahlen 1999 und 2008 wurden mit 4,3 beziehungsweise 4,7 recht hohe Werte erreicht. Aufschlussreicher ist erneut der Blick auf die vier Subdimensionen der Konfliktlinie (Grafik 9). Um den direkten Vergleich zu erleichtern, ist hier bewusst die volle Skala abgebildet.

235 Russell J. Dalton, »The Quantity and the Quality of Party Systems. Party System Polarization, Its Measurement, and Its Consequences«, in *Comparative Political Studies* 41, Nr. 7 (2008): 899–920.

Grafik 9: Polarisierung der Parteipositionen auf den vier Subdimensionen der Liberty-Authority-Konfliktlinie, 1945–2013 (Skala von 0–10)

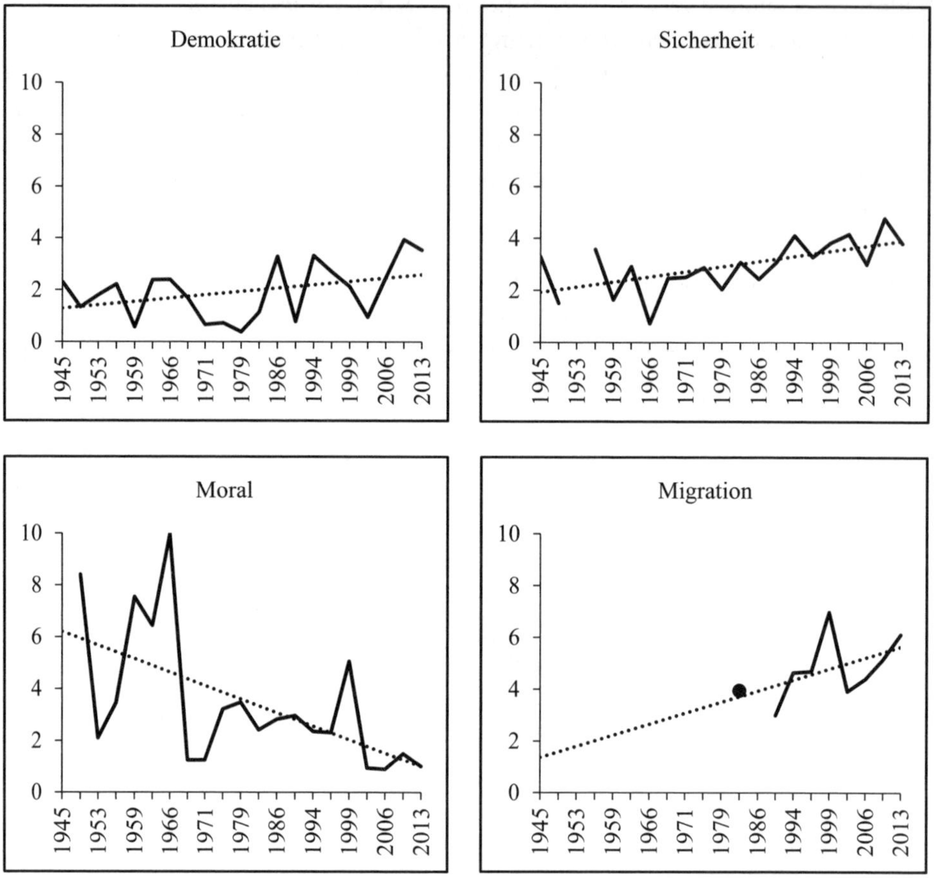

Quelle: AUTNES (interne Datensatzversion v13, 19.12.2016); eigene Berechnungen.
Anmerkung: Die Polarisierungswerte basieren auf der Formel von Dalton (vgl. Haupttext).

Geringe Polarisierungswerte zeigen sich bei den Bereichen Demokratie und Sicherheit. In beiden Fällen steigen die Gegensätze im Zeitverlauf jedoch leicht an. Die vor allem im Bereich der Sicherheit überraschend niedrigen Werte stehen nicht im Widerspruch zu den großen Unterschieden zwischen den Parteien, auf die zuvor hingewiesen wurde. Die besonders libertären Positionen der Kleinparteien (Grüne sowie LIF/NEOS) werden bei der Berechnung des Polarisierungswertes, wie erwähnt, nur mit einem relativ kleinen Gewicht berücksichtigt.

Bei der Konfliktdimension Migration zeigt sich das erwartete Muster. Wie im fünften Abschnitt erwähnt, sind die Salienzwerte dieser Subdimension lange Zeit sehr gering. Tatsächlich gab es auch viele Wahlen ohne eine einzige Nennung dieses Themas, weshalb der Polarisierungswert automatisch 0 beträgt. 1949 sprach allein die ÖVP und auch nur mit einem einzigen Satz, konkret mit einem Gliederungspunkt, dieses Thema an, und das auch nur sehr vage mit einer Absage an den »Völkerhaß«.[236] Das damals politisch relevantere Thema der Aufnahme von Vertriebenen wurde für die vorliegende Untersuchung nicht der Migrationskategorie zugeordnet, sondern der politischen Dimension der Konfliktlinie, da die deutschen beziehungsweise deutschsprachigen Vertriebenen insgesamt anders wahrgenommen wurden als spätere Einwanderungswellen etwa aus der Türkei. Insgesamt spielte der Umgang mit Vertriebenen in den Wahlprogrammen aber keine große Rolle. Selbst am Beginn der Zweiten Republik lagen die Anteile der Aussagen bei allen Parteien weit unter einem Prozent, weshalb auch eine andere Interpretation dieses Themas zu keinen relevanten Veränderungen bei der Messung der Konfliktlinie geführt hätte. Erst für 1975[237] sowie ab 1983 liegen dann stets Aussagen zur Migrationsfrage vor, deren Polarisierungswerte zuletzt – mit Ausnahme von 2002, als die autoritäre Position der FPÖ aufgrund ihres schwachen Abschneidens bei der Nationalratswahl nur mit einem relativ geringen Gewicht in die Messung einging – stets anstiegen.

Besonders auffällig ist jedoch die Entwicklung der Subdimension Moral. Hier zeigen sich extrem hohe Werte, 1966 wird sogar der höchstmögliche Skalenwert von 10 erreicht. Wie ist das möglich? Die entscheidenden Sätze und Gliederungspunkte im Wahlprogramm der SPÖ waren folgende:

- Zeitgemäße Familienrechtsreform mit dem Ziel der Verbesserung der Rechtsstellung der Frau in Familie und Gesellschaft; gesetzliche Anerkennung der Leistung der Frau und Mutter im Beruf wie im Haushalt;
- Allgemeine Durchsetzung des Grundsatzes des gleichen Entgeltes für Mann und Frau bei gleichwertiger Arbeit.
- Gleiche Ausbildungschancen für die weibliche Jugend;
- Freiheit der Kunst – Freiheit der Meinung
- Vorsorge in Wirtschaft und Verwaltung zur Ermöglichung der Teilzeitbeschäftigung von Frauen.[238]

236 Der Gliederungspunkt aus dem ÖVP-Wahlprogramm lautet: »für wahren Frieden und Völkerverständigung, gegen Krieg und Völkerhaß«. In der AUTNES-Codierung wurden daraus vier Aussagen gebildet, von denen eine – bezogen auf die Absage an den »Völkerhaß« – mit einer negativen Bewertung von Fremdenfeindlichkeit bzw. Rassismus codiert wurde.

237 Hier liegen jedoch nur positive Aussagen von SPÖ und ÖVP vor, weshalb der Polarisierungswert 0 beträgt.

238 SPÖ, *Programm für Österreich. Beschlossen vom Parteirat der SPÖ.*

Das Wahlprogramm der ÖVP enthielt im Gegensatz dazu nur einen einzigen Satz, der auch die moralische Komponente der Konfliktdimension ansprach:

> Die Bestimmungen zum Schutze des werdenden menschlichen Lebens, zum Schutz von Ehe und Familie sowie über strafbare Handlungen gegen Sittlichkeit und den religiösen Frieden müssen so gefaßt sein, daß sie der Weltanschauung der überwiegenden Mehrheit der österreichischen Bevölkerung Rechnung tragen.[239]

Aus den hier im Wortlaut angeführten Sätzen wurden bei der SPÖ elf Aussagen mit Bezug zur moralischen Subdimension gebildet und alle elf mit dem Positionswert +1 codiert. Bei der ÖVP waren es drei Aussagen, die alle den Wert −1 erhielten. Dies erklärt, dass für die Wahl 1966 – ohne das im verwendeten Datensatz noch nicht enthaltene, da erst mit Verspätung identifizierte Wahlprogramm der FPÖ – der maximal mögliche Polarisierungswert erreicht wurde.[240] Die Bedeutung des Themas war jedoch auch 1966 relativ gering.

Das tatsächliche Ausmaß der Konfliktträchtigkeit der Liberty-Authority-Konfliktlinie zeigt sich daher vor allem dann, wenn die Werte der Salienz und der Polarisierung zusammengefügt und zu einer Maßzahl verdichtet werden. In Anlehnung an eine Publikation zur politischen Auseinandersetzung über den europäischen Integrationsprozess wird dafür die *Politisierung* eines politischen Themas als Maß herangezogen.[241] Diese kann als Produkt von Salienz und Polarisierung interpretiert werden.[242] Nach einer Division der Salienzwerte durch zehn liegt der mögliche Wertebereich bei beiden Komponenten zwischen 0 und 10, weshalb der maximal höchste Politisierungswert 100 beträgt. Grafik 10 zeigt die entsprechenden Werte zunächst für die allgemeine Konfliktdimension.

Die absolute Höhe der Politisierungswerte kann hier nicht gut interpretiert werden, da der angeführte Maximalwert nur theoretisch erreicht werden kann. Schließlich müssten die Parteien dafür erstens ausschließlich über Themen der Liberty-Authority-Konfliktlinie sprechen (Salienzwert 100 %) und zusätzlich – auf Basis der Wählerstärke – zwei gleich große Lager bilden, deren Positionswerte −1 beziehungsweise +1 betragen (Polarisierungswert 10). Relevant ist daher allein die Veränderung im Zeitverlauf. Abgesehen vom Wert für 1945, der vor allem durch die

239 ÖVP, *Sicherheit für alle. Die ÖVP gibt Antwort auf die Fragen der Gegenwart und der Zukunft*.

240 Bei der Nationalratswahl 1966 erhielt die ÖVP 48,4 Prozent der Stimmen, die SPÖ 42,6. Aufgrund des etwas höheren Gewichts der ÖVP entspricht der errechnete Polarisierungswert nicht exakt 10, sondern liegt minimal darunter (9,98).

241 Hutter, Grande und Kriesi, *Politicising Europe*.

242 Zusätzlich wird bei Hutter, Grande und Kriesi, *Politicising Europe* die Anzahl der über Medienberichte erfassten beteiligten Akteurinnen und Akteure in den Politisierungsindikator einbezogen. Bei einer Untersuchung von Wahlprogrammen fällt dieser Aspekt weg.

Grafik 10: Politisierung (Salienz * Polarisierung) der Liberty-Authority-Konfliktlinie, 1945–2013

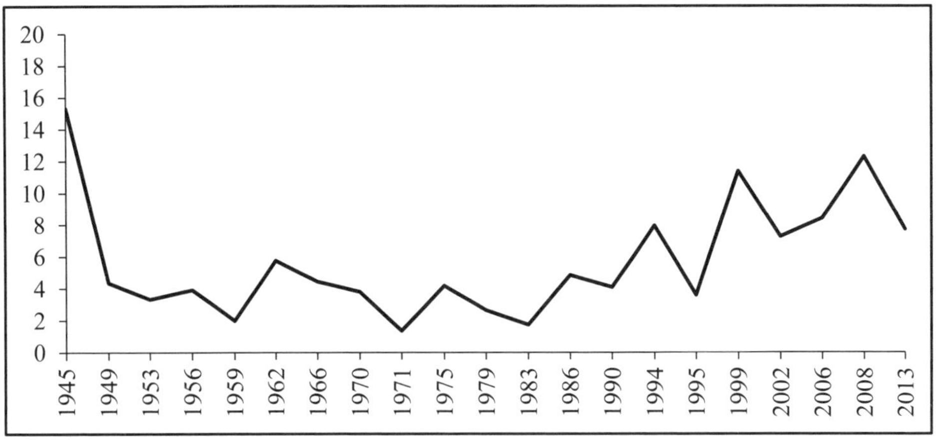

Quelle: AUTNES (interne Datensatzversion v13, 19.12.2016); eigene Berechnungen.

hohen Salienzwerte getrieben wird, zeigt sich eine Entwicklung, die vor allem in den 1970er- und frühen 1980er-Jahren von einem geringen Politisierungsniveau der Liberty-Authority-Konfliktlinie geprägt ist. Erst ab den 1990er-Jahren steigen die Werte deutlich an und erreichen 1999 und 2008 die aktuellen Maximalwerte. Grafik 11 zeigt die Ergebnisse für die vier Subdimensionen.

Da die vier Teilgrafiken beide Komponenten des politischen Angebots umfassen, zeigen sie insgesamt wohl am besten, wie konfliktträchtig die vier Subdimensionen der kulturellen Konfliktdimension im Zeitverlauf waren. Bei der Subdimension Demokratie zeigt sich – aufgrund der extremen Salienzwerte zu Beginn der Untersuchungsperiode – ein Rückgang der Politisierung, bei den moralischen Themen ist die Entwicklung im Gegensatz dazu von großer Stabilität geprägt. Der für 1966 ermittelte extreme Ausreißer bei den Polarisierungswerten wird von der geringen Salienz der Themen ausgeglichen. Auch ein deutlicher Anstieg bei der Nationalratswahl 1999, als relativ viele Fragen der Gleichberechtigung angesprochen wurden, kann an diesem Befund nichts ändern. Eine zunehmende Konfliktträchtigkeit zeigen die Politisierungswerte somit vor allem bei den Subdimensionen Sicherheit und Migration.

Grafik 11: Politisierung (Salienz * Polarisierung) der vier Subdimensionen der Liberty-Authority-Konfliktlinie, 1945–2013

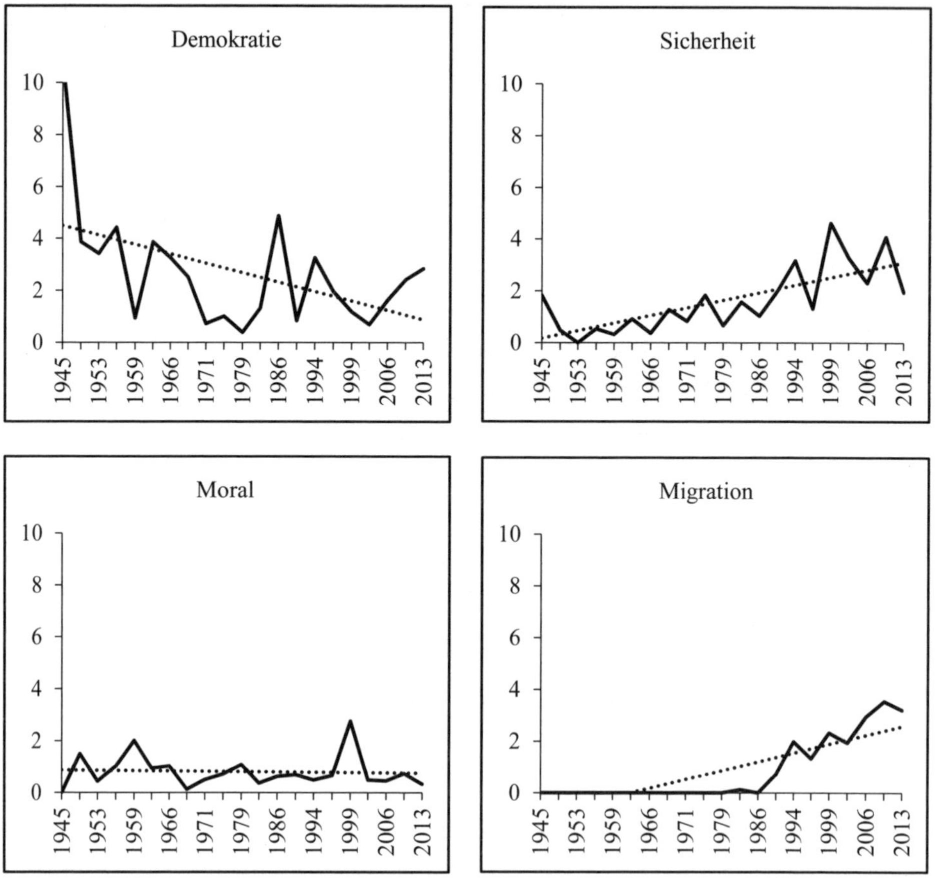

Quelle: AUTNES (interne Datensatzversion v13, 19.12.2016); eigene Berechnungen.

Der Einfluss der Liberty-Authority-Konfliktlinie auf das Wahlverhalten, 2002–2013

Die bisherigen Analysen zeigten relevante Unterschiede im programmatischen Angebot bei den Nationalratswahlen sowohl im Zeitverlauf als auch zwischen den Parteien. Diese Befunde belegen die Relevanz des Gegensatzes von libertären und autoritären Positionen im österreichischen Parteienwettbewerb, wenngleich – abgesehen vom Beginn der Zweiten Republik – die hier nicht untersuchten sozioökonomischen Themen insgesamt deutlich dominieren.

Da die verwendeten Daten – die Ergebnisse der Inhaltsanalysen von Wahlprogrammen – einen direkten Bezug zu Wahlen aufweisen, stellt sich in einem weiteren Untersuchungsschritt die Frage, ob die gezeigten Gegensätze nicht nur im Bereich des politischen Angebots, sondern auch auf der Nachfrageseite, das heißt auf der Seite der Wählerschaft, zu beobachten sind. Die Frage lautet, welchen Einfluss libertäre versus autoritäre Einstellungen der Wählerinnen und Wähler auf deren Parteiwahl haben. Dieser Abschnitt schließt somit auch an das vorangegangene Kapitel an, das sich generell mit den Einstellungen der Bevölkerung beschäftigte.

Thematische Einstellungen sind für die Wahlentscheidung besonders relevant, doch sind sie keineswegs die einzigen dabei wichtigen Faktoren. In den drei großen theoretischen »Schulen« der Wahlforschung spielen sie eine unterschiedlich große Rolle: Die geringste Bedeutung kommt ihnen im *soziologischen Ansatz* zu. Dieser im Rahmen einer Studie zur amerikanischen Präsidentschaftswahl von 1940 entwickelte Ansatz betont in erster Linie die soziodemografischen Merkmale der Wählerinnen und Wähler, vor allem ihre soziale Klasse und Konfession.[243] Das »Standardmodell« der modernen Wahlforschung, der *sozialpsychologische Ansatz*, übernimmt die demografischen Faktoren des soziologischen, ergänzt sie aber durch drei zusätzliche Einflüsse: Parteiidentifikation, Kandidatenorientierung und Sachfragen.[244] Hier wird also erstmals direkt auf die Bedeutung von Themen verwiesen. Das dritte Modell, der *Rational Choice Ansatz*, stellt die Sachfragen in den Mittelpunkt seiner Theorie.[245] Wählerinnen und Wähler, so die Annahme, orientieren sich in erster Linie am programmatischen Angebot der Parteien, vergleichen dieses mit ihren eigenen Einstellungen (oder Interessen) und wählen dann die Partei, deren Angebot mit diesen am meisten übereinstimmt – und daher den größten »Nutzen« verspricht.

Aufgrund der in Österreich für weiter zurückliegende Wahlen leider sehr eingeschränkten Datenlage ist ein direkter Vergleich dieser Einflussfaktoren, vor allem eine Analyse, die auf identischen Einstellungsfragen basiert, nur für die Wahlen in den 2000er-Jahren möglich. Für die Nationalratswahlen von 2002, 2006, 2008 und 2013 kann auf vier Wellen des *European Social Survey* (ESS), einer alle zwei Jahre durchgeführten internationalen Umfragestudie, zurückgegriffen werden. Ältere für Österreich verfügbare Umfragedaten zu Nationalratswahlen weisen eine solche direkte Vergleichbarkeit nicht auf, da gerade die thematischen Einstellungen der Wählerschaft nicht immer mit standardisierten und vergleichbaren Skalen abgefragt wurden; auch ältere internationale Befragungen weisen durchwegs Lücken bei den hier

243 Lazarsfeld, Berelson und Gaudet, *The People's Choice*.

244 Angus Campbell, Philip E. Converse, Warren E. Miller und Donald E. Stokes, *The American Voter* (New York: John Wiley & Sons, 1960).

245 Anthony Downs, *An Economic Theory of Democracy* (New York: Harper Collins, 1957).

relevanten Variablen auf.[246] Für die jüngsten Wahlen, das heißt 2008 und vor allem 2013, sind auch Daten der österreichischen nationalen Wahlstudie AUTNES verfügbar.[247] Da der ESS zwei zusätzliche Wahlen abdeckt, wird ihm jedoch der Vorzug gegeben. Allerdings ist zu beachten, dass der zeitliche Abstand zwischen den Wahlen und den Befragungen deutlich größer ist als bei einer eigentlichen Wahlstudie.[248]

Die Analyse erfolgt in zwei Schritten: Zunächst werden die Einstellungen der Parteiwählergruppen zu Themen gezeigt, die drei der vier Subdimensionen der Liberty-Authority-Konfliktlinie zugeordnet werden können: Das Ausmaß des Vertrauens in die Polizei wird als – keinesfalls perfekter – Indikator für Einstellungen im Bereich der Sicherheitsdimension bewertet. Die moralische Dimension wird mit Einstellungen zu Rechten von Homosexuellen erschlossen und drittens wird eine Frage zur Unterstützung von Migration für die Analyse herangezogen. Allein die vierte Subdimension (Demokratie) kann aufgrund des Fehlens passender Umfragedaten nicht untersucht werden. Zusätzlich wird, um den Einfluss der sozioökonomischen Konfliktlinie zu verdeutlichen, eine Frage nach der Rolle des Staates beim Abbau von Einkommensunterschieden verwendet. Anschließend wird untersucht, welche Rolle die Einstellungen zu diesen vier Themenbereichen unter Berücksichtigung sozialstruktureller Merkmale der Befragten für die Parteiwahl spielen.

Die folgende Untersuchung konzentriert sich auf die vier in Österreich seit den 1980er-Jahren wichtigen Parteien, das heißt auf die SPÖ, die ÖVP, die FPÖ und die Grünen. Wählerinnen und Wähler des BZÖ werden der FPÖ zugeordnet, da es sonst zu Problemen mit einer zu geringen Fallzahl bei den Befragten kommt. Generell bestehen auch nur wenige programmatische Differenzen zwischen diesen Parteien, die beide der rechtspopulistischen Parteienfamilie zugeordnet werden können. Wählerinnen und Wähler der KPÖ sowie von LIF/NEOS können aufgrund der zu-

246 Dazu nur zwei Beispiele: Der *Soziale Survey 1993*, eine österreichische Studie, enthält grundsätzlich Informationen zu allen Bereichen, doch wurden keinem bzw. keiner der Befragten alle vier hier relevanten thematischen Fragen gestellt, da mit zwei Fragebogenversionen gearbeitet, das Sample daher »gesplittet« wurde. Bei der zweiten Welle des *World Values Survey/European Values Study*, der weltweit größten internationalen Befragung, die für die Nationalratswahl 1990 herangezogen werden könnte, wurden in Österreich nicht alle relevanten Fragen gestellt. Ferner können die dort enthaltenen Fragen zum Bereich der Migration nicht direkt mit den ESS-Fragen verglichen werden.

247 Sylvia Kritzinger, Wolfgang C. Müller und Klaus Schönbach, Hg., *Die Nationalratswahl 2013. Wie Parteien, Medien und Wählerschaft zusammenwirken* (Wien: Böhlau, 2014); vgl. auch Sylvia Kritzinger, Eva Zeglovits, Michael S. Lewis-Beck und Richard Nadeau, *The Austrian Voter* (Wien: Vienna University Press, 2013).

248 Die folgende Übersicht zeigt diesen Nachteil sehr deutlich: Der European Social Survey (ESS) Welle 1 (Interviews zwischen Februar und September 2003) wird für die Nationalratswahl (NRW) am 24.11.2002 verwendet. Der ESS 3 (07–11/2007) für die NRW am 01.10.2006, der ESS 4 (11/2010–02/2011) für die NRW am 28.09.2008 und der ESS 7 (10/2014–05/2015) für die NRW am 29.09.2013.

Grafik 12: Einstellungen der Parteiwählerinnen und Parteiwähler, 2002–2013 (Skala von 0–1)

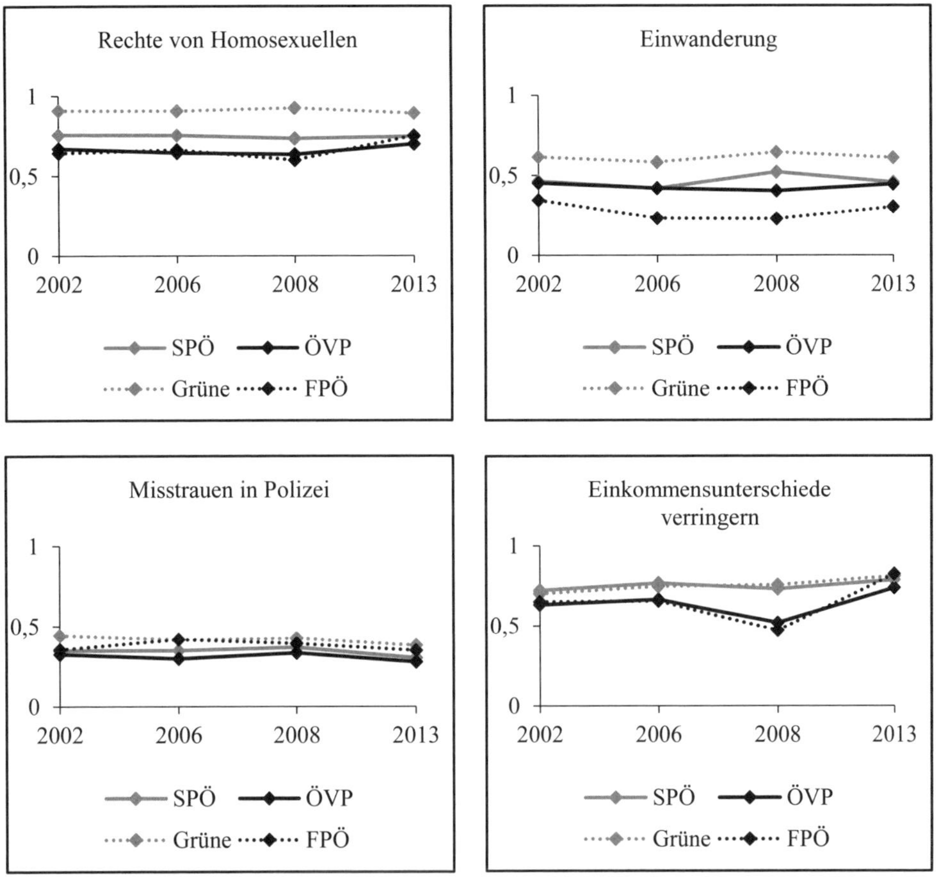

Quelle: European Social Survey; Welle 1 (NRW 2002), Welle 3 (NRW 2006), Welle 4 (NRW 2008), Welle 7 (NRW 2013). Variablen: vgl. die Angaben bei Tabelle 5.
Anmerkung: Die Daten sind gewichtet (Variable: dweight).

meist sehr niedrigen Fallzahlen nicht analysiert werden.[249] Grafik 12 zeigt zunächst, welche Einstellungen die Parteiwählergruppen im Kontext der vier Nationalrats-

249 Wählerinnen und Wähler der KPÖ wurden 2002 im ESS nicht eigens erfasst, bei den anderen Wellen ist die Anzahl der Befragten aufgrund des geringen Wähleranteils der KPÖ sehr niedrig und liegt zwischen acht und 15. Sichere Aussagen über die Wählerschaft des Liberalen Forums beziehungsweise von NEOS können nur für 2013 getroffen werden (N = 57). Bei den anderen Wahlen ist die Fallzahl ähnlich klein wie bei der KPÖ und liegt zwischen neun und 15.

wahlen hatten. Die ursprünglich verschieden skalierten Einstellungsfragen wurden dafür auf einen einheitlichen Wertebereich von 0 (Ablehnung) bis 1 (Zustimmung) umgerechnet und können somit direkt verglichen werden. Hohe Werte stehen – wie bei den zuvor unternommenen Inhaltsanalysen der Wahlprogramme – für libertäre Einstellungen. Bei den hier zusätzlich gezeigten ökonomischen Einstellungen weisen hohe Werte auf eine linke Orientierung hin.

Grafik 12 zeigt relevante Unterschiede sowohl zwischen den Parteien als auch zwischen den vier Themenbereichen. Im Gegensatz dazu sind die Einstellungen der vier Parteiwählergruppen im Zeitverlauf weitgehend stabil. Angesichts der relativ kurzen erfassten Periode ist dies durchaus zu erwarten und belegt somit indirekt die Qualität der Daten. Bei den links oben abgebildeten Einstellungen zu den Rechten von Homosexuellen zeigt sich das erwartete Bild einer sehr libertären Position der Grünen, gefolgt von der SPÖ. Wählerinnen und Wähler der ÖVP und der FPÖ unterschieden sich bei den ersten drei Messpunkten kaum; zuletzt nimmt jedoch die Wählerschaft der ÖVP die am wenigsten libertäre Position ein. Allerdings liegt auch ihre mittlere Einstellung im obersten Drittel des Wertebereichs und kann somit keinesfalls als genuin »autoritär« bezeichnet werden. Die Wählerinnen und Wähler von LIF und NEOS, die aufgrund der nur für 2013 verfügbaren Daten in der Grafik nicht gezeigt werden, positionieren sich ähnlich wie die der Grünen.

Größere Unterschiede zwischen den Parteiwählergruppen gibt es bei den Einstellungen zur Zuwanderung. Erneut sind es die Grünen, die die libertärste Haltung aufweisen, während – wie zu erwarten – die Wählerschaft der FPÖ den Gegenpol bildet. Wenig, in drei von vier Wahlen letztlich keine Unterschiede bestehen bei dieser Frage zwischen der SPÖ und der ÖVP, deren Wählerschaft stets eine mittlere Position einnimmt. Die erneut nicht abgebildeten liberalen Wählerinnen und Wähler positionieren sich zwischen jenen der Grünen und der SPÖ beziehungsweise der ÖVP.

Die geringsten Unterschiede zwischen den vier Parteiwählergruppen zeigen sich beim Ausmaß des Vertrauens in die Polizei. Niedrige Werte stehen hier für höheres Vertrauen in die Exekutive, wobei die Wählerinnen und Wähler der ÖVP das meiste Vertrauen ausdrücken und jene der Grünen das relativ geringste. Wenngleich die Unterschiede beim Vertrauen in die Polizei in der Bevölkerung insgesamt relativ gering sind, bestehen dennoch spezifische Unterschiede zwischen Personen mit libertären und Personen mit autoritären Orientierungen.[250]

Bei den Einstellungen zur Umverteilung, die in weiterer Folge als Kontrollvariable für die Berücksichtigung der sozioökonomischen Konfliktlinie genommen wird,

250 Vgl. dazu Scott C. Flanagan und Aie-Rie Lee, »The New Politics, Cultural Wars, and the Authoritarian-Libertarian Value Change in Advanced Industrial Democracies«, in *Comparative Political Studies* 36, Nr. 3 (2003): 235–270.

ist ein schwach ausgeprägter Gegensatz zwischen der SPÖ und den Grünen auf der einen und der ÖVP und der FPÖ auf der anderen Seite erkennbar. Allein 2008 zeigen sich deutlichere Unterschiede, wobei die Wählerschaft der beiden linken Parteien erneut für eine größere Rolle des Staates bei der Beseitigung von Einkommensunterschieden eintritt. Auffällig ist, dass die Wählerinnen und Wähler der FPÖ sich nicht von jenen der ÖVP unterscheiden, obwohl die Kampagne relativ stark von sozialpolitischen Forderungen gekennzeichnet war.[251]

Die in Grafik 12 gezeigten Mittelwertvergleiche zeigen Unterschiede zwischen den Wählerinnen und Wählern der vier Parteien, beantworten aber nicht die Frage, welche Bedeutung diesen Einstellungen für die Wahlentscheidung zukommt. Um dieser Frage nachzugehen, werden in einem zweiten Untersuchungsschritt logistische Regressionen[252] durchgeführt, die zeigen, welche Erklärungskraft die vier eben gezeigten Einstellungen bei der Parteiwahl haben. Zusätzlich werden sozialstrukturelle Merkmale der Wählerschaft, die bereits im vorangegangenen Kapitel bei der Analyse der Bevölkerungseinstellungen herangezogen wurden, in die Analyse aufgenommen. Um die Lesbarkeit der Tabelle zu erleichtern und weil die berücksichtigten sozialstrukturellen Merkmale – Alter, Geschlecht, Bildung, Kirchenbindung (Häufigkeit des Kirchgangs), Wohnort und Einkommen[253] – für die vorliegende Untersuchung weniger relevant sind, werden sie in Tabelle 5 nicht eigens gezeigt. Sie beeinflussen aber alle dort angeführten Ergebnisse.

Tabelle 5 zeigt für jede der vier untersuchten Wahlen, welche Rolle die vier Einstellungsvariablen bei der Entscheidung spielen, die oben angeführte Partei und nicht eine der drei anderen Parteien zu wählen. Die übrigen Parteiwählergruppen sowie alle Befragten, die angaben, bei der Wahl nicht teilgenommen zu haben, sind von der Analyse ausgeschlossen. Die Berechnungen zeigen daher in erster Linie die inhaltlichen Gegensätze zwischen den Parteiwählergruppen und folgen somit einer ähnlichen Logik wie die Darstellung der programmatischen Unterschiede zwischen den Parteien.

Auf Basis der für die Parteien angestellten Überlegungen sollten die Wählerinnen und Wähler der SPÖ gemäßigt libertäre Werte aufweisen, sich jedoch in erster Linie bei der Frage nach der Rolle des Staates beim Abbau von Einkommensunterschieden

251 Wolfgang C. Müller, »The snap election in Austria, September 2008«, in *Electoral Studies* 28 (2009): 514–517; Kurt Richard Luther, »The Revival of the Radical Right: The Austrian Parliamentary Election of 2008«, in *West European Politics* 32, Nr. 5 (2009): 1049–1061.

252 Die bekanntere Form der linearen Regression kann nicht angewandt werden, da die abhängige Variable (also die Parteiwahl) kein metrisches (wie zum Beispiel das Einkommen oder das Alter), sondern ein kategoriales Skalenniveau aufweist.

253 Aufgrund der in Österreich traditionell hohen Verweigerungsrate bei Fragen zum tatsächlichen Einkommen, wird auf eine subjektive Einschätzung ausgewichen. Vgl. dazu die Angaben zu den Variablen unter Tabelle 5.

Tabelle 5: Einfluss von Einstellungen auf die Parteiwahl bei den Nationalratswahlen 2002–201

		SPÖ vs. andere	
		b	WW %
2002	Rechte für Homosexuelle	0,44	8
	Einwanderung positiv	–0,33	–7
	Misstrauen in Polizei	0,07	2
	Einkommensunterschiede verringern	0,99***	18
	Pseudo R^2	0,09	
	(N)	(1185)	
2006	Rechte für Homosexuelle	0,62	14
	Einwanderung positiv	–0,16	–3
	Misstrauen in Polizei	–0,34	–7
	Einkommensunterschiede verringern	1,30***	28
	Pseudo R^2	0,09	
	(N)	(1199)	
2008	Rechte für Homosexuelle	–0,77*	–19
	Einwanderung positiv	1,66***	40
	Misstrauen in Polizei	0,17	5
	Einkommensunterschiede verringern	1,82***	41
	Pseudo R^2	0,10	
	(N)	(1094)	
2013	Rechte für Homosexuelle	–0,20	–4
	Einwanderung positiv	0,21	4
	Misstrauen in Polizei	–0,78*	–16
	Einkommensunterschiede verringern	0,40	9
	Pseudo R^2	0,04	
	(N)	(907)	

*$p < 0{,}05$; **$p < 0{,}01$; ***$p < 0{,}001$

Anmerkung: Sozialstrukturelle Faktoren (siehe unten) sind stets kontrolliert. Auf die Angabe des Standardfehlers des Regressionskoeffizienten wird aus Platzgründen und zur besseren Lesbarkeit verzichtet.

Abkürzungen: b (Regressionskoeffizient), WW % (Veränderung der Wahlwahrscheinlichkeit), N (Fallzahl).

Quelle: European Social Survey Welle 1 (NRW 2002), Welle 3 (NRW 2006), Welle 4 (NRW 2008), Welle 7 (NRW 201
Variablen (Name der Variable im ESS), Wortlaut des Items bzw. der Frage und Antwortkategorien: Rechte für Hom
xuelle (freehms): »Schwule und Lesben sollten ihr Leben so führen dürfen, wie sie es wollen.« Antwortkategorien v
»stimme stark zu« bis 5 »lehne stark ab«. Einwanderung positiv (imwbcnt): »Wird Österreich durch Zuwanderer zu ei
schlechteren oder besseren Ort zum Leben?« Antwortkategorien von 0 »wird zu einem schlechteren Ort zum Leben
10 »wird zu einem besseren Ort zum Leben«. Misstrauen in Polizei (trstplc): »Sagen Sie mir bitte – auf einer Skala v
bis 10 – wie sehr Sie persönlich jeder dieser Institutionen vertrauen. 0 heißt, Sie vertrauen dieser Institution [hier: der

Ö, ÖVP, FPÖ/BZÖ und Grüne (Logistische Regressionen)

ÖVP vs. andere		FPÖ/BZÖ vs. andere		GRÜNE vs. andere	
b	WW %	b	WW %	b	WW %
−1,03***	−24	−0,93	−4	2,78***	15
−0,91*	−23	−2,91***	−15	3,50***	34
−0,79*	−19	−0,05	0	0,79	7
−1,08***	−26	−0,34	−1	−0,04	−1
0,14		0,09		0,30	
(1185)		(1185)		(1185)	
−1,09**	−26	−0,56	−2	2,68***	11
0,01	0	−5,03***	−22	3,67***	33
−0,78*	−19	1,08*	4	1,15*	8
−1,24***	−30	−0,97*	−4	0,54	3
0,15		0,20		0,24	
(1199)		(1199)		(1199)	
0,21	4	−0,40	−3	3,24***	12
−0,80*	−15	−5,92***	−54	3,05***	23
−1,06**	−20	−0,06	0	1,52**	11
−1,19***	−24	−1,44***	−12	−0,19	−1
0,15		0,30		0,27	
(1094)		(1094)		(1094)	
−0,99**	−25	0,58	2	1,97**	19
−0,08	−2	−3,75***	−20	3,47***	51
−0,73	−18	0,18	1	2,01***	34
−1,27***	−31	0,84	3	0,22	3
0,11		0,18		0,28	
(907)		(907)		(907)	

] überhaupt nicht, 10 bedeutet, Sie vertrauen ihr [hier: der Polizei] vollkommen. Einkommensunterschiede verringern :dif): »Der Staat sollte Maßnahmen ergreifen, um Einkommensunterschiede zu verringern.« Antwortkategorien von timme stark zu« bis 5 »lehne stark ab«. Die vier Einstellungsvariablen wurden auf eine Skala von 0–1 recodiert. Wenn g, wurde zusätzlich die Richtung verändert, sodass hohe Werte stets für Zustimmung stehen.

alstrukturelle Einflussfaktoren: Alter (yrbrn): Geburtsjahr; Geschlecht (gndr); Bildung (edulvla/edlveats): recodiert »primärer«, 2 »sekundärer« und 3 »tertiärer Bildungsabschluss«; Kirchgangshäufigkeit (rlgatnd): recodiert in 1 chentlich«, 2 »selten« und 3 »nie«; Wohnort (domicil): recodiert in 1 »Großstadt/Vorort oder Randgebiet einer ßstadt«, 2 »Stadt oder Kleinstadt« und 3 »Dorf/Bauernhof oder Haus auf dem Land«; Einkommen (hincfel) recot in 1 »bequem leben«, 2 »zurechtkommen« und 3 »nur schwer zurechtkommen/nur sehr schwer zurechtkommen«. erkung: Die Frage bezieht sich auf die Einschätzung des Haushaltseinkommens durch die Befragten. Zeitpunkt der rviews: vgl. die Angaben in Fußnote 248.

von den übrigen Wählergruppen unterscheiden. Auch bei den ÖVP-Wählern ist eine größere Bedeutung der ökonomischen Einstellungsvariable zu erwarten, wobei im Gegensatz zu den SPÖ-Wählern eine rechte Position zu erwarten ist. Bei den Wählerinnen und Wählern der FPÖ und der Grünen sollten sich extreme Werte – mit unterschiedlichen Vorzeichen – vor allem im Bereich der Migration zeigen, wohingegen der ökonomischen Frage eine geringere Bedeutung zukommen sollte.

Die in der Tabelle angeführten Regressionskoeffizienten (b) zeigen die Richtung des Zusammenhangs mit der Parteiwahl sowie die Stärke des Einflusses. Aufgrund der identischen Skalierung aller vier Einstellungsvariablen kann Letzterer direkt verglichen werden. Mit Sternen wird gezeigt, welches Signifikanzniveau die Ergebnisse haben, das heißt, wie sicher die Ergebnisse der Umfragestichprobe auf die gesamte Wählerschaft übertragbar sind. Aus Platzgründen und um die Lesbarkeit der Tabelle zu erleichtern, wird auf die Angabe der Standardfehler verzichtet. Die in der Spalte Wahlwahrscheinlichkeit (WW %) angeführten Prozentpunktdifferenzen zeigen, wie stark die Wahrscheinlichkeit, die betreffende Partei zu wählen, wächst (oder sinkt), wenn Befragte mit dem niedrigsten und dem höchsten Einstellungswert bei der betreffenden Frage verglichen werden und bei allen übrigen Einflussfaktoren deren Mittelwert (beziehungsweise häufigster Wert)[254] angenommen wird.

Anhand des ersten, links oben gezeigten Ergebnisses sollen die relevanten Zahlen noch einmal kurz erläutert werden: Bei der Nationalratswahl 2002 hatte die Einstellung zu den Rechten von Homosexuellen einen positiven (b = 0,44), aber nicht signifikanten Einfluss auf die Wahlentscheidung für die SPÖ, weshalb dem Zahlenwert keine Sterne beigefügt sind. Befragte mit dem höchsten, das heißt dem offensten Einstellungswert auf der Skala von 0 bis 1, votierten mit einer um acht Prozentpunkte größeren Wahrscheinlichkeit für die SPÖ als Befragte mit der restriktivsten Einstellung gegenüber Homosexuellen, wenn alle übrigen Einstellungen und sozialstrukturellen Faktoren auf ihren mittleren oder häufigsten Wert gesetzt werden.

Bei den Wählerinnen und Wählern der SPÖ ist es tatsächlich in erster Linie ihre Einstellung zur Rolle des Staates beim Abbau von Einkommensunterschieden, bei der sie die größten Unterschiede zu den anderen Parteiwählergruppen aufweisen. Bei drei von vier Wahlen zeigen die Werte einen sehr starken Einfluss auf die Wahl der SPÖ; allein 2013 ist der Koeffizient zwar erneut positiv, aber nicht signifikant. Bei den kulturellen Themen schwanken die Werte von Wahl zu Wahl relativ stark. Vor allem die für 2008 vorliegenden Daten zeigen mit signifikant negativen Einstellungen zu den Rechten von Homosexuellen, aber signifikant positiven Einstellungen zur Einwanderung überraschende Ergebnisse. Auch bei der Subdimension Sicherheit schwanken die Werte von Wahl zu Wahl, doch sind sie 2013 signifikant negativ.

254 Bei kategorialen Variablen, zum Beispiel beim Geschlecht, ist aus naheliegenden Gründen keine Mittelwertbildung möglich.

Mehr Vertrauen in die Polizei führte damals zu einer höheren Wahrscheinlichkeit, die SPÖ zu wählen.

Auch die Wählerschaft der ÖVP unterscheidet sich, wie erwartet, sehr deutlich bei der Einkommensfrage von den übrigen Parteiwählergruppen, doch nimmt sie dabei durchwegs rechte Positionen ein. Diese sind aufgrund der Ausrichtung der Einstellungsvariable – hohe Werte stehen für Zustimmung, das heißt hier für eine linke Position – mit einem negativen Vorzeichen versehen. Zusätzlich zeichnet sie bei drei von vier Wahlen aber auch eine autoritärere Position bei der moralischen Subdimension der Liberty-Authority-Konfliktlinie aus, die sie von den übrigen Parteiwählergruppen überraschend klar abgrenzt. Und auch bei der Frage nach dem Vertrauen in die Polizei weist die Wählerschaft der ÖVP durchwegs autoritärere Einstellungen auf, die in drei von vier Fällen auch signifikant sind.

Die Wählerinnen und Wähler der FPÖ unterscheiden sich bei den kulturellen Themen überraschend deutlich von jenen der ÖVP, da autoritäre Einstellungen beinahe ausschließlich bei der Migrationsfrage auftreten. Entgegen der Erwartungshaltung unterscheidet sich die freiheitliche Wählerschaft in Bezug auf das Vertrauen in die Polizei nicht von den anderen Parteiwählergruppen, und auch die moralische Komponente ist nicht bestimmend für ihr Einstellungsprofil. Ferner fällt auf, dass die Befragten – erneut in Relation zu den anderen drei Parteiwählergruppen – sowohl 2006 als auch 2008 ökonomisch rechte Positionen vertraten.

Am deutlichsten ausgeprägt ist jedoch das Einstellungsprofil der Grünen, die sich allein über die Themen der Liberty-Authority-Konfliktlinie signifikant von den übrigen Parteiwählergruppen unterscheiden. Sowohl bei der moralischen Subdimension als auch bei der Migrationsfrage nehmen sie dabei besonders libertäre Positionen ein, die bei allen vier Wahlen signifikante Einflussfaktoren für die Wahl dieser Partei waren. Und auch bei der Sicherheitsdimension zeigt sich in drei von vier Urnengängen ein signifikant geringer ausgeprägtes Vertrauen in die Polizei als bei den drei anderen Parteiwählergruppen.

Insgesamt belegen die Daten eine recht hohe Übereinstimmung zwischen den Parteipositionen und den Einstellungen der Parteiwählergruppen. Die österreichische Demokratie weist bei diesem wichtigen Aspekt der repräsentativen Funktion von Parteien somit eine zufriedenstellende Qualität auf.

Ein Blick über die Grenzen: Österreich in vergleichender Perspektive

Um die Ergebnisse der vorliegenden Analyse besser einordnen zu können, wird in einem letzten Untersuchungsschritt die programmatische Entwicklung der österreichischen Parteien in eine ländervergleichende Perspektive gestellt. Untersucht werden die Bedeutung (Salienz) der Liberty-Authority-Konfliktlinie in den Wahlkämpfen und das Ausmaß der Polarisierung der Parteipositionen, das heißt der programmatischen Unterschiede zwischen den Parteien. Ferner wird die Programmatik der österreichischen Parteien mit ihren ausländischen Schwesterparteien verglichen.

Aufgrund der inhaltlichen Schwerpunktsetzung des Kapitels wird in diesem vergleichenden Abschnitt ausschließlich die Angebotsseite des politischen Wettbewerbs analysiert. Dafür werden zunächst Wahlen in 31 europäischen Ländern, einschließlich Österreich, verglichen. Diese Ländergruppe umfasst alle 28 Mitglieder der Europäischen Union sowie die Schweiz, Norwegen und Island. Bei dem daran anschließenden direkten Vergleich der österreichischen Parteien mit ihren ausländischen Schwesterparteien wird die Ländergruppe aufgrund der besseren Vergleichbarkeit auf Westeuropa beschränkt.

Während die detaillierte Untersuchung der Nationalratswahlen auf den Inhaltsanalysen der österreichischen nationalen Wahlstudie AUTNES beruhte, wird für den nun folgenden Ländervergleich auf die Daten des ebenfalls im vierten Abschnitt vorgestellten internationalen Projekts MARPOR zurückgegriffen.

Österreich im Vergleich: die Ebene der Wahlen

Die mit den Daten von MARPOR verbundenen Einschränkungen, vor allem die fehlende Möglichkeit, die vier Subdimensionen der Liberty-Authority-Konfliktlinie zu unterscheiden, wurden im vierten Abschnitt bereits erläutert. Ebenso wurde die Vorgehensweise bei der Bildung der Salienz- und Positionsdaten dargestellt. In einem weiteren Rechenschritt werden die für die einzelnen Parteien ermittelten Werte nun für jede Wahl zusammengefasst. Auf diesem Weg werden Maße sowohl für die Bedeutung (Salienz) der Konfliktlinie als auch für das Ausmaß der Unterschiede zwischen den Parteien (Polarisierung) berechnet. Die Salienz der Konfliktlinie entspricht, analog zur Vorgehensweise im fünften Abschnitt, dem nach Parteistärke gewichteten arithmetischen Mittel der Textanteile, die in den codierten Wahlprogrammen die Themen der Liberty-Authority-Konfliktlinie ansprachen. Wie bei den Daten für einzelne Parteien schwankt dieses Maß theoretisch zwischen 0 und 100 Prozent. Bei den Positionsdaten wurde im Gegensatz dazu nicht ein mittlerer Wert ermittelt, sondern erneut das hier interessantere Ausmaß der Polarisierung zwischen den Parteien berechnet. Dafür wurde, analog zur Vorgehensweise im sechsten Abschnitt, auf die Formel von Dalton zurückgegriffen.[255] Dieser Polarisierungsindex reicht theoretisch von 0 (völlige Übereinstimmung aller Parteien) bis 10 (kompletter Dissens).

255 Dalton, »Quantity and Quality«.

Der Untersuchungszeitraum des Ländervergleichs beginnt mit der demokratischen Öffnung Osteuropas, konkret 1990.[256] Er endet 2008, da das MARPOR-Projekt für die österreichischen Nationalratswahlen von 2013 (und 2017) zum gegenwärtigen Zeitpunkt – das heißt im Mai 2018 – noch keine Daten veröffentlicht hat. Um mögliche Verzerrungen aufgrund einer veränderten Themenlandschaft auszuschließen, etwa die Folgen der Flüchtlingskrise von 2015/16, orientiert sich der Untersuchungszeitraum somit bewusst an den für Österreich vorhandenen Daten. In den 31 Ländern wurden insgesamt 156 Wahlen erfasst, wobei Malta mit zwei und Österreich mit sieben codierten Wahlen die Extremwerte bilden, das Mittel beträgt fünf. Für Österreich wurden alle im hier untersuchten Zeitraum abgehaltenen Wahlen erfasst: 1990, 1994, 1995, 1999, 2002, 2006 und 2008. Auch aufgrund der unterschiedlich großen Anzahl der analysierten Wahlen wird auf die Darstellung einzelner Urnengänge verzichtet und anstelle dessen ein mittlerer Wert pro Land präsentiert.

Grafik 13 zeigt die durchschnittliche Bedeutung und die durchschnittliche Polarisierung der Liberty-Authority-Konfliktlinie für die ausgewählte Ländergruppe im Zeitraum von 1990 bis 2008. Die horizontale Position der Länder in diesem Streudiagramm basiert auf dem Grad der Polarisierung, die vertikale Position repräsentiert die Bedeutung der Konfliktlinie, wobei stets der Mittelwert aller pro Land erfassten Wahlen dargestellt ist. Zur besseren Lesbarkeit ist vor allem die vertikale Achse nicht vollständig abgebildet: Gezeigt wird nur der Bereich der tatsächlich gemessenen durchschnittlichen Salienzwerte der Länder, nicht die theoretisch mögliche Spannweite von 0 bis 100 Prozent.

Österreich nimmt in diesem Vergleich sehr unterschiedliche Positionen bei den beiden Maßzahlen ein: In Bezug auf die Salienz der Liberty-Authority-Konfliktlinie weisen die gemittelten Werte Österreich mit 23,3 Prozent eine Position im oberen Mittelfeld zu, konkret Rang zehn. Der österreichische Wert liegt rund zwei Prozentpunkte über dem für die gesamte Ländergruppe ermittelten Mittelwert von 21,4 Prozent.

Gänzlich anders ist die Position Österreichs beim Ausmaß der Polarisierung. Der ermittelte Indexwert von 2,6 liegt – etwas überraschend – deutlich unter dem Mittelwert der hier erfassten Länder (3,3 auf einer Skala von 0 bis 10) und setzt Österreich nur auf Rang 25. Die Ergebnisse für Österreich sind vor allem deshalb überraschend, da die Existenz von gerade im internationalen Vergleich sehr starken grünen und rechtspopulistischen Parteien nicht nur eine besonders hohe Salienz, sondern gerade auch eine besonders starke Polarisierung der Liberty-Authority-Konfliktlinie erwarten lassen.

256 Nicht berücksichtigt in der folgenden Darstellung ist die erste (und einzige) demokratische Volkskammerwahl in der DDR im März 1990.

Grafik 13: Salienz (vertikal) und Polarisierung (horizontal) der Liberty-Authority-Konfliktlinie in 31 europäischen Ländern, 1990–2008 (Mittelwerte)

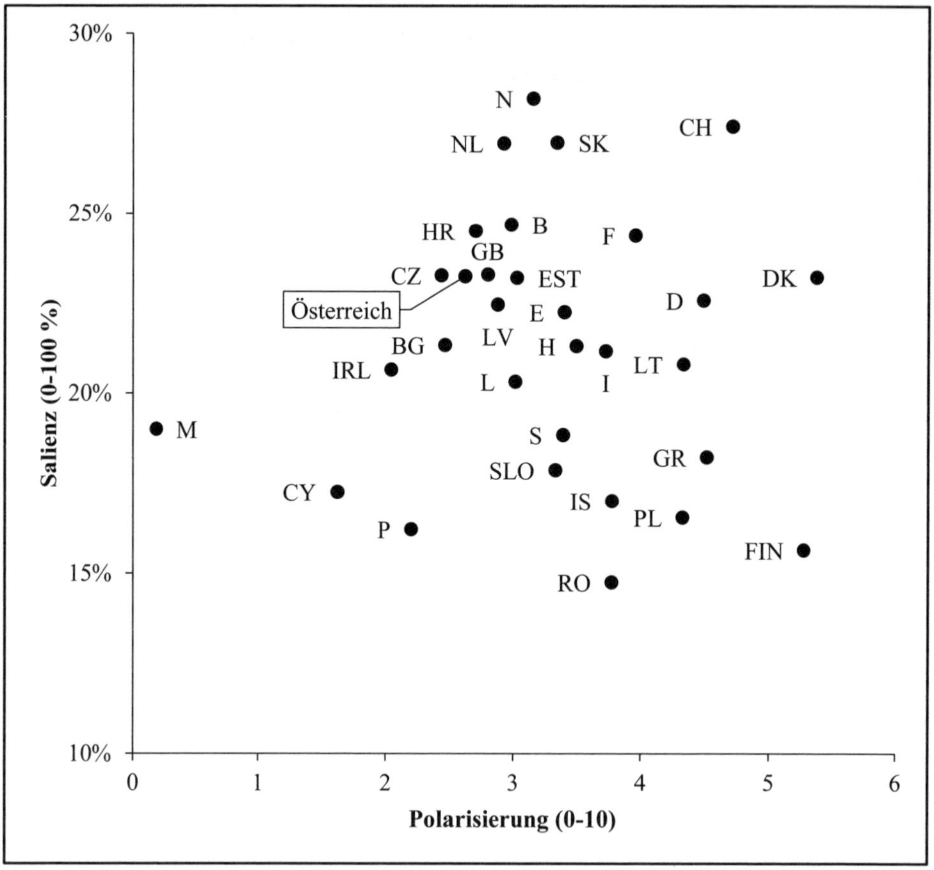

Quelle: MARPOR (Datensatzversion 2017a); eigene Berechnungen.

Erfasste Länder und Wahlen: Österreich (1990, 1994, 1995, 1999, 2002, 2006, 2008), B – Belgien (1991, 1995, 1999, 2003, 2007), BG – Bulgarien (1990, 1991, 1994, 1997, 2001, 2005), CH – Schweiz (1991, 1995, 1999, 2003, 2007), CY – Zypern (1996, 2001, 2006), CZ – Tschechien (1990, 1992, 1996, 1998, 2002, 2006), D – Deutschland (1990, 1994, 1998, 2002, 2005, 2008), DK – Dänemark (1990, 1994, 1998, 2001, 2005, 2007), E – Spanien (1993, 1996, 2000, 2004, 2008), EST – Estland (1992, 1995, 1999, 2003, 2007), F – Frankreich (1993, 1997, 2002, 2007), FIN – Finnland (1991, 1995, 1999, 2003, 2007), GB – Vereinigtes Königreich (1992, 1997, 2001, 2005), GR – Griechenland (1990, 1993, 1996, 2000, 2004, 2007), H – Ungarn (1990, 1994, 1998, 2002, 2006), HR – Kroatien (1990, 1992, 1995, 2000, 2003, 2007), I – Italien (1992, 1994, 1996, 2001, 2008), IRL – Irland (1992, 1997, 2002, 2007), IS – Island (1991, 1995, 1999, 2003, 2007), L – Luxemburg (1994, 1999, 2004), LT – Lettland (1993, 1995, 1998, 2002, 2006), LV – Litauen (1992, 1996, 2000, 2004, 2008), M – Malta (1996, 1998), N – Norwegen (1993, 1997, 2001, 2005), NL – Niederlande (1994, 1998, 2002, 2003, 2006), P – Portugal (1991, 1995, 1999, 2002, 2005), PL – Polen (1991, 1993, 1997, 2001, 2005,

2007), RO – Rumänien (1990, 1992, 1996, 2000, 2004, 2008), S – Schweden (1991, 1994, 1998, 2002, 2006), SK – Slowakei (1990, 1992, 1994, 1998, 2002, 2006), SLO – Slowenien (1990, 1992, 1996, 2000, 2004, 2008).

Insgesamt folgt die Positionierung der Länder keineswegs einem geografischen Muster, da vor allem die Ländergruppen der west- (inklusive Malta und Zypern) und osteuropäischen Länder keine relevanten Mittelwertunterschiede aufweisen: Bei der Salienz betragen diese 21,7 und 21,1 Prozent, bei der Polarisierung die Skalenwerte 3,4 und 3,2. Die höchsten durchschnittlichen Werte erreichen bei der Salienz Norwegen (28,2 %), bei der Polarisierung Dänemark (5,4). Die insgesamt größte politische Relevanz hat die Liberty-Authority-Konfliktlinie jedoch in der Schweiz, da dort sowohl hohe Salienz- (27,4 %; Platz 3) als auch hohe Polarisierungswerte (4,7; Platz 2) erreicht werden. Auf Basis des im sechsten Abschnitt eingeführten Maßes der Politisierung erreicht die Schweiz hier den Wert 12,9 – und liegt damit deutlich über dem österreichischen Wert von 6,1.

Auf der Ebene einzelner Wahlen, die in der Grafik aufgrund der Orientierung an den Mittelwerten pro Land nicht gezeigt werden, nehmen die Slowakei bei der Salienz (1990: 43,7) und Dänemark bei der Polarisierung (2005: 7,0) die Spitzenwerte ein.

Vergleich der Parteien

Die eben geschilderte Verortung Österreichs im Ländervergleich ist letztlich das Ergebnis der programmatischen Strategien der Parteien. In einem zweiten Untersuchungsschritt soll daher der Fokus der Analyse direkt auf diese Akteurinnen gerichtet werden. Die Programmatik der österreichischen Parteien in Bezug auf die Liberty-Authority-Konfliktlinie wird dabei mit der Programmatik ihrer westeuropäischen Schwesterparteien verglichen. Der bewusst auf den Westen des Kontinents gerichtete Fokus erleichtert die Analyse, da der Untersuchungszeitraum verlängert werden kann und die Parteien aufgrund ihrer längeren Geschichte und stabileren Entwicklung in den meisten Fällen sinnvoller verglichen werden können. Um den Wandel vor allem der FPÖ erfassen, aber gleichzeitig auch die erst seit den 1970er-Jahren wieder demokratischen Länder Portugal, Spanien und Griechenland miteinbeziehen zu können, setzt der Untersuchungszeitraum im Jahr 1970 ein. Er umfasst somit alle 15 Mitglieder der Europäischen Union vor der Osterweiterung sowie die drei Nichtmitglieder Schweiz, Norwegen und Island.

Wie im dritten Abschnitt erwähnt, können alle relevanten österreichischen Parteien sehr gut größeren Parteienfamilien zugeordnet werden. Für diese werden in der Literatur unterschiedliche, in den meisten Fällen jedoch relativ ähnliche Kategorien verwendet. MARPOR, auf dessen Daten auch für die Parteienfamilienzuordnung zurückgegriffen wird, verwendet ein System von neun inhaltlich definierten Parteienfamilien; zusätzlich gibt es eine »special issue«-Gruppe. Für einen Vergleich der österreichischen Parteien sind jedoch nur sechs der neun Parteienfamilien relevant: »communist« (KPÖ), »ecologist« (Grüne), »social democratic« (SPÖ), »liberal« (LIF, NEOS), »christian democrat« (ÖVP) und »nationalist« (FPÖ, BZÖ).[257] Die letztgenannte Gruppe wird in weiterer Folge mit dem trennschärferen Terminus »Rechtspopulisten« bezeichnet und anstelle von »ecologist« wird »Grüne« verwendet.

In der folgenden Tabelle 6 werden die mittleren Werte der österreichischen Parteien mit den mittleren Werten ihrer jeweiligen Parteienfamilie verglichen. Bei der Berechnung der Werte wurde zunächst die Tatsache berücksichtigt, dass es bei einzelnen Wahlen auch mehrere Vertreter einer ideologischen Gruppierung geben kann. Auch in Österreich war dies etwa bei den Wahlen von 2006 bis 2013 aufgrund der parallelen Kandidaturen von FPÖ und BZÖ der Fall. In solchen Fällen wurde ein nach der Parteistärke gewichteter Mittelwert der Salienz- und Positionsdaten ermittelt. Ferner muss beachtet werden, dass nicht alle Parteienfamilien bei allen Wahlen in allen Ländern vertreten waren (und in den MARPOR-Datensatz aufgenommen wurden). Dies betrifft auch Österreich, da etwa Grüne und Liberale nicht bei allen Wahlen des Untersuchungszeitraums existierten (oder kandidierten) und vor allem die KPÖ – wie im vierten Abschnitt erwähnt – nur bei zwei Wahlen Eingang in den Datensatz fand. Um den Einfluss einzelner Länder (und damit einzelner Parteien) zu minimieren, wurde deshalb zunächst ein Wert pro Parteienfamilie und Wahl ermittelt, der dann für einen Wert pro Parteienfamilie und Land zusammengefasst wurde. Anschließend wurden diese Werte zu einem Durchschnittswert pro Parteienfamilie verdichtet. Jedes Land erhielt bei dieser Mittelwertbestimmung somit dasselbe Gewicht. Für die österreichischen Parteien wird ähnlich zur Vorgehensweise im fünften und sechsten Abschnitt ein Wert für den Zeitraum von 1970 bis 1983 sowie für den Zeitraum von 1986 bis 2008 gezeigt, um auch Aussagen über mögliche Veränderungen der Parteien treffen zu können. Für die internationalen Daten wird darauf verzichtet, da der »Epochenwechsel« zwischen den Nationalratswahlen von 1983 und 1986 ein rein österreichisches Phänomen ist.

Neben den mittleren Salienz- und Positionswerten enthält Tabelle 6 auch Wertebereiche, da die einzelnen Parteienfamilien in der Realität nicht völlig homogen sind. Zusätzlich bestehen auch Unterschiede bei ein und derselben Partei, wenn Wahlprogramme im Zeitverlauf verglichen werden. Für diese Wertebereiche wurde von den errechneten Mittelwerten eine Standardabweichung, ein Maß für die Streuung von Werten, abgezogen (untere Grenze) beziehungsweise hinzugezählt (obere Grenze)

Tabelle 6 zeigt zunächst die Werte der österreichischen Parteien, die insgesamt weitgehend mit den Daten von AUTNES übereinstimmen.[258] Erneut zeigt sich, dass

257 Die drei übrigen Parteienfamilien sind definiert als »conservative«, »agrarian« und »ethnic-regional«.

258 Ein direkter Vergleich der Inhaltsanalysen von AUTNES und MARPOR zeigt ein zufriedenstellendes Ausmaß an Übereinstimmung: Für die Wahlen von 1970 bis 2008 kann die Codierung von 49 Wahl-

Tabelle 6: Österreichs Parteien und ihre Schwesterparteien in Westeuropa: Salienz- und Positionsdaten bei der Liberty-Authority-Konfliktlinie, 1970–2008

Österreichs Parteien[1]	KPÖ	GRÜNE	SPÖ	LIF	ÖVP	FPÖ/ BZÖ[2]
Salienz: Prozentwerte						
gesamte Periode	5,70	27,7	22,6	16,6	20,0	30,8
1970–1983	–	–	24,4	–	18,4	30,5
1986–2008	5,70	27,7	21,4	16,6	21,0	30,9
Position: Skala (–1/+1)						
gesamte Periode	0,25	0,74	0,38	1,00	0,31	0,19
1970–1983	–	–	0,58	–	0,57	0,55
1986–2008	0,25	0,74	0,24	1,00	0,15	-0,03
Parteienfamilien[3] (1970–2008)	**Kommunisten**	**Grüne[4]**	**Sozialdemokraten**	**Liberale**	**Christdemokraten**	**Rechtspopulisten[5]**
Salienz: Prozentwerte	21,4	23,6	21,5	23,1	26,4	37,2
MW minus 1 SD	14,8	18,6	15,9	18,8	19,2	27,5
MW plus 1 SD	27,9	28,5	27,0	27,4	33,7	46,8
Position: Skala (–1/+1)	0,68	0,76	0,56	0,40	0,10	-0,32
MW minus 1 SD	0,48	0,60	0,40	0,13	-0,22	-0,67
MW plus 1 SD	0,87	0,91	0,73	0,66	0,42	0,03

Quelle: MARPOR (Datensatzversion 2017a); eigene Berechnungen.
Position: Skala von –1 (autoritär) bis +1 (libertär)
Abkürzung: MW = Mittelwert, SD = Standardabweichung.

Anmerkungen: 1 Daten für SPÖ, ÖVP und FPÖ (BZÖ) sind von 1970 bis 2008 stets vorhanden, für die Grünen seit 1986. Die KPÖ wurde nur 2002 und 2008 erfasst, das Liberale Forum allein 1994 und 1995. 2 Bei parallelen Kandidaturen von FPÖ und BZÖ (NRW 2006, 2008 und 2013) wurde ein nach Parteistärke gewichteter Mittelwert für die Berechnung verwendet. 3 Die Werte beruhen auf allen zwischen 1970 und 2008 stattgefundenen und im Datensatz erfassten Wahlen in 18 westeuropäischen Ländern (inklusive Österreich), d. h. in den Mitgliedsländern der EU vor der Osterweiterung sowie in Island, Norwegen und der Schweiz. Die Werte wurden zunächst auf der Ebene der Parteienfamilien berechnet, da in einigen Fällen mehr als eine Partei einer ideologischen Richtung bei einer Wahl antrat. Dieser Schritt erzeugte 749 Fälle, die dann zusammengefasst wurden, wobei jedem Land das gleiche Gewicht eingeräumt wurde. Parteienfamilien ohne Vertreter in Österreich sind nicht erfasst. 4 Von MARPOR als »ecologist« bezeichnet. 5 Von MARPOR als »nationalist« bezeichnet.

---

programmen (wobei jene der FPÖ und des BZÖ bereits zusammengefasst sind) verglichen werden. Die Korrelation der Salienzmessungen beträgt immerhin 0,53. Bei den Positionsmessungen ist die Korrelation mit 0,74 sehr hoch. Auf Parteiebene betragen die Abweichungen bei den Salienzmessungen im Mittel aller erfassten Wahlen 0,02 (SPÖ); –0,89 (ÖVP); 2,72 (LIF); 2,86 (GRÜNE) und –6,91 (FPÖ/BZÖ) Prozentpunkte. Das Vorzeichen bezieht sich auf die AUTNES-Daten, d.h., dass diese bei der SPÖ vor allem die Grünen (27,7 %) sowie die FPÖ (plus BZÖ) (30,8 %) weitaus stärker auf dieser Konfliktlinie mobilisieren als die anderen Parteien, vor allem die beiden traditionellen Großparteien. Bei den Positionsdaten zeigen sich, wie erwartet, die libertäreren Positionierungen der Grünen und Liberalen, Letztere erreichen mit +1 sogar den libertären Maximalwert, sowie mittlere beziehungsweise tendenziell libertäre Positionen von SPÖ und ÖVP. Deutlich ist der Unterschied zur FPÖ (inklusive BZÖ), die im Mittel aber immer noch einen klar positiven Wert aufweist. Ein Grund für dieses Ergebnis ist wohl die – notwendige – Einbeziehung der Kategorie Demokratie, die bei vielen FPÖ-Wahlprogrammen eine wichtige Rolle einnahm.[259] Im Unterschied zur AUTNES-Codierung werden die unterschiedlichen Konzepte von Demokratie von MARPOR jedoch nicht differenziert erfasst.

Entscheidend ist aber vor allem der gerade bei der FPÖ vorhandene zeitliche Bruch in der programmatischen Entwicklung, der auch auf Basis der Inhaltsanalysen von MARPOR sehr deutlich ausgeprägt ist. Die Salienzwerte sind davon nicht betroffen, sie steigen minimal von 30,5 (in der Periode von 1970 bis 1983) auf 30,9 Prozent bei den Wahlen von 1986 bis 2008 an. Bei der Position ergibt sich jedoch ein klarer Bruch von 0,55 auf einen mit –0,03 leicht negativen Wert. Bei den Wahlen von 1970 bis 1983 gab es noch keine relevanten Positionsunterschiede zwischen der FPÖ sowie der SPÖ und der ÖVP. Danach sind alle in Richtung autoritärerer Positionen gewandert, nicht nur die FPÖ, sondern auch die SPÖ (von 0,58 auf 0,25) und die ÖVP (von 0,57 auf 0,15).

Die zu Werten für Parteienfamilien zusammengefassten Daten der einzelnen Parteien unterscheiden sich etwas von der österreichischen Entwicklung, da die Salienzwerte bei den Rechtspopulisten noch stärker ausgeprägt sind und auch die Christdemokraten den Themen der Liberty-Authority-Konfliktlinie einen höheren Stellenwert einräumen. Die österreichischen Grünen liegen hingegen deutlich über dem Mittel der grünen Parteienfamilie, wohingegen die SPÖ ein durchschnittliches Profil aufweist. LIF, ÖVP sowie FPÖ/BZÖ (und auch die nur sporadisch erfasste KPÖ) liegen jedoch klar unter dem Durchschnitt ihrer jeweiligen Parteienfamilie. Dies erklärt die weiter oben bereits erwähnten auch insgesamt nur mittleren Salienzwerte bei den Wahlen in Österreich.

---

einen minimal höheren Wert ergeben und bei der FPÖ einen doch deutlich niedrigeren Wert als bei den MARPOR-Daten. Bei den Positionsmessungen lauten die Ergebnisse, erneut auf Basis der Rangordnung der absoluten Abweichungen, wie folgt: –0,02 (GRÜNE); 0,09 (SPÖ); –0,13 (FPÖ/BZÖ); –0,14 (ÖVP); –0,25 (LIF) auf der Skala von –1 bis +1. MARPOR schätzt das LIF (mit dem Maximalwert von 1,0) somit noch libertärer ein als AUTNES.

259 Vgl. Wolfgang C. Müller, Wilfried Philipp und Marcelo Jenny, »Ideologie und Strategie der österreichischen Parteien: Eine Analyse der Wahlprogramme 1949–1994«, in *Wählerverhalten und Parteienwettbewerb. Analysen zur Nationalratswahl 1994*, hrsg. von Wolfgang C. Müller, Fritz Plasser und Peter A. Ulram (Wien: Signum Verlag, 1995), 119–166, hier 146.

Bei den Positionsdaten liegen die österreichischen Grünen im mittleren Bereich ihrer Parteienfamilie; das Liberale Forum ist mit dem errechneten (Maximal-)Wert von 1,00 deutlich außerhalb des liberalen Intervalls, doch beruht dieses Ergebnis allein auf den beiden Mitte der 1990er-Jahre erfassten Nationalratswahlen. Ferner ist der Wert der liberalen Parteienfamilie auch von eher konservativen Exponenten und explizit wirtschaftsliberalen Parteien innerhalb dieser Gruppe, zum Beispiel der niederländischen VVD, beeinflusst. Die SPÖ ist mit dem älteren Positionswert im mittleren Bereich der Sozialdemokraten verortet, nach 1986 liegt sie mehr als eine Standardabweichung unter dem Mittelwert ihrer Parteienfamilie. Innerhalb der europäischen Sozialdemokratie nimmt sie auf der hier untersuchten kulturellen Konfliktlinie somit eine relativ autoritäre Position ein. Die ÖVP entwickelte sich von einer stark libertären zu einer mittleren Position innerhalb der christdemokratischen Parteien. Die FPÖ (plus BZÖ) war vor 1986 deutlich über dem rechtspopulistischen Intervall und positioniert sich seit diesem Wendejahr am »gemäßigten Flügel« ihrer Parteienfamilie.

Zusammenfassung

Der Gegensatz zwischen libertären und autoritären Orientierungen ist ein relevanter Faktor im österreichischen Parteienwettbewerb. Das vorliegende Kapitel zeigte, welche Rolle die Liberty-Authority-Konfliktlinie bei den Nationalratswahlen der Zweiten Republik spielte und fokussierte sich dabei in erster Linie auf das programmatische Angebot der Parteien, das heißt auf die Angebotsseite des Parteienwettbewerbs. Zusätzlich wurde ein Blick auf die Nachfrageseite, auf die Einstellungen der Parteiwählergruppen geworfen und zuletzt wurde der österreichische Fall auch in eine international vergleichende Perspektive gestellt.

Die von der österreichischen nationalen Wahlstudie AUTNES durchgeführten systematischen Inhaltsanalysen der Wahlprogramme von 1945 bis 2013 belegen die Relevanz der gesellschaftspolitischen Streitfragen. Sie zeigt sich sowohl bei der Salienz der Themen als auch beim Ausmaß der Positionsunterschiede zwischen den Parteien, das mit einem Maß der Polarisierung ausgedrückt wurde. Die Bedeutung der Liberty-Authority-Konfliktlinie darf jedoch nicht überbewertet werden. Insgesamt zeigt sie sich nur in rund einem Fünftel der so erfassten Wahlkampfkommunikation der Parteien. Die kulturelle Konfliktlinie steht somit eindeutig im Schatten der Auseinandersetzungen über die Sozial- und Wirtschaftspolitik. Auch wenn die programmatischen Unterschiede der Parteien bei einzelnen Aspekten der Liberty-Authority-Konfliktlinie besonders stark ausgeprägt sind, sind es daher insgesamt immer noch diese traditionellen Politikfelder, ergänzt um Politikbereiche wie Europa, Bildung und Umwelt, die den Wettbewerb der Parteien in erster Linie bestimmen. Auch die wachsende Bedeutung einzelner Subdimensionen der Konfliktlinie, vor allem der seit den 1990er-Jahren die österreichische Politik prägende Streit über die Themenbereiche Asyl, Zuwanderung und Integration – hier zusammengefasst unter *Migration* –, hat die klassischen sozial- und wirtschaftspolitischen Streitfragen nicht verdrängt.

Die generelle Entwicklung der Salienzwerte, vor allem der vier Subdimensionen, konnte in mehreren Fällen auf externe Einflussfaktoren zurückgeführt werden: bei der Sicherheitsdimension auf die reale Entwicklung der Kriminalität, bei der Migrationsdimension auf den gestiegenen Anteil der ausländischen Bevölkerung. Für die Unterschiede zwischen den Parteien wurden auf Basis ihrer Grundsatzprogramme und der vorhandenen Literatur Erwartungshaltungen formuliert, die in den meisten Fällen mit der realen Entwicklung der Wahlkampfkommunikation übereinstimmen. Wie erwartet sind es die Grünen und die FPÖ, die insgesamt mehr Augenmerk auf Themen der Liberty-Authority-Konfliktlinie legen und hier auch fundamental unterschiedliche Orientierungen verkörpern. Bei SPÖ und ÖVP sind die Anteile deutlich geringer, weshalb die von diesen größeren Parteien in erster Linie kommunizierten Themen der Sozial- und Wirtschaftspolitik über den gesamten Verlauf der Zweiten Republik relevanter sind.

Diese insgesamt notwendige »Relativierung« der Bedeutung der Liberty-Authority-Konfliktlinie belegte auch der internationale Vergleich, bei dem der österreichische Fall zumindest auf der Ebene der Wahlen keineswegs eine extreme Position einnimmt. Während Österreich bei der Bedeutung der Konfliktlinie noch ein mittlerer Rang unter den 31 untersuchten europäischen Ländern zukommt, ist die Polarisierung, das Ausmaß der programmatischen Gegensätze der Parteien, im internationalen Vergleich relativ schwach ausgeprägt.

Auch der Blick auf die österreichischen Wählerinnen und Wähler zeigt, dass die Liberty-Authority-Konfliktlinie relevant ist, ihre generelle Bedeutung jedoch nicht überbewertet werden darf: Die Wählerschaft der beiden traditionellen Großparteien ist auch in den 2000er-Jahren immer noch stärker von spezifischen Einstellungen bei wirtschaftspolitischen Fragen geprägt; allein jene der Grünen und der FPÖ definiert sich in erster Linie über libertäre beziehungsweise autoritäre Orientierungen bei kulturellen Fragen. Bei den Grünen sind es vor allem die moralische Subdimension sowie die Migrationsfrage; aber auch der Streit um Fragen der Sicherheitspolitik spielt eine Rolle. Bei den Wählerinnen und Wählern der FPÖ ist es im Gegensatz dazu beinahe ausschließlich die Frage der Zuwanderung.

Aufgrund des Zeitplans des Buchprojekts endet die Untersuchung mit der Nationalratswahl 2013 – im letzten Abschnitt, der die Entwicklung in Österreich in eine ländervergleichende Perspektive setzte, sogar mit der Nationalratswahl 2008. Ein gewisser zeitlicher Abstand zu analysierten Entwicklungen muss kein Nachteil sein, da er vor überstürzten, der Tagesaktualität geschuldeten Schnellschüssen schützen kann. Dennoch stellt sich abschließend die Frage, wie die jüngste Nationalratswahl vom 15. Oktober 2017 in diese längerfristige Entwicklung eingeordnet werden kann. Stellt sie einen Bruch mit den vorherigen Wahlen dar oder steht sie eher für eine Fortschreibung der beschriebenen Entwicklung?

Ohne Zweifel war die Nationalratswahl 2017 sehr stark vom Thema Migration geprägt, das heißt von der in den letzten Jahrzehnten am stärksten politisierten Subdimension der hier untersuchten Liberty-Authority-Konfliktlinie. Im Anschluss an die Flüchtlingskrise von 2015/16 war die Migrationsfrage aus Sicht der Bevölkerung erstmals längerfristig auf Platz 1 der wichtigsten Themen gerückt und hat die lange Zeit dominierenden ökonomischen Themen Arbeitslosigkeit und Preissteigerung verdrängt. Während des Wahlkampfs war die Kommunikation der Parteien besonders stark von der Einwanderungsthematik geprägt: FPÖ, ÖVP und Grüne platzierten deutlich mehr Presseaussendungen (OTS-Meldungen) zu dieser Thematik als bei früheren Wahlen.[260] Und auch aus Sicht der SPÖ, die sich aufgrund interner Differenzen weniger oft zu diesem Thema äußerte, dominierte die Einwanderungsfrage den gesamten Wahlkampf.[261] Insgesamt standen die Wahlen, so der Titel eines Buches von Fritz Plasser und Franz Sommer, tatsächlich »im Schatten der Flüchtlingskrise«.[262]

Mehr noch als durch den Anstieg der Salienz war die Kampagne von deutlich restriktiveren Positionen in den Bereichen Zuwanderung und Integration geprägt, wobei gerade die programmatische Neuorientierung der ÖVP auf besonderes Interesse stieß. Dank des deutlichen Schwenks in Richtung autoritärerer Positionen erlangte die ÖVP unter ihrem neuen Parteichef Sebastian Kurz im Migrationsbereich eine Themenführerschaft, die lange Zeit der FPÖ sicher gewesen war. Die bei früheren Wahlen bei Fragen der Asyl- und Migrationspolitik stets gegebenen Unterschiede zwischen ÖVP und FPÖ waren 2017 letztlich nicht vorhanden. Nüchterne Beobachter wie der Politikberater Thomas Hofer sehen darin die wahlstrategisch motivierte Übernahme einer »asyl- und migrationskritische[n] Haltung«.[263] Andere Expertinnen wie die Sprachwissenschafterin Ruth Wodak verurteilen diese Entwicklung hingegen als »schamlose Normalisierung« teils rechtsextremer Agenden und sehen in der programmatischen Neuorientierung der ÖVP in weiterer Folge sogar eine Transformation zu einer »rechtspopulistischen« Partei.[264]

---

260 Anita Bodlos und Carolina Plescia, »The 2017 Austrian snap election: a shift rightward«, in *West European Politics* 41, Nr. 6 (2018): 1354–1363.

261 Hannes Uhl, »SPÖ: Ein Wahlkampf im Krisenmodus«, in *Wahl 2017. Loser, Leaks & Leadership*, hrsg. von Thomas Hofer und Barbara Toth (Wien: Ärzte Verlag, 2017), 62–74.

262 Plasser und Sommer, *Wahlen*.

263 Thomas Hofer, »Wahlkampf auf der schiefen Ebene«, in *Wahl 2017. Loser, Leaks & Leadership*, hrsg. von Thomas Hofer und Barbara Toth (Wien: Ärzte Verlag, 2017), 8–48, hier 20.

264 Ruth Wodak, »Vom Rand in die Mitte – ›Schamlose Normalisierung‹«, in *Politische Vierteljahresschrift* 59, Nr. 2 (2018): 323–335, hier 324.

Die weitere Entwicklung des Parteienwettbewerbs wird zeigen, inwieweit tatsächlich von einer programmatischen Neuausrichtung oder Transformation der ÖVP gesprochen werden kann und welche Rolle die Migrationsfrage und die anderen Aspekte der Liberty-Authority-Konfliktlinie bei den kommenden Wahlkämpfen spielen werden. Durch das zumindest vorläufige Ausscheiden der Grünen aus dem Nationalrat ist die seit den 1980er-Jahren stärkste libertäre Kraft der österreichischen Politik entscheidend geschwächt, wohingegen autoritärere gesellschaftspolitische Konzepte ohne Zweifel an Einfluss gewonnen haben und die Migrations-, aber auch die Sicherheitspolitik der kommenden Jahre prägen werden.

Literatur

Abramowitz, Alan I. »It's Abortion, Stupid: Policy Voting in the 1992 Presidential Election.« in *Journal of Politics* 57, Nr. 1 (1995): 176–186.

Akkerman, Tjitske und Anniken Hagelund. »›Women and Children First!‹ Anti-Immigration Parties and Gender in Norway and the Netherlands.« in *Patterns of Prejudice* 41, Nr. 2 (2007): 197–214.

Alford, Robert R. »A Suggested Index of the Association of Social Class and Voting.« in *Public Opinion Quarterly* 26, Nr. 3 (1962): 417–425.

Bartolini, Stefano und Peter Mair. *Identity, competition, and electoral availability. The stabilisation of European electorates 1885–1985*. Cambridge: Cambridge University Press, 1990.

Benoit, Kenneth und Michael Laver. *Party Policy in Modern Democracies*. London: Routledge, 2006.

Berchtold, Klaus, Hg. *Österreichische Parteiprogramme 1868–1966*. München: R. Oldenbourg, 1967.

Birk, Franz und Kurt Traar, Hg. *Der durchleuchtete Wähler – in den achtziger Jahren* [= Journal für Sozialforschung Vol. 27, Heft 1: Sonderheft Wahlforschung vor der Nationalratswahl 1986] Wien, 1987.

Bodlos, Anita und Carolina Plescia. »The 2017 Austrian snap election: a shift rightward.« in *West European Politics* 41, Nr. 6 (2018): 1354–1363.

Bruckmüller, Ernst. *Nation Österreich. Kulturelles Bewußtsein und gesellschaftlich-politische Prozesse*. 2., ergänzte und erweiterte Auflage. Wien: Böhlau, 1996.

Buchegger, Franz und Walter Stamminger. »Anspruch und Wirklichkeit: Marginalien zur Geschichte der SPÖ.« In *Zwischen Koalition und Konkurrenz. Österreichs Parteien seit 1945*, herausgegeben von Peter Gerlich und Wolfgang C. Müller, 17–51. Wien: Braumüller, 1982.

Budge, Ian. »Expert judgements of party policy positions: Uses and limitations in political research.« in *European Journal of Political Research* 37, Nr. 1 (2000): 103–113.

–, *The Standard Right-Left-Scale (Research Note)*. Essex University, 2013.

Budge, Ian und Dennis Farlie. »Party Competition – Selective Emphasis or Direct Confrontation? An Alternative View with Data.« In *Western European Party Systems. Continuity and Change*, herausgegeben von Hans Daalder und Peter Mair, 267–305. London: Sage Publications, 1983.

Budge, Ian, Hans-Dieter Klingemann, Andrea Volkens, Judith Bara und Eric Tanenbaum.

Mapping Policy Preferences. Estimates for Parties, Electors, and Governments 1945–1998. Oxford: Oxford University Press, 2001.

Campbell, Angus, Philip E. Converse, Warren E. Miller und Donald E. Stokes. *The American Voter.* New York: John Wiley & Sons, 1960.

Campbell, David F. J. »Die Dynamik der politischen Links-rechts-Schwingungen in Österreich. Die Ergebnisse einer Expertenbefragung.« in *Österreichische Zeitschrift für Politikwissenschaft* 21, Nr. 2 (1992): 165–179.

Cap, Josef und Karl A. Dufek. »Elegie oder Energie in Rot? Das neue Parteiprogramm der SPÖ.« in *Österreichisches Jahrbuch für Politik* 1998 (1999): 129–138.

Carter, Neil. *The Politics of the Environment. Ideas, Activism, Policy. Second Edition.* Cambridge: Cambridge University Press, 2007.

Castles, Francis G. und Peter Mair. »Left-Right Political Scales: Some ›Expert‹ Judgments.« in *European Journal of Political Research* 12, Nr. 1 (1984): 73–88.

Clarke, Harold D. und Nitish Dutt. »Measuring Value Change in Western Industrialized Societies: The Impact of Unemployment.« in *American Political Science Review* 85, Nr. 3 (1991): 905–920.

Dachs, Herbert. »Grünalternative Parteien.« In *Politik in Österreich. Das Handbuch*, herausgegeben von Herbert Dachs, Peter Gerlich, Herbert Gottweis, Helmut Kramer, Volkmar Lauber, Wolfgang C. Müller und Emmerich Tálos, 389–401. Wien: Manz, 2006.

Dalton, Russell J. »The Quantity and the Quality of Party Systems. Party System Polarization, Its Measurement, and Its Consequences.« in *Comparative Political Studies* 41, Nr. 7 (2008): 899–920.

Deegan-Krause, Kevin. »New Dimensions of Political Cleavage.« In *The Oxford Handbook of Political Behavior*, herausgegeben von Russell J. Dalton und Hans-Dieter Klingemann, 538–556. Oxford: Oxford University Press, 2007.

Dickinger, Christian. »Die ›Dritte Republik‹. Freiheitliche ›Reformvorschläge‹ auf dem Wege zu einer autoritären Präsidialrepublik.« in *SWS-Rundschau* 36, Nr. 4 (1996): 367–379.

Dippelreiter, Maria und Michael Dippelreiter, Hg. *Politische Korrektheit. Der lange Weg vom Postulat zur Performanz.* Klagenfurt: Wieser, 2017.

Dolezal, Martin. »Austria: transformation driven by an established party.« In *West European Politics in the Age of Globalization*, herausgegeben von Hanspeter Kriesi, Edgar Grande, Romain Lachat, Martin Dolezal, Simon Bornschier und Timotheos Frey, 105–129. Cambridge: Cambridge University Press, 2008.

–, »Globalisierung und die Transformation des Parteienwettbewerbs in Österreich. Eine Analyse der Angebotsseite.« in *Österreichische Zeitschrift für Politikwissenschaft* 34, Nr. 2 (2005): 163–176.

–, »The Greens in Austria and Switzerland: Two successful opposition parties.« In *Green Parties in Europe*, herausgegeben von Emilie Van Haute, 15–41. Surrey: Ashgate, 2016.

–, »Online Campaigning by Austrian Political Candidates: Determinants of Using Personal Websites, Facebook, and Twitter.« in *Policy & Internet* 7, Nr. 1 (2015): 103–119.

–, »Wien blieb rot. Landtagswahlkämpfe in Wien 1945–1969.« In *Zwischen Wettbewerb und Konsens. Landtagswahlkämpfe in Österreichs Bundesländern 1945 bis 1970*, herausgegeben von Herbert Dachs, 407–454. Wien: Böhlau, 2006.

Dolezal, Martin, Jakob-Moritz Eberl, Carina Jacobi und Eva Zeglovits. »Die Rolle der Spitzenkandidatinnen und -kandidaten.« In *Die Nationalratswahl 2013. Wie Parteien, Medien und Wählerschaft zusammenwirken*, herausgegeben von Sylvia Kritzinger, Wolfgang C. Müller und Klaus Schönbach, 67–86. Wien: Böhlau, 2014.

Dolezal, Martin, Nikolaus Eder, Sylvia Kritzinger und Eva Zeglovits. »The Structure of Issue Attitudes Revisited: A Dimensional Analysis of Austrian Voters and Party Elites.« In *Journal of Elections, Public Opinion & Parties* 23, Nr. 4 (2013): 423–443.

Dolezal, Martin, Laurenz Ennser-Jedenastik und Wolfgang C. Müller. »Negative Campaigning and the logic of retaliation in multi-party competition.« In *International Journal of Press/Politics* 21, Nr. 2 (2016): 253–272.

–, »When do parties attack their competitors? Negative campaigning in Austria, 2002–2008.« In *New Perspectives on Negative Campaigning: Why Attack Politics Matters*, herausgegeben von Alessandro Nai und Annemarie S. Walter, 163–179. Colchester: ECPR Press, 2015.

–, »Who Will Attack the Competitors? How Political Parties Resolve Strategic and Collective Action Dilemmas in Negative Campaigning.« In *Party Politics* 23, Nr. 6 (2017): 666–679.

Dolezal, Martin, Laurenz Ennser-Jedenastik, Wolfgang C. Müller, Katrin Praprotnik und Anna Katharina Winkler. »Beyond salience and position-taking: How political parties communicate through their manifestos.« In *Party Politics* 24, Nr. 3 (2018): 240–252.

Dolezal, Martin, Laurenz Ennser-Jedenastik, Wolfgang C. Müller und Anna Katharina Winkler. »Analyzing Manifestos in their Electoral Context: A New Approach Applied to Austria, 2002–2008.« In *Political Science Research and Methods* 4, Nr. 3 (2016): 641–650.

–, »How parties compete for votes: A test of saliency theory.« In *European Journal of Political Research* 53, Nr. 1 (2014): 57–76.

–, »The Life Cycle of Party Manifestos: The Austrian Case.« In *West European Politics* 35, Nr. 4 (2012): 869–895.

Dolezal, Martin, Martin Haselmayer und Marcelo Jenny. »Kandidatinnen und Kandidaten im Wahlkampf.« In *Die Nationalratswahl 2013. Wie Parteien, Medien und Wählerschaft zusammenwirken*, herausgegeben von Sylvia Kritzinger, Wolfgang C. Müller und Klaus Schönbach, 87–98. Wien: Böhlau, 2014.

Dolezal, Martin, Marc Helbling und Swen Hutter. »Debating Islam in Austria, Germany, and Switzerland: Ethnic Citizenship, Church-State Relations and Right-Wing Populism.« In *West European Politics* 33, Nr. 2 (2010): 171–190.

–, »Zwischen Gipfelkreuz und Halbmond. Die Auseinandersetzung um den Islam in Österreich und der Schweiz, 1998–2007.« In *Österreichische Zeitschrift für Politikwissenschaft* 37, Nr. 4 (2008): 401–417.

Dolezal, Martin und Eva Zeglovits. »Almost an Earthquake: The Austrian Parliamentary Election of 2013.« In *West European Politics* 37, Nr. 3 (2014): 644–652.

Downs, Anthony. *An Economic Theory of Democracy*. New York: Harper Collins, 1957.

Duch, Raymond M. und Kaare Strøm. »Liberty, Authority, and the New Politics. A Reconsideration.« In *Journal of Theoretical Politics* 16, Nr. 3 (2004): 233–262.

Eder, Nikolaus, Marcelo Jenny und Wolfgang C. Müller. »Manifesto functions: How party candidates view and use their party's central policy document.« In *Electoral Studies* 45, Nr. 1 (2017): 75–87.

–, »Winning over voters or fighting party comrades? Personalized constituency campaigning in Austria.« In *Electoral Studies* 39 (2015): 316–328.

Eder, Peter, Hans Heinz Fabris, Eveline Kögler, Helmut Parzer, Reinhard Rössler und Gertrud Tirala. »Wahlen und Werbung. Wahlwerbung der Parteien für die Nationalratswahl 1975.« In *Österreichische Zeitschrift für Politikwissenschaft* 6, Nr. 1 (1977): 71–92.

Ennser-Jedenastik, Laurenz, Martin Dolezal und Wolfgang C. Müller. »Gender Differences in Negative Campaigning: The Impact of Party Environments.« In *Politics & Gender* 13, Nr. 1 (2017): 81–106.

Ernst, Werner W. »Zur Programmatik der SPÖ seit 1945.« In *Auf dem Weg zur Staatspartei. Zu Geschichte und Politik der SPÖ seit 1945*, herausgegeben von Peter Pelinka und Gerhard Steger, 199–211. Wien: Verlag für Gesellschaftskritik, 1988.

Evans, Geoffrey, Hg. *The End of Class Politics? Class Voting in Comparative Perspective*. Oxford: Oxford University Press, 1999.

Fallend, Franz. »Euroscepticism in Austrian Political Parties: Ideologically Rooted or Strategically Motivated?«. In *Opposing Europe? The Comparative Party Politics of Euroscepticism. Volume 1. Case Studies and Country Surveys*, herausgegeben von Aleks Szczerbiak und Paul Taggart, 201–220. Oxford: Oxford University Press, 2008.

Fiorina, Morris P. *Retrospective Voting in American National Elections*. New Haven und London: Yale University Press, 1981.

Flanagan, Scott C. und Aie-Rie Lee. »The New Politics, Cultural Wars, and the Authoritarian-Libertarian Value Change in Advanced Industrial Democracies.« In *Comparative Political Studies* 36, Nr. 3 (2003): 235–270.

Franklin, Mark N., Thomas T. Mackie und Henry Valen, Hg. *Electoral change. Responses to evolving social and attitudinal structures in Western countries*. Cambridge: Cambridge University Press, 1992.

Friesl, Christian, Thomas Hofer und Renate Wieser. »Die Österreicher/-innen und die Politik.« In *Die Österreicher/-innen. Wertewandel 1990–2008*, herausgegeben von Christian Friesl, Regina Polak und Ursula Hamachers-Zuba, 207–293. Wien: Czernin Verlag, 2009.

Frischenschlager, Friedhelm. »Analyse der Entwicklung des Liberalen Forums.« In *Österreichisches Jahrbuch für Politik* 1995 (1996): 223–241.

–, »Das Liberale Forum und das österreichische politische System.« In *Österreichisches Jahrbuch für Politik* 1993 (1994): 301–342.

–, »Politischer Liberalismus in Österreich – Chancenlos als Partei? Die Entwicklung des Liberalen Forums 1996–2000.« In *Österreichisches Jahrbuch für Politik* 1999 (2000): 543–585.

–, »Wie liberal ist die FPÖ?« In *Österreichisches Jahrbuch für Politik* 1979 (1980): 135–181.

Frölich-Steffen, Susanne. »Die Identitätspolitik der FPÖ: Vom Deutschnationalismus zum Österreichpatriotismus.« In *Österreichische Zeitschrift für Politikwissenschaft* 33, Nr. 3 (2004): 281–295.

Gallus, Alexander. »Ronald Inglehart, The Silent Revolution. Changing Values and Political Styles Among Western Publics, Princeton/New Jersey 1977.« In *Schlüsselwerke der Politikwissenschaft*, herausgegeben von Steffen Kailitz, 190–194. Wiesbaden: Verlag für Sozialwissenschaften, 2007.

Gruber, Oliver. *Campaigning in Radical Right Heartland. The politicization of immigration and ethnic relations in Austrian general elections, 1971–2013*. Wien: Lit Verlag, 2014.

–, »Mehr als nur ›the economy, stupid!‹ – Österreichs Sozialdemokratie und ihr ambivalentes Verhältnis zu Migration.« In *Flucht, Migration und die Linke in Europa*, herausgegeben von Michael Bröning und Christoph P. Mohr, 91–107. Bonn: Verlag J. H. W. Dietz, 2017.

Hafez, Farid. *Islamophober Populismus. Moschee- und Minarettbauverbote österreichischer Parlamentsparteien*. Wiesbaden: VS Verlag für Sozialwissenschaften, 2010.

Halper, Dietmar. *Werte und Grundsätze der ÖVP. Woher wir kommen. Wer wir sind. Wohin wir gehen*. Wien: Edition Noir, 2017.

Hayek, Lore. *Design politischer Parteien. Plakatwerbung in österreichischen Wahlkämpfen*. Wien: Lit Verlag, 2016.

Heinisch, Reinhard und Kristina Hauser. »The mainstreaming of the Austrian Freedom Party. The more things change… » In: *Radical Right-Wing Populist Parties in Western Europe: Into the Mainstream?*, herausgegeben von Tjitske Akkerman, Sarah L. de Lange und Matthijs Rooduijn, 73–93. London: Routledge, 2016.

Helbling, Marc und Anke Tresch. »Measuring party positions and issue salience from media coverage: Discussing and cross-validating new indicators.« In *Electoral Studies* 30, Nr. 1 (2011): 174–183.

Hofer, Thomas. »Wahlkampf auf der schiefen Ebene.« In *Wahl 2017. Loser, Leaks & Leadership*, herausgegeben von Thomas Hofer und Barbara Toth, 8–48. Wien: Ärzte Verlag, 2017.

Hölzl, Norbert. *Propagandaschlachten. Die österreichischen Wahlkämpfe 1945 bis 1971*. Wien: Verlag für Geschichte und Politik, 1974.

Hooghe, Liesbet und Gary Marks. »A Postfunctionalist Theory of European Integration: From Permissive Consensus to Constraining Dissensus.« In *British Journal of Political Science* 39, Nr. 1 (2009): 1–23.

Hooghe, Liesbet, Gary Marks und Carole J. Wilson. »Does Left/Right Structure Party Positions on European Integration?« In *Comparative Political Studies* 35, Nr. 8 (2002): 965–989.

Horner, Franz. »Programme – Ideologien: Dissens oder Konsens.« In *Handbuch des politischen Systems Österreichs*. 2., durchgesehene Auflage, herausgegeben von Herbert Dachs, Peter Gerlich, Herbert Gottweis, Franz Horner, Helmut Kramer, Volkmar Lauber, Wolfgang C. Müller und Emmerich Tálos, 197–209. Wien: Manz, 1992.

Huber, John und Ronald Inglehart. »Expert Interpretations of Party Space and Party Locations in 42 Societies.« In *Party Politics* 1, Nr. 1 (1995): 73–111.

Hunter, James Davison. *Culture Wars. The Struggle to Define America. Making sense of the battles over the family, art, education, law, and politics*. New York: Basic Books, 1991.

Hutter, Swen, Edgar Grande und Hanspeter Kriesi, Hg. *Politicising Europe: Integration and Mass Politics*. Cambridge: Cambridge University Press, 2016.

Inglehart, Ronald. »Changing Values among Western Publics from 1970 to 2006.« In *West European Politics* 31, Nr. 1–2 (2008): 130–146.

–, *Modernization and Postmodernization. Cultural, Economic, and Political Change in 43 Societies*. Princeton: Princeton University Press, 1997.

–, *The Silent Revolution. Changing values and political styles among western publics*. Princeton: Princeton University Press, 1977.

–, »Value Priorities and Socioeconomic Change.« In *Political Action. Mass Participation in Five Western Democracies*, herausgegeben von Samuel H. Barnes und Max Kaase, 305–342. Beverly Hills: SAGE, 1979.

Inglehart, Ronald und Scott C. Flanagan. »Value Change in Industrial Societies.« In *American Political Science Review* 81, Nr. 4 (1987): 1289–1319.

Jenny, Marcelo. »Programme: Parteien im politischen Wettbewerbsraum.« In *Politik in Österreich. Das Handbuch*, herausgegeben von Herbert Dachs, Peter Gerlich, Herbert Gottweis, Helmut Kramer, Volkmar Lauber, Wolfgang C. Müller und Emmerich Talos, 305–321. Wien: Manz, 2006.

Johann, David, Marcelo Jenny und Sylvia Kritzinger. »Mehr Wettbewerb bei Österreichs Wahlen? Die neue Partei NEOS und ihre engsten Konkurrenten.« In *Zeitschrift für Parlamentsfragen* 47, Nr. 4 (2016): 814–830.

Kadan, Albert. »Vergleichende Darstellung der Grundsatzprogramme.« In *Die Grundsatzprogramme der österreichischen Parteien. Dokumention und Analyse*, herausgegeben von Albert Kadan und Anton Pelinka, 18–61. St. Pölten: Niederösterreichisches Pressehaus, 1979.

Kadan, Albert und Anton Pelinka. *Die Grundsatzprogramme der österreichischen Parteien. Dokumentation und Analyse.* St. Pölten: Verlag Niederösterreichisches Pressehaus, 1979.

Kaid, Lynda Lee und Christina Holtz-Bacha, Hg. *Political Advertising in Western Democracies. Parties & Candidates on Television.* Thousand Oaks: Sage Publications, 1995.

–, Hg. *The SAGE Handbook of Political Advertising.* Thousand Oaks: SAGE, 2006.

Kaufmann, Fritz. *Sozialdemokratie in Österreich. Idee und Geschichte einer Partei von 1889 bis zur Gegenwart.* Wien: Amalthea, 1978.

Keller, Heinrich. »Die Rechtsreform seit 1970.« In *Der österreichische Weg 1970–1985. Fünfzehn Jahre, die Österreich verändert haben. Beiträge zum wissenschaftlichen Symposium des Dr.-Karl-Renner-Instituts abgehalten vom 27. Februar bis zum 1. März 1985 in Wien*, herausgegeben von Erich Fröschl und Helge Zoitl, 177–185. Wien: Europa-Verlag, 1986.

Khol, Andreas. »Das Liberale Forum – Sternschnuppe oder neuer Stern?« In *Österreichisches Jahrbuch für Politik* 1993 (1994): 343–374.

Kim, Heemin und Richard C. Fording. »Voter ideology in Western Democracies, 1946–1989.« In *European Journal of Political Research* 33, Nr. 1 (1998): 73–97.

Kitschelt, Herbert. *The Radical Right in Western Europe. A Comparative Analysis.* Ann Arbor: The University of Michigan Press, 1995.

–, »Social class and the radical right. Conceptualizing political preference formation and partisan choice.« In *Class Politics and the Radical Right*, herausgegeben von Jens Rydgren, 224–251. London: Routledge, 2013.

–, *The Transformation of European Social Democracy.* Cambridge: Cambridge University Press, 1994.

Klingemann, Hans-Dieter, Andrea Volkens, Judith Bara, Ian Budge und Michael McDonald. *Mapping Policy Preferences II. Estimates for Parties, Electors, and Governments in Eastern Europe, European Union, and OECD 1990–2003.* Oxford: Oxford University Press, 2006.

Knill, Christoph, Caroline Preidel und Kerstin Nebel. »Brake rather than Barrier: The Impact of the Catholic Church on Morality Policies in Western Europe.« in *West European Politics* 37, Nr. 5 (2014): 845–866.

Knutsen, Oddbjorn. Religious Denomination and Party Choice in Western Europe: A Comparative Longitudinal Study from Eight Countries, 1970–97.« In *International Political Science Review* 25, Nr. 1 (2004): 97–128.

Kotanko, Christoph, Hg. *Die Qual der Wahl: die Programme der Parteien im Vergleich*. Wien: Czernin, 2013.

Kreissler, Felix. »Die Entwicklung der SPÖ in ihren Programmen und in ihrer Politik: Vom Austromarxismus zum ›Austrosozialismus‹ (1945–1973).« In *Geschichte und Gesellschaft. Festschrift für Karl R. Stadler zum 60. Geburtstag*, herausgegeben von Gerhard Botz, Hans Hautmann und Helmut Konrad, 209–246. Wien: Europaverlag, 1974.

Kriechbaumer, Robert. *Parteiprogramme im Widerstreit der Interessen. Die Programmdiskussionen und die Programme von ÖVP und SPÖ 1945–1986*. Wien: Verlag für Geschichte und Politik, 1990.

–, »Programme und Programmdiskussionen.« In *Volkspartei – Anspruch und Realität. Zur Geschichte der ÖVP seit 1945*, herausgegeben von Robert Kriechbaumer und Franz Schausberger, 103–136. Wien: Böhlau, 1995.

–, *Nur ein Zwischenspiel (?) Die Geschichte der Grünen in Österreich. Von den Anfängen bis 2017*. Wien: Böhlau, 2018.

Kriesi, Hanspeter. »The transformation of cleavage politics. The 1997 Stein Rokkan lecture.« In *European Journal of Political Research* 33, Nr. 2 (1998): 165–185.

Kriesi, Hanspeter, Edgar Grande, Martin Dolezal, Marc Helbling, Dominic Höglinger, Swen Hutter und Bruno Wüest. *Political Conflict in Western Europe*. Cambridge: Cambridge University Press, 2012.

Kriesi, Hanspeter, Edgar Grande, Romain Lachat, Martin Dolezal, Simon Bornschier und Timotheos Frey. »Globalization and the transformation of the national political space: Six European countries compared.« In *European Journal of Political Research* 45, Nr. 6 (2006): 921–956.

–, *West European Politics in the Age of Globalization*. Cambridge: Cambridge University Press, 2008.

Kriesi, Hanspeter, Ruud Koopmans, Jan Willem Duyvendak und Marco G. Giugni. *New Social Movements in Western Europe. A Comparative Analysis*. Minneapolis: University of Minnesota Press, 1995.

Kritzinger, Sylvia, Wolfgang C. Müller und Klaus Schönbach, Hg. *Die Nationalratswahl 2013. Wie Parteien, Medien und Wählerschaft zusammenwirken*. Wien: Böhlau, 2014.

Kritzinger, Sylvia, Eva Zeglovits, Michael S. Lewis-Beck und Richard Nadeau. *The Austrian Voter*. Wien: Vienna University Press, 2013.

Kukacka, Helmut. »Anpassung oder Abgrenzung? Anmerkungen zur ›Grün-Strategie‹ der ÖVP.« In *Österreichisches Jahrbuch für Politik* 1984 (1985): 151–162.

Laver, Michael und W. Ben Hunt. *Policy and party competition*. New York: Routledge, 1992.

Lazarsfeld, Paul F., Bernard Berelson und Hazel Gaudet. *The People's Choice. How the Voter makes up his Mind in a Presidential Campaign. Third Edition*. New York: Columbia University Press, 1968 [1944].

Lederer, Andreas. »Politische Werbung in der Wahlkampfarena: Analysen politischer Werbekommunikation.« In *Politik in der Medienarena. Praxis politischer Kommunikation in Österreich*, herausgegeben von Fritz Plasser, 241–272. Wien: Facultas. WUV, 2010.

Leser, Norbert. »Das Salzburger Programm der ÖVP in ideologiekritischer Sicht.« In *Österreichisches Jahrbuch für Politik* 1978 (1979): 85–102.

–, »Die SPÖ gibt sich ein Programm. Analyse des Gestaltwandels der Programmvorbereitungen.« In *Österreichische Zeitschrift für Politikwissenschaft* 7, Nr. 2 (1978): 141–154.

Liegl, Barbara. »Das Liberale Forum.« In *Handbuch des politischen Systems Österreichs. Die Zweite Republik.* 3., erweiterte und völlig neu bearbeitete Auflage, herausgegeben von Herbert Dachs, Peter Gerlich, Herbert Gottweis, Franz Horner, Helmut Kramer, Volkmar Lauber, Wolfgang C. Müller und Emmerich Tálos, 315–322. Wien: Manz, 1997.

Lindberg, Leon N. und Stuart A. Scheingold. *Europe's Would-Be Polity. Patterns of Change in the European Community.* Englewood Cliffs/New Jersey: Prentice-Hall, 1970.

Linhart, Eric und Susumu Shikano. »Ideological Signals of German Parties in a Multi-Dimensional Space: An Estimation of Party Preferences Using the CMP Data.« In *German Politics* 18, Nr. 3 (2009): 301–322.

Lipset, Seymour M. und Stein Rokkan. »Cleavage Structures, Party Systems, and Voter Alignments: An Introduction.« In *Party Systems and Voter Alignments. Cross-National Perspectives*, herausgegeben von Seymour M. Lipset und Stein Rokkan, 1–64. New York: Free Press, 1967.

Lipset, Seymour Martin. »Democracy and Working-Class Authoritarianism.« In *American Sociological Review* 24, Nr. 4 (1959): 482–501.

Luther, Kurt Richard. »Die Freiheitliche Partei Österreichs (FPÖ) und das Bündnis Zukunft Österreich (BZÖ).« In *Politik in Österreich. Das Handbuch*, herausgegeben von Herbert Dachs, Peter Gerlich, Herbert Gottweis, Helmut Kramer, Volkmar Lauber, Wolfgang C. Müller und Emmerich Talos, 364–388. Wien: Manz, 2006.

–, »The Revival of the Radical Right: The Austrian Parliamentary Election of 2008.« In *West European Politics* 32, Nr. 5 (2009): 1049–1061.

Mair, Peter und Cas Mudde. »The Party Family and its Study.« In *Annual Review of Political Science* 1 (1998): 211–229.

Marquart, Franziska. »Rechtspopulismus im Wandel. Wahlplakate der FPÖ 1978–2008.« In *Österreichische Zeitschrift für Politikwissenschaft* 42, Nr. 4 (2013): 353–371.

Maslow, A. H. »A Theory of Human Motivation.« In *Psychological Review* 50, Nr. 4 (1943): 370–396.

Matzka, Manfred. »Reformen abseits der Partei. Die Rechtspolitik der SPÖ seit 1945.« In *Auf dem Weg zur Staatspartei. Zu Geschichte und Politik der SPÖ seit 1945*, herausgegeben von Peter Pelinka und Gerhard Steger, 303–312. Wien: Verlag für Gesellschaftskritik, 1988.

McDonald, Michael D. und Silvia M. Mendes. »The policy space of party manifestos.« In *Estimating the Policy Positions of Political Actors*, herausgegeben von Michael Laver, 90–114. London: Routledge, 2001.

Melischek, Gabriele, Uta Rußmann und Josef Seethaler. »Agenda Building in österreichischen Nationalratswahlkämpfen, 1970–2008.« In *Politik in der Medienarena. Praxis politischer Kommunikation in Österreich*, herausgegeben von Fritz Plasser, 101–143. Wien: Facultas. WUV, 2010.

Merkel, Wolfgang. »Kosmopolitismus versus Kommunitarismus. Ein neuer Konflikt in der Demokratie.« In *Parties, Governments and Elites. The Comparative Study of Democracy*, herausgegeben von Philipp Harfst, Ina Kubbe und Thomas Poguntke, 9–23. Wiesbaden: Springer, 2017.

Meyer, Sarah und Sieglinde Rosenberger. »The Politicisation of Immigration in Austria.« In

The Politicisation of Migration, herausgegeben von Wouter van der Brug, Gianni D'Amato, Joost Berkhout und Didier Ruedin, 31–51. London: Routledge, 2015.

Meyer, Thomas M. und Wolfgang C. Müller. »The Issue Agenda, Party Competence and Popularity: An Empirical Analysis of Austria 1989–2004.« In *Journal of Elections, Public Opinion and Parties* 23, Nr. 4 (2013): 484–500.

Mudde, Cas. *Populist Radical Right Parties in Europe*. Cambridge: Cambridge University Press, 2007.

Müller, Wolfgang C. »The Catch-All Party Thesis and the Austrian Social Democrats.« In *German Politics* 1, Nr. 2 (1992): 181–199.

–, »Conservatism and the Transformation of the Austrian People's Party.« In *The Transformation of Contemporary Conservatism*, herausgegeben von Brian Girvin, 98–119. London: Sage Publications, 1988.

–, »Die Österreichische Volkspartei.« In *Politik in Österreich. Das Handbuch*, herausgegeben von Herbert Dachs, Peter Gerlich, Herbert Gottweis, Helmut Kramer, Volkmar Lauber, Wolfgang C. Müller und Emmerich Tálos, 341–363. Wien: Manz, 2006.

–, »Evil or the ›Engine of Democracy‹? Populism and Party Competition in Austria.« In *Democracies and the Populist Challenge*, herausgegeben von Yves Mény und Yves Surel, 155–175. Basingstoke: Palgrave Macmillan, 2002.

–, »The snap election in Austria, September 2008.« In *Electoral Studies* 28 (2009): 514–517.

–, »A Vote for Stability: The Austrian Parliamentary Elections of 1995.« In *Electoral Studies* 15, Nr. 3 (1996): 410–414.

Müller, Wolfgang C., Wilfried Philipp und Marcelo Jenny. »Ideologie und Strategie der österreichischen Parteien: Eine Analyse der Wahlprogramme 1949–1994.« In *Wählerverhalten und Parteienwettbewerb. Analysen zur Nationalratswahl 1994*, herausgegeben von Wolfgang C. Müller, Fritz Plasser und Peter A. Ulram, 119–166. Wien: Signum Verlag, 1995.

Müller, Wolfgang C. und Barbara Steininger. »Christian Democracy in Austria: The Austrian People's Party.« In *Christan Democracy in Europe. A Comparative Pespective*, herausgegeben von David Hanley, 87–100. London: Pinter Publishers, 1994.

Münz, Rainer. »Austria and its Migrants.« In *Global Austria. Austria's Place in Europe and the World*, herausgegeben von Günter Bischof, Fritz Plasser, Anton Pelinka und Alexander Smith, 184–199. Innsbruck: Innsbruck University Press, 2011.

Münz, Rainer, Peter Zuser und Josef Kytir. »Grenzüberschreitende Wanderungen und ausländische Wohnbevölkerung: Struktur und Entwicklung.« In *Österreichischer Migrations- und Integrationsbericht. Demographische Entwicklungen – sozioökonomische Strukturen – rechtliche Rahmenbedingungen*, herausgegeben von Heinz Fassmann und Irene Stacher, 20–61. Klagenfurt: Drava Verlag, 2003.

Ornauer, Helmut. »Wahlprogramme und Regierungserklärungen 1956–1979: ein Vergleich.« In *Österreichisches Jahrbuch für Politik* 1979 (1980): 69–97.

Ostrogorski, Moisei. *Democracy and the Organization of Political Parties. Volume II*. London: Macmillan, 1902.

Pappi, Franz Urban und Nicole Michaela Seher. »Party Election Programmes, Signalling Policies and Salience of Specific Policy Domains: The German Parties from 1990 to 2005.« In *German Politics* 18, Nr. 3 (2009): 403–425.

Pelinka, Anton. »Austrian Euroscepticism: The Shift from the Left to the Right.« In *Euros-*

cepticism: Party Politics, National Identity and European Integration, herausgegeben von Robert Harmsen und Menno Spiering, 207–225. Amsterdam: Rodopi, 2004.

–, »Die Entwicklungslinien der Grundsatzprogramme.« In *Die Grundsatzprogramme der österreichischen Parteien. Dokumention und Analyse*, herausgegeben von Albert Kadan und Anton Pelinka, 62–74. St. Pölten: Niederösterreichisches Pressehaus, 1979.

–, »Die Österreichische Volkspartei (ÖVP).« In *Christlich-demokratische und konservative Parteien in Westeuropa 1*, herausgegeben von Hans-Joachim Veen, 195–265. Paderborn: Ferdinand Schöningh, 1983.

–, »Funktionen von Parteiprogrammen.« In *Die Grundsatzprogramme der österreichischen Parteien. Dokumention und Analyse*, herausgegeben von Albert Kadan und Anton Pelinka, 7–17. St. Pölten: Niederösterreichisches Pressehaus, 1979.

–, »Österreich.« In *Die politischen Parteien in Westeuropa. Geschichte – Programm – Praxis. Ein Handbuch*, herausgegeben von Joachim Raschke, 412–431. Reinbek bei Hamburg: Rowohlt, 1978.

Perchinig, Bernhard. »National oder liberal: Die Freiheitliche Partei Österreichs.« In *Zwischen Koalition und Konkurrenz. Österreichs Parteien seit 1945*, herausgegeben von Peter Gerlich und Wolfgang C. Müller, 69–90. Wien: Braumüller, 1982.

Plasser, Fritz, Gilg Seeber und Peter A. Ulram. »Breaking the Mold: Politische Wettbewerbsräume und Wahlverhalten Ende der neunziger Jahre.« In *Das österreichische Wahlverhalten*, herausgegeben von Fritz Plasser, Peter Ulram und Franz Sommer, 55–115. Wien: Signum, 2000.

Plasser, Fritz und Franz Sommer. *Wahlen im Schatten der Flüchtlingskrise. Parteien, Wähler und Koalitionen im Umbruch*. Wien: Facultas, 2018.

Plasser, Fritz und Peter A. Ulram. »Wandel der politischen Konfliktdynamik: Radikaler Rechtspopulismus in Österreich.« In *Wählerverhalten und Parteienwettbewerb. Analysen zur Nationalratswahl 1994*, herausgegeben von Wolfgang C. Müller, Fritz Plasser und Peter A. Ulram, 471–503. Wien: Signum Verlag, 1995.

Praprotnik, Katrin. *Parteien und ihre Wahlversprechen. Einblicke in die Politikgestaltung in Österreich*. Wiesbaden: Springer, 2017.

Rathkolb, Oliver. *Die paradoxe Republik. Österreich 1945 bis 2005*. Wien: Paul Zsolnay Verlag, 2005.

Reichhold, Ludwig. *Geschichte der ÖVP*. Graz: Styria, 1975.

Reiter, Erich. *Programm und Programmentwicklung der FPÖ*. Wien: Wilhelm Braumüller, 1982.

Riess, Erwin und Norbert Winkler. »Die österreichischen Parteiprogramme seit 1945.« In *Zwischen Koalition und Konkurrenz. Österreichs Parteien seit 1945*, herausgegeben von Peter Gerlich und Wolfgang C. Müller, 201–221. Wien: Braumüller, 1982.

Rogowski, Ronald. »Political Cleavages and Changing Exposure to Trade.« In *American Political Science Review* 81, Nr. 4 (1987): 1121–1137.

Rösslhumer, Maria. *Die FPÖ und die Frauen*. Wien: Döcker Verlag, 1999.

Schandl, Franz und Gerhard Schattauer. *Die Grünen in Österreich. Entwicklung und Konsolidierung einer politischen Kraft*. Wien: Promedia, 1996.

Schattschneider, Elmer Eric. *The Semisovereign People. A Realist's View of Democracy in America. Reissued with an Introduction by David Adamany*. Boston: Wadsworth, 1988 [1960].

–, *The Struggle for Party Government.* College Park: University of Maryland Programm in American Civilization, 1948.

Secher, Herbert P. »The Socialist Party of Austria: Principles, Organization and Policies.« In *Midwest Journal of Political Science* 3, Nr. 3 (1959): 277–299.

Shell, Kurt L. *The Transformation of Austrian Socialism.* New York: State University of New York, 1962.

Statham, Paul und Hans-Jörg Trenz. *The Politicization of Europe. Contesting the Constitution in the mass media.* London: Routledge, 2013.

Steiner, Kurt. *Politics in Austria.* Boston: Little, Brown and Company, 1972.

Stirnemann, Alfred. »Das neue Parteiprogramm der FPÖ – eine kritische Analyse.« In *Österreichisches Jahrbuch für Politik* 1985 (1986): 657–678.

–, »Die Freiheitlichen – Abkehr vom Liberalismus? Zu einigen Aspekten der FPÖ unter Jörg Haider.« In *Österreichisches Jahrbuch für Politik* 1987 (1988): 165–201.

Sully, Melanie A. »The Socialist Party of Austria.« In *Social Democratic Parties in Western Europe*, herausgegeben von William E. Paterson und Alastair H. Thomas, 213–233. London: Croom Helm, 1977.

Ucakar, Karl. »Sozialdemokratische Partei Österreichs.« In *Politik in Österreich. Das Handbuch*, herausgegeben von Herbert Dachs, Peter Gerlich, Herbert Gottweis, Helmut Kramer, Volkmar Lauber, Wolfgang C. Müller und Emmerich Talos, 322–340. Wien: Manz, 2006.

Uhl, Hannes. »SPÖ: Ein Wahlkampf im Krisenmodus.« In *Wahl 2017. Loser, Leaks & Leadership*, herausgegeben von Thomas Hofer und Barbara Toth, 62–74. Wien: Ärzte Verlag, 2017.

Volkens, Andrea, Pola Lehmann, Theres Matthieß, Nicolas Merz, Sven Regel und Bernhard Weßels. The Manifesto Data Collection. Manifesto Project (MRG/CMP/MARPOR). Version 2017a. Berlin: Wissenschaftszentrum Berlin für Sozialforschung (WZB). https://doi.org/10.25522/manifesto.mpds.2017a. 2017.

Wandruszka, Adam. »Österreichs Politische Struktur. Die Entwicklung der Parteien und politischen Bewegungen.« In *Geschichte der Republik Österreich*, herausgegeben von Heinrich Benedikt, 289–485. Wien: Verlag für Geschichte und Politik, 1954.

Weber, Fritz. »Die Angst der Parteiführung vorm Klassenkampf. Die SPÖ 1945–1950.« In *Auf dem Weg zur Staatspartei. Zu Geschichte und Politik der SPÖ seit 1945*, herausgegeben von Peter Pelinka und Gerhard Steger, 11–21. Wien: Verlag für Gesellschaftskritik, 1988.

Wodak, Ruth. »Vom Rand in die Mitte – ›Schamlose Normalisierung‹.« In *Politische Vierteljahresschrift* 59, Nr. 2 (2018): 323–335.

Zulehner, Paul M. »Die Kirchen und die Politik.« In *Österreich 1945–1995. Gesellschaft, Politik, Kultur*, herausgegeben von Reinhard Sieder, Heinz Steinert und Emmerich Talos, 525–536. Wien: Verlag für Gesellschaftskritik, 1996.

Berthold Molden

Autoritäre und antiautoritäre Dispositionen im Printmediendiskurs der Zweiten Republik

Fragestellung und Methode

Dieses Kapitel spürt pro- und antiautoritärer Rhetorik in österreichischen Medien nach. Im Gesamtzusammenhang demokratischer Gesellschaftssysteme kommt Zeitungen, Rundfunk und zuletzt auch im Internet beheimateten Medien – darunter die sogenannten »Social Media« – zentrale Bedeutung zu: Information, Meinungsbildung, Kontrolle und Agenda Setting wurden von den Sozial- und Kommunikationswissenschaften als wichtigste Funktionen herausgearbeitet.[1] In normativen Deutungsversuchen wie Jürgen Habermas' Konzept der deliberativen Demokratie wird die Rolle der Medien zu einer Sollbruchstelle, weil das Ideal kollektiven Ausverhandelns politischer Herausforderungen an der eben nicht nur informierenden, sondern tendenziös meinungsbildenden Wirkung von Medien scheitern kann. Daher erscheint es uns wichtig für die zeithistorische Analyse autoritärer Trends in der österreichischen Öffentlichkeit, das Auftreten autoritärer und autoritätskritischer Rhetorik im Mediendiskurs zu untersuchen. Auch wenn es uns nicht möglich ist, die tatsächliche Beeinflussung der öffentlichen Meinung durch diesen Diskurs zu quantifizieren, so besteht unser Beitrag in der qualitativen Beschreibung einer Schlüsselfunktion öffentlicher Meinungsbildung. Dazu folgen wir der Leitfrage: Wer versuchte wem zu welchem Zeitpunkt und mit welchen rhetorisch-medialen Mitteln welche Form gesellschaftlich-politischer Orientierung zu vermitteln?

Um diese Frage zu beantworten, widmet sich dieses Kapitel vor dem Hintergrund der Medienlandschaft der Zweiten Republik[2] dem Printmediendiskurs über ausge-

---

1 Für Österreich vgl. Ferdinand Karlhofer, Sven Jeschke und Günther Pallaver, Hg., *Medienzentrierte Demokratien: Befunde, Trends, Perspektiven. Festschrift für Univ.-Prof. Dr. Fritz Plasser* (Wien: facultas, 2013); Fritz Plasser, Hg., *Politik in der Medienarena. Praxis politischer Kommunikation in Österreich* (Wien: facultas, 2010).

2 Peter Böhmer, *Der »Wiener« bzw. »Neue« Kurier von 1951 bis 1967: Der Versuch einer Dokumentation* (Diplomarbeit: Universität Wien, 1996); Hans Heinz Fabris und Fritz Hausjell, Hg., *Die Vierte Macht. Zu Geschichte und Kultur des Journalismus in Österreich seit 1945* (Wien: Verlag für Gesellschaftskritik, 1991); Erich Geretschläger, *Massenmedien in Österreich* (Wien: Bundespressedienst, 1998); Gabriele Melischek und Josef Seethaler, *Die Wiener Tageszeitungen. Eine Dokumentation, Bd. 5: 1945–1955. Mit einem Überblick über die österreichische Tagespresse der Zweiten Republik bis 1998* (Frankfurt am Main: Peter Lang, 1999); Berthold Molden, »›Die Ost-West-Drehscheibe‹. Österreichs Medien im Kalten Krieg«, in *Zwischen den Blöcken. Österreich im Kalten Krieg*, hrsg. von Manfried Rauchensteiner (Wien: Böhlau, 2010), 687–774.

wählte Schlüsselereignisse der österreichischen Politik zwischen 1945 und 1995. Anhand von Stichproben in verschiedenen österreichischen Zeitungen und Zeitschriften erhoben wir, ob und in welcher Form autoritäre und antiautoritäre Einstellungen zum Ausdruck kamen. Die Auswahl der untersuchten Medien bemüht sich, die ideologische Landschaft Österreichs in möglichst großer Breite abzubilden, und zielt somit auf die Identifizierung und Kontextualisierung spezifischer Medienakteure und ihrer Zielgruppen ab.

Wir suchen nach Zusammenhängen zwischen verschiedenen diskursiven Faktoren, deren Auftreten die stärkere Häufigkeit der jeweils anderen Faktoren vermuten lässt. Autoritarismus verstehen wir, wie in der Einleitung angesprochen, als breit gefasste Kategorie, die u. a. an Indikatoren wie Dominanzorientierung, Minderheitenfeindlichkeit, Rassismus etc. zu messen ist.[3] Untersucht wurde nicht die deskriptive Berichterstattung, sondern ausschließlich sogenannte »reflexive« Artikel, also Kommentare und Leitartikel, die nicht berichten, sondern die Ansichten leitender Redaktionsmitglieder oder von GastautorInnen wiedergeben. Anhand dieser Beiträge können weltanschauliche und gesellschaftspolitische Positionierungen der Leitmedien besonders deutlich abgelesen werden. Diese Systematik wurde nur dann unterbrochen, wenn bestimmte Medien – wie etwa die *Kronen Zeitung* – auch in ihren nicht als Meinungsbeiträge ausgewiesenen Berichten deutliche Wertungen zu vermitteln versuchten. Die ausgewählten Texteinheiten unterzogen wir einer qualitativen Inhaltsanalyse, die insbesondere folgende Konstellationen in den Blick nimmt:

- Indikatoren für Vorzüge von autoritären/antiautoritären Gesellschaftsmodellen,
- entsprechende Identitätssemantiken (Eigengruppe/Fremdgruppe),
- historisch-politische Kontextualisierung der diskursiven AkteurInnen (AutorInnen) und ihrer Zielgruppen.

Wir suchten daher nach rhetorischen Indikatoren für Ressentiments gegenüber untergeordneten oder Kleingruppen, nach Differenzsymantiken, die »Wir vs. die anderen«-Dichotomien herstellen (Typisierungen und Pauschalisierungen, Feind-

3 Frank Asbrock, John Duckitt und Chris Sibley, »Right-Wing Authoritarianism and Social Dominance Orientation and the Dimensions of Generalized Prejudice: A Longitudinal Test«, in *European Journal of Personality* 24/4 (2010): 324–340; Oliver Decker und Elmar Brähler, *Vom Rand zur Mitte. Rechtsextreme Einstellungen und ihre Einflussfaktoren*, Berlin: Friedrich-Ebert-Stiftung, 2006; Bart Duriez und Alain Van Hiel, »The march of modern fascism. A comparison of social dominance orientation and authoritarianism«, in *Personality and Individual Differences* 32/7 (2002): 1199–1213; »Special Eurobarometer 296. Discrimination in the European Union. Perceptions, Experiences and Attitudes«, European Commission, Brüssel 2008, Zugriff am 01.06.2018, http:// ec.europa.eu/public_opinion/archives/ebs/ebs_296_en.pdf; Beate Küpper, Carina Wolf und Andreas Zick, »Social status and anti-immigrant attitudes in Europe: An examination from the perspective of social dominance theory«, in *International Journal of Conflict and Violence* 4/2 (2010): 205–219.

bilder/kollektive Selbstüberhöhung), Vorbehalten gegenüber debattenorientierten Institutionen der Demokratie (Parlament, Parteienvielfalt) bei gleichzeitiger Forderung nach klaren hierarchischen Strukturen (Ordnung, Unterordnung, Disziplin) sowie für Österreich spezifische historische Referenzen, die als Codierung derartiger Einstellungen gelesen werden können.[4]

Als Analysemethode bedienten wir uns der historisch-diskursiven Inhaltsanalyse, die gerade auf Medien als historische Akteure bereits mit Erfolg angewandt wurde.[5] Wir untersuchten, in welcher Weise bestimmte Einstellungen rhetorisch erzeugt und wiedergegeben und wie sie den LeserInnen in den reflexiven Textteilen der Printmedien verstärkt suggeriert werden. Diese hermeneutische Herangehensweise legt besonderen Wert auf die innergesellschaftliche Positionierung der jeweiligen Medien und AutorInnen (Ideologie) sowie die historische Kontextualisierung der Texte. Nicht zuletzt geht es hierbei darum zu verdeutlichen, welche kollektiven Erfahrungen die etwaige ideologische Disposition der AutorInnen beeinflussen könnten.

Die Auswahl der Kommunikationsereignisse ergab eine Zeitreihe in Dekadenschritten, die es erlaubt, synchrone und diachrone Vergleiche zu ziehen und diskursive Entwicklungslinien nachzuzeichnen. Die Beobachtungsperiode umfasst jeweils eine Woche rund um ein spezifisches Kommunikationsereignis, in der die höchste Debattendichte zu erwarten ist. So konnte auf Basis des gesamten Quellenpools die Themenkomplexität der Berichterstattung erarbeitet werden, um dann anhand einiger ausgewählter Ereignisse analytisch ins Detail zu gehen. Diese Auswahl verfolgt weniger eine diachrone Entwicklung der vier genannten Marker autoritärer Disposition, als sie anschauliche Beispiele für diese vorstellt, welche im spezifischen Kontext von Schlüsselthemen der Zweiten Republik verankert sind. In einigen Fällen (zum Beispiel Borodajkewycz – Waldheim) sind allerdings auch zeitübergreifende Vergleiche möglich.

Welche Medien wurden nun für diese Untersuchung herangezogen? Aus der sich im Laufe der Jahrzehnte wandelnden Medienarena der Zweiten Republik wurden aus forschungspragmatischen Gründen nur Printmedien ausgewählt. Damit soll freilich nicht die meinungsbildende Kraft des Österreichischen Rundfunks und seiner Vorgängermedien ignoriert werden; der methodische Aufwand, Radio- und Fernsehsendungen in die Analyse einzubeziehen, hätte indes die Möglichkeiten im Rahmen dieses Projektes überstiegen. Als Quellenkörper wurde zunächst eine umfassende Zahl von bundesweiten und regionalen Tages- und Wochenzeitungen zu untenste-

---

4 Vgl. fög und Universität Zürich, *Ausländer und ethnische Minderheiten in der Wahlkampfkommunikation – Analyse der massenmedialen Berichterstattung zu den Eidgenössischen Wahlen 2007* (Zürich: fög/Universität Zürich, 2008); »Medien und Öffentlichkeit«, Kurt Imhof, (Zürich, 2006), Zugriff am 17.05.2018, http://www.foeg.uzh.ch/analyse/publikationen/Medien_und_Oeffentlichkeit.pdf.

5 Anna Triandafyllidou, Ruth Wodak und Michael Krzyzanowski, Hg., *Europe in Crisis: The ›European Public Sphere‹ and National Media in the Post-War Period* (Basingstoke: Palgrave, 2009).

hender Zeitreihe von Kommunikationsereignissen konsultiert. Ausgewählt wurden gesamtösterreichische Tageszeitungen, die links (*Arbeiter-Zeitung*, *Der Standard*) und rechts (*Die Presse*) nahe der politischen Mitte angesiedelt waren; die *Volksstimme* als Organ des Kommunismus in Österreich; der *(Wiener) Kurier* als nach amerikanischem Vorbild geführte erste Massenzeitung der Zweiten Republik und später als niederschwellige Qualitätszeitung; die *Kronen Zeitung*, die den *Kurier* Ende der 1960er-Jahre überholen und sich als bis heute wichtigste Vertreterin des Boulevards etablieren konnte; sowie einige einflussreiche Regionalzeitungen, die zwar 1945 von den Alliierten lizenziert, aber sogleich in österreichische Hände übergeben worden waren (*Salzburger Nachrichten*, *Oberösterreichische Nachrichten*, *Tiroler Tageszeitung*) – bei den *Salzburger Nachrichten* kommt deren Position als Zentralorgan eines ÖVP-kritischen, »gemäßigten Pangermanismus« hinzu.[6] Des Weiteren wurden drei Wochen- und Monatszeitungen einbezogen, die wegen ihrer stark meinungsgetragenen Essays (*FORVM/Neues FORVM*, *Die Furche*) einflussreich waren oder durch ihre intensiven Hintergrundrecherchen maßgebliches Agenda-Setting betrieben (*profil*). Für die Besatzungszeit wurde zudem die »Dreiparteienzeitung« *Neues Österreich* einbezogen, weil sie – wie zu sehen sein wird – durch ihr Motto »Organ der demokratischen Einigung« den zentralen Diskurs der Konkordanzdemokratie vorgab.[7]

Kommunikationsereignis	Beobachtungs-zeitraum	Untersuchte Zeitungen
Die Nationalratswahl 1945 als erste Bewährungsprobe der Demokratie nach zwölf Jahren Diktatur im Kontext der alliierten Besatzung	11.11.–30.11.1945	*Neues Österreich, Die Presse, Salzburger Nachrichten, Tiroler Tageszeitung, Oberösterreichische Nachrichten, Arbeiter-Zeitung, Volksstimme, Wiener Kurier, Die Furche*
Die Unterzeichnung des Staatsvertrags als Lackmustest für die Verlässlichkeit der österreichischen Demokratie vis-á-vis den (West-) Alliierten sowie als Debatte um die Rolle des Bundesheeres in einer neutralen Demokratie	10.5.–22.5.1955	*Neues Österreich, Die Presse, Salzburger Nachrichten, Tiroler Tageszeitung, Oberösterreichische Nachrichten, Arbeiter-Zeitung, Volksstimme, Neuer Kurier, Die Furche, FORVM*[1]
Die Affäre um Taras Borodajkewycz als eine der zentralen Auseinandersetzungen mit dem geistigen Erbe des Nationalsozialismus	18.3.–5.4.1965	*Die Presse, Salzburger Nachrichten, Tiroler Tageszeitung, Oberösterreichische Nachrichten, Arbeiter-Zeitung, Volksstimme, Kurier, Kronen Zeitung, Die Furche, FORVM*
Die Strafrechtsreform und die Familienrechtsreform als Momente der Überwindung überkommener autoritärer Gesellschaftsstrukturen	1.–14.7.1971; 22.11.–5.12.1973; 23.–27.1.1974; 25.6.–8.7.1975	*Die Presse, Salzburger Nachrichten, Tiroler Tageszeitung, Oberösterreichische Nachrichten, Arbeiter-Zeitung, Volksstimme, Kurier, Kronen Zeitung, Die Furche, Neues FORVM, profil*

6 Siehe Beitrag von David Schriffl in diesem Band.

7 Fritz Csoklich, »Massenmedien«, in *Das neue Österreich. Geschichte der Zweiten Republik*, hrsg. von Erika Weinzierl und Kurt Skalnik (Graz: Styria, 1975), 259–276.

Kommunikationsereignis	Beobachtungs-zeitraum	Untersuchte Zeitungen
Die Waldheim-Affäre als weitere Konfrontation mit dem Einfluss der NS- und Wehrmachtsgeneration sowie als zentrales Ereignis österreichischen Nationalismus'	2.3.–25.3.1986; 3.5.–8.5; 7.6.–15.6.1986	*Die Presse, Salzburger Nachrichten, Tiroler Tageszeitung, Oberösterreichische Nachrichten, Arbeiter-Zeitung, Volksstimme, Kurier, Kronen Zeitung, Die Furche, Neues FORVM, profil, Neues Volksblatt*
Der Terroranschlag auf Roma in Oberwart als Beispiel für die Auseinandersetzung mit Rassismus in Österreich	4.2.–18.2.1995	*Die Presse, Salzburger Nachrichten, Tiroler Tageszeitung, Oberösterreichische Nachrichten, Arbeiter-Zeitung, Volksstimme, Kurier, Kronen Zeitung, Die Furche, Neues FORVM, profil, Der Standard*

1 *FORVM* und *Neues FORVM* werden zitiert nach der Gesamtausgabe *Reprint FORVM 1954–1995*, 29 Bände in 6 Schubern (Wien: Ueberreuter, 2001–2005).

Diese Auswahl bemüht sich um ein ideologisch möglichst breites Meinungsspektrum und dadurch auch um eine möglichst große Reichweite. Diese Dimensionen variieren freilich im Verlaufe des Beobachtungszeitraums. Repräsentierte etwa die *Volksstimme* trotz ihrer vergleichsweise geringen LeserInnenschaft bis 1955 noch einen ausschlaggebenden Politdiskurs, so wurde sie im Folgenden weitgehend marginal. Andererseits war der *Wiener Kurier* zunächst eine von der amerikanischen Besatzungsmacht herausgegebene Zeitung und wurde 1954 in österreichische Hände übergeben. Das *FORVM* wiederum war zunächst ein kämpferisch antikommunistisches Blatt unter der Leitung von Friedrich Torberg, ehe es in den 1960er-Jahren unter Günther Nenning eine ideologische Kehrtwende vollzog. Auch *Die Presse* und die *Arbeiter-Zeitung* als mitte-rechts bzw. mitte-links positionierte Zeitungen sind nur bedingt vergleichbar, war doch die eine ein pointiert parteifreies bürgerliches Blatt, während die andere das Organ der SPÖ darstellte und zudem neben dem *Wiener Kurier* eine der zwei auflagenstärksten Massenzeitungen der Nachkriegszeit war; abgesehen davon jedoch bilden sie in gewisser Weise das »großkoalitionäre« Meinungsspektrum beiderseits der politischen Mitte ab.

Die Ersterhebung schloss sämtliche reflexiven Artikel dieser Tages-, Wochen- und Monatszeitungen ein. Die Detailanalyse beschränkt sich sodann auf Tageszeitungen, während auf den Diskurs der Wochen- und Monatszeitungen kontextuell Bezug genommen wird. Der Gesamtbestand der für dieses Kapitel zu sämtlichen Ereignissen in allen konsultierten Medien untersuchten Texte umfasst 672 Artikel.

Die Nationalratswahl im November 1945

Mit dem Verfassungsgesetz vom 19. Oktober 1945 wurde die erste Nationalratswahl seit dem November 1930 auf den 25. November 1945 festgelegt. Unter den knapp 3.450.000 Wahlberechtigten waren 64,3 Prozent Frauen und eine hohe Zahl an ErstwählerInnen, was bereits während des Wahlkampfes zu besonderer Aufmerksamkeit für diese WählerInnengruppen führte: Wie würden die Frauen wählen, nachdem so viele Männer gefallen oder in Gefangenschaft geraten waren? Was mochten Wahlen für jene bedeuten, die nur diktatorische Verhältnisse kannten? Ein weiteres wichtiges Thema waren die etwa 800.000 ehemaligen NationalsozialistInnen, denen das Wahlrecht entzogen war. Während einerseits manche – über Parteigrenzen hinweg – sich um die Revidierung dieser Gesetzeslage bemühten, kam es andererseits immer wieder zu Falschangaben, um Nazis in die WählerInnenlisten einzuschleusen; die KPÖ empörte sich besonders intensiv über jedes Entgegenkommen gegenüber dieser Gruppe.

Zur Nationalratswahl – die gleichzeitig mit den ersten Landtagswahlen abgehalten wurde – traten die KPÖ, die ÖVP und die SPÖ sowie in Kärnten die Demokratische Partei Österreichs an. Systematische Umfragen und Prognosen liegen für 1945 nicht vor (wenn auch einzelne Zeitungen und politische Gruppen Sondierungen vornahmen), dennoch stellte das Wahlergebnis eine Überraschung dar. Bei der höchsten Wahlbeteiligung seit dem Ende der Monarchie (94 Prozent) wählten 49,8 Prozent die ÖVP, 44,6 Prozent die SPÖ, 5,42 Prozent die KPÖ und 0,18 Prozent die Demokratische Partei.[8] Die Überraschung bestand im schlechten Abschneiden der KPÖ, die intern zumindest mit einem zweistelligen Ergebnis gerechnet hatte, jedoch aufgrund ihres Naheverhältnisses zur sowjetischen Besatzungsmacht stark an Unterstützung verlor. Selbst in Wien kam die KPÖ nur in zwei der sieben Wahlkreise auf über zehn Prozent. Die SPÖ wiederum erzielte in Wien mit 57 Prozent einen an die Erste Republik gemahnenden Erfolg,[9] während sie vor allem in den westlichen Bundesländern schwächelte. Wie wir auch in den Medienanalysen sehen werden, spielten neben großen Themen wie der Verstaatlichung von Schlüsselindustrien, der Nahrungsversorgung, der Positionierung gegenüber den Alliierten oder der Reintegration der NationalsozialistInnen auch die »demokratische Gesinnung« und die pragmatische Kooperationsbereitschaft der einzelnen Parteien eine Rolle. Hierbei nahm jede Partei – wenn auch mit unterschiedlichen Argumenten – für sich die Leitposition in Anspruch, nach der Wahl dominierte dann die Einschätzung, die

8 Vgl. den Bericht des statistischen Zentralamts vom Juni 1946: Zugriff am 04.12.2017, http://www.bmi.gv.at/412/Nationalratswahlen/Nationalratswahl_1945/files/nationalratswahl_25111945.pdf.

9 Vgl. Thomas Hoffmann, *Die Nationalratswahlen der Ersten Republik. Eine statistische Studie* (Dissertation: Universität Wien, 2013), 85.

ÖsterreicherInnen hätten sich – mit der Absage an die KPÖ – mehrheitlich gegen ideologischen Radikalismus entschieden und damit eine demokratische Reifeprüfung abgelegt.

Diese erste Nationalratswahl der Zweiten Republik fand also im Spannungsfeld innenpolitischer Neukonstituierung und außenpolitischer Selbstbehauptung statt. Die Weltnachrichten im Herbst 1945 waren bestimmt durch den Beginn des Nürnberger Kriegsverbrecherprozesses, durch die Vorarbeiten für die UNO-Gründungskonferenz – unter gleichzeitiger Liquidierung jenes Völkerbundes, vor dem 1938 nur Mexiko gegen die Annexion Österreichs protestiert hatte – und durch die neue Großmacht USA, die mit globalem Führungsanspruch und der größten Handelsflotte der Welt aus dem Krieg hervorgegangen war. Außenpolitische Rücksichten etwas anderer Natur bestimmten auch sämtliche großen Themen Österreichs, darunter der Umgang mit ehemaligen NationalsozialistInnen, Demokratiefähigkeit, Remigration und der wirtschaftliche Wiederaufbau; diese Fragen wurden vor dem Hintergrund der alliierten Besatzung verhandelt.

Das Streben nach der noch vorenthaltenen vollen Souveränität stand so auch an der Wiege jener Konkordanzdemokratie im »Geiste der Lagerstraße«, welche die Dreiparteienkoalition von KPÖ, ÖVP und SPÖ in den Regierungen Renner und Figl I begründete. Die – relative! – Einhelligkeit der Parteien während der Jahre bis zum Staatsvertrag etablierte gewissermaßen einen Standard, an dem im Laufe der Zweiten Republik alle politischen Auseinandersetzungen gemessen wurden und der sich daher zu einem Grundthema der politischen Berichterstattung entwickelte. Die wirtschaftliche und gesellschaftspolitische Dimension dieser Einheitspolitik wird nicht zuletzt in der Etablierung der Sozialpartnerschaft deutlich, die ja 1945 begann und mit den Lohn-Preis-Abkommen ab 1947 immer stärkere Strukturen entwickelte. So wurden denn auch die gegen das vierte solche Abkommen im Oktober 1950 organisierten Streiks lange als kommunistischer Putschversuch bezeichnet; als Bruch des inneren Friedens durch eine radikale politische Minderheit, die nicht die volle Souveränität des Landes, sondern seine Einordnung – oder zumindest die Ostösterreichs – in die sowjetische Einflusszone beabsichtigt habe.[10]

Polarisierung vs. gesellschaftliche Einheit

Die eingangs erwähnte Trope[11] der gesamtgesellschaftlichen Harmonie findet sich quer durch die Presselandschaft: die Beschwörung von Zusammenarbeit über Par-

10 Es wurden auch zahlreiche KPÖ-Funktionäre entlassen und aus dem Österreichischen Gewerkschaftsbund entfernt. Vgl. Peter Autengruber und Manfred Mugrauer, *Oktoberstreik* (Wien: ÖGB-Verlag, 2016).

11 Der Begriff der Trope entstammt der Semantik und wird in der Diskursanalyse verwendet, um wiederkehrende Diskursstränge zu benennen, die durch rhetorische und semantische Muster erkennbar sind.

teigrenzen hinweg oder zumindest einer Zurückstellung ideologischer Positionen und gruppenspezifischer Eigeninteressen, um der kritischen Beobachtung durch die Besatzer pragmatisch zu begegnen. Dies gilt insbesondere für die Dreiparteienzeitung, das »Organ der demokratischen Einigung« *Neues Österreich*. Dort erklärte der stellvertretende Chefredakteur, der Sozialdemokrat Paul Deutsch, Österreich könne sich »rühmen, daß wir als erster Staat in der Nachkriegsära die Parole der demokratischen Einigung verkündet haben«. Deren Bedeutung bestehe in der Aufhebung des totalitären ideologischen Machtanspruchs eines Wahlsiegers, ob nun links oder rechts der Mitte: »Wer immer die Mehrheit erringt, wird sich mit der Minderheit in der Macht teilen.«[12]

Deutsch hatte schon im Wahlkampf zunächst die Metapher einer Wahlfieberkurve bemüht, um zur Vorstellung von Wahlen als »krisenhafte Erneuerungen des staatlichen Körpers« hinzuführen, der aus dem Wahlfieber krank oder genesen hervorgehen könne. Die Parteizeitungen sah Deutsch zwar im »Schlachtgetümmel« begriffen, doch das österreichische Volk habe sich angesichts der unter strengem Kontrollblick von außen schicksalhaften Wahl als mustergültig »besonnen«, »diszipliniert« und »echt demokratisch« erwiesen. In den »bitteren Jahren« habe man dazugelernt, »in der Schule der faschistischen Unkultur sind die Menschen zur demokratischen Kultur erzogen worden«. Denn nun wolle »das Volk seinen Frieden haben« – und der sei nur durch Einigkeit zu gewinnen, durch das »echte, in der Volkstiefe wurzelnde Bekenntnis zur demokratischen Einigung!« Einigung, nicht Disput und Meinungsverschiedenheit wurden also als demokratische Tugenden proklamiert, in Abgrenzung zu den »wilden Ausschreitungen, die bei früheren Wahlen in Österreich an der Tagesordnung waren«.[13] Auch am Tag vor der Wahl mahnte Deutsch nochmals »demokratische Reinheit« – keinen Platz dem Faschismus! – und demokratische Einheit – parteiübergreifende Mitarbeit am neuen Österreich! – an.[14]

Deutschs zuletzt zitierter Artikel begründete die Notwendigkeit der Einheit auch mit Österreichs Kleinheit, die den Luxus »innerer Dauerkämpfe« nicht zulasse; wörtlich schrieb Deutsch: »Wir sind ein kleines, schwaches, unglückliches Volk.« Diese Trope von »unserem kleinen Österreich« tauchte im Verlauf der hier analysierten Kommunikationsereignisse immer wieder auf, besonders dann, wenn es – wie in der Waldheim-Affäre – um einen Konflikt mit ausländischen Mächten ging. Der Konflikt mit Widerparts wie den USA oder der EU wurde als Kampf Davids gegen

12 P. d. [Paul Deutsch], »Rechts und links«, *Neues Österreich*, 25.11.1945, 1.An dieser Stelle sei angemerkt, dass die hier zitierten AutorInnen ihre Kommentare und Leitartikel häufig mit Kürzeln zeichneten. Da diese nicht immer vollen Namen zuordenbar waren, sind sie in den Fußnoten dieses Beitrags stets wie in der Quelle mit Namenskürzeln zitiert.

13 P. d., »Die Fieberkurve«, *Neues Österreich*, 14.11.1945, 1.

14 P. d., »Reinheit und Einheit«, *Neues Österreich*, 24.11.1945, 1–2.

Goliath gerahmt. Dabei implizierte diese häufige und in verschiedenen Varianten gebrauchte Wendung nicht nur die Verniedlichung und Verharmlosung des eigenen Politischen, des eigenen Staatswesens, des »österreichischen« Handelns, die sich mit den oft strapazierten Charakterbildern von charmanter Weinseligkeit und Gemütlichkeit analog setzen lässt,[15] sie wies gleichzeitig auch auf eine mutmaßliche Unverhältnismäßigkeit in den Beziehungen zwischen der »großen« EU, dem mächtigen »Amerika« (während der Waldheim-Affäre) und dem eigenen Gemeinwesen hin. Demgegenüber steht freilich das oft strapazierte Selbstbild von der historisch-sportlich-kulturellen »Großmacht«-Stellung Österreichs,[16] das auf ein Überlegenheitsgefühl selbst gegenüber den tatsächlichen Großmächten schließen ließ. Insgesamt konnte die Rede vom »kleinen Österreich« als Variante einer Dichotomie zwischen einem nationalen »Wir« und einem als unfair typisierten äußeren Aggressor identifiziert werden, als Rhetorik somit, die zur Formierung einer Abwehrfront aufforderte.

Die *Arbeiter-Zeitung* schenkte zunächst der Wiener Landtags- und Gemeinderatswahl, die ebenfalls am 25. November 1945 stattfand, größere Aufmerksamkeit als der Nationalratswahl. Allerdings kann wohl davon ausgegangen werden, dass die Berufung auf die Errungenschaften des Roten Wien – die ja auch im Anschluss an einen Weltkrieg gelangen – auch für die Parlamentswahl ins Gewicht fallen würden. Erst am 18. November prangte auf Seite 1 eine starke Wahlwerbung, welche die Unterstützung zahlreicher Vertreter der britischen Labour Party als Gewähr anführte, um dann auszurufen: »Wer ein demokratisches Österreich will, der Welt verbunden und in der Welt angesehen, der folgt der Mahnung der britischen sozialistischen Volksvertreter! Der folgt dem Beispiel des britischen Volkes und wählt die sozialistische Partei!«[17] Die SPÖ setzte also, auch angesichts der alliierten Besatzung, auf internationale Vernetzung und sprach sogar – drohend? – von einer britischen »Mahnung«. Im Anschluss daran erklärte allerdings Chefredakteur Oscar Pollak, dass die SPÖ zwar eine internationalistische Klassenpartei, gleichzeitig aber auch eine für Österreich arbeitende Volkspartei sei. Internationale Vernetzung wurde also mit heimischer Basis zur demokratischen Legitimität verknüpft.[18]

15 So etwa auch in der Österreich-patriotischen Science Fiction-Satire »1. April 2000« aus dem Jahre 1952. Vgl. Ines Steiner, »Kostümierte Interessen. Österreichische Identität als Travestie in Wolfgang Liebeneiners 1. April 2000«, in *1. April 2000*, hrsg. von Ernst Kieninger, Nikola Langreiter, Armin Loacker und Klara Löffler (Wien: Verlag Filmarchiv Austria, 2000), 149–186; Berthold Molden, »Decolonizing the Second Republic: Austria and the Global South from the 1950s to the 1970s«, in *Journal of Austrian Studies* 48/3 (2015): 109–128.

16 Auch das Neue Österreich titelte am Tag nach der Wahl: »Ein Kulturvolk hat gewählt«, *Neues Österreich*, 26.11.1945, 1.

17 N. N., »Die englische Arbeiterpartei wünscht den Sieg der österreichischen Sozialisten«, *Arbeiter-Zeitung*, 18.11.1945, 1.

18 O. p., »Klassenpartei und Volkspartei«, *Arbeiter-Zeitung*, 20.11.1945, 1–2.

Im *Wiener Kurier* kritisierte ein Leitartikel die politischen Auseinandersetzungen im Vorfeld der Wahl, das kämpferische Werben um Stimmen in den verschiedenen sozialen Schichten und Einkommensgruppen. Implizit erinnerte der Autor mahnend an die wilden Auseinandersetzungen der Weimarer Republik, die im Zusammenbruch der Demokratie endeten. Dabei blendete er die österreichischen Ideologiekämpfe der Ersten Republik und den Austrofaschismus aus, eine Art Opfermythos der politischen Kultur. »Der Wahlkampf – hier stockt man schon! Wahlkampf? Kampf? Ist noch immer nicht genug gekämpft? Müssen die Österreicher das ganze heroische Wörterbuch, das sie vom Norden für ungeheuerliche Kosten zugestellt erhielten, nun in alle Ewigkeit mit sich schleppen?« Stattdessen wünschte sich der Autor eine harmonische Zusammenarbeit der Parteien und jener ArbeiterInnen, Bauern und Bäuerinnen, Gewerbetreibenden, »paar Industriellen«, WissenschaftlerInnen, KünstlerInnen und der BeamtInnenschaft, aus denen ihm zufolge die österreichische Bevölkerung bestand. Dies sei nicht zuletzt im Sinne der Eingliederung eines souveränen Österreichs in die Staatengemeinschaft, deren baldige Verwirklichung der Autor optimistisch voraussah. »Es ist der Wunsch dieses neuen Staates, teilzuhaben an der zukünftigen Weltsicherheit, wie sie die ›Vereinten Nationen‹ bringen sollen und wollen. Wird Österreich diesen Weg […] finden, wenn es im Innern von Zwist und von Kampfgeschrei durchtobt ist? Nein, gewiß nicht. Der Staat braucht Ruhe, er braucht eine homogene Regierung, die nicht von Parteiungen zerknittert ist.«[19]

Auch in der *Tiroler Tageszeitung* kommentierte ein Leitartikel voller Befriedigung die hohe Wahlbeteiligung, die »stille Würde« der Stimmabgabe und den Wahlausgang als Ergebnis »ruhiger Überlegung«. »Das österreichische Volk hat sich als mündig erwiesen und sich in allen Ehren als gleichberechtigt unter jene Nationen eingereiht, die den Willen der Staatsbürger als die Grundlage für die Wahrnehmung ihrer öffentlichen Angelegenheiten betrachten.« Dann folgte eine interessante Volte, eingeleitet mit dem Verweis auf politisches Unglück, wirtschaftliche Zerrüttung und Entbehrung, »die wir erfahren haben«. »Sehr viele ernste Männer haben sich gefragt, ob man in diesem Wirbel innerer Unruhe und Unrast, der die Seelen und Gemüter erfasst hat, eine Volksbefragung wagen könne.« Der Autor oder die Autorin des nicht gezeichneten Artikels maßte sich also die Autorität an, über die Bereitschaft des Volkes zur Selbstbestimmung seiner Regierenden zu entscheiden. Aber nun sei alles gut, denn (und nun wurde es poetisch im Stile der noch ungeschriebenen späteren Bundeshymne):

> Das alte liebe uns so vertraute Antlitz der österreichischen Seele hat auch im Unglück sein Gleichmaß bewahrt. Wohl sind seine edlen Züge vom Leide durchfurcht. Ihre Ge-

19 Hbg., »Der Weg ins Freie«, *Wiener Kurier*, 7.11.1945, 1.

lassenheit prägt sich umso stärker aus. Das Volk der Träumer versäumt auch diesmal nicht die große Stunde, die ihm schlug.

Gewiss, die Wahl der ÖVP zur stärksten Partei, mit der SPÖ als zweiter und der KPÖ als weit abgeschlagener dritter Kraft galt dem Leitartikler als »Zurückfinden zu uns selbst«.

Dennoch kann man diesen Absatz nur schwer anders als widersprüchlich auffassen. Die Gelassenheit der Träumer? Welch andere großen Stunden der unmittelbaren Vergangenheit hatte die österreichische Seele denn noch genutzt? Es folgte noch ein Vergleich mit den Wahlen 1919, als nur ein Jahrgang neu hinzugekommen war, während 1945 »fünfzehn Jahrgänge neu zur Urne geschritten« seien. Deren (und insbesondere der Frauen) hohe Wahlbeteiligung wurde gedeutet als »Schlußstrich unter die sieben Jahre der Willkürherrschaft, die wir erlitten haben. Sie war ein Bekenntnis zum Gedanken der Volksfreiheit, die uns, nachdem das Joch der Tyrannei von uns genommen wurde, wieder als hohes Gut geschenkt wurde.« Während die Passivform in der Befreiung von der Tyrannei angemessen erscheint (verglichen etwa mit der möglichen Formulierung, »die wir abgeschüttelt haben«) und die Volksfreiheit letztlich auch im Wahlakt gelobt wurde, nahm die *Tiroler Tageszeitung* doch sichtlich die Existenz »ernster Männer« (Wer sind diese? Österreichische Politiker? Vertreter der Siegermächte?) hin, die letztlich erst das Recht zum Wahlgang zu gewähren hatten.[20]

In den *Salzburger Nachrichten* griff diese Frage ein Artikel auf, der die Rubrik »Leitartikel aus dem Leserkreis« eröffnete, bestückt mit im Rahmen eines Preisausschreibens zum Thema »Parteikampf und Gesinnungshaß« eingesandten Beiträgen. Der Autor oder die Autorin forderte darin die Überwindung des Gesinnungshasses, der Menschen mit anderer Meinung und Gesinnung illegalisiert – eben jene Dimension des Autoritarismus, abweichende Meinungen abzulehnen, die wir für diese Studie als zu untersuchende Leitkategorie definiert haben. Die NSDAP wurde als Beispiel dafür angeführt, dass das demokratische System zur Etablierung einer totalitären Herrschaft genutzt werden könne, indem man die »Müdigkeit der anderen« instrumentalisiere. Österreich sei (nach Deutschland) das erste Opfer dieser Politik gewesen, aber auch nur, weil man hierzulande die »Demokratie [nicht] besser verstanden und gewahrt« habe. Entsprechend viele ÖsterreicherInnen hätten sich auch des Mitläufertums schuldig gemacht. Umso mehr gelte nun: »Wir wollen an Stelle der Totalitätssucht eine freie Gleichberechtigung.«[21]

Ebenfalls in der Rubrik »Parteikampf und Gesinnungshaß« erschien ein LeserInnen-Leitartikel, den die Redaktion als Antwort auf die Figl-Erklärung, man werde die

20 N. N., »Der Entscheidungstag«, *Tiroler Tageszeitung*, 26.11.1945, 1.

21 V. Praschak, »Parteikampf und Gesinnungshaß«, *Salzburger Nachrichten*, 21.11.1945, 1–2.

Konzentrationsregierung weiterführen, auswählte. Der Leitartikel war eine Abrechnung mit »autoritären Mächten«, allen voran dem Nationalsozialismus, als Extrem der angewandten »Mittel zur Niederringung des politischen Gegners«: Gefängnis, KZ, Hinrichtung für Andersdenkende. Angesichts dieser Erfahrung seien die Parteien als Funktionen des öffentlichen Lebens zu begrüßen, allerdings hätten sie auch die Verantwortung, die Gehässigkeiten der Vergangenheit zu vermeiden, selbst wenn die Verschiedenheit der Meinungen notwendigerweise zu Auseinandersetzungen führt.[22]

Eine Gratulation an die als relativ gemäßigt befundene Wahlkampfrhetorik der Parteien, ebenfalls in den *Salzburger Nachrichten*, stellte ein Kommentar von Gustav Canaval dar. Der gewann seine Einschätzung durch den Vergleich mit den »gehässigen Exzessen der letzten demokratischen Epoche«, wobei der Autor ein nicht näher definiertes Kollektiv – »uns« (die JournalistInnen? Die Konservativen?) – in die Verantwortung für diese »Verekelung« der Demokratie für die WählerInnen einschloss. Dafür aber hätten sie Buße getan während der Zeit des »Hitlerterrors«. »Wir haben Gelegenheit gehabt, auch im politischen Gegner den Menschen achten zu lernen«; eine prinzipielle Absage also an die autoritäre Disposition der politischen Intoleranz. In diesem Sinne allerdings kritisierte der Autor wiederum die vergangenheitsbezogenen Vorwürfe, welche die wahlwerbenden Parteien einander machten, während »der Herr Wähler« am ehesten bereit gewesen wäre, einen Schlussstrich zu ziehen. Als undemokratisch, noch dem Nazidenken verpflichtet, bezeichnete der Autor das Nichtwählen – und nebenbei auch die Praxis, anonyme Beschwerdebriefe an Zeitungsredaktionen zu richten.[23]

Politische Partizipation und Wahlrecht

Canavals zuletzt zitierte Bemerkung sprach bereits eine weitere Argumentationstrope, die im Zusammenhang mit der ersten Parlamentswahl nach dem Nationalsozialismus nicht überraschen kann und sich auf den Wert des Wahlrechts selbst und die Bedeutung politischer Partizipation richtete. Im *Wiener Kurier* etwa stellte ein Leitartikel die erste Nationalratswahl der Zweiten Republik als historische Zäsur, als Wiedergeburt des passiven Wahlrechtes nach der Erfahrung von Diktatur und Repression dar – nachdem zuvor die provisorische Regierung und die Länderkonferenz ohne Legitimation durch die WählerInnen zustande gekommen waren.[24]

22 L. G., »Konstruktive Demokratie«, *Salzburger Nachrichten*, 29.11.1945, 1–2.

23 Cl. (vermutlich Canaval), »Die Antwort des Wählers«, *Salzburger Nachrichten*, 24.11.1945, 1–2.

24 Allerdings wurde die Länderkonferenz im September 1945 von einem Wiener Sonderkorrespondenten der *Times* als »das erste wahrhaft demokratische Ereignis seit dem Jahre 1934« bezeichnet – Zitat einer Zusammenfassung des *Times*-Artikels bei: N. N., »Die Parteien über die Wahl«, *Wiener Kurier*, 26.11.1945, 1. In der *Times* wurde also der instabile Parlamentarismus der Ersten Republik sehr wohl erwähnt.

> Seit vielen Jahren ist es das erstemal, daß [das österreichische Volk] wieder seiner politischen Meinung freien Ausdruck geben kann, ohne Furcht und ohne Bevormundung. Keinem Wähler ist vorgeschrieben, was er zu wählen hat, er kann, wie es sich in der Demokratie geziemt, seine Stimme ungehindert der Partei geben, für die er sich entschieden hat [...]. Das ist viel, sehr viel, vergleicht man es mit dem Zustand seit dem Einbruch Hitlers in unser Land.

Wie viele Analysen dieser Zeit ging dieser Artikel wie selbstverständlich über die autoritäre Regierung Österreichs zwischen 1933 und 1938 hinweg, definierte aber jedenfalls die Feierstunde des 25. November 1945 mit der Abwesenheit jeder Einschränkung freier Meinung, von Einparteienstaat und autoritären Führern.

> Diese Wahl ist – und darin sind sich alle drei Parteien einig – Absage an die großdeutsche Ideologie, Absage an den Faschismus in jeder Form, ist die aktive Bereitschaft, die Republik Österreich wieder neu und auf demokratischer Grundlage aufzubauen, ist das Bekenntnis Österreichs zur Gemeinschaft der freien Völker in einer Welt des friedlichen Miteinanderlebens, ohne Unterschied der Nationen und Rassen.

Wenn diese Wahl diszipliniert und besonnen vor sich gehe, dann werde dies von den Alliierten gewiss durch baldige Selbstverwaltung belohnt. Besonders aufgerufen sei die Jugend, die »ihre ersten, vielleicht auch zögernden Schritte in die Demokratie« zu tun habe. Diese Wahl, bedeute, so der Autor in einer hegelianisch anmutenden Märchenmetapher, das Zu-sich-selbst-Finden des vom Nazifaschismus verwünschten Österreich.

> Österreich liegt noch [...] in einem Dornröschenschlaf. In diesen todähnlichen Schlaf versank es durch die Berührung mit dem Hitlerismus. Wohl ist die Dornenhecke [...] schon geteilt [...]. Aber Österreich ist noch nicht zu sich selber erwacht. Es liegt in einem lähmenden, bleiernen Schlaf. Mit der Wahl vom Sonntag wird Österreich wachgeküßt, wirft es die Fesseln der Lethargie von sich, tritt es tatentschlossen in ein neues Dasein.

Auch in diesem Bild war Österreich ein argloses Opfer eines bösen Zaubers.[25]

Ganz anders las sich die kommunistische Perspektive. In der *Volksstimme* kam der kommunistische Schriftsteller und Chefredakteur der Dreiparteienzeitung *Neues Österreich*, Ernst Fischer, indirekt zu Wort, als die kommunistische Tageszeitung eine am Vortag im Radio gehaltene Wahlansprache abdruckte. Darin blickte Fischer zurück auf die 13 katastrophalen Jahre seit den letzten freien Wahlen, seit »das Volk

---

25 O. m. f., »Um was geht es diesmal?«, *Wiener Kurier*, 24.11.1945, 1.

nicht gefragt wurde«, und zählte die Unbillen dieser Zeit auf, darunter neben Bürgerkrieg, deutschem Einmarsch und »preußisch-deutscher Terrorherrschaft« auch »das autoritäre Regime, das Österreich in die Achse Rom-Berlin hineinzwang«. In dieser Zeit hatte »das Volk [...] keine Stimme, war nur OBJEKT [...] einer wahnwitzigen und verbrecherischen Politik«. Es ging Fischer um eine klare Abgrenzung gegenüber der Vergangenheit.[26] Im Einschluss der 1930er-Jahre in die Zeit der Unfreiheit unterschied sich der kommunistische Intellektuelle von den Kommentatoren etwa des *Kurier*. »Wir dürfen nicht zurück zu 1936 oder 1934 oder 1932, wir brauchen ein wirklich neues Österreich mit neuen Menschen und neuen Ideen.« Darin äußerte sich die KPÖ-Absage an die Personalkontinuität im christlich-konservativen Lager, der wir später noch begegnen werden. Antiautoritäre Glaubwürdigkeit verband Fischer auch mit der austropatriotischen Doktrin der KPÖ, die Alfred Klahr 1937 im Geiste der Volksfront formuliert hatte und deren Verrat seitens der Komintern durch den Hitler-Stalin-Pakt in gewissem Sinne gnädigerweise erst 1939 geschah, als Österreich schon nicht mehr existierte; österreichische KommunistInnen behielten diese Doktrin zumindest in der Westemigration auch in den schwierig zu argumentierenden Jahren zwischen dem Pakt und dem deutschen Angriff auf die Sowjetunion, der die Volksfront wieder aktualisierte und 1943 im Bekenntnis zur österreichischen Unabhängigkeit in der Moskauer Erklärung gipfelte, bei.[27] Fischer meinte hier nicht nur die Anschlussrhetorik der SPÖ-Spitze, sondern auch den angeblich unredlichen austrofaschistischen Patriotismus, der in Wirklichkeit den »Dolchstoß [der] Unterwerfung Österreichs unter das faschistische Italien« sowie die Rede von der »›deutschen Mission‹ in Österreich« bemäntelt habe. In diesem Sinne proklamierte Fischer auch die Verstaatlichung der Schlüsselindustrie als »keine sozialistische, sondern eine nationale und demokratische Forderung«. Zuletzt kontextualisierte Fischer die Wahl zwischen »den Männern der Vergangenheit« und dem »Neuen« international: In »ganz Europa, in England und in Frankreich, in der Tschechoslowakei und in Norwegen, überall haben die Völker für das Neue gestimmt, unser Österreich darf nicht hinter der freien Welt zurück bleiben«.[28]

26 Die Abkehr von der Vergangenheit und die Zuwendung zum von der KPÖ verkörperten Neuen, das Demokratie, Freiheit und Wohlstand sichere, war die Grundlinie der kommunistischen Argumentation, vertreten auch gegenüber der weitgehend KP-resistenten Bauernschaft. Vgl. die Radiorede des Unterstaatssekretärs für Landwirtschaft, Laurenz Genner, unter dem Titel »Wie soll der Bauer wählen?«, veröffentlicht in der *Volksstimme*, 13.11.1945, 1–2. Hier ging es um die Aufteilung des Großgrundbesitzes auf LandarbeiterInnen und Kleinbauern und -bäuerinnen, um gerechte Löhne und bessere Sozialversicherung – und damit implizit um die Abschaffung ständischer Verhältnisse auf dem Lande.

27 Rudolf (= Alfred Klahr), »Die ›Nationale Frage‹ in Österreich«, in *Weg und Ziel. Monatsschrift für Fragen der Demokratie und des wissenschaftlichen Sozialismus* II/3 (1937): 126–133; Simon Loidl, *Eine spürbare Kraft. Österreichische KommunistInnen im US-amerikanischen Exil (1938–1945)* (Wien: Promedia, 2015), 49–53.

28 Ernst Fischer, »Unser Programm«, Die *Volksstimme*, 3.11.1945, 1–2.

Einen ganz anderen Unterschied beschrieb der Reporter Max Rieder in der *Tiroler Tageszeitung* – jenen zwischen den Graden an Interesse für die Wahlen in Stadt und Land. Das Ergebnis ist überraschend. Rieder stellte die Gleichgültigkeit von Innsbrucker StädterInnen angesichts der Wahl, weil diese andere Probleme hätten (Nahrungsbeschaffung, Heizmittel, Glas für die Fenster) und daher achtlos an den Reklamen vorüberhasteten, dem Interesse der Landbevölkerung des Dorfes Schönberg im Stubaital gegenüber, wo im Gasthaus die Wahlen heiß diskutiert würden. Das wesentlich größere Interesse für die Wahl finde man also »auf dem Lande, dessen Bewohner kaum etwas wissen von den Nöten der Stadtbevölkerung [...] Beneidenswerte Menschen.«[29] Dieses nuancierende Stimmungsbarometer war auch insofern interessant, als die Zeitung selbst in einem Leitartikel den Wähler als »Zauberer«, »Wettermacher« und »Schiedsrichter« bezeichnete sowie – wenn auch nur am Wahltage – als »Gebieter über das Schicksal seines Gemeinwesens«. Dies habe insbesondere bei dieser Wahl weniger mit der Entscheidung für diese oder jene Partei zu tun, sondern mit dem Bekenntnis zum Staatsgedanken schlechthin, das durch die Stimmabgabe deutlich würde. Man könne dem unvollkommenen Parteiwesen in Vergangenheit und Gegenwart zu Recht mit Misstrauen gegenüberstehen, diesmal aber gelte es, vor sich selbst und der Welt zu Österreich zu stehen. Nicht zu wählen komme einer Misstrauenserklärung gegen den Staat gleich, einer Verweigerung angesichts der Herausforderungen der Staatswerdung. »In der Stickluft von Ungewissheiten, in einer Atmosphäre des Misstrauens vermag kein Gemeinwesen auf die Dauer zu leben.«[30] Die Zeitung sprach also ihren – nicht zuletzt städtischen – LeserInnen ins staatsbürgerliche Gewissen, diesen historischen Schlüsselmoment nicht zu versäumen. Demgegenüber fanden sich freilich auch sarkastische Stimmen über die plötzliche Entdeckung der WählerInnen, »die wir nun so lange Jahre der reine Niemand waren«, durch die Parteien. Alle überträfen sich in demokratischer Gesinnung und Begeisterung zur Ausmerzung des »unglücklichen Nazismus«. Aber man sei auf der Hut, denn gleich nach den Wahlen würden die WählerInnen wieder vergessen.[31]

Die *Tiroler Tageszeitung* zeigte auch überparteilichen demokratiepolitischen Einsatz, indem sie die Wahlkämpfenden einlud, ihre Positionen für die LeserInnen zusammenzufassen. Jede Partei erhielt eine Spalte, von denen jene der KPÖ als Erste gesetzt (alphabetisch gefolgt von ÖVP und SPÖ) und um gut 25 Prozent länger war als die der anderen. Ihr Autor war zudem als Wähler ausgewiesen, während die SPÖ- und ÖVP-Texte wie Parteiverlautbarungen erschienen. Die KPÖ platzierte

29 Max Rieder, »›Wahlstimmung‹ in Stadt und Land (Rubrik »Aus Stadt und Land«)«, *Tiroler Tageszeitung*, 22.11.1945, 3.

30 N. N., »An die Urne!«, *Tiroler Tageszeitung*, 24.11.1945, 1.

31 D., »Vor der Wahl (Rubrik »Aus Stadt und Land«)«, *Tiroler Tageszeitung*, 22.11.1945, 3.

hier also geschickt ein »Testimonial«, um sich von den Parteidiskursen der Mitbewerberinnen abzuheben. Unter dem Titel »Weshalb ich Kommunisten wähle« gab der als »Kriegsheimkehrer« vorgestellte Lena U. vor allem die rigorose Anti-Nazi-Politik der KPÖ als Grund für seine Wahlentscheidung an. Er sei zunächst selbst ein Sympathisant des Anschlusses gewesen, sich aber bald seines Irrtums bewusst geworden. Von den Kameraden an der Front berichtete er, es habe wohl Opportunisten gegeben, »aber die große Mehrzahl fühlte sich in der preußischen Zwangsjacke nicht wohl«. Nur die KPÖ stehe gegen die Nazis auf und diese sei auch die einzige Partei, die nicht durch vergangenes Scheitern kontaminiert sei.

Demgegenüber lasen sich die Texte von ÖVP und SPÖ konventioneller. Die ÖVP versuchte, sich von den Christlichsozialen der Zwischenkriegszeit abzusetzen als neue, junge Partei, als Partei der Mitte und vor allem als genuin österreichische Partei (»keine Sektion irgendwelcher internationaler Parteien«) und als gesamtösterreichische Partei, in der, »wie im Volkskörper selbst, alle Berufsstände als gleichberechtigte Glieder vertreten« seien; hier klang der Anschluss an das ständische Gesellschaftsbild der Christlichsozialen durch. Das Angebot der ÖVP versuchte, fast niemanden auszugrenzen. »Die ›Österreichische Volkspartei‹ will ein neues, ein schöneres Österreich. Wer daran mitarbeiten will, ist willkommen, woimmer er auch gestern und vorgestern gestanden ist, vorausgesetzt, dass er sich zu Österreich bekennt und frei von Schuld ist.« Zentrale Elemente dieser Doktrin blieben freilich offen. Was war »gestern« – die NS-Zeit? Und »vorgestern« – der Austrofaschismus? Und durch welches Verhalten war jemand in den Augen der ÖVP mit Schuld beladen?

Der SPÖ-Text enthielt keine für unsere Fragestellung relevanten Codes, sondern erklärte den TirolerInnen vor allem die Vorzüge der Planwirtschaft gerade für den Bauernstand und bemühte sich, Falschinformationen über Landenteignung zu entgegnen.[32] Trotz dieser Bemühung um überparteiliche Information gaben die Redaktionskommentare tendenziell eher eine ÖVP-nahe Einschätzung wieder:

> Im großen gesehen stehen in diesem Wahlkampf die Volkspartei auf der einen Seite und die Sozialisten und Kommunisten auf der anderen Seite einander gegenüber, auch wenn die Sozialisten die wiederholten Vorschläge der Kommunisten auf Vereinigung zurückwiesen.[33]

Eine Dimension, die angesichts der vielen gefallenen und kriegsgefangenen Männer eine gewisse – wenn auch letztlich erstaunlich geringe – Aufmerksamkeit erlangte,

---

32 »Freie Tribüne der Parteien«, *Tiroler Tageszeitung*, 23.11.1945, 2.

33 N. N., »Die Wahlkampagne. Telephonbericht unseres N. R.-Korrespondenten«, *Tiroler Tageszeitung*, 21.11.1945, 1.

war das Wahlverhalten von Frauen, die etwa drei Fünftel der WählerInnen ausmachten. Wahrnehmung und rhetorische Codierung unterschieden sich dabei stark. Die *Volksstimme* gab eine Rede der kommunistischen Unterstaatssekretärin Hella Postranecky auszugsweise wieder, in der diese sich über Radio Wien an die Österreicherinnen gewandt hatte, um sie zur Wahl der KPÖ als jener Partei aufzufordern, die »uns Frauen in unserem Kampf um volle Gleichberechtigung [hilft]«. Gleichwohl – und obwohl der Beitrag von Frauen im Kampf gegen den Faschismus hervorgehoben wurde – war das hier vertretene Frauenbild jedenfalls aus heutiger Sicht stark beschränkt auf Familienfragen, Kinderfürsorge und ähnliche »einschlägige« Thematiken.[34] Die KPÖ verband die Präsenz von Frauen mit einem allgemeinen politischen Generationswechsel. »Kandidaten der jungen Generation« wurden spezifisch vorgestellt. Diese Absage an die Vergangenheit und Wahrnehmung des Generationenkonfliktes geschah freilich zu einem Zeitpunkt, als fast alle jungen WählerInnen im Nationalsozialismus und/oder zur Zeit des Austrofaschismus sozialisiert worden waren und daher auf die kommunistische Alternative nur limitiert ansprachen. Die kommunistischen KandidatInnen mit ihren Kerker- und Exilbiografien erreichten also wohl nur jene WählerInnen mit ausgeprägten antinazistischen Sentiments. Die demografischen Voraussetzungen für den Generationsbruch der 1960er-Jahre – darunter 20 Jahre Demokratie und ein beginnender gesellschaftlicher Modernisierungsschub – fehlten noch und so konnte die KPÖ dieses Moment 1945 nicht mobilisieren, weil es nicht existierte. Unabhängig vom Erfolg aber wurde hier die Mitarbeit von Jungen und Frauen betont (unter den vorgestellten Abgeordneten ist eine Frau, die 32-jährige Anna Geiler) und der Top-down-Dynamik »überalterter Politiker und überalterter Apparate« bei anderen Parteien gegenübergestellt. Die innere Verfasstheit der KPÖ erschien so – über die Generationen – als antiautoritär.[35]

Vergleichsweise geringe Aufmerksamkeit erhielt diese Schlüsselfrage bei den SozialdemokratInnen. Erst nach der Wahl besann sich die *Arbeiter-Zeitung* des Themas und dankte den österreichischen Frauen dafür, dass sie – vermutlich – in höherem Maße sozialistisch gestimmt hätten als jemals in der Ersten Republik, als sie aufgrund sozialdemokratischer Kämpfe eben erst das Wahlrecht errungen hatten. »Es war eine Frauenwahl – und sie ist für uns erfolgreich ausgefallen.«[36]

Die *Tiroler Tageszeitung* bemerkte angesichts eines weiblich-männlichen Geschlechterverhältnisses von 61 zu 39: »Die Frau wird also über den Ausgang der Wahlen entscheiden.«[37] Dieser Wahrnehmung entsprechend richtete in dieser Zei-

34 Hella Postranecky, »Frauen, eure Stimme entscheidet über die Zukunft«, *Volksstimme*, 14.11.1945, 1.

35 N. N., »Wer vom Faschismus frißt…«, *Volksstimme*, 14.11.1945, 1–2.

36 N. N., »Lob der Frauen«, *Arbeiter-Zeitung*, 28.11.1945, 1–2.

37 N. N., »Die Wahlkampagne. Telephonbericht unseres N. R.-Korrespondenten«, *Tiroler Tageszeitung*, 21.11.1945, 1.

tung auch die ÖVP ihre Erklärung an die »Österreicher und Österreicherinnen!«[38] In den *Salzburger Nachrichten* legte Viktor Reimann auf Basis einer von dieser Zeitung auf den Straßen Salzburgs und in verschiedenen Gemeinden des Bundeslandes durchgeführten »Umfrage« eine vorsichtige Einschätzung vor. Er gab der KPÖ bessere Chancen, als sie sich letztlich in der Wahl umsetzen sollten, sprach allerdings auch von der bei fast allen Frauen (die sonst wie »ihre« Männer wählen würden) ausgeprägten Angst vor dem Kommunismus und von einer »Tendenz zum Radikalismus« der Jugend: Kinder von SPÖ-WählerInnen hätten kommunistische Sympathien, »während manche Bauernsöhne, deren Väter eindeutig für die ÖVP stimmen, Neigung zur SPÖ haben«.[39]

Abgrenzung zum Faschismus und Opferthese

Wie in einigen der bisher zitierten Artikel schon angeklungen ist, war die jeweilige Verortung der Parteien gegenüber der unmittelbaren Vergangenheit von Diktatur, Krieg und Massenmord auch ein wichtiges Thema für die JournalistInnen. Die Legitimierungsstrategien konnten daher – wie vor allem im Falle der KPÖ – aus entschiedener Abgrenzung bestehen, aber auch zwischen Distanzierung und der Öffnung gegenüber ehemaligen NationalsozialistInnen changieren. Im *Neuen Österreich* erhob Paul Deutsch seine Stimme gegen drohende Kontinuitäten des Faschismus in der neuen Republik. Im Gedenken der vom Nationalsozialismus »Ausgerotteten« – der Juden, aber auch der gemordeten Jugend, der gefallenen Männer – müsse man gegen »reaktionäre und faschistische Elemente« stimmen, die »noch immer am Werk« seien. Die Sprache Deutschs, der als einer von wenigen den Holocaust als mahnende Verpflichtung der NachkriegsösterreicherInnen erwähnte, enthielt völkische Elemente wie »Volksgemeinschaft« oder »tief erschöpfter, tief verwundeter Volkskörper«.[40] Dieser erschöpfte Körper wurde allerdings nach der Wahl zur politischen Partizipation aufgerufen, denn »demokratische Herrschaft heißt Volksherrschaft, nicht Parlamentsherrschaft«. Hier scheint eine Vorwegnahme jüngerer Forderungen nach plebiszitärer Demokratie anzuklingen, doch ging es – so paradox dies erscheinen mag – den Autoren des *Neuen Österreich* wohl vor allem um die Verhinderung einer antiparlamentarischen Stimmung wie in der Ersten Republik.[41] Gerade die Idee der »Österreichischen Konzentration« – im Sinne der bereits ausgeführten Einheitsregierung – verlange nach der Unterstützung der »Massen«.[42]

38 »Freie Tribüne der Parteien«, *Tiroler Tageszeitung*, 24.11.1945, 3.
39 Viktor Reimann, »Wahlprognosen«, *Salzburger Nachrichten*, 23.11.1945, 1.
40 P. d., »Wenn die Toten wählen könnten…, »21.11.1945, 1.
41 N. N., »Nicht der Stimmzettel allein«, *Neues Österreich*, 28.11.1945, 1–2.
42 P. d., »Österreichische Konzentration«, *Neues Österreich*, 30.11.1945, 1–2.

Im Geiste eines sich argumentativ erst entwickelnden westlich ausgerichteten Austropatriotismus kombinierte der *Wiener Kurier* die österreichische Opferthese mit der Diagnose, dass die Transformation hin zur Demokratie noch eine Herausforderung sei. Freiheit und Recht müssten erst wiederhergestellt werden, um Österreich von der Nazityrannei zu entgiften. Die bevorstehenden Wahlen leiteten diesen Prozess nun ein.[43] Demgegenüber wurde aber auch der Geist der Moskauer Deklaration stets in Erinnerung gerufen und durch Stimmen alliierter AutorInnen legitimiert, um die Opferthese zu stärken. So erschien ein Beitrag des ehemaligen britischen Gesandten in Wien, Sir Walford Selby, der an Chamberlains und Churchills Bekenntnis zu Österreich erinnerte und an dessen Rolle als »erstes Opfer der Nazi-Angriffe«. Selby versprach, dass die Fehler von Saint-Germain nicht wiederholt würden.[44]

In der *Arbeiter-Zeitung* bekannte sich auch die SPÖ zur Opferthese, mit einer Rhetorik von Schicksalhaftigkeit und passiver Rede, die keine (österreichischen) AkteurInnen kannte.

> Unsere Republik Österreich wurde vergewaltigt und zerbrochen. Umwälzungen größten Ausmaßes haben sich ereignet, ein Krieg, wie ihn die Menschheit noch nie erlebt hat, wurde geführt, Millionen Geschicke haben sich in tragischer Weise erfüllt; die Willkür des Wahnsinns aber, die all dies verschuldete, hat uns nicht gefragt, ob wir ihre Taten billigen. Nein, wir hätten sie nicht gebilligt, wenn wir die Möglichkeit gehabt hätten, frei darüber zu entscheiden.

Das »Wir« dieser Zeilen richtete sich an alle WählerInnen, es schloss rhetorisch die Schuldverstrickung aller ÖsterreicherInnen aus. So ist es paradox, dass die SPÖ dennoch für sich in Anspruch nahm, die »einzige Partei in Österreich, die immer demokratisch war«, zu sein.[45] In diesem Zusammenhang distanzierte sich die SPÖ auch von einigen – nicht allen – Vertretern der ÖVP, die nicht in den KZs gelitten hätten und daher durch den einigenden Geist der Lagerstraße geläutert seien; diesen »Intriganten der ›Autorität‹« stehe die SPÖ mit Misstrauen gegenüber, denn der »Schatten« der Ersten Republik laste auf der Gegenwart.[46]

Besonders deutlich wurden die unterschiedlichen Positionen der drei Parteien zur nationalsozialistischen Vergangenheit in einer weiteren »Parteientribüne« – also der

43 Emil Grimm, »Entgiftung«, *Wiener Kurier*, 30.11.1945, 1.

44 Sir Walford Selby, »Österreichs Zukunft«, *Wiener Kurier*, 24.11.1945, 2. Auf derselben Seite gab die Zeitung Auszüge aus den Wahlaufrufen der drei Parteien wieder. Alle gerierten sich dort als Wächterinnen vor der Bedrohung des Faschismus – die SPÖ auch, nicht ganz ohne historische Amnesie, als kontinuierliche Antikriegspartei seit 1889 – und bekannten sich zur Verstaatlichung zentraler Industriezweige und zum Erhalt des Privateigentums.

45 N. N., »Der große Tag«, *Arbeiter-Zeitung*, 25.11.1945, 1–2.

46 N. N., »Nicht wieder so…«, *Arbeiter-Zeitung*, 30.11.1945, 1–2.

hier bereits einmal zitierten Gegenüberstellung von Parteienpositionen – in der *Tiroler Tageszeitung*. Die KPÖ erklärte dort die Demokratie, indem sie die Sklavenhalter-Demokratie der Antike und die von Monopolkapitalisten dominierte Scheinbürokratie der Zwischenkriegszeit – eine »bürgerliche Demokratie auf Widerruf« – jener Demokratie gegenüberstellte, die es nun zu errichten gelte: der Volksdemokratie. Ermöglicht werde diese durch die Erfahrung des Faschismus, die allen »Schichten des Volkes – Arbeiter[n] und Bauern, Gewerbetreibende[n] und Intelligenz« gemeinsam sei, »weil das ganze Volk unterdrückt und bespitzelt worden ist«. Die ÖVP hingegen warb erneut mit ihrem Einsatz für die NationalsozialistInnen, der sie als echte demokratische Partei von »demagogischen« Parteien unterscheide – wegen des in dieser Haltung verdeutlichten »Muts zur Unpopularität«.

> Die Österreichische Volkspartei hat den Mut zur Unpopularität bewiesen. Sie ist nur der Gerechtigkeit willen für das Wahlrecht all jener Nationalsozialisten eingetreten, die nicht Mitschuldige des Systems, sondern seine Opfer waren. Sie ist für Versöhnung eingetreten, da viele nach Vergeltung schrien.

Dieses Argument machte aus dem Einsatz für die VertreterInnen und ParteigängerInnen des autoritären Systems – hier tendenziell als Opfer kollektiviert – einen antiautoritären, antihegemonialen Akt, als hätte die ÖVP damit nicht versucht, an die (zurecht) vermutete Mehrheitsmeinung in der Bevölkerung anzuschließen. Die SPÖ entschloss sich dazu, ihren letzten Wahlaufruf dem Thema »Wir und die Intellektuellen« zu widmen. Der Text ging auf den Sonderweg der deutschsprachigen Intellektuellen der Zwischenkriegszeit ein, sich von ihrer revolutionären Tradition von 1848 abzuwenden und ins Lager der Reaktion überzuwechseln. Hier zeichne sich nun eine Wende ab, denn mehr und mehr »geistige Arbeiter« würden mit der SPÖ für die Überwindung des Kapitalismus kämpfen.[47] Unter dieser Rubrik, und im Sinne des Leitartikels, druckte die *Tiroler Tageszeitung* selbst den großen Aufruf: »Verzichtet nicht auf Euer Wahlrecht!«

Eine Besonderheit in der Positionierung zum Nationalsozialismus stellte also der kommunistische Diskurs da, der sich natürlich vor allem in der *Volksstimme* wiedergegeben fand. Die KPÖ stellte sich als wichtigste und authentischste Kämpferin gegen den Faschismus dar, ein Umstand, durch den sie eine antiautoritäre Tradition ableitete und sich von den fragwürdigen Haltungen der anderen Parteien, insbesondere der ÖVP, abhob, ohne natürlich auf den Widerspruch der eigenen Beziehung zum stalinschen Totalitarismus hinzuweisen. Nicht selten war dieser Diskurs defensiv angesichts des deutlich antikommunistischen Grundtons im Wahlkampf.

47 »Freie Tribüne der Parteien«, *Tiroler Tageszeitung*, 24.11.1945, 3.

So etwa stellte ein Leitartikel der *Volksstimme* die KPÖ als demokratische Partei insbesondere den Erben des Austrofaschismus gegenüber – also der ÖVP, auch wenn diese nicht namentlich genannt wurde. Demokratie, schrieb der Autor, könne von allen in Anspruch genommen werden, selbst von Hitler und Mussolini, und auch von Starhemberg und Fey. »Diese Art ›Demokraten‹ zu erkennen und zu entlarven, ist relativ leicht; man braucht sie nur dahin zu prüfen, welchen Raum sie der freien politischen Betätigung der Volksmassen und der Teilnahme des Volkes an der Verwaltung der Führung des Staates einräumen.« Doch nun gehe es um »eine andere Art [von] Rhetorikern der Demokratie [...], die nichts taten, um sie zu erkämpfen, nichts taten und nichts tun, um sie zu schützen, sich aber dazu berufen fühlen, sie gegenüber jenen zu ›schützen‹, die sie erkämpft und für sie geblutet haben.« Und eben diese – die KommunistInnen – würden nun als AntidemokratInnen diffamiert!

> Die Kommunisten sollen keine Demokraten sein, so hört man jetzt von mancher Seite sagen. Antifaschisten, so hören wir, waren die Heimwehren und sind heute jene, deren demokratisches Gefühl darunter leidet, daß den Nazifaschisten der Zutritt ins politische Leben versperrt oder zumindest erschwert wurde. Als Demokraten stellt man uns jene Leute vor, die mit dem faschistischen Deutschland paktierten und die im Wetteifer mit Hitler gegen die demokratischen Freiheitsrechte den Nazismus glaubten abwehren zu können [...] Nein, das waren keine Demokraten! Es können aus ihnen durch spätere Erfahrungen Demokraten geworden sein, wenn sie umgelernt haben; wer uns aber die Leute um Starhemberg und Fey, die Leute vom Korneuburger Heimwehrprogramm noch heute als Demokraten und Antifaschisten vorzustellen wagt – zu dessen demokratischer Gesinnung haben wir nicht mehr Vertrauen, als zu einem Starhemberg.[48]

In vielen Artikeln und Kommentaren der *Volksstimme* ging es um die zahlreichen Nationalsozialisten, die sich rechtswidrig auf Wahllisten fanden, was der KPÖ zufolge vor allem der ÖVP zu verdanken gewesen sei, die sich um diese Stimmen bemühe und eine Partei sei, »die den Nazi Hoffnungen macht, ihre Forderungen an den neuen Staat nach den Wahlen zu vertreten und durchzusetzen« und deren Abgeordnete daher »stets nur Gefangene reaktionärer, antidemokratischer Bestrebungen« seien.[49] Die erschütternde Dokumentation der Personalkontinuitäten, sichtlich oft unter dem Schutz und auf Betreiben der ÖVP, war tägliches Brot der *Volksstimme*. Unter anderem auch in einem Bericht über eine Wahlrede des VP-Staatssekretärs für Sicherung, Verwaltung, Planung und Verwendung öffentlichen Vermögens, Vinzenz Schumy, in dem dieser Hitlers »Mein Kampf« gepriesen, den Anschluss gelobt und

48 N. N., »Allerlei Demokraten«, *Volksstimme*, 1.11.1945, 1.

49 N. N., »Wer vom Faschismus frißt...«, *Volksstimme*, 14.11.1945, 1–2.

die Niederlage bedauert habe.[50] Die Abgrenzung von der SPÖ geriet dabei manchmal zur Gratwanderung, wenn diese ihrer großdeutschen Politik geziehen wurde – »verstiegen sich einzelne ihrer Führer sogar dazu, die Annexion Österreichs durch Hitler als geschichtlichen Fortschritt zu bezeichnen« –, damit war ohne Zweifel Renner gemeint, der ja von Stalin als provisorischer Regierungschef eingesetzt worden war.[51]

Nach der Wahl wurde denn auch die negative Bilanz der *Volksstimme* zur Regierung Renner nicht mit etwaigem Scheitern im legislativen Bereich argumentiert – hier konstatierte man gute Gesetzesinitiativen –, sondern mit der mangelnden Beseitigung faschistischer Altlasten und der Motivierung der Bevölkerung zu diesem Werke. Die neue Regierung erbe dieses Versagen und die ungelösten Aufgaben. Daher gelte: »Das Volk muss sich selbst als stets kontrollierender, als reinigender und immer wieder vorwärtstreibender Faktor in die Demokratie einschalten, wenn Österreich den Weg in die Vergangenheit nicht noch einmal gehen soll.« Hier wurde einer drohenden Kontinuität autoritärer Regierungstradition eine aktive Bevölkerung gegenübergestellt, wohl auch im Sinne kommunistischer Politik eine streitbare organisierte ArbeiterInnenschaft, die mit Streiks und Betriebsratsbewegung einer konservativ geführten Regierung mit kleinem kommunistischem Anteil Kontra geben sollte.[52]

Das für die KPÖ enttäuschende Wahlergebnis wurde insgesamt als »Schatten der Vergangenheit« und Beweis autoritärer Kontinuitäten interpretiert. Österreichs Demokraten und die Welt seien gleichermaßen bestürzt darüber, dass die Nachfolgepartei der Heimwehren eine Mehrheit erhalten habe. »Sollen wir wirklich wieder dort angelangt sein, wo wir in den dreißiger Jahren waren? Sollte das österreichische Volk als einziges Volk Europas aus der Geschichte nichts gelernt haben? [...] Warum ist das so?« Als Antwort wurde der in Österreich unterentwickelte antifaschistische Widerstand angeboten und die Folgeerscheinung, dass die Reste des Faschismus auch jetzt nicht bekämpft, sondern vielmehr beschützt würden.[53] Dieser Konstellation gegenüber wurden Durchhalteparolen ausgegeben: »Kämpfen, arbeiten, nicht Beiseitestehen – das ist nun mehr als je die Pflicht jedes Kommunisten. Wir haben eine Schlacht verloren, aber wir stehen erst am Anfang des Kampfes für Österreich. Und diesen Kampf werden wir gewinnen.«[54] Diese kämpferischen Worte unterschieden sich von der Friedens- und Einheitsrhetorik in anderen Medien und Parteien

50 N. N., »Schumy noch heute vom Anschluss begeistert«, *Volksstimme*, 20.11.1945, 1.
51 N. N., »Abkehr vom Großdeutschtum«, *Volksstimme*, 17.11.1945, 1.
52 N. N., »Die Regierung Renner«, *Volksstimme*, 30.11.1945, 1–2.
53 N. N., »Der Schatten der Vergangenheit«, *Volksstimme*, 27.11.1945, 1–2.
54 N. N., »Das Wahlergebnis«, *Volksstimme*, 26.11.1945, 1.

und mochten auch eine Reaktion auf die konsequente Ausgrenzungsstrategie gegen die KPÖ darstellen, von der weiter unten noch die Rede sein wird.

Aus heutiger Sicht erscheint erstaunlich, wie die *Volksstimme* ihren Wahloptimismus in die ja offensichtlich konservative österreichische Realität über Wochen hinausrief – zu Bauern, Katholiken, Bürgerlichen, die sich angeblich für die KPÖ entscheiden würden. Der Versuch, die KPÖ als beste Garantin der Religionsfreiheit zu präsentieren, vermochte wohl auch wenig zu überzeugen. Erst durch die Rote Armee, hieß es, wurde die Religionsausübung wieder frei, wurden Fronleichnamsumzüge wieder möglich. Die österreichischen Faschisten hätten die Religion nur ausgenützt und Hitler hätte sich letztlich »als oberster Gott aller Deutschen und Österreicher« eingesetzt. Daher die Botschaft: »Katholiken, wählt kommunistisch!«[55] Diese »alternative reality« muss den RedakteurInnen schwergefallen sein, auch wenn »in kommunistischen Kreisen« Ergebnisse von zwölf bis 15 Prozent erwartet worden waren.[56]

Die KPÖ war freilich nicht allein mit ihrer Anklage gegen das Unterlaufen des NS-Verbotsgesetzes vom 8. Mai 1945 durch falsche Angaben bei der Erstellung der WählerInnen-Listen. Allerdings monierte etwa die *Tiroler Tageszeitung* die besonders bei der ÖVP zu beobachtenden Versuche ehemaliger Nazis, sich in die WählerInnen-Listen zu schwindeln, als allgemeines Phänomen.[57] In den *Salzburger Nachrichten* nahm Wolfgang Dreßler in gewisser Weise die Gründung des VdU vorweg und deren potenzielle Mitglieder und WählerInnen auch gleich davor in Schutz, ehemalige Nazis zu sein. Wiewohl dies möglich sei, seien es doch in erster Linie »anständige Menschen [, die es] auf zarte und gewinnende Art« in den politischen Prozess zu integrieren gelte. Ihr Misstrauen sei begründet, denn schließlich seien die zur Wahl stehenden Parteien »nicht ganz unschuldig daran […], dass Nationalsozialisten und Krieg überhaupt kamen«. Vor allem seien sie aber durch die NS-Kriegspropaganda hellhörig »gegen alle Phraseologie«. Die vom Totalitarismus Verführten wurden paradoxerweise auch als Hemmnis angeführt, durch politische Grabenkämpfe und den Verlust einer nationalen Einigkeit abermals in autoritäre Verhältnisse zu geraten. So sei der Wille, die Streitigkeiten der Ersten Republik nicht zu wiederholen, auch besorgniserregender Ausdruck dessen, »wie sehr die Zeit der Diktatur und des Krieges an der Seele des Volkes gesündigt, wie sehr die Vergangenheit der letzten Jahre eine tiefe Enttäuschung und schwere Vertrauenskrise mit sich gebracht haben«.[58]

---

55 Laurenz Genner, »Freiheit der Religion«, *Volksstimme*, 18.11.1945, 1–2.

56 *Tiroler Tageszeitung*, 21.11.1945, 1.

57 N. N., »Die Wahlkampagne. Telephonbericht unseres N. R.-Korrespondenten«, *Tiroler Tageszeitung*, 21.11.1945, 1.

58 Wolfgang Dreßler, »Die Partei der Parteilosen«, *Salzburger Nachrichten*, 12.11.1945, 1. Auf derselben Seite wurde eine Wahlrede Renners im Festspielhaus wiedergegeben, in der die großen Herausforderungen des nahenden Winters (und damit der neuen Regierung) genannt wurden: Hunger, Kälte, Volks-

Viktor Reimann, einer der späteren Mitbegründer des VdU, schrieb über die Bedeutung des »Österreichischen« als Entschuldigungsformel für österreichische Parteigenossen – immerhin gelte dies als besser als ein »Piefke-Nazi«. Während der Nazizeit habe »österreichisch« als Schimpfwort gegolten, bezeichne aber in Wirklichkeit ein schwer fassbares, wenn auch kosmopolitisches Wesen. »Wir sind unserer Veranlagung nach Weltbürger, das heißt, wir werten die Völker nicht nach ihrer Rasse oder Nationalität. Diese Veranlagung wird allerdings eingeschränkt durch unsere Ruhe und eine Art Stierköpfigkeit.« Man solle sich hüten vor der Beschlagwortung als »österreichisch«, die nichts anderes sei »als umbenanntes Gedankengut einer überwundenen Epoche«.[59] In einem anderen Text Reimanns zitierte dieser ein Gespräch mit Leopold Figl, der eine Art Schuldumkehr betrieb und die »radikale Otto Bauer-Gruppe« in der SPÖ, die »von Tag zu Tag verstärkt durch die Emigranten immer mehr die Führung in der Partei an sich reißt«, als die ursprünglichen Faschisten der Zwischenkriegszeit bezeichnete. Deshalb sei diese Wendung der SPÖ (»in Wirklichkeit doch die alte Sozialdemokratie [, die nichts] aus den Fehlern der Vergangenheit gelernt hat«) auch so gefährlich, weil »die Partei damit in dieselben Gefahren schlittert, in der sie bereits in den Jahren 1933 war [sic], wo sie durch ihren Anspruch auf die Diktatur des Proletariats das erste faschistische Gedankengut in das österreichische politische Leben trug«.[60]

Ausgrenzung und Antisemitismus

1945 war – möglicherweise aus Angst vor alliierten Sanktionen – antisemitische und rassistische Rhetorik verglichen mit späteren Kommunikationsereignissen eher selten. Freilich gab es spezifische Codes der unmittelbaren Nachkriegszeit, in denen sich rassistische oder ideologische Ausgrenzungstaktiken verbargen. Einer dieser Codes lautete »die Emigranten«, womit allerdings entweder RemigrantInnen gemeint waren oder ins Exil Getriebene, die aus der Ferne die österreichische Politik kommentierten. Die Abneigung gegenüber jenen, die Diktatur und Krieg in der angeblichen »Sicherheit« und imaginierten »Bequemlichkeit« eines fernen Exils überlebt hatten – was die harte Erfahrung der meisten Exilierten völlig verzerrte –, mochte in manchen Fällen auch mit der Tatsache zu tun haben, dass man in der Ferne nicht in die Gefahr des Mitlaufens und Kollaborierens gekommen sein mochte

krankheiten. Angesichts dieser Herausforderungen stehe Salzburg gut da, da es genug Strom habe, um bei Nacht die Straßen zu beleuchten. Dann strich Renner die SPÖ als beste Garantin für ein demokratisches Österreich hervor.

59 Viktor Reimann, »Glosse über uns selbst«, *Salzburger Nachrichten*, 17.11.1945, 1.

60 Dr. R. (Viktor Reimann), »Führende Politiker zu den kommenden Wahlen«, *Salzburger Nachrichten*, 17.11.1945, 1–2.

und sich daraus eine gleichsam unverdient weiße Weste erworben hatte. Bekannt für seine Skepsis gegenüber der Rückkehr exilierter SP-Mitglieder war Parteivorsitzender und ab November 1945 Vizekanzler Adolf Schärf. Schärfs Vorbehalte gegen RückkehrerInnen hatten zudem mit Verteilungs- und Machtkonflikten innerhalb der wieder aufzubauenden SPÖ zu tun, ebenso wie mit antisemitischen Strömungen in der Partei.[61] Und rechts der Mitte spielte neben dem traditionellen Antisemitismus auch die zutreffende Identifikation der Exilierten mit ideologischen GegnerInnen eine Rolle, denen gegenüber man sich nicht allzu demokratisch verhalten hatte. Das eben zitierte Figl-Interview Viktor Reimanns war hier bezeichnend, in dem der zukünftige Bundeskanzler die sozialdemokratischen »Emigranten« als erste FaschistInnen Österreichs bezeichnet hatte. »Emigration« wurde hier also auch zum konservativen Codewort für eine geschichtspolitische Umkehrung der ideologischen Verhältnisse der Zwischenkriegszeit, zu einem Bedrohungsszenario für die friedliche Rekonfiguration Österreichs durch die Erben der Christdemokratie und des Austrofaschismus, das sich an Ressentiments in der österreichischen Bevölkerung richtete.[62]

Podium solcher Thesen war die ÖVP-Zeitung *Das Kleine Volksblatt* und empörte Gegenstimmen fanden sich nicht zuletzt in der kommunistischen *Volksstimme*. Dort erregte sich etwa ein Leitartikel über die ÖVP-Rhetorik gegen die »Emigranten«, von denen man keine Belehrungen in Sachen Patriotismus zu akzeptieren bereit sei, und stellte erneut die autoritären Personalkontinuitäten der ÖVP bloß – insbesondere in Gestalt von Eduard Ludwig, der unter Schuschnigg im Ministerrang für die Pressezensur zuständig war und nun für die ÖVP in vorderster Reihe antrat. Der Artikel enthielt auch eine diskurshistorische Erläuterung: dass nämlich die abschätzige Verwendung des Begriffs »Emigranten«, die man 1945 im *Neuen Volksblatt* lesen könne, auch schon im *Völkischen Beobachter* verwendet worden sei und auch bei den AustrofaschistInnen der Wut über die ins Exil getriebenen KommunistInnen und SozialistInnen Ausdruck verliehen habe.[63] Auch nach der Wahl ging dieser medi-

61 Peter Pirker, »Die Remigration sozialistischer Exilanten nach Österreich: Exilpolitik – Netzwerke – Nachkriegsintegration«, in *Yearbook of the Research Center for German and Austrian Exile Studies* 15 (2014): 119–156.

62 Es gab jedoch auch andere konservative Stimmen in der Nachkriegszeit. So fand sich zehn Jahre später im Zusammenhang mit dem Kommunikationsereignis Staatsvertrag ein Artikel des Historikers Friedrich Heer in der katholischen Wochenzeitung *Die Furche*. Kurz nach der Unterzeichnung des Staatsvertrags dachte Heer über Wien als ideale Hauptstadt Europas nach, bedauerte aber, dass Österreich dieser Herausforderung nicht gewachsen sei, nicht zuletzt wegen des »furchtbare[n] Aderlass[es], den Österreichs Volk durch die Auswanderung, in manchen Fällen kann von Austreibung gesprochen werden, vieler höchstqualifizierter Wissenschaftler und Facharbeiter in den Jahren 1918 bis 1955 erlitt. Es ist durchaus möglich, einen Teil dieser Kräfte wenigstens für kürzere Zeit, zurückzurufen – als Gastprofessoren, als Lehrer, als Begründer von Instituten und von vernachlässigten Forschungsaufgaben.« Friedrich Heer, »Die österreichische Chance«, *Die Furche*, 21.5.1955, 4–5.

63 N. N., »Emigranten«, *Volksstimme*, 4.11.1945, 1–2.

ale Disput weiter. Besondere Empörung löste ein Leitartikel des ÖVP-Jugend-Führers Franz Kittel im *Neuen Volksblatt* aus, der dort seinerseits gegen die *Volksstimme* angeschrieben hatte: »Wenn eine Tageszeitung glaubt, die Emigration führender Politiker damit begründen zu können, dass diese, wären sie nicht emigriert, in die Gaskammern Hitlers gebracht worden wären, so müssen wir schon fragen: Und wenn schon?«[64] Kittels menschenverachtende Aussagen stellen sich in eine Reihe mit seinen späteren Schriften, etwa einem Propagandaheft zum 20. Jahrestag von Dollfuß' Ermordung im Jahr 1954, in der Kittel – nunmehr Obmann der ÖVP-Kameradschaft der politisch Verfolgten – dazu aufrief, »die Idee, die dem autoritären Regime vorschwebte, zu studieren und wieder zu bekennen«.[65]

Angesichts des diskursbestimmenden Einheitsmotivs und der antikommunistischen Grundausrichtung von SPÖ und ÖVP war denn auch die KPÖ selbst Gegenstand von Ausgrenzungsstrategien. Die mit der sowjetischen Besatzung assoziierte Partei wurde als österreichfeindlich und undemokratisch dargestellt. Federführend in dieser Stoßrichtung war die *Arbeiter-Zeitung* und vor allem deren Chefredakteur Oscar Pollak. Im Vergleich zu späteren Jahren war die antikommunistische Sprache der *Arbeiter-Zeitung* 1945 noch milde. Im Wahlkampf wurde auf Schimpfworte und Kriminalisierung weitgehend verzichtet. Dennoch betonte man den Protektionismus, den die KPÖ nach dem Einmarsch der Roten Armee in Wien gegenüber ihren ParteigängerInnen praktiziert habe, ebenso wie eine grundsätzliche Differenz: »Wir trennten uns von den Kommunisten, weil sie für die Diktatur sind; wir tadeln es, dass sie heute so tun, als wären sie überdemokratisch.« Im Werben um die proletarischen Stimmen führte die SPÖ-Zeitung auch eine Variante der Einheitstrope an: Die ArbeiterInnenschaft müsse einig sein, um zum Ziel zu kommen, und da sei »der kommunistische Wahlzettel ein Instrument der Spaltung. Der sozialistische ist ein Werkzeug der Einheit.«[66] Nach dem Wahltag warf SPÖ-Chef Schärf der KPÖ denn auch vor, durch Spalterei den Wahlsieg der Linken verhindert zu haben.[67]

64 Zitiert nach *Volksstimme*, 21.11.1945, 2.

65 Franz Kittel, Engelbert Dollfuß 1934–1954. Kämpfer – Opfer – Idee, hrsg. von der ÖVP-Kameradschaft der politisch Verfolgten, Wien 1954, 3. Vgl. Lucile Dreidemy, *Der Dollfuß-Mythos. Eine Biographie des Posthumen* (Wien: Böhlau, 2014), 225–227.

66 N. N., »Werft Eure Stimme nicht weg!«, *Arbeiter-Zeitung*, 23.11.1945, 1–2. Auch in einem als Brief formulierten Leitartikel, der sich an die Erstwähler – tatsächlich nur an die männlichen Wähler, die aus dem Kriegsdienst heimgekehrt waren – richtete, distanzierte sich die SPÖ als demokratische Partei von der KPÖ, die schon in der Ersten Republik nach der Diktatur gestrebt habe. Karl, »Brief an einen, der zum erstenmal wählt. Von einem seiner Kriegskameraden«, *Arbeiter-Zeitung*, 22.11.1945, 1–2. Die Warnung vor der Verschwendung der Stimme verwendete übrigens die KPÖ umgekehrt genauso, vgl. Ernst Fischer, »Werft Eure Stimmen nicht weg, wählt kommunistisch!«, *Volksstimme*, 24.11.1945, 1.

67 Adolf Schärf, »Ein großer Erfolg«, *Arbeiter-Zeitung*, 27.11.1945, 1–2; N. N., »Die 175.000«, *Arbeiter-Zeitung*, 29.11.1945, 1–2.

Die Ausgrenzung der KPÖ war parteiübergreifend, wenn sie auch unterschiedliche Nuancen zeigte. Anders als etwa die *Arbeiter-Zeitung* und andere Blätter insinuierte die *Tiroler Tageszeitung* nach der Wahl nicht explizit, dass das schlechte Abschneiden der KPÖ mit der demokratischen Grundgesinnung der ÖsterreicherInnen gleichzusetzen wäre – wenn auch am Vortag im Leitartikel über das Wahlergebnis vom »gesunden und nüchternen Sinn« der österreichischen »Liebe zur Freiheit« die Rede gewesen war, was in diese Richtung gedeutet werden könnte. Die Zeitung bestaunte aber – ähnlich wie die internationale Presse – nicht nur das schlechte Abschneiden der KPÖ, sondern sprach auch bereits die zu erwartende Fortsetzung der Konzentrationsregierung an, die nötig sei, um alle Kräfte einzubinden.[68]

Diese relative Offenheit der konservativen Regionalzeitung mag erstaunen, fand sich jedoch auch in den *Oberösterreichischen Nachrichten*. Dort war schon während des Wahlkampfes teilweise positiv über die KPÖ berichtet worden. Einmal fand sich auf Seite 1 gleich neben dem Aufmacher über Renner in Linz »Gruß dem Staatskanzler!« ein Foto von Johann Koplenig mit einem wie aus der Parteifeder anmutenden Lebenslauf zur Ankündigung einer Wahlrede in Linz; der Beitrag las sich fast wie eine offizielle Verlautbarung, die so in der *Volksstimme* hätte stehen können.[69] Wenige Tage später lobte ein Leitartikel die Rolle der KPÖ in der Durchsetzung des Wahlgesetzes gegen ehemalige Nazis. Dieser Artikel war insgesamt, ganz im Sinne der KPÖ, ein Aufruf zur Einsichtnahme in Wahllisten und Verhinderung von Wahlschwindel durch faschistische Landesverräter.[70] Auch in der konservativen *Presse* gab es also Stimmen, die angesichts der spezifischen Konstellation der ersten postdiktatorialen Parlamentswahl das antinazistische Engagement der KPÖ würdigten.

Auch das *Neue Österreich*, als »Organ der demokratischen Einigung« von KPÖ, ÖVP und SPÖ unter der Chefredaktion des Kommunisten Ernst Fischer herausgegeben, hatte naturgemäß eine gemäßigtere Position gegenüber der KPÖ. Sie sah auch in ihr eine der »drei demokratischen Parteien«, die zur Wahl stünden. Die neue Demokratie, die sich von den Polemiken der Ersten Republik unterscheiden müsse, damit Demokratie nicht nur eine – für manche neue – Mode, sondern eine dauerhafte »Volkstracht« würde, verlange die »demokratische Einigung« dieser Parteien unter dem Motto: »Die Liquidierung der Vergangenheit und die Sicherung der Zukunft für Österreich«.[71] Nach der Wahl zog freilich auch der Sozialdemokrat Paul Deutsch im *Neuen Österreich* den Schluss, dass nun aus dem Drei- ein Zweiparteiensystem geworden sei.[72]

68 P. E., »Wer wird Staatskanzler in Österreich?«, *Tiroler Tageszeitung*, 27.11.1945, 1.

69 *Oberösterreichische Nachrichten*, 10.11.1945, 1.

70 N. N., »Das Wahlergebnis noch ungewiss«, *Oberösterreichische Nachrichten*, 14.11.1945, 1.

71 R. k., »Die neue Form«, *Neues Österreich*, 15.11.1945, 1–2.

72 P. d., »Zweiparteiensystem«, *Neues Österreich*, 27.11.1945, 1–2. Interessant war hierbei Deutschs Analyse,

Verfassungsdebatte und Rolle des Bundespräsidenten

Auch diese Thematik sei hier kurz angesprochen, weil sie nach der Unabhängigkeitserklärung im April und dem Verfassungsüberleitungsgesetz im Mai 1945 das Vorfeld der Wahl mitbestimmte. Teil der Verfassungsfrage war die Diskussion über die Rolle des Bundespräsidenten in der österreichischen Politik. In dieser Debatte standen einander die KPÖ einerseits und die SPÖ und die ÖVP andererseits gegenüber. Letztlich setzten sich die beiden Zentrumsparteien mit der Wiedereinsetzung der Verfassung von 1929 durch, die eben auch die Machtfülle des Bundespräsidenten ausgeweitet hatte.[73] Diese Auseinandersetzung spielte in den hier erfassten Artikeln zwar keine explizite Rolle, sei aber dennoch als Kontext erwähnt, da sie später wiederholt zur Sprache kommen wird. Am 20. Dezember 1945, einen Tag nach der Konstituierung des neuen Nationalrats, wurde Karl Renner von der Bundesversammlung zum ersten Bundespräsidenten der Zweiten Republik gewählt. Nachdem sein Versuch, ein Präsidialregime aufzubauen – ein eigenes, dem Präsidenten unterstelltes Kabinett sollte eine Art Parallelregierung darstellen[74] –, von seinem Parteifreund und Vizekanzler Adolf Schärf verhindert worden war, übte Renner sein Amt bis zu seinem Tod im Dezember 1950 vergleichsweise zurückhaltend aus. Allerdings verweigerte er nach der Nationalratswahl 1949 dem ÖVP-Minister für Vermögenssicherung Peter Krauland aufgrund von Korruptionsvorwürfen[75] die Neuernennung und setzte damit einen Präzedenzfall für ähnliche Situationen im Laufe der Zweiten Republik. Als Bundespräsident machte Renner auch weiterhin antisemitische Aussagen, die ebenso für seine eigene ideologische Kontinuität seit der Zwischenkriegszeit standen wie wohl für jene zahlreicher ÖsterreicherInnen.[76]

dass die KPÖ kurzfristig die Rolle der Deutschnationalen als dritte Kraft der Ersten Republik übernommen habe. Das Entstehen der VdU/FPÖ sah Deutsch in so unmittelbarer Folgezeit von Faschismus und Nationalsozialismus noch nicht voraus.

73 Vgl. dazu Klaus Berchtold, *Verfassungsgeschichte der Republik Österreich* (Wien: Springer, 1998); Alfred Noll und Manfried Welan, *Die Abgelegene. Einige kursorische Anmerkungen zur Österreichischen Unabhängigkeitserklärung 1945* (Wien: Czernin, 2010). Noll sprach sich im Zuge der Präsidentschaftswahl 2016 auch publizistisch für eine Reduktion der präsidentiellen Macht aus.

74 Oliver Rathkolb, »Demokratiegeschichte Österreichs im internationalen Kontext«, in *Die österreichische Demokratie im Vergleich*, hrsg. von Ludger Helms und David M. Wineroither (Baden-Baden: Nomos, 2017), 71–104, hier 97.

75 Vgl. Peter Böhmer, *Wer konnte, griff zu. »Arisierte« Güter und NS-Vermögen im Krauland-Ministerium (1945–1949)* (Wien: Böhlau, 1999).

76 Robert Knight, Hg., *»Ich bin dafür, die Sache in die Länge zu ziehen.« Die Wortprotokolle der Österreichischen Bundesregierung von 1945 bis 1952 über die Entschädigung der Juden* (Wien: Böhlau, 2000), 50.

Der Staatsvertrag

Am 15. Mai 1955 unterzeichneten Vertreter der vier Besatzungsmächte und der österreichischen Bundesregierung im Marmorsaal des Schlosses Belvedere den Staatsvertrag betreffend die Wiederherstellung eines unabhängigen und demokratischen Österreich. Damit war ein Jahrzehnt unablässiger Bemühungen um die »Freiheit« Österreichs – wie die volle Souveränität landläufig chiffriert wurde – an sein Ziel gelangt. So wurde denn auch der Ruf »Österreich ist frei!«, den Außenminister Leopold Figl vom Balkon des Belvedere den im Regen wartenden Massen zurief, ein Ankerpunkt des österreichischen Nationalgedächtnisses – ikonenhaft gefasst nicht zuletzt von den österreichischen Medien, zunächst vor allem der Wochenschau.[77] Hinter den Codes »Staatsvertrag« und »Freiheit« verbargen sich freilich komplexe Sachverhalte und historische Prozesse, die unter den wechselhaften Rahmenbedingungen der Nachkriegszeit durchlaufen worden waren.

Die große geopolitische Besonderheit des Staatsvertrages im Kontext des Kalten Krieges war zweifellos die immerwährende Neutralität Österreichs. Heute ein Pfeiler österreichischer Identität, war sie vor und nach dem Mai 1955 äußerst umstritten, weil sie von vielen als Gefährdung der österreichischen Westorientierung und damit als Beginn einer schleichenden Sowjetisierung Österreichs gesehen wurde. Der Fall Österreichs trat so besonders im Kontrast zu Deutschland hervor, das ja 1949 mit der Gründung der beiden deutschen Staaten effektiv geteilt worden war. Diese Teilung in einen der atlantischen und einen der Moskauer Zone zugehörigen Staat wurde just zum Zeitpunkt des österreichischen Staatsvertrages bestätigt, als die Bundesrepublik am 9. Mai 1955 der NATO beitrat. Genau einen Tag vor der Unterzeichnung im Belvedere kam es dann zur Gründung des Warschauer Paktes.[78] Das österreichische Verhältnis zu Westdeutschland wurde jedenfalls zudem durch die von der Sowjetunion verlangten Bestimmungen des Staatsvertrages über die Verstaatlichung des »deutschen Eigentums« belastet.

Allerdings bewiesen die österreichische Regierung und die Bevölkerung schon 1956 ihre klare Westanbindung, als das Land nach der Niederschlagung der ungarischen Volkserhebung durch die Rote Armee für Flüchtlinge geöffnet wurde. Dieses Thema war schon rund um die Unterzeichnung von vielen JournalistInnen »geahnt« worden, wurde doch die allgemeine Frage des Umgangs mit Flüchtlingen aus kom-

---

77 Hans Petschar und Georg Schmid, *Erinnerung & Vision. Die Legitimation Österreichs in Bildern. Eine semiohistorische Analyse der Austria Wochenschau 1949–1960* (Graz: Akademische Druck- u. Verlagsanstalt, 1990).

78 Dies darf freilich nicht nur als Reaktion auf die NATO-Erweiterung verstanden werden, sondern hat mit der fortdauernden militärischen Kontrolle Ungarns zu tun. Die dort stationierten Truppen der Roten Armee waren als Nachschublinie für die österreichische Besatzung gerechtfertigt worden. Da diese nun wegfiel, bedurfte es einer neuen Begründung.

munistischen Ländern immer wieder angesprochen: Seien diese auszuliefern? Welche Verpflichtungen dürften hier dem neutralen Österreich auferlegt werden? Oft wurde auf die »schäbige« Haltung von »Kommunisten« oder KollaborateurInnen hingewiesen, die etwa im Burgenland Flüchtlinge an sowjetische Behörden ausgeliefert hätten. Auffällig ist, dass in den 1950er-Jahren, als Menschen vor linksautoritären Systemen flohen, die Aufnahme von Asylsuchenden gerade von streng konservativen Stimmen als Ehrensache verstanden wurde, während heute die ÖVP und die FPÖ einen restriktiven Kurs gegenüber Fliehenden vertreten, die freilich nicht wie damals mehr oder minder kollektiv ihrem ideologischen Lager zuzuordnen sind.[79]

Ein Jahr nach dem Staatsvertrag galt Österreichs Haltung als besonders mutig, zumal sie während des zehnjährigen Verhandlungsprozesses keineswegs einheitliche Unterstützung gefunden hätte. Vielmehr fand im Schnittfeld von Innen- und Außenpolitik eine beständige Diskussion über die richtige Verhaltensweise gegenüber den Besatzungsmächten statt. Seit dem Ausscheiden der KPÖ aus der Regierung 1947 betraf dies ÖVP und SPÖ, die Kommunistische Partei wurde gemeinhin als Alliierte der Sowjetunion und somit als Hindernis und Gefahr für die österreichische Unabhängigkeit gesehen. Die bereits erwähnte Deutung der Oktoberstreiks von 1950 als Putschversuch, um eine Teilung des Landes nach dem Vorbild Deutschlands zu provozieren, belegt dies. Zwischen den beiden koalierenden Großparteien, aber auch spezifisch zwischen deren Protagonisten, wurden ebenfalls häufig Vorwürfe ausgetauscht, den Verhandlungsfortschritt zu gefährden. Zu starke Westanbindung oder mutmaßliche Sowjetfreundlichkeit lauteten die regelmäßig erhobenen Vorwürfe. Beispielhaft für diese Debatten kann einer der frühen Skandale der Zweiten Republik angeführt werden, die sogenannte »Figl-Fischerei«: Ein Geheimtreffen zwischen Bundeskanzler Leopold Figl und Ernst Fischer von der KPÖ im Juni 1947 wurde von Figls Parteifreund, dem besonders prowestlichen Außenminister Karl Gruber und Intimfeind Fischers an die Medien gespielt, um etwaige sowjetische Einflussnahmen auf die Zusammensetzung der Vertragskommission zu verhindern.[80] Selbst innerparteilich waren die Verhandlungsstrategien also umstritten, und zwischen den Parteien waren die Konflikte noch viel pointierter. Diese Konkurrenz um das Hauptverdienst für die Unabhängigkeit Österreichs lässt sich auch in der Berichterstattung

79 Auch die positive Haltung der ÖsterreicherInnen gegenüber den »osteuropäischen Brüdern und Schwestern« änderte sich abrupt mit der Öffnung des Eisernen Vorhangs und machte Vorurteilen gegenüber Kriminalität und Sorgen um den Arbeitsmarkt Platz. Vgl. Molden, »Drehscheibe«, 766–770. Zur historischen Einordnung vgl. Brigitta Zierer, *Politische Flüchtlinge in österreichischen Printmedien* (Wien: Braumüller, 1998).

80 Gerald Stourzh, *Um Einheit und Freiheit. Staatsvertrag, Neutralität und das Ende der Ost-West-Besetzung Österreichs 1945–1955* (Wien: Böhlau, 1998), 105–106; Michael Gehler, »Die ›Figl-Fischerei‹ von 1947. Eine politische Affäre mit Nachspiel«, in *Politische Affären und Skandale in Österreich*, hrsg. von Michael Gehler und Hubert Sickinger (Thaur: Kulturverlag, 1996), 346–381.

über den Staatsvertrag selbst noch feststellen; allerdings fließt es hier bereits wieder in das übergeordnete Motiv der nationalen Geschlossenheit ein.

NS-Erinnerung im Zeichen des Staatsvertrags

In Fortführung politischer Argumentationen, die wir schon 1945 beobachten konnten, wurde auch angesichts des Staatsvertrags wieder die Frage nach der Verantwortung Österreichs und von ÖsterreicherInnen für Verbrechen des Nationalsozialismus virulent. In der Präambel zum Staatsvertrag war ein Verweis auf diese Mitschuld vorgesehen, was gemeinsam mit dem Restaurationsverbot der Habsburgermonarchie auf Widerstand in Österreich stieß. Die heute als Opferthese bekannte Haltung der österreichischen Regierung und vieler BürgerInnen war längst Staatsdoktrin und konnte vom österreichischen Verhandlungsteam unmittelbar vor der Unterzeichnung auch gegenüber den Alliierten Mächten durchgesetzt werden. Der inkriminierte Passus wurde gestrichen und dadurch, so die österreichischen Verhandler, eine Erniedrigung des schuldlosen Landes und Volkes verhindert.

Die bisher genannten Fragen verschmolzen teils auch argumentativ, wie an einem Leitartikel Otto Schulmeisters in der *Presse* anlässlich des deutschen NATO-Beitritts deutlich wurde, der zunächst – wie 30 Jahre später Ernst Nolte – die Bedeutung des deutschen Antikommunismus schon unter Hitler hervorhob: »Gewiss, noch im ›Nibelungenuntergang‹ hatte Adolf Hitler bis zur letzten Minute auf den Zerfall der unnatürlichen Allianz der Demokratien und der Sowjetunion gehofft.« Seine Argumentation schloss Schulmeister mit einem Aufruf zum Schlussstrich und einem expliziten Vergessen der NS-Verbrechen:

> Trotzdem wäre die Schmach der Konzentrationslager und der Gas- und Verbrennungsöfen für Juden nicht so rasch vergessen worden, hätte nicht die Politik Adenauers es verstanden, unter der Drohung des kommunistischen Angriffes auf die noch freien Länder Westeuropas wieder Vertrauenskapital für das deutsche Volk zu sammeln.

Hier entwickelte Schulmeister eine sehr klarsichtige und unapologetische Analyse, die allerdings auch keinerlei Kritik an diesem »Vergessen« aufkommen ließ, und brachte so die politische Arbeit Adenauers in eine machiavellistische Formel.[81] Am gleichen Tag erklärte Innenminister Helmer anlässlich der Enthüllung des Denksteins für die in Mauthausen ermordeten sowjetischen Gefangenen: »Das Sterben der Millionen, die in Konzentrationslagern, in Gaskammern und Galgenhöfen ihr Leben lassen mussten, bleibe unvergessen!«[82]

81 Otto Schulmeister, »Der deutsche Nachbar«, *Die Presse*, 6.5.1955, 1.

82 N. N., »Ehre den Opfern, Gerechtigkeit den Lebenden«, *Arbeiter-Zeitung*, 8.5.1955, 1.

Eine andere, mit der Opferthese verbundene Dimension der zehnjährigen Verhandlungen war die Frage, wie lange denn Österreich schon seiner Selbstbestimmung beraubt gewesen sei. Sowohl in den Jahren vor der Unterzeichnung als auch in ihrem unmittelbaren zeitlichen Umfeld wurde von verschiedenen Seiten eine Kontinuität der Unfreiheit vorgetragen, die manchmal 1918 und manchmal 1938 begann. Zuerst hätten nach dem Ersten Weltkrieg Frankreich, Großbritannien und die USA den Anschluss an Deutschland verboten, dann sei Österreich vom Deutschen Reich annektiert worden und zuletzt von den vier Alliierten besetzt. Derart hätten unterschiedliche imperialistische Mächte Österreich in Ketten gehalten; während Lenins Recht der Selbstbestimmung der Völker auf Restösterreich nicht zuzutreffen schien, waren Wilsons »Vierzehn Punkte« sogar direkt gegen österreichische und ottomanische Interessen gerichtet gewesen.[83] So blieben Österreich die wichtigsten Doktrinen der Entkolonisierung verwehrt und das Land daher anderen Imperien ausgeliefert, bis es diese Fesseln 1955 abgeschüttelt habe. Die Haltung österreichischer PolitikerInnen und JournalistInnen zu dieser Frage war paradox: Einerseits lehnten sie als VertreterInnen eines »Zivilisationsvolkes« die Zumutung einer Kolonisiertenposition ab, andererseits nahmen sie die Opferrolle der Entrechteten für sich in Anspruch.[84]

Diese beiden nationalen Selbstviktimisierungsstrategien entsprachen durchaus dem Zeitgeist, der auch durch die Medien an die LeserInnen kommuniziert oder umgekehrt als »Volksmeinung« in Zeitungen »wiedergegeben« wurde. Dem entsprach auch die zentrale Chiffre rund um den Staatsvertrag, welche dem Historiker Heinz Wassermann zufolge von Hugo Portisch vorgegeben wurde. Dieser freute sich als damaliges Redaktionsmitglied des *Neuen Kurier*, man sei nun endlich wieder »Herr im eigenen Haus«.[85] Portisch half mit, das Leitmotiv der 17-jährigen Unfreiheit zu etablieren und damit die Opferthese zur hegemonialen Geschichtsdeutung zu machen; dies ist angesichts von Portischs ansonsten kritischer Haltung gegenüber der österreichischen Verantwortung für NS-Verbrechen durchaus paradox. Doch er stand damit nicht allein. Die *Arbeiter-Zeitung* berief sich auf den ÖVP-Kanzler Julius Raab, der die Phase der Unfreiheit gar bis nach Saint-Germain spannte: »Österreich ist seit 1918 zum ersten Mal wieder in die Gesellschaft der europäischen Nationen als souveräner Staat eingereiht worden, dem keinerlei Diskriminierung anhaftet.«[86] Diese Betonung des österreichischen Heldentums im politischen Kampf um die Sou-

83 Erez Manela, *The Wilsonian Moment: Self-Determination and the International Origins of Anticolonial Nationalism* (New York: Oxford University Press, 2007).

84 Molden, »Decolonizing."

85 Hugo Portisch, »Blick nach vorn«, *Neuer Kurier*, 14.5.1955, 1–2. Vgl. Heinz Wassermann, *»Zuviel Vergangenheit tut nicht gut!« Nationalsozialismus im Spiegel der Tagespresse der Zweiten Republik* (Innsbruck: Studien Verlag, 2000), 514–541.

86 *Arbeiter-Zeitung*, 17.5.1955.

veränität gegen die Besatzungsmächte sollte auch im Laufe der folgenden Jahrzehnte nicht abnehmen.[87]

Nationale Einheit im Kampf um den Staatsvertrag

Im *Neuen Kurier* ließ sich die Rückbindung der These von der jahrzehntelangen Unfreiheit, die übrigens meist auf jederlei explizite Unterscheidung zwischen Nationalsozialismus und alliierter Besatzung[88] verzichtete, an das große »Wir« der österreichischen Nation beobachten. Chefredakteur Hans Dichand, der schon damals wie auch später in seiner *Kronen Zeitung* seine Kommentare mit »Cato« zeichnete, schrieb von der unzweifelhaften Courage des »österreichischen Volkes«, nun zu verwirklichen, »was uns siebzehn Jahre lang als Ideal vorschwebte, was wir aus [Österreich] machen wollten, als uns zuerst Krieg und dann die Besatzung die Möglichkeit nahm, es in die Tat umzusetzen«.[89] Das »österreichische Volk« wurde zum patriotischen, antinazistischen, freiheitsliebenden Kollektiv gemacht, in dem es niemals NationalsozialistInnen – aber wohlgemerkt sichtlich auch keine »Moskau-hörigen« KommunistInnen – gegeben habe. Dies war Dichand zufolge denn auch die populäre Basis, auf welche der gemeinsame Kampf um die Freiheit aufbauen konnte.

In der *Presse* teilte Otto Schulmeister die Sorge des Kriegsteilnehmers Dichand, dass Defätismus den bisherigen Kampfgeist ablösen könnte. »Mit der Erringung des Staatsvertrages droht auch jene Widerstandsmentalität zu weichen, die im Kampf um die Selbstbehauptung Österreichs alle Schichten und alle Parteien Österreichs in einem spontanen, vitalen Akt geeint hat.« Diese Gesinnung habe Österreich ungeahnte Stabilität verschafft und man müsse »daher rechtzeitig der Gefahr einer Erschlaffung entgegentreten«. Mit dieser im Tone eines völkisch-martialischen Nationalismus (vital, Erschlaffung) gehaltenen Forderung meinte Schulmeister nicht nur die Fortführung einer überparteilichen Außenpolitik, sondern ein spezifisches Programm für Österreich, aus Staatsräson »auch im Meinungsstreit des Alltags das größere Ganze sichtbar zu machen«. Diese sei angesichts der internationalen Konstellation und der fortdauernden Bedrohung im Kalten Krieg eine Bewährungsprobe für die österreichische Demokratie, und um diese zu bestehen, seien Schulmeister

87 Heinz Wassermann zeigt dies anhand dreier Kommentare Hugo Portischs, die jeweils in zehnjährigem Abstand auf den Staatsvertrag Bezug nahmen: »Blick nach Vorn«, *Neuer Kurier*, 14.5.1955, 1–2; »Zehn Jahre Staatsvertrag«, *Neuer Kurier*, 15.5.1965, 1; »Freiheit kein Geschenk«, *Neuer Kurier*, 15.5.1975, 1. Vgl. Wassermann, »Zuviel Vergangenheit.« Zu anderen Echos von Portischs Satz vgl. Molden, »Decolonizing«, 114.

88 Wie sie selbst der oben genannte antikommunistische ÖVP-Außenminister Gruber in seinem verhängnisvollen Buch »Zwischen Befreiung und Freiheit«, wenn auch sarkastisch, ansprach. Vgl. Karl Gruber, *Zwischen Befreiung und Freiheit. Der Sonderfall Österreich* (Wien: Ullstein, 1953).

89 Cato, »Angst vor der eigenen Courage?«, *Neuer Kurier*, 13.5.1955, 1.

zufolge »Staatsmänner, nicht bloße Parteimänner, sind eine Zurückdämmung der Gruppeninteressen und innere Geschlossenheit, sind Führung und Zielbewusstsein erforderlich«. Nun gelte es, Kräfte für die entbehrungsreiche Zukunft zu mobilisieren – »Sollte man annehmen, dass nur totalitäre Regime imstande sind, ihren Staatsbürgern Opfer abzunehmen?« – und die »Regeneration einer neuen Führungsschicht« zu sichern. Aus diesen Forderungen Schulmeisters sprach bei allem Bekenntnis zur Demokratie noch das Misstrauen gegenüber dem parlamentarischen Parteienstreit der Zwischenkriegszeit, demgegenüber Führung und einheitliche Staatsräson nötig seien.[90]

Ein anderer *Presse*-Kommentar wandte diese Reminiszenz des Austrofaschismus in Richtung der Opferthese.

> Man klagte bisher mit Recht über das mangelnde Staatsbewußtsein des Österreichers. Aber wie sollte ein solches auch entstehen? In den Jahren der Ersten Republik? Sie waren erfüllt von inneren Kämpfen, die zum Bürgerkrieg ausarteten. Das autoritäre Regime in den dreißiger Jahren stützte sich auf eine Minderheit, und das nationalsozialistische Regime löschte den Namen Österreichs von der Landkarte. Seit 1945 geboten vier Besatzungsmächte im Lande.

Von all dieser »Fremdherrschaft« sei man nun befreit und so sei zu hoffen, dass ein »Klassen, Stände und Parteien« übersteigendes Staatsbewusstsein entstehen könne, das »ein Band um alle Österreicher« schlingen werde. Der Austrofaschismus wurde hier implizit bereits als eine Art Fremdherrschaft, als Zwangsregime einer Minderheit interpretiert, jedenfalls nicht als identifikationsfähig für das demokratische Österreich.[91]

Die *Arbeiter-Zeitung* wiederum berief sich freilich keineswegs nur auf den Gegner Julius Raab, um die lagerübergreifende Leistung der österreichischen Politik in Zeiten der Unfreiheit zu gewärtigen. In der Erklärung des SPÖ-Parteivorstandes an das österreichische Volk am Tag vor der Unterzeichnung wurden denn auch vor allem die Verdienste sozialistischer Politiker hervorgehoben, darunter auch der Widerstand gegen das autoritäre Regime der 1930er-Jahre. Letztlich aber, im Geiste der auch von Körner beschworenen Einigkeit in Freiheit, richtete der Parteivorstand seinen Dank »über die Parteigrenzen hinweg« an alle ÖsterreicherInnen, die für die Freiheit gekämpft hatten.[92]

---

90 Otto Schulmeister, »Nach dem Staatsvertrag – was dann?«, *Die Presse*, 15.5.1955, 3–4.

91 The, »Staatsbewusst«, *Die Presse*, 16.5.1955, 1.

92 N. N., »Die Sozialisten zum Staatsvertrag. In historischer Stunde – Dank und Gelöbnis der Sozialistischen Partei«, *Arbeiter-Zeitung*, 14.5.1955, 1.

Tags darauf griff Oscar Pollak diese Botschaft in seinem patriotischen Leitartikel »Heute ist der Tag der Fahnen« auf. Darin legte er das Gelöbnis des Parteivorstandes, über die Demokratie zu wachen, klar aus:

> Wir wachen über die Demokratie in Österreich, über die österreichische Republik. Wir haben eine Koalition, einen Pakt zur loyalen Zusammenarbeit in der Regierung dieses Landes mit einer anderen politischen, demokratischen Partei. Wir paktieren nicht mit der Reaktion, welche Farbe immer sie trage; wir werden ihr nicht die österreichische Republik und auch nicht die Wehrmacht dieser Republik ausliefern.

Somit entgegnete Pollak auch jenen Stimmen, die – wie etwa in der *Furche* – einen monarchistischen Geist in das neue Bundesheer hineinwehen lassen wollten.[93]

Wie üblich nahm Pollak die KommunistInnen vom Kollektiv der für Österreich Kämpfenden aus. Er stellte jene, die sich stets um die Unabhängigkeit Österreichs bemüht hätten, den »Charakterlosen« gegenüber, die sich der Besatzungssituation angepasst und von ihr profitiert hätten. In diesem Sinne führte der Autor eine beachtenswerte Differenzierung ein: Die Ersteren seien Österreicher, die Letzteren »Lumpen« – und als solche nicht Teil der österreichischen Gemeinschaft. Zu den Ersteren wurden in erster Linie SozialistInnen gezählt, zu den Letzteren nicht nur die KommunistInnen, sondern auch bürgerliche Wirtschaftstreibende, die sich mit der sowjetischen Besatzungsmacht arrangiert hätten: »wirtschaftliche Landesverräter«, unterstützt von der »Feigheit« bürgerlicher Tageszeitungen. Außenminister Figl wurde als Beispiel für einen feigen Politiker herausgehoben, der sich um ein Haar mit Ernst Fischer verbündet hätte. Wenn der Artikel auch mit der Erklärung schloss, nicht auf Revanche aus zu sein und – nolens volens – auch die »Lumpen« als Teil Österreichs zu akzeptieren, so bleibt dennoch eine gleichsam moralische Ausbürgerung dieser als Opportunisten Angeklagten als Botschaft bestehen.[94]

In der kommunistischen *Volksstimme* wiederum finden wir insofern eine Variante der Einigkeitsargumentation, als hier eine klassenspezifische Differenzierung innerhalb des nationalen Kollektivs eingezogen wurde. Die Konsolidierung des Erreichten »wird von der Einheit der Arbeiterschaft und der Entschlossenheit des gesamten Volkes abhängen«. Die Kommunisten hätten »lange allein im Bündnis mit den Organisationen der Volks-Opposition für die Wendung gekämpft« und würden diesen Kampf auch weiterhin anführen.[95] Der kommunistische Aufruf zur Einigkeit der Arbeiterklasse muss vor dem Hintergrund des vehementen Antikommunismus der SPÖ verstanden werden. Friedl Fürnberg feierte in einem Kommentar am Tag

93 Oscar Pollak, »Heute ist der Tag der Fahnen«, *Arbeiter-Zeitung*, 15.5.1955, 1–2.
94 F. K., »Die Lumpen haben nicht recht gehabt«, *Arbeiter-Zeitung*, 21.5.1955, 1–2.
95 N. N., »Vor dem historischen Tag«, *Volksstimme*, 13.5.1955, 1–2.

der Unterzeichnung den Staatsvertrag als »schwere Niederlage« dieses Antikommunismus und stellte die Frage, warum die SPÖ sich als »wütender Vorkämpfer« des Antikommunismus zur Erfüllungsgehilfin der ÖVP degradiert habe. Denn der Antikommunismus – der »keine Weltanschauung«, sondern eine »Methode der Kriegsvorbereitung« sei – helfe immer nur »den reaktionären Kräften«, die außenpolitisch für eine einseitige Westbindung und innenpolitisch für die Interessen »des Kapitals« einträten. Angesichts dessen sei die »Einheit der Arbeiterklasse« die entscheidende Bastion des Widerstandes. »Wir rufen daher die Arbeiterschaft dazu auf, unbeschadet aller politischen Unterschiede, diesen Kampf gemeinsam und einheitlich zu führen.«[96] In den Leitartikeln vom 13. und 14. Mai war der Staatsvertrag als wichtigstes und populärstes Dokument der österreichischen Geschichte insgesamt bezeichnet worden. Diesen historischen Moment versuchte die KPÖ, stets unter Berufung auf ihre historische Rolle im antifaschistischen Befreiungskampf, für die Befreiung aus der innenpolitischen Isolation zu nutzen, indem sie sich entgegen den von sozialdemokratischer und bürgerlicher Seite erhobenen Vorwürfen antidemokratischer Subversion als Vorkämpferin der Demokratie und der »nationalen Interessen Österreichs« präsentierte.

Die KPÖ hatte bereits in verschiedenen Bereichen versucht, ihre Vorfeldorganisationen des für viele abschreckenden Kennwortes »kommunistisch« zu entkleiden oder parallele, nominell unabhängige Organisationen zu gründen. Beispiele dafür waren etwa die Vereinigung Demokratischer Studenten oder die Fraktion der Gewerkschaftlichen Einheit. Letztere organisierte infolge des Staatsvertrages Proteste gegen eine etwaige »Auslieferung« der österreichischen Erdölbetriebe an westliche Großkonzerne und verlangte die Sicherung des Mitbestimmungsrechts der ArbeiterInnen in diesen Betrieben.[97]

Die Meinungsartikel im *Neuen Österreich* können in ihrer Gesamtheit der Trope der nationalen Einheit im »Freiheitskampf« zugeordnet werden. Entsprechend ihrer Gründungsidee als »Dreiparteienzeitung«, die auch nach dem Hinausdrängen Ernst Fischers noch spürbar blieb, betonten die Leitartikel des Blattes vor allem die Einigkeit der österreichischen Bevölkerung,[98] welche sich freilich – wie implizit im Raum stand – in der Marginalisierung der KPÖ im Zuge der Nationalratswahlen offenbarte. So stellte der stellvertretende Chefredakteur Paul Deutsch den Durchbruch von 1955 dem Scheitern der Ersten Republik gegenüber und machte für beide

96 Friedl Fürnberg, »Der historische Tag«, *Volksstimme*, 15.5.1955, 2.

97 Unter anderem in »Der Staatsvertrag und die Aufgaben der Kommunisten«, *Volksstimme*, 22.5.1955, 3.

98 Es ist insgesamt wenig überraschend, dass gerade durch das *Neue Österreich* als erster Regierungszeitung von 1945 und in den folgenden Jahren der »demokratischen Einigung« verschriebenes Blatt der Geist der Lagerstraße wehte. So war denn auch Aufmacher am 17.5.1955, 1, die Wiedergabe des »Feldruf[s] des Bundespräsidenten für die Zukunft: Eintracht und Vertrauen.« Dieser Aufruf lieferte auch den Tenor des Leitartikels: t. y., »Ein Volk jubelt«, *Neues Österreich*, 2.

historischen Vergleichspunkte internationale und interne Determinanten gleichermaßen verantwortlich:

> [Die politische Konsolidierung Österreichs] ist ein Ziel, das bisher unerreichbar schien und auch in der Ersten Republik nur unvollkommen erreicht wurde. Hinausgeschleudert in die Sintflut der Weltwirtschaftskrise ist damals das junge Staatswesen an der inneren Uneinigkeit gescheitert, die dem Feind den Einlaß frei gemacht hat. Heute steht ein einig Volk einer Welt gegenüber, die geeinigt ist […] in der Zustimmung zu Österreichs Freiheit.

Diese Einheit mahnte Deutsch auch für die Zukunft ein: Das »Rennersche Prinzip der Kräftekonzentration« vor »provinzielle Zänkerei« zu stellen und den »professionellen Friedensstörern« den Mund zu stopfen, sei die Aufgabe, denn die Zukunft hänge »von einer Voraussetzung und Bedingung ab: von der politischen Einheit und Einigkeit«. Deutsch forderte also zwar keine autoritäre Führung, aber in Abhebung von der Erfahrung der Zwischenkriegszeit eine kollektive politische Selbstdisziplinierung aller Kräfte, um angesichts der schwierigen Weltlage als kleine Nation bestehen zu können.[99] »Concordia« wurde hier unbedingt jenem offenen Ausleben politischer Differenz vorgezogen, das die jüngere politische Theorie unter anderem als Agonismus zu fassen versucht.[100]

In den Tagen rund um den Staatsvertrag widmeten sich zahlreiche Leitartikel den ökonomischen Dimensionen desselben (deutsches Eigentum, USIA-Betriebe), generell in einem besonnenen, nicht alarmistischen Stil. Für den Leitartikler Paul Deutsch war allerdings die Geschichte der Unfreiheit Österreichs eine noch längere als für die meisten seiner Kollegen, welche diese meist mit 1918 beginnen ließen. Deutsch sah die Wiener und »innerösterreichischen« Länder, trotz der scheinbaren Wiener Vorherrschaft im Habsburgerreich, schon spätestens seit dem 19. Jahrhundert einem außenpolitischen Primat der Ungarn, Polen und Böhmen ausgeliefert und somit nun endlich am Ziel eines »hundertjährigen Passionswegs« angekommen. Deutsch hatte als Parlamentsstenograf noch die ja vor allem nationalitätenpolitischen Unruhen des Reichsrates miterlebt und sah daher die historische Befreiung Österreichs nicht nur als das Abschütteln internationaler Souveränitätseinschränkungen, sondern eben auch in Abgrenzung zum Vielvölkerreich als Selbstwerdung des deutschsprachigen Österreichs, Wiens und der »Alpen- und Donauländer«. Geschichtspolitisch distanzierte Deutsch darüber hinaus seine Heimat von jeder Mitverantwortung dieser österreichischen »Kernlande« für den Ersten oder den Zweiten Weltkrieg (»Wir in Wien, was hatten wir [damit] zu tun?«) und bezeichnete sie als »aus tausend Wunden

99 D. p., »Vor der Erfüllung«, *Neues Österreich*, 11.5.1955, 1–2.

100 Anna Cento Bull und Hans L. Hansen, »On Agonistic Memory«, in *Memory Studies* 9/4 (2015): 1–15.

blutendes Opfer«: »Durch einen langen Geschichtsabschnitt waren wir die Leidenden, die Märtyrer im weltpolitischen Unfrieden.«[101]

Als Entstehungsbedingung dieser nun endenden Unfreiheit identifizierte er abermals, anhand des Beispiels der Zwischenkriegszeit, die politische Uneinigkeit: »Durch inneren Zwiespalt zerrissen, waren wir in solchem Grade unfrei, dass sich die fremden Diktatoren um die Herrschaft in Österreich raufen konnten.« Diese Argumentation ist besonders interessant, weil die radikal antagonistische Auseinandersetzung im Parlamentarismus und anderen politischen Feldern der Ersten Republik als Unfreiheit bezeichnet wurde, so als hätten die politischen AkteurInnen dieser Periode nicht selbstbestimmt gehandelt oder als hätte die durch politischen Antagonismus hervorgerufene Regierungsinstabilität einen Mangel an Entscheidungsfreiheit hervorgerufen oder sogar dargestellt. In gewisser Weise wurde also die »Führungsschwäche« der Regierungen der Zwischenkriegszeit – und hier schloss der 1934 mit österreichischem Schreibverbot belegte Deutsch zweifellos die austrofaschistische Periode mit ein – als kollektive Unfreiheit verstanden; und als Ursache dieser Konstellation identifizierte Deutsch den Mangel an jener nationalen Einigkeit, welche in den Jahren 1945 bis 1955 nun glücklicherweise den Weg in die Freiheit ermöglicht habe.[102]

Auch in den Regionalzeitungen war die Einheitstrope zentral. Ein Kommentator der *Oberösterreichischen Nachrichten* wies darauf hin, dass die Parteiendemokratie eine Einschränkung der nationalen Einheit bedeuten müsse. Er verwies auf die innenpolitische Dimension des Wirkens der österreichischen Delegation – die Ummünzung des Verhandlungserfolgs in Wahlergebnisse daheim –, als er bedauerte, dass diese nicht etwas länger in Moskau geblieben sei. »Doch unsere Staatsmänner sind zugleich Parteimänner, denen das innenpolitische Prestige ebenso am Herzen liegen muss wie der außenpolitische Erfolg. Die Gemeinderatswahlen in Niederösterreich riefen sowohl Ing. Raab wie Dr. Schärf zurück.« Und er verwies auf die zu erwartende Umsetzung des Staatsvertrages durch diese »Parteimänner« und die Ungewissheit, ob diese »wohlgetan« sein werde.[103]

Auch der aus Wien nach Linz geholte Chefredakteur Walter Pollak ging auf die Frage der politischen Einigkeit ein, jener Disziplin zur Unzerstrittenheit, welche die volle Souveränität erst ermöglicht habe und den prinzipiellen Unterschied zur Ersten Republik ausmache – und auch weiter ausmachen müsse. Aus der globalen Konstellation des Kalten Krieges ergebe sich »die zwingende Logik, dass die innerpolitische Konsolidierung unseres Landes ebenso Voraussetzung unseres Bestandes

101 Dieser editorialen Meinung entsprach auch der Titel des Tagesaufmachers über die Botschafterkonferenz, »Frei und unabhängig. Die ›Kriegsschuld-Klausel‹ gestrichen«, *Neues Österreich*, 15.5.1955, 1.

102 P. d., »Der Weg ins Freie«, *Neues Österreich*, 15.5.1955, 1–2.

103 Dr. Josef Lassl, »Ist es der rechte Vertrag?«, *Oberösterreichische Nachrichten*, 13.5.1955, 1–2.

bleibt, wie sie es während der letzten zehn Jahre war«. Pollak sah die gleichsam naturgemäße Entwicklung von »Reibungen und Differenzen, von offenen Konflikten« voraus. Angesichts dessen sei es nötig, »hier verständnisvoll Dämme zu errichten, ohne die Freiheit zu beschränken«. Diese Formulierung unterschied sich insofern von denen der meisten anderen Leitartikel, als sie die Notwendigkeit einer nationalen Einheitsdisziplin immerhin im Kontrast zu den Freiheitswerten der parlamentarischen Demokratie sah.[104] Eine ähnlich differenzierte Position bezog der Leiter der OÖN-Wien-Redaktion Josef Laßl in seinem Leitartikel vom 21. Mai, als er zwar die »Zusammenarbeit aller Bürger« als Grundbedingung für das Gedeihen der Zweiten Republik einmahnte, jedoch auch festhielt: »Das schließt nicht aus, dass unsere Volksvertretung den gewohnten Zwang politischer Bindungen lockert und das Parlament, nicht allein seine Ausschüsse, erfolgreicher als bisher zum öffentlichen Forum der Meinungsbildung und staatlicher Entscheidungen wird.«[105]

In den *Salzburger Nachrichten* wurde das Thema der nationalen Einheit und damit einhergehenden innenpolitischen Ruhe auch mit der außenpolitischen Dimension der Beziehung zu Deutschland verknüpft. Gustav Canaval griff in einem prominenten Leitartikel den sozialdemokratischen Vizekanzler Schärf an, der auf undiplomatische Weise die vollständige Austrifizierung des deutschen Eigentums als österreichische Errungenschaft und nicht als Diktat der Großmächte dargestellt und damit den Konflikt mit Deutschland verschärft habe.[106] Schärf sei eine Last für die österreichische Politik und auch für die SPÖ selbst, in der es »genug vernünftige und konstruktive Kräfte [gebe], die wissen, dass Österreich zur Zeit innenpolitische Ruhe braucht«. Im Gegensatz zu einem »gewissen servilen Wiener Journalistentum« träten die *Salzburger Nachrichten* dem defätistischen Extempore des Vizekanzlers entgegen.[107]

Die Opferthese oder die historische Externalisierung des Faschismus

Die subtile Einschwörung auf die Opferthese, wie sie dann in Portischs Wendung vom »Herrn im eigenen Haus« auch Teil der identitätsbildenden Staatsvertragsrhetorik wurde, hatte eine längere argumentative Vorgeschichte in Form von kritischen Kommentaren zum Verhandlungsverlauf, die auch unmittelbar um die Unterzeichnung virulent blieb. In der *Presse* etwa las man über Elemente des Staatsvertrages, die diesen als »eines der merkwürdigsten Schriftstücke internationaler Staatskunst

104 Walter Pollak, »Endlich ist der Weg frei!«, *Oberösterreichische Nachrichten*, 14.5.1955, 1.
105 Dr. Josef Laßl, »Jetzt erst beginnt die Bewährungsprobe«, *Oberösterreichische Nachrichten*, 21.5.1955, 1.
106 Zur Frage des deutschen Eigentums vgl. auch den Beitrag von David Schriffl in diesem Band.
107 Gustav A. Canaval, »Zerwürfnis mit Bonn?«, *Salzburger Nachrichten*, 21./22.5.1955, 1–2.

eingehen lassen« würden, als einen bloß »flüchtig zurechtgestutzten«, »in vielem überholten Entwurf«. Als Beispiele genannt wurden die Artikel 9 und 10,

> die uns zur Auflösung der längst aufgelösten nationalsozialistischen Organisationen verpflichten und, statt eine Vergangenheit vergessen und überwinden zu helfen, eher dazu angetan sind, sie wach zu halten und uns das Schnüffeln nach einer Gesinnung aufzuerlegen, die in unserer Demokratie ohnedies keinen Nährboden mehr findet.

Diese Überlegung interpretierte die Anti-NS-Gesetzgebung als Gesinnungsterror und rückte sie damit in die Nähe des Autoritarismus, derart aber gleichzeitig der österreichischen Demokratie die Kraft zur Verhinderung autoritärer Tendenzen zusprechend. Eine ähnlich unerwünschte geschichtspolitische Wirkung sah der Autor in der Festschreibung der Habsburger Gesetze. Deshalb sei zu hoffen, dass die alliierten Außenminister in ihrer Beratung über die noch fehlende Präambel »sich darüber einigen, nicht nur den im Krieg gefassten und von den historischen Erkenntnissen längst widerlegten Passus über eine angebliche Mitverantwortung Österreichs, die sich aus dessen Teilnahme am Kriege ergibt, zu eliminieren«, sondern auch jene »verstaubten, die Souveränität eines unabhängigen Österreichs unnütz verletzenden« Bestimmungen.[108]

In dieselbe, in der öffentlichen Meinung der ÖsterreicherInnen bereits als ausgeprägt vermutete Kerbe schlug in der ebenso katholischen *Furche* auch Friedrich Funder. In einem Leitartikel stellte er den Staatsvertrag in eine Reihe von österreichischen Anläufen auf den Verfassungsstaat, zuerst 1920 und dann 1929 jene Verfassung, »die den mit bedeutenden Vollmachten bekleideten Bundespräsidenten zum höchsten Träger effektiver Staatsmacht erhob«. Und schließlich das beide vereinende Verfassungsgesetz von 1945 im »Willen, eine Art Mittelweg zu betreten«. Damit sprach Funder die kontinuierliche Debatte über die Autorität des Bundespräsidenten im politischen System des Landes an. Dieser Tradition gegenüber winke nun der an sich erfreuliche Staatsvertrag, der aber auch Willen und Seele der ÖsterreicherInnen Gewalt in mehrfacher Hinsicht antue: die Bestimmungen über Deutsche in Österreich; jene, die »selbst die seit Napoleonischer Zeit bestehenden Tiroler Schützenbünde, eine echte Blüte bodenständigen Volkstums, mit Vernichtung bedroht«, des Weiteren das Habsburgergesetz und die Bestimmungen zum Umgang mit Flüchtlingen – Bestimmungen, »die das Wort von der Unabhängigkeit und Souveränität zur hohlen Phrase machen müssten«.[109] Wie die *Presse*-Autoren verurteilte Funder die Mitverantwortungsthese der Moskauer Erklärung, die aus der Präambel des Staatsvertrages entfernt worden war, als eine »Anschuldigung«, die »das österreichische Volk für

108 St., »Überflüssige Relikte«, *Die Presse*, 14.5.1955, 1.

109 Friedrich Funder, »Die dritte Probe«, *Die Furche*, 30.4.1955, 1–2.

unberechenbare Zeiten hinaus mit dem Bekenntnis einer schweren Schuld belastet [hätte], die es nie begangen hatte«. »Nochmals drohte ein Ungeist, der schon 1919 die europäische Politik mit Kettenreaktionen des Unrechts durchwirkt und die bewegte Gründungsgeschichte der ersten österreichischen Republik bestimmt hatte, lebendig zu werden.«[110]

Aber auch die sozialdemokratische *Arbeiter-Zeitung* setzte sich für die Eliminierung der Mitverantwortungsformulierung in der Präambel ein. Oscar Pollak stellte die »Und dann…«-Frage nach den Folgen des zu erwartenden Staatsvertrages und rechnete dabei mit jenen ab, die er als KollaborateurInnen und ProfiteurInnen der Besatzungszeit verstand, vor allem jener im Schutze der Sowjetmacht, aber auch der USA.

> In der Tat: Wir Österreicher haben in diesen zehn Jahren wirklich ein ›österreichisches Wunder‹ vollbracht, an Treue zu unserem demokratischen Land, an Festigkeit und Nichtnachgeben, an wirtschaftlichem Aufbau und Willen zur Freiheit. Aber zugleich haben wir oft, wenn etwas sehr langsam ging, wenn es einen echt österreichischen Pallawatsch gab, wenn ein Kompromiß mit dem Übel und dem Unrecht geschlossen wurde, eines, das weiter ging, als unbedingt nötig war – da haben wir achselzuckend auf die Besatzung hingewiesen. Was soll man denn machen solange die da sind … ? […] Aber es hat doch auch Leute gegeben, Österreicher, die andere Österreicher oder arme, asylsuchende, blutende Flüchtlinge bei den Menschenräubern denunziert haben. Es hat Leute gegeben, die, ganz ohne dazu gezwungen zu sein, mit der Usia Geschäfte gemacht haben; und andere – auch nicht wenige –, die mit den Amerikanern Schmuggelgeschäfte betrieben haben, alles unter Ausnützung der Privilegien der Besatzungsangehörigen und jedenfalls zum Schaden Österreichs. Es hat also Schieber und Vorschieber auf jeder Seite gegeben, und Doppelagenten und Rückversicherer. Und all diese Schäbigen fühlten sich gedeckt durch die Tatsache der Besetzung und alle diese Schuldigen forderten uns auf, sie zu entschuldigen oder wenigstens zu tolerieren mit der Ausrede auf die Besetzung. Nun, diese Ausrede wird jetzt wegfallen.

Jetzt, so Pollak, müsse auch in Fragen der Landesverteidigung, der Mineralölproduktion und anderer staatspolitischer Belange Eigenverantwortung übernommen werden.[111]

Einen Tag später räsonierte Josef Sterk über den zu erwartenden Inhalt des Staatsvertrages, der ja in den Tagen vor seiner Unterzeichnung noch intensiven Verhandlungen der vier Mächte unterzogen wurde. Noch vor den wichtigen stritti-

110 Friedrich Funder, »Von Saint-Germain bis Wien. Zur Befreiungsfeier, gesprochen am Sonntag, den 15. Mai, im Sender Rot-Weiß-Rot«, *Die Furche*, 21.5.1955, 1.

111 Oscar Pollak, »Und dann…«, *Arbeiter-Zeitung*, 10.5.1955, 1–2.

gen Punkten des deutschen Eigentums und des Erdöls sprach der *Arbeiter-Zeitung*-Leitartikler die Verantwortlichkeitsklausel der Moskauer Deklaration an, die auch in der Präambel des Vertragsentwurfs stand. »Sie [die Moskauer Deklaration] ist geschichtlich falsch und obendrein unlogisch. Man muß deshalb hoffen, dass sich alle Mächte bereit finden werden, diese Stelle aus der Präambel zu entfernen.«[112] Tatsächlich wurde diese Klausel noch am 14. Mai 1955 vor allem auf Betreiben Leopold Figls aus dem Vertragstext entfernt. Gerald Stourzh betont, dass für diesen, »der als Häftling in Dachau im August 1939 im Radio Molotows Stimme gehört hatte, als dieser den Hitler-Stalin-Pakt unterschrieben hatte, [...] die Entfernung der Verantwortlichkeitsklausel ein Augenblick der Genugtuung und Erfüllung [war], wie für viele andere der Gründergeneration der Zweiten Republik«.[113] Diese Nachricht berichtete die *Arbeiter-Zeitung* denn auch freudig am 15. Mai: »Österreich hat keine Schuld am Krieg.«[114]

Am Freitag, dem 13. Mai 1955, beschloss der SPÖ-Parteivorstand eine Erklärung an das österreichische Volk, in der die historische Rolle der österreichischen SozialistInnen als führend herausgestrichen wurde. Bezug genommen wurde zunächst auf die antifaschistische Tradition – den Kampf gegen die faschistischen Diktaturen, im Plural auch den Austrofaschismus einbeziehend. Daher seien »nach dem Zusammenbruch der faschistischen Herrschaft in Österreich [...] die österreichischen Sozialisten die einzige politische Kraft [gewesen], die in der Welt als demokratische politische Partei bekannt war«. Renner wurde als doppelter Republikgründer gefeiert, seine Anschlussempfehlungen der 1930er-Jahre blieben unerwähnt. Der Rest der Erklärung bejubelte vor allem die von der SPÖ und den Gewerkschaften unterstützte Aufbauleistung der Bevölkerung. Doch auch der Kalte Krieg fehlte keineswegs. So wurden Oscar Pollak und die *Arbeiter-Zeitung* als Verteidiger der österreichischen Demokratie gegen die kommunistische Bedrohung hervorgehoben und Oskar Helmers Leistung, der »den kommunistischen Plan zunichte machte, Österreichs Freiheit mit Hilfe der Polizei abzuwürgen«.[115]

Auch in der *Arbeiter-Zeitung* fand sich der Satz »Österreich ist wieder Herr im eigenen Haus« bereits am 15. Mai, und mit ihm die bekannte Kolonialassoziation, denn, so der Autor, der Befreiungsschlag des Staatsvertrages beseitige nun endlich auch das »Kolonialdiktat wirtschaftlicher Ausbeutung durch fremde Mächte«. Interessanterweise wurde hier allerdings auf nur sieben Jahre Faschismus Bezug genommen, die vor der alliierten Besatzung zu ertragen gewesen seien. Insgesamt ein

112 J. S., »Was steht jetzt im Staatsvertrag?«, *Arbeiter-Zeitung*, 11.5.1955, 1–2.

113 Gerald Stourzh, *1945 und 1955: Schlüsseljahre der Zweiten Republik* (Innsbruck: Studien Verlag, 2005), 80.

114 *Arbeiter-Zeitung*, 15.5.1955, 2.

115 Zitiert nach *Arbeiter-Zeitung*, 14.5.1955, 1.

»Leidensweg«. »Es wird uns schon einige Mühe kosten, nach den vielen Jahren der Unterdrückung und Bevormundung nun wieder auf eigenen Füßen zu stehen.«[116]

In den *Salzburger Nachrichten* kritisierte Gustav Canaval die Haltung des »Ballhausplatzes« zu den umstrittenen Artikeln 9 (NS-Organisationen) und 10.2 (Habsburger). Während, so Canaval, der Habsburgerpassus vor allem den Menschenrechten widerspreche und damit Österreich aus der UNO ausschlösse, gehe es bei der Auflösung der NS-Organisationen um eine Haltungsfrage: »Wird dann die ÖVP stark genug sein, hohe Beamte, Funktionäre, eventuell Minister zu halten, die einmal bei der NSDAP oder einer ihrer Gliederungen waren?«[117] Von der SPÖ setzte Canaval selbstverständlich voraus, dass sie die »Verfolgung der Ehemaligen auf ihre Fahnen schreibt« – und sah also nicht voraus, dass sich die SPÖ und die im folgenden November gegründete FPÖ einander schon bald annähern sollten.[118]

Für den historiografischen Blick faszinierend ist ein den *Salzburger Nachrichten* aus London gesandter Gastbeitrag des Historikers Arnold Toynbee, »nach Oswald Spengler der bekannteste Geschichtsphilosoph des XX. Jahrhunderts«. Toynbee beschrieb seine Erfahrungen in Wien 1937 und nun im April 1955 und stellte Überlegungen über Österreich zwischen Monarchie, Drittem Reich und der Welt des Kalten Krieges an. Amüsanterweise korrigierten die *Salzburger Nachrichten* den bekannten Welthistoriker an einer Stelle: »Als die Habsburger Monarchie 1918 auseinanderfiel, war Österreich vierhundert Jahre lang Teil (richtig: Kern, A. d. R.) eines großen Reiches gewesen.«[119]

Antikommunismus als Ausgrenzungsrhetorik

Die emphatische Preisung nationaler Einheit wurde nicht zuletzt als Absage an den kommunistischen »Extremismus« gefasst. Führend in dieser antikommunistischen Position, die sich stark auf die Anklage von Kollaboration stützte, war die *Arbeiter-Zeitung*, wie ja bereits aus dem oben zitierten Artikel Oscar Pollaks »Und dann…« abzulesen war. Ähnlich wie Pollak in zahlreichen seiner Leitartikel ging auch der Kommentator Austriacus auf das Ende der USIA-»Umtriebe« ein, um dann zur Beibehaltung der Habsburgerklausel im Staatsvertrag überzugehen. Während die SPÖ ähnlich wie die ÖVP gegen den Mitverantwortungsparagrafen polemisiert hatte,

116 KHS, »Der Tag der Freiheit«, *Arbeiter-Zeitung*, Extraausgabe, 15.5.1955, 1–2.

117 Cl., »Die Schönheitsfehler im Staatsvertrag«, *Salzburger Nachrichten*, 7./8.5.1955, 1.

118 Kreiskys Verteidigung Friedrich Peters – wie der FP-Gründungsobmann Anton Reinthaller ein SS-Mann, aber jünger, in geringerem Maße dem völkisch-deutschnationalen Gedankengut verpflichtet und daher führend an der »Liberalisierung der FPÖ« ab Mitte der 1960er-Jahre beteiligt – gegen die Anklage Simon Wiesenthals sollte 1975 zu einem der schärfsten geschichtspolitischen Konflikte der Zweiten Republik führen.

119 Prof. Arnold Toynbee, »Österreichs Zukunft«, *Salzburger Nachrichten*, 20.5.1955, 1–2.

hatte sie den Habsburgerparagrafen stets verteidigt. Nun bejubelte denn auch Austriacus, dass Mitglieder des »Erzhauses« sich der Republik verpflichten mussten, um im Lande zu leben.[120]

Das konservative Pendant zum sozialdemokratischen Antikommunismus fand man vor allem im *FORVM*, das Friedrich Torberg und andere im Vorjahr als *Monatsblätter für kulturelle Freiheit* mit Unterstützung der CIA gegründet hatten. Dort konnte man lesen, dass

> die Bevölkerung dieses Landes sich trotz mannigfacher Verwirrung und Versuchung von Wahlgang zu Wahlgang konsequent zu den beiden staatstragenden Parteien bekannt [hat], […] die beiden extremistischen Gruppen zu immer armseligeren Grüppchen reduziert und mit der demokratischen Waffe des Stimmzettels erreicht [hat], dass die Führer der österreichischen Delegation in Moskau [und nicht die KPÖ] als die wahren Repräsentanten

Österreichs angesehen wurden. Auch die FPÖ wurde im *FORVM* als extremistisch, im Sinne des *FORVM* also nicht demokratisch qualifiziert.[121] Im gleichen Heft steuerte Staatssekretär Bruno Kreisky den Aufsatz »Die österreichische Alternative« bei. Neben welt- und sicherheitspolitischen Überlegungen stellte auch Kreisky dabei die Einheit des österreichischen Volkes (also den Verzicht auf umfassende radikale politische Meinungsverschiedenheiten) implizit mit in den Vordergrund.[122] Insgesamt wurde im *FORVM*, ähnlich radikal, wenn auch weniger verbissen, sondern ironischer als in der *Arbeiter-Zeitung*, die KPÖ stets als undemokratische, freiheitsfeindliche Kraft identifiziert. Diese ironische Position wurde durch den Abzug der Roten Armee und die volle Souveränität Österreichs erleichtert, da sich die KPÖ nun keines alliierten Schutzes mehr erfreute.[123]

In den *Salzburger Nachrichten* sprach Canaval in seinem Leitartikel über die Implikationen der Neutralität auch die Grenzen der Koexistenz an, die keine ideologische »Gesinnungslosigkeit« bedeuten dürften; die »Freiheit der Eigenart der Gesinnung des gewohnten und charakteristischen Lebens und überhaupt der Weltanschauung« dürfe nicht gefährdet werden. Im Falle Österreichs bedeute dies die Freiheit von »kommunistischen Infiltrationsabsichten«, derer er die KPÖ zieh, denn: »Der Österreicher ist von Natur aus nicht anfällig für die Ideen des Kommunismus. Aber er wird wahrlich gut daran tun, diese Immunität zu bewahren.«[124]

---

120 Austriacus, »Verscheuchte Gespenster«, *Arbeiter-Zeitung*, 18.5.1955, 1–2.
121 N. N., »Zwischen Befreiung und Freiheit«, *FORVM* II/17, Mai 1955, 163.
122 Bruno Kreisky, »Die österreichische Alternative«, *FORVM* II/17, Mai 1955, 166–167.
123 N. N., »Ein Raab von dazumal«, *FORVM* II/18, Juni 1955, 207.
124 G. A. Canaval, »Aussichten und Risiken«, *Salzburger Nachrichten*, 30.4./1.5.1955, 1–2.

Bundesheer und Neutralität

Der Staatsvertrag brachte nicht nur die Souveränität, sondern auch die zunächst so umstrittene – weil als verdeckter Weg in die Ostabhängigkeit verdächtigte – Neutralität und damit die Verpflichtung zur Landesverteidigung. Aus Sicht der Westalliierten wäre die Aufgabe einer österreichischen Armee allerdings nicht die Verteidigung nach außen, sondern vor allem eine spezifische Form innerer Sicherheit gewesen; insbesondere die USA drängten auf eine Armee, die kommunistische Unruhen unterdrücken würde.[125] Diese Vorstellung von einer bewaffneten Institution, die nicht gegen äußere Feinde, sondern gegen die eigene Bevölkerung zum Einsatz käme, hat eine durchaus autoritäre Dimension. Zwar sieht auch die österreichische Verfassung mögliche Einsätze des Bundesheeres zum Schutz demokratischer Institutionen und Freiheiten vor, jedoch nicht im spezifisch antikommunistischen Sinne einer Aufstandsbekämpfung, wie dies westalliierte Strategen 1955 vertraten.[126]

Die Erfahrungen der Ersten Republik, in denen die Sozialdemokratie aufgrund der ehemaligen Soldatenräte starken Einfluss auf das Bundesheer zu haben glaubte und sich die bewaffneten Parallelstrukturen der linken und rechten Milizen ausbildeten, machten dieses Thema umso brisanter.[127] Symptomatisch für diese Debatte ist auch ein Buch über eben diesen historischen Zusammenhang, das der Historiker Ludwig Jedlicka 1955 veröffentlichte.[128] Jedlicka, der selbst sowohl der Vaterländischen Front als auch der NSDAP angehört hatte, stand nach 1945 der ÖVP und konservativen intellektuellen Kreisen nahe, arbeitete aber auch mit dem Kommunisten Herbert Steiner zusammen. So wurde er einer der Gründer des Instituts für Zeitgeschichte in Wien und des Dokumentationsarchivs des österreichischen Widerstandes und einer der angesehensten HistorikerInnen Österreichs. Seine Intervention in die Kontroverse über die österreichische Armee stand am Anfang dieser Karriere.

Für die österreichische Regierung galt es jedenfalls zunächst, zusätzlich zur bisher allein als Exekutive agierenden Gendarmerie eine Armee aufzubauen. Diese politische Aufgabe berührte mehrere historische Altlasten Österreichs: einerseits die Kriegsschuldfrage von 1914 und die Rolle der alten Armee als Integrations- wie Unterdrückungsinstitution des Vielvölkerreiches und andererseits die Geschichte der linken und rechten Milizen und der Armee in der Zwischenkriegszeit bis hin zum Verzicht auf militärischen Widerstand gegen die deutsche Annexion. Entsprechend

125 Vgl. den Aufsatz von David Schriffl in diesem Band.

126 BGBl. Nr. 368/1975, Art. I Z 2, gültig ab 9.7.1975. Vgl. Manfried Rauchensteiner und Wolfgang Etschmann, Hg., *Schild ohne Schwert? Das Österreichische Bundesheer 1955–1970* (Graz: Styria, 1991).

127 Erwin Schmidl, »1918–1938: Das Bundesheer im Schatten der Parteiarmeen«, in *Die geschichtliche Entwicklung der allgemeinen Wehrpflicht* (Wien 1992), 38–39.

128 Ludwig Jedlicka, *Ein Heer im Schatten der Parteien. Die militärpolitische Lage Österreichs 1918–1938* (Wien: Böhlau, 1955).

ideologiegeladen war die mediale Debatte über jene staatliche Institution, die eng mit den autoritären Entwicklungen der vergangenen Jahrzehnte verbunden war.

Die *Arbeiter-Zeitung* nahm eine staatstragende, pragmatische Haltung ein. Pollak verteidigte die Idee eines demokratischen Bundesheeres gegen unter SozialistenInnen verbreitete allgemein pazifistische und historisch begründete Einwände gegen ein österreichisches Heer, vor allem mit der Notwendigkeit, die Neutralität zu verteidigen. Damit freilich dieses »künftige Bundesheer nicht dem Militarismus und damit Österreich der Gefahr der Reaktion« ausgeliefert werde, müssten die Sozialisten an seiner Erschaffung aktiv mitarbeiten. Denn: »Mit uns wird der Charakter des österreichischen Bundesheeres vom Parlament und nicht von Überresten vergangener Herrschaften bestimmt werden.«[129] Das sozialdemokratische Blatt diskutierte die Frage auch vor dem Hintergrund des NATO-Beitritts der Bundesrepublik Deutschland am 6. Mai 1955. Dort war die Lage deshalb anders, weil es keine sowjetische Besatzung gab, sondern die Pariser Verträge mit den Westalliierten unterzeichnet wurden. Die wenig überraschende Reaktion auf die Westintegration der Bundesrepublik war freilich am 14. Mai 1955 die Gründung des Warschauer Paktes, der die realpolitischen und daher auch erinnerungskulturellen Strukturbedingungen der österreichischen Identitätsbildung enorm beeinflussen sollte. Aber auch das sowjetische Einlenken in der Österreichfrage war nicht zuletzt eine außenpolitische Neujustierung angesichts der Niederlage im Kampf gegen die deutsche Wiederbewaffnung. Dies wurde in Österreich durchaus wahrgenommen, so etwa seitens der SPÖ, welche die Wendungen ihrer westdeutschen Schwesterpartei sehr genau beobachtete und die von der SPD vertretene, angesichts des vollzogenen NATO-Beitritts fragwürdige »Bündnisfreiheit« in der *Arbeiter-Zeitung* am 8. Mai 1955 kommentierte:

> Damit meinen sie aber nicht dasselbe wie die »Paktfreiheit«, von der wir gelegentlich mit Bezug auf Österreich gesprochen haben, um die militärische Neutralität im Gegensatz zu einer »neutralistischen« geistigen Haltung zu betonen. [...] Mit [...] der Herstellung der deutschen Souveränität schließt ein Kapitel der Nachkriegsgeschichte. Mit den Moskauer Vereinbarungen über Österreich hat das nächste schon begonnen.[130]

Die KPÖ vertrat eine völlig andere Position. In einem Leitartikel vom 14. Mai legte die *Volksstimme* zudem eine besondere Interpretation der Neutralitätsverpflichtung dar. Diese nämlich sei nicht allein militärischer Natur, sondern müsse – ganz im Gegensatz zu den Ansichten, die in den sozialdemokratischen und bürgerlichen Zeitungen vertreten wurden – »sich auf alle Gebiete des politischen Lebens erstrecken und in jedem Moment unserer künftigen Politik wirksam sein« und verbiete daher auch

129 Oskar Pollak, »Wir Sozialisten und das Militär«, *Arbeiter-Zeitung*, 22.5.1955, 2.
130 F. S., »Das neue Deutschland«, *Arbeiter-Zeitung*, 8.5.1955, 2.

»Antisowjethetze etwa durch die Hintertür des Antikommunismus«.[131] Die KPÖ-Zeitung versuchte also, die völkerrechtliche Verpflichtung Österreichs zum Schutz vor jenen ideologischen Anfeindungen zu nutzen, welche mit der sonst proklamierten Einigkeit der österreichischen Innenpolitik in Widerspruch zu stehen schienen. Wie so oft in der *Volksstimme* wurde dieses Verständnis von Neutralität dem »Volk« in den Mund gelegt. Freilich stand die KPÖ selbst keineswegs über parteipolitischen Anklagen, die jenen ihrer Gegner im Parlament nicht nachstanden. Dies wurde auch in der Resolution des ZK deutlich, welche die *Volksstimme* am 22. Mai 1955 fast ganzseitig veröffentlichte. Zur Sprache kamen darin auch die »Gegner der Neutralität und Unabhängigkeit Österreichs, die im VdU sitzen und auch in den beiden Regierungsparteien eine Rolle spielen«. Deren für die Zukunft zu erwartenden kriegstreiberischen Plänen »muß das österreichische Volk von Anfang an entschlossenen Widerstand entgegensetzen«.[132]

Besonders intensiv beschäftigte das Thema die *Salzburger Nachrichten*. In mehreren Kommentaren wurde die Rolle Österreichs in Mitteleuropa nach dem Staatsvertrag angesprochen. Dabei fanden sich auch scheinbar recht paradoxe Referenzen auf eine jahrhundertealte Nichteinmischungstradition Österreichs gegenüber seinen mitteleuropäischen Nachbarn, die nun für eine ideologieneutrale Pufferzone wiederbelebt werden solle.[133] Ähnliches fand sich in der gleichen Ausgabe auch aus wirtschaftspolitischer Sicht. In beiden Artikeln wurde darauf hingewiesen, dass Österreich 1918 »aus der wirtschaftlichen Vielfalt der Donaumonarchie willkürlich herausgerissen« worden sei.[134]

Das Thema der bewaffneten Verteidigung in erster Linie gegen den Kommunismus war den *Salzburger Nachrichten* den ganzseitigen Aufmacher der Titelseite für die Ausgabe des Staatsvertragswochenendes wert. Der spätere Verteidigungsminister Ferdinand Graf, der Mitglied der Vaterländischen Front und nach 1938 in Dachau inhaftiert gewesen war, schrieb einen Gastkommentar, in dem er davor warnte, dass ein unbewaffnetes Österreich nach dem Abzug der Besatzungstruppen »politischen Infiltrationsversuchen« offenstünde und »zum Tummelplatz für Abenteurer und politische Experimente werden« könne. Dem müsse man mit der raschen Errichtung eines Bundesheeres entgegenwirken. Den Kommunismus als abzuwehrende Ideologie und die Sowjetunion als potenzielle Gefahr nannte Graf freilich nicht explizit. Dafür ging er auf die Notwendigkeit ein, dass »die Öffentlichkeit in breitester Front einverstanden« sein müsse mit der Errichtung des Heeres, dieses also demokratisch legitimiert zu sein habe. Andererseits betonte Graf hinsichtlich der inneren Struktur

131 N. N., »Der Weg der Neutralität«, *Volksstimme*, 14.5.1955, 1–2.

132 N. N., »Der Staatsvertrag und die Aufgaben der Kommunisten«, *Volksstimme*, 22.5.1955, 3.

133 Urbas Cormons, »Wien und Prag«, *Salzburger Nachrichten*, 2.5.1955, 1–2.

134 Dr. K. L. Herczeg, »Unsere Aufgaben nach dem Staatsvertrag«, *Salzburger Nachrichten*, 2.5.1955, 4.

des Heeres die Notwendigkeit von »vernünftigen Führungsprinzipien und nicht einer falsch verstandenen Demokratisierung der Organisation [...] Es darf auch nicht Tradition mit Reaktion verwechselt werden, und ebenso nicht Fortschritt mit sozialistischer Parteigesinnung.« Es gelte, die »guten, nicht überlebten Kräfte der österreichischen Tradition und [die] Erfordernisse der modernen Zeit in Einklang zu bringen«.[135]

Chefredakteur Canaval selbst sprach der Einbindung der österreichischen Bevölkerung in den Gesetzgebungsprozess über die Neutralität das Wort, denn »in der modernen Demokratie wird verlangt, das Volk zur Mitverantwortung zu erziehen« (S. 1), und dies inkludiere auch dessen »Mitarbeit [...] besonders [...] wenn zu bestimmten Zeitpunkten vom Volk eine neue Geisteshaltung, eine ideologische Umstellung oder eine neue Staatseinstellung gefordert wird« (S. 1). Später wird in Canavals Rhetorik deutlich, dass er sich, seine KollegInnen und LeserInnen als zu jener politischen Klasse gehörig begreift, die »das Volk« zu erziehen hätte, sich also auf eine höhere Stufe stellt; die politische Vergangenheit der Bildungseliten wird somit weniger relevant für die Eignung zur ideologischen »Schulung« als der Bildungsgrad. »Wenn wir es übernommen haben, den Staatsbürger in seiner Geisteshaltung so umzuformen, dass ihm die Pflichten der Neutralität gleichsam in Fleisch und Blut übergehen, dann muss er auch genau wissen, woran er sich zu halten hat.« Diese autoritär anmutende Politikvorstellung relativierte Canaval freilich im nächsten Satz, indem er verlangte, dass die BürgerInnen selbst die neue Staatsform bejahen sollten und deshalb noch vor der Ratifizierung der Neutralität durch das Parlament ausführlich und »gemeinverständlich« zu informieren seien. Daran knüpfte Canaval die Möglichkeit der staatsbürgerlichen Stellungnahme, die sich im Kontext der Zeit wie eine Vorform der heutigen freiheitlichen Forderung nach direkter Demokratie ausnimmt.[136]

Auch *die Furche* widmete sich am 11. Juni 1955 der Frage der österreichischen Wehrhoheit, die dem Land durch den Staatsvertrag zugesprochen wurde. Unter einem kurzen Editorial sind eine Reihe von Gastkommentaren von Offizieren, Politikern und Akademikern versammelt, die dieses Thema ansprechen. Darunter finden sich nicht zuletzt auch positive Bezugnahmen auf die »alte, ruhmreiche« Armee der Monarchie, die damit implizit der Unrechtsarmee des Naziregimes als unbeflecktes Widerbild gegenübergestellt wird. Und zwar vom Infanteriegeneral a. D. Otto Wiesinger, der selbst in der K.-u.-k.-Armee, zuletzt als Generalstabschef der 50. Infan-

---

135 Staatssekretär Ferdinand Graf, »Freier Staat braucht Wehrschutz«, *Salzburger Nachrichten*, 14./15.5.1955, 1–2.

136 Cl., »Recht auf geschriebenes Wort«, *Salzburger Nachrichten*, 11.5.1955, 1–2. Canaval nahm in diesem Artikel auch positiv auf einen Artikel in der *Grazer Neuen Zeit* vom 8.5.1955 Bezug, der jeder moralisch-ideologischen Neutralität von sozialistischer Seite eine entschiedene Absage erteile und damit für alle Österreicher gültig sei.

terie-Division mit Einsatz unter anderem am Isonzo, und später als hoher Offizier im Bundesheer der Ersten Republik gedient hatte. Wiesinger erklärte, die mit Erfahrung aus dieser Armee ausgestatteten ersten Offiziere des neuen Heeres müssten »Garanten dafür sein, dass [...] jener Geist auch in der Republik lebendig bleibt, der seinerzeit die vielsprachigen Heere im bunten Rock beseelte«. Wenn dies auch nicht als antidemokratische Aussage zu werten ist, so stand es doch für eine Idealsetzung der zentralen Machtstruktur der Monarchie.[137]

Die Affäre um Taras Borodajkewycz

Während im Frühjahr 1965 in Frankfurt der erste Auschwitzprozess in seine letzte Phase ging – die Beweisaufnahme endete im Mai, die Urteile wurden im August verkündet – und Deutschland damit ein wichtiges Kapitel seiner Auseinandersetzung mit den NS-Verbrechen erlebte, trat diese Vergangenheit in Österreich auf ganz andere Weise ins Rampenlicht. Zwar fand auch in der Wiener Arbeiterkammer eine Ausstellung über Auschwitz statt, die im März bereits 25.000 BesucherInnen zählte.[138] Doch das mediale Großereignis dieser Tage war ein anderes. Die Affäre um die nationalsozialistische Einstellung des Historikers Taras Borodajkewycz ging in ihre zweite Runde, gerade als sich das offizielle Österreich auf die Feiern zum 20. Geburtstag der Zweiten Republik vorbereiten wollte – und damit zum Gedenken an die Befreiung vom Nationalsozialismus. Diese Affäre stellt einen Schlüsselmoment in der österreichischen Aufarbeitung der NS-Geschichte und ihrer Kontinuitäten in der Zweiten Republik dar und prägte insbesondere eine Generation sozialdemokratischer PolitikerInnen wie Heinz Fischer und Ferdinand Lacina, aber auch junge JournalistInnen wie den späteren *profil*- und *Standard*-Gründer Oscar Bronner.

Borodajkewycz war seit 1934 Mitglied der NSDAP und unterrichtete während der NS-Diktatur auch an der Universität Prag. Nach seiner Rehabilitierung als »Minderbelasteter« nahm er 1955 eine Professur an der Hochschule für Welthandel an. In seinen dortigen Vorlesungen wurden seine unveränderte Sympathie für den Nationalsozialismus und sein Antisemitismus in zahlreichen Kommentaren deutlich. Auf Basis von Mitschriften des damaligen Studenten Ferdinand Lacina klagte Heinz Fischer, wie Lacina später ein führender sozialdemokratischer Politiker, in der *Arbeiter-Zeitung* und in der ebenfalls sozialdemokratischen *Zukunft* diese NS-verherrlichende Rhetorik an. So geschehen 1962. Borodajkewycz klagte wegen Ehrenbeleidigung und Fischer wurde zu einer Geldstrafe verurteilt. Drei Jahre später wurde das Thema durch eine Satiresendung Gerhard Bronners im ORF einem

137 *Die Furche*, 11.6.1955, 3–5.

138 N. N., »Mordgeist von Auschwitz lebt noch«, *Arbeiter-Zeitung*, 25.3.1965, 3.

breiteren Publikum bekannt und fand ein kritisches Echo in zahlreichen Zeitungen. Das Ehrenbeleidigungsverfahren wurde neu aufgerollt und Fischer freigesprochen. Währenddessen kam es zu einer Reihe von Demonstrationen rechter UnterstützerInnen von Borodajkewycz aus freiheitlichen und burschenschaftlichen Kreisen und von KritikerInnen, vor allem Studierenden, NS-Opfern und GewerkschafterInnen. Im Zuge dessen wurde der Widerstandskämpfer Ernst Kirchweger vom Neonazi Günther Kümel, Teilnehmer an einer freiheitlichen Demonstration, niedergeschlagen, woran Kirchweger in Folge starb – das erste politische Todesopfer der Zweiten Republik. Dennoch vermochte ÖVP-Unterrichtsminister Theodor Piffl-Perčević den umstrittenen Professor noch bis 1971 in Amt und Würden zu halten.[139] Die Haltung der ÖVP einerseits und die Kampfbereitschaft des Österreichischen Gewerkschaftsbundes im Zuge der Demonstrationen andererseits wurden von externen BeobachterInnen als Rücksichtnahme auf »radikale Elemente« auf beiden Seiten gedeutet – jedenfalls zitierte die *Kronen Zeitung* so die *Kölnische Rundschau*, da deren Analyse zur *Krone*-Berichterstattung über die »Straßenschlachten« passte.[140]

Die Affäre ist aus unserer Sicht in doppelter Weise interessant. Einerseits zeigt sie jenen Moment an, in dem sich »auch in den offiziellen Gedächtnisdiskursen Wandlungsprozesse abzuzeichnen« begannen.[141] Jene diskursive Kräftekonstellation, in der die Aushandlung der Integration ehemaliger NationalsozialistInnen durch die beiden Koalitionsparteien weitgehend – abgesehen von der KPÖ, und jedenfalls im Sinne eines breitenwirksamen gesellschaftlichen Protests – unwidersprochen blieb, geriet in eine Krise. Die in Österreich im Vergleich zu Deutschland schwach ausgeprägte Protestkultur der 1960er-Jahre hatte hier einen frühen Höhepunkt. Während etwa der Besuch des persischen Schahs in Wien 1965 die ÖVP-dominierte HochschülerInnenschaft zu keinen namhaften Stellungnahmen verleitete und dagegen zwei Jahre später der Schahbesuch in Berlin riesige Demonstrationen und den Tod des Studenten Benno Ohnesorg auslöste, stellt die Borodajkewycz-Affäre eine gewisse Parallele zum großen postnazistischen Nachbarn dar. Ein erster Generationenkonflikt brach den relativ starken Verdrängungskonsens der Nachkriegszeit, den Norbert Frei für Deutschland als »Vergangenheitspolitik« bezeichnet hat,[142]

139 Heinz Fischer, Hg., *Einer im Vordergrund. Taras Borodajkewycz. Eine Dokumentation* (Wien: Europa Verlag, 1966). Eine 2015 im Ephelant Verlag erschienene Neuauflage enthält auch das Ergebnis des Disziplinarverfahrens von 1971.

140 N. N., »Geister von gestern…«, *Kronen Zeitung*, 3.4.1965, 3.

141 Heidemarie Uhl, »Vom Opfermythos zur Mitverantwortungsthese: NS-Herrschaft, Krieg und Holocaust im ›österreichischen Gedächtnis‹«, in *Transformationen gesellschaftlicher Erinnerung. Studien zur »Gedächtnisgeschichte« der Zweiten Republik*, hrsg. von Christian Gerbel et al. (Wien: Thuria + Kant, 2005), 50–85, hier 65.

142 Norbert Frei, *Vergangenheitspolitik. Die Anfänge der Bundesrepublik und die NS-Vergangenheit* (München: Beck, 1996).

und verschob damit die geschichtspolitischen Kräfteverhältnisse 20 Jahre vor der Waldheim-Debatte erstmals massiv.

Diese Massivität stellt den zweiten für uns relevanten Aspekt dieser Episode dar. Bei der Borodajkewycz-Affäre handelte es sich um ein eindeutiges Medienereignis. Bereits die Anfänge der Herausforderung des Altnazis durch den jungen sozialistischen Juristen Fischer spielten sich in Printmedien ab, wenn auch zunächst vor allem in einer parteispezifischen Arena. Sodann erfolgte über eine ORF-Sendung, Gerhard Bronners Kabarett »Das Zeitventil«, die breite Bekanntmachung des Themas, was wiederum zur Involvierung des gesamten Spektrums österreichischer Printmedien führte. Obwohl die ORF-Berichterstattung in dieser Untersuchung nicht berücksichtigt werden kann, sei doch gerade an dieser Stelle auf die Bedeutung des Fernsehens hingewiesen. Renée Winter wies darauf hin, dass das Fernsehen die mediale Debatte strukturiert habe, indem es das Thema einer breiteren Öffentlichkeit zugänglich machte.[143] Dies erfolgte einerseits über die erwähnte Kabarettsendung von Gerhard Bronner und andererseits durch einen Bericht über eine als Pressekonferenz angekündigte Sympathiekundgebung für Borodajkewycz, in der dessen AnhängerInnen seinen antisemitischen Phrasen zujubelten. Auch zeitgenössische Quellen heben diese Bedeutung hervor, etwa der Redakteur der *Arbeiter-Zeitung* Friedrich Scheu, der den »Beweis für die Nützlichkeit dieser Einrichtung« durch die Entlarvung der Antisemiten im Fernsehen erbracht sah.[144] Auch Leopold Grünwald schrieb in der *Volksstimme*: »Zehntausende Fernsehteilnehmer haben am Mittwoch die erschütternden Szenen auf der Pressekonferenz von Professor Borodajkewycz erlebt.«[145] Die bereits zitierte, von Heinz Fischer 1966 herausgegebene Dokumentation der Affäre belegt ihre massenmediale Dimension, die ihre Aufnahme in unsere Untersuchung mitbegründet.[146]

Der Fall Borodajkewycz und die Standhaftigkeit der österreichischen Demokratie

Eine Frage, die in fast allen analysierten Medien im Mittelpunkt stand, war die Relevanz von Borodajkewycz' Aussagen für die österreichische Demokratie. Wie verhielten sie sich zum Mainstream politischer Ansichten in Österreich, wie zu den realen Politiken der führenden Parteien, zu den behaupteten und den geheimen »Werten«

143 Renée Winter, *Geschichtspolitiken und Fernsehen. Repräsentationen des Nationalsozialismus im frühen österreichischen TV (1955–1970)* (Bielefeld: transcript, 2014), 101–107, hier 102.

144 Friedrich Scheu, »Der Fall Borodajkewycz«, *Arbeiter-Zeitung*, 26.3.1965, 2.

145 Leopold Grünwald, »Das Geschwür«, *Volksstimme*, 26.3.1965, 1–2.

146 Fischer, *Vordergrund*.

der österreichischen Gesellschaft? Welche Verbreitung hatten großdeutsche Phantasien, antisemitische Ressentiments und NS-Verherrlichung tatsächlich?

Zu dieser Frage gab das *FORVM* dem jahrzehntelangen Leiter der Wien-Redaktion der *Kleinen Zeitung*, Kurt Vorhofer, in der Rubrik »Innenpolitik von innen« Gelegenheit, angesichts des 20. Republikjubiläums über das Verhältnis von »Links- und Rechtsextremisten«, aber auch der Großparteien zur Demokratie nachzudenken – ein Verhältnis, das sich auch an jenem zum Antisemitismus messen lasse. Vorhofer kritisierte zunächst die Opferthese der Nachkriegsjahre angesichts der Tatsache, dass »schließlich vom angeblich so gemütlichen Antisemitismus der Lueger-Jahre ein gerader Weg zu Hitler« führe. Demgegenüber sei es lobenswert, dass zwar gegen Borodajkewycz vorwiegend Linke, aber eben auch Angehörige des Cartellverbandes protestiert hätten, die sich damit beachtlicherweise von dem noch immer bestehenden christlichsozialen Antisemitismus distanziert hätten. Freilich forderte Vorhofer die Abkehr von jeder Art von »pauschaler Diffamierung«, also auch der – wenn auch historisch nachvollziehbaren – Antisemitismuskeule, welche »unsere jüdischen Mitbürger« und auch »Juden im Ausland« schwängen und dadurch geläuterte Nationalsozialisten der Demütigung aussetzten, von KommunistInnen und »sogenannten ›linken‹ Sozialisten« als Nazibrut beleidigt zu werden.[147] Die »Frechheit« von Rechtsextremen und die internationale Beschmutzung Österreichs als Nazinest durch Linksextreme sei die Folge des »hemmungslosen Buhlens« der Großparteien um die Stimmen der Nationalen. »Die Entscheidung über die Demokratie liegt bei den zwei Großparteien«, die aber beide »nicht frei vom totalitären Geist« seien. Reste seien beiderseits noch vorhanden, niemand also solle sich »als Superdemokrat aufspielen«. Antisemitismus – wenn auch mehr als historische Belastung denn als aktuelle Ausgrenzungsmethode – wurde also bei Vorhofer zum Messinstrument demokratischer Gesinnung.[148]

Die im *FORVM* beschriebene Distanz christlicher Konservativer von Borodajkewycz lässt sich in der *Furche* nachlesen. Dort schrieb Chefredakteur Kurt Skalnik, der später Kurt Waldheim als Pressesprecher diente, über die Affäre, die er ebenfalls »genaugenommen [als] ein Stück österreichischer Zeit- und Geistesgeschichte« mit »langen Wurzeln« bis mindestens in die »bewegten dreißiger Jahre« betrachtete. Borodajkewycz sei ein Beispiel für die bedauerliche großdeutsche Fraktion der österreichischen Katholiken der Ersten Republik, habe aber 1933 selbst mit diesen gebro-

147 In der *Furche* vom 10.4.1965, 2, wurde Vorhofer wie folgt mit einem Artikel in der *Kleinen Zeitung* vom 3.4.1965 zitiert: »Es ist eine glatte Lüge, wenn gesagt wird, dass der Kampf gegen Borodajkewycz ein Anliegen der Kommunisten und Linkssozialisten wäre und jeder, der sich an dieser ›Volksfront‹ beteilige, besorge die Geschäfte der KP. Es wird nie zu verhindern sein, dass die Kommunisten bei solchen Anlässen versuchen, sich in den Vordergrund zu spielen. Aber das darf doch niemanden im nicht-sozialistischen Bereich davon abhalten, sich am Kampf gegen Neonazismus und Antisemitismus zu beteiligen!«

148 Kurt Vorhofer, »Innenpolitik von innen«, *FORVM*, April 1965, 166–167.

chen und sich den Nazis angeschlossen. Nach 1945 von alten politischen Freunden rehabilitiert, habe er diesen Dienst jedoch nicht mit Loyalität zu Österreich und den »weitgespannten Grenzen der Duldsamkeit unserer Demokratie« gedankt. Er sei vielmehr einer von jenen, »die Toleranz der Demokratie mit Schwäche zu verwechseln geneigt sind«, und arbeite außerdem an einem konservativ-nationalen Brückenschlag, der auch Verbindungen nach Deutschland aufweise.[149] Angesichts dieser Krise, freute sich Skalnik, bewähre sich die mitunter schwer erkennbare christlich-demokratische Tradition der österreichischen KatholikInnen innerhalb und außerhalb der ÖVP.[150]

Im *Kurier* argumentierte Hugo Portisch, gerade die Forderung nach einem Schlussstrich unter die Geschichtsdebatten würde beweisen, dass man mit der Vergangenheit nicht fertiggeworden sei. Portisch, einst von Hans Dichand ins Haus geholt und seit 1958 dessen Nachfolger als Chefredakteur, hatte bereits einige Tage zuvor einen anklagenden Leitartikel verfasst. Portisch hatte ein Jahr zuvor mit dem Rundfunkvolksbegehren die Entflechtung des ORF von parteipolitischen Einflüssen angestoßen (und sollte zwei Jahre darauf dem Ruf des neuen Generalintendanten Gerd Bacher dorthin folgen), sodass ihn zum Zeitpunkt der Borodajkewycz-Affäre bereits jener Ruf als moralische Autorität der österreichischen Medienlandschaft begleitete, den er viele Jahrzehnte behalten würde. Ebenso übrigens wie jenen des »Geschichtslehrers der Nation«, in welchem Geiste auch sein Leitartikel »Die Schatten der Vergangenheit« gehalten war. Wenn sich so viele von den Vorwürfen gegen Borodajkewycz betroffen zeigten, dann wohl, weil sie »damals seine Gesinnung geteilt« hätten; und die Parteien wollten diese WählerInnen nicht vor den Kopf stoßen.

Eine radikale Strafrechts- und Aufklärungspolitik nach 1945 hätte eine Situation schaffen können, in der »Eltern […] ihre Fehler den Kindern als warnendes Beispiel vor Augen halten [und] Lehrer die junge Generation im Geiste aufrechter demokratischer Gesinnung heranziehen«. Doch diese gegen autoritäre Schatten gerichtete Tradition sei in Österreich nie geschaffen worden, sei Wahltaktik und Geschäftemacherei geopfert worden. So hätten sich

> wirklich Schuldige, Seelenvergifter und Mörder unter der Tarnkappe »unschuldig Verfolgter« unter das Gros jener Bevölkerungskreise zu mischen [verstanden], die in dieser Frage ihre eigene Position nicht kennen und sich daher mehr oder weniger mit ihren eigenen Verführern identifizieren.

149 Im Zuge der Affäre war das Bekenntnis zur Republik Österreich umstritten, sangen doch etwa Borodajkewycz-GegnerInnen die Bundeshymne und wurden dabei von dessen AnhängerInnen unterbrochen.

150 Kurt Skalnik, »Die Bombe im Hörsaal«, *Die Furche*, 3.4.1965, 1.

Portisch klagte die politisch Verantwortlichen also an, ihre »demokratische und menschliche Verpflichtung« gegenüber der Bevölkerung und insbesondere zum Schutz der Jugend zu verraten. Tags zuvor hatte Borodajkewycz den *Kurier* – wie auch das *Neue Österreich* – wegen deren Berichterstattung über den Fall beschlagnahmen lassen. »Und zwar unter Zuhilfenahme unserer demokratischen Gesetze!«, wie Portisch unterstrich – derselben Gesetze, die ihn durch die Prinzipien der Lehrfreiheit schützten. Das Problem, so Portisch, sei also ein zutiefst politisches.[151] Tatsächlich hatte ja auch schon die Staatsanwaltschaft Ermittlungen wegen des Verdachts der Wiederbetätigung aufgenommen.

In den *Salzburger Nachrichten* nahm der neue Chefredakteur Karl Heinz Ritschel (er führte das Blatt dann drei Jahrzehnte lang) das Thema auf. Ein NS-verherrlichender Professor richte sich selbst, so Ritschel, bedenklicher sei, dass Studierende seinen antisemitischen Witzen zujubelten.[152] Am folgenden Tag machte Ritschel die Affäre zum Aufmacher. Sein Leitartikel beherrschte die erste Seite. Wie schon zuvor fand er Borodajkewycz' antisemitische und NS-verherrlichenden Bemerkungen allenfalls »ungeschickt«, attestierte dem Historiker jedoch hohe menschliche und fachliche Qualifikationen, die ihm eben die Sympathien der Studierenden gesichert hätten. Ritschel selbst schien sich jedoch nicht sicher zu sein, wie genau Antisemitismus einzuschätzen sei, wenn er schrieb: »Man kann über Antisemitismus denken[,] wie man will, aber es spricht jeder Menschenwürde Hohn, angesichts von Millionen ermordeter Juden Lachsalven zu produzieren.« Ähnlich sah er Borodajkewycz' Deutschnationalismus, denn man könne sich zum Deutschtum bekennen und dennoch österreichischer Patriot sein; damit stehe er nicht allein in Österreich. Insgesamt sei die Angelegenheit die »Tragödie eines Menschen, der seine großdeutsche Vergangenheit nicht bewältigt hat«, somit bloß ein Einzelfall und nicht Symptom der österreichischen Hochschullandschaft. Der Artikel schloss mit einer Verurteilung des »nackten Terror[s]« gegen den Professor, der vor seinem Hause überfallen worden sei.[153]

Wenig überraschend schloss sich die kommunistische *Volksstimme* der Rede vom Einzelfall nicht an; sie sah Borodajkewycz als Symptom. Die *Volksstimme* lieferte die intensivste Berichterstattung über die Affäre, indem sie in emotionaler und meinungsgetragener Weise gegen faschistische Kontinuitäten in der österreichischen Gesellschaft anschrieb. Die Zeitung gab dabei auch der Perspektive der Betriebsräte und Gewerkschaften Raum, die in anderen Zeitungen kaum zur Sprache kamen oder als gewaltbereite Provokationsstrategen dargestellt wurden. In der *Volksstimme* hingegen wurden diese als antifaschistischer Widerstand beschrieben. Borodajkewycz

151 Hugo Portisch, »Die Schatten der Vergangenheit«, *Kurier*, 25.3.1965, 1–2.
152 Ri, »Ein Lehrer«, *Salzburger Nachrichten*, 26.3.1965, 3.
153 Karl Heinz Ritschel, »Einzelfall und Symptom«, *Salzburger Nachrichten*, 27./28.3.1965, 1–2.

wiederum wurde als »Naziprofessor« bezeichnet, die für ihn demonstrierten als »neonazistische Studenten«.[154] Allgemein ist die Berichterstattung als parteiisch zu bezeichnen und von Meinungsartikeln teils nur schwer zu unterscheiden. Insbesondere nach dem Tode Kirchwegers, der seit 1934 Mitglied der KPÖ gewesen war, steigerte sich die Empörung der Artikel und umso mehr auch der Leitartikel. Erwin Scharf betitelte seinen Leitartikel mit: »Es war politischer Mord«. Unter den »sogenannten« Gegendemonstranten seien »ehemalige Gestapo-Schergen, FPÖ-Mandatare und [...] Hakenkreuzschmierer« gewesen – kurz: »Neonazi«, die Schlägereien mit den AntifaschistInnen gesucht hätten. Bundeskanzler Klaus spiele dem Neonazismus in die Hände, wenn er gleichzeitig KommunistInnen und Linksintellektuelle angreife und damit Kommunismus und Nationalsozialismus gleichsetze.[155] Eine Traueranzeige des KP-Zentralkomitees ließ keinen Zweifel an der Einschätzung der politischen Kontinuität des Faschismus in Österreich: »Es darf kein weiteres Opfer des Faschismus mehr fallen.«[156]

Am 31. März schrieb der kommunistische Journalist Walter Truger vom »Symptom Borodajkewycz«. Dieser sage nur, »was man auch daheim im Elternhaus zu hören gewohnt ist«: Die österreichische Nation sei eine kommunistische Erfindung, antifaschistischer Widerstand sei Volksverrat gewesen, die Juden – wieso seien die nicht alle vergast? Dies seien Ansichten, die man auch in legalen Organisationen wie der FPÖ oder dem Kameradschaftsbund vertreten finde, welche den Schutz und die Förderung des österreichischen Staates genössen. Die politischen Parteien hätten die Nazis samt ihrem »ideologischen Gepäck« in ihre Reihen aufgenommen – Borodajkewycz sei ein »Du-Freund des Bundeskanzlers« – und bekämen nun die Rechnung präsentiert.[157] Wenige Tage später veröffentlichte die *Volksstimme* eine Erklärung der TeilnehmerInnen an einer KP-Kundgebung, die von »nazistischen Schlägerbanden« angegriffen worden sei. Auch diese Erklärung teilte die Symptomthese: »Die Hochschulen sind zu Brutstätten des Antisemitismus und des Deutschnationalismus geworden.«[158] Für den *Volksstimme*-Redakteur Hans Wolker gingen – ähnlich wie für Truger – die nazistischen Verstrickungen über die Universitäten hinaus, wenn auch gerade die akademische Jugend besonders gefährdet sei für die Pflege von »Rassenhetze« und »Großdeutschtum« durch intensiv darum bemühte Kreise; und die Regierung tue nichts dagegen.[159]

---

154 N. N., »Nazis raus! Stürmische antifaschistische Demonstration in der Wiener Innenstadt«, *Volksstimme*, 30.3.1965, 1–2.

155 Erwin Scharf, »Es war politischer Mord«, *Volksstimme*, 3.4.1965, 1–2.

156 *Volksstimme*, 3.4.1965, 1.

157 Walter Truger, »Symptom Borodajkewycz«, *Volksstimme*, 31.3.1965, 1–2.

158 *Volksstimme*, 3.4.1965, 2.

159 Hans Wolker, »Reinen Tisch machen!«, *Volksstimme*, 4.4.1965, 1–2.

Diese Ansicht teilte interessanterweise auch Johann Schwabl in der *Furche*, der den Tod Kirchwegers zum Anlass nahm, die Rolle der Polizei zu kritisieren und sogar mit dem Zurückstehen angesichts des Novemberpogroms 1938 zu vergleichen. Verantwortlich seien nicht die höchst einsatzwilligen Beamten, sondern die Führung, »die kaum die Machtprobe einer kritischen Situation bestehen« könnte. »Die Polizisten mussten die Bedrohung der staatlichen Ordnung gewähren lassen. [...] Während Demonstranten jeder Aufmarsch gestattet ist, muß die Polizei sich in ihren Quartieren mit Schachspielen beschäftigen.« Diese Unfähigkeit der Verantwortlichen des Sicherheitsapparates bestehe aber auch in anderen Bereichen des Staates, seien doch staatsfeindliche Umtriebe von Neonazis und »Beamte der NSDAP [in] wohlhonorierte[n] Staatsstellungen« gängig. Dem müsse endlich ein Riegel vorgeschoben werden, während andererseits der »Einzelgänger« Borodajkewycz nicht in eine Kollektivschuld für eine Akademikergeneration verwandelt werden dürfe.[160]

Die *Salzburger Nachrichten* blieben in ihrer Einschätzung vage oder, könnte man sagen, vorsichtig vermittelnd. Auch als Ernst Kirchweger um sein Leben kämpfte, warfen die *Salzburger Nachrichten* dies nicht den freiheitlichen Demonstrierenden vor, sondern orteten eine allgemein undurchsichtige Situation. Zunächst hätten die Demonstrationen gar nicht gestattet werden sollen, während bereits »laufende Verfahren« im Parlament, dem Ministerium, der ProfessorInnen-Kurie und der Staatsanwaltschaft im Gange seien. Auch die »Ursache« der Demonstration liege im Dunkeln, müsse es doch um mehr als bloß um den Professor gehen. Und beide Seiten hätten Schlachtpläne für bewaffnete Störaktionen vorbereitet. Das müsse nun aufhören, denn es »ist nicht mehr die Zeit, auch vermutlich noch so berechtigte Leidenschaften auf die Straße zu tragen«. Man solle sich vielmehr bei den »Vätern« erkundigen, wohin seit den Schüssen von Schattendorf die Gewalt geführt habe. »Dass es nie wieder so werde, ist wohl der einträchtige Wunsch aller Österreicher, welche Vergangenheit sie gehabt haben mögen, welche Zukunft sie auch unserem Staate bereiten wollen.« Sofern von Gewalt abgesehen würde, verstand sich der Autor – in der eingangs erwähnten Tradition der *Salzburger Nachrichten* als deutschnationales »Zentralorgan« – durchaus auch als Mentor jener »Nationalen, die ihre Ideale, die sie mit dem Bekenntnis zu Österreich ehrlich vereinen, schützen zu müssen glauben«.[161] In einem späteren Kommentar lobte derselbe Autor die Stellungnahmen von Kreisky und SPÖ-Vizekanzler Bruno Pittermann, da diese die in seinen Augen gewaltbereite Gewerkschaftsführung zu zügeln versuchten; und er freute sich über bundesweite Demonstrationen gegen die Gewalt als »ein Bekenntnis zum Heimatlande und zum gemeinsamen Staate, zur allen gemeinsamen Demokratie«.[162]

160 Johann Schwabl, »Der Tod des Rentners«, *Die Furche*, 10.4.1965, 1.
161 H. T. Porta, »Genug!«, *Salzburger Nachrichten*, 2.4.1965, 1–2.
162 H. T. Porta, »Die andere Demonstration«, *Salzburger Nachrichten*, 5.4.1965, 1–2.

Die Freiheit der universitären Lehre: demokratisches Grundrecht oder camouflierte Wiederbetätigung?

In der *Arbeiter-Zeitung* wurde ab dem 26. März intensiv über die Borodajkewycz-Affäre berichtet, wobei die Proteste der SPÖ gegen den Professor und den ÖVP-Unterrichtsminister im Vordergrund standen. Kurz nach der Beschlagnahmung von Zeitungen, die kritisch über die antisemitischen Demonstrationen rund um Borodajkewycz's Veranstaltung bei der Österreichischen Hochschülerschaft am 23. März berichtet hatten, nahm auch die *Arbeiter-Zeitung* das Thema wieder in den Fokus ihrer Leitartikel. Zwei Tage später wies der für Außenpolitik zuständige Redakteur Friedrich Scheu auf den Schaden hin, den das internationale Ansehen Österreichs nehmen könnte, wenn Borodajkewycz nicht seiner Professur enthoben würde. Gerade angesichts der Bürgerrechtskämpfe in Alabama sei die Rückschrittlichkeit der Borodajkewycz-AnhängerInnen bedauerlich:

> Wenn gerade in Österreich ein Teil der Hochschuljugend und ein kleiner Teil der Akademiker die Vorstellungen öffentlich vertreten, die vor 20 Jahren im Dritten Reich geherrscht haben, isolieren sie damit unser Land vom übrigen Europa und von der zivilisierten Welt.

Ähnliche Ansichten sollten SPÖ-nahe JournalistInnen 20 Jahre später in der Waldheim-Affäre vertreten. Die internationale Entwicklung – das »Verklingen [des] Rassenwahn[s]« – wurde als Messlatte für demokratische Standards in Österreich verwendet.[163]

Durch die strafrechtliche Relevanz potenzieller Wiederbetätigung berührte der Fall Borodajkewycz auch die Sphäre der Meinungs- und vor allem der universitären Lehrfreiheit, die als Bollwerk gegen bestimmte Formen politischer Intoleranz und somit gegen autoritäre Beeinflussung des Geisteslebens durch herrschende Ideologien verstanden wird. Auf dieses Recht, das seit dem Staatsgrundgesetz über die allgemeinen Rechte der Staatsbürger (Art. 17) verbrieft war, beriefen sich nun die VerteidigerInnen von Borodajkewycz. Doch auch die SPÖ und die KPÖ hatten sich immer wieder dafür eingesetzt, als die Berufung kommunistischer WirtschaftswissenschaftlerInnen zur Diskussion stand.[164] Dies betonte Helmut Pfitzner in einem Kommentar in der *Arbeiter-Zeitung*. Diese müsse grundsätzlich für alle politischen Meinungen gelten, eklatant sei allerdings der Mangel an »profilierte[n] Professoren […], die die Jugend für Österreich und die Demokratie begeistern könnten«. Statt-

163 Friedrich Scheu, »Der Fall Borodajkewycz«, *Arbeiter-Zeitung*, 26.3.1965, 2.

164 Thomas König, *Das Fulbright Program in Wien: Wissenschaftspolitik und Sozialwissenschaften am ›versunkenen Kontinent‹* (Dissertation: Universität Wien, 2008), 289–290.

dessen zögen Studierende mit der Parole »Juden raus« durch die Straßen und unterbrächen, kurz vor dem 20. Jubiläum der Zweiten Republik, die Bundeshymne durch Gejohle. All dies sei Folge des Braindrains im Zuge der »mehrmaligen Säuberungen der Vergangenheit«.[165] In der *Presse* steuerte Thomas Chorherr eine rechtspolitische Analyse der Lehrfreiheit bei. Dies kam einem Kommentar zum Thema in der bürgerlichen Zeitung am nächsten, erstaunlicherweise erschien jedoch rund um den Totschlag Kirchwegers kein Leitartikel zu der Kontroverse, wenn auch intensiv über die Vorgänge berichtet wurde.[166]

Die Frage der Lehrfreiheit als Bollwerk gegen Autoritarismus, das jedoch zur NS-Wiederbetätigung missbraucht werden könne, beschäftigte auch den *Kurier*. Dessen Innenpolitik-Redakteur (und späterer Innenpolitik-Chef der *Presse*) Dieter Lenhardt fragte in einem Kommentar: »Muss die demokratische Öffentlichkeit weiterhin zusehen, wie die akademische Jugend von einem Borodajkewycz ›unterrichtet‹ wird?« Lenhardt verteidigte zwar die Lehrfreiheit als »wichtige[n] Bestandteil der Rechtsordnung eines demokratischen Rechtsstaates«, verlangte aber, dass gegen Borodajkewycz mit dem Disziplinargesetz vorgegangen werde.[167] Für Lenhardt war daher die Kurie der Hochschule für Welthandel gefordert, womit übrigens auch Leopold Grünwald in der *Volksstimme* übereinstimmte: Es seien die Senate, die für VertreterInnen dieses geistigen »Geschwür[s]« an den Hochschulen verantwortlich seien und gleichzeitig solche mit »modernen gesellschaftswissenschaftlichen Auffassungen« fernzuhalten versuchten.[168]

Demokratie auf der Strasse: Demonstration oder Strassenschlacht?

Die Demonstrationen gegen Borodajkewycz und der Totschlag des Widerstandskämpfers Ernst Kirchweger durch Gegendemonstranten führte zu einer öffentlichen Auseinandersetzung über die politische Bedeutung von Straßenprotesten, wie sie immer wieder – und vor allem rund um die Angelobung der schwarz-blauen Regierung im Februar 2000 – die Medien dominieren sollte: Ist zu demonstrieren ein demokratischer Wert? Die *Arbeiter-Zeitung* bezog hierzu deutlich Stellung: Die »friedlichen Demonstranten«, deren Forderungen nach Absetzung des Professors »einer Demokratie nur zur Ehre gereichen«, würden des »Drucks von der Straße« beschuldigt, während »die Mörder eines friedlichen Demonstranten« dem Borodajkewycz-Lager zufolge sich »provozieren« ließen.[169] Dieser Kommentar wurde vor einem wider-

165 Helmut Pfitzner, »Der Professor und die Freiheit«, *Arbeiter-Zeitung*, 31.3.1965, 2.
166 Thomas Chorherr, »Die Wissenschaft und ihre Lehre ist frei«, *Die Presse*, 3./4.4.1965, 3.
167 Dieter Lenhardt, »Borodajkewycz: So geht es weiter«, *Kurier*, 29.3.1965, 2.
168 Leopold Grünwald, »Das Geschwür«, *Volksstimme*, 26.3.1965, 1–2.
169 Josef Riedler, »Opfer des Ungeistes«, *Arbeiter-Zeitung*, 3.4.1965, 2.

sprüchlichen Hintergrund geschrieben. Seitens der SPÖ rief Außenminister Kreisky zur gemeinsamen, nationalen Trauer über den Erschlagenen auf, damit Österreich nicht wie schon früher durch Zwietracht ins Unglück gestürzt würde.[170] Andererseits hatte kurz zuvor Unterrichtsminister Theodor Piffl-Perčević im Nationalrat erklärt, er würde Borodajkewycz gerade deshalb nicht absetzen, weil ein solcher Akt – also eine politische Säuberung der Hochschulen auf den Druck der Straße hin – die Rechtlosigkeit des Nationalsozialismus wiederherstellen würde.[171] So beschwor einerseits die SPÖ-Spitze die nationale Einheit gegen jene Minderheit, als die man die rechtsextremen Demonstranten sehen wollte; die *Arbeiter-Zeitung* schrieb, es solle der »Isolierung eines Teils der Hochschuljugend vom eigenen Volk« vorgebeugt werden.[172] Andererseits unterstellte der zuständige ÖVP-Minister den gegen den NS-verherrlichenden Professor Demonstrierenden Praktiken des NS-Terrors.

Erstmals tritt nun auch die *Neue Kronen Zeitung* – im Folgenden hier kurz *Kronen Zeitung* genannt – in den Fokus unserer Untersuchung. Die 1900 gegründete, 1944 geschlossene kleinformatige Zeitung wurde 1959 vom Chefredakteur des *Kurier* gekauft, der sie innerhalb eines knappen Jahrzehnts zum auflagenstärksten Tagesblatt Österreichs machte.[173] 1965 war Dichands Blatt nicht nur der ÖVP gegenüber kritisch, sondern auch der SPÖ, die ein Jahr zuvor den mächtigen Gewerkschaftsführer Franz Olah unter anderem deswegen ausgeschlossen hatte, weil er die Gründung der *Kronen Zeitung* mit einem Kredit aus Gewerkschaftsgeldern unterstützt hatte.[174] Die *Kronen Zeitung* schlug schon in ihrer Borodajkewycz-Berichterstattung jenen martialisch-alarmistischen Ton an, der dem Boulevardblatt auch bei späteren Berichterstattungen über Demonstrationen eigen sein sollte, etwa rund um den Besuch Nixons in Salzburg 1972 oder anlässlich des Regierungsantritts der schwarz-blauen Koalition 2000.[175] Die Rede war von »Straßenschlachten«, »Schlachtfeldern« und »feindlichen Heerlagern«.[176] Diese Sprache rückte die eskalierten Demonstrationen und Gegendemonstrationen aus dem Feld der demokratischen Praxis heraus und ins Licht kriegerischer Auseinandersetzung. Im Beobachtungszeitraum dieser Untersuchung erschienen jedoch nur ein Leitartikel des Herausgebers Dichand, ein Kommentar von

170 Diese Worte gab die *Arbeiter-Zeitung* in einem redaktionellen Beitrag ohne Anführungszeichen, aber in der ersten Person Plural wieder, so als schließe sie sich ihnen an. »Um diesen Toten müssen alle trauern«, *Arbeiter-Zeitung*, 3.4.1965, 2.

171 Helmut Pfitzner, »Piffl: ›Ich würde Borodajkewycz nicht suspendieren, wenn ich könnte!‹«, *Arbeiter-Zeitung*, 1.4.1965, 1.

172 Friedrich Scheu, »Gegen Österreich«, *Arbeiter-Zeitung*, 4.4.1965, 2.

173 Melischek und Seethaler, *Tageszeitungen*.

174 Manfred Lechner, »›…Jener, dessen Namen unter den Lebenden nicht genannt werden mag‹. Der ›Fall Olah‹ – Ein Megaskandal der Zweiten Republik?«, in Gehler und Sickinger, *Affären*, 419–436.

175 Zum Nixon-Besuch vgl. Molden, *Drehscheibe*, 732–737.

176 Bruno Seiser, »Wilde Straßenschlacht im 1. Bezirk«, *Kronen Zeitung*, 1.4.1965, 10–11.

Richard Nimmerrichter und eine Leserbriefseite zum Thema.[177] Dichands Kommentar schlug einen anderen Ton an als die Berichte in seinem Blatt und identifizierte den Totschläger als Extremisten, als Angehörigen einer gewaltbereiten »verschwindend kleinen Minderheit«, die es auf beiden Seiten gebe. Den meisten Demonstrierenden attestierte Dichand hingegen friedlichen demokratischen Protest.[178]

Die Auswahl der Leserbriefe hatte die Redaktion, wie sie erklärte, so vorgenommen, dass Pro- und Kontrapositionen zu Wort kämen. Die meisten der gesammelten Zuschriften lobten Nimmerrichters Kommentar und die Tatsachentreue der *Kronen Zeitung*, darunter war eine »rassisch Verfolgte, [die] einen illegalen Nazi geheiratet« habe. Borodajkewycz und seine AnhängerInnen wurden für ihre NS-Elogen ebenso kritisiert wie die »rote Schlägergarde«, die von »Gewerkschaftsbossen« herangekarrt worden sei. Ein Leser, der als »stud. merc.« zeichnete und sich daher wohl als Verteidiger Borodajkewycz' zu erkennen gab, bezeichnete Österreich als »seltsame Demokratie«, wenn gegen einen »dem Gesetz getreu« handelnden Professor demonstriert würde. All dem fügte die Redaktion eine Notiz hinzu, in der sie als Hauptproblem den parteipolitischen Zwist zwischen ÖVP und SPÖ identifizierte. Radikalismus und die »Prinzipien von vorgestern« seien aber nicht die richtige Antwort. »Die Tatsache, dass die rot-schwarze Koalition bei uns so beschämend schlecht, so miserabel funktioniert, rechtfertigt weder Antisemitismus noch das politische System, zu dem sich der Professor Borodajkewycz bekannt hat!« Der Groll Dichands auf die Großparteien und ihre medienpolitischen Ambitionen sprach deutlich aus diesem Kommentar.

Die Strafrechtsreform 1971 bis 1973 und die Familienrechtsreform 1975

Die Rechtsreformen der Regierung Kreisky, die unter inhaltlicher Führung des Justizministers Christian Broda vollzogen wurden, stellen einen wichtigen Einschnitt in der gesellschaftlichen Entwicklung Österreichs dar. Durch sie wurden teils seit dem

177 Allerdings hatte es früher schon Stellungnahmen Nimmerrichters gegeben, die auch als Zwiegespräch mit Leserbriefen weitergeführt wurden. In einem Leserbrief – der freilich nicht veröffentlicht, aber von Nimmerrichter ausführlich zitiert wurde – wegen seiner Apologie Borodajkewycz' als »unbelehrbarer Nazi« bezeichnet, gab Nimmerrichter autobiografische Auskunft über seine seit dem März 1938 unerschütterliche Feindschaft gegen die »Hitlerei«: »So etwas wie keinen Nazi wie mich wird also der Briefschreiber nur schwer finden können.« Borodajkewycz als Antisemit sei kein Vorbild für die Jugend, aber ihm seien jene, die sich zur eigenen Nazivergangenheit bekannten, lieber als jene, die nun nichts mehr damit zu tun haben wollten. Vgl. Staberl, »Boodajkewycz«, *Kronen Zeitung*, 2.1.1965, 6. Dennoch verteidigte Staberl später Waldheim.

178 Cato, »Extremisten«, *Kronen Zeitung*, 4.4.1965, 2.

18. Jahrhundert gültige Rechtsnormen modernisiert. Im Strafrecht ging es darum, das rigide Vergeltungsstrafrecht durch Präventions- und Rehabilitationsmaßnahmen sowie Bewährungshilfe zu ergänzen; über das Eheleben der ÖsterreicherInnen sollten keine Sittenrichter mehr wachen; und – für unser Thema besonders relevant – das autoritäre Verhältnis zwischen Staat und BürgerInnen wurde aufgeweicht. Die Familienrechtsreform hingegen beseitigte die rechtliche Unterordnung der Frauen, die bis dahin etwa ohne Zustimmung der Ehegatten keiner Arbeit nachgehen durften; auch das Scheidungsrecht wurde grundsätzlich umgestaltet, was auf erbitterten Widerstand der ÖVP stieß. So stellten die Straf- und Familienrechtsreformen, als 1975 sämtliche Gesetze in Kraft getreten waren, die innergesellschaftlichen Verhältnisse auf eine völlig neue Basis, indem sie hierarchische, tendenziell autoritäre Beziehungen zwischen den Geschlechtern und zwischen Staat und BürgerInnen demokratisierten.[179]

Dieser aus Sicht vieler ÖsterreicherInnen längst überfällige Prozess wurde 1969, noch von der Oppositionsbank aus, von Broda in einem Justizprogramm angestoßen,[180] hatte jedoch eine lange Vorgeschichte. Bereits in der Ersten Republik hatte es Reformprojekte gegeben, die nicht zuletzt an ideologischen Differenzen scheiterten. Ähnlich erging es den Ergebnissen der Reformkommission, die von der Regierung Raab 1954 eingesetzt wurde. Bereits damals war die Abtreibung ein Reizthema für die ÖVP, in deren Parteizeitungen die Vergreisung und letztlich das Aussterben des österreichischen Volkes angesichts eines alarmierenden Bevölkerungsrückganges befürchtet wurde, auch weil die hohe Zahl der »verpönten Eingriffe beängstigend ansteige und unser Volk um jährlich etwa 200.000 Neugeborene bringe«.[181]

Die große Koalition konnte sich in den Entwürfen von 1960, 1962 und 1964 nicht auf eine gemeinsame Position zu den Schlüsselthemen Schwangerschaftsabbruch, Ehestörung und Homosexualität einigen. Die wichtigste gesellschaftliche Kraft, die gegen die Entkriminalisierung dieser Fragen agitierte, war die katholische Bischofskonferenz. Broda arbeitete bis zum Ende der Koalition 1966 an der Reform und ging – nachdem der umgearbeitete Entwurf der ÖVP-Alleinregierung im Parlament nicht beschlossen worden war – ab 1970 als Justizminister einer sozialistischen Alleinregierung an deren Umsetzung.

Innerhalb eines an sich breiten Konsenses hinsichtlich der Reformnotwendigkeit wurde die Fristenlösung zum Zankapfel zwischen ÖVP und katholischer Kirche auf der einen Seite und der SPÖ, unterstützt von der FPÖ, der Frauenbewegung und

179 Vgl. die ausgezeichnete Arbeit von Maria Wirth: *Demokratiereform. Diskussion und Reformen in der Zeit der Alleinregierung Klaus und Kreisky 1966–1983* (Diplomarbeit: Universität Wien, 1997).

180 Dr.-Karl-Renner-Institut, *Mehr Rechtsschutz für den Staatsbürger. Justizprogramm für 1970 bis 1974* (Wien: Renner-Institut, 1969).

181 F. l., »Staat ohne Volk«, *Neues Österreich*, 18.5.1955, 1–2.

weiteren progressiver Gruppen auf der anderen Seite. Brodas ursprünglich noch zurückhaltender Entwurf einer »Indikationenlösung« wurde im Jänner 1971 präsentiert. Im selben Jahr wurde aus dem Arbeitskreis »Emanzipation der Frau« das »Aktionskomitee zur Abschaffung des § 144« gegründet, dem unter anderem Eva Kreisky, Irmtraud Goessler, Gisela Vorrath, Renate Obadalek, Rosemarie Fischer und Gertrud Edlinger angehörten. Als Gegeninitiative entstand ebenfalls 1971 »Aktion Leben«, die ebenfalls auf frühere katholische Gruppierungen zurückging. Als eine Initiative junger SPÖ-Frauen die Regierung zur Fristenlösung drängte, eskalierte die Auseinandersetzung noch mehr, bis es 1975 zu einem Volksbegehren für den »Schutz des menschlichen Lebens« kam, das zwar mit fast 900.000 Unterschriften eines der erfolgreichsten der Republik war, das Gesetz jedoch nicht zu kippen vermochte.

Wie gleich deutlich wird, führte die Debatte um die Fristenlösung auch in den Medien zu erbitterten Auseinandersetzungen. Davon abgesehen aber fanden die Reformvorhaben bereits während des legislativen Prozesses breite Zustimmung. Die Modernisierung des Rechts wurde in allen Medien begrüßt. Dies hatte nicht zuletzt mit der überparteilichen Zusammenarbeit zu tun, die von vielen JournalistInnen weiterhin als wichtiger politischer Wert angesehen wurde. Was daher abermals deutlich wird, ist die Ablehnung politischer Polarisierung im Parlament und ideologischer Auseinandersetzungen. Seitens der ÖVP wurde trotz ihrer Oppositionsrolle immer wieder auf die Wichtigkeit einer Konzentrationsregierung aller im Parlament vertretenen Parteien hingewiesen. Jedoch lassen sich an diesem Kommunikationsereignis themenspezifische Verschiebungen in den Autoritarismus-Codes feststellen. Neben die Einheitsmotive treten gesellschaftliche Traditionsvorstellungen, die hierarchische Geschlechterverhältnisse beinhalten und spezifische Gruppen ausgrenzen (Homosexualität). Die »radikalen« SP-Frauen wurden als Spalterinnen und damit außerhalb der nationalen Einheit stehende Gruppe definiert. Die Rolle der Kirche als gesellschaftspolitische Kraft tritt stark in den Vordergrund; gerade vor dem Hintergrund der Kreisky-Regierungen lässt sich auch der Einflussverlust der Kirche ablesen. Hierbei ist allerdings auf die spezifischen Allianzbildungen in der politischen Arena hinzuweisen. Nicht nur war Kreisky weiterhin über weite Strecken um eine Konsensfindung mit dem katholischen »Lager« bemüht, sondern die FPÖ fand sich in verschiedenen Fragen – etwa der Entkriminalisierung der Homosexualität – auf der erneuernden Seite wieder, was mit der Zugkraft von Progressivität und Reformverve zu tun hatte.

Zum Verhältnis zwischen Staat und Religion

Diese Frage markierte den zentralen Bereich der Auseinandersetzung, die sich seit den 1960er-Jahren rund um »Sittenfragen« und dann insbesondere das Recht auf

Abtreibung auftat. Obwohl es im Kern der Strafrechtsreform nicht zuletzt um die Liberalisierung des Verhältnisses zwischen Staat und BürgerIn ging – schon die Kleine Strafrechtsreform von 1971 hatte die Entkriminalisierung von Moralfragen (Stichwort Ehestörung) und Delikten wie der Amtsehrenbeleidigung eingeleitet –, löste die Frage der Fristenlösung die schärfste gesellschaftliche Auseinandersetzung aus, auch in den Zeitungen.

Anton Pelinka nahm im *Neuen FORVM* mehrfach gegen die politischen »Einmischungen« der Katholischen Aktion und gegen jene ÖVP-PolitikerInnen Stellung, die sich dem Kampf für ein »christliches« – härteres – Strafrecht verschrieben hatten. Pelinka sah darin ein Abweichen von der grundsätzlichen Trennung von Religion und Politik in der Zweiten Republik.[182] Der Staatsanwalt und ehemalige Richter Heinrich Keller wiederum lieferte im März 1971 eine historische Ableitung des österreichischen Strafrechts, in dem sich seit nahezu 500 Jahren nichts verändert habe. Wie auch andere AutorInnen des *Neuen FORVUM* ging Keller auf die Einflussnahme der katholischen Kirche auf den ÖVP-Reformentwurf von 1968 sowie auf die Lobby der Katholischen Aktion und des Katholischen Familienverbands ein, die ebenfalls von der Bischofskonferenz unterstützt wurden. Dieser Kampf für die scharfe Bestrafung von Homosexualität werde vehement, aber ohne erkennbare rationale Gründe geführt und richte sich gegen die demokratischen Gebote von Toleranz und Humanität. Keller zitierte Karl Jaspers, dass ein solches Strafrecht »an einer Minderheit zum legalisierten Verbrechen und für diese zum unverdienten Schicksal« werde.[183] Dieser Qualifizierung von Homosexuellen als eine wenn schon nicht zu schützende, so jedenfalls nicht zu diskriminierende Minderheit folgte eine Zusammenstellung wissenschaftlicher Argumente über Homosexualität aus der Feder des Juristen Karl Glassl.[184]

Zur Rechtsstellung von Homosexualität finden sich im Juli 1971 verschiedene Kommentare und Leitartikel in den untersuchten Medien. Hervorgehoben sei hier ein Beitrag zweier der künftig wichtigsten Redakteure der *Presse*.[185] Diese würdigten in einer Reportage die Leistung der Minderheitsregierung auf dem Feld der Rechtsreformen, insbesondere »dieses große Gesetzeswerk«, das ja in den Ausschüssen schon die nötige Mehrheit gefunden hatte. Das bürgerliche Blatt zeigte sich hier merklich distanziert von der ÖVP, die sich in erster Linie auf den Kanzler und die von der SPÖ herbeigeführte Neuwahl einschoss. Wenn auch das Thema der Rechts-

182 Anton Pelinka, »Strafwütige Christen«, *Neues FORVM*, Oktober 1970, 891; Anton Pelinka, »Brodas permanente Reformation«, *Neues FORVM*, Dezember 1970, 1091–1092.

183 Heinrich Keller, »Item so eyn mensch mit eynem vihe, mann mit mann, weib mit weib«, *Neues FORVM*, März/April 1971, 37–38.

184 Karl Glassl, »Homos sind normal«, *Neues FORVM*, März/April 1971, 39–42; und Teil II im Heft Mai/Juni 1971, 58–61.

185 Peter Gnam, »Der Markstein«, *Kronen Zeitung*, 9.7.1971, 2.

reform angesichts des Neuwahlstreits in den Hintergrund geriet, so nahmen die Reporter doch die heiter-ironische Stimmung auf, die angesichts der Verteidigung der die Homosexualität betreffenden Reformteile durch den stellvertretenden FP-Obmann Gustav Zeillinger, der als Vorsitzender des Justizausschusses am Erfolg des brodaschen Reformwerks entscheidenden Anteil hatte, in der ÖVP aufkam.

Die Rolle der FPÖ als Vorkämpferin der Rechte von Homosexuellen ist angesichts ihrer insgesamt konservativen gesellschaftspolitischen Haltung auffällig; doch Zeilinger verwies auf »Menschen, die sich in ihrer Qual [...] an die freiheitliche Fraktion gewandt haben«.[186] Hier ging es nicht zuletzt um die Größe der betroffenen Gruppe – von der ÖVP als Minderheit von 500 Personen bezeichnet, während die FPÖ von Hunderttausenden sprach. Der Umgang mit den Rechten von Minderheiten und deren bürgerliche Gleichstellung war daher zentral und wurde von der ÖVP gänzlich anders betrieben als von der Minderheitsregierung: Die Minderheit wurde numerisch reduziert und ihre rechtliche Gleichstellung im Ausschuss bekämpft – worauf auch im Parlamentsplenum bei der Abstimmung hingewiesen wurde –, wenn auch nur vor sechs verbliebenen ÖVP-Abgeordneten.[187] Letztlich machten sich die *Presse*-Autoren jedoch abermals mehr über VP-Justizsprecher Walter Hausers »Ausführungen über Homosexuelle« lustig und über die »verkrampfte Haltung« des Auditoriums, welche diese hervorriefen: »ganz wie in der Religionsstunde, wenn über heikle Themen gesprochen wurde«.[188] *Die Presse* widmete denn auch der Haltung der katholischen Bischöfe angesichts der Abtreibungsfrage bereits 1971 einige Aufmerksamkeit.[189]

Die Leitartikel und Redaktionskommentare der *Kronen Zeitung* identifizierten sich von Anfang an mit dem fortschrittlichen Anspruch der Reform. Peter Gnam schrieb am Tag nach dem Beschluss der Kleinen Strafrechtsreform von einem »Markstein« und zählte u. a. die Entkriminalisierung der Homosexualität und des Ehebruchs sowie die Aufhebung der Amtsehrenbeleidigung als besonders begrüßenswerte Schritte; freilich stelle der von der ÖVP verlangte Kompromiss, Ehebruch nur teilweise straffrei zu stellen, eine »nur halbe, aber doch akzeptable Lösung« dar.[190] Kurz darauf schoss *Krone*-Kolumnist Viktor Reimann sich seinerseits auf die reformfeindliche katholische Kirche ein. Diese geschichtspolitische Aufladung von Reimanns Kritik ist angesichts von Reimanns Rolle in der Gesamtkonstellation der frühen Zweiten Republik besonders interessant. Reimann, der nach kurzer Begeisterung für den Na-

---

186 Martin Gössl, *Von der Unzucht zum Menschenrecht. Eine Quellensammlung zu lesbisch-schwulen Themen in den Debatten des österreichischen Nationalrats von 1945 bis 2002. Mit persönlicher Erinnerung von Peter Schieder und einem Beitrag zur Strafrechtsreform 1971* (Graz: Edition Regenbogen, 2012), 93–95.

187 Vgl. N. N., »Strafrecht: Nur sechs blieben sitzen«, *Die Presse*, 9.7.1971, 2.

188 Thomas Chorherr und Hans Werner Scheidl, »Sommersturm im Hohen Haus«, *Die Presse*, 8.7.1971, 3.

189 R., »Bischöfe und Strafrecht«, *Die Presse*, 13.7.1971, 2.

190 Peter Gnam, »Der Markstein«, *Kronen Zeitung*, 9.7.1971, 2.

tionalsozialismus eine katholische Widerstandsgruppe mitgegründet hatte, war einer der führenden Publizisten des sogenannten dritten, deutschnationalen Lagers der Zweiten Republik, stellvertretender Chefredakteur der streng antikommunistischen *Salzburger Nachrichten* (1945–1948) und von 1949 bis 1956 Chefredakteur der *Neuen Front*, Wochenzeitung der VdU/FPÖ, zu deren Mitbegründern Reimann 1949 gehört hatte. Seine *Krone*-Serie über »Die Juden in Österreich« gilt als antisemitische Paradeschrift[191] und die *Neue Front* hatte unter seiner Leitung kontinuierlich gegen die Entnazifizierung polemisiert. Die antiklerikale Resonanz seiner Kritik verband Reimann mit dem historischen Bezug auf den Nationalsozialismus und baute beides in seine Begründung einer nichtautoritären Staatsauffassung ein. Diese argumentative Vorgangsweise ist bezeichnend für einen Journalisten und Politiker (VdU/FPÖ-Nationalrat 1949–1956), dessen Stellung im nationalkonservativen Lager immer marginaler geworden war.[192]

Wenn also auch in der *Kronen Zeitung* eine der wichtigsten Stimmen des nationalen Antiklerikalismus progressive mit rassistischen Tönen vermengte, so überrascht ihre im Allgemeinen positive Einschätzung der Rechtsreformen nicht, da die *Kronen Zeitung* in gesellschaftspolitischen und »sittlichen« Themen meist eine reformfreundliche Haltung einnahm – mit der Ausnahme von Zuwanderungsfragen. Darin mochte sich das Bemühen widerspiegeln, die »Volksmeinung« richtig zu treffen oder doch zu erkennen. Auch im bürgerlichen Qualitätsblatt *Die Presse* fanden sich scheinbar widersprüchliche Positionen. In einem Leitartikel im Vorfeld der Großen Strafrechtsreform von 1973 schrieb Otto Schulmeister vom Fühlen des »Volkes«, das der SPÖ ebenso entglitten sei wie die Einschätzung anfangs zögerlicher und kompromissbereiter Kreise der Kirche und der konservativen Opposition. Diese – also ÖVP und FPÖ – habe zunächst dem Buhlen um »Jungwähler« ihre Grundsätze geopfert und auf Xenophobie statt auf bürgerliche Werte gebaut; »die Angst vor den ›Tschuschen‹« bringe eben mehr Stimmen als die für Schulmeister so wichtige »nationale Lebenskraft«. Das diskursive Echo völkischer Vorstellungen ist klar zu vernehmen, wenn weiter vom »Lebensinstinkt des Österreichers« und dessen Widerstand gegen die Reformen die Rede ist, den selbst die katholische Hierarchie unterschätzt habe, während eine Minderheit in der SPÖ »den österreichischen Em-

191 Wassermann, *Vergangenheit*, 280–293.

192 Zu Reimann, Alfons Dalma und der *Salzburger Nachrichten*- und späteren *Presse*-Journalistin Ilse Leitenberger haben Oliver Rathkolb, Peter Malina und Fritz Hausjell kritische Beiträge geliefert. Oliver Rathkolb, »Viktor Reimanns Publizistik 1945–1955«, in *Medien & Zeit* 1 (1989): 35–39; Peter Malina, »›Wieder Fuß fassen, nicht gefragt werden, schweigen dürfen.‹ Ilse Leitenberger. Ein österreichischer Lebenslauf«, in *Medien & Zeit* 1 (1989): 26–32; Fritz Hausjell und Oliver Rathkolb, »›Was unsere Zeit vor allem braucht, ist der Geist der Versöhnung, der Volksgemeinschaft‹. Ein Beitrag zur Biographie des Journalisten Alfons Dalma«, in *Medien & Zeit* 1 (1989): 18–26.

bryo« als historisch-ideologisches »Siegeszeichen« erobern wollte.[193] Schulmeisters eigener Bezug zu dieser Thematik mochte von seinem Doppelleben als bürgerlicher Familienpatriarch mit geheimer Zweitfamilie sowie seiner engen Beziehung zu Kardinal Franz König beeinflusst sein.

Die Familienrechtsreform jedoch wurde in der *Presse* grundsätzlich begrüßt, nicht zuletzt aufgrund der erfolgreichen Aushandlung eines gemeinsamen Gesetzes zwischen Sozialdemokratie und konservativer Opposition. Thomas Chorherr betonte in einem zwar den Parteien ebenso wie auch geschlechterpolitischer Rhetorik gegenüber ironischen Kommentar, dass die androzentrischen Normen zu Recht »auf den Misthaufen der (Rechts-)Geschichte geworfen wurde[n]«.[194] Anteilnehmend berichtete *Die Presse* über die späte, aber klare Absage Kardinal Königs an die Fristenlösung, während in den Straßen Tausende für die »Aktion Leben« protestierten – die von Schulmeister angesprochene »Revolte von unten«.[195] Unter diesem Beitrag fand sich ein editorialer Kommentar, der die Verteidigung der Fristenlösung durch konservative und liberale Intellektuelle als »so lächerlich wie abstoßend« geißelte.[196] Gemeint waren der katholische Historiker Friedrich Heer, der evangelische Theologe Wilhelm Dantine[197] und der Journalist Wolf In der Maur, die ihre Meinung in der *Arbeiter-Zeitung* veröffentlicht hatten, aber auch ein Kommentar des *Krone*-Herausgebers Hans Dichand alias »Cato«.

Eine interessante, weil in dieser Form in den Printmedien alleinstehende Kritik stellt ein Kommentar des kommunistischen Arbeitsrechtlers Eduard Rabofsky in der *Volksstimme* dar. Rabofsky kritisierte unter anderem, dass das neue Strafrecht »konservativen Charakters« völkerrechtliche Regelungen über Krieg, Kriegsverbrechen und Völkermord nicht ausreichend berücksichtige.

193 Otto Schulmeister, »Der Embryo als Trophäe«, *Die Presse*, 24./25.11.1973, 1.

194 Thomas Chorherr, »Es bleibt beim kleinen Unterschied«, *Die Presse*, 2.7.1975, 1.

195 R., »›Gesellschaft, die töten läßt, inhuman‹«, *Die Presse*, 26.11.1973, 1.

196 Ham., »Wer wo für was steht«, *Die Presse*, 26.11.1973, 1.

197 Der Autor des Kommentars gab fälschlich Johannes als Dantines Vornamen an. Wilhelm Dantine beschäftigte sich schon seit geraumer Zeit mit dieser Problematik. So in: »Gott braucht keine Paragraphen«, *Neues FORVM* XV / 176–177, August/September 1968, 555. In diesem Text war Dantine angesichts des überarbeiteten Strafrechtsreformpakets der ÖVP-Alleinregierung für ein klares christliches Bekenntnis zur Trennung von Staat und Kirche eingetreten: »Wir sollten als Christen den Mut haben, angesichts der Tatsache, dass wir in einer pluralistischen Gesellschaft leben, die Machtmittel der Gesellschaft nicht mehr für unsere Ideen und für unsere ethischen Vorstellungen in Anspruch zu nehmen.« Im selben Heft hatte sich auch der Richter Franz Pallin gegen den ÖVP-Entwurf geäußert und unter anderem kritisiert, dass die »Einstellung der österreichischen Bevölkerung« als Grundlage für homosexuellenfeindliche Gesetzgebung verwendet werde. Franz Pallin, »Barbarisches Strafrecht«, *Neues FORVM* XV / 176–177, August/September 1968, 549–553, hier 553.

> Aber die mit dem Völkermord in der Regel verbundene rassistische Verhetzung in ihrer in Österreich antisemitisch besonders ausgeprägten Form wird nur zart umschrieben und nur dann unter Strafe gestellt, wenn sie die »öffentliche Ordnung« gefährdet.

Rassistische Rhetorik gegenüber GastarbeiterInnen und nationalen Minderheiten, wie in Österreich üblich, würden so nicht erfasst. Andererseits sei der Schutz der öffentlichen Ordnung auch im Tatbestand des Landfriedensbruchs weiterhin enthalten, was eine Gefahr für das Demonstrationsrecht bedeute.[198] Letztere Regelung sah *Volksstimme*-Redakteur und KP-ZK-Mitglied Hans Wolker als besonders autoritäres Insignium jener »Klassenjustiz«, welche die Große Strafrechtsreform darstelle.[199] Von der radikaloppositionellen Rolle der *Volksstimme* in dieser Frage wird in der Folge noch die Rede sein.

Abtreibung als Frauenpolitik: »Recht auf meinen Bauch« oder Mord?

In der langen Diskussion um die Fristenlösung meldete sich das *Neue FORVM* immer wieder zu Wort. So schrieb dessen Redakteurin Heidi Pataki im November 1972 einen kapitalismuskritischen Artikel, der die GegnerInnen der Abtreibung mit antidemokratischen, faschistischen Traditionen in Verbindung brachte. »Es ist klar«, schrieb die Lyrikerin und Essayistin, »dass die konservative Agitation, die natürlich auf ihre bewährten faschistischen Tricks nicht völlig verzichten mag, gerade im Zusammenhang mit der Abtreibung auf psychisch tief fundierte Reizworte – wie Volksgesundheit, Blut und Mutterschaft – zurückgreifen kann«, während die SPÖ die »Klerikalen« offen herausfordere, obwohl sie selbst nur noch einen »kümmerlichen Rest emanzipatorischer Absichten« vertrete. Dieses ideologisch hoch aufgeladene Thema vermöge, »die berühmtberüchtigte Sozialpartnerschaft, die Große Koalition zwischen den beiden Klassen […] ernstlich zu gefährden«. Angesichts der Verbindung der (in Österreich katholischen) Kernfamilie mit den »Interessen des Kapitals« sei die Befreiung der Frau von der Mutterrolle eine demokratische Kernforderung und mit »der Abtreibung steht oder fällt auch die Sache der Frauenemanzipation«.[200] Der Generalprokurator der Republik Franz Pallin meldete sich auch zum wiederholten Mal zu diesem Thema zu Wort und kritisierte, dass der Bruch des zivilrechtlichen Ehevertrages strafrechtlich sanktioniert sei. Der Besitzanspruch des Mannes auf die Frau sei überdies eine antiquierte, primitive, eines kultivierten Volkes unwürdige Vorstellung.[201]

---

198 Eduard Rabofsky, »Lex Broda – im Heiligenschein«, *Volksstimme*, 27.11.1973, 3.

199 Hans Wolker, »Strafrechtsreform – aber Klassenjustiz bleibt«, *Volksstimme*, 29.11.1973, 2.

200 Heidi Pataki, »Zwecks Züchtigung der Frau«, *Neues FORVM*, November 1972, 37–39.

201 Franz Pallin, »Arrest für Ehebruch«, *Neues FORVM*, Dezember 1970, 1093–1094.

In der *Furche* dominierte die Abtreibungsdebatte seit 1971 die Behandlung der Strafreform und drängte alle anderen Themen in den Hintergrund. Manche AutorInnen stellten sich auf die Seite des katholischen Aktionskomitees zum Schutze ungeborenen Lebens unter Leitung Walter Czoklichs und erklärten, wie Raimund Lang, die Entkriminalisierung von Abtreibungen als Präzedenzfall für die mögliche spätere Legalisierung jener Tötung »›unwerten Lebens‹ [...,] die man nicht zum ersten Male erlebt!« Im Kampfe gegen »Mord« und gegen den »Verlust der Menschlichkeit« sei es ein Ehrentitel, als Reaktionär bezeichnet zu werden.[202] Bereits im Frühsommer hatte *Die Furche* als weitgehend alleinige publizistische Stimme gegen die Reformen des Eherechts und der Bestrafung von Homosexualität Stellung genommen. In diesem Sinne war ihr auch die Erklärung der Bischofskonferenz am 8. Juli 1971 als zu schwach erschienen. Als nun im Anschluss an die Beschlussfassung des Nationalrats am 8. Juli die Bischofskonferenz eine neue, schärfere Erklärung herausgab, kritisierte *Die Furche* diese als »zu spät«. Gerade deshalb rief die Zeitung in einem Leitartikel am 17. Juli die Kirche und andere »Menschen, die guten Willens sind«, zum Protest gegen künftige Reformprojekte auf, insbesondere betreffend den Paragrafen 144. Denn, so abermals die Argumentation, »dann sind wir wieder dort, wo wir bei Hitler schon waren: bei den Vernichtungsfabriken«[203]. Der *Furche*-Redakteur und Historiker Willy Lorenz warnte davor, »die Weltgeschichte [sei] immer noch das Weltgericht« und werde Österreich einen »Bruch des Grundrechts« auf ein unbedingtes Recht auf Leben nicht verzeihen.[204]

Die Furche setzte sich angesichts des Klubzwangs, der nicht zuletzt in der SPÖ das Gewissen der Abgeordneten beuge, auch für ein Volksbegehren zur Fristenlösung ein;[205] damit schloss sie sich den Forderungen der FPÖ-Fraktion an.[206] Es gehe also um eine »echte« Mehrheitsfindung auf Basis einer Willensbekundung der Bevölkerung, in deren Vorfeld – soweit war zu diesem Zeitpunkt klar – nicht nur katholische Organisationen, sondern auch die Kirche selbst intensiv gegen die Abtreibung agitieren würden. Andererseits wurde auch auf eine demokratiepolitisch bedenkliche Diskriminierung katholischer Minderheiten – »kleinstädtischer, katholischer Bevölkerungsgruppen, besonders, soweit sie der Unterschicht angehören« – durch die Strafrechtsreform hingewiesen.[207]

---

202 Raimund Lang, »Bleiben wir ruhig Reaktionäre ...«, *Die Furche*, 27, 3.7.1971, 5.

203 N. N., »Spät kam der Protest«, *Die Furche*, 17.7.1971, 3.

204 Willy Lorenz, »Der Bruch des Grundrechts«, *Die Furche*, 47, 24.11.1973, 1.

205 Kolumne »Die Woche«, *Die Furche*, 3.11.1973, 1.

206 Friedrich Lehne, »Und jetzt – ein Volksbegehren«, *Die Furche*, 19.1.1974, 9. Lehne war Verwaltungs- und Verfassungsjurist, ehemaliges Mitglied der Vaterländischen Front, ab 1965 Mitglied einer Expertenkommission des Bundeskanzleramtes über Grund- und Freiheitsrechte.

207 Friedrich Graf von Westphalen, »Abtreibung im Spiegel der Statistik«, *Die Furche*, 17.11.1973, 9.

Wenn auch die Berichterstattung der *Furche* die Fristenlösung weitgehend als Mord qualifizierte und die SPÖ massiv angriff, so wurden die übrigen Elemente der Strafrechtsreform in diesem Blatt sehr wohl positiv eingeschätzt; die Strafrechtsreform sei »außer [der] Fristenlösung ein Fortschritt«; und selbst Broda wurde zugestanden, dass gerade er für eine gesamtgesellschaftlich konsensuale Regelung in der Schwangerschaftsfrage eingetreten sei.[208] Auch in der Diskussion um die Familienrechtsreform 1975 lud die *Furche* immer wieder zu ausgewogenen Artikeln ein. So legte der Jurist Peter Radel im Juli eine besonnene Einschätzung des Entwurfs zur Abschaffung des männlichen Familienoberhaupts und die Einführung des Partnerschaftskonzepts vor und sprach sich für einen breiten, wohldurchdachten gesellschaftlichen Konsens aus.[209]

Auch die *Salzburger Nachrichten*, Kreiskys Minderheitsregierung gegenüber trotz der FPÖ-Unterstützung sonst eher kritisch, lobten die »Entideologisierung des Strafgesetzes [...] für eine pluralistische Gesellschaft« und das »zukunftsweisende« Potenzial der Reform für noch ausstehende nächste Schritte.[210] Im November 1973 meldete sich der außenpolitische Ressortchef mit einem editorialen Aufmacher zu Wort, in dem er die Bemühungen der SPÖ um die Rechte und Würde der Frau würdigte, aber die Fristenlösung als Angriff auf den Schutz des menschlichen Lebens vehement ablehnte. Dabei kritisierte er jedoch den Populismus beider Seiten, den Antiklerikalismus mancher SozialistInnen ebenso wie den rhetorischen Rückgriff auf die NS-Euthanisie.[211] Gerichtsreporter Herbert Godler schrieb von einem historischen Moment in der österreichischen Rechtsgeschichte.[212]

In derselben Ausgabe aber veröffentlichten die *Salzburger Nachrichten* einen Beitrag des im Oktober verstorbenen Verfassungsrechtlers und Senatspräsidenten Egbert Mannlicher, der die Fristenlösung als »faulen Kompromiss« gegenüber der unbedingten Verpflichtung zum Schutz allen menschlichen Lebens bezeichnete.[213] Nach der Abstimmung schrieb Karl Heinz Ritschel von einem »schwarzen Tag für Österreich«, den eine »kleine, militante Gruppe in der SPÖ« dem um Konsens bemühten Justizminister und dem ganzen Land beschert habe. Es sei »einer der dunkelsten Tage der österreichischen Geschichte [und] das größte Unruhmesblatt der SPÖ«.[214] Als bezeichnend für die sozialkonservative Haltung der *Salzburger Nachrichten*-Redaktion mag schließlich ein Kommentar Herbert Godlers anlässlich der Eherechtsreform im Juli 1975 herangezogen werden. Godler lobte die Moderni-

208 Andreas Fochler, »Fleck auf weißer Weste«, *Die Furche*, 1.12.1973, 4.

209 Peter Radel, »Nicht zurück zum Jahre 1811«, *Die Furche*, 12.7.1975, 3.

210 Herbert Godler, »Eine zukunftsweisende Reform«, *Salzburger Nachrichten*, 9.7.1971, 1–2.

211 Clemens M. Hutter, »Ein Graben durch Österreich«, *Salzburger Nachrichten*, 24./25.11.1973, 1–2.

212 Herbert Godler, »Ein Ereignis von hohem Rang«, *Salzburger Nachrichten*, 27.11.1973, 1–2.

213 Egbert Mannlicher, »Fristenlösung – ein strafrechtlicher Unsinn«, *Salzburger Nachrichten*, 27.11.1973, 2.

214 Karl Heinz Nitschel, »Ein schwarzer Tag für Österreich«, *Salzburger Nachrichten*, 30.11.1973, 1–2.

sierungsleistung des einmütigen Beschlusses und die Gleichstellung von Mann und Frau in der Partnerschaft, stellte aber abschließend – in Übereinstimmung mit der ÖVP – fest: »Der Mann sollte in gewisser Ritterlichkeit auch weiterhin eine Schutzfunktion ausüben.«[215]

Nur scheinbar überraschend ist die grundsätzlich oppositionelle Haltung der kommunistischen *Volksstimme* selbst gegenüber einem progressiven Reformvorhaben, das den gesellschaftspolitischen Prinzipien der KPÖ weitgehend entsprach. So wurden die Errungenschaften der Parlamentsparteien und insbesondere der sozialistischen Regierung meist als ungenügend kritisiert und häufig mit den gerade in familienrechtlichen Fragen als vorbildlich dargestellten Volksdemokratien verglichen. In den Augen der *Volksstimme* galt also die Freiheit der Frau in einer Einparteiendiktatur als ideal umgesetzt. Mit Kreiskys Kapitulation »vor der Reaktion auf Kosten der einfachen Menschen« argumentierte etwa Eva Priester in einem Kommentar, der die Kleine Strafrechtsreform als Ansammlung löblicher, aber unerheblicher Veränderungen bezeichnete, wenn der wesentliche Punkt – der Paragraf 144 – dem Kompromiss mit ÖVP und FPÖ zum Opfer gebracht und »dauerhaft abgeschrieben« werde.[216] Priester war 1936 aus Deutschland zur KPÖ gestoßen und hatte bereits im britischen Exil als Journalistin und Autorin gearbeitet. Ihre *Kurze Geschichte Österreichs* erschien 1946 in Wien,[217] wo sie nach ihrer Rückkehr Chefredakteurin der kommunistischen *Woche* wurde, ehe sie 1949 zur Redaktion der *Volksstimme* stieß.

Als im November 1973 klar war, dass die Fristenlösung doch von der SPÖ beschlossen würde, nannte Priester dies einen »Fortschritt mit Hintertürl«, weil der Schwangerschaftsabbruch nicht völlig außer Strafe gestellt wurde. Darüber hinaus griff Priester jene Spitalsleiter an, die ankündigten, Abtreibungen an ihren Häusern zu verbieten – »schließlich ist die Sklavenwirtschaft in Österreich nicht eingeführt«. Solcher »Machtmißbrauch« sei nun allenthalben zu befürchten.[218] Ähnlich argumentierte eine in der *Volksstimme* veröffentlichte Erklärung des Bundes Demokratischer Frauen Österreichs. Diese bezeichnete die Reform zwar als »Resultat eines jahrzehntelangen Kampfes der Arbeiterbewegung und aller fortschrittlichen Kräfte Österreichs, die für die Entscheidungsfreiheit der Frau eintreten«, bemängelte jedoch wie Priester, dass die Krankenversicherung nicht die Kosten übernehmen und daher eine Klassenmedizin verschärft würde; anders als in der Sowjetunion oder der DDR. »Die Frauen«, hieß es weiter, »brauchen keinen Vormund und keine Lektion in Verantwortungsbewußtsein, weder von den Politikern noch von der Kirche.«[219]

215 Herbert Godler, »Einstimmigkeit für neues Eherecht«, *Salzburger Nachrichten*, 2.7.1975, 1–2, hier 2.

216 E. P., »Die abgeschriebene Reform«, *Volksstimme*, 8.7.1971, 1.

217 Eva Priester, *Kurze Geschichte Österreichs* (Wien: Globus, 1946).

218 Eva Priester, »Fortschritt mit Hintertürl?«, *Volksstimme*, 22.11.1973, 2.

219 Bund Demokratischer Frauen Österreichs, »Ja zum Leben – nein zum § 144«, *Volksstimme*, 27.11.1973, 2.

Der Familienrechtsreform im Sommer 1975 gab die *Volksstimme* mehr Raum als die meisten anderen Zeitungen. So schrieb die Juristin Evelyn Dürmeyer – Tochter des kommunistischen ersten Leiters der Staatspolizei der Zweiten Republik, Heinrich Dürmeyer – über die zentrale Rolle des Rechts auf eigene Berufstätigkeit innerhalb des Reformwerks und wies dieses als »wichtigen Teilerfolg« – der allerdings vor der Situation der Frauen in den Volksdemokratien verblasse – der österreichischen KommunistInnen und insbesondere des Kampfes des Bundes Demokratischer Frauen aus.[220] Dessen Vorsitzende Irma Schwager setzte zwei Wochen später nach und schrieb ebenfalls von einem Teilerfolg, dem die völlige Gleichstellung der Frau nach der Oktoberrevolution 1917 gegenüberzustellen sei. Um die Diskriminierung der Frauen ganz zu beenden, waren sich Dürmeyer und Schwager einig, gelte es, die KPÖ zu wählen.[221]

Die Strafrechtsreform als gescheitertes überparteiliches Projekt des Parlaments

Der *Presse*-Redakteur Thomas Chorherr lobte das Gesetz bis auf die Fristenlösung, als Erfolg konsensualen Parlamentarismus, als »mit Ausnahme der befristeten Freigabe der Tötung Ungeborener gewiß kein vollkommenes, aber ein akzeptables Gesetz«. Die versäumte Sternstunde bestand für Chorherr eben im Bestehen der SPÖ auf der Fristenlösung, was schließlich ÖVP und FPÖ zur Ablehnung des gesamten, doch von ihnen mitverhandelten Gesetzeswerks brachte und damit eine »parlamentarische Großtat verhinderte«; stattdessen habe man das »sekuläre Gesetz mit hauchdünner Mehrheit« beschließen müssen.[222] Chorherr, der auch als Reporter aus dem Nationalrat über die Debatte berichtete, gab hier als Journalist dem Bedauern jener Oppositionellen Ausdruck, die viele Jahre lang an der Gesetzesreform mitgearbeitet hatten und nun aufgrund eines »ideologischen« Punktes diesem ihren eigenen Werk die Zustimmung versagen müssten. Im politischen Gedächtnis der Zweiten Republik hat sich aufgrund dieser Auseinandersetzung tatsächlich die Chiffre von »Kreiskys« und »Brodas« Justizreform und damit einer Zweiteilung in progressive und durchweg konservative politische Kräfte etabliert.[223] Dabei waren ÖVP und FPÖ an einem Großteil des Reformprozesses beteiligt gewesen, während Broda und Kreisky sich zunächst um eine Konkordanz mit der Kirche und der ÖVP bemüht hatten und erst durch den Druck junger SPÖ-Frauen (in ÖVP-Sprechweise die »radikale Gruppe«)

220 Evelyn Dürmeyer, »Zur Familienrechtsreform«, *Volksstimme*, 20.6.1975, 2.

221 Irma Schwager, »Gleichberechtigung – Nachholbedarf noch nicht gedeckt!«, *Volksstimme*, 2.7.1975, 2.

222 Thomas Chorherr, »Eine Sternstunde versäumt«, *Die Presse*, 28.11.1973, 1.

223 Maria Wirth, *Christian Broda. Eine politische Biographie* (Göttingen: Vienna University Press, 2011), 531–541.

zur Fristenlösung gedrängt worden waren. Diese dominante Erzählweise – mochte auch gerade Broda so oft wie möglich die parteiübergreifende Zusammenarbeit betonen – hatte freilich eine Vorgeschichte. Wie während der Jahre 1971 bis 1975 in parlamentarischen Reden von sozialistischen Abgeordneten – darunter nicht zuletzt Wissenschaftsministerin Hertha Firnberg[224] – immer wieder hervorgehoben wurde, gab es mit der Fristenlösung endlich die Umsetzung einer jahrzehntealten Forderung zu feiern. Diese war seit Mitte der 1920er-Jahre Teil des sozialdemokratischen Programms gewesen; der gemeinsame deutsch-österreichische Entwurf einer grenzübergreifenden Strafrechtsreform scheiterte 1927 im österreichischen Nationalrat an der Sozialdemokratie, welche die Bestrafung der Abtreibung nicht akzeptieren wollte.[225] Knapp fünf Jahrzehnte später wiederholte sich die Situation mit umgekehrten Vorzeichen nur deshalb nicht, weil die SPÖ über eine absolute Mehrheit verfügte und daher dieses alte Ziel durchzusetzen vermochte.

In einer gemeinsam mit Hans Werner Scheidl verfassten Reportage über die Nationalratsdebatte hob Chorherr denn auch die Rede Walter Hausers als »eine ganz große in der Geschichte des Parlamentarismus« hervor, in der dieser »das Gefühl einer Bewährung der Demokratie und die gleichzeitige betrübliche Einsicht in ihr Versagen« konstatierte.[226] Im letzten Teil der Berichterstattung über die dreitägige Debatte wurde die VP-nahe Haltung der Redakteure deutlich. Im Indikativ wurde dem ehemaligen VP-Vizekanzler Hermann Withalm nachempfunden: »Was Withalm am meisten ergrimmt, das ist die Wankelmütigkeit seiner sozialistischen Kollegen.« Chorherr und Scheidl unterstellten angesichts des Positionswechsels von Kreisky und Broda der SPÖ-Spitze selbst diese »Wankelmütigkeit«.[227] Die Zeitung insgesamt bemühte sich freilich um Ausgeglichenheit. In der folgenden Wochenendnummer wurde Eugen Serini, dem Leiter der Strafrechtssektion des Justizministeriums und »einem der geistigen Väter der Reform«, eine ganze Seite gegeben, um diesen »abgewogenen Weg zwischen Tradition und evolutionärer Entwicklung« zu erläutern.[228]

224 Firnberg wies indes auch darauf hin, dass Parolen wie »Mein Bauch gehört mir« nicht der sozialdemokratischen Denktradition entsprächen; dieser zufolge sei die Mutterschaft nämlich sehr wohl eine soziale Funktion der Frau.

225 Dies ist freilich nur ein Aspekt des schwierigen Weges zur Rechtsvereinheitlichung in Mitteleuropa, auf dem sich die österreichische Politik bis in die 1930er-Jahre immer wieder an Deutschland zu orientieren versuchte und der dadurch eine großdeutsche Dimension hatte. Vgl. David Mayenburg, »Mitteleuropäische Strafrechtsvereinheitlichung – Internationale Zusammenarbeit versus Großraumkonzeption (1914–1933)«, in *Rechtstransfer in der Geschichte*, hrsg. von Vanessa Duss et al. (München: Meidenbauer, 2006), 135–160.

226 Thomas Chorherr und Hans Werner Scheidl, »Angeklagt: Die allzu bequeme Gesellschaft«, *Die Presse*, 28.11.1973, 3.

227 Thomas Chorherr und Hans Werner Scheidl, »›In der Demokratie hat die Mehrheit recht‹«, *Die Presse*, 29.11.1973, 3.

228 Sekt.-Chef Dr. Eugen Serini, »Nicht die Tat – der Täter im Mittelpunkt«, *Die Presse*, 1./2.12.1973, 5.

Wie schon mehrfach in der Geschichte der Zweiten Republik orteten konservative JournalistInnen das Problem des Augenblicks im Abgang von einer konsensualen, parteiübergreifenden Einheitsfront und damit in einer politischen Polarisierung, die Zustände der Ersten Republik wieder herbeibringen könnte. Diese Warnrhetorik vor als gefährlich empfundenen antagonistischen Tendenzen im Parlamentarismus wurde in einem Kommentar von Pia Maria Plechl nach dem SP-Beharrungsbeschluss am 23. Jänner 1974 deutlich.[229] An dieser Parlamentssitzung hatte auch Kardinal König teilgenommen, der jedoch in Plechls Augen befremdlich auf die gesellschaftliche Herausforderung der moralischen Frage reagiert habe. Der Kardinal wolle verhindern, dass dieser »Sieg der sozialistischen Ideologen aus der Zwischenkriegszeit [...] den Parteikatholizismus von vorgestern wiederbeleben könnte«.[230] Auch in der ÖVP wurde nicht nur scharf auf die als antiklerikal empfundene Politik der SPÖ reagiert, sondern andererseits immer wieder Angst vor ideologischer Polarisierung geäußert. Mit dramatischer Geste tat dies etwa Hermann Witthalm, als er im Juli 1975 nach 22 Jahren aus dem Nationalrat verabschiedet wurde – in derselben Sitzung, die auch den Beschluss der Familienrechtsreform zeitigte. Der vom Innenpolitik-Doyen der *Kleinen Zeitung*, Kurt Vorhofer, aufgrund seiner politischen Prinzipientreue als »Eiserner Hermann« titulierte Konservative warnte vor einer Radikalisierung »innerhalb und außerhalb des Parlaments« und sprach sich für eine Konzentrationsregierung aus.[231]

Der *Kurier* brachte während der ersten Debatten im Juli 1971, als es vor allem um Homosexualität und Eherecht ging, zwar große Reportagen, aber keine Meinungsartikel. Dies änderte sich, als die Fristenlösung debattiert wurde. Zunächst erklärte Hubert Feichtelbauer ganzseitig eine repräsentative Umfrage, die der *Kurier* in Auftrag gegeben hatte, und nutzte dies dazu, die auch anderswo immer wieder angesprochene Frage Mehrheitsbeschluss vs. Gewissensfrage – Kreisky: »Die Mehrheit hat immer recht« – anzusprechen. Die Abtreibungsfrage werde stets eine Gewissensangelegenheit jedes/r Einzelnen sein[232] – eine Frage, die auch für die Logik von Klubzwang und geheimen oder offenen Abstimmungen im Parlament bedeutsam war.[233]

Tags darauf brachte Feichtelbauer in einem Kommentar ein Plädoyer für Brodas ursprüngliche erweiterte Indikationslösung, die »unter dem Druck einer radikalen Gruppe« in die nun umstrittene Fristenlösung verwandelt worden war. Brodas Verdienst, das ihn zum erfolgreichsten sozialistischen Politiker mache, sei es eben, ein

229 Also nach der Aufhebung des Vetos, das der Bundesrat gegen die Reform eingelegt hatte, durch eine einfache Mehrheit im Nationalrat.

230 Pia Maria Plechl, »Die Katholiken – nachher. Fristenlösung als Wendepunkt in den Beziehungen Kirche-Staat«, *Die Presse*, 24.1.1974, 3.

231 Hws, »»Ein letzter Liebesdienst der Männer««, *Die Presse*, 2.7.1975, 2.

232 Hubert Feichtelbauer, »Abtreibung: Nur jeder vierte für Fristenlösung«, *Kurier*, 23.11.1973, 3.

233 Karl Steinhauser, »Bisserl altmodisch«, *Kurier*, 21.1.1974, 2.

einstimmiges Votum der Abgeordneten möglich gemacht zu haben, das nun an der Fristenlösung zu scheitern drohe. Radikale Sozialistinnen auf der einen, reaktionäre Monsignores auf der andern Seite – aus dieser deutlichen Artikulation gesellschaftspolitischer »Extrem«-Vorstellungen bestand aus Feichtelbauers Sicht die Gefährdung der »Verdienste [Kreiskys und Brodas] um die Versöhnung des österreichischen Volkes nach den Wirren von Bürgerkrieg und NS-Herrschaft«.[234] Das Thema der gescheiterten Einstimmigkeit stand auch im Mittelpunkt einer Huldigung an die Grundsatzrede Walter Hausers, die ihre historische Kraft nicht zuletzt aus der authentischen Enttäuschung eines reformentschlossenen VP-Politikers über eben dieses Scheitern bezogen habe.[235]

Bald darauf brach Elfriede Hammerl eine ganzseitige Lanze für die Pille: Verhütung statt Abtreibung.[236] Und Feichtelbauer versuchte nochmals zu versöhnen, dass zwar ideologische Fragezeichen angesichts der Tötung ungeborenen Lebens stehen blieben, die österreichische Bevölkerung aber insgesamt progressiv sei, denn sie habe bei den letzten Wahlen stets jene Partei gewählt, »die ihr die sinnvollsten Änderungen versprach«. Deshalb werde das Modernisierungsprojekt der Straf- und Familienrechtsreform auch stets eine Mehrheit auf seiner Seite haben.[237]

Die Mehrheitsfindung – aber auch die offenen Gegenstimmen von neun ÖVP-Abgeordneten – wurde in einem Kommentar Josef Laschobers in den *Oberösterreichischen Nachrichten* goutiert.[238] Als gute zwei Jahre später die Große Strafrechtsreform diskutiert wurde, lobte derselbe Autor die Reform, auf die man trotz der Zwistigkeiten über die Fristenlösung stolz sein könne;[239] die entschlossene Gegnerschaft fast aller ÖVP-Abgeordneten sei begreiflich, »unverständlich mutet jedoch der FP-Antrag an, aus der Abneigung gegen die Fristenlösung für das ganze Strafrecht eine Volksabstimmung zu machen«; eine Abstimmung nur über die Fristenlösung sei freilich denkbar.[240] Angesichts des im Jänner gefassten Beharrungsbeschlusses kritisierte Laschober zwar ÖVP-Vorhaltungen einer »Diktatur der 51 Prozent«, erklärte aber auch den versäumten Konsens zur besseren Lösung – das Beharren der SPÖ produziere gefährliche, weil durch »tiefe Überzeugung« gezeichnete Grabenkämpfe für die politische Zukunft des Landes.[241]

Interessant ist auch ein Beitrag Anton Pelinkas, der in derselben Ausgabe neben einer Rechtfertigung der Fristenlösung durch den SPÖ-Abgeordneten Otto Skritek

234 Hubert Feichtelbauer, »Ein Plädoyer für Broda 71«, *Kurier*, 24.11.1973, 2.
235 Dieter Lenhardt, »Zeitloser Höhepunkt«, *Kurier*, 28.11.1973, 3.
236 Elfriede Hammerl, »Liebe ohne Angst – damit's ein Wunschkind wird«, *Kurier*, 30.11.1973, 3.
237 Hubert Feichtelbauer, »Keine Angst vor Veränderung«, *Kurier*, 1.12.1973, 2.
238 Josef Laschober, »Bewegtes Parlament«, *Oberösterreichische Nachrichten*, 10.7.1971, 2.
239 Josef Laschober, »Vergeblich«, *Oberösterreichische Nachrichten*, 28.11.1973, 2.
240 Josef Laschober, »Ungeeignet«, *Oberösterreichische Nachrichten*, 29.11.1973, 2.
241 Josef Laschober, »Beharren«, *Oberösterreichische Nachrichten*, 24.1.1974, 2.

veröffentlich wurde. Der Politologe Pelinka setzte sich mit der Glaubwürdigkeit der SP-Führung auseinander, wenn diese argumentierte, sie habe sich an das Mandat des Parteitages – also der Basis – auch dann zu halten, wenn die Parteispitze diese Meinung nicht teile; die Mehrheit, so Kreisky, habe eben immer recht. Während Pelinka ein solches »imperatives Mandat« als Möglichkeit zur innerparteilichen Demokratisierung angesichts fast völliger »Emanzipation der Parteispitze von der Parteibasis« begrüßte, warf er der SPÖ inkonsequentes Verhalten in dieser Frage vor – was im Übrigen dem Desinteresse aller Parteien an einer allgemeinen Demokratiereform entspreche.[242] Mit dieser Thematik, genauer: mit Kreiskys Aussage von der Mehrheit, die immer recht hat, setzte sich auch Clemens M. Hutter auseinander. Er rechnete vor, dass die Delegierten auf dem sozialistischen Parteitag nur 15 Prozent der österreichischen Wahlberechtigten repräsentierten und daher der Wille einer Minderheit, selbst wenn diese im Nationalrat die Mehrheit stelle, dem österreichischen Volke aufgezwungen worden sei.[243]

Auch in der *Tiroler Tageszeitung*, die ebenfalls breit über die Parlamentsdebatte berichtet hatte, lobte Chefredakteur Hans Thür die Große Strafrechtsreform als große Leistung des Parlamentarismus, sah in der Fristenlösung deren unnötige Torpedierung durch die »Machtdemonstration« der SozialistInnen und klagte in dieser Hinsicht sogar eine autoritäre Vorgangsweise an: »Gewissensfragen sind nicht durch Parteitagsbeschlüsse zu lösen – und nur autoritäre Systeme versuchen das.«[244] Später rügte Thür, dass in einer »Wesensfrage unserer Gesellschaft« ein knapper Mehrheitsbeschluss oktroyiert worden sei, statt den Kompromiss zu suchen.[245] Nach dem Beharrungsbeschluss kritisierte Thür freilich auch die katholische Kirche und die ÖVP für ihre bloßen Lippenproteste ebenso wie »die geistige Verwirrung jener, die aus dem Geist des Christentums Politik machen wollen«.[246]

Die Kontroverse um Kurt Waldheims NS-Vergangenheit

Es gibt verschiedene Einschätzungen, welches Ereignis die österreichische Auseinandersetzung mit der Geschichte des Nationalsozialismus in ein neues Kapitel befördert habe. Von der Affäre Borodajkewycz war hier schon die Rede. Andere nennen den Skandal um den SS-Mann Walter Reder und den damaligen Verteidigungsminister Friedhelm Frischenschlager 1985, von dem gleich die Rede sein wird. Doch

242 Anton Pelinka, »Imperatives Mandat im Schleichweg?«, *Salzburger Nachrichten*, 30.11.1973, 3.
243 Clemens M. Hutter, »Welche Mehrheit hat recht?«, *Salzburger Nachrichten*, 23.1.1974, 1–2.
244 Hans Thür, »Der Schatten«, *Tiroler Tageszeitung*, 27.11.1973, 1.
245 Hans Thür, »Historisch«, *Tiroler Tageszeitung*, 30.11.1973, 1.
246 Hans Thür, »Auseinander«, *Tiroler Tageszeitung*, 24.1.1974, 1.

die Bedeutung der Debatte, die Kurt Waldheims Wehrmachtsbiografie im Zuge der Bundespräsidentschaftswahl 1986 auslöste, ist unumstritten in der Geschichte der österreichischen Geschichtspolitik.[247] Uns erlaubt sie, 20 Jahre nach der auch medialen Auseinandersetzung um Taras Borodajkewycz erneut den geschichtspolitischen Diskurs in den Printmedien auf dessen autoritäre Tendenzen zu prüfen – ging es doch in dieser Debatte um höchst relevante Aspekte: die Frage der möglichen (Mit-) Verantwortung der Wehrmachtsangehörigen an NS-Verbrechen, österreichischen Chauvinismus vis-à-vis »ausländischen Interventionen« und nicht zuletzt – in Verbindung mit diesen beiden Aspekten – um Antisemitismus in Österreich.

Doch zunächst kurz zur Ereignisgeschichte des Skandals. Seit März 1985 standen einander der ehemalige UN-Generalsekretär und Karrierediplomat Kurt Waldheim als ÖVP-Kandidat und der sozialistische Gesundheitsminister Kurt Steyrer als aussichtsreichste Kontrahenten für die Wahl des Bundespräsidenten gegenüber. Neben ihnen traten die Grüne Freda Meissner-Blau (als erste Frau in der Geschichte) und der deutschnationale ehemalige SA-Sturmführer Otto Scrinzi für die FPÖ an. Im Zuge des Wahlkampfes kamen der Öffentlichkeit unter anderem zwei von Waldheim bis dahin verschwiegene Details zur Kenntnis: seine Mitgliedschaft bei einer SA-Reitergruppe als Student sowie vor allem sein Einsatz als Stabsoffizier unter dem Kommando des 1947 als Kriegsverbrecher hingerichteten Generals Alexander Löhr in Thessaloniki. In letzterem Zusammenhang ging es darum, ob Waldheim von den Deportationen von Jüdinnen und Juden 1943 Kenntnis hatte oder nicht. Diese Fragen entwickelten sich zu einer gesamtgesellschaftlichen und intergenerationellen Auseinandersetzung über historische Verantwortung und deren Bedeutung 40 Jahre später.

Obwohl damals von den Involvierten vehement bestritten, stellten zahlreiche Quellen in den Raum, dass SPÖ-Chef und Bundeskanzler Fred Sinowatz bereits im Herbst 1985 vorhatte, die NS-Vergangenheit Waldheims im Wahlkampf zu thematisieren.[248] Insbesondere die ÖVP unterstellte nicht nur der politischen Konkurrenz, sondern auch dem Gros der österreichischen und internationalen Medien eine politische Kampagne – einen »Fall von Medienjustiz«.[249] Der genaue Ablauf hingegen – wer wem zu welchem Zeitpunkt und mit welcher Absicht welche Unter-

247 Gehler und Sickinger, *Affären*, 346–381; Gerhard Botz, Hg., *Kontroversen um Österreichs Zeitgeschichte: verdrängte Vergangenheit, Österreich-Identität, Waldheim und die Historiker* (Frankfurt am Main: Campus-Verlag, 1994); Dietrich Seybold, »Der ›Historikerstreit‹ (1986–87) und die ›Waldheim-Affäre‹ (1986–88) als Bezugspunkte einer Debattengeschichte«, in *Geschichtskultur und Konflikt: Historisch-politische Kontroversen in Gesellschaften der Gegenwart*, hrsg. von Dietrich Seybold (Bern: Peter Lang, 2005), 47–58.

248 Robert Kriechbaumer, *Zeitenwende. Die SPÖ-FPÖ-Koalition 1983–1987 in der historischen Analyse. Aus der Sicht der politischen Akteure und in Karikaturen von Ironimus* (Wien: Böhlau, 2008).

249 Andreas Khol, Theodor Faulhaber und Günther Ofner, Hg., *Die Kampagne. Kurt Waldheim – Opfer oder Täter? Hintergründe und Szenen eines Falles von Medienjustiz* (Wien: Herbig, 1987).

lagen zugespielt habe – ist trotz zahlreicher Recherchen bis heute nicht unumstritten. Die Mediendebatte wurde letztlich durch eine Artikelserie im *profil* angestoßen, die Anfang März mit einem Artikel des Journalisten und späteren Herausgeber Hubertus Czernin begann. Sofort dominierte das Thema die Berichterstattung und Kommentare aller österreichischen Medien. Dies betraf das Fernsehen[250] ebenso wie die Tageszeitungen. Während die *Arbeiter-Zeitung* und die *Volksstimme* Waldheim scharf angriffen, nahmen *Die Presse*, die *Kronen Zeitung* und ÖVP-Parteizeitungen Waldheim ebenso in Schutz wie die meisten Regionalblätter (*Tiroler Tageszeitung* und *Oberösterreichische Nachrichten*). Zurückhaltend zeigte sich nicht nur der *Kurier*, der erst spät auf eine eher Waldheim-apologetische Position einschwenkte, sondern auch die *Salzburger Nachrichten*.

Politische Parteien, Medien und öffentliche Intellektuelle nahmen gegeneinander Stellung in einem Konflikt, der tagespolitisches Kalkül – der Wahlkampf um die Bundespräsidentschaft, in der erstmals ein ÖVP-Kandidat gute Aussichten auf Erfolg hatte – mit Kernthemen nationaler Identität und historischer Verantwortung vermengte. Alfred Hrdlicka zimmerte ein Pferd, das auf Sinowatz' sarkastische Bemerkung Bezug nahm, man nehme zur Kenntnis, nicht Waldheim sei bei der SA gewesen, sondern nur sein Pferd. Rund um den Republikanischen Club und andere zivilgesellschaftliche Knotenpunkte formierte sich eine neue Generation im Protest gegen das »Vergessen« der NS-Verbrechen und österreichischer Mitverantwortung für diese. Diese AktivistInnen wurden ebenso wie die Führung der SPÖ und Waldheim-kritische JournalistInnen von den AnhängerInnen des ÖVP-Kandidaten oft als »Nestbeschmutzer« diffamiert. Im Zuge der Waldheim-Debatte bezog auch die Wissenschaft Stellung. Nicht nur recherchierte eine Generation junger HistorikerInnen engagiert über Waldheims Biografie, aus den historischen und Sozialwissenschaften kamen auch über die bloße Analyse hinausgehende Interventionsversuche in das österreichische Gedächtnis, die ihrerseits den Charakter von Marksteinen der Erinnerungspolitik bekamen.[251]

Auch nichtösterreichische Akteure meldeten sich zu Wort, allen voran der World Jewish Congress, dessen damaliger Generalsekretär Israel Singer als Sohn aus Österreich geflüchteter Juden 1942 in New York geboren war. Singer erklärte Ende März im *profil*, Waldheim solle seine Vergangenheit lückenlos aufklären, sonst würden die Aktionen gegen Waldheim alle ÖsterreicherInnen sechs Jahre lang »verfolgen«.[252] Dies löste massive antisemitische Reaktionen in Österreich aus, unter anderem

250 Die Macht der Bildberichterstattung zeigt Ruth Beckermann eindrucksvoll in ihrem Film *Waldheims Walzer* aus dem Jahr 2018.

251 So zum Beispiel Anton Pelinka und Erika Weinzierl, Hg., *Das große Tabu. Österreichs Umgang mit seiner Vergangenheit* (Wien: Edition S, 1997).

252 *profil*, 24.3.1986, 25.

wurde das Codewort »Ostküste« für mutmaßliche jüdische Machtnetzwerke geprägt. Waldheim spielte den in der österreichischen Gesellschaft verbreiteten antisemitischen Verschwörungstheorien ebenso wie deren internationaler Wahrnehmung auch selbst zu, wenn er etwa im Mai 1986 gegenüber der französischen Tageszeitung *Le Monde* erklärte, die internationale Presse sei »von dem jüdischen Weltkongress dominiert«.[253]

Waldheim selbst wies alle Anschuldigungen zurück und änderte seine Position auch nicht, als er im Lauf der Wochen verschiedene Aufdeckungen – Mitgliedschaft in einer SA-Reitergruppe – bestätigen musste. Insbesondere leugnete er jede Kenntnis von der Deportation der jüdischen Bevölkerung Thessalonikis, was später von einer Historikerkommission widerlegt wurde. Berühmt wurde seine Erklärung, er habe wie »hunderttausende Österreicher« seine »Pflicht als Soldat erfüllt«. Diese Rechtfertigung des Angriffskrieges als Pflichterfüllung war vor allem deshalb geschickt, weil Waldheim damit eine ganze Generation von Landsleuten potenziell in sein Lager holte. Und die Strategie funktionierte. Die Waldheim-Kampagne wurde zu einer kollektiven Rechtfertigung der Wehrmachtssoldaten, denen keine Schuld zukomme. Verbrecher seien eine Ausnahme, allenfalls in der SS und den Einsatzgruppen zu finden gewesen sein. Dienst in der Wehrmacht aber galt als Pflichterfüllung.[254]

Nachdem sich nicht nur konservative Leitmedien, sondern auch die *Kronen Zeitung* auf Waldheims Seite geschlagen hatten und deutlich wurde, dass viele Menschen sich mit Waldheim als typischem Vertreter ihrer Erfahrungsgemeinschaft identifizierten, begann die ÖVP neue Slogans zu plakatieren: »Jetzt erst recht!« Im ersten Wahlgang am 4. Mai stimmten 49,6 Prozent der WählerInnen für Waldheim, 43,6 Prozent für Steyrer, 5,5 Prozent für Meissner-Blau und 1,2 Prozent für Scrinzi. Letzterer gab eine Empfehlung an seine wohl vor allem deutschnationalen WählerInnen ab, in der Stichwahl für Waldheim zu stimmen. Die Kampagnen von SPÖ und ÖVP verschärften sich weiterhin bis hin zum zweiten Wahlgang am 8. Juni, in dem Waldheim mit 53,9 Prozent der Stimmen gewählt wurde.

Bundeskanzler und SPÖ-Chef Sinowatz trat nach der Wahl zurück, ihm folgte Finanzminister Franz Vranitzky nach. Die Bundesregierung setzte eine internationale Historikerkommission ein, die ihren Bericht dem Bundeskanzler im Februar 1988 übergab. Waldheim wurden keinerlei Kriegsverbrechen nachgewiesen, sehr wohl

---

253 Zitiert nach: Ruth Wodak et al., Hg., *»Wir sind alle unschuldige Täter!« Diskurshistorische Studien zum Nachkriegsantisemitismus* (Frankfurt am Main: Suhrkamp, 1990), 99, Fußnote 69.

254 Diese auch von HistorikerInnen immer wieder vertretene Ansicht, die sich auf die Identifizierung krimineller Einheiten im Zuge des Nürnberger Prozesses stützte, wurde erst durch die Folgen der ab 1995 gezeigten Wehrmachtsausstellung widerlegt, die mit dieser Rechtfertigung aufräumte. Vgl. u.a. Alexander Pollak, *Die Wehrmachtslegende in Österreich* (Wien: Böhlau, 2002); Hans-Günther Thiele, Hg., *Die Wehrmachtsausstellung. Dokumentation einer Kontroverse* (Bonn: Edition Temmen, 1999).

aber die Kenntnis solcher Verbrechen. Waldheim hatte also die Unwahrheit gesagt, wies dies jedoch weiterhin von sich und weigerte sich zurückzutreten – trotz zahlreicher Aufforderungen auch von ehemaligen UnterstützerInnen und obwohl er seit April 1987 auf der US-Watchlist stand und damit als Staatsoberhaupt stark kompromittiert war. Diese Debatte hat Österreichs Haltung zu seiner Vergangenheit stark verändert, was sich etwa in Vranitzkys Bekenntnis zur historischen Verantwortung im Nationalrat 1991, in seiner Bitte um Entschuldigung im Namen der Republik in Jerusalem 1993 und in der Rede von Waldheims Nachfolger Thomas Klestil in der Knesset 1994 manifestierte.

Ein Sonderfall der Polarisierungsdebatte: Chauvinismus vs. Nestbeschmutzerei

Neben der Frage um die historische Schuld Waldheims und implizit der sogenannten »Wehrmachtsgeneration« rang sich der Hauptstrang der Debatte um Vorwürfe der Nestbeschmutzerei einerseits und eines fehlgeleiteten Nationalismus andererseits. Als der World Jewish Congress und verschiedene Medien gegen den ÖVP-Kandidaten auftraten, wurden Waldheim-kritische ÖsterreicherInnen beschuldigt, das eigene Land in den Dreck zu ziehen. Vor allem, wenn auch nicht ausschließlich, konservative Zeitungen waren Teil dieser Rhetorik. *Die Presse* berichtete intensiv über die Waldheim-Affäre und stellte auch in ihrer redaktionellen Berichterstattung oft die Position der ÖVP ins Zentrum, die sich gegen eine angebliche »Verleumdungscampagne« – heute würde man sagen: Dirty Campaigning – der SPÖ zur Wehr setzte und ankündigte, diese Kampagne werde ihren VerursacherInnen am meisten schaden.[255] Doch dies befreite die Waldheim-GegnerInnen nicht vom Vorwurf, Österreich zu schädigen. Die Kampagne, so Thomas Chorherr, werde zwar der SPÖ mehr schaden als Waldheim, was die SPÖ aufgrund ihrer eigenen Erfahrung mit der Peter-Wiesenthal-Affäre wissen sollte. Leidtragend werde aber vor allem Österreich sein. Dieses werde international durch den Schmutz gezogen und intern werde der latente Antisemitismus angefacht.[256]

Während Chorherr die SPÖ insgesamt ins Visier nahm, gab es auch ausgewogenere Stimmen, welche aus katholischer Perspektive die Zerstrittenheit der Großparteien monierte. So bezog sich Pia Maria Plechl auf eine Rede Rudolf Kirchschlägers bei einer Veranstaltung der vatikanischen Delegation in der Wiener UNO-City, in

255 N. N., »Kesseltreiben gegen Kurt Waldheim. ÖVP einig hinter ihrem Kandidaten«, *Die Presse*, 6.3.1986, 1.

256 Thomas Chorherr, »Es reicht uns«, *Die Presse*, 12.3.1986, 1. Chorherr griff im Titel dieses Kommentars jenen Ausruf auf, mit dem Bundeskanzler Sinowatz die SPÖ nun offen in die Waldheim-Schlacht führte – »Es reicht mir!« –, und drehte diesen gegen die SPÖ.

der sich der amtierende Bundespräsident kritisch auf die »politische Vergangenheitsjagd« bezog, die Gräben aufreiße. Plechl schloss sich diesem Vorbehalt an, warnte aber ihrerseits vor Pauschalverurteilungen gegen die SPÖ.[257] Auch *Die Furche* thematisierte von Anfang an den unversöhnlichen Ton in der Wahlkampfauseinandersetzung und zog Vergleiche zum demokratischen Zusammenbruch der Zwischenkriegszeit. Hannes Schopf besorgte sich über die »verzerrten Gesichter« jener, »die noch vor zwei Jahren anlässlich der Rückerinnerung an 1934 beteuerten, aus der Geschichte gelernt zu haben« und »sich der entsetzlichen Folgen der Polarisierung und Fanatisierung« bewusst zu sein. »Wortgewalttätigkeit« schädige die Demokratie.[258] Hans Weigel verfasste ein »Plädoyer für das Maßhalten in der innenpolitischen Auseinandersetzung«, in dem er sich an seine eigene Vertreibung im März 1938 und an das Glücksgefühl bei seiner Rückkehr 1945 erinnerte und meinte, die gegenwärtige politische Rhetorik sei nicht viel besser als jene Hitlers.[259] Mit Bezug auf Weigels Text wurde zudem ein Zitat des Linzer Altbürgermeisters Hans Koref aus dem Jahr 1981 gedruckt, der vor erneutem »hemmungslosem Bruderzwist« in Österreich warnte.[260]

In der *Kronen Zeitung* attestierte Peter Gnam zwar Waldheim Ungeschicklichkeit, sah aber die »Nazikampagne« selbst als schädlich für Österreich und dafür die SPÖ, selbst wenn sie diese nicht verursacht habe, als verantwortlich.[261] Gnam nahm auch das Motiv der Nestbeschmutzerei auf; es sei »beschämend«, dass sich in diesem »Psychokrieg« gegen Waldheim »gebürtige Österreicher […] als ›Korrespondenten‹ solcher Zeitungen [*Weltwoche*, *Die Zeit*] für das Waschen von Waldheim-Schmutzwäsche« hergäben.[262] Unter diesem Beitrag war ein Waldheim-Inserat »Jetzt erst recht!« platziert, wie übrigens immer wieder auf der Seite 2, neben dem Kommentar und oft unter einem Bericht über den Wahlkampf. So zum Beispiel fand sich das Inserat »Wir Österreicher wählen, wen wir wollen! Jetzt erst recht Waldheim« unter einem Artikel über israelische Kritik an Simon Wiesenthals Parteinahme für Waldheim.[263] Angesichts der Tatsache, dass für gewöhnlich die KritikerInnen Waldheims des Nestbeschmutzens geziehen wurden, verdient allerdings auch ein Inserat in der *Arbeiter-Zeitung* Erwähnung, das während der Debatte unter dem Titel »Die Miesmacher« Alois Mock und Michael Graff vorwarf, »unser Land in den Dreck« zu ziehen, denn »sie jammern Österreich bankrott«, obwohl die österreichische Wirt-

257 Pia Maria Plechl, »Was tun wir?«, *Die Presse*, 8./9.3.1986, 1.
258 Hannes Schopf, »Deponie für Wortunrat gesucht«, *Die Furche*, 14.3.1986, 1.
259 Hans Weigel, »So hört doch auf!«, *Die Furche*, 21.3.1986, 1.
260 Ernst Koref, »Ungehört«, *Die Furche*, 21.3.1986, 1.
261 Peter Gnam, »Nicht ungelegen«, *Kronen Zeitung*, 10.3.1986, 2–3.
262 Peter Gnam, »Politik inoffiziell«, *Kronen Zeitung*, 15.3.1986, 2.
263 *Kronen Zeitung*, 29.3.1986, 2–3.

schaft bessere Zahlen hervorbringe als jemals. Fazit: »Sie schaden unserem Ansehen in der Welt.«[264]

Zum Thema der Waldheim-Debatte sollte auch eine ÖVP-Zeitung herangezogen werden. Da das *Volksblatt* der Bundespartei seit 1970 nicht mehr bestand, analysieren wir das *Neue Volksblatt* der Oberösterreichischen Volkspartei. An dieser Zeitung ist auffällig, dass die Berichterstattung zum Thema, meist als Aufmacher auf Seite 1, sich nicht um Objektivität bemühte, sondern oft mit Ausrufungszeichen versehene Meinungen aussprach: »Nazi-Märchen!«, »Lügenkampagne!«, »Einfach mies!« Ebenso tendenziös wurde die Konfessionslosigkeit Kurt Steyrers in fast täglichen Kommentaren thematisiert. In einem Kommentar wurde darauf hingewiesen, dass die »Verleumdung und Verunglimpfung« nicht zu einer SPÖ passe, die doch selbst – wie an den Fällen Öllinger und Peter stellvertretend deutlich werde – sowohl viele Mitglieder mit NS-Vergangenheit habe als auch mit SS-Männern kooperiere.[265]

Umgekehrt trat die *Arbeiter-Zeitung*, wenig überraschend, von Anfang an vehement gegen Waldheim auf, fungierte sie doch als Sprachrohr der SPÖ. Seit einigen Monaten nur noch als Kleinformat und mit sinkender Reichweite, war sie mit einer Auflage von ca. 70.000 Stück die viertgrößte bundesweite Tageszeitung. Neben dem Chefredakteur Manfred Scheuch schrieben vor allem Ilse Brandner-Radinger, Peter Pelinka und Herbert Lackner über dieses Thema. Als Parteizeitung schrieb die *Arbeiter-Zeitung* offen gegen die ÖVP, die sie auch in Aufmachern, Berichterstattung und Kommentaren der »Verleumdungsversuche« gegen die SPÖ bezichtigte.[266] Vor dem Hintergrund der immer schärfer werdenden Beschimpfungen zwischen ÖVP und SPÖ rief sogar Manfred Scheuch zur Mäßigung auf und dazu – wie dies auch Kirchschläger eingemahnt hatte –, die gemeinsame Liebe zu Österreich über das Trennende zu stellen. Dabei, so stellte Scheuch klar, gehe es aber nicht um die Vermeidung unterschiedlicher Standpunkte, sondern um ein Minimum an Anstand.[267]

Die *Arbeiter-Zeitung* schloss sich der Annahme von Waldheims Anständigkeit natürlich nicht an. Selbst wenn gegen alle Wahrscheinlichkeit tatsächlich keine Mitgliedschaft und kein Mitwissen nachweisbar seien, so Georg Hoffmann-Ostenhof, sei doch »Waldheims Verteidigung […] erschreckender als manches, was man ihm vorwirft«.[268] Von Waldheim verlangte Scheuch, den Wahrheitsbeweis für seine Behauptungen anzutreten. Dies sei er der österreichischen und der internationalen Öffentlichkeit schuldig.[269] Als bald darauf die *New York Times* das Thema aufgriff,

264 »Die Miesmacher«, Inserat, *Arbeiter-Zeitung*, 4.3.1986, 3.

265 Johann Drachsler, »Kumpanei«, *Neues Volksblatt*, 10.3.1986, 1.

266 Vgl. die *Arbeiter-Zeitung* vom 12.3.1986, 1, sowie ebenda den Kommentar von Manfred Scheuch, »Schmutzfinke«, auf Seite 2.

267 Manfred Scheuch, »Mäßigung«, *Arbeiter-Zeitung*, 14.3.1986, 2.

268 GHO, »Erschreckend«, *Arbeiter-Zeitung*, 8.3.1986, 3.

269 Manfred Scheuch, »Beweislast«, *Arbeiter-Zeitung*, 3.3.1986, 4.

machte sich Scheuch über Mocks »Verschwörungstheorien« – dass die SPÖ hinter der Angelegenheit stecke – lustig und bekräftigte »angesichts des Wirbels im Ausland« seine Forderung nach Aufklärung.[270] Sarkastische Bezugnahmen auf die Vorwürfe der ÖVP fanden sich auch in anderen Kommentaren in der Zeitung, allerdings vor dem Hintergrund der »Jetzt-erst-recht«-Kampagne zunehmend mit besorgtem Unterton.[271]

Auch die *Oberösterreichischen Nachrichten* reagierten zunächst mit ungläubiger Zurückhaltung auf Waldheims ausweichende Reaktionen zu seiner SA-Mitgliedschaft und seinem angeblichen Nichtwissen, was Judenmord und Kriegsverbrechen auf dem Balkan betraf.[272] Später kritisierte Chefredakteur Hermann Polz aber auch die SPÖ für »Opportunismus«, habe sie doch den SS-Mann Friedrich Peter und, in der Reder-Affäre, auch Friedhelm Frischenschlager verteidigt, während sie nun den vergleichsweise harmlosen Waldheim wilden Vorwürfen aussetze.[273] Demgegenüber drückte Polz Verständnis für die »maßlos hysterischen« Reaktionen des Jüdischen Weltkongresses aus, weil es sich bei dessen Funktionären um »vom Leid Getroffene« handle. Der »wütende Antisemitismus, der jetzt aufschäumt in Österreich«, sei in keiner Weise zu rechtfertigen.[274] Dieser Antisemitismus sei nie verschwunden gewesen, sondern nach den Interventionen des Weltkongresses nur wieder salon-

270 Manfred Scheuch, »Der lange Arm«, *Arbeiter-Zeitung*, 6.3.1986, 2.

271 H. L., »Drahtzieher«, *Arbeiter-Zeitung*, 10.3.1986, 2.

272 Hermann Polz, »Abwehrstammblatt«, *Oberösterreichische Nachrichten*, 4.3.1986, 2; Reinhard Hampel, »Nie gehört?«, *Oberösterreichische Nachrichten*, 6.3.1986, 2; Hermann Polz, »Waldheims Art«, *Oberösterreichische Nachrichten*, 24.3.1986, 2.

273 Der österreichische SS-Sturmbannführer Walter Reder war 1951 in Italien wegen seiner Verantwortung für ein Massaker in der Kleinstadt Marzabotto zu lebenslanger Haft verurteilt worden. Im Jänner 1985 wurde Reder, für den sich PolitikerInnen verschiedener Couleur und Kardinal Franz König ebenso eingesetzt hatten wie rechtsradikale Gruppen, vorzeitig entlassen. Bei seiner Einreise nach Österreich wurde er vom FPÖ-Verteidigungsminister Friedhelm Frischenschlager per Handschlag willkommen geheißen, was vor allem durch die oppositionelle ÖVP sofort skandalisiert wurde. Eine besondere Rolle im Trommeln für Reders Freilassung hatte auch die *Kronen Zeitung* gespielt, insbesondere das »Sprachrohr der Wehrmachtsgeneration«, Viktor Reimann. Vgl. Barbara Tóth, *Der Handschlag. Die Affäre Frischenschlager-Reder* (Dissertation: Universität Wien, 2010), 76 und 125. Polz ließ jedoch – abgesehen davon, dass Sinowatz Frischenschlager scharf kritisiert hatte – einen weiteren Unterschied zwischen den Affären Reder und Waldheim unerwähnt: dass nämlich 1985 die kleine Koalition unter Sinowatz und Steger heftiger Kritik seitens junger SozialdemokratInnen wie Josef Cap und Alfred Gusenbauer ausgesetzt gewesen war, was wiederum zur Haltung von Sinowatz in der Waldheim-Affäre beitrug. Tóth arbeitet auch heraus, dass in der Affäre Reder die ÖVP eine Doppelstrategie verfolgte, indem Alois Mock einerseits die öffentliche Empörung über den Handschlag schürte, andererseits aber dazu aufrief, die Geschichte Österreichs nicht zum Gegenstand politischer Parteienauseinandersetzungen zu machen. Das argumentative Arsenal der Waldheim-Apologie im Sinne der österreichischen Opferthese war bereits vorhanden (Tóth, *Handschlag*, 157–158).

274 Hermann Polz, »Zweierlei Maß«, *Oberösterreichische Nachrichten*, 29.3.1986, 2.

fähig geworden: »Antisemit zu sein war plötzlich eine ehrenhafte und patriotische Haltung.«[275]

Die *Tiroler Tageszeitung* stellte sich im März hinter Waldheim und zweifelte die Lauterkeit der SPÖ-Spitze an, mit mehreren Leitartikeln des Wien-Korrespondenten Josef A. Nowak, Vater des heutigen *Presse*-Chefs Rainer Nowak. In einem seiner Kommentare empörte sich Nowak über die »Drohung« seitens des Jüdischen Weltkongresses als Beleidigung der »primitivsten nationalen österreichischen Selbstachtung«, verwehrte sich jedoch gleichzeitig gegen jeden antisemitischen Beifall.[276] Damit führte Nowak genau jene Volte vor, die Kurt Schubert, Vorstand des Instituts für Judaistik an der Universität Wien, drei Wochen später in einem Interview mit den *Salzburger Nachrichten* kritisierte. Katharina Krawagner-Pfeifer, die in den *Salzburger Nachrichten* schon einige Kommentare zu Waldheim verfasst hatte, interviewte Schuber bald nach Singers *profil*-Interview. Der Judaist wies auf die antisemitische Logik hin, die hinter der Dämonisierung Singers stehe. Wenn dieser sage, die Jahre nach einem Wahlsieg Waldheims würden für Österreich kein Honiglecken, sei dies nur dann als Drohung zu verstehen, wenn man ihnen – im Sinne der Protokolle der Weisen von Zion – eine Macht zuweise, die sie nicht haben. Den österreichischen Antisemitismus sah er als »Krankheit, die jederzeit ausbrechen kann«.[277]

Eine ähnliche Argumentation führte Nowak auch später fort, wenn er den ÖVP-Generalsekretär Michael Graff dafür kritisierte, »jenen Munition [zu liefern], die da behaupten, hier werde bewusst mit antisemitischen Emotionen spekuliert«, die in Wahrheit in Österreich nicht verbreiteter seien als anderswo.[278] Am Wahlwochenende schaltete die *Tiroler Tageszeitung* einen Aufruf des mächtigen und langjährigen ÖVP-Landeshauptmanns Eduard Wallnöfer, Kurt Waldheim zu wählen. Begriffe wie »Heimat« und »christliche Weltanschauung« wurden als Werte beschworen, die Waldheim verkörpere. Zudem sprach sich Wallnöfer für einen aktiven Bundespräsidenten aus, den gerade die TirolerInnen angesichts eines Staats, in dem »Anständigkeit, Moral und Toleranz« sichtlich verloren gegangen seien, dringend vonnöten hätten.[279] So stellte sich die *Tiroler Tageszeitung* klar hinter Waldheim und trug die nationalistische Abwehrhaltung mit.

---

275 Hermann Polz, »Eine tragende Rolle«, *Oberösterreichische Nachrichten*, 3.5.1986, 2.

276 J. A. Nowak, »Die Drohungen aus New York«, *Tiroler Tageszeitung*, 25.3.1986, 2; das Wort »Drohung« verwendete Nowak auch in einem Bericht auf derselben Seite – allerdings zitierte er darin Bruno Kreisky, der solche »Drohungen« als »ungehörig« zurückwies.

277 Katharina Krawagner-Pfeifer, »›Die Vergangenheit ist, was uns trägt‹. Interview mit Kurt Schubert«, *Salzburger Nachrichten*, 15.4.1986, 2.

278 J. A. Nowak, »Die Stichwahl«, *Tiroler Tageszeitung*, 7./8.6.1986, 2.

279 *Tiroler Tageszeitung*, 3./4.5.1986, 3.

Der nationale Schulterschluss: »Jetzt erst recht!«

Bekanntlich führte die österreichische, vor allem die internationale Kritik an Kurt Waldheim zu einer Stärkung seiner Position. Die ÖVP-Kampagne setzte darauf, dass zahlreiche ÖsterreicherInnen Waldheim gerade auch aus Ablehnung vermeintlicher ausländischer – oder gar »jüdischer« – Einmischung wählen würden. Diese Haltung drückt in ihrer antisemitischen Ausprägung einerseits die Dimension der ethnischen Intoleranz aus. Andererseits mag man im Aufbranden kämpferischen Chauvinismus auch eine Verbindung zur politischen Intoleranz erkennen, ist dieses doch mit der Anrufung des geeinten nationalen Kollektivs verbunden, die auf den vorhergehenden Seiten beschrieben wurde. Da es darum geht, die innere Einheit gegen den »Feind« von außen zu stärken, kann auch Dissens im Inneren weniger leicht hingenommen werden – umso weniger, wenn es sich dabei um »Nestbeschmutzerei« handelt. Diese psychologische Überlegung war das Rückgrat der ÖVP-Kampagne und fand sich auch in zahlreichen Medienkommentaren wieder.

Die Presse ist dafür ein gutes Beispiel. Der Tenor ihrer Kommentare war stets die Ablehnung gegenüber der internationalen Einmischung. Nach dem ersten Wahlgang am 4. Mai nahm der Grad der Empörung allerdings etwas ab. Die *Presse*-KommentatorInnen sahen im Stichwahlkampf Waldheim in klarem Vorteil gegenüber Steyrer und reagierten nun mit ironischer Gelassenheit auf Interventionen aus dem Ausland, vor allem aus Israel und den USA. Auch problematische Begrifflichkeiten traten nun seltener auf. Thomas Chorherr begann, den Begriff »Weltjudentum« in Anführungszeichen zu setzen, und distanzierte sich somit von antisemitischer Rhetorik,[280] während er im ersten Wahlgang noch von »Israel Singer und seinen Freunden« und vom »Weltjudenkongress« geschrieben hatte. Da hatte er auch einer österreichischen »schweigenden Mehrheit« eine »schreiende Minderheit« gegenübergestellt.[281] Nach dem Sieg Waldheims in der Stichwahl lobte Chorherr den Patriotismus der ÖsterreicherInnen gegenüber einer »erbärmlichen Totaldiffamierung« des Landes.[282] Der Rücktritt von Sinowatz und die Regierungsumbildung wurden als »Konfrontation mit der Mehrheit der Österreicher, die Waldheim gewählt hat«, begriffen – insbesondere die (letztlich nicht verwirklichte) Möglichkeit eines Außenministers Heinz Fischer, der Waldheim mehrfach angegriffen hatte.[283]

In der *Kronen Zeitung* wies Viktor Reimann einen Tag vor der Wahl den Vorwurf der SPÖ zurück, die *Kronen Zeitung* bevorzuge Waldheim. Vielmehr habe sich die Zeitung »journalistischem Anstand« entsprechend gegen ausländische Einfluss-

280 Thomas Chorherr, »Das letzte Aufgebot«, *Die Presse*, 31.5./1.6.1986, 1.

281 Thomas Chorherr, »Keiner wird gewinnen«, *Die Presse*, 29./30./31.3.1986, 1.

282 Thomas Chorherr, »Und jetzt zusammenräumen!«, *Die Presse*, 9.6.1986, 1.

283 Dieter Lenhart, »Eine seltsame Umbildung«, *Die Presse*, 10.6.1986, 1.

nahme und mögliche inländische Kollaboration gestellt und einen »Mitbürger, der unserem Land bestimmt keine Schande gebracht hat« verteidigt.[284] Diese Logik bestimmte auch Peter Gnams Wahlanalyse am Dienstag. Die ÖsterreicherInnen hätten durch ihre Entscheidung gegen das »infame Spiel« gegen Waldheim und insbesondere die ausländische Beeinflussung eine »Reifeprüfung« abgelegt.[285] Kurz vor dem Wahltermin machte sich Nimmerrichter über das Dilemma der »Demonstrierer und linksfortschrittlichen Turnpatschenmarschierer« lustig, aus Antiamerikanismus und Israelkritik heraus nun eigentlich Waldheim wählen zu müssen.[286] Nach der Wahl monierte Nimmerrichter, dass der »offenbar schwer erboste sogenannte Jüdische Weltkongress« die ÖsterreicherInnen bis zur Stichwahl weiterhin mit »Unsinn« bombardieren werde. Die *Kronen Zeitung* werde sich weiterhin schützend vor den »österreichischen Bürger« Waldheim stellen.[287]

Demgegenüber stellte Manfred Scheuch in der *Arbeiter-Zeitung* fest, dass zwar die österreichischen Zeitungen versuchten, die internationalen Meldungen zur Waldheim-Affäre (anders als bei Reder) auszublenden,[288] aber das ändere nichts daran: »Die Welt fragt sich, ob wir immer noch nicht wüssten, ob wir 1945 besiegt oder befreit worden sind.«[289] Die Niederlage beim ersten Wahltermin begründete Scheuch nicht nur mit der wahrscheinlichen Zustimmung vieler FPÖ-WählerInnen für Waldheim, sondern auch mit dem Einsatz »ausländerfeindliche[r], scheinpatriatorische[r] und leider auch antisemitische[r] Gefühle«.[290] Kleinstaatlicher Chauvinismus und Antisemitismus waren also in den Augen der SPÖ-nahen JournalistInnen die Formel für Waldheims Sieg gewesen.

Antisemitismus als Antiinternationalismus

Im Kontext des eben Gesagten wurde deutlich, dass in der Waldheim-Debatte antisemitische Codes oft mit chauvinistischen zusammenfielen. Das Narrativ vom

---

284 Viktor Reimann, »Eine patriotische Pflicht«, *Kronen Zeitung*, 3.5.1986, 2.

285 Peter Gnam, »Die Reifeprüfung«, *Kronen Zeitung*, 6.5.1986, 2.

286 Staberl, »Fortschritt im Dilemma«, *Kronen Zeitung*, 2.5.1986, 2. An anderer Stelle polemisierte Nimmerrichter gegen den Einsatz von Peter Turrini gegen Waldheim, der schon 1970 gemeinsam mit Elfriede Jelinek – »durch ihr gleichermaßen geschmackloses wie schlechtes Theaterstück sattsam bekannt geworden« – für die KPÖ eingetreten sei. Staberl, »Im Land der Unterzeichner«, *Kronen Zeitung*, 5.6.1986, 2.

287 Staberl, »Hier irrt der Wiener Obmann«, *Kronen Zeitung*, 7.5.1986, 12.

288 Manfred Scheuch, »Zweierlei Maß«, *Arbeiter-Zeitung*, 19.3.1986, 2. Für Scheuch waren nicht nur *Kronen Zeitung* und *Presse* Teil der Waldheim-Propaganda, sondern nach einer Reihe von »Umbesetzungen in der Redaktion« letztlich auch der *Kurier*. Manfred Scheuch, »Wahlhelfer«, *Arbeiter-Zeitung*, 7.5.1985, 2.

289 Manfred Scheuch, »Sind wir so?«, *Arbeiter-Zeitung*, 25.3.1986, 2.

290 Manfred Scheuch, »Erster Durchgang«, *Arbeiter-Zeitung*, 5.5.1986 2.

kleinen, stets zahllosen Anfeindungen des feindlichen Auslands widerstehenden tapferen Österreichs, wie wir ihn schon rund um den Staatsvertrag beschrieben haben, tritt auch in den 1980er-Jahren wieder in den Vordergrund, bereits rund um Reder-Frischenschlager und abermals in der Waldheim-Affäre. Neu im Vergleich zu den 1950er-Jahren ist das Motiv der »Ostküste«, also ein expliziter oder impliziter Verweis auf angeblich globale jüdische Netzwerke, die gegen Österreich zu Felde zögen; eine Variante der Weltverschwörung. Dabei handelt es sich um eine Konstante, die auch angesichts der Sanktionen der EU-14 gegen die Schüssel-Haider-Koalition von 2000 wieder an die Oberfläche kam: »Unser kleines Österreich« – diese sehr häufig (und in verschiedenen Varianten) gebrauchte Wendung impliziert nicht nur die Verniedlichung und Verharmlosung des eigenen Politischen, des eigenen Staatswesens, des »österreichischen« Handelns, die sich mit den oft strapazierten Charakterbildern von charmanter Weinseligkeit und Gemütlichkeit analog setzen lassen; sie weist gleichzeitig auch auf eine mutmaßliche Unverhältnismäßigkeit in den Beziehungen zwischen der »großen« EU im Falle der EU-Sanktionen oder dem mächtigen »Amerika« während der Waldheim-Affäre einerseits und dem eigenen Gemeinwesen andererseits hin.

Schon Anfang März erschien in der *Presse* ein kurzer Kommentar, der die von der SPÖ behauptete Zurückhaltung im Wahlkampf angesichts der Waldheim-kritischen Berichterstattung in der *Arbeiter-Zeitung* als unglaubwürdig darstellte. Des Weiteren wurde dem »merkwürdigen« Verhalten »einzelner Funktionäre« des Jüdischen Weltkongresses die tatsächliche Zurückhaltung Simon Wiesenthals gegenübergestellt. Dieser spiele »dieses Spiel bisher aus gutem Grund nicht mit. Er jagt Massenmörder, nicht Wahlwerber.«[291] Diese Einschätzung teilte USA-Korrespondent Georg Possanner nicht.[292] In einer Analyse der amerikanischen Berichterstattung über Waldheim und die führende Rolle der *New York Times* und »jüdischer Kreise« differenzierte er, dass weder Bronfman noch Wiesenthal – die einander sonst keineswegs freundlich gesonnen seien – Waldheims Unwissenheit bezüglich der Deportationen von Juden Glauben schenkten.[293] Beide Ansichten mochten etwas für sich haben. Wiesenthal jagte Waldheim nicht, was nicht hieß, dass er ihm glaubte. Als ÖVP-Mitglied wurde ihm bereits seit den 1970er-Jahren eine parteiische Schlagseite gegen die SPÖ vorgeworfen.[294]

291 Was, »Düsteres Spiel«, *Die Presse*, 10.3.1986, 1.

292 In späteren Artikeln berichtete Possanner vom Generationenkonflikt der »US-Juden« und dem »Jagdinstinkt« der amerikanischen Medien.

293 Georg Possanner, »US-Medien haben ihr zweites Bitburg. Büßt Waldheim für alte Rechnungen?«, *Die Presse*, 13.3.1986, 3.

294 Tom Segev, *Simon Wiesenthal. Die Biographie* (München: Siedler, 2010).

Otto Schulmeister veröffentlichte im Kontext des Wahlkampfs einen mahnenden Essay über die üblen österreichischen Zustände, in denen vom »Parasitentum« in allen österreichischen Berufsständen und im »degenerierten Parteien- und Verbänderegime« ebenso die Rede war wie vom »Jüdischen Weltkongress als Oberzensor« der internationalen Presse, von Führungsschwäche und der Notwendigkeit einer »politischen Seelsorge«. Gleichzeitig polemisierte Schulmeister gegen einen vergangenheitspolitischen Schlussstrich, unterstrich jedoch, dass die ideologisierte Auseinandersetzung mit dem Dritten Reich und dem österreichischen Antisemitismus deren historische Wurzel nicht zu erfassen vermöge. Dieser Geschichtslosigkeit stehe ein Werteverlust zur Seite. Schulmeister griff den in seinen Augen scheinheiligen »Pluralismus« seit den 1960er-Jahren als Kulminationspunkt eines Erosionsprozesses »gemeinsamer Werteüberzeugungen« an; dessen Ergebnis sei »die hilflose Reaktion auf die neuen Herausforderungen [… :] die Auflösung der Sozialstruktur in Ehe, Familie, Mann-Frau-Relation, […] Gentechnologie, Computerisierung [und] Sterbehilfe«.[295] In dieser Aufzählung lässt sich eine kulturpessimistische Kontinuität in Schulmeisters Feder erkennen, die auch angesichts der Rechtsreformen der 1970er-Jahre schlagend wurde und seine Leitartikel in der *Presse* über lange Zeit prägte.

Am 25. März stand die Titelseite der *Presse* im Zeichen von Wiesenthals Zweifel an Waldheims Schuld und von Kreiskys Kommentar über die »Niedertracht« des Jüdischen Weltkongresses. Unter den Aufmachern schrieb Ilse Leitenberger einen empörten Kommentar über die Einmischung des Jüdischen Weltkongresses in österreichische Angelegenheiten und die Schadenfreude des »Ballhausplatzes« über diesen Umstand. Dabei verwendete Leitenberger einschlägig antisemitische Begrifflichkeit und Argumente. Die Rede ist vom »Weltjudentum« und davon, dass der Weltkongress »ganz andere Aufgaben zu bewältigen hätte« – nach dem Motto »Kehr' vor Deiner eig'nen Tür, da hast Du Dreck genug dafür!« In der Folge rechtfertigte sie den »Jetzt erst recht!«-Impuls der »Durchschnittsösterreicher«, die schon lange »gezielt [als Mitläufer] desavouiert« würden. Deren »Anstand […], einen Landsmann nicht vogelfrei infamen Angriffen« zu überlassen, stehe den Handlungen einer nur implizit, aber für den Leser doch recht deutlichen »Seite« gegenüber, die sich »schon immer zum willigen Werkzeug« einer Minderheit mache, die »aus einer düsteren Vergangenheit ein Geschäft machen« wolle. So trügen denn SPÖ und »Weltjudentum« auch »ein gehöriges Quantum Schuld« am neuen österreichischen Antisemitismus.[296] Auch Thomas Chorherr schloss sich dieser Umkehrungslogik an und bezichtigte österreichische Medien, »Antisemitismus erst zu schaffen und dann

295 Otto Schulmeister, »Feine Zustände sind das, sagen die Leute«, *Die Presse*, 15./16.3.1986, 5.

296 Ilse Leitenberger, »Ohne Beispiel«, *Die Presse*, 25.3.1986, 1.

anzuprangern«.[297] Ilse Leitenberger suggerierte, dass Hakenkreuzschmierereien und ähnliche Akte Teil einer »Inszenierung« seien.[298]

Der Interpretationsspielraum sich als katholisch verstehender JournalistInnen war indes breiter als der von Schulmeister und Co. vorgegebene. An früherer Stelle war bereits von den Waldheim-Rechtfertigungen in der *Furche* die Rede. Das bedeutet jedoch nicht, dass dort ein Totschweigen der Vergangenheit gefordert worden wäre. Im Gegenteil, gerade im Kampf gegen antisemitische Regungen tat sich *Die Furche* besonders hervor. So schrieb Hannes Schopf für eine aktive Aufarbeitung der Geschichte.[299] Auch die Journalistin Renata M. Erich schrieb mit Bezug auf Friedrich Heers Schlagwort der österreichischen »Verdrängungsgemeinschaft« von einer unbewältigten Vergangenheit, die an der Waldheim-Debatte deutlich werde. Sie ging auf die historischen ebenso wie auf die unmittelbaren Erfahrungen ein, die Israel Singer (Singer war 1985 kurz nach der Reder-Affäre in Wien gewesen, wo sein Vater 1938 gedemütigt worden war) und andere motivierten. Unter anderem warnte sie auch vor in Österreich verbreiteter antisemitischer Rhetorik (»Weltjudentum«). So habe der Wahlkampf weniger Waldheim selbst als »uns Österreicher« bloßgestellt. Diese Ansicht stand etwa jenen in der *Presse* veröffentlichten diametral entgegen.[300] Auch die Chefredakteurin der *Illustrierten Neuen Welt*, Marta Halpert, meldete sich »als jüdische Österreicherin« zu Wort und äußerte ihre Furcht vor weiterer Verdrängung und damit einhergehendem antisemitischem Sprachgebrauch.[301] Neben Renata Erichs zitiertem Aufsatz fand sich auch ein Artikel, der – als Gegenargument gegen die These von der »jüdischen Weltverschwörung« – die polyzentrische Natur der jüdischen Diaspora erklärte.[302] Auch zahlreiche andere Beiträge richteten sich gegen den Antisemitismus.[303] Und dann erschien Walter Schwimmers Abrechnung mit antisemitischen Stimmen in der österreichischen Medienberichterstattung über den Wahlkampf, allen voran Viktor Reimann und Richard Nimmerrichter. Darin schrieb Schwimmer, Antisemitismus sei nicht allein ein »Problem der Juden«, sondern ein Indiz für Intoleranz und Fremdenhass und damit eine »große Gefahr für alle Mitglieder unserer Gesellschaft«.[304]

297 Thomas Chorherr, »Geisterstunde«, *Die Presse*, 5./6.4.1986, 1.

298 Ilse Leitenberger, »Inszenierung«, *Die Presse*, 11.4.1986, 1.

299 Hannes Schopf, »Fast alle wussten wir doch…«, *Die Furche*, 28.3.1986, 1.

300 Renata M. Erich, »Der Splitter im Auge des Bruders. Der Jüdische Weltkongress zielt auf unsere Seelen«, *Die Furche*, 4.4.1986, 3.

301 Marta Halpert, »Wer wird das mit uns durchstehen?«, *Die Furche*, 25.4.1986, 5.

302 Tino Teller, »Jüdische Einheit in der Vielfalt«, *Die Furche*, 4.4.1986, 3.

303 So z. B. Walter Schwimmer, »Niemals hassen«, *Die Furche*, 18.4.1986, 1.

304 Walter Schwimmer, »Verletzte Gefühle«, *Die Furche*, 4.7.1986, 3.

Andererseits gab es auch relativierende Beiträge zur Kritik am österreichischen Opferdiskurs, etwa von Hubert Feichtlbauer.[305] Anfang Mai forderte Feichtlbauer in seiner Kolumne Waldheim auf, ein »Juden-Manifest« zu veröffentlichen, in dem die Leistungen jüdischer ÖsterreicherInnen den Missetaten des Staates und der Kirche gegenübergestellt würden; damit würde er, der »moralische Sieger« des Wahlkampfes, auch seine übrigen Kritiker beschämen.[306] Zwei Wochen später veröffentlichte *Die Furche* Auszüge aus einer Rede Kurt Waldheims gegen »neuen Antisemitismus in Österreich«, in der dieser freilich auch vom Leiden der Österreicher sprach, Elie Wiesel für seine Argumentation in Anspruch nahm und schließlich seinen – jüdischen – KritikerInnen aufzutragen sich herausnahm, man müsse eben vergeben, wenn auch nicht vergessen.[307]

Ganz anders war die Lage in der *Kronen Zeitung*. Am Wahltag selbst widmete sich Viktor Reimann der Frage der »Vergangenheitsbewältigung«, über die er sich schon an anderer Stelle lustig gemacht hatte. Der Vorwurf, die ÖsterreicherInnen hätten sich der Vergangenheit unzureichend gestellt, sei deshalb eine »Zumutung«, weil die Sieger von 1945 damals und weiterhin »die Verbrechen wiederholten, deretwegen sie die Deutschen bestraft hatten«. Zudem seien gerade die ehemaligen Nationalsozialisten über Gebühr zur Rechenschaft gezogen worden, während die anderen politischen Gruppierungen nicht für ihren Beitrag zum Untergang der Ersten Republik hätten sühnen müssen.[308] Zu Beginn des Stichwahlkampfes warf Reimann dann Singer und Bronfmann eine »arge Verharmlosung des Holocausts« vor und ging dazu über, den Verbrechen des Nationalsozialismus den Antisemitismus in Frankreich, Osteuropa und den USA an die Seite zu stellen.[309] Am Tag der Stichwahl drehte Reimann den Begriff Holocaust sogar um, als er schrieb, die deutschen (österreichischen) Soldaten – welche die USA doch in der NATO bräuchten und deshalb nicht verleumden sollten – hätten unter anderem deshalb nicht gegen Hitler rebelliert, weil 1941 ein Buch von Theodore Kaufmann die Auslöschung Deutschlands durch Zwangssterilisation verlangt hätte: »ein Holocaust auf schmerzlose Art«.[310] Selbst nach der Wahl schrieb Reimann weiter von »jüdischer Beschimpfung« und »jüdischem Vorwurf« gegenüber österreichischen PolitikerInnen (Kreisky) und dem österreichischen Volk, dem doch »wie keinem anderen vom Nationalsozialismus grenzenloses Leid angetan worden sei«.[311]

305 Hubert Feichtlbauer, »Flucht war es nicht«, *Die Furche*, 18.4.1986, 2.
306 Hubert Feichtlbauer, »Juden-Manifest«, *Die Furche*, 9.5.1986, 2.
307 Kurt Waldheim, »Im Geist der Versöhnung«, *Die Furche*, 23.5.1986, 1.
308 Viktor Reimann, »Der Anachronismus«, *Kronen Zeitung*, 4.5.1986, 2.
309 Viktor Reimann, »Ein mieser Kampfstil«, *Kronen Zeitung*, 7.6.1986, 8.
310 Viktor Reimann, »Haß gegen die Soldaten«, *Kronen Zeitung*, 8.6.1986, 2.
311 Viktor Reimann, »Zur Tagesordnung übergehen«, *Kronen Zeitung*, 15.6.1986, 2.

Die Stoßrichtung des *Neuen Volksblattes* war in erster Linie die SPÖ und erst in zweiter Linie »das Ausland«. Freilich ruft auch diese Zeitung zu »mehr Nationalbewusstsein« auf[312] und sieht den Jüdischen Weltkongress als »Handlanger der SPÖ« und verurteilt internationale Einmischung.[313] Antisemitische Untertöne lassen sich in dem oberösterreichischen Blatt allerdings nur wenige ausmachen. Als solcher kann die Identifizierung israelischer Parlamentarier als »jüdische Politiker« genannt werden,[314] wobei dem die Differenzierung zwischen dem »unbeteiligten« Staate Israel, der sich daher nicht »genieren« müsse, und der »beispiellosen Hetze [von] einem Herrn Israel Singer« gegenüberstand.[315] Weder der Weltkongress noch einzelne Knesseth- oder US-Senatsabgeordnete seien »das offizielle Sprachrohr der Juden und schon gar die Stimme Amerikas, Frankreichs oder was immer«.[316] Als der Jüdische Weltkongress allerdings nach Waldheims Sieg im ersten Wahlgang neue Enthüllungen ankündigte, eröffnete derselbe Autor seinen Kommentar mit dem Satz: »Ich habe die Juden bisher für klüger gehalten.«[317] Und nach dem endgültigen Sieg Waldheims warf ein Kommentar »Herrn Israel Singer und […] Teilen der israelischen Regierung« vor, durch die »Vorverurteilung« Waldheims gegen die Thora, »die ethischen Grundsätze ihres Gesetzes« verstoßen zu haben. Damit wurden religiöse und politische Handlungsrahmen »jüdischer« ProtagonistInnen gleichgesetzt. Dem wurden »2.464.598 unbescholtene österreichische Staatsbürger« gegenübergestellt, die so beleidigt würden.[318]

In den *Salzburger Nachrichten* ging Gerhard Steininger in einem prominent platzierten Kommentar auf den »latenten und akuten Antisemitismus […] mitten unter uns« ein, erklärte differenziert den Hintergrund von Israel Singers überzeichneten Anschuldigungen gegen Waldheim und fragte: »Wer von uns Österreichern streckt dem Sohn eines österreichischen Juden die Hand hin und sagt: ›Tut uns leid, das mit Ihrem Vater.‹«[319] Clemens M. Hutterer lieferte in derselben Ausgabe Hintergrundwissen zu Judendeportationen um Thessaloniki.[320] Am Tag nach der Wahl wagte Alois Mock einen unseligen Vergleich und stellte die Stellungnahmen des Jüdischen Weltkongresses als Einmischung auf eine Stufe mit Hitlers Diktat an Schuschnigg im Februar 1938. Dies wurde ihm von Gerhard Steininger als Entgleisung vorgeworfen

312 Wolfgang Sperner, »Osterfrieden«, *Neues Volksblatt*, 29.3.1986, 1.

313 N. N., »Heftige Drohungen gegen Österreich wegen Waldheim«, *Neues Volksblatt*, 25.3.1986, 1.

314 N. N., »Kampagne gegen Waldheim greift auf Israel über. Jetzt auch schon Attacken jüdischer Politiker«, *Neues Volksblatt*, 29.3.1986, 1.

315 Peter Klar, »Die Gefahr«, *Neues Volksblatt*, 2.4.1986, 1.

316 Walter Salzmann, »Dimensionen«, *Neues Volksblatt*, 3.4.1986, 1.

317 Walter Salzmann, »Vorverlegen!«, *Neues Volksblatt*, 6.5.1986, 1.

318 Peter Klar, »Konsequenzen!«, *Neues Volksblatt*, 10.6.1986, 1.

319 Gerhard Steininger, »Singer, die Kandidaten und wir«, *Salzburger Nachrichten*, 5./6.4.1986, 1.

320 Clemens M. Hutterer, »Das ›jüdische Untermenschentum‹ in Saloniki«, *Salzburger Nachrichten*, 5./6.4.1986, 2.

und als bedauerlicher Höhepunkt des ÖVP-Wahlkampfs gedeutet: »Die ÖVP setzte, medienmäßig unterstützt, auf antisemitische Ressentiments.«[321] Auch im *Kurier* kritisierte Hans Rauscher Alois Mock für eine »hetzerische« Aussage gegenüber Israel Singer, »auch wenn es sicher nicht so gemeint war«. »Ähnliche Töne« habe man auch von Waldheim vernommen.[322] Steiningers Kritik galt allerdings nur der ÖVP und – unspezifisch – den Medien, nicht aber dem Wahlvolk. In mehreren Kommentaren wurde der Verdruss mit einer »abgewirtschafteten« SPÖ als Hauptmotiv für den Wahlausgang angegeben. In Ignoranz dieser innenpolitischen Verhältnisse seien daher ausländische Medien im Irrtum, die in Österreich Antisemitismus und Nationalismus orteten. Zudem seien die aktuellen »Anflüge von Virulenz« des »latenten Antisemitismus« in Österreich nicht zuletzt den Aktionen des Jüdischen Weltkongresses und israelischer Politiker zu verdanken.[323] Die *Salzburger Nachrichten* und der *Kurier* fielen also – wie schon in der Reder-Affäre[324] – durch subtile Kommentare auf und hielten sich von jenen ansonsten verbreiteten antisemitischen Codes fern, die innerhalb der Waldheim-Affäre als zentraler Indikator der rassistischen Dimension autoritärer Tendenzen in der Medienberichterstattung auftraten.

Von der getanen Pflicht der anständigen Österreicher

Wie erwähnt können auch an der Identifikation vieler ÖsterreicherInnen mit dem an seinen Eid gebundenen Soldaten Waldheim autoritäre Konstellationen abgelesen werden. Hier geht es um die kollektive Verteidigung Hunderttausender österreichischer Wehrmachtssoldaten, um deren Rolle im Holocaust und im Zweiten Weltkrieg und somit potenziell um die Rechtfertigung der Beteiligung an den Verbrechen der NS-Diktatur. Waldheims Aussagen wurden von vielen JournalistInnen als glaubwürdig erachtet, während seinen KritikerInnen letztlich oft Verleumdung unterstellt wurde. Dieter Kindermann gab sich »irritiert« über den opportunen Zeitpunkt, zu dem die Vorwürfe lanciert würden, und verlangte dann wiederholt eine Prüfung durch HistorikerInnen, die einzig in der Lage seien, eine objektive Prüfung des Sachverhalts zu leisten.[325] Er machte sich denn auch selbst auf, Waldheims Personal-

---

321 Gerhard Steininger, »Lohn und Preis«, *Salzburger Nachrichten*, 6.5.1986, 2.

322 Hans Rauscher, »Die Verfehlung des richtigen Tons«, *Kurier*, 3.5.1986, 2. Rauschers Kommentare können insgesamt nicht einer »Anti-Waldheim-Kampagne« zugeordnet werden, sondern zeigen eine kritische Analyse beider Seiten. Dennoch bezeichnete das *Neue Volksblatt* ihn als »einen der heftigsten Kämpfer gegen einen Bundespräsidenten Waldheim«. Walter Salzmann, »Dimensionen«, *Neues Volksblatt*, 3.4.1986, 1.

323 Clemens M. Hutterer, »Die Kopfwäsche für Österreich«, *Salzburger Nachrichten*, 11.6.1986, 1.

324 Wassermann, *Vergangenheit*, 567–615.

325 Dieter Kindermann, »Die Fairneß«, *Kronen Zeitung*, 4.3.1986, 2; Dieter Kindermann, »Der Ausweg«, *Kronen Zeitung*, 27.3.1986, 2.

akt beim Oberlandesgericht Wien zu studieren, und berichtete den LeserInnen über dessen Inhalt: SA-Mitgliedschaft, Prüfung durch die NS-Behörden und nach 1945 durch die österreichischen Behörden und Erklärungen auch von SPÖ-PolitikerInnen, die Waldheim als »aufrechten, charakterfesten Österreicher [...] voll rehabilitiert« hätten.[326] Zwei Wochen später präsentierte Kindermann diese Zusammenfassung nochmals wie das Ergebnis einer tiefgehenden historischen Recherche.[327]

Auch der außenpolitische Kommentator Ernst Trost unternahm einen seiner seltenen Ausritte in die Innenpolitik, um Waldheim als harmlosen Vertreter der Kriegsgeneration zu verteidigen. Er bezeichnete dessen Angreifer als »Giftmischer« und erklärte, er habe selbst anlässlich Waldheims erster Kandidatur 15 Jahre zuvor über dessen Vergangenheit recherchiert. Auf dieser Basis sprach er sich für Waldheim aus, denn wenn seine soldatische Vergangenheit gegen ihn spräche, »dann wäre jeder Soldat, der auf dem Balkan im Einsatz stand, für ein öffentliches Amt ungeeignet«. Die meisten seien doch nur »kleine Rädchen der gigantischen Kriegsmaschinerie« gewesen.[328] Die dem Thema gewidmeten Leserbriefe nahmen bald an Anzahl zu und sprachen sich überwiegend für Waldheim aus. Stellvertretend kann folgende Zuschrift zitiert werden: »Es ist schamlos, einem einfachen österreichischen Soldaten nachzuschnüffeln, was er im 40 Jahre zurückliegenden Krieg gemacht hat. Hoffentlich antworten die Österreicher mit entsprechendem Rückgrat.«[329] Auch andere Leserbriefe richteten sich gegen die SPÖ-Kampagne und rechtfertigten die »unfreiwilligen« Mitgliedschaften von Sportlern in der SA. Allerdings nahmen manche Leserbriefe auch gegen Waldheim Partei.

Im *Kurier* hatte Chefredakteur Gerd Leitgeb schon im Herbst 1985 eine Schlammschlacht heraufziehen sehen.[330] Als die Gerüchte um Waldheim sich verdichteten, richtete Leitgeb seine Feder gegen jene KollegInnen (vor allem die noch unter Vierzigjährigen), die sich »anmaßen, der Weltkriegsgeneration die Leviten zu lesen«. Als Opfer dieser JournalistInnen nannte er Friedrich Peter, Walter Reder und Alexander Löhr, weil ihre persönliche Schuld nicht bewiesen sei. Im Gegensatz zu ihnen aber sei Waldheim – und ganz allgemein »unsere Väter und Großväter« der Wehrmachtsgeneration – nicht in einer verbrecherischen Organisation gewesen. Vorzuwerfen sei ihm allerdings seine mangelnde Bereitschaft, Klarheit über die von ihm selbst gelassenen Lücken in seiner Biografie zu schaffen.[331] Dies löste auch bei

326 Dieter Kindermann, »Politik inoffiziell«, *Kronen Zeitung*, 8.3.1986, 2.

327 Dieter Kindermann, »Politik inoffiziell«, *Kronen Zeitung*, 22.3.1986, 2.

328 Ernst Trost, »Die Giftmischer«, *Kronen Zeitung*, 6.3.1986, 2.

329 *Kronen Zeitung*, 8.3.1986, 4.

330 Vgl auch Kriechbaumer, *Zeitenwende*, 485–486.

331 Gerd Leitgeb, »Scheitert Waldheim an den Enthüllungen über seine Vergangenheit?«, *Kurier*, 2.3.1986, 3; Gerd Leitgeb, »Kurt Waldheims Erinnerungslücken«, *Kurier*, 9.3.1986, 3.

Hans Rauscher Unbehagen aus,[332] als sich aber das Ganze als »sehr österreichische Geschichte« des Opportunismus erwies – »Er war dabei, aber nicht Mitglied« –, glaubte ihm Rauscher.[333] Erwin Frasl sprach Waldheim sogar das Vertrauen über seine »untadelige militärische Vergangenheit« aus.[334]

Der *Kurier* gab auch einem führenden Zeithistoriker das Wort. Gerhard Jagschitz schrieb in einem Gastkommentar, ohne Waldheim zu nennen, über die in seinen Augen fehllaufenden Geschichtskontroversen rund um die Schuld der Mitläufer, die er durch mangelnde Aufarbeitung und Opfermythos erklärte. Eine solche Gesellschaft brauche immer wieder Sündenböcke – damit mochte er Waldheim meinen –, was aber

> den Nährboden für unseren Alltagsfaschismus [verdecke]: die Intoleranz und die täglich gelebten Vorurteile, die Verfolgung der Minderheiten, das Delegieren von Verantwortung an fragwürdige Autoritäten […] und die gefährliche Mischung aus buckelnder Untertänigkeit nach oben und erbarmungsloser Machtausübung nach unten.

Damit sprach Jagschitz alle Parameter von Autoritarismus an, die unserer Untersuchung zugrunde liegen.[335] Ebenfalls als Gastautor trat der deutsche Bundespräsident Richard von Weizsäcker auf, dessen Rede zum 40. Jahrestag des Kriegsendes in Auszügen veröffentlicht wurde. Darin sprach Weizsäcker von der Verantwortung der Kriegsgeneration, die Wahrheit zu sagen.[336] Auch die *Salzburger Nachrichten* äußerten anfangs vor allem Skepsis an Waldheims zögerlichen Reaktionen,[337] Waldheim wurde auch »Unanständigkeit« vorgeworfen[338] sowie, »ganz Österreich« belogen zu haben – seine Kandidatur sei daher »unvorstellbar«.[339]

In keiner anderen Zeitung wurde die Frage der Vergangenheitsbewältigung so tragend in der Berichterstattung und den Kommentaren zum Wahlkampf wie in der *Volksstimme*. Wichtigster Kommentator zum Thema Waldheim war zunächst Ulrich Perzinger, später auch Michael Graber. Doch auch die Berichterstattung war von wertendem Tonfall gegen Waldheim getragen – gleichsam das Gegenstück zum *Neuen Volksblatt*. Das kommunistische Blatt vereinigte in seinen Kommenta-

332 Hans Rauscher, »Waldheim und der ungeklärte Rest«, *Kurier*, 6.3.1986, 2; Hans Rauscher, »Die Vergangenheit und die Zukunft«, *Kurier*, 8.3.1986, 2.

333 Hans Rauscher, »Er war dabei, aber kein Mitglied«, *Kurier*, 22.3.1986, 2.

334 Erwin J. Frasl, »Uns geht es trotz der Politiker gut«, *Kurier*, 2.3.1986, 2.

335 Gerhard Jagschitz, »SAler und andere böse Menschen«, *Kurier*, 8.3.1986, 5.

336 Richard von Weizsäcker, »Die Vergangenheit annehmen«, *Kurier*, 14.3.1986, 5.

337 Viktor Hermann, »Beweise auf den Tisch«, *Salzburger Nachrichten*, 5.3.1986, 2; Karl Heinz Ritschel, »Tragik mit Stolperstein«, *Salzburger Nachrichten*, 8./9.3.1986, 1–2.

338 Stein, »Charakterurteil«, *Salzburger Nachrichten*, 10.3.1986, 2.

339 Karl Heinz Rischel, »Kandidatur eines Unglaubwürdigen«, *Salzburger Nachrichten*, 22.3.1986, 4.

ren und Leitartikeln die Argumente der Waldheim- und der Steyrer-GegnerInnen: Waldheim sei zumindest ein Opportunist, der unter Hitler seine Karriere begonnen habe, während dieses Regime Millionen ermordete; der SPÖ wiederum mangle es an Glaubwürdigkeit dies anzuklagen, habe sie doch Friedrich Peter zum Nationalratspräsidenten machen wollen und in der Reder-Affäre kein Rückgrat bewiesen. Die Kommentare transportierten denn auch die Empfehlung der KPÖ, angesichts des Mangels an antifaschistischen und fortschrittlichen KandidatInnen ungültig zu wählen, und verband dies mit der traditionellen Kritik an den außerparlamentarischen Konsensbildungen in Österreich: »Ein aktiver Protest gegen die herrschenden politischen Kräfte, gegen die undemokratische Sozialpartnerschaftspolitik ist diesmal nur durch die Abgabe eines ungültigen Stimmzettels möglich.«[340] Vor der Stichwahl erschien ein Kommentar des KPÖ-Vorsitzenden Franz Muhri, dessen Wortwahl einen unfreiwilligen Einblick in das Demokratieverständnis der Parteispitze erlaubte. Der rezente Parteitagsbeschluss habe die WählerInnen aufgerufen, ihr Wahlrecht zu gebrauchen, ihnen aber »freigestellt, ob sie ungültig wählen oder für Steyrer stimmen«.[341]

Die *Arbeiter-Zeitung* ging auf das Thema der ehrbaren Wehrmachtsgeneration nur selten ein und dann mitunter durch Verweis auf die junge Generation, die nicht mit dem Schmutz der Vergangenheit zu behelligen sei. In einem Kommentar aber stellte Scheu dieser Generation Helmut Qualtingers »Herrn Karl« gegenüber und verlangte, man dürfe die MitläuferInnen von damals und die jungen Menschen der 1980er-Jahre nicht in einen Topf werfen. Denn: »Wie kommen die dazu?«[342]

In der Radikalkritik an beiden Kandidaten wurde den durch die ÖVP-Verteidigung Waldheims befeuerten »gemeinsten antisemitischen Emotionen«[343] breiter Raum gegeben, ohne dass dabei *Volksstimme*-AutorInnen freilich ihre Israel-kritische Position aufgegeben hätten. Eine pointierte Analyse von Medienberichten – Artikel von Leitgeb im *Kurier* und von Trost und Gnam in der *Kronen Zeitung* – kam zu dem Schluss, der Boulevard wittere hinter der Kampagne die »jüdisch-kommunistische Weltverschwörung«.[344] Ernst Fellner bezeichnete es als »beschämend«, wenn Österreich einen Bundespräsidenten hätte, der die Geisteshaltung der Verdrängung repräsentiere; schon der Wahlkampf bringe Antisemitismus an die Oberfläche.[345] In ähnlicher Stoßrichtung schrieb Michael Graber: »Es geht also darum, dass das politische Establishment der Zweiten Republik das Vergessen, Verschweigen und

340 Michael Graber, »Endspurt im Wahlkampf«, *Volksstimme*, 3.5.1986, 1.

341 Franz Muhri, »Der zweite Wahlgang«, *Volksstimme*, 6.6.1986, 2.

342 Manfred Scheuch, »Sind wir so?«, *Arbeiter-Zeitung*, 25.3.1986, 2.

343 Michael Graber, »Zum Ausgang der Wahl«, *Volksstimme*, 10.6.1985, 2.

344 Kilian Hupka, »›Moralisten‹ und ›Giftmischer‹. Der Boulevard hat ein Herz für Waldheim«, *Volksstimme*, 9.3.1986, 4.

345 Ernst Fellner, »Der Jud' ist schuld«, *Volksstimme*, 26.3.1986, 2.

Verdrängen, das Spiel mit der ›missbrauchten Soldatenehre‹ und ›Pflichterfüllung‹ und zum Teil auch Ärgeres zu einer hohen Kunst entwickelt hat.« Die von der ÖVP geforderte »nationale Abwehrfront« solle ferner auch die österreichischen Antisemiten ansprechen.[346] Gegen die Rede von der »Pflichterfüllung« schrieben auch andere KommentatorInnen an und griffen dabei Steyrer wegen seiner ambivalenten Position zu neonazistischen Organisationen und gegenüber dem rechten Kandidaten Otto Scrinci ebenso an.[347] Den Ausgang des ersten Wahlgangs interpretierten die KommentatorInnen der *Volksstimme* als Protestwahl nicht nur zugunsten Waldheims (Rechtsruck), sondern auch gegen die Sozialpartnerschaftspolitik beider Großparteien – die NichtwählerInnen, die drei Prozent ungültigen Stimmen – die den Aufrufen der KPÖ verbucht wurden – und die grünen Stimmen wertete Michael als Ausdruck solchen Protests.[348]

Wer hat Angst vor dem starken Präsidenten?

Eine heute weitgehend vergessene – aber angesichts der erwähnten Vorstellungen Karl Renners von 1945 altbekannte und angesichts des Wahlkampfes von 2016 erneut aktuelle – Dimension des Präsidentschaftswahlkampfs bestand in den Überlegungen Steyrers und Waldheims zur Rolle des Bundespräsidenten im Machtgefüge der Republik. Waldheim hatte sich für eine »Präsidenten-Republik« ausgesprochen. Die Begrüßung oder Ablehnung einer solchen Position lässt – freilich mit Abstrichen und unter Berücksichtigung parteipolitischer Vorlieben – auch auf die potenzielle Neigung der betreffenden JournalistInnen zur Machtkonzentration in den Händen eines »starken Mannes« an der Staatsspitze schließen. Eine solche Neigung war nicht allzu verbreitet, das Thema selbst jedoch stand im Fokus von Berichterstattung und Leitartikeln, da Waldheim seine mutmaßliche Eignung als »starke Hand« einerseits benutzte, um von der Diskussion um seine NS-Vergangenheit abzulenken, andererseits mit diesem Versprechen genau jene anzusprechen versuchte, die sich mit ihm zu solidarisieren bereit waren: die Wehrmachtsgeneration.[349] Dass dabei jener Kandidat, der nur als braver Soldat seine Pflicht erfüllt haben wollte (und demnach als exemplarisch submissiv auftrat), im gleichen Atemzug gleichzeitig eine entschlossene Führerrolle einnehmen wollte, stellte einen augenfälligen Widerspruch dar.

Am Tag nach Waldheims Interview über seine maximale Auslegung des Präsidentenamtes titelte die *Arbeiter-Zeitung* alarmierend: »Waldheim strebt als Präsident

346 Michael Graber, »Gipfel der Heuchelei«, *Volksstimme*, 27.3.1986, 2.

347 So z. B. Lutz Holzinger, »Der Zug nach rechts«, *Volksstimme*, Wochenendpanorama, 4.4.986, 1.

348 Michael Graber, »Der Anspruch der Proteststimmen«, *Volksstimme*, 11.5.1986, 2.

349 Len., »TV-Duell von Vergangenheit geprägt. Waldheim: Volk für starken Präsidenten«, *Die Presse*, 11.4.1986, 1.

Einmischung in die Regierung an«.[350] Tags darauf trug Manfred Scheuch in einem Kommentar die bekannte Kritik an der »autoritären« Verfassung von 1929 vor und wiederholte die zuvor von Wissenschaftsminister Heinz Fischer geäußerten Bedenken, eine »Politisierung« des Amtes durch Waldheims »maximale Auslegung« werde zu Konflikten mit der Regierung führen, zumal Waldheim bisher keine Überparteilichkeit habe erkennen lassen.[351] Im Zusammenhang mit einer von der *Arbeiter-Zeitung* immer wieder düster beschworenen konservativen Wende schrieb Scheuch nach dem endgültigen Sieg dieses »erste[n] Präsident[en] der Zweiten Republik, den die Konservativen durchbrachten«, dessen versuchte Einflussnahme auf die Regierungspolitik bleibe abzuwarten.[352]

Thomas Chorherr erinnerte in der *Presse* an das »Vergnügen«, das Bruno Kreisky bei Gedankenspielen über seine Machtfülle empfunden habe, als er als Bundeskanzler einmal den Bundespräsidenten vertrat. Für Chorherr war die »verschämte« Haltung österreichischer PolitikerInnen zur Macht unehrlich. »Wollen wir ohnmächtige Funktionäre?«[353] Anneliese Rohrer wies darauf hin, dass auch der sozialistische Kandidat Kurt Steyrer eine aktive Auslegung der Präsidentschaft artikuliert hatte. Der Unterschied zwischen den beiden bestehe lediglich in der Betonung von »Dialog zwischen allen politischen und gesellschaftlichen Kräften« durch Steyrer und von »Krisenmanagement« durch Waldheim.[354]

Das Thema wurde auch nach Waldheims Sieg nochmals aufgegriffen, als Bruno Kreisky bei einer SPÖ-Veranstaltung in der Wiener Stadthalle »zur Wachsamkeit« angesichts einer »starken« Präsidentschaft Waldheims aufrief und die Verfassung von 1929 als »präfaschistisch« bezeichnete. Hans Werner Scheidl sah dieses »böse Wort« Kreiskys und den darin erkennbaren mangelnden »Respekt« gegenüber dem Staatsoberhaupt als demokratiepolitische Selbstdisqualifikation. Er kritisierte demgegenüber freilich auch die Haltung der ÖVP seit den 1950er-Jahren, den Bundespräsidenten als »eine Art Ersatzkaiser« zu betrachten.[355] Auch Thomas Chorherr

350 Ilse Brandner-Radinger, »Waldheim strebt als Präsident Einmischung in die Regierung an«, *Arbeiter-Zeitung*, 10.3.1986, 1–2.

351 Manfred Scheuch, »Präsidentenmacht«, *Arbeiter-Zeitung*, 11.3.1986, 2.

352 Manfred Scheuch, »Ein Sieg mit vielen Vätern«, *Arbeiter-Zeitung*, 9.6.1986, 2. Auch im *Kurier* war nach Waldheims Sieg im ersten Wahlgang und um die Stichwahl immer wieder von der als bewiesen angesehenen Wende-Sehnsucht der ÖsterreicherInnen zu lesen. Teils wurde eher diese als der »Erst recht!«-Effekt für Waldheims Erfolg verantwortlich gemacht. So wurde denn auch über mögliche Veränderungen des auch von einigen Kommentatoren als abgehalftert empfundenen österreichischen Demokratiesystems nachgedacht. Gerd Leitgeb etwa setzte sich für ein Mehrheitswahlrecht in Parlamentswahlen ein. Gerd Leitgeb, »Die Parteien sind zu mächtig und die Politiker zu schlecht«, *Kurier*, 8.6.1986, 3.

353 Thomas Chorherr, »Verschämte Macht«, *Die Presse*, 15./16.3.1986, 1.

354 Anneliese Rohrer, »Auf dem Weg zur Präsidenten-Republik?«, *Die Presse*, 15./16.3.1986, 3.

355 Hans Werner Scheidl, »Jetzt erst recht?«, *Die Presse*, 24.6.1986, 1.

bezeichnete dies als »Schande […] für das demokratische Bewusstsein in diesem Land« und verwies darauf, dass die Verfassung von 1929 damals als sozialistischer Sieg und Niederlage der Heimwehr verstanden worden sei und dass Adolf Schärf auf deren Wiedereinsetzung 1945 bestanden habe.[356] Auch in der *Furche* schrieb Hannes Schopf kurz vor dem zweiten Wahlgang angesichts der – fälschlich – erwarteten aktiven Präsidentschaftsrolle Waldheims vom Ende einer Ära und einer Bewährungsprobe für das demokratische System Österreichs.[357] Manfried Welan sprach sich für eine Reform der die Präsidentschaft betreffenden Verfassungsbestimmungen aus.[358]

In der *Kronen Zeitung* war auch die Berichterstattung abermals nicht ohne Meinungsspuren, wurde doch Waldheims Position meist als glaubwürdig wiedergegeben, die Involvierung »linker Historiker« »aufgedeckt« oder Waldheims militärischer Vorgesetzter Herbert Warnstorff zu dessen Rechtfertigung interviewt. Besonders aufschlussreich sind jedoch auch hier die Kommentare. Peter Gnam vermutete, dass die »verschärfte Gangart« von SPÖ und ÖVP – und damit wohl auch die Rede von der »starken Präsidentschaft« – mit der Hoffnung verbunden sei, dass »ihr Mann nach der nächsten Nationalratswahl als Staatsoberhaupt auf die Regierungsbildung Einfluss nehmen kann«. Die NS-Vergangenheit Waldheims bezeichnete er als »hartnäckiges Gerücht«, auf das die ÖVP mit dem »haltlosen Gerücht« reagiere, Steyrer-Unterstützer Niki Lauda würde sich für Gefälligkeiten der Regierung revanchieren.[359] Richard Nimmerrichter, selbst Kriegsteilnehmer und bis 1946 in sowjetischer Gefangenschaft, widmete der Debatte vergleichsweise wenige seiner Staberl-Kolumnen. So rechtfertigte er anhand seiner eigenen Biografie Waldheims SA-Mitgliedschaft[360] und befand den Fall insgesamt als ein SPÖ-Manöver ohne Gehalt. Er äußerte sich aber auch zur Frage der »starken Präsidentschaft«, die er als logische Konsequenz der Volkswahl bezeichnete; es sei zwar legitim, wie Sinowatz eine aktive Amtsauslegung abzulehnen, dann könne man den Präsidenten im Parlament bestimmen lassen.[361] Viktor Reimann vermutete, dass die Vorwürfe gegen Waldheim ihre Ursache in der Angst der SPÖ vor einem aktiven Präsidenten Waldheim hätten, zählte Fälle auf, in denen SPÖ-Bundespräsidenten Einfluss auf die Regierungsbildung genommen hätten (unter anderem gegen den VdU) und beschwichtigte schließlich, der Präsident sei kein »Überkanzler«. Zudem kritisierte er jene, die aus der Bequemlichkeit der Demokratie heraus antifaschistisches Heldentum forderten.[362]

---

356 Thomas Chorherr, »Die wirkliche Schande«, *Die Presse*, 28./29.6.1986, 1.

357 Hannes Schopf, »Eine Ära geht zu Ende«, *Die Furche*, 6.6.1986, 1.

358 Manfried Welan, »Über das Amt reden«, *Die Furche*, 6.6.1986, 4.

359 Peter Gnam, »Harte Bandagen«, *Kronen Zeitung*, 3.3.1986, 4.

360 Staberl, »Leicht kam man zur SA!«, *Kronen Zeitung*, 9.3.1986, 4.

361 Richard Nimmerrichter, »Sinowatzens Erschrecken«, *Kronen Zeitung*, 23.3.1986, 10.

362 Viktor Reimann, »Widerstand ohne Gegner«, *Kronen Zeitung*, 23.3.1986, 2.

Im *Kurier* ging Hans Rauscher auf Waldheims erste deutliche Ankündigung einer aktiven Präsidentschaft ein, die zwar nicht in Waldheims Vermittlerpose passe, aber »[sie] könnte sehr wohl einer Bevölkerung gefallen, die sich danach sehnt, dass irgendjemand irgendwie in diesem Sumpf der Skandale ein Machtwort spricht«. Für Rauscher eine »faszinierende, aber auch nicht ungefährliche Idee«.[363] Rauscher sah – mit Berufung auf einen deutschen Journalistenkollegen und »Dutzende Leseranrufe« – den unaufrichtigen Politikstil und die Rolle der Medien als zentrale Ursachen dieses gefährlichen Wunsches nach einem »starken Mann, der mit harter Faust dreinfährt«, der wiederum Waldheim zugutekomme.[364] Rauscher glaubte zwar nicht, dass Waldheim tatsächlich eine »reaktionäre Epoche« einleiten würde, aber sehr wohl, dass seine Wähler eben dies erwarten könnten.[365]

Zwischen den beiden Wahlgängen wurde auch in den *Oberösterreichischen Nachrichten* die starke Präsidentschaft angesprochen. Die entsprechenden Ankündigungen der beiden Kandidaten wurden von den *Oberösterreichischen Nachrichten* nicht ernst genommen, da dies die Realverfassung nicht zuließe. Die »Sehnsucht« des Volkes »nach einem Bundespräsidenten, der Stärke demonstriert«, sei allerdings verständlich »nach der traurigen Dauervorstellung, mit der unsere Parteien seit Jahren die Demokratie in Misskredit bringen«.[366] In der Kolumne »Blick nach innen« wurden etwa die sozialpolitischen Versprechen von Steyrer und Waldheim als »unverschämt« und »erschreckend unseriös« bezeichnet.[367]

So auch in den *Salzburger Nachrichten*. Viktor Hermann widmete sich in einem ausführlichen Kommentar möglichen Amtsauslegungen der Präsidentschaft und bezog sich dabei auf ein eben erschienenes Buch Manfried Welans, allerdings ohne dessen Überlegungen eine deutliche Eigenmeinung hinzuzufügen.[368] Ansonsten kam diese Frage in den Kommentaren der *Salzburger Nachrichten* kaum vor. Lediglich nach Waldheims Sieg schrieb Hermann, es werde Waldheim schwer fallen, zwischen den Parteien vermittelnd oder anders einzugreifen, wenn er selbst Gegenstand parteipolitischer Auseinandersetzungen wäre.[369] Überraschend ist schließlich, dass in der *Volksstimme* die aktive Auslegung des Präsidentschaftsamtes kaum diskutiert wurde – überraschend deshalb, weil doch die KPÖ 1945 vehement gegen die Wiedereinsetzung der autoritären »Heimwehrverfassung« von 1929 aufgetreten war (wenn auch der KPÖ-Minister Altmann letztlich für Renner als Präsidenten stimmte) und

363 Hans Rauscher, »Waldheim explodiert«, *Kurier*, 10.3.1986, 2.
364 Hans Rauscher, »Die Pferde gehen durch«, *Kurier*, 12.3.1986, 2.
365 Hans Rauscher, »Der Wind der Veränderung«, *Kurier*, 7.6.1986, 2.
366 N. N., »Keine Volkswahl mehr«, *Oberösterreichische Nachrichten*, 24.5.1986, 2.
367 N. N., »Blick nach innen«, *Oberösterreichische Nachrichten*, 26.5.1986, 2.
368 Viktor Hermann, »Gedanken über das höchste Amt«, *Salzburger Nachrichten*, 4.4.1986, 3.
369 Victor Hermann, »Marksteine nach der Wahl«, *Salzburger Nachrichten*, 9.6.1986, 1.

hat sich auch in den folgenden Jahrzehnten immer wieder gegen das Amt als solches geäußert.[370]

Der Terroranschlag in Oberwart

Am 4. Februar 1995 ermordete der rechtsradikale Terrorist Franz Fuchs am Rande einer von Roma bewohnten Siedlung im burgenländischen Oberwart vier Männer mit einer Rohrbombe: Karl und Erwin Horvath, Peter Sarközi und Josef Simon. Dieses Verbrechen war Teil einer Anschlagsserie, mit der der als »Bajuwarische Befreiungsarmee« zeichnende Einzeltäter Österreich von 1993 bis zu seiner Verhaftung 1997 in Atem hielt. Während der Anschlag von Oberwart vier Roma ihr Leben kostete, die politisch in keiner Weise aufgetreten waren, und es sich demnach um rassistische Morde handelte, deren Opfer ausschließlich durch ihre ethnische Zugehörigkeit charakterisiert waren, sandte Fuchs seine übrigen Bomben meist per Post an mehr oder minder prominente ProtagonistInnen jenes gesellschaftlichen Prozesses, den er als »Umvolkung« und Verrat an seiner völkischen Ideologie verstand. In sein Ziel gerieten so vor allem VertreterInnen der slowenischen Volksgruppe, aber auch JournalistInnen, PolitikerInnen oder deren Verwandte. Fuchs wurde im Oktober 1997 verhaftet, am selben Tag, als die in Deutschland gegen die RAF entwickelte Rasterfahndung zur Jagd auf den Briefbombentäter auch in Österreich gesetzlich verankert wurde. Fast ein Jahr nach seiner Verurteilung im März 1999 erhängte sich Fuchs in seiner Gefängniszelle.

Gegen Ende des Prozesses gegen Fuchs schrieb die damalige Gerichtsreporterin des *Spiegel*, Gisela Friedrichsen: »Österreich hatte keine Erfahrung mit Terroranschlägen.« Mangels rechtlicher und technischer Instrumentarien und politischer Haltung »verkamen die Taten und ihre Aufklärung zur beliebig nutzbaren Medienware«.[371] In der Tat explodierte die Bombe von Oberwart gewissermaßen auch in den österreichischen Medien. Eineinhalb Jahre nach der ersten Attentatserie, in der unter anderem die linke Hand des Wiener Bürgermeisters Helmut Zilk zerfetzt wurde, trieb der vierfache Mord die JournalistInnen des Landes vor sich her. Noch immer war unklar, wer und wie viele TäterInnen – vermutet wurde meist eine Organisation – hinter den Anschlägen standen. Der Polizei wurde einerseits Untätigkeit oder Unfähigkeit vorgeworfen, andererseits schreckten manche BeobachterInnen vor Überwachungsmethoden im Stile des deutschen Verfassungsschutzes

370 Zur Debatte im Jahr 1945 vgl. Manfred Mugrauer, *Die Politik der KPÖ in der Provisorischen Regierung Renner* (Innsbruck: Studien Verlag, 2006).

371 Gisela Friedrichsen, »Nur irgendein Kasperl?«, *Der Spiegel* 8 (1999), 184–186, hier 186.

zurück; es wurden demokratiepolitische Bedenken gegen die Terrorbekämpfung ins Treffen gebracht.

Ein zentrales Thema war naheliegenderweise die rassistische und völkische Motivation der Verbrechen. Ein knappes Jahrzehnt nach der Waldheim-Affäre und dem gleichzeitigen Beginn von Jörg Haiders Aufstieg als stets vom rechtsnationalistischen Rand provozierender FPÖ-Chef sahen viele das Land in zunehmender Radikalisierung begriffen. Haider schuf eine politische Plattform für Ressentiments, die oft nationalsozialistische »Werte« streiften, und mobilisierte damit eine immer größere und begeisterte Gefolgschaft. Zudem polemisierte die FPÖ gegen den damals diskutierten EU-Beitritt Österreichs. Das von Haider 1992 initiierte Volksbegehren »Österreich zuerst«, das auch als »Anti-Ausländer-Volksbegehren« bekannt war, wurde von über 400.000 Personen unterschrieben. Dagegen formierte sich die Plattform SOS Mitmensch rund um zahlreiche PolitikerInnen, KünstlerInnen und Intellektuelle, die im Jänner 1993 das sogenannte Lichtermeer organisierten. Regierungsspitze und Bundespräsident legten zur gleichen Zeit die erwähnten Bekenntnisse zur österreichischen Mitverantwortung an den NS-Verbrechen ab. In diesem Kontext wurden vor allem Ermittlungen der Polizei und Statements des SPÖ-Innenministers Franz Löschnaks kontrovers diskutiert, die einen kriminellen Hintergrund des Oberwarter Anschlags und daher die Urheberschaft in der Volksgruppe der Roma selbst nahelegten.

Spiegel-Reporterin Friedrichsens Resümee der dreijährigen Briefbombendebatte ortete einen »bizarre[n medialen] Wettbewerb zur Frage, wem nun die Schuld an den Anschlägen anzulasten sei: den Rechten, den alten und neuen Nazis, Haider, den Burschenschaften, dem braunen, rassistischen Sumpf? Oder den Linksextremisten, die die Rechten provozieren?«[372] Ebensolche Spekulationen charakterisierten auch die im Folgenden untersuchten Kommentare und Leitartikel zum Anschlag von Oberwart. Wenn in diesen auch durchgehend der Terror abgelehnt wird, so treten in manchen dieser Texte doch ebenfalls rassistische Ressentiments zutage, die nicht nur Indikatoren ethnischer Intoleranz darstellen, sondern auch mit der Unsicherheit der KommentatorInnen angesichts des rechtsstaatlichen Handlungsspielraums – und daher mit Ausprägungen des Law-and-Order-Denkens – verwoben sind.

Die Herausforderung des Rechtsextremismus

Der rechtsextreme Hintergrund der Anschläge löste eine durchgehende Empörung in der Presselandschaft aus. Anders als in der gegenwärtigen Diskussion um rechtsradikale Positionen vor dem Hintergrund der ÖVP-FPÖ-Koalition seit Dezember 2017 hielten rechtsextreme und deutschnationale PolitikerInnen in den 1990er-Jah-

372 Gisela Friedrichsen, »Nur irgendein Kasperl?«, *Der Spiegel* 8 (1999), 184–186, hier 186.

ren keine Regierungsämter. Zusammenhänge zwischen der Rhetorik der Haider-FPÖ und rechtsextremen Ausschreitungen wurden also in gewisser Weise noch als Gefahr vom rechten Rand diskutiert, dem der politische Mainstream entgegenzuhalten habe.

In einer ersten Reaktion auf den Anschlag schrieb Detlef Harbich in der *Presse*, »alle Österreicher« müssten dem Umfeld, aus dem die Terroristen kämen, »das Wasser abgraben«. Verharmlosung käme moralischer Komplizenschaft gleich; wer sich von den Rechtsextremen nicht abgrenze, solle selbst »ausgregrenzt« werden.[373] Anneliese Rohrer analysierte einen »Versprecher« Haiders, der nationalsozialistische Vernichtungslager als Straflager bezeichnete – »just in einer Parlamentsdebatte über Morde an einer von den Nationalsozialisten verfolgten Volksgruppe«. Dieser Kontext mache die Aussage des »NS-Nostalgikers« noch schwerwiegender als seine Bemerkungen zur »ordentlichen Beschäftigungspolitik«.[374] In einem anderen Kommentar machte Rohrer allerdings jenen SPÖ-PolitikerInnen »einen schweren Vorwurf«, die aus Anlass des Jahrestages des Bürgerkrieges 1934 Assoziationen zum rechten Terror der Gegenwart hergestellt hatten. Suggestionen, die ÖVP könne auf die SPÖ »schießen« wollen, seien ebenso unzulässig wie die Anklage, Jörg Haiders FPÖ sei für die Terrorakte mitverantwortlich. Anstelle von Polarisierung sei nun »Gemeinsamkeit und Beruhigung« gefragt.[375] In einem Leitartikel bezeichnete auch Thomas Chorherr dieses »unerträgliche Pathos«, auch seitens des ORF, als ein »Herbeibeten einer Gefahr«, die es so nicht gebe. Österreichs Demokratie sei noch zu wenig gefestigt, um solcher Panikmache standzuhalten; andererseits seien »die Österreicher Manns genug, Demokratie gegen Totalitarismus, Konsens gegen Gewalt zu setzen«.[376]

Ernst Trost hingegen schrieb in der *Kronen Zeitung* von der »unheimlichen Aktualität« des »rituellen« sozialdemokratischen Februargedenkens, entlastete freilich Dollfuß quasi durch den Hinweis, dass dieser selbst von den Nazis ermordet worden sei. Gleichsam ein Schuldausgleich – »und die Katastrophe nahm ihren Lauf«.[377] Trost ging schon drei Tage nach dem Anschlag nicht mehr von einem Selbstverschulden der Opfer aus und klagte »Intoleranz« und einen »Krieg gegen die Gesellschaft« an. Der oder die Attentäter wurden also als eine – freilich durch ein möglicherweise breites SympathisantInnennetz gestützte – gewaltbereite Minderheit identifiziert, die sich gegen die Mehrheit richte – oder aber »gegen bestimmte Gruppen«.[378] Auch

373 Detlef Harbich, »Täter und Sympathisanten«, *Die Presse*, 7.2.1995, 1.

374 Anneliese Rohrer, »Die Kälte des Jörg H.«, *Die Presse*, 10.2.1995, 1.

375 Anneliese Rohrer, »Gefährliche Verhetzung«, *Die Presse*, 13.2.1995, 1.

376 Thomas Chorherr, »Kein Brandalarm für Österreich«, *Die Presse*, 13.2.1995, 2.

377 Ernst Trost, »Wahl der Worte«, *Kronen Zeitung*, 12.2.1995, 2.

378 Ernst Trost, »Mit Bomben leben«, *Kronen Zeitung*, 7.2.1995, 2; Ernst Trost, »Wachsamkeit«, *Kronen Zeitung*, 8.2.1995, 2.

Peter Kunze, Leiter des Lokalressorts, schrieb gegen »perverse Terroristen« und »gestörte Rassenfanatiker«[379] und die Reportagebeiträge im Chronikteil der Zeitung transportierten empathisch das Leid einer schon von den Nazis gemordeten Volksgruppe.

Hans Rauscher meldete sich im *Kurier* wiederholt zum engen Zusammenhang zwischen FPÖ-Rhetorik und Rechtsextremismus zu Wort und imaginierte bereits 1995 schaudernd den Tag, »an dem die Blindheit von ÖVP-Konservativen oder andere Umstände Haider doch noch an die Macht bringen«.[380] Bereits jetzt fühlten sich »die Rechtsextremisten [...] sicher, weil ihre politische Geistesverwandtschaft politisch Erfolg hat« und weil Löschnak, Teile der Exekutive und der Justiz zu zurückhaltend gegen den Terror vorgingen.[381]

Die *Salzburger Nachrichten* veröffentlichten zahlreiche, meist empathische Reportagen und kritische Kommentare, oft aus der Feder von Helmut Schliesselberger. Die erste dieser Reportagen stellte den Terror von Oberwart in den historischen Kontext der Roma-Verfolgung durch die Nationalsozialisten.[382] Schliesselberger widmete sich in einem langen Artikel auch den rechtsradikalen Diskursen in den »in österreichischen einschlägigen Kreisen gern gelesenen« Zeitschriften *Aula*, *National-Zeitung* und *Deutsche Wochen-Zeitung*. Deren hetzerische, rassistische und deutschnationale Propaganda, deren mörderische Rhetorik Schliesselberger ausführlich zitierte, »stellten Fragen in den rechtsradikalen Raum, die nun in Oberwart von kranken Geistern auf blutige Art und Weise beantwortet wurden«.[383] So wurde der Zusammenhang zwischen dem geistigen Umfeld Haiders und dem Terror angesprochen, ebenso wie in einem Kommentar von Andreas Koller, der Jörg Haider eine »Parlamentsrede in der Sprache der Nazis« vorwarf. Ähnlich wie Rauscher fand es Koller »bestürzend, dass 50 Jahre nach Auschwitz ein Mann, der aus Auschwitz nichts gelernt hat außer [als gelehriger Schüler Himmlers] die Kunst der Verharmlosung, nach der Kanzlerschaft greift«.[384] Dem schloss sich auch Clemens Hutter an.[385]

In der *Furche* bezeichnete Nadine Hauer, die 1994 ein Forschungsprojekt über Mitläufer im Nationalsozialismus und ihre Rolle in postfaschistischen Demokratien veröffentlicht hatte,[386] in einem Kommentar die österreichische Gesellschaft, und

379 Peter Kunze, »Klärt die Schandtaten!«, *Kronen Zeitung*, 7.2.1995, 9.

380 Hans Rauscher, »Eine schlechte Verteidigung der Demokratie«, *Kurier*, 11.2.1995, 2.

381 Hans Rauscher, »Franz Löschnak und der Anschlag auf die Republik«, *Kurier*, 13.2.1995, 2.

382 Helmut Schliesselberger, »1995 – ›So wie damals bei den Nazi...‹«, *Salzburger Nachrichten*, 7.2.1995, 3.

383 Helmut Schliesselberger, »Wer Hass sät, tötet Menschen«, *Salzburger Nachrichten*, 8.2.1995, 3.

384 Andreas Koller, »Parlamentsrede in der Sprache der Nazis«, *Salzburger Nachrichten*, 10.2.1995, 1.

385 Clemens M. Hutter, »Haiders Wortwahl: Zur Infamie auch noch Zynismus«, *Salzburger Nachrichten*, 10.2.1995, 2.

386 Nadine Hauer, *Die Mitläufer oder Die Unfähigkeit zu fragen. Auswirkungen des Nationalsozialismus für die Demokratie von heute* (Wiesbaden: Verlag für Sozialwissenschaften, 1994).

explizit auch die Jugend, als durchaus anfällig für »totalitäre Regime«. Verantwortlich dafür sei eine in die Gegenwart tradierte Mitläufermentalität, die Demokratie mehr dulde als praktiziere und davor zurückschrecke, sich für »Angegriffene und Außenseiter« einzusetzen.[387] Daneben fand sich ein Kommentar Norbert Lesers, der sich seiner eigenen Oberwarter Herkunft und Erfahrungen mit dem dortigen Rassismus erinnerte und den aktuellen neonazistischen Rassismus auf einen vom Nationalsozialismus ausgestreuten »Samen« zurückführte.[388] Weihbischof Helmut Krätzl klagte die »kollektive Verdrängung« von langjähriger Diskriminierung österreichischer Roma an, kritisierte aber, dass deren Aufarbeitung abermals durch Nebenschauplätze wie die antiklerikale und regierungskritische Position Claus Peymanns verdrängt würde.[389] Der stellvertretende Chefredakteur und gebürtige Burgenländer Franz Gansrigler sprach sich gegen kollektivierendes »Hochspielen« von Nazidiagnosen aus, forderte aber ein gesellschaftlich umfassendes, »gegen rassistische, fremdenfeindliche, faschistische Aktionen« gerichtetes »Programm unserer Erziehung an Schulen, in Medien und auch am Wirtshaustisch«.[390]

Erstmals in der Zeitreihe unserer Untersuchung ist 1995 auch *Der Standard* Teil der österreichischen Medienlandschaft. Teils kurz vor und teils nach dem Ende der *Arbeiter-Zeitung* 1991/92 gingen zahlreiche RedakteurInnen und AbonnentInnen zu der 1988 von Oscar Bronner gegründeten Tageszeitung. Diese war sowohl wegen ihrer Parteiunabhängigkeit als auch aufgrund ihrer wirtschaftsliberalen Hauptstoßrichtung kein Ersatz für eine sozialdemokratische Zeitung, auch wenn sie in anderen Fragen als linksliberal gilt. Wie im Folgenden zu sehen sein wird, sprach *Der Standard* von Anfang an die Nähe der FPÖ zum rechten Terror an. Auch Katharina Krawagner-Pfeifer, die von den *Salzburger Nachrichten* zum *Standard* gekommen war, schrieb, Haider habe die Opfer von Oberwart durch seine Parlamentsrede »schwer beleidigt« und den NS-Genozid geleugnet.[391] Direkt daneben zeigte eine Karikatur von Oliver Schopf Jörg Haider, der von einem Podium mit der Frakturaufschrift »Dritte Republik« Bomben wirft, auf denen verschiedene Haider-Aussagen, darunter »Straflager«, zu lesen sind. Haider wurde also als rhetorischer Bombenwerfer den noch unbekannten Bombenbauern zur Seite gestellt. Stephan Schulmeister nannte den Bombenterror die »kriegerische« Fortsetzung von Haiders hetzerischer Politik mit anderen Mitteln.[392] Und auch Günter Traxler schrieb von den »Wortbomben« Haiders und der Instrumentalisierung des Mordes von Oberwart für dessen »weiner-

387 Nadine Hauer, »Demokratie ist mehr als Wahlen«, *Furche*, 16.2.1995, 2.
388 Norbert Leser, »Das Fanal von Oberwart«, *Die Furche*, 16.2.1995, 2.
389 Helmut Krätzl, »Kollektive Verdrängung«, *Die Furche*, 23.2.1995, 6.
390 Franz Gansrigler, »Vom Sinn der Entrüstung«, *Die Furche*, 23.2.1995, 8.
391 Katharina Krawagner-Pfeifer, »Unfähigkeit zur Trauer«, *Der Standard*, 10.2.1995, 22.
392 Stephan Schulmeister, »Dr. Jörg Haider und die Toten von Oberwart«, *Der Standard*, 13.2.1995, 19.

liche Umdeutung [...] in den ersten Märtyrer der Republik«[393] – Haider inszeniert als Opfer einer angeblichen »linken Jagdgesellschaft«.

Hilflose Exekutive vs. Überwachungsstaat

Ein Thema, das spätestens seit den Debatten über den RAF-Terror die deutschsprachigen Medien immer wieder beschäftigte, kam erneut an die Oberfläche: die Frage nach erweiterten Ermittlungsmethoden, und ob diese den Staat zu verteidigen oder ihn in einen »Polizeistaat« zu verwandeln geeignet seien. Die *Kronen Zeitung* solidarisierte sich mit Innenminister Löschnak, der von zahlreichen Medien angegriffen wurde. Als Löschnak schärfere Antiterrorgesetze (»großer Lauschangriff«) verlangte, forderte Peter Gnam, dies dürfe nicht »ungehört verhallen«.[394] Auf der selben Seite schrieb Herausgeber Hans Dichand gegen Löschnaks »anmaßende« journalistische KritikerInnen in einer von Thomas Broukal moderierten »skandalösen« ORF-Sendung an und solidarisierte sich mit der Exekutive, »die noch bereit ist, ihr Leben und ihre Gesundheit für die Gemeinschaft einzusetzen«.[395] In einem anderen Kontext analysierte Nimmerrichter den Innenminister, indem er nämlich fragte, warum denn gegen Haiders Volksbegehren ein Lichtermeer entzündet worden sei und nun die »Lichterl- und Kerzerlmarschierer« nicht gegen Löschnak auf die Straße gingen, obwohl dieser doch die Haiderpolitik exekutiere.[396] Nimmerrichters Antwort: weil es den »Drahtziehern« hinter dem Lichtermeer nicht um Menschenrechte, sondern um Mobilmachung gegen einen »der Regierung missliebigen Oppositionspolitiker« gegangen sei.[397] Dies traf freilich nicht den Kern der Sache, den Löschnak war ebenso von der Lichtermeer-Demonstration ausgeladen worden wie Haider.

Der *Kurier* fragte gleich zu Anfang im Hinblick auf die zwei unaufgeklärten Bombenserien: »Hat Löschnak die innere Sicherheit im Griff?«[398] Hans Rauscher stellte eine Verbindung her zwischen den politischen Verbrechen »gegen Minderheiten oder Menschen, die sich für sie einsetzen«, und dem »Aufkommen ›akzeptabler‹ rechter politischer Ideen«, die solchen Verbrechen »Rückenwind« geben, und kritisierte den »phlegmatischen« Innenminister und gleichzeitigen politischen Druck auf entschlossen gegen Neonazis vorgehende RichterInnen.[399] Peter Rabl – freilich nicht als »linker« Journalist bekannt – verkörperte präzise die von Nimmerrichter

---

393 Günter Traxler, »Sie meinen es gut«, *Der Standard*, 18./19.2.1995, 41.

394 Peter Gnam, »›Härtere Gesetze gegen Terror!‹«, *Kronen Zeitung*, 13.2.1995, 2.

395 Cato, Eine miese Diskussion, *Kronen Zeitung*, 13.2.1995, 2–3.

396 Tatsächlich trat der »rechte Soyialist« Löschnak am 6. April 1995 nicht zuletzt auf Druck von zu Asylfragen aktiven NGOs zurück und wurde durch den »linken« Caspar Einem ersetzt.

397 Staberl, »Keine Kerzen gegen Löschnak«, *Kronen Zeitung*, 13.3.1995, 10.

398 FFW, »Innere Sicherheit«, *Kurier*, 6.2.1995, 1.

399 Hans Rauscher, »Aufwachen: Organisierter Rechtsterrorismus!«, *Kurier*, 7.2.1995, 3.

in der *Kronen Zeitung* verhöhnte Position, gleichzeitig die Fremdenfeindlichkeit der österreichischen Polizei (und Gesamtbevölkerung) aufzuzeigen und härtere Gesetze inklusive Lauschangriff zu fordern.[400]

In den *Salzburger Nachrichten* formulierte Norbert Lublasser fünf Thesen über die Hilflosigkeit der Exekutive. Diese sei »naiv«, habe den rechten Terror unterschätzt, weil sie sich traditionell auf »linke« Bedrohungen konzentriert habe, sei zu schlecht ausgerüstet – und Löschnak habe mehr Energie auf »Ausländergesetze« verwendet als gegen die Terrorbekämpfung.[401] Mehrere Kommentare beklagten langlebige romafeindliche Verwaltungstraditionen und die tiefsitzenden rassistischen, antisemitischen und romafeindlichen Ressentiments in Österreich.[402] Die *Tiroler Tageszeitung* sprach sich für einen, freilich richterlich kontrollierten, Lauschangriff aus, der nicht aus »falsch verstandener Liberalität« verhindert werden dürfe.[403]

Den Anfang der *Standard*-Kommentare zu diesem Thema machte Gerichtsreporter Daniel Glattauer, der Löschnak und die Polizeiführung wegen ihrer Verharmlosungsrhetorik verhöhnte[404] und auch später die Exekutive heftig kritisierte.[405] Tags darauf schrieb Chefredakteur Gerfried Sperl über die problematische Sympathie vieler Beamter »mit Haiders Ideen« und verlangte eine geistige »Sanierung« des Staates.[406] Eric Frey attestierte der österreichischen Polizei, der es im Vergleich mit der deutschen oder französischen Exekutive an Erfahrung in der Terrorismusbekämpfung mangle, dass sie die rechtsextreme Szene nicht im Griff habe; dieser Umstand werde erschwert durch die in Europa (Frankreich, Italien, Deutschland) beispiellose Nähe einer etablierten Partei zum rechtsextremen Rand.[407] Insgesamt ergab die Mediendebatte über die polizeiliche Antwort auf den Terror ein Bild der Entschlossenheit auf der rechten Seite und der Unschlüssigkeit auf der linksliberalen Seite des ideologischen Spektrums.

Interventionen aus dem Kunstfeld

Die *Kronen Zeitung* griff, im Einklang mit ihrer oben zitierten Kritik an den »Drahtziehern« des Lichtermeers, die oft diffamierte »›rote‹ österreichische Kulturschicke-

---

400 Peter Rabl, »Aufrüsten zum Kampf gegen den Terrorismus«, *Kurier*, 8.2.1995, 2.

401 Norbert Lublasser, »Rechter Terror und die Polizei: Fünf Thesen«, *Salzburger Nachrichten*, 8.2.1995, 1.

402 Helmut Schliesselberger, »Roma zwischen Tristesse und Diskriminierung«, *Salzburger Nachrichten*, 14.2.1995, 1; Clemens M. Hutterer, »Die rot-braunen Verschwörer«, *Salzburger Nachrichten*, 14.2.1995, 3.

403 Gerd Glantschig, »Kontrolliertes Lauschen«, *Tiroler Tageszeitung*, 10.2.1995, 2.

404 Daniel Glattauer, »Vorsicht, Mülltonnen!«, *Der Standard*, 7.12.1995, 32.

405 Daniel Glattauer, »Zehn Fragen an Löschnak«, *Der Standard*, 16.2.1995, 30.

406 Gerfried Sperl, »Den Staat auch geistig sanieren«, *Der Standard*, 8.2.1995, 28.

407 Eric Frey, »Widerstand muss gelernt sein«, *Der Standard*, 9.2.1995, 26.

ria« an. An deren Spitze wurde der der FPÖ und der *Kronen Zeitung* gleichermaßen verhasste Burgtheater-Direktor Claus Peymann vermutet, der sich in einer ORF-Sendung der »Opfer von Oberwart [...] bedient« habe und suggeriert hatte, die Exekutive ermittle möglicherweise absichtlich zurückhaltend.[408] »Der Burgtheaterkasperl Peymann im Verein mit seinen Kampfgenossen Jelinek und Heller« ebenso wie die »weinerliche« Abgeordnete Stoisits und andere Angehörige der »linksprogressiven Schickeria«, schrieb Nimmerrichter, entdeckten nun ihre »späte Liebe zu den Bullen«, von denen – sonst angeblich als faschistisch diffamiert – nun Minderheitenschutz gefordert werde;[409] all dies geschehe im Schutze des »überforderten« Wissenschaftsministers, des »widerlichen Scholten«.[410] Auch »weite Teile der österreichischen Bevölkerung« wurden in der *Kronen Zeitung* als ZeugInnen angerufen, wenn es um den Unmut ging, den die Kritik an der Polizei auslöse.[411]

Diese Bevölkerung wurde im ganzen Land mit der Thematik konfrontiert, denn auch in Regionalzeitungen war die Haltung urbaner Kulturszenen ein Thema. Der gerade ernannte Chefredakteur der *Tiroler Tageszeitung* Claus Reitan kontextualisierte den »Abschied von der Gemütlichkeit« in einem Österreich, das vom Bombenterror markiert werde, auch international. Einerseits in der Sicherheitspolitik – Österreichs Teilnahme an der NATO-Partnerschaft für den Frieden – und andererseits, spezifischer, mit der Zunahme rechtsradikaler Gewalt anderswo in Europa.[412] Die Auseinandersetzung zwischen Hesoun und Peymann und internationale Kritik an Österreichs verleugneter Vergangenheit bezeichnete Reitan als »Theaterdonner«, der taub mache für das »dumpfe Grollen des Erdbebens«: Nicht allein die mangelhafte Arbeit der Exekutive in der Terrorbekämpfung, sondern vor allem Wirtschaftsleistung und Schuldenlast seien die eigentlichen Probleme des Landes.[413]

Als Sozialminister Josef Hesoun Peymann aufforderte, nach seinen Kommentaren »das Land zu verlassen«, meldete sich Hesouns Parteifreund, Heinz Fischers langjähriger Sekretär Bruno Aigner, mit einem Kommentar im *Kurier* zu Wort und stellte Hesouns Reaktion in eine historische Tradition mit den Bücherverbrennungen und der »Vertreibung des Geistes« durch den Nationalsozialismus.[414] Im *Standard* wiederum kamen auch jene KünstlerInnen zu Wort, die von FPÖ und *Kronen*

408 Peter Gnam, »Peymann und die vier Toten«, *Kronen Zeitung*, 14.2.1995, 2.

409 Staberl, »Späte Liebe zu den Bullen«, *Kronen Zeitung*, 15.2.1995, 10.

410 Staberl, »Wie einst dem alten Kaiser«, *Kronen Zeitung*, 16.2.1995, 10.

411 Claus Pándi, »Nach den Bombenanschlägen: Alle Extremisten sind verdächtig«, *Kronen Zeitung*, 9.2.1995, 2.

412 Claus Reitan, »Der Abschied von der Gemütlichkeit«, *Tiroler Tageszeitung*, 11./12.2.1995, 2; Claus Reitan, »Schatten über Europa«, *Tiroler Tageszeitung*, 13.2.1995, 2.

413 Claus Reitan, »Der Theaterdonner übertönt das Erdbeben«, *Tiroler Tageszeitung*, 18./19.2.1995, 2.

414 Bruno Aigner, »Hesoun contra Peymann – Eine Erregung oder die Unfähigkeit zu trauern«, *Kurier*, 18.2.1995, 2.

Zeitung wegen ihrer Stellungnahme angefeindet wurden, so etwa die Schriftsteller Peter Rosei und Michael Scharang und der Filmemacher Ernst Grandits. Elfriede Jelinek verfasste einen ausführlichen Kommentar, in dem sie KünstlerInnen (und einige JournalistInnen und WissenschaftlerInnen) als die Gruppe hervorhob, die sich schon lange dem Aussprechen jener historischen und politischen Wahrheiten verschrieben habe, welche in Österreich aus Opportunismus geleugnet würden: In Österreich, dem blutgetränkten, verlogenen Selbstviktimisierungsland, »einfach nur [zu] wohnen, das genügt nicht, wenn man andere hier nicht wohnen lassen will«.[415]

Zusammenhänge zwischen Rassismus und »Ausländerpolitik«

Wie eingangs angesprochen, waren die Ermittlungen im Kreise der Oberwarter Roma, die demnach tatverdächtig waren, Gegenstand von Kritik an rassistischer Polizeipraxis. Den unmittelbaren Kontext dafür gab die als »ausländerfeindlich« geltende Verschärfung des Fremden- und Asylrechts nach der Öffnung des Eisernen Vorhangs durch Innenminister Franz Löschnak und Sektionschef Manfred Matzka. Doch auch die jahrhundertealte Ausgrenzung und Verfolgung der Roma in Österreich wurde als Hintergrund der Ereignisse thematisiert. In der *Presse* sprach Pia Maria Plechl die paradoxe Parallele von »Zigeuner-Romantik« und Rassismus an und berichtete dann aus der europäischen Geschichte, dem Höhepunkt der Verfolgung unter dem Nationalsozialismus, aber auch der kommunistischen Unterdrückung von Sinti und Roma.[416] Anderntags folgte eine Reportage aus Oberwart, die von langjähriger Diskrimination und dem geschichtsbedingten Misstrauen alter und dem »Hass« junger Roma als Reaktion auf den Anschlag, aber auch auf die Berichterstattung darüber berichtete.[417]

Mehrere *Presse*-Kommentare konzentrierten sich auf die Behandlung des Themas im Parlament. Ein Leitartikel kritisierte das Verhalten von Regierung und Opposition in einer Parlamentsdebatte, die im Anschluss an eine Gedenkminute für die Opfer von Oberwart stattfand. Innenminister Löschnaks Angriffe auf die grüne Abgeordnete Terezija Stoisits, die selbst in einem »obskuren Bekennerbrief« als zukünftiges Opfer eines ähnlichen Anschlags bedroht worden sei, seien ebenso jenseitig wie die Gegenattacke der grünen Klubchefin Madleine Petrovic, die Löschnaks »Ausländergesetze« als Mitursache der Anschläge anklagte;[418] allerdings sprach auch Detlef Harbich in einem Leitartikel dem »überforderten« Innenminister sein Misstrauen aus.[419] Die

415 Elfriede Jelinek, »Die Schweigenden«, *Der Standard*, 16.2.1995, 29.

416 Pia Maria Plechl, »Ein Volk, kein Territorium. Roma und Sinti in Europa«, *Die Presse*, 7.2.1995, 3.

417 Gerhard Hofer, »Roma-Alltag in Oberwart: Draußen vor der Tür«, *Die Presse*, 8.2.1995, 12.

418 Dietmar Neuwirth, »Trauriges Parlament«, *Die Presse*, 9.2.1995, 1.

419 Detlef Harbich, »Die Geduld ist zu Ende«, *Die Presse*, 10.2.1995, 2.

von manchen BeobachterInnen als rassistische Ressentiments gedeuteten ersten Verdachtsmomente (»Roma-Fehde«; Opfer eines selbst geplanten, gescheiterten Bombenanschlags) wurden von *Presse*-KommentatorInnen freilich als Zeichen von bloßer »Überforderung« abgetan, selbst wenn Reformbedarf in der Polizei geortet wurde.[420]

Allerdings veröffentlichte *Die Presse* auch einen Gastkommentar – wie stets mit Hinweis darauf, diese Meinung müsse sich nicht mit jener der Redaktion decken – von Gerhard Ruiss, Geschäftsführer der IG Autoren. Dieser betonte sehr wohl eine »Mobilmachung alter und neuer nationaler Zugehörigkeitsgefühle«, die Österreich »zu einem asylrechtlichen Komplizen militärischer und politischer Diktaturen« gemacht habe. Die Erfolglosigkeit der Polizei in der Verfolgung und Verhinderung rechten Terrors deutete Ruiss demnach als politisches Versagen.[421] Der ehemalige *Standard*-Journalist Peter Sichrovsky, der 1996 für die FPÖ ins Europäische Parlament gewählt werden sollte, bemühte sich hingegen in einem Gastbeitrag, antirassistische und antifaschistische Wortmeldungen von KünstlerInnen als fälschliche Selbstidentifikation einer »Minderheit« im Sinne von »Ausländern, Zigeunern, Kroaten« zu entlarven – hätten doch KünstlerInnen in allen Diktaturen der jüngeren Geschichte auch opportunistisch kollaboriert. Damit konstruierte Sichrovsky eine Konfrontation zwischen einer mutmaßlich homogenen »Künstler«-Gemeinschaft und einem als nazistisch verunglimpften Volk.[422]

So fanden sich denn auch in den Zeitungsartikeln selbst zahlreiche Spuren rassistischer Diktion oder überkommener Begrifflichkeiten. In der *Kronen Zeitung* benutzte Richard Nimmerrichter seinen Kommentar über Oberwart dazu, Ressentiments gegen »political correctness« einzuarbeiten, und vor allem, um Zweifel am völkisch-rassistischen Hintergrund des Terrors zu formulieren. Die Verbrechen entbehrten jeder Logik, könnten nicht als rassistisch oder ausländerfeindlich motiviert betrachtet werden, weil die »Zigeuner« ja nie politische Ambitionen hätten erkennen lassen, und überdies – warum dürfe man nicht mehr »Zigeuner« und »Neger« sagen?[423] Von »Zigeunern« schrieben freilich auch Ernst Trost und Günter Nenning. Letzterer verfasste einen etwas erratischen Kommentar, in dem er sich und anderen minderheitenfreundlichen ÖsterreicherInnen vorwarf, letztlich auch mit Lichtermeer, Spenden und Unterschriftenlisten zu wenig zu tun und daher unschuldig und schuldig zugleich am »explosiven inneren Zustand unseres Österreichs« voller Hass, Polarisierung und Mittäterschaft zu sein.[424] Christian Wallner entgegnete Nimmerrichters Argumentation in den *Salzburger Nachrichten*, ob dieser denn meine, dass die

420 Hans-Werner Scheidl, »Im Polizeiapparat herrscht Handlungsbedarf«, *Die Presse*, 11.2.1995, 3.

421 Gerhard Ruiss, »Haider, Vapo, Oberwart: Was heißt Missverständnis?«, *Die Presse*, 15.2.1995, 2.

422 Peter Sichrovsky, »Oberwart, ›einfache‹ Leute und die Moral der Künstler«, *Die Presse*, 21.2.1995, 2.

423 Staberl, »Verbrechen ohne Logik«, *Kronen Zeitung*, 9.2.1995, 10.

424 Günter Nenning, »Bomben: Ernte und Saat«, *Kronen Zeitung*, 10.2.1995, 10.

Roma, würden sie politische Ambitionen zeigen, die Bombe wohl verdient hätten.[425] Viktor Hermann beschrieb ebendort den »Sumpf, aus dem der Terror der Nazis wächst«, als eine Mischung aus Biertisch-Ressentiments und »meist [...] aus politischem Kalkül« gesandten Signalen »politischer Zirkel« »gegen ganze Menschengruppen« und fragte: »Wann wird es wieder gegen Juden gehen?«[426]

Der Standard bat in der ersten Wochenendnummer nach dem Anschlag drei GastautorInnen zu Wort: den burgenländischen Autoren Peter Wagner, die kroatische Autorin Slavenka Drakulić und den Wiener Politologen John Bunzl. Alle drei stellten in unterschiedlicher Weise die Notwendigkeit, unbehelligt »anders« sein zu können, der Gefahr der Verdrängung des Geschehenen und der damit einhergehenden Angst der »anderen« gegenüber.[427] Im *Standard* wie auch in den *Salzburger Nachrichten* wurde durchgehend von Roma geschrieben, das Wort »Zigeuner« fand sich nur unter Anführungszeichen – mit der Ausnahme eines Kommentars von Peter Michael Lingens, in dem er das Leiden von »Zigeunern« und Juden unter dem Nationalsozialismus mit Berufung auf Simon Wiesenthal gleichstellte und daher ein Mahnmal forderte, das den Verbrechen beider Gruppen gewidmet sei. Dabei ging Lingens auf die Opferkonkurrenz ein, die vor allem seitens »der Juden« gegenüber anderen verfolgten Gruppen betrieben werde.[428]

Eine interessante Frage warf Gudrun Harrer auf, die das Versprechen von Parlamentspräsident Heinz Fischer und anderen, Toleranz als politischen Wert in Österreich zu verteidigen, historisch hinterfragte – als »etwas Gewährtes, nicht Einklagbares, wieder Entziehbares«. Dennoch sei Fischer der Wirklichkeit näher als Bundeskanzler Franz Vranitzky, der die Österreicher als »geschlossen« erschüttert und solidarisch bezeichnete; aus Hilflosigkeit und Angst ignorierten, so Harrer, die PolitikerInnen die tatsächliche rassistische Stimmung im Lande.[429] Leserbriefe stellten überdies wiederholt den Zusammenhang zwischen der »Anti-Ausländer-Politik« der Regierung (darunter auch die von Sozialminister Hesoun vorgeschlagene Kürzung von Kinderbeihilfe für nicht in Österreich lebende Kinder ausländischer ArbeitnehmerInnen) und einer minderheitenfeindlichen Stimmung in der Bevölkerung her.

Auch in der *Tiroler Tageszeitung* wurde der Anschlag von Oberwart als »tragischer Höhepunkt dieser verlogenen Politik« bezeichnet, den in Österreich historisch pro-

---

425 Christian Wallner, »Reinen Stammtisch machen«, *Salzburger Nachrichten*, 13.2.1995, 3.

426 Viktor Hermann, »Der Sumpf, aus dem der Terror der Nazis wächst«, *Salzburger Nachrichten*, 7.2.1995, 1.

427 Peter Wagner, »Österreich hat viele Oberwarts«; Slavenka Drakulić, »Die Jagdzeit hat begonnen«; John Bunzl, »Unsere Freiheit beginnt dort, wo andere anders sein können;« alle in *Der Standard*, 11./12.2.1995, 25.

428 Peter Michael Lingens, »Ein Denkmal für die Zigeuner«, *Der Standard*, 13.2.1995, 19.

429 Gudrun Harrer, »Floskeln statt Betroffenheit«, *Der Standard*, 11./12.2.1995, 26.

blematischen Umgang mit Minderheiten, die doch »eine Säule der österreichischen Identität« seien, auch nach 1945 nie wirklich neu definiert zu haben.[430] Günther Schröder sprach die Scheinheiligkeit jener betroffen wirkenden PolitikerInnen an, die gleichzeitig gegen »Ausländer« und Minderheiten Wahlkampf führten oder Asylgesetze »bis an die Grenze der Rechtsstaatlichkeit« verschärften.[431] Der Psychoanalytiker Manfred Steinlechner verknüpfte in einem Kommentar die »seit langem [...] mit latentem Rassismus und Fremdenhass« geschwängerte »österreichische Luft«, die »so viele von uns [zu] beiläufigen Mittätern« mache, mit kulturellen Praktiken wie der Wallfahrt zum »Anderl von Rinn«[432] sowie mit jenen uneingestanden sich ohnmächtig Fühlenden, die sich »einen starken Führer [wünschen], der andere ohnmächtig machen wird«. Auf den Umstand hin, dass Haider Bundeskanzler werden wolle, stellte er die an Auschwitz gemahnende Frage: »Merken wir wirklich nicht, wohin die Züge rollen?«[433] Eine Frage, die auch seit Dezember 2017 in ähnlicher Form immer wieder gestellt wird und die die Konstante ethnischer Intoleranz als Kernelement autoritärer Tendenzen in der österreichischen Gesellschaft anspricht.

Schlussfolgerungen

Die Untersuchung mehrerer medialer Debatten, die sich nicht nur über fünf Jahrzehnte erstrecken, sondern sich auch um ganz unterschiedliche politische Ereignisse entwickelten, eröffnet aufschlussreiche Perspektiven auf autoritäre und antiautoritäre Tendenzen in Österreich. Immer wieder finden sich in verschiedenen Kontroversen der Zweiten Republik Argumentationsmuster, die Forderungen nach nationaler Einheit oder einem »starken Mann« an der Staatsspitze im Zentrum haben, ethnische Intoleranz ausdrücken oder autoritäre Episoden der österreichischen Geschichte positiv codieren, wenn auch in spezifischen Ausprägungen. Der Meinungsspiegel österreichischer Printmedien erlaubt daher, bestimmte Muster in den Haltungen zu autoritärer Politik über eine längere Periode zu erfassen.

Die wohl stärkste Trope, die sich in allen Debatten zeigt, ist jene von der nationalen Einheit. Sie ist stark historisch konnotiert, dient doch als geschichtlicher Hintergrund die negative Erfahrung der Ersten Republik. Das Scheitern und die Abschaffung der Demokratie 1933/34 beeinflussten den Meinungsjournalismus insbesondere in der Nachkriegszeit, doch das Echo dieser Periode reicht bis in die 1990er-Jahre

430 Michael Sprenger, »Aus Mangel an Toleranz«, *Tiroler Tageszeitung*, 7.2.1995, 2.

431 Günther Schröder, »Ein Trauertag«, *Tiroler Tageszeitung*, 9.2.1995, 2.

432 Das Opfer einer mutmaßlichen antisemitischen Tiroler Ritualmordlegende, die erst 1994 von der katholischen Kirche offiziell verboten worden war.

433 Manfred Steinlechner, »Die Feindbilder stecken in uns«, *Tiroler Tageszeitung*, 8.2.1995, 4.

und über den Betrachtungszeitraum hinaus bis in die Gegenwart herauf. Parlamentarischen und gesellschaftlichen Auseinandersetzungen wurde in zahlreichen Meinungsartikeln, quer durch die ideologische Landschaft der Zweiten Republik, mit der Forderung nach Einigkeit begegnet. Der Sehnsucht nach Konkordanzdemokratie ist also ein historisch fundiertes Misstrauen gegenüber debattenorientierter Kompromissfindung im Stile aktiven Parlamentarismus' inhärent. Während der Besatzungszeit ging damit die Angst einher, dass eine zu ausgeprägte »Streitkultur« die vollständige Souveränität Österreichs verhindern könnte, oder schlimmer noch, dass spaltende Aktionen der KPÖ zu einer kommunistischen Machtübernahme führen würden.

In der Borodajkewycz- und der Waldheim-Affäre, die sich um NS-Kontinuitäten drehten, wurde das Nachleben des traumatischen Grabens der 1930er-Jahre zwischen den politischen Lagern besonders deutlich. Der jeweils angefeindeten Partei wurde unter anderem Nestbeschmutzerei vorgeworfen – also die Spaltung Österreichs und seine Verunglimpfung im Ausland. Diese Form von Chauvinismus kann als Variante des Einheitsmotivs gelesen werden, in der ein Schulterschluss gegenüber VerräterInnen im Inland und FeindInnen im Ausland beschworen wird. Hier lässt sich ein interessantes Moment beobachten. 1945 galt die Parole »Rot-Weiß-Rot« als demokratisch-patriotisches Insignium, während gegen Ende der Zeitreihe Patriotismus oft als nationalistisch und tendenziell »anti-demokratisch« gedeutet wird. Die 1980er-Jahre können in dieser Hinsicht als Wendezeit begriffen werden.

In direkter Verbindung mit der Einheitstrope steht das Verlangen nach einem »starken Mann«. Dessen Kern ist die messianische Erwartungshaltung, dass eine charismatische Führerfigur den Ausweg aus der »ewigen Streiterei« der politischen Parteien und gesellschaftlichen Interessensgruppen zu weisen vermöchte. Immer wieder wurde diese Haltung manifest, die direkt auf autoritäre Grundmuster verweist und in den österreichischen Medien kontrovers diskutiert wurde. Von Karl Renner über Kurt Waldheim bis in die Präsidentschaftswahl 2016 und die Übernahme der ÖVP durch Sebastian Kurz 2017 finden sich Kontroversen über eine entschlossene Politik der »starken Hand«, die nicht nur Richtungen vorgibt, sondern auch gegebenenfalls auf Kompromissfindungen verzichten kann. Diese Rhetorik geriet freilich auch immer wieder mit der Forderung nach Konkordanz in Konflikt. Als etwa die SPÖ die Fristenlösung durchsetzte und damit die mit absoluter Parlamentsmehrheit ausgestattete Partei einen langwierigen Verhandlungsprozess beendete, warfen AbtreibungsgegnerInnen in den Medien ein »Diktat« vor, dass das wichtigste überparteiliche Reformprojekt der Zweiten Republik vernichtet hätte.

Als dritte zentrale autoritäre Argumentationsformel der untersuchten Mediendiskurse hat sich die ethnische Intoleranz erwiesen. Rassistische Ausgrenzung und Antisemitismus im Inneren gingen oft mit chauvinistischer Abwehrhaltung gegen Kritik oder »Einmischungen« aus dem Ausland einher. Die Waldheim-Affäre ist nicht das einzige Kommunikationsereignis, das diese geistige Gemengelage verdeutlicht. Auch im Zuge der Borodajkewycz-Affäre und nach dem Bombenattentat von Oberwart ließen sich entsprechende Konstellationen beobachten. Antisemitismus trat und tritt dabei auch als Antiinternationalismus auf, indem patriotische Parolen verschwörungstheoretisch gefärbt werden – so wurde die »Ostküste« zur Chiffre für antisemitische Ressentiments in Österreich.

Die drei diskursiven Komplexe, die hier zusammenfassend hervorgehoben wurden, sind nicht nur oft argumentativ miteinander verwoben, sie haben auch eine weitere Dimension gemeinsam: ihre geschichtlichen Bezugsrahmen. Dies betrifft sowohl die ideologischen Neigungen der JournalistInnen und anderen diskursiven AkteurInnen, die jeweils historisch geprägt waren, als auch die Themen selbst. Als wichtigste Referenzen stellten sich – wenig überraschend – die Herrschaft des Nationalsozialismus, der Austrofaschismus und die Erste Republik heraus. In geringerem Maße spielten auch Verweise auf die Habsburgermonarchie eine Rolle. Für alle analysierten Debatten jedenfalls gilt die Beobachtung: Zeithistorische Erfahrungen waren ausschlaggebend für die autoritären oder antiautoritären Dispositionen im Journalismus der Zweiten Republik.

Literatur

Asbrock, Frank, Chris Sibley und John Duckitt. »Right-Wing Authoritarianism and Social Dominance Orientation and the Dimensions of Generalized Prejudice: A Longitudinal Test«. *European Journal of Personality* 24 (2010): 324–340.

Autengruber, Peter und Manfred Mugrauer. *Oktoberstreik*, Wien: ÖGB-Verlag, 2016.

Botz, Gerhard, Hg. *Kontroversen um Österreichs Zeitgeschichte: verdrängte Vergangenheit, Österreich-Identität, Waldheim und die Historiker*. Frankfurt am Main: Campus-Verlag, 1994.

Berchtold, Klaus. *Verfassungsgeschichte der Republik Österreich*. Wien: Springer, 1998.

Böhmer, Peter. *Wer konnte, griff zu. »Arisierte« Güter und NS-Vermögen im Krauland-Ministerium (1945–1949)*. Wien: Böhlau, 1999.

Böhmer, Peter. *Der »Wiener« bzw. »Neue« Kurier von 1951 bis 1967: Der Versuch einer Dokumentation*. Diplomarbeit: Universität Wien, 1996.

Cento Bull, Anna und Hans L. Hansen. »On Agonistic Memory«. *Memory Studies* 9/4 (2015): 1–15.

Csoklich, Fritz. »Massenmedien«. In *Das neue Österreich. Geschichte der Zweiten Republik*, herausgegeben von Erika Weinzierl und Kurt Skalnik, 259–276. Graz: Styria, 1975.

Decker, Oliver und Elmar Brähler. *Vom Rand zur Mitte. Rechtsextreme Einstellungen und ihre Einflussfaktoren*. Berlin: Friedrich-Ebert-Stiftung, 2006.

Dr.-Karl-Renner-Institut. *Mehr Rechtsschutz für den Staatsbürger. Justizprogramm für 1970 bis 1974*. Wien: Renner-Institut, 1969.

Dreidemy, Lucile. *Der Dollfuß-Mythos. Eine Biographie des Posthumen*. Wien: Böhlau, 2014.

Duriez, Bart und Alain Van Hiel. »The march of modern fascism. A comparison of social dominance orientation and authoritarianism«. *Personality and Individual Differences* 32/7 (2002): 1199–1213.

European Commission. »Special Eurobarometer 296, Discrimination in the European Union: Perceptions, Experiences and Attitudes« (Brüssel 2008). Zugriff am 01.06.2018. http://ec.europa.eu/public_opinion/archives/ebs/ebs_296_en.pdf.

Fabris, Hans Heinz und Fritz Hausjell, Hg. *Die Vierte Macht. Zu Geschichte und Kultur des Journalismus in Österreich seit 1945*. Wien: Verlag für Gesellschaftskritik, 1991.

Fischer, Heinz, Hg. *Einer im Vordergrund. Taras Borodajkewycz. Eine Dokumentation*. Wien: Europa Verlag, 1966.

fög/Universität Zürich. *Ausländer und ethnische Minderheiten in der Wahlkampfkommunikation – Analyse der massenmedialen Berichterstattung zu den Eidgenössischen Wahlen 2007*. Zürich: fög/ Universität Zürich, 2008.

Frei, Norbert. *Vergangenheitspolitik. Die Anfänge der Bundesrepublik und die NS-Vergangenheit*. München: Beck, 1996.

Gehler, Michael. »Die ›Figl-Fischerei‹ von 1947. Eine politische Affäre mit Nachspiel«. In *Politische Affären und Skandale in Österreich*, herausgegeben von Michael Gehler und Hubert Sickinger, 346–381. Thaur: Kulturverlag, 1996.

Geretschläger, Erich. *Massenmedien in Österreich*. Wien: Bundespressedienst, 1998.

Gössl, Martin. *Von der Unzucht zum Menschenrecht. Eine Quellensammlung zu lesbisch-schwulen Themen in den Debatten des österreichischen Nationalrats von 1945 bis 2002. Mit persönlicher Erinnerung von Peter Schieder und einem Beitrag zur Strafrechtsreform 1971*. Graz: Edition Regenbogen, 2012.

Gruber, Karl. *Zwischen Befreiung und Freiheit. Der Sonderfall Österreich*. Wien: Ullstein, 1953.

Hauer, Nadine. *Die Mitläufer oder Die Unfähigkeit zu fragen. Auswirkungen des Nationalsozialismus für die Demokratie von heute*. Wiesbaden: Verlag für Sozialwissenschaften, 1994.

Hausjell, Fritz und Oliver Rathkolb. »›Was unsere Zeit vor allem braucht, ist der Geist der Versöhnung, der Volksgemeinschaft.‹ Ein Beitrag zur Biographie des Journalisten Alfons Dalma«. *Medien & Zeit* 1 (1989): 18–26.

Hoffmann, Thomas. *Die Nationalratswahlen der Ersten Republik. Eine statistische Studie*. Dissertation: Universität Wien, 2013.

Imhof, Kurt. »Medien und Öffentlichkeit, Zürich: Forschungsbereich Öffentlichkeit und Gesellschaft 2006«. Zugriff am 17.05.2018. http://www.foeg.uzh.ch/analyse/publikationen/Medien_und_Oeffentlichkeit.pdf.

Jedlicka, Ludwig. *Ein Heer im Schatten der Parteien. Die militärpolitische Lage Österreichs 1918–1938*. Wien: Böhlau, 1955.

Karlhofer, Ferdinand, Sven Jeschke und Günther Pallaver, Hg. *Medienzentrierte Demokratien: Befunde, Trends, Perspektiven. Festschrift für Univ.-Prof. Dr. Fritz Plasser*. Wien: facultas, 2013.

Khol, Andreas, Theodor Faulhaber und Günther Ofner, Hg. *Die Kampagne. Kurt Waldheim – Opfer oder Täter? Hintergründe und Szenen eines Falles von Medienjustiz*, Wien: Herbig, 1987.

Kittel, Franz. *Engelbert Dollfuß 1934–1954. Kämpfer – Opfer – Idee*, Wien: ÖVP-Kameradschaft der politisch Verfolgten, 1954.

Klahr, Alfred (Pseudonym »Rudolf«). »Die ›Nationale Frage‹ in Österreich«. *Weg und Ziel. Monatsschrift für Fragen der Demokratie und des wissenschaftlichen Sozialismus* II/3 (1937): 126–133.

König, Thomas. *Das Fulbright Program in Wien: Wissenschaftspolitik und Sozialwissenschaften am ›versunkenen Kontinent‹*. Dissertation: Universität Wien, 2008.

Knight, Robert, Hg. *»Ich bin dafür, die Sache in die Länge zu ziehen.« Die Wortprotokolle der Österreichischen Bundesregierung von 1945 bis 1952 über die Entschädigung der Juden*. Wien: Böhlau, 2000.

Kriechbaumer, Robert. *Zeitenwende. Die SPÖ-FPÖ-Koalition 1983–1987 in der historischen Analyse, aus der Sicht der politischen Akteure und in den Karikaturen von Ironimus*. Wien: Böhlau, 2008.

Küpper, Beate, Carina Wolf und Andreas Zick. »Social status and anti-immigrant attitudes in Europe: An examination from the perspective of social dominance theory«. *International Journal of Conflict and Violence* 4 (2010): 205–219.

Lechner, Manfred. »›...Jener, dessen Namen unter den Lebenden nicht genannt werden mag‹. Der ›Fall Olah‹ – Ein Megaskandal der Zweiten Republik?« In *Politische Affären und Skandale in Österreich*, herausgegeben von Michael Gehler und Hubert Sickinger, 419–436. Thaur: Kulturverlag, 1996.

Loidl, Simon. *Eine spürbare Kraft. Österreichische KommunistInnen im US-amerikanischen Exil (1938–1945)*, Wien: Promedia, 2015.

Malina, Peter. »›Wieder Fuß fassen, nicht gefragt werden, schweigen dürfen.‹ Ilse Leitenberger. Ein österreichischer Lebenslauf«. *Medien & Zeit* 1 (1989): 26–32.

Manela, Erez. *The Wilsonian Moment: Self-Determination and the International Origins of Anticolonial Nationalism*. New York: Oxford University Press, 2007.

Mayenburg, David. »Mitteleuropäische Strafrechtsvereinheitlichung – Internationale Zusammenarbeit vs. Großraumkonzeption (1914–1933)«. In *Rechtstransfer in der Geschichte*, herausgegeben von Vanessa Duss et al., 135–160. München: Meidenbauer, 2006.

Melischek, Gabriele und Josef Seethaler, Hg. *Die Wiener Tageszeitungen. Eine Dokumentation, Bd. 5: 1945–1955. Mit einem Überblick über die österreichische Tagespresse der Zweiten Republik bis 1998*. Frankfurt am Main: Peter Lang, 1999.

Molden, Berthold. »Decolonizing the Second Republic. Austrian perceptions of the hot Cold War in the Global South«. *Journal for Austrian Studies* 48/3 (2015): 109–128.

Molden, Berthold. »›Die Ost-West-Drehscheibe‹. Österreichs Medien im Kalten Krieg«. In *Zwischen den Blöcken. Österreich im Kalten Krieg*, herausgegeben von Manfried Rauchensteiner, 687–774. Wien: Böhlau, 2010.

Noll, Alfred und Manfried Welan. *Die Abgelegene. Einige kursorische Anmerkungen zur Österreichischen Unabhängigkeitserklärung 1945*. Wien: Czernin, 2010.

Pelinka, Anton und Erika Weinzierl, Hg. *Das große Tabu. Österreichs Umgang mit seiner Vergangenheit*. Wien: Edition S, 1997.

Petschar, Hans und Georg Schmid. *Erinnerung & Vision: die Legitimation Österreichs in Bildern. Eine semiohistorische Analyse der Austria Wochenschau 1949–1960*, Graz: Akademische Druck- u. Verlagsanstalt, 1990.

Pirker, Peter. »Die Remigration sozialistischer Exilanten nach Österreich: Exilpolitik – Netzwerke – Nachkriegsintegration«. *Yearbook of the Research Center for German and Austrian Exile Studies* 15 (2014): 119–156.

Plasser, Fritz, Hg. *Politik in der Medienarena. Praxis politischer Kommunikation in Österreich*, Wien: facultas, 2010.

Pollak, Alexander. *Die Wehrmachtslegende in Österreich*. Wien: Böhlau, 2002.

Priester, Eva. *Kurze Geschichte Österreichs*. Wien: Globus, 1946.

Rathkolb, Oliver. »Demokratiegeschichte Österreichs im internationalen Kontext«. In *Die österreichische Demokratie im Vergleich*, herausgegeben von Ludger Helms und David M. Wineroither, 71–104. Baden-Baden: Nomos, 2017.

Rathkolb, Oliver. »Viktor Reimanns Publizistik 1945–1955«. *Medien & Zeit* 1 (1989): 35–39.

Rauchensteiner, Manfried und Wolfgang Etschmann, Hg. *Schild ohne Schwert? Das Österreichische Bundesheer 1955–1970*. Graz: Styria, 1991.

Schmidl, Erwin. »1918–1938: Das Bundesheer im Schatten der Parteiarmeen«. In *Die geschichtliche Entwicklung der allgemeinen Wehrpflicht*, herasugegeben von der Österreichischen Gesellschaft für Landesverteidigung und Sicherheitspolitik, 38–39. Wien: Österreichische Gesellschaft für Landesverteidigung und Sicherheitspolitik, 1992.

Segev, Tom. *Simon Wiesenthal. Die Biographie*, München: Siedler, 2010.

Seybold, Dietrich. »Der ›Historikerstreit‹ (1986–87) und die ›Waldheim-Affäre‹ (1986–88) als Bezugspunkte einer Debattengeschichte«. In *Geschichtskultur und Konflikt: Historisch-politische Kontroversen in Gesellschaften der Gegenwart*, herausgegeben von Dietrich Seybold, 47–58. Bern: Peter Lang, 2005.

Steiner, Ines. »Kostümierte Interessen. Österreichische Identität als Travestie in Wolfgang Liebeneiners 1. April 2000«. In *1. April 2000*, herausgegeben von Ernst Kieninger, Nikola Langreiter, Armin Loacker und Klara Löffler, 149–186. Wien: Verlag Filmarchiv Austria, 2000.

Stourzh, Gerald. *Um Einheit und Freiheit. Staatsvertrag, Neutralität und das Ende der Ost-West-Besetzung Österreichs 1945–1955*. 4. überarb. Aufl. Wien: Böhlau, 1998.

Stourzh, Gerald. *1945 und 1955: Schlüsseljahre der Zweiten Republik*. Innsbruck: Studienverlag, 2005.

Thiele, Hans-Günther, Hg. *Die Wehrmachtsausstellung. Dokumentation einer Kontroverse*, Bonn: Edition Temmen, 1999.

Tóth, Barbara. *Der Handschlag. Die Affäre Frischenschlager-Reder*. Dissertation: Universität Wien, 2010.

Triandafyllidou, Anna, Ruth Wodak und Michal Krzyzanowski, Hg. *Europe in Crisis: The ›European Public Sphere‹ and National Media in the Post-War Period*. Basingstoke: Palgrave, 2009.

Uhl, Heidemarie. »Vom Opfermythos zur Mitverantwortungsthese: NS-Herrschaft, Krieg und Holocaust im ›österreichischen Gedächtnis‹«. In *Transformationen gesellschaftlicher Erinnerung. Studien zur »Gedächtnisgeschichte« der Zweiten Republik*, herausgegeben von Christian Gerbel et al., 50–85. Wien: Thuria + Kant, 2005.

Wassermann, Heinz. *»Zuviel Vergangenheit tut nicht gut!« Nationalsozialismus im Spiegel der Tagespresse der Zweiten Republik*. Innsbruck: Studien Verlag, 2000.

Winter, Renée. *Geschichtspolitiken und Fernsehen. Repräsentationen des Nationalsozialismus im frühen österreichischen TV (1955–1970)*. Bielefeld: transcript, 2014.

Wirth, Maria. *Christian Broda. Eine politische Biographie*. Göttingen: Vienna University Press, 2011.

Wirth, Maria. *Demokratiereform. Diskussion und Reformen in der Zeit der Alleinregierung Klaus und Kreisky 1966–1983*. Diplomarbeit: Universität Wien, 1997.

Wodak, Ruth, Peter Nowak, Johann Pelinka, Helmut Gruber, Rudolf DeCilla und Richard

Mitten, Hg. *»Wir sind alle unschuldige Täter!« Diskurshistorische Studien zum Nachkriegsantisemitismus*. Frankfurt am Main: Suhrkamp, 1990.
Zierer, Brigitta. *Politische Flüchtlinge in österreichischen Printmedien*. Wien: Braumüller, 1998.

David Schriffl

Kein Führer weit und breit oder: das politische Personal gefangen in Struktur und äußerer Gegebenheit

Autoritäre Tendenzen in Österreich in den ersten zwei Nachkriegsjahrzehnten von aussen gesehen

»Wenn der durchschnittliche österreichische Wähler keinen
Gebrauch von seinem Recht macht sich (...) zu beteiligen, (...)
dann bekommt er vermutlich das Parlament und die Regierung die er verdient.«[1]
Der US-Botschafter über die österreichische Realverfassung

Vorbemerkung

Dieser Teil des Buches versucht ebenso wie die anderen, anhand der vorgestellten Liste an »Kommunikationsereignissen«[2] die Frage nach autoritären Tendenzen zu stellen. Ist in den anderen Teilen vielfach der Versuch vorhanden, empirisch solche Tendenzen nachzuweisen, so geht es in diesem Teil vor allem um die Wahrnehmung – oder eben Nichtwahrnehmung – autoritärer Tendenzen von außen, im konkreten Fall vor allem durch Briten und Amerikaner und indirekt in geringerem Umfang durch Sowjets und Franzosen. Die Wahl dieser Vier ergibt sich naheliegend aus den Nachkriegsgeschehnissen und ihrer Eigenschaft als Besatzungsmacht. Als solche hatten sie sich selbst ja neben anderem auch die Trennung Österreichs von Deutschland und die Zerschlagung des NS-Machtapparates in Österreich als Aufgabe gestellt. Die Beobachtung der österreichischen Innenpolitik war daher bis zu einem gewissen Grad eine Aufgabe, die intensiver erfolgen musste als bei anderen Ländern, auch wenn hier gleich vorausgeschickt werden kann, dass die geopolitische Situation naheliegenderweise in den Berichten über Österreich eine hervorragende

1 National Archive and Records Administration (im Folgenden NARA) College Park, RG 59, Central Foreign Policy Files 1964–1966, Box 1902, US-Botschaft Riddleberger an Department of State (im Folgenden DoS) A-708, Some Anomalies of the Austrian Political System, 9.2.1966, 6.

2 Diese findet sich vollständig mit Erläuterungen zu ihrem Zustandekommen im Kapitel Berthold Moldens in diesem Band.

Rolle einnimmt. Zudem kann die Frage gestellt werden, ob und wie sich dieser Blick über die Jahrzehnte veränderte.

Die Kommunikationsereignisse reichen bis ins Jahr 2000. Der hier vorliegende Teil dringt aber auch aufgrund archivalischer Einschränkungen nur bis Ende der 1960er-Jahre vor. Zudem ist das Ausmaß der Beschreibung der einzelnen Kommunikationsereignisse nicht immer gleich. Sie richtet sich nicht nur, aber auch nach der Intensität, mit der diese Ereignisse jeweils von außen wahrgenommen worden sind. Es soll versucht werden, die Kommunikationsereignisse oder Themenblöcke, den im Zuge des Projektdesigns definierten vier Bestandteilen oder Teilaspekten des Autoritarismus bzw. der Intoleranz jeweils zu Beginn zuzuordnen.

Dieser Abschnitt als mit historiografischen Arbeitsweisen erstellte Annäherung an das Thema Autoritarismus unterscheidet sich teils grundlegend von den anderen Kapiteln. Neben anderen Aspekten wurden hier auch gänzlich andere Primärquellen verwendet. Diese machen eine entsprechende Quellenkritik notwendig und haben auch eine gesonderte Vorstellung zum besseren Verständnis verdient. Es geht wie bereits angedeutet in diesem Teil nicht darum, eine möglichst komplette oder konzise Darstellung der Geschehnisse im jeweiligen Fall zu geben. Das würde nicht nur den Rahmen sprengen, sondern auch dem Ansinnen dieses Buches zuwiderlaufen. Es geht vielmehr um den Blick von außen auf gesellschaftliche und politische Vorgänge in der Zweiten Republik. Wesentliche Kommentatoren sind die britischen und US-Behörden in Österreich. Diese haben im hier betrachteten Zeitraum wesentliche Veränderungen durchgemacht. Sind sie zunächst für kurze Zeit vor allem militärische Sieger über das Dritte Reich, werden sie schnell zu organisierten Besatzungsmächten, die über die alliierte Kontrollmaschinerie (im Wesentlichen der Alliierte Rat) das Land zuerst regieren und dann nur mehr kontrollieren. Die Rivalität zwischen ihnen, vor allem der Ost-West-Konflikt, bringt eine besondere Sichtweise hervor, die zunächst einmal jede von der Sowjetunion initiierte oder geförderte Entwicklung als bedrohlich wahrnimmt und nach dem alten Motto »der Feind meines Feindes ist mein Freund« Gegnerschaft zur Sowjetunion wohlwollend betrachtet, auch wenn damit ein unkritischer Blick etwa auf rechte Gruppierungen verbunden ist. Eine jederzeit völlig neutrale Sichtweise und Einschätzung der innenpolitischen Entwicklung kann also von dieser Quellenart nicht erwartet werden. Mit diesem Hintergrund und in der Zusammenschau über einen längeren Zeitraum lässt sich aber ein valides Bild des Blickes von außen zeichnen. Innen- und Außensicht differieren dabei teils stark. Der ursprüngliche Zweck der verwendeten Quellen war die Berichterstattung an die Regierung zu Hause. Die Entscheidungsträger dort sollten eine Grundlage für ihr Vorgehen bekommen. Üblicherweise wurde für jedes Land zumindest einmal jährlich ein Überblicksbericht erstellt, dazwischen wurden zu aktuellen Themen ad hoc Berichte verfasst, in selteneren Fällen erging auch von der Zentrale ein Ersuchen um Information. Die Texte wurden nicht für die Veröffentlichung konzipiert und unterlagen bei ihrer Erstellung zumeist verschiedenen Geheimhaltungsstufen, die in den Fußnoten auch deutlich gemacht werden. Französische Quellen wurden aufgrund der geringeren Bedeutung ihres Besatzungsapparates in Verbindung mit arbeitsökonomischen Überlegungen weggelassen, sowjetische Quellen aufgrund fehlender Sprachkenntnisse.

Im Fall der Briten kommen zwei wesentliche Quellen zum Einsatz. Dies sind zum einen die Berichte des British Council. Dieses Kulturinstitut hatte bei den Briten in der Nachkriegszeit immer Informations- und Berichtspflichten nach Hause, die man sonst eher von einer diplomatischen Vertretung erwarten würde. In diesen Berichten kommt dann vermehrt Kulturpolitisches aus der laufenden Arbeit zum Tragen, was aber die politische Berichterstattung nicht verdrängt. Die Berichterstattung der diplomatischen Vertretung ist entsprechend etwas weniger umfangreich.

Bei den USA ist in Bezug auf Österreich ein wesentlich umfangreicherer, Tausende Seiten umfassender, Quellenbestand zugänglich. Dieser wurde für das Projekt in der National Archive and Records Administration vollständig gesichtet. Hier spielen die Berichte zunächst des Besatzungsapparates eine Rolle, der weit größer war als bei Briten und Franzosen. Der »Political Adviser« des US-Hochkommissars spielte hier die zentrale Rolle. Dieser wird dann von der US-Gesandtschaft bzw. später Botschaft abgelöst. Zum Besatzungsapparat gehörten bei den USA neben den erwähnten zivilen Stellen die Besatzungstruppen selbst, die United States Forces in Austria (USFA), die über die Nachrichtendienste eine eigene Informationsbeschaffung und Berichterstattung nach Washington betrieben. Diese »Army Messages«, die als einen Unterpunkt meistens etwa auch »Psychological« (zumeist eine Presseschau) oder auch »Subversive« aufwiesen, sind interessante Ergänzungen zu den Schilderungen ziviler Stellen. Sie enthalten jeweils auch andere Rubriken wie etwa »Economic«, die aber aus Relevanz- und Platzgründen hier nicht verwertet worden sind. Auch das zeitweise regelmäßig in einer eigenen Rubrik behandelte Thema »Südtirol« fällt unter diese Kategorie. Obwohl neben der Wichtigkeit des Themas für die österreichische Nachkriegspolitik sogar auch eine besondere Beobachtung der Südtirolaktivisten stattfindet, konnte dieses Thema aus Platzgründen hier nicht verfolgt werden. Zuletzt wurden auch noch Memoranden und andere Dokumente des State Department (Department of State, DoS) selbst verwendet. Nicht unerwähnt bleiben soll hier auch, dass für dieses Buch erstmals bisher streng geheime Dokumente des National Security Council (NSC) freigegeben wurden, die die Bereitschaft der USA zum bewaffneten Eingreifen und die Veränderungen in dieser Haltung rund um die Ereignisse im Herbst 1950 gut wiedergeben. Diese Direktiven des NSC waren für alle US-Stellen bindend und direkt vom Präsidenten autorisierte Leitlinien der US-Politik.

Ebenfalls interessant sind in diesem Zusammenhang die vertraulichen Gespräche, die österreichische Politiker immer wieder mit US-Vertretern geführt haben, die ihre Haltung zu Fragen der österreichischen Innenpolitik in einer Form wiedergeben, die nicht von den Zwängen der politischen oder Medienarena geprägt ist. Mitgedacht werden muss auch hier natürlich, dass die Aussagen wiederum speziell an den Gesprächspartner angepasst sein könnten. Solche Gespräche wurden etwa von Renner, Figl, Helmer, Schärf oder Kreisky verwendet, geführt wurden sie mit Weiteren wie etwa Koplenig. Im speziellen Fall Renners, dessen Haltung zu Fragen, die dieses Buch beschäftigen, durchaus als bemerkenswert und zentral zu bezeichnen ist, wurde ausnahmsweise auch ein Ego-Dokument verwendet, in dem er seine Haltung zu gewissen Fragen deutlich zum Ausdruck bringt.

Grundsätzlich kann gesagt werden, dass der gesamte Quellenbestand in US-Archiven für die behandelten Themen gesichtet worden ist. Berücksichtigt werden muss bei dieser Quellengattung jedenfalls, dass die Autoren Beamte der US-Administration oder des US-Militärs sind. Deren regelmäßige Berichte nach Washington dienten der Information der eigenen Regierung und als mögliche Basis zur Entscheidungsfindung derselben. Ihr Hauptinteresse gilt im Zweifelsfall der US-Außenpolitik. Die österreichische Innenpolitik wird vor diesem Hintergrund gesehen. Viele dieser Akten waren zum Zeitpunkt ihrer Erstellung verschiedenen Geheimhaltungsstufen unterworfen und wurden erst nach und nach für die Öffentlichkeit zugänglich. Wie bereits erwähnt wurden manche Dokumente erst für dieses Buch auf Antrag auf Basis des »Freedom of Information Act« zugänglich gemacht.

Die Gliederung ist chronologisch und in ihrer Ordnung nach Kommunikationsereignissen nur an zwei Stellen ergänzt, wenn Karl Renner und Otto Habsburg jeweils in einem Unterkapitel thematisiert werden. Kurt Waldheim wurde in dieser Arbeit weggelassen, weil die US-Akten zur sogenannten Waldheim-Affäre bereits vollständig von den US-Behörden veröffentlicht worden sind und es sich daher um eine Reiteration zulasten anderer Themen handeln würde.

Im Gegensatz zu anderen Kapiteln dieses Buches wird hier nicht geschlechtsneutral im Sinne des Gendering formuliert. Dies vor allem deswegen, weil aufgrund der Zeitumstände (die angesprochene Personengruppe besteht jeweils so gut wie immer ausschließlich aus Männern) ein faktenwidriger Eindruck entstehen würde.

1945: Freiheit und Unwägbarkeit

Die Wahlen des Jahres 1945 waren selbstverständlich nicht nur der Beginn einer demokratischen Entwicklung, sondern auch der Endpunkt einer Entwicklung vom Ende der Kampfhandlungen über die Zerschlagung der NS-Behörden, die Wiedererrichtung der österreichischen Souveränität, die Einrichtung österreichischer Behörden zur Wahl des neuen Nationalrates. Hier geht es um Kernfragen der Demokratie, um politische Aspekte möglichen Autoritarismus. Das erste Problem für die Westalliierten war der Abschluss eines Abkommens über die alliierte Kontrolle

Österreichs im Verein mit der Frage der Anerkennung einer österreichischen Regierung. Die am 27. April gebildete Regierung Renner wurde zunächst nur von den Sowjets akzeptiert (noch nicht offiziell anerkannt) und entfaltete ihre Tätigkeit demgemäß zunächst nur in den von der Roten Armee besetzten Gebieten. Die Sowjets hatten natürlich ein Interesse, die Regierung Renner auch von den Westalliierten anerkannt zu sehen. Diese sahen sie aber eben durchaus kritisch: Man lobte, dass bis Ende September bereits wichtige Schritte in Gesetzgebung und Verwaltung unternommen worden seien.

> Obwohl die Regierung Renner keinesfalls eine Marionettenregierung der Sowjets war, stand die Anzahl ihrer kommunistischen Mitglieder (darunter die Minister für Inneres und Unterricht) in keinem Verhältnis zur wirklichen Stärke der kommunistischen Partei und hatte sich ohne Vertreter der westlichen Provinzen gebildet, als Wien von Westösterreich abgeschnitten war.[3]

Daher hatten die Westalliierten sie auch nicht gleich anerkannt und sogar den Landesregierungen verboten, die Autorität der Wiener Regierung in ihren Gebieten anzuerkennen.[4] Dies geschah erst am 20. Oktober nach den Länderkonferenzen.

Schon 1945 waren sich die Kommunisten – nicht zuletzt wegen ihres schlechten Abschneidens bei der Betriebsratswahl in der Floridsdorfer Lokomotivfabrik – ihrer Schwäche bewusst. Ein gemeinsames Antreten mit den Sozialisten in einer Art Linksfront wurde von diesen abgelehnt. In einer Zeit großer Unsicherheit befürchtete etwa der Sozialist Adolf Schärf bereits, dass der KPÖ-Chef Ernst Fischer vor Eintreffen der Westalliierten einen Putschversuch mit sowjetischen Waffen, aber ohne deren direktes Eingreifen wagen könnte. Er wandte sich daher an die US-Behörden. Wenn die Kommunisten Maschinengewehre hätten, so die im US-Bericht wiedergegebene Sorge Schärfs, könnten sie trotz ihrer geringen Anzahl letztendlich stärker sein als die vollkommen entwaffneten Christlichsozialen und Sozialisten. Er forderte daher die Westalliierten auf, ein mögliches späteres Eintreffen insofern einzukalkulieren, als sie überlegen sollten, welche Art Polizei und Besatzungstruppen im Falle eines kommunistischen Aufstandes mit illegalen Waffen notwendig seien. Der politische Berater des US-Hochkommissars John G. Ehrhardt war der Meinung, dass die ihm durch einen Mittler mitgeteilte Sorge Schärfs durch die Annahme begründet wäre, dass sich die Alliierten, wenn sie erst in Wochen oder Monaten einträfen und dann überraschend mit einem Aufstand konfrontiert würden, untätig zusehen würden, da sie sich nicht in innere österreichische Angelegenheiten einmischen

3 National Archives Kew (im Folgenden NA Kew) FO 425/468, Austria: Mack an Bevin (Vertraulich), 17.7.1946, 3.

4 Ebd.

wollten. Obwohl er diese Ängste nicht teilte, leitete Ehrhardt diese Überlegungen an die zuständigen Stellen weiter. Man müsse diese »Geschichte« zwar mit Skepsis sehen, eine solche Entwicklung wäre durch die Anwesenheit des bewaffneten zweiten österreichischen Bataillons[5] und die Stärke der Kommunisten in der Polizei nicht unmöglich, aber wohl nur Erfolg versprechend, wenn die Sowjets die Westalliierten von Wien fernhielten.[6] Es ist eine Ironie der Geschichte, dass trotz der Ereignisse des Februars 1934 im Jahr 1945 ein Vertreter der SPÖ das Fehlen von Waffen bei den beiden Großparteien zu beklagen scheint.

Das Ergebnis der Wahlen vom 25. November 1945 wurde von den Briten naheliegenderweise sehr positiv gesehen. Die Wahlen wurden von den Sowjets und den Kommunisten so bald nicht gewünscht, konnten aber nur schwer abgelehnt werden, nicht zuletzt, da die Einsetzung einer Konzentrationsregierung bereits zuvor akkordiert worden war. Bei einer Wahlbeteiligung von 94 Prozent (ohne die ehemaligen Nationalsozialisten, wie man anmerkt) wurde nicht nur die Schwäche der KPÖ offenbar. Die Wahl

> bestätigte [für die britische Besatzungsmacht, Anm.] die Existenz eines instabilen Gleichgewichts zwischen den sozialistischen Städten und den konservativen und katholischen ländlichen Gebieten von der Gründung der Republik 1919 bis zum Untergang des österreichischen Staates 1938.[7]

Dieser Einschätzung hätte wohl auch in den Jahrzehnten nach der Erstellung dieses Berichts kaum jemand widersprochen. Wie an anderer Stelle luzide erkannt wird, war diese Lagertrennung bereits mit dem gleichen und geheimen Männerwahlrecht 1907 eingetreten. Was in den Berichten der Westalliierten allerdings eher ausgeklammert, dafür in der österreichischen innenpolitischen Interpretation kaum wegzudenken ist, ist das »Dritte Lager« der (Deutsch-)Nationalen. In der unmittelbaren Nachkriegszeit, das heißt in den ersten vier Jahren nach dem Kriegsende, war dieses Dritte Lager auch wirklich ausgeschaltet bzw. marginalisiert und diskreditiert. Dies änderte sich jedoch bald. Der britische politische Vertreter in Österreich William Mack war jedenfalls Mitte 1946 sehr mit dem zufrieden, was der Alliierte Rat in Ausführung der Beschlüsse der European Advisory Commission in Österreich erreicht hatte:

> Österreich wurde von Deutschland getrennt und freigewählte Regierungen wurden sowohl zentral als auch in den Ländern errichtet. Rede-, Presse- und Vereinsfreiheit

---

5 Dieses bestand aus Österreichern, die sich zu den Tito-Partisanen gemeldet hatten.

6 NARA College Park, RG 59, 1945–1949 Central Decimal File 1945–49, Box 4015, Ehrhardt (Florenz) an Byrnes, Nr. 115 (Streng Geheim), 16.7.1945.

7 NA Kew FO 425/468, Austria: Mack an Bevin (Vertraulich), 17.7.1946, 3 f.

> wurden wiederhergestellt; die wiederbelebte Gewerkschaftsbewegung hat eine halbe Million Mitglieder; Schulen und Universitäten sind voll. Die Naziorganisation wurde zerschlagen und eine österreichische Zivilverwaltung – obwohl unzulänglich sowohl in Umfang als auch Qualität – wurde aufgebaut.[8]

Man nahm zwar zur Kenntnis, dass gegenseitige Schmutzkübelkampagnen eine »unvermeidliche Begleiterscheinung österreichischer Politik« wären, war sich aber sicher, sagen zu können, dass die Regierung trotz von »den Kommunisten« herbeigeführten kleineren Streiks und Provokationen und anderer Schwierigkeiten stabil geblieben wäre. Nicht zuletzt wäre es wichtig, dass sich die Österreicher trotz verschiedenster Probleme »eine Geduld und Fröhlichkeit erhalten hätten, die – wenn die internationalen Schwierigkeiten überwunden werden könnten – sichere Hoffnung« für die Zukunft gebe.[9] Eine mögliche Rückkehr autoritärer Tendenzen in die österreichische Innenpolitik wurde von den Briten nicht befürchtet. Die Feststellung von begrenztem Auftauchen von Neonazis – ein Begriff, der bereits fast unmittelbar nach Kriegsende in ausländischen Berichten verwendet wurde – wurde nicht als ein Verbleiben autoritären Gedankengutes in nennenswertem Ausmaß in den Köpfen der österreichischen Bevölkerung eingeschätzt. Kommunisten wurden aufgrund ihrer schwachen Verankerung in der Bevölkerung nur als mögliches Werkzeug der Sowjets im geopolitischen Spiel ernstgenommen, nicht jedoch als innenpolitisch wirksame Kraft aus sich selbst heraus.

Es passt in dieses Bild, dass die Grußadresse, die dem ersten politischen Vertreter Österreichs in Washington, dem Gesandten Ludwig Kleinwächter, entgegengebracht wurde, darauf hinweist, dass es der feste Entschluss der USA wäre, »die österreichische Unabhängigkeit wiederherzustellen und das österreichische Volk bei der Erreichung politischer und ökonomischer Sicherheit zu unterstützen«.[10] Darin ist nicht von Demokratie die Rede – obwohl diese natürlich mitgedacht wurde –, sondern Sicherheit ist die oberste Priorität, und diese Sicherheit ist als Gegenentwurf zur Sowjetunion bzw. als Sicherheit vor der Sowjetunion zu verstehen.

Die politische Verlässlichkeit der Großparteien im Sinne einer demokratischen Entwicklung im westlichen Sinn wurde bald genug deutlich und immer wieder bestätigt. So berichteten US-Vertreter Mitte 1946, dass der rechte Flügel der SPÖ, verkörpert durch das Trio Schärf, Oskar Helmer und Julius Deutsch, die Partei fest im Griff hätte. Eine Weiterführung der Zusammenarbeit mit der ÖVP – obwohl die SPÖ zu diesem Zeitpunkt selbst annahm, die stärkste Partei zu sein – speiste sich dabei aus einer Mischung aus Bewunderung für Leopold Figl wegen seines Mutes

8 NA Kew FO 425/468, Austria: Mack an Bevin (Vertraulich), 17.7.1946, 6.
9 NA Kew FO 425/468, Austria: Political Report for 1946, Mack an Bevin (Vertraulich), 16.5.1947, 4 f.
10 NARA College Park, RG 59, 1945–1949 Central Decimal File, Box 3382, Byrnes an Gruber, 15.3.1946, 2.

den Russen gegenüber, der Ablehnung, die Führung in einer schwierigen Situation zu übernehmen und der Sorge vor Felix Hurdes oder Heinrich Gleissner als möglichen Nachfolgern Figls. Obwohl man Außenminister Karl Gruber verabscheute,[11] wäre man überzeugt, dass die Regierung unverändert bleiben sollte, da ein »Bruch des Deichs an einem Punkt eine Flut verursachen würde, die alles wegschwemmen« würde. Schärfs steirische Rede, in der er eine klare Abgrenzung von den Kommunisten forderte, wo immer diese die österreichischen Institutionen versteckt infiltrieren wollten (gemeint waren die Gewerkschaften), wurde vom Beobachter besonders hervorgehoben. Er hätte es als »extrem bedeutsam wahrgenommen, dass ein sozialistischer Redner, in hohen Regierungs- und Parteifunktionen, sich gegen die bisher gelobte und vertretene ›Konzentration der demokratischen Kräfte‹« ausgesprochen habe.[12]

Die Koalition der beiden Großparteien wurde von den Westalliierten als wesentlichste Voraussetzung für die politische Stabilität Österreichs und damit auch seine stabile Position im internationalen Gefüge gesehen. Hatte die Beteiligung der Kommunisten in der Konzentrationsregierung noch Sorgen vor einer wesentlichen Beeinflussung der Innenpolitik und damit mittelbar möglichen Machtübernahme nach osteuropäischem Muster gemacht, war die Unterstützung der Regierung danach oberstes Ziel der westalliierten Politik. Anfang Mai 1948 – also kurz nach der Machtergreifung der Kommunisten in der Tschechoslowakei – empfahl das US-Außenamt, in dieser Richtung besonders tätig zu werden. Unter »Special recommendations« wurde vorgeschlagen, die Koalition als Regierungsform »aktiv« [Hervorhebung i. O.] zu unterstützen. Dies sollte zunächst in der Form geschehen, dass alle US-Entscheidungen dem ÖVP-Kanzler und dem SPÖ-Vizekanzler gemeinsam übermittelt werden sollten. Die US-Administration sollte auch darauf drängen, dass ein sozialistischer Vizeaußenminister ernannt werden sollte, um die bereits von beiden Parteien geführte Außenpolitik als gemeinsames Anliegen zu stärken. Dies würde dazu zwingen, eine gemeinsame Verantwortung für außenpolitische Entscheidungen zu übernehmen. Alle Kontakte mit der österreichischen Regierung, sogar auf technischer Ebene, sollten, wo möglich, auf »Zweiparteienebene« stattfinden. Die Erfahrungen der letzten eineinhalb Jahre hätten gezeigt, dass österreichische Politiker »dem Gebrauch von Kontakten im amerikanischen Hauptquartier zur Erreichung eines innenpolitischen Vorteils nicht abgeneigt« wären.[13] Auch sollte man den Sozialisten auf Ministeriumsebene mehr Einfluss auf die Gestaltung der

11 Hier wird nicht ganz klar, was damit gemeint sein könnte.

12 NARA College Park, RG 59, 1945–1949 Central Decimal File 1945–49, Box 4015, Salner an DoS/Mulliken (Vertraulich), 23.8.1946, 2 f., 7.

13 NARA College Park, RG 59, 1945–1949 Central Decimal File, Box 3382, Memorandum Kretzmann an Reber (Geheim), 6.5.1948, 5–7.

Wirtschaftspolitik einräumen.[14] Es erscheint bemerkenswert, dass die US-Regierung eine solche Forderung aufstellt. Dies tat sie natürlich nur wissend, dass die SPÖ der westlichen Orientierung Österreichs strikt verpflichtet war. Daneben wurde gefordert, dass man der österreichischen Regierung nachdrücklich empfehlen sollte, gewisse Reformen durchzuführen. Vor allem wäre es notwendig, die Zahl der Beamten zu reduzieren. Österreich würde an diesem Problem seit der Übernahme der habsburgischen Beamten 1918 leiden. Um dieses Problem in positiver Weise zu lösen, wären »gewisse umfassende gesellschaftliche Reformen« notwendig, »sogar bis zur Förderung der Emigration eines gewissen Prozentsatzes jener sozialen Klasse, aus der die Beamten stammen«. Ein Arbeitskräftemangel in Industrie und Landwirtschaft wäre dadurch nicht absehbar, vor allem dann nicht, wenn ein Großteil der verbliebenen Displaced Persons dort verwendet würde. Aber der Überfluss an Kandidaten für die Beamtenklasse wäre tendenziell eine Belastung für das Budget und würde eine »Überbürokratisierung« verursachen. Wenn allerdings kein Versuch gemacht würde, den Überschuss in dieser sozialen Gruppe zu entfernen, würde sie ein Element politischer Instabilität bilden.[15] Wird in späteren Jahren der »Filz« der Proporzregierung von westlichen Beobachtern sogar als demokratiegefährdend angesehen, hatte die Koalition in den ersten Nachkriegsjahren noch den Nimbus des Stabilitäts- und Demokratieankers. In der politischen Diskussion und in der Historiografie war oft die Rede von der hypertrophen Ausbalancierung vor allem der provisorischen Staatsregierung des Jahres 1945, wo in jedem Amt ein »Aufpasser« von der anderen Seite beigestellt wurde, um die gegenseitige Kontrolle zu perfektionieren. Die westlichen liberalen Demokratien wurden und werden oftmals als schlankeres und effizienteres Gegenbild gesehen. Umso interessanter ist der Umstand, dass die USA eine noch stärkere institutionelle Verklammerung der beiden Großparteien als wünschenswert erachtet haben. Dies ist wohl durch den zeitlichen Entstehungszusammenhang dieses Papiers nachvollziehbar. Kurz nach der Machtübernahme der Kommunisten in Prag war jedes Mittel recht, um die Regierung stabil und das Land damit im westlichen Lager zu halten. Fast grotesk mutet es aber trotz alledem an, wenn vorgeschlagen wird, Teile des Bürgertums als Träger des Beamtentums zur Emigration zu bewegen, um nach einem als notwendig erachteten Bürokratieabbau nicht zu viele Arbeitslose in diesem Bereich zu riskieren, die ein politisch unzuverlässiger Faktor hätten werden können. Die US-Politik agiert hier also fern von ideologischen Freund-Feind-Interessen, sondern strikt entlang strategischer Prämissen. Wenn die Auswanderung bürgerlicher Schichten die Aufrechterhaltung von Ruhe

14 NARA College Park, RG 59, 1945–1949 Central Decimal File, Box 3382, Memorandum Kretzmann an Reber (Geheim), 6.5.1948, 8.

15 NARA College Park, RG 59, 1945–1949 Central Decimal File, Box 3382, Memorandum Kretzmann an Reber (Geheim), 6.5.1948, 5–7.

und Ordnung besser sicherstellt als andere Maßnahmen, so wird dem nähergetreten. Der Einsatz von Displaced Persons, also vielfach vertriebenen Volksdeutschen aus Osteuropa in Landwirtschaft und Industrie, wird da als politisch völlig unbedenklich eingestuft. Ruft man sich die Aussagen Karl Renners etwa über die aus der Tschechoslowakei vertriebenen Sudetendeutschen in Erinnerung, die aufgrund ihrer angenommenen Nähe zum Nationalsozialismus als Zuwanderer auf höchster politischer Ebene abgelehnt wurden,[16] kann man sich vorstellen, was die österreichische Politik zu einer praktischen Umsetzung eines solchen Planes – zu der es in diesem Detail nicht kam – zu sagen gehabt hätte. Eine weitere ernsthafte Überlegung des State Department im Mai 1948 war jene, ob man die KPÖ nicht verbieten sollte. Obwohl ihre Anhängerschaft klein sei und sie nur über vier Sitze im Parlament verfüge, »stellt sie doch eine fortgesetzte Bedrohung für die Unabhängigkeit und Demokratie Österreichs dar«. Der effektivste Weg, um die KPÖ auszuschalten, wäre wohl, die Österreicher zu ermutigen, ihre Wählerschaft zu zerstreuen und zu zerteilen, um zu verhindern, dass sie bei den nächsten Wahlen des Jahres 1949 ein Grundmandat[17] erreichen könnten. Die dafür entscheidende Wahlzahl für die Nationalratswahlen 1949 wäre wegen der Rückkehr von Kriegsgefangenen und der Wiederzulassung der minderbelasteten Nationalsozialisten eine wesentlich höhere als 1945. »Eine konzertierte Aktion von Volkspartei und Sozialisten in jenen Gebieten, wo die Kommunisten ein Grundmandat erreichen könnten, wäre wohl der effektivste Weg, um sie aus dem Parlament zu eliminieren.«[18] Teil der Überlegungen der US-Regierung 1948 war also, wie man die KPÖ »eliminiert«, das heißt verbietet und aus dem Parlament bekommt. Autoritäre Tendenzen – etwa in Form eines erneuten politischen Einflusses ehemaliger Nationalsozialisten durch ihre Wiederzulassung zu den Wahlen – waren nicht die Sorge Washingtons. Im Gegenteil, man erhoffte sich durch die Teilnahme ehemaliger Kriegsgefangener und dieser Minderbelasteten einen Schub in die »richtige« Richtung, nämlich die antikommunistische. Der Umstand, dass die USA nach dem Krieg kaum Berührungsängste bei der Rekrutierung ehemaliger Nationalsozialisten als Agenten, Geheimdienstler oder technische

16 »Was die Anregung Herrn Beneš bezüglich der allfälligen Übernahme eines Teiles der Sudetendeutschen anlange, könne er nur darauf hinweisen, dass viele davon Nazis schon gewesen seien und die, die es nicht gewesen seien, würden es dadurch, dass man sie jetzt zwinge, ihre Heimat zu verlassen. Es wären lauter unzufriedene Elemente und solche könnten wir nicht brauchen.« Österreichisches Staatsarchiv, Archiv der Republik, Bundeskanzleramt–Abteilung Auswärtige Angelegenheiten (im Folgenden ÖStA, AdR, BKA-AA)/II-pol/Zl. 1.666-pol/45, Gesandter Alois Vollgruber an Generalsekretär Heinrich Wildner, Notiz über den Empfang bei dem Herrn Staatskanzler am 16.X.1945, 6.11.1945.

17 Eine Prozenthürde im heutigen Sinn gibt es erst seit der Nationalratswahl 1995.

18 NARA College Park, RG 59, 1945–1949 Central Decimal File, Box 3382, Memorandum Kretzmann an Reber (Geheim), 6.5.1948, 8 f.

Experten hatten, ist sattsam bekannt.[19] Hier ist interessant zu sehen, dass auch in Bezug auf eine große Anzahl von Ehemaligen keine Bedenken hinsichtlich der demokratischen Entwicklung Österreichs aufzukommen scheinen. Die Antwort auf die Frage, ob solche Überlegungen – in größerem Ausmaß, als es sie gab – angestellt worden wären, wenn es die Konfrontation mit der Sowjetunion nicht gegeben hätte, muss Spekulation bleiben. Das U. S. Department of State stellte zwar 1948 mit Genugtuung fest, dass die Stärke der Kommunisten in der »politischen Polizei« durch energisches Vorgehen des Innenministers bereits stark zurückgegangen sein, es aber in der Wirtschaftspolizei noch erheblichen kommunistischen Einfluss gäbe. Dies gäbe ihnen die Instrumente in die Hand, Verbindungen von Regierungsbeamten zu Schwarzmarktaktivitäten aufzudecken und damit die Möglichkeit, politische Krisen auszulösen. Man schlägt vor:

> Obwohl wir keinerlei Korruption in der österreichischen Regierung dulden sollten, sollten wir Schritte unternehmen, den Österreichern eine Säuberung dieser Polizeieinheit vorzuschlagen, um den Kommunisten diese möglicherweise effektive Waffe zu entziehen.

Abschließend wird noch festgehalten, man solle die Österreicher ermutigen, »besonders aus dem Wirtschaftsministerium Personal und Elemente zu entfernen, die vor allem wegen ihres persönlichen Vorteils und nicht aus persönlicher Überzeugung mit den Sowjets kollaboriert hätten«. Eine Menge Informationen sei in den Geheimdienstakten der USFA vorhanden, um solche »Kollaborateure« aufzudecken.[20] Nicht nur eine mögliche Verschiebung der Wählerschaft in Richtung rechten Autoritarismus war für die USA also akzeptabel, auch Korruption in Regierungskreisen konnte als kleineres Übel gedeckt werden, solange nur der KPÖ damit alle Möglichkeiten genommen werden konnten, für politische Instabilität zu sorgen. Dies ist auch insofern nachvollziehbar, als die unmittelbare Bedrohung für die demokratische Verfasstheit der Republik nicht von autoritären Strömungen von rechts kam, sondern in der »Volksdemokratisierung« unter kommunistisch-sowjetischen Vorzeichen, wie es in den Nachbarländern gerade erst geschehen war. Dies muss man im Hinterkopf behalten, wenn das Augenmerk von Briten und Amerikanern vor allem auf diesen Punkten lag.

Nichtsdestotrotz beobachtete man intensiv den rechten Flügel des politischen Spektrums. In den wöchentlichen sogenannten Army-Messages[21] der USFA war ein

---

19 Man denke nur an die Verwendung deutscher Raketenexperten wie Wernher von Braun etc.

20 NARA College Park, RG 59, 1945–1949 Central Decimal File, Box 3382, Memorandum Kretzmann an Reber (Geheim), 6.5.1948, 9 f.

21 Dies waren Mitteilungen der amerikanischen Besatzungstruppen in Österreich an die Entscheidungsträger in Washington.

regelmäßiger Unterpunkt »New-Nazi activity«. Darin wurde versucht, Ausmaß und Gefährlichkeit der aktuellen Entwicklungen in diesem Bereich festzustellen. Mitte Dezember 1948 wurde etwa vermeldet, dass es viele Geschichten über die Diskriminierung von Opfern des Naziregimes gäbe, u. a., dass frühere KZ-Insassen delogiert würden, um Ehemaligen Platz zu machen. In den Bemühungen in der Steiermark zur Begnadigung schwerbelasteter illegaler Nazis wurden »gefährliche Symptome« erkannt.[22]

Karl Renner: Macht und Verdrängung

Die Wahlen 1945 und 1949 unterschieden sich zuallererst durch die Wiederzulassung der minderbelasteten ehemaligen Nationalsozialisten. Eine Art Scharnier in dieser Hinsicht bildet Karl Renner sowohl in seinen Funktionen als auch in seinen Ansichten, deswegen soll hier gesondert auf diese eingegangen werden. Es vermischen sich hier politische Aspekte mit ethnisch-ideologischen Aspekten, auch wenn hier auf antisemitische Tendenzen Renners nicht explizit eingegangen wird, weil diese im gewählten Quellenkorpus kein Thema sind.

In seiner Grußadresse an den gerade durch die Bundesversammlung gewählten Bundespräsidenten Renner wünschte Präsident Harry S. Truman ihm alles Gute für seine »Aufgabe, die Befreiung des Landes zu vollenden und die Wiederherstellung eines unabhängigen und demokratischen Staates«.[23] Die »vollständige Befreiung« zielte wohl auf die sowjetische Besatzung, die »Wiederherstellung eines unabhängigen und demokratischen Staates« auf die Ausmerzung der verbliebenen großdeutschen und nationalsozialistischen Einflüsse. Ob die diesbezüglichen Vorstellungen der beiden Präsidenten wohl völlig deckungsgleich waren?

Bereits am 22. Dezember 1945, zwei Tage nach seiner Wahl, besuchte Ehrhardt Renner in seiner neuen Funktion am Ballhausplatz. Renner meinte zunächst, er würde sich schwer daran gewöhnen Präsident zu sein, vor allem an sein neues Büro, da er immer in einfachen Räumlichkeiten gearbeitet habe. Seit April 1945 habe er versucht, die Kooperation der Parteien zu fördern. Die Einbindung der Kommunisten hätte zum Beispiel dazu geführt, dass diese kaum Demonstrationen abgehalten hätten, da sie ihre Anliegen durch seine Vermittlung an ein kommunistisches Regierungsmitglied hätten herantragen können, das dann mäßigend auf sie eingewirkt hätte. Er würde während der Wiederaufbauphase auch keine Einparteienregierung

22 NARA College Park, RG 59, 1945–1949 Central Decimal File 1945–49, Box 4015, USFA Army Message P 2784 an Acheson (Geheim), 12.12.1948, 4.

23 NARA College Park, RG 59, 1945–1949 Central Decimal File 1945–49, Box 4015, Telegramm DoS an Politische Vertretung der USA in Österreich (Geheim/Restricted), 22.12.1945.

angeloben. In der ihm eigenen Art bemerkte er danach, dass seine Aufgaben als Präsident nicht geringer werden würden, denn Figl und Schärf würden zwar die weniger wichtigen Dinge lösen, bei wirklich großen Fragen, besonders den Außenbeziehungen, würden sie jedoch ihn um Rat fragen.[24] Als Kanzler hätte er es schwergehabt, da er der einzige mit Erfahrung gewesen sei. Manche seiner Kabinettsmitglieder wären nicht nur unerfahren, sondern inkompetent gewesen und gerade diese hätten die meiste Autorität für sich beansprucht. Damit hätte er Roul Bumballa und seine Widerstandsbewegung gemeint. Scherzend hatte Renner gemeint, dass die Helden aus dem Krieg kämen, erwarteten, alles zu leiten und dann lange bräuchten, um herauszufinden, dass sie wieder nur Zivilisten seien. In Bezug auf die Wahlen 1945 lobte Renner die politische Reife der Österreicher, die um ein Vielfaches größer sei als jene der Deutschen, was auch daran zu bemerken sei, dass Österreich nie mehr als drei Parteien gehabt hätte [was natürlich nicht der Wahrheit entsprach, Anm.], während es in Deutschland zahllose gewesen wären. Die Nazis hätten nie verstanden, dass die Österreicher eine solche politische Reife erreicht hätten, und hätten nichts des politischen Bewusstseins des Durchschnittsösterreichers zerstört. Dieses wäre wie ein großer Fluss gewesen, der plötzlich unterirdisch fließt und dann weit entfernt stärker und mächtiger wiederauftaucht. Die Enthüllungen der Nürnberger Prozesse hätten einen tiefen Eindruck bei ihm hinterlassen, die sadistische, inhumane Barbarei der Deutschen wäre unfassbar und so abscheulich, dass der deutsche Name für 100 Jahre befleckt wäre.[25] In diesem Dokument scheint – wie in anderen auch – eine Art Rückzug in eine eigene Welt bei Renner stattgefunden zu haben. Dass die Österreicher in ihrer Gesamtheit zwischen 1938 und 1945 demokratisch gesinnt geblieben wären, konnte er nicht ernst gemeint haben. Entweder, er verwendete diese blumige Formulierung, um beim US-Vertreter gut Wetter für die Österreicher zu machen, oder er sprach eigentlich davon, wie er sich gern selbst sehen wollte: trotz seiner Befürwortung des Anschlusses 1938[26] im Jahr 1945 der einzige kompetente Mann der Republik von staatsmännischer Größe und stets untadeliger Gesinnung zu sein.

In einem Gespräch mit dem politischen Vertreter der USA in Österreich Cecil Gray Anfang März 1946 äußerte sich der nunmehrige Bundespräsident über verschiedene politische Themen, ohne Eigenlob zu kurz kommen zu lassen, wie er das

---

24 Diese Selbstüberschätzung passt auch zum Versuch Renners, eine Art Präsidialregime zu errichten, dem von seiner eigenen Partei ein Riegel vorgeschoben wurde. Siehe Beitrag von Berthold Molden in diesem Band.

25 NARA College Park, RG 59, 1945–1949 Central Decimal File 1945–49, Box 4015, HQUSFA, Office of the Political Adviser an Byrnes Nr. 637, Transmitting Memorandum of Conversation With the President of Austria, Dr. Karl Renner (Vertraulich), 26.12.1945.

26 Renner hatte sich Anfang April 1938 im *Neuen Wiener Tagblatt* für den bereits vollzogenen Anschluss Österreichs an Deutschland ausgesprochen. Die ÖVP thematisierte das auch im Wahlkampf des Jahres 1945. Siehe Beitrag von Martin Dolezal in diesem Band. Vgl. Abb. 7.

schon zuvor[27] praktiziert hatte. Nach Dankesworten für die Leistungen der Amerikaner lobte er seinen eigenen Tatendrang als Staatskanzler und seine unermüdlichen Anstrengungen zur Erledigung der notwendigen Aufgaben und zur Motivierung der Kabinettsmitglieder. Nun bestünde die Gefahr, dass wieder »die Bürokratie den Mann beherrsche und nicht der Mann die Bürokratie«. Das bezog sich auf Bundeskanzler Figl.[28] Dieser sei – so Renner – ein guter, ehrlicher und patriotischer Bürger, aber schwach. Er predige Geduld, mit deren Hilfe alles in Ordnung käme, man müsse aber den Russen Paroli bieten.[29] Darauf kam er auf Südtirol zu sprechen und meinte, nur die Rückkehr Südtirols zu Österreich würde es dem Land ermöglichen, einen Korridor zwischen Ost und West zu bilden. Der derzeitige schmale Korridor hätte sich in der Vergangenheit auch als zu schmal erwiesen, um Deutschland und Italien zu trennen. Wenn Südtirol nicht zurückgegeben würde, empfänden die Menschen dies als »Diktat«, das sie für Jahre verbittern würde.[30] Renner als Unterzeichner des Staatsvertrags von St. Germain verwendete hier ganz bewusst das Wort »Diktat«, denn die Aufbrechung desselben war eines der Schlagworte der deutschen Wiederaufrüstung. Ganz bewusst wurde hier eine Drohkulisse geliefert, dass die Österreicher wegen des Verlusts Südtirols so verbittert sein könnten, dass

27 Renner verfasste z. B. selbst eine auf Staatskosten in hoher Auflage verbreitete Broschüre seiner Darstellung der Ereignisse, die zu seiner Betrauung mit der Regierungsbildung geführt hatten, und der Leistungen der provisorischen Staatsregierung.

28 Die Charakterisierung Figls durch die US-Behörden anlässlich seines Staatsbesuches in den USA 1952 ist ähnlich unfreundlich und liest sich wie eine Sammlung aller bekannter Klischees vom freundlichen, bäuerlich geprägten und dem Wein nicht abholden gutmütigen Politiker, der westlich orientiert sei, aber auch mit den Russen könne und seine Flexibilität aus dem Fehlen eines ideologischen Überbaus beziehe. »Die Vorstellung des Kanzlers von Demokratie in einem westlichen Sinn ist ebenso beschränkt wie sein Wissen über das Gefühlsleben der Arbeiterklasse. Das Fehlen ideologischer Prinzipien und ein unzureichendes Hintergrundwissen über die internationalen Beziehungen und Wirtschaftspolitik in Verbindung mit seiner Tendenz[,] politische Fragen zu sehr zu vereinfachen[,] macht es einfach für ihn, Zweckmäßigkeit über Prinzipien zu stellen.« NARA College Park, RG 59, Decimal File 1950–54, Austria 50–54, Box 3914, DoS Division of Biographic Information Andersen an Allen, State Visit of Chancellor Leopold Figl (Vertraulich), 11.4.1952. Anlässlich dieses Besuches gab es sogar eine Morddrohung gegen Figl von einem ehemaligen Österreicher, dem kein Pass ausgestellt worden war. Diese wurde aber von den Österreichern nicht allzu ernst genommen, besondere Sicherheitsvorkehrungen wurden nicht ergriffen. NARA College Park, RG 59, Decimal File 1950–54, Austria 50–54, Box 3914, DoS Memorandum of Conversation, Teilnehmer Platzer, Buresch, Allen, Subject Ludwig Hutzinger alias »Mr. Austrian« (Vertraulich), 22.4.1952.

29 Mit dieser Ansicht stand er aber in der Führung der SPÖ eher alleine da. Schärf, Helmer und Deutsch teilten ihre Bewunderung für Figl und speziell für seinen Mut den Russen gegenüber den US-Beobachtern offen mit. NARA College Park, RG 59, 1945–1949 Central Decimal File 1945–49, Box 4015, Salner an DoS/Mulliken (Vertraulich), 23.8.1946, 2 f.

30 NARA College Park, RG 59, 1945–1949 Central Decimal File, Box 3382, Gray an DoS (Geheim), 8.3.1946,. 1 f.

sie sich wieder autoritären bzw. antiwestlichen Strömungen zuwenden könnten.[31] In der Folge widmete sich Renner der Tschechoslowakei, die – wie er richtig erkannte – seiner Meinung nach bereits an die Sowjets verloren sei. Ein Masaryk hätte sie noch retten können, ein Beneš jedoch keinesfalls. Wenn Österreich und die Tschechoslowakei in den russischen Einflussbereich kämen, wäre der Westen wirksam vom Osten getrennt. »Es gäbe eine chinesische Mauer von der Nordsee zur Adria und niemand würde wissen, was dahinter vorginge.« Die Rückkehr Südtirols zu Österreich wäre ein mächtiger Faktor, um das zu verhindern.[32] Renner wollte also offenbar den Ausdruck der »chinesischen Mauer von der Nordsee zur Adria« prägen, drei Tage, nachdem Churchill in Fulton zum ersten Mal öffentlich vom Eisernen Vorhang gesprochen hatte. Mit dem Vergleich mit der Tschechoslowakei stellte er sich – da er Österreich nicht verloren glaubte wie das Nachbarland – auch gleich auf eine Stufe mit Masaryk, dem er eine »Rettung« der Tschechoslowakei zugetraut hätte. Beim Thema der Entnazifizierung verfolgte er eine klare Linie, die auch länger Bestand haben sollte: Er meinte dem Amerikaner gegenüber, »dass bei der Befreiung 99 Prozent der Bevölkerung – ehemalige Nationalsozialisten eingeschlossen – von Deutschland endgültig genug gehabt hätten, aber die Entnazifizierung wäre so verpfuscht worden, dass einiges dieser wünschenswerten Haltung verlorengegangen sei«. Er meinte,

> die Entnazifizierung hätte prompt erledigt werden sollen, die Schuldigen bestraft, und dann hätte das beendet werden sollen, was zu einer ›Verfolgung‹ geworden sei. Man müsse bedenken, dass von jeder inhaftierten Person viele andere (Familie, Betrieb und berufliche Beziehungen) betroffen seien und dass alle diese zu Feinden werden könnten.[33]

Erneut scheint hier ein Vorwurf an die Alliierten mitzuschwingen – die eigene Regierungsarbeit wollte er wohl nicht kritisieren –, zu streng bei der Entnazifizierung vorgegangen zu sein. Wiederum wird eine Drohung mitgeliefert, indem er erwähnt, dass ein Vielfaches von der Anzahl an direkt betroffenen Personen zu »Feinden« werden könnte. Diese würden wohl als Feinde einer österreichischen Selbstständigkeit wie der Demokratie an sich zu denken sein und sich wieder autoritären Strömungen zuwenden. Nimmt man die große Zahl ehemaliger Nationalsozialisten, stellt diese

---

31 Die Forderung nach der Rückkehr Südtirols zu Österreich war in der unmittelbaren Nachkriegszeit unstrittig und war demgemäß auch Inhalt von Wahlplakaten. Siehe Beitrag von Martin Dolezal in diesem Band. Vgl. Abb. 6.

32 NARA College Park, RG 59, 1945–1949 Central Decimal File, Box 3382, Gray an DoS (Geheim), 8.3.1946, f. 162 f., 2 f.

33 NARA College Park, RG 59, 1945–1949 Central Decimal File, Box 3382, Gray an DoS (Geheim), 8.3.1946, f. 162 f., 2 f.

angedrohte Multiplikation autoritären Potenzials durch die »Verfolgung« für den Gesprächspartner – so er sie ernst nimmt – wohl eine ernsthafte Bedrohung von demokratischer Stabilität und Ordnung dar. Wie die Berichte der westalliierten Vertretungen über die Jahre zeigen, wurde das Bedrohungspotenzial durch rechte oder neonazistische Kräfte aber konstant eher gering eingeschätzt. Renners implizite Drohung dürfte daher nicht viel Wirkung gezeigt haben. Im innenpolitischen wie außenpolitischen Kontext ist es auch interessant, dass Renner hier das Wort »Verfolgung« verwendet, das im englischen Original ebenfalls mit Anführungszeichen hervorgehoben ist. Zum einen ist es Synonym für die Judenverfolgung, deren Auswüchse zu diesem Zeitpunkt gerade erst in ihrem ganzen Ausmaß deutlich geworden waren. Seine Verwendung ist daher entweder unbedacht – wovon bei Renner in einem Gespräch mit dem politischen Vertreter der USA nicht auszugehen ist – oder als der Versuch zu interpretieren, besonders dramatisch und damit wirkungsvoll zu formulieren. Die Entlastung ehemaliger Nationalsozialisten war also ein besonderes Anliegen, und zwar schon zu einem Zeitpunkt, als die nächsten regulären Wahlen mit einer etwaigen Beteiligung dieser Personengruppe noch nicht unmittelbar vor der Tür standen und Wahltaktik daher noch nicht das ausschlaggebende Motiv gewesen sein dürfte. Dass Renner dabei grundlegendere diesbezügliche Überlegungen hatte, wird unter anderem im Jahr darauf deutlich. Renners Anschlussbefürwortung 1938 nach dem bereits vollzogenen Anschluss war möglicherweise ein Motiv, andere ebenfalls aus der Verantwortung zu entlassen. Dies wäre eine Deutungsmöglichkeit, die sein Handeln zumindest zum Teil erklären könnte, wenn man sich diesen Ausflug in die Psychologie als Historiker erlaubt. Was immer der Grund dafür gewesen sein mag, an seiner Haltung ist nicht zu zweifeln. Gespräche wie das zitierte, Reden wie jene zum Jahreswechsel 1946/47, schriftliche Ausführungen wie jene, die er zur Erklärung dieser Rede an Regierungsmitglieder schickte oder die Praxis der Begnadigung ehemaliger Nationalsozialisten als Bundespräsident zeigen ein kohärentes Bild. Spannt man einen weiten Bogen in Zeiten um die Jahrtausendwende, kommt einem der Terminus »Verfolgung« unweigerlich wieder in den Sinn, als die FPÖ ihn benutzte, um die Kritik an ihrem rechten Rand abzuwehren. Obwohl man sich in der FPÖ dabei nicht auf Renner bezog, ist es doch bemerkenswert, dass der so verehrte zweimalige Republiksgründer wohl einer der Ersten war, der ihn in Bezug auf den äußersten rechten Rand des politischen Spektrums anwendete, um diesen im wahrsten Sinne des Wortes zu exkulpieren.

In einer Ansprache an die Mitglieder der Bundesregierung am 31. Dezember 1947 hat Renner auch zur Nationalsozialistengesetzgebung Stellung genommen. Da diese Rede »verschiedene Missverständnisse und Bedenken hervorgerufen« hätte, fühlte er sich knapp einen Monat später zu einer schriftlichen Stellungnahme an Außenminister Gruber berufen, »zur Vermeidung von Unklarheit und Unsicherheit«. Nach einer langen rechtshistorischen Abhandlung bis in die Antike zurück kam er die österreichische Gesetzgebung betreffend zum Schluss, man müsse zur »modernen demokratischen Rechtsordnung zurückkehre[n]«. Dazu gehörten die Ablehnung von Kollektivstrafen und Strafen ohne vorangegangenes Gesetzesverbot und »keine Verfolgung bloßer politischer Gesinnung«.[34] »Die Verfemung einer politischen Gesinnungsrichtung oder etwa einer Konfession (Ketzergerichte), einer bestimmten Volkszugehörigkeit (z. B. zu einer nationalen Minderheit), widerspricht völlig den Grundsätzen der Demokratie.«[35] Renner lehnt in dieser Stellungnahme also den grundlegenden Geist des Verbotsgesetzes ab, das noch heute in Geltung ist, dass nämlich die besonderen Gräuel, die durch die nationalsozialistische Gesinnung ermöglicht wurden, einen ausreichenden Grund darstellen, um die Meinungsfreiheit in diesem Punkt per Verfassungsgesetz einzuschränken. Dieser politische Diskurs, ob dies zulässig sei, wird heute nur mehr von der extremen Rechten in Österreich weitergeführt. Darüber hinaus stellt er eine Ideologie auf dieselbe Stufe wie Religionen oder nationale Zugehörigkeiten. Weiter schreibt er:

> Weiters wollte ich die Notwendigkeit unterstreichen, die Gesetzgebung, soferne wir die Absicht, ein Staat und eine Nation zu werden, verwirklichen wollen, so einzurichten, dass wir die heute noch national Gesinnten durch politische Erziehung für den Staat gewinnen und sie nicht durch endlose Quälerei und Strafmaßnahmen, welche dem allgemeinen Rechtsbewusstsein widersprechen, in der Ablehnung des Staates verhärten. Die uns durch innere und äußere Umstände zur Zeit aufgenötigten Nazigesetze widersprechen nach dem Ausgeführten den Rechtsgrundsätzen der Demokratie.

Wären die Alliierten sofort nach dem Ende der Kampfhandlungen abgezogen, wäre man wie die besetzten Länder im Westen vorgegangen.

> Ich vermute, wir hätten sofort nach der Unabhängigkeitserklärung für diese durch eine Volksabstimmung im ganzen Staatsgebiete eine mindestens 90 %ige Zustimmung gefunden, unser Volk wäre so von dem immer noch lastenden Verdacht nazistischer Tendenzen befreit, wir hätten durch Sondergerichte (nach Art der Revolutionstribunale) binnen kurzer Zeit die nationalsozialistischen Führer abgetan, alles übrige amnestiert und damit uns den tiefen Schaden der eingetretenen Verwirrung und Zerklüftung erspart. Davon bin ich felsenfest überzeugt.[36]

Nochmals betont er, er hätte keinen Zweifel daran gehabt, dass bei Wahlen im Juli 1946 die ehemaligen Nationalsozialisten, hätten sie mitwählen können, als »hoff-

34 ÖStA, AdR, BKA-AA, II-Pol/Österreich 3, Zl. 105.578-Pol/47, Renner an Gruber, 22.1.1947, 8 f.
35 ÖStA, AdR, BKA-AA, II-Pol/Österreich 3, Zl. 105.578-Pol/47, Renner an Gruber, 22.1.1947, 10.
36 ÖStA, AdR, BKA-AA, II-Pol/Österreich 3, Zl. 105.578-Pol/47, Renner an Gruber, 22.1.1947, 9.

nungslose Minderheit« erschienen wären, die Aufklärungsarbeit der demokratischen Parteien hätte es geschafft, die

> übergroße Mehrheit der derzeit noch national denkenden auf den Boden der unabhängigen Republik Österreich zurückzuführen. (...) Der Ausschluss der national Denkenden von den politischen Rechten ist kein Vorteil für die Republik, sondern eine Gefahr für sie.[37]

Renner wollte also mit kosmetischen Operationen – einer Volksabstimmung, deren Ausgang er bei Teilnahme aller Staatsbürger wohl allzu optimistisch einschätzte und der Aburteilung einiger weniger, auf die dann die ganze Schuld hätte geschoben werden können – einen ebensolchen Schwenk vollziehen, wie er es persönlich getan hatte, und die Sache damit für erledigt erklären. Das tausendfache Unrecht der Denunziation, der Bereicherung, des offenen Mitläufertums (worunter man seinen Anschlussartikel wohl auch subsumieren könnte) wäre vollends unter den Teppich gekehrt worden, eine Beschäftigung mit »allem übrigen Amnestierten« hätte nie stattgefunden.

Es blieb zum Teil dem Alliierten Rat überlassen, in Bezug auf die Entnazifizierung zumindest bremsend auf die österreichischen Wünsche nach möglichst großflächigen Amnestien einzuwirken. Im Vorfeld der Wahlen des Jahres 1949 war vom Justizministerium ein Erlass an die Staatsanwaltschaften ergangen, belastete und minderbelastete Ehemalige zu melden, die für eine Amnestie durch den Bundespräsidenten im Sinne des Verbotsgesetzes 1947[38] infrage kämen. Dies war natürlich in der Hoffnung geschehen, weitere potenzielle Wähler anzusprechen. Der Alliierte Rat diskutierte diese Frage im Oktober 1949. Der sowjetische und der französische Hochkommissar lehnten den Erlass rundweg ab, der britische Vertreter hingegen bestand darauf, dass diese Maßnahme doch im Rahmen des Gesetzes sei und daher vom Alliierten Rat nicht beeinsprucht werden sollte. Der US-Hochkommissar schlug als Kompromiss vor, einen Brief an den Justizminister zu schicken, in dem erklärt werden sollte, dass »der Alliierte Rat der Meinung ist, dass die Anwendung des Begnadigungsrechts in solch einem großen Ausmaß dem Geist des Verbotsgesetzes widerspricht«. Franzosen und sogar Sowjets akzeptierten diesen Vorschlag, die Briten jedoch nicht, was Letzteren schwere Vorwürfe in der sowjetischen und kommunistischen Presse eintrug, dem Neofaschismus Vorschub zu leisten.[39] Was Renner

---

37 ÖStA, AdR, BKA-AA, II-Pol/Österreich 3, Zl. 105.578-Pol/47, Renner an Gruber, 22.1.1947, 11.

38 BGBl. 25/1947.

39 NARA College Park, RG 59, 1945–1949 Central Decimal File 1945–49, Box 4015, US-Gesandtschaft Ehrhardt an Acheson Nr. 521, Austrian Political Report for October 1949 (Vertraulich), 7.11.1949, 8.

also per Gesetz gewünscht hatte, wurde im Wege des Begnadigungsrechts entgegen dem Geist des Gesetzes durchgesetzt.

Renner war auch in späteren Jahren nicht besonders zurückhaltend, was seine Formulierungen anging. Wie wir gesehen haben, betraf das auch ausländische Gesprächspartner. Im November 1949 besuchte der Präsident des außenpolitischen Ausschusses der französischen Nationalversammlung, Edouard Bonnefous, Österreich und führte in Begleitung des französischen Hochkommissars Emile Béthouart mit verschiedenen österreichischen Politikern Gespräche, darunter Renner, Figl, Gruber und Deutsch. Die Franzosen berichteten den Amerikanern darüber und stellten fest, dass diese Gespräche eine neue Tendenz in den Ansichten der österreichischen Führungs gezeigt hätten. Diese wünschte nun, dass Österreich eine neutrale Haltung einnehmen solle, »die jedenfalls illusorisch ist und darüber hinaus durch ihren Geist der Zugeständnisse, den sie verdeutlicht, gefährlich«. Dieser würde noch zunehmen, wenn die Westalliierten nicht reagieren würden. Renner hätte wörtlich gesagt:

> Sie haben die Österreichisch-Ungarische Monarchie 1919 geopfert und haben Österreich 1938 wegen der Tschechoslowakei im Stich gelassen, die sie, als sie an der Reihe war, ebenfalls im Stich gelassen haben. Das sind negative Präzedenzfälle. Darüber hinaus sind Sie schwach, Sie sind untereinander uneins und Sie erklären, dass Sie sich im Fall einer Aggression durch die Russen am Rhein verteidigen würden, was bedeutet, dass Sie uns erneut im Stich lassen würden. Unter diesen Umständen und obwohl sich 90 Prozent der Bevölkerung aufgrund ihrer Kultur und Traditionen den Westmächten verbunden fühlen, wie sollen wir einer Organisation angehören wie der Europäischen Union, die alle unsere Wünsche erfüllen würde und besonders meine eigenen? Als ein verantwortlicher Führer dieses Landes kann ich daher nur eine Politik der strikten Neutralität zwischen den beiden alliierten Blöcken empfehlen. Aber am Tag[,] an dem ich den französischen und den britischen Hochkommissar in mein Büro kommen sehe und sie mich eines Übereinkommens zwischen ihnen beiden und ihrer gemeinsamen Unterstützung versichern und wenn hinter ihnen der US-Hochkommissar mir garantiert, dass er sie unterstützt, dann werde ich mit beiden Händen das Beitrittsgesuch zur Europäischen Union[40] unterschreiben.

Dem hätten Figl und Deutsch zugestimmt. Letzterer hätte besonders betont, dass seiner Meinung nach eine österreichische Armee nur zur Aufrechterhaltung der inneren Ordnung und, wenn notwendig, zur Bekämpfung von Partisanen aufgestellt werden solle und jedenfalls nicht, um an einer breiter angelegten Verteidigung Westeuropas an den Alpen mitzuwirken. Edouard Bonnefous habe dann den österreichischen Politikern erklärt, dass ein Beitritt zur UNO bedeuten würde, dass

40 1949 wurde der Europarat gegründet.

Österreich auch Positionen zu vertreten hätte, die mit jener Art Neutralität, die sie vor Augen hätten, wenig kompatibel wäre. Darauf hätten die Österreicher aber nur ausweichend geantwortet. In den Augen des französischen Hochkommissars war diese Änderung der österreichischen Haltung eine gefährliche Entwicklung so kurz vor einem möglichen Abschluss des Staatsvertrages. Die Westalliierten sollten alles tun, um der österreichischen Bevölkerung und Regierung ihre enge Kooperation vor Augen zu führen, um so bald wie möglich in einer Position zu sein, im Falle einer russischen Aggression – ob vor oder nach dem Abzug der Besatzungstruppen – militärische Unterstützung zusagen zu können.[41] Die Amerikaner machten sich ihr eigenes Bild über die französischen Sorgen und zeichneten dabei gleich ein österreichisches Psychogramm in Bezug auf die Neutralität. Die vorsichtige Haltung zwischen den Blöcken wäre verständlich, um nicht den Eindruck der Einseitigkeit in einer Situation zu erwecken, in der eine solche für Österreich sehr schädlich sein könne. Der Berichterstatter hielt fest, er wäre »zuversichtlich, dass wir uns auch weiterhin auf Österreichs pro-westliche Orientierung auch ohne die Notwendigkeit formaler Schwüre verlassen können, während das Land besetzt ist«. Zudem hätten wiederkehrende Aussagen österreichischer Politiker, etwa Renners oder Außenminister Grubers, eine ähnliche Linie schon seit Jahren gezeigt. Obwohl die praktische Politik die Betonung der Neutralität verlangen würde, wäre die österreichische Politik westlich orientiert. Der Unterschied zwischen Schweizer und österreichischer Neutralität würde in ihrer Praktikabilität liegen. Die österreichische Neutralität wäre nur eine in Friedenszeiten, um einen Weltkonflikt zu vermeiden ohne jede Hoffnung, dass sie im Kriegsfall aufrechterhalten werden könnte. Diese Sicht einer Brücke zwischen Ost und West wäre seit 1945 immer populärer geworden, die österreichischen Politiker würden als erstes Ergebnis eines neuen Krieges die völlige Zerstörung ihres Landes erwarten. Österreichs Militärs würden die östlichen zwei Drittel des Landes als unmöglich zu verteidigen ansehen und auch den Westen nur mit äußerer Hilfe, deswegen wäre Deutschs Hinweis auf die Rolle einer österreichischen Armee völlig richtig. Die Aussagen Renners könnten auch der Versuch gewesen sein, das Maximum der französischen Bereitschaft auszuloten, Österreich gemeinsam mit den Westalliierten zu verteidigen. Zudem zeige sein Statement den wesentlichen Faktor in der Politik Zentraleuropas, nämlich Angst im Angesicht eines übermächtigen Feindes. Obwohl auch nach dem Ende der Besatzung Österreich prowestlich bleiben würde, wäre seine Bereitschaft zum Widerstand gegen den Osten von der Bereitschaft des Westens abhängig, es zu verteidigen.[42]

41 NARA College Park, RG 59, 1945–1949 Central Decimal File 1945–49, Box 4015, USFA Army Message P 3971 an Acheson (Streng Geheim), 2.11.1949.

42 NARA College Park, RG 59, 1945–1949 Central Decimal File 1945–49, Box 4015, USFA Army Message P 4300 an Acheson (Geheim), 10.11.1949.

1949: Prioritätensetzung und politische Moral

Für die USA war ein nicht unwesentlicher Faktor bei der Einschätzung der Wahlen 1949 nicht nur das Verhalten der Ehemaligen, sondern auch die Chancen der Kommunisten. Diese beiden Seiten verbinden politische und rassistische Aspekte. Im Falle der Ehemaligen kommen auch noch besonders strenge Ordnungsvorstellungen hinzu. Die Experten gaben bezüglich der Chancen der Kommunisten aber bald Entwarnung. Interessanterweise verband ihre Schlussfolgerung jedoch die beiden Fragen. Aufgrund der Vergrößerung des Pools der Wahlberechtigten, des Umstandes, dass die KPÖ schon 1945 Schwierigkeiten gehabt hatte, ein Grundmandat zu erreichen, und ihres kaum vergrößerten Mitgliederstandes gingen die USA davon aus, dass bei freien Wahlen ohne Eingriffe von außen die Kommunisten wohl nicht wieder in den Nationalrat einziehen würden.[43] Diese Einschätzung verstärkte sich noch, da man der Meinung war, dass die KPÖ noch stärker als andere westeuropäische KPs durch den Zwist zwischen Tito und Stalin in Mitleidenschaft gezogen würde. Dies auch deshalb, weil die Kärntner Slowenen, die den Kommunisten nahestanden, eine Loyalitätserklärung für Tito abgegeben hatten und daher die moskautreue KPÖ für sie nicht mehr wählbar schien. Die Position Ernst Fischers wäre geschwächt, denn obwohl es wohl keine »nationalistische Gruppe« in der KPÖ-Führung gäbe, hätte Fischer in weltfremden Anläufen versucht, Kommunismus und Österreich-Patriotismus zu vereinen. Dies hätte dazu geführt, dass die Sozialisten bei Maiaufmärschen mit roten Bannern paradieren würden, während die Kommunisten rot-weiß-rote Fahnen schwenkten.[44] Ein Grundmandat rückte dieser Einschätzung nach in noch weitere Ferne.

Erwin Scharfs Linkssozialisten würden zwar von der ÖVP zu Propagandazwecken hochgeschrieben, er wäre ein »österreichischer Fierlinger«[45]. Doch die US-Behörden kamen zu dem Schluss, dass, obwohl überzeugende unparteiische Informatio-

---

Die Angelegenheit zog noch weitere Kreise, US-Vertreter in Paris meinten dazu, Bonnefous sei ein Defätist und habe möglicherweise in Österreich nur gehört, was er hören wollte, aus dem Zusammenhang gerissene Phrasen, um seine negative Sichtweise zu bestätigen. NARA College Park, RG 59, 1945–1949 Central Decimal File 1945–49, Box 4015, Bruce (Paris) an Acheson A 1764 (Geheim), 16.11.1949. Trotz dieser Relativierung dürfte am Umstand, dass Renner diese Dinge so geäußert hat, kaum ein Zweifel bestehen.

43 NARA College Park, RG 59, 1945–1949 Central Decimal File 1945–49, Box 4015, US-Gesandtschaft Ehrhardt an Marshall A-288 (Geheim), 8.7.1948.

44 NARA College Park, RG 59, 1945–1949 Central Decimal File 1945–49, Box 4015, US-Gesandtschaft Ehrhardt an Marshall A-298 (Geheim), 19.7.1948.

45 Zdeněk Fierlinger war Mitglied der sozialdemokratischen Partei der Tschechoslowakei, aber mitbeteiligt an der kommunistischen Machtergreifung im Februar 1948.

nen fehlten, Scharfs Bewegung eine wesentliche Kraft in der österreichischen Politik oder stark genug wäre, um die Politik der SPÖ zu beeinflussen.[46]

Den britischen Beobachtern zufolge stand das ganze Land 1949 vor allem im Bann dieser zweiten freien Wahlen nach Kriegsende, nachdem man sich an die Enttäuschung über den Staatsvertrag, der weiterhin nicht abgeschlossen worden war, bereits »gewöhnt« hatte. Ihre ersten Schatten warf die Wahl bereits im April, als Innenminister Helmer erklärte, dass die Alliierten nicht mehr über die Formierung von Parteien bestimmen könnten und daher neue politische Formationen möglich seien. Zwar wiesen die Alliierten diese Interpretation einstimmig zurück, doch wären sie über die weitere Vorgehensweise nicht eins gewesen. Die britische Regierung plädierte dafür, dass nur die österreichische Verfassung die Schranke für neue Parteien sein sollte, die Amerikaner und Franzosen waren jedoch gegen die Neugründung von Parteien vor den Wahlen und stimmten darin mit der ÖVP überein.[47]

Bereits vor den Äußerungen Helmers war im März 1949 für die US-Behörden die Frage virulent geworden, wie mit der bereits bekannten Forderung nach Aufhebung der alliierten Kontrolle über die Zulassung von Parteien bzw. wahlwerbenden Gruppen umzugehen sei.[48] Ein hochrangig besetztes 12-köpfiges Komitee der amerikanischen Behörden in Österreich beriet ausführlich, welche Position für die USA am besten wäre. Wenn ein Antrag der Westalliierten auf Aufhebung der Kontrollen durch die Sowjets abgelehnt werde, stünde man wenigstens propagandistisch gut da, so General Jesmond Balmer, der stellvertretende Hochkommissar. Von ihm wurde auch die Frage aufgeworfen, ob die Zulassung neuer Parteien die Stabilität der Koalition nach dem Muster der Tschechoslowakei und Frankreichs gefährden und nicht zuletzt, ob der durch neue Parteien intensivierte Wahlkampf nicht »Recht und Ordnung« gefährden würde. Er wies aber gleichzeitig auf eine Direktive an den US-Generalstab hin, nach der Österreich maximale politische Freiheit gewährt werden sollte. Sein Mitarbeiter Oberst Dodge bezeichnete das formal noch aufrechte Verbot zur Errichtung neuer politischer Parteien als eine für die USA unhaltbare Position. Neue Gruppen wären nicht zahlreich oder stark genug, um das politische System zu destabilisieren. Im Komitee wurde darauf hingewiesen, dass das politische System Österreichs Kleinparteien benachteiligen würde. Erst ab 12 Mandaten wäre eine De-

46 NARA College Park, RG 59, 1945–1949 Central Decimal File 1945–49, Box 4015, US-Gesandtschaft Ehrhardt an Acheson Nr. 135 (Vertraulich), 8.3.1949, 5, 7.

47 NA Kew FO 425/468, Austria: Annual Review for 1949, Caccia an McNeil (Vertraulich), 10.1.1950, 3.

48 Im September 1945 hatte der Alliierte Rat festgelegt, dass nur die drei Parteien ÖVP, SPÖ und KPÖ zugelassen seien. Neue Parteien bräuchten die Zustimmung des Rates. Die österreichische Verfassung sieht aber für Wahlen den Terminus der »wahlwerbenden Partei« vor, die rechtlich nicht identisch mit einer politischen Partei ist. Da nur die Zulassung neuer Parteien von den Alliierten unter ihr Sanktionsrecht gestellt wurde, meinte Helmer, die Zulassung »wahlwerbender Parteien« nicht genehmigen lassen zu müssen und somit einen Ausweg gefunden zu haben, den VdU als WdU antreten lassen zu können.

stabilisierung zu befürchten. Die politische Stabilität wurde als das wesentliche Kriterium definiert. Die Überzeugung, dass eine oder mehrere neue Parteien zulasten der Volkspartei gingen, führte zu der Frage, inwieweit die US-Politik von der Angst vor einer Schwächung der ÖVP getragen wäre. An dieser Stelle wurde eine offenbar von der SPÖ an die US-Behörden herangetragene Variante erwähnt: Wenn es keine vierte Partei gäbe, dann würden sich faschistische Elemente in die ÖVP integrieren, womit diese als Koalitionspartner nicht mehr infrage kommen würde. Allerdings war man sich einig, dass eine mit einer relativen Mehrheit ausgestattete SPÖ kaum eine Koalition mit der ÖVP ausschlagen würde. Die ÖVP hätte den Beratern zufolge den Eindruck, dass die SPÖ als marxistische Partei unvermeidlich nach links gezogen würde. Allerdings zeige die Erfahrung, dass Regierungen mit der Zeit unvermeidbar nach rechts driften. Die Abspaltung der extremen Rechten und Linken würde vielleicht die Chance auf eine Koalition sogar erhöhen, wobei die extreme Linke ja bereits zur KPÖ gewandert sei. Der Vertreter der politischen Abteilung meinte, eine neue Partei habe kaum Chancen, da die »Naziwähler« großteils bereits bei den Großparteien untergekommen seien, höchstens 500.000 Wähler wären aus diesem Titel noch verfügbar. Die SPÖ sähe die USA bereits kritisch, da sie mit ihrer Politik der ÖVP in die Hände spiele. Blieben neue Parteien verboten, würde das wohl die Mehrheit für die ÖVP sichern, da diese relativ gesehen die meisten Stimmen verlieren würde. Jedenfalls wäre diese Frage jene, in der die USA propagandistisch am schlechtesten dastehen würden, daher wäre ein US-Antrag zur Aufhebung des Beschlusses des Alliierten Rates vom 11. September 1945 sehr wünschenswert. In der weiteren Diskussion wurde festgehalten, dass die Rechte in Österreich den USA immer sehr gewogen gewesen wäre, die Sozialisten inzwischen aber eine kritische Haltung einnähmen, da sie durch die US-Politik ihre erste Chance auf eine parlamentarische Mehrheit in 30 Jahren gefährdet sähen. General Balmer befragte die Runde, ob es wirklich eine Gefahr für die Koalition gäbe, wenn der rechte Flügel der ÖVP nicht abgespaltet würde, da die Aufrechterhaltung der Koalition und damit die Erhaltung politischer Stabilität den US-Interessen am besten dienen würde. Die Antwort der Experten war, dass im Fall, dass die extreme Rechte die Kontrolle über die ÖVP übernehmen würde, die SPÖ »zumindest gewisse Elemente der Koalition« beenden würde. Allerdings wäre es schwer für eine rechte Minderheit, die Partei zu übernehmen, da die ÖVP mehrheitlich aus Bauern bestünde, die keine Extremisten seien. Herbert Kraus[49] wäre wohl nicht in der Lage, »als Schwanz mit dem Hund ÖVP zu wedeln«, wohl könnte er aber gewisse Konzessionen erreichen. Die Demokratische Union des Dr. Wolf wurde als taktisches Manöver zwischen Sowjets und KPÖ nicht besonders ernst genommen. In Bezug auf die Frage, wie man mit Aktivitäten von Gruppen umgehen sollte, die nicht um Autorisierung durch den Al-

49 Mitgründer des Verbandes der Unabhängigen/VdU.

liierten Rat angesucht hatten und trotzdem am Wahlkampf teilnehmen wollten wie der Verband der Unabhängigen/VdU, die Linkssozialisten und die DU, herrschte Einigkeit, dass deren Tätigkeit nur schwer kontrollierbar wäre und jeder einseitige Versuch der USA, diese zu unterbinden, das US-Element[50] schlecht dastehen ließe. Man überlegte daher, wie man die Aufhebung des Beschlusses vom September 1945 am besten erreichen könnte. Der Vertreter der Gesandtschaft hielt es für notwendig zu erwähnen, dass bei einem Sieg der SPÖ die ECA (Economic Cooperation Administration, die administrativ für den Marshallplan zuständig war) mit sozialistischen Ministern zu tun hätte. Der Vertreter der ECA war allerdings der Meinung, dass das keinerlei Auswirkungen hätte. Die anwesenden Militärs vertraten die Ansicht, dass ein US-Antrag auf Aufhebung der Restriktionen für Parteien keine sicherheitstechnische Bedeutung für die US-Truppen im Land habe. Bezüglich der Frage, wann ein entsprechender Versuch der USA gemacht werden sollte, war man sich einig, dass dies möglichst bald geschehen sollte, da man ansonsten umso länger als Macht dastünde, die sich in die österreichische Politik einmische. Die Rechtsabteilung war der Ansicht, dass eine Aufrechterhaltung nur zulässig wäre, wenn Sicherheitsbedenken bestünden. Es wurde daher vereinbart, dass das US-Element im Alliierten Rat möglichst rasch die Aufhebung der Genehmigungspflicht für politische Parteien beantragen solle. Sollte dieser Antrag scheitern, möge man im Falle eines konkreten Antrages auf Zulassung einer Partei diesen Antrag ohne Ausnahme unterstützen und gleichzeitig erneut auf die grundsätzliche Freigabe pochen. Das US-Element fühle sich aber an den Beschluss von 1945 gebunden, solange dieser nicht aufgehoben würde.[51]

Im Falle der Demokratischen Union wurde allerdings anders gehandelt als im März vereinbart. Die Sowjets unterstützten deren Antrag auf Zuerkennung des Parteistatus, die Westalliierten lehnten diesen aber mit Hinweis auf eine zu geringe Unterstützung in der Bevölkerung ab. Zudem forderten sie erneut wie vorgesehen eine generelle Regelung dieser Frage anstelle einzelner Zulassungsverfahren vor dem Alliierten Rat. Eine Rolle spielte dabei sicher auch, dass ausgerechnet die Sowjets in ihren Presseerzeugnissen positiv über die Demokratische Union berichteten. Die Partei hatte schon im Juni angekündigt, auf jeden Fall kandidieren zu wollen, egal welche Haltung der Alliierte Rat ihr gegenüber einnähme. Nach der Entscheidung vom 26. August verhielt sich die DU den Amerikanern gegenüber kritisch und suchte auch nicht mehr den Kontakt zu ihnen, sondern machte sie für ihre Ablehnung im

---

50 Als »Element« wurde die personelle Beteiligung eines alliierten Staates an der alliierten Kommission bezeichnet.

51 NARA College Park, RG 59, 1945–1949 Central Decimal File 1945–49, Box 4015, Ehrhardt an Williamson, (Persönlich und Vertraulich), 16.9.1949, Beilage: Memorandum for the Record, Relinquishment of Allied controls over Austrian Political Parties, März 1949.

Rat verantwortlich. Die über alle Maßen neutrale Position des Organs der Partei *Die Union* führte zu der Bemerkung, die wesentliche Frage sei, wer dieses lese und warum. Die positive Berichterstattung der sowjetischen Presse über die DU, in der sie als »ehrliche bourgeoise« Partei gepriesen wurde, erregte das Interesse der USA. In einem Gespräch des Parteichefs Josef Dobretsberger mit US-Nachrichtenoffizieren meinte dieser, die Sowjets würden seine Partei loben, um sie zu diskreditieren. Dies befanden die US-Behörden aber für unglaubwürdig. Die DU wäre die einzige Partei, die sich als betont antinationalsozialistisch darstellen würde, trotzdem hoffe sie auf Stimmen von Ehemaligen. Dobretsberger behauptete von sich, er hätte ein Angebot Julius Raabs für eine ehrenhafte Position in der ÖVP wegen dessen Umgangs mit den Ehemaligen ausgeschlagen, dasselbe hätte er beim VdU gemacht, da dieser zu großdeutsch sei. Die US-Behörden maßen der DU keine großen Chancen bei, waren aber der Meinung, dass sie für Österreich gefährlich sein könnte, wenn sie stärker wäre. Dabei gingen sie von Dobretsbergers strikter Neutralität und seiner Kritik am ERP aus. Eine solche Politik des dadurch verstärkten Handels mit Osteuropa könnte Österreich von den Volksdemokratien ökonomisch abhängig machen.[52]

Helmer änderte nach der Zurückweisung der Anerkennung neuer Parteien durch die Alliierten seine Vorgangsweise und erklärte, dass zwar Parteien, aber nicht die Formierung »wahlwerbender Gruppen«, wie dies in der Verfassung vorgesehen sei, von den Alliierten unterbunden werden könnte. Anfang September stimmte der Alliierte Rat dieser Auffassung in Beantwortung einer diesbezüglichen Anfrage zu. Damit akzeptierte er der britischen Einschätzung zufolge allerdings nur einen Zustand, der bereits eingetreten war.[53] Dies entsprach insofern den Tatsachen, als sich der VdU bereits im März 1949 – zunächst nur als Verein – gegründet hatte. In der Analyse der britischen Mission wurden als neues Wählerpotenzial nicht nur die »amnestierten Nazis«, sondern auch in kleinerer Zahl heimgekehrte Kriegsgefangene und eingebürgerte Volksdeutsche identifiziert. Ganz klar sah man auch, dass die ÖVP hoffte, diese Wähler mehrheitlich für sich gewinnen zu können. Deswegen wäre sie gegen eine neue Parteigründung und hätte sie auch das Treffen von ÖVP-Funktionären in Oberweis »mit einer Gruppe ehemaliger Naziführer, von der sie glaubten[,] sie könnte die Mehrheit der ehemaligen kleinen Nazis in den Schoß der ÖVP führen« organisiert. Daher käme auch die bittere Gegnerschaft zum VdU nach seiner Gründung seitens der ÖVP. Die Strategie der SPÖ wäre es gewesen, »das Wählerpotential der ›Bourgeoisie‹ zu spalten und so die Formierung einer rechten Front zu verhindern«. Die ÖVP erkor die Warnung vor der Volksdemokratie zu ihrem zentralen Wahlkampfthema, die SPÖ warnte – neben sozialen Fragen – »vor

52 NARA College Park, RG 59, 1945–1949 Central Decimal File 1945–49, Box 4015, US-Gesandtschaft Ehrhardt and Acheson Nr. 449, Die Demokratische Union (Vertraulich), 21.9.1949.

53 NA Kew FO 425/468, Austria: Annual Review for 1949, Caccia an McNeil (Vertraulich), 10.1.1950, 3.

einem Neofaschismus, der in der ÖVP immer latent vorhanden wäre«.[54] Im Gefolge einer Auseinandersetzung um die Bildungspolitik – der ÖVP-Unterrichtsminister wollte die staatliche Unterstützung für private Schulen nicht aufgeben, während die SPÖ sogar einem Pflichtfach Religion zustimmen wollte – warf die SPÖ der ÖVP bereits 1948 vor, ihr Verhalten sei ein Zeichen für eine Wiedergeburt des klerikalen Geistes, der vor 1938 geherrscht hätte.[55] Der Hinweis auf autoritäre Tendenzen und die Warnung vor einer autoritären Vergangenheit tauchten also vor allem in der innenpolitischen Auseinandersetzung und zugespitzt vor Wahlen auf. All das war aber kein Grund zur Sorge um die österreichische Demokratie. Der Wahlkampf wäre nicht übermäßig hart geführt worden und es wären keine Zwischenfälle vorgekommen. Der Verband der Unabhängigen hätte sein Programm bewusst vage gehalten und »versuchte[,] sich als eine Zentrumspartei ohne ideologische Bindungen darzustellen, um alle jene Elemente anzuziehen, die die bestehenden Parteien als zu starr empfanden«. Die Wahlen hätten die Koalition bestätigt, allerdings mit einer überraschend hohen Anzahl an Mandaten für den VdU. Die Briten stellten trocken fest, dass der VdU nicht an der Regierung beteiligt worden sei, ohne darauf einzugehen, ob das politisch wünschenswert gewesen wäre. Trotzdem könnte man ihn nun nicht mehr ignorieren, vor allem, da er auch bei den Arbeiterkammerwahlen erfolgreich gewesen sei. Der VdU repräsentiere daher »mehr als einen verärgerten Teil der bürgerlichen Wählerschaft«. Im Nationalrat würde der VdU trotzdem als »extreme Rechte« wahrgenommen werden, der von den anderen »geächtet« würde. Seine Debattenbeiträge führten oft zu Eklats und Wirbel. Darüber hinaus – und das scheint den Briten wesentlich wichtiger gewesen zu sein – gäben diese Vorfälle den Sowjets einen Vorwand zu behaupten, der Nazismus erführe einen Wiederaufschwung in Österreich. Sobald die neue Regierung angelobt worden war, hätten die Sowjets den Alliierten Rat und ihre Presse als Bühne benutzt, um zu behaupten, dass eine weitverbreitete Renaissance des Neonazismus unter der Schirmherrschaft des Westens begünstigt würde.[56]

Erneut zeigt sich hier angesichts der Umstände keine britische Sorge um die Haltung der österreichischen Bevölkerung zu autoritären Ideologien am rechten Rand des ideologischen Spektrums. Viel eher macht man sich Gedanken um die Motive und möglichen nächsten Schritte der Sowjets. Darüber hinaus war auch die wirtschaftliche Selbsterhaltungsfähigkeit ein Grund zur Sorge, wenn man vermerkte, dass Österreich unverändert abhängig von amerikanischer Hilfe sei und Österreichs »Außenhandel wenig Grund zur Hoffnung gäbe, dass es in den verbleibenden Jahren des Marshall-Programms eine gesunde Zahlungsbilanz erreichen könnte«. Sollte die

---

54 NA Kew FO 425/468, Austria: Annual Review for 1949, Caccia an McNeil (Vertraulich), 10.1.1950, 3.

55 NA Kew FO 425/468, Austria: Annual Review for 1948, Jerram an Attlee (Vertraulich), 19.4.1949, 5.

56 NA Kew FO 425/468, Austria: Annual Review for 1949, Caccia an McNeil (Vertraulich), 10.1.1950, 4.

Ausbeutung der österreichischen Wirtschaft durch die Sowjets nicht beendet werden, würde sich das auch nicht ändern. Die unsichere ökonomische Lage wurde als »gleichermaßen demoralisierend für Regierung und Bevölkerung« eingeschätzt. Man habe den Eindruck von fatalistischer Resignation in Wien. Dabei wäre es nicht so, dass die Menschen nicht arbeiten oder der Bundespräsident oder andere wichtige Personen in Politik und Wirtschaft die Gefahren nicht erkennen würden. Auch hätten Arbeitnehmer und Arbeitgeber Zurückhaltung und Verantwortungsbewusstsein bewiesen, was als gutes Omen gewertet wurde. Allerdings würde zu stark empfunden, dass das eigene Schicksal in den Händen anderer läge, besonders, dass die Westalliierten für immer die Last tragen würden, Österreich aus sich selbst heraus handlungsfähig zu erhalten. Schließlich wird gefragt:

> Ist Austerität nicht sehr unösterreichisch? Und war nicht Wien eine Bastion gegen die Mongolen und Türken, und hat nicht Wien so viel zu Kultur und Genuss des Westens beigetragen, dass ihm eine besondere Anerkennung zusteht? Gleichzeitig muss man sagen, dass diese unverbesserliche Romantik 1949 nicht zu einer wirklichen Gefahr für das Staatswesen geworden ist und dass es sogar angesichts der harten Bedingungen des derzeitigen Vertragsentwurfes keinen Grund gibt[,] an der Fähigkeit Österreichs zu zweifeln, sich als Demokratie zu erhalten.[57]

Mit ein Grund für diese Gelassenheit war wohl auch, dass – obwohl es die ÖVP den Briten übelnahm, weitere Parteien zugelassen zu haben – bereits lange vor den Wahlen von maßgeblichen Persönlichkeiten in direkten Gesprächen mit den Diplomaten, etwa von Adolf Schärf, versichert wurde, dass die Koalition mit der ÖVP unabhängig vom Wahlausgang »zumindest bis zum Ende der Marshall-Planhilfe« aufrechterhalten würde.[58]

Als Begründung für die lange Weigerung, Neugründungen von Parteien zuzulassen, diente den Westalliierten dabei u. a., dass jene Organisationen, die um Zulassung ersucht hatten, »keinen nennenswerten Teil der öffentlichen Meinung repräsentieren« würden. Die Sowjets wollten durch eine Zulassung nur größtmögliche Unruhe in der österreichischen Innenpolitik stiften. Die rechten Gruppen, um die es gehe, hätten zwar keine große Unterstützung in der Bevölkerung, auf der anderen Seite müsste man aber »beeindruckt« von der weiten Verbreitung von Regionalzeitungen sein, die die Besatzungsmächte sehr kritisch sähen und »großdeutsche, wenn nicht sogar offen neonazistische Meinungen äußern« würden. Die Übelste davon sei der »Alpenländische Heimatruf« gewesen, der aber zuerst in der britischen Zone und im Oktober 1948 in ganz Österreich verboten wurde. Als wichtigste Organe, »die einen

57 NA Kew FO 425/468, Austria: Annual Review for 1949, Caccia an McNeil (Vertraulich), 10.1.1950, 5.
58 NA Kew FO 371/76494, Cheetham an Cullis, 22.8.1949.

gemäßigten Pangermanismus predigen und Programm und Führung der ÖVP als inadäquat ablehnen«, wären die »Salzburger Nachrichten« und die »Berichte und Informationen« des späteren VdU-Führers Kraus. Aus Sorge um das Wahlergebnis hätte die ÖVP Kraus 12 Sitze im Nationalrat versprochen, wenn keine eigene Rechtspartei gegründet würde. Neben diesem Blick nach rechts wurde auch der Ausschluss Erwin Scharfs wegen seiner allzu großen Nähe zu den Kommunisten, seinen »Warnungen vor der »Marshallisierung« Österreichs und seiner Forderung nach einer Annäherung an die Volksdemokratien thematisiert.[59] Noch vor den Wahlen des Jahres 1949 war der britische Gesandte allerdings wenig über autoritäre Tendenzen am linken oder rechten Ende des politischen Spektrums besorgt und attestierte den österreichischen Politikern einen Sinn für übergeordnete Fragen. Er war der Meinung, dass die teils bitteren Auseinandersetzungen über Fragen der Innenpolitik nicht dazu verleiten sollten, anzunehmen, dass sie zu sehr auf diese Innenpolitik fixiert wären und ein unrealistisches Gefühl von Sicherheit aus der Verbesserung der ökonomischen Lage ableiten würden. Vielmehr wären sie sich der »prekären Lage Österreichs an der Grenze zwischen dem demokratischen und dem kommunistischen Europa« bewusst. Sie seien vor allem angesichts des Schicksals der Nachbarländer Ungarn und der Tschechoslowakei klug und patriotisch genug, um einzusehen, dass politische oder persönliche Streitigkeiten nicht so weit reichen dürften, dass die »demokratische Einigkeit des Staates gefährdet würde und damit die Taktik der Unterwanderung und Zersetzung des Kommunismus vereinfacht« würde. Sie hätten immer wieder persönlich versichert, dass, ganz egal wie die Wahl 1949 ausgehen und die Vertragsverhandlungen weitergehen würden, die Große Koalition angesichts der Gefahr aus dem Osten weiter bestehen bleiben würde. Die Vorteile dieser Regierung wären den politischen Führern ebenso klar wie der Bevölkerung. Einzig die Frage, ob und wie schnell die Besatzung enden solle, wäre ein Grund für unterschiedliche Meinungen, denn ein Ende der Besatzung könnte ein ähnliches Vorgehen der Sowjets wie in den Nachbarländern ermöglichen. Ein großer Teil der Österreicher wäre der Meinung, dass die Vorteile eines Abzugs – volle Souveränität, Sicherheit für den Einzelnen und das Ende von Besatzungskosten und USIA[60] – nicht die Gefahr einer schnellen Rückkehr der Sowjets aufwiegen würden. Sie sähen auch die Möglichkeit, dass die Westmächte in so einem Fall entweder, so wie 1938, untätig bleiben oder in ihrer Langsamkeit und Unentschlossenheit den Sowjets nicht zuvorkommen würden. Auch Regierungsmitglieder würden in privaten Gesprächen eine Aufrechterhaltung der Besatzung begrüßen. Sollte der Staatsvertrag 1949 Wirklichkeit werden, so wäre es notwendig,

59 NA Kew FO 425/468, Austria: Annual Review for 1948, Jerram an Attlee (Vertraulich), 19.4.1949, 4 f.
60 Die Verwaltung des sowjetischen Eigentums in Österreich.

> dem österreichischen Volk und seiner Regierung viel Vertrauen einzuflößen und sie zu überzeugen, dass sie gestärkt durch die Marshallplanhilfe und die wachsame und unermüdliche politische Unterstützung durch die Westmächte in keiner schlechteren Position wären[,] sowjetischem Druck zu widerstehen[,] als die anderen demokratischen Länder Europas.[61]

Noch differenzierter lässt ein Ersuchen des US-Außenministers Dean Acheson an Robert Schuman vom September 1949 die Differenzen zwischen den Westalliierten erscheinen. Acheson weist die US-Botschaft in Paris an, Schuman um eine Änderung der französischen Haltung zu ersuchen und rekapituliert die Vorgänge im Alliierten Rat. Ende August hätte der US-Vertreter einem Vorschlag des französischen Hochkommissars zur Aufweichung der Einschränkungen für neue politische Parteien nicht zustimmen können. Der französische Vertreter hätte wiederum einem von den USA unterstützen Vorschlag des britischen Elements zur Aufhebung der Beschränkungen zur Neugründung von Parteien nicht zustimmen können, da der Franzose der Meinung war, dass die österreichische Gesetzeslage nicht genug Absicherungen gegen ein Wiederaufleben von Nazi- und großdeutschen Parteien böte. Die französische Position hätte daher zu einem Bruch im Allliierten Rat geführt, bei dem sich in der Frage der Übergabe der Kontrolle über die österreichische Parteienlandschaft an die österreichische Bundesregierung die USA und Großbritannien der Sowjetunion und Frankreich gegenübergesehen hätten. Die USA würden die Ernsthaftigkeit und Logik der französischen Entscheidung schätzen, ersuchten aber aus mehreren Gründen eine Überprüfung derselben. Zunächst wäre die französische Position strenger als die sowjetische, da die Sowjets wahlwerbende Gruppen (»100-Voter groups«[62]) akzeptieren würden, die Franzosen diese jedoch ebenfalls als unter die Regelung des Jahres 1945 fallend sehen würden. Da die sowjetische Position für Propagandazwecke verwendet würde und darauf ausgerichtet wäre, weiter Kontrolle über Wahlen und das politische Leben Österreichs insgesamt auszuüben, sollte dieser Punkt dazu genutzt werden, die Sowjetunion zu isolieren, und in dieser Frage keine Uneinigkeit der Westmächte aufkommen zu lassen. Solch eine Uneinigkeit würde die Verurteilung der sowjetischen Position als Einmischung in die österreichische Politik nicht ohne Bloßstellung Frankreichs möglich machen, die man seitens der USA vermeiden wolle. Darüber hinaus wären Ängste vor einem nationalsozialistischen

61 NA Kew FO 425/468, Austria: Annual Review for 1948, Jerram an Attlee (Vertraulich), 19.4.1949, 5 f.

62 Es waren 1949 für die Kandidatur 100 Unterstützungserklärungen pro Wahlkreis notwendig. Das war bei 25 Wahlkreisen eine hohe Hürde (BGBl. 129/1949; Bundesgesetz vom 18. Mai 1949 über die Wahl des Nationalrates, § 49 [2]). In allen 25 Wahlkreisen kandidierten 1949 nur die – späteren – vier Parlamentsparteien. Die Demokratische Union schaffte es in 24 Wahlkreisen (nicht in WK 8 »Viertel oberm Wienerwald«).

oder großdeutschen Charakter neuer Parteien zwar nicht völlig unbegründet, jedoch angesichts der (geringen) Wahrscheinlichkeit eines baldigen Staatsvertrages, der die diesbezüglichen Kontrollmöglichkeiten des Alliierten Rates beenden würde, unangebracht. Die derzeitige Verwirrung aufgrund der Tatsache, dass die vier Elemente des Alliierten Rates in dieser Frage eine unterschiedliche Meinung verträten, sei einer Atmosphäre der Sicherheit abträglich, die für freie Wahlen unter militärischer Besetzung essentiell wäre. Obwohl die Sowjetunion nicht direkt in die Wahlen eingreifen würde, bestünde die Möglichkeit, dass das Mandat jener Nationalratsabgeordneten, die unter der »100-Wähler-Klausel« (d.h. nicht im Rahmen einer der bestehenden Parteilisten) gewählt würden, später angezweifelt werden könnte. Elemente, die Uneinigkeit und Verwirrung in Österreich stiften wollten, könnten so die Legalität der Wahlen und der daraus entstehenden neuen Bundesregierung in Zweifel ziehen. Im Interesse der Gesamtpolitik Österreich gegenüber, die unter den Westmächten unumstritten wäre, müssten diese einzelnen Argumente aber zurückstehen. Deshalb möge Schuman die Situation neu bewerten, um einen einstimmigen Beschluss zur Aufhebung der Entscheidung des Jahres 1945 möglich zu machen.[63]

Bereits am Tag darauf konnte die US-Botschaft in Paris vermelden, dass Schuman getan hatte, worum er ersucht worden war, indem er Béthouart neue Instruktionen erteilt hatte, die eine einheitliche Linie der Westalliierten möglich machen sollten.[64] Das US-Dokument der höchsten Ebene ist eines jener eher seltenen, in dem nationalsozialistische oder großdeutsche Tendenzen in der österreichischen Parteienlandschaft als Möglichkeit nicht ausgeschlossen werden. Aber auch hier ist wiederum die Sorge um autoritäre Tendenzen am rechten Rand eine geringere als jene um eine Erfolg versprechende Position den Sowjets gegenüber. Darüber hinaus sollte alles vermieden werden, was die Wahlen kompromittieren oder von den Sowjets genutzt werden könnte, um dieses Ziel zu erreichen. Ende August hatte die Bundesregierung eine Resolution beschlossen, dass die kommenden Wahlen ausschließlich auf Basis österreichischer Gesetze abgehalten werden sollten. Dies teilte die Regierung dem Alliierten Rat auch offiziell mit und verband es mit dem Appell, dies zu garantieren. Das US-Element verstand, dass es – ohne dies direkt anzusprechen – der Bundesregierung darum ging, die Entscheidung des Jahres 1945, nur drei Parteien in Österreich zuzulassen, zu revidieren.[65] In diesem Sinne agierten die USA in weiterer Folge auch und versuchten, Widerstände – wie im französischen Fall – zu beseitigen. Das

63 NARA College Park, RG 59, 1945–1949 Central Decimal File 1945–49, Box 4015, Acheson an US-Botschaft Paris (Geheim), 1.9.1949, 1–3.

64 NARA College Park, RG 59, 1945–1949 Central Decimal File 1945–49, Box 4015, US-Botschaft Paris an DoS (Geheim), 2.9.1949.

65 NARA College Park, RG 59, 1945–1949 Central Decimal File 1945–49, Box 4015, USFA Army Message P 3815 an Acheson (Geheim), 2.9.1949.

State Department eignete sich die Position der österreichischen Regierung an, als es an die US-Gesandtschaft in Wien von »voller Unterstützung für die Position der österreichischen Regierung« schrieb. Weiter hieß es, dass man eine völlige Aufhebung der Entscheidung des Jahres 1945 vorziehen würde, es aber denselben Effekt haben würde, wenn der Alliierte Rat entsprechend der Resolution der Bundesregierung die österreichischen Gesetze als alleinige Grundlage für die Wahlen sähe.[66] Am 9. September teilte dann das Exekutivkomitee des Alliierten Rates der Bundesregierung wie gewünscht mit, dass die Wahlen auf Basis des Wahlgesetzes durchgeführt werden könnten, was das Antreten von »Wählergruppen«, (gemeint sind wahlwerbende Parteien gemäß dem Wahlgesetz von 1949, das hieß in diesem Fall des WdU) ermögliche. Die USA seien in der entsprechenden Sitzung noch weiter gegangen und wollten der Bundesregierung darüber hinaus garantieren, dass gesetzmäßig abgehaltene Wahlen von keinem Element beeinspruchte würden und dass es keine alliierte Einmischung in die Wahlen geben würde. Das britische und das sowjetische Element hätten diese weitreichende Formulierung aber abgelehnt. Um ein einstimmiges Ergebnis zu erhalten, hätten die USA einem Kompromiss zugestimmt, um wenigstens sicherzustellen, dass die gesetzliche Basis der Wahlen geklärt wäre. Die USA hätten auf der eindeutigen Feststellung bestanden, dass »Wählergruppen« (das heißt andere wahlwerbende Gruppen neben den drei Parteien) antreten dürften, was die anderen Mächte »widerwillig« akzeptiert hätten.[67] Die USA machten sich ernste Sorgen, dass die Sowjetunion die Wahlen später beeinspruchen oder die Tätigkeit von neuen Parteien nach den Wahlen auf gesetzlich wackeligen Beinen stehen könnte. In einem internen Memorandum heißt es nur wenige Tage nach dieser Entscheidung, dass die Weigerung des sowjetischen Vertreters, der breiteren Formulierung zuzustimmen, bedeuten könne, dass dieser sich eine Hintertür diesbezüglich offenlassen wolle. Weiter heißt es darin: »Ich gestehe, obwohl es da draußen eine Ratte geben muss, kann ich sie nicht lokalisieren, obwohl man sie natürlich riechen kann. Ich hoffe, dass Wien noch vorhandene Schlupflöcher aufzeigen kann.«[68]

Als am größten wurden richtigerweise die Chancen des WdU eingeschätzt. Neben den Äußerungen der Partei in der Öffentlichkeit wurden direkte Kontakte zu den Amerikanern als besonders wichtige Grundlagen zur Einschätzung der Lage wahrgenommen. So hielt man fest, dass der Führer des VdU Kraus zumindest in Gesprächen mit den US-Behörden Misstrauen gegenüber »Nazis« und Großdeutschen

66 NARA College Park, RG 59, 1945–1949 Central Decimal File 1945–49, Box 4015, Acheson an US-Gesandtschaft Wien (Geheim), 8.9.1949.
67 NARA College Park, RG 59, 1945–1949 Central Decimal File 1945–49, Box 4015, Ehrhardt an Acheson, 10.9.1949.
68 NARA College Park, RG 59, 1945–1949 Central Decimal File 1945–49, Box 4015, United States Government Office Memorandum Herz an Williamson, Fourth Party Question, 13.9.1949.

erkennen lasse, dass er aber keinen Zweifel habe, diese kontrollieren und ihre Aktivitäten in demokratische Bahnen lenken zu können. Er träfe alle wesentlichen Entscheidungen persönlich und sei stolz darauf, dass man ihm das Recht zur Listenerstellung übertragen habe. Er würde versichern, dass keine »echten« Nazis an einflussreiche Positionen kommen würden. »Ob er das ernst meint[,] hängt von der Interpretation von Kraus' recht kompliziertem Charakter ab.«[69] Kraus hörte sich gerne selbst reden und hielte sich für einen cleveren Manipulator. ÖVP und SPÖ würden manchmal annehmen, dass er von seinen »nationalistischen« Anhängern nur benutzt würde. Das wäre für den US-Beobachter nicht unmöglich, außer Kraus wäre ein noch besserer Heuchler als angenommen und würde in Wahrheit jene nationalistische Politik verfolgen, die er öffentlich ablehnte. Entgegen Kraus' Behauptung, dass zwei Drittel seiner Funktionäre keinerlei Verbindung zum Nationalsozialismus gehabt hätten, ergaben Untersuchungen der US-Dienste, dass zwei Drittel der Führung der Wiener Partei Illegale waren, ähnlich wäre die Lage in Kärnten und der Steiermark. Poststücke, die von der US-Zensur abgefangen worden wären, sowie britische Geheimdienstberichte bestätigten Kontakte Kraus' zu verbotenen deutschen Parteien. Das Parteiprogramm des VdU wäre kaum als nationalistisch zu bezeichnen, wäre da nicht das Bekenntnis zum »deutschen Volkstum«. Zwar würde Kraus behaupten, das wäre nur der Tatsache der gemeinsamen Sprache und enger kultureller Bindungen geschuldet. »Aber diese Formulierung ist mit Emotion beladen. Sie kann viel oder wenig bedeuten, aber der Umstand, dass sie Teil des Parteiprogramms ist und unter großem Applaus von Parteiednern ständig wiederholt wird, ist ein klares Zeichen großdeutschen Empfindens.«[70] Die Kritik an den Entnazifizierungsgesetzen wurde von den Amerikanern bereits zu diesem Zeitpunkt nicht mehr als Besonderheit des VdU gesehen, da inzwischen auch die ÖVP eine Änderung der diesbezüglichen Politik fordern würde. »Ein grundlegender Unterschied könnte die Frage des deutschen Nationalismus sein. Die Volkspartei, als Nachfolgerin der Vaterländischen Front, bejaht strikt die österreichische Unabhängigkeit.«[71] Dass zu dieser Zeit alle österreichischen Parteien eine möglichst nachsichtige Behandlung der Ehemaligen zu ihrem Programm gemacht hatten, ist inzwischen weithin akzeptiert. Es ist aber interessant zu sehen, dass das US-Element nicht nur eine breite personelle Kontinuität zwischen der Vaterländischen Front und der ÖVP festgestellt, sondern diese in internen Dokumenten wie diesem sogar als direkte Nachfolgerin bezeichnet hat. Ehrhardt zählt

69 NARA College Park, RG 59, 1945–1949 Central Decimal File 1945–49, Box 4015, US-Gesandtschaft Ehrhardt and Acheson Nr. 450, Der Verband der Unabhängigen (Vertraulich), 21.9.1949, 2.

70 NARA College Park, RG 59, 1945–1949 Central Decimal File 1945–49, Box 4015, US-Gesandtschaft Ehrhardt an Acheson Nr. 450, Der Verband der Unabhängigen (Vertraulich), 21.9.1949, 9.

71 NARA College Park, RG 59, 1945–1949 Central Decimal File 1945–49, Box 4015, US-Gesandtschaft Ehrhardt an Acheson Nr. 450, Der Verband der Unabhängigen (Vertraulich), 21.9.1949, 10.

im Folgenden die Gefahren auf, die seiner Meinung nach vom VdU ausgehen. Sollte der VdU nicht wesentlich stärker werden als vorhergesagt, läge seine Hauptgefahr in der Versuchung, die er für die ÖVP darstellen würde, die Koalition mit der SPÖ für eine Rechtskoalition zu beenden. »Die Geschichte von 1933–34 zeigt, wie eine kleine Gruppe des extrem rechten Flügels die Christlichsozialen in Diktatur und Bürgerkrieg gezwungen hat.« Obwohl Kraus stets behaupte, eine Zentrumspartei anzuführen, wäre der Großteil seiner Anhänger dem rechten Flügel zuzuordnen.

> Die Frage ist, wo richten diese Leute, da sie nun einmal existieren, den geringsten Schaden an – in der Volkspartei oder isoliert in einer kleinen Rechtspartei, wie es bei den Kommunisten im linken Spektrum der Fall ist. Es wäre beruhigend[,] sicher zu sein, dass die aktuelle Feindschaft der ÖVP dem VdU gegenüber auf einer ebenso starken Basis ruht wie die Gegnerschaft der SPÖ zu den Kommunisten.

Man war sich jedenfalls klar darüber, dass ein Großteil der Anhängerschaft aus Ehemaligen bestand. Ob Kraus dazu in der Lage wäre, diese – wie er selbst behauptete – zur Demokratie zu führen oder auch nur zu kontrollieren, wäre unsicher. Kraus wäre eine nützliche Galionsfigur, es wäre aber gut möglich, dass er nach den Wahlen entweder ersetzt würde oder der großdeutsch gesinnten Mehrheit nachgeben müsste. Dass er die Partei vergleichsweise moderat erhalten könne, wäre unwahrscheinlich.[72]

Noch in der Woche vor der Wahl sprach die ÖVP öffentlich von der Möglichkeit, dass die Alliierten VdU-Abgeordnete nicht im Parlament akzeptieren würden, entsprechende Hinweise habe es von sowjetischer Seite an Außenminister Gruber gegeben, da diese »Neo-Nazi-Parteien« nicht akzeptieren würde. Für den US-Beobachter blieb unklar, was die ÖVP mit einer solchen Kampagne – in die die SPÖ nicht mit einstimmte – erreichen könnte. Denn wenn den VdU-Abgeordneten die Mandate nach der Wahl verweigert würden, bedeutete dies auch eine Infragestellung der Legitimität der Wahlen an sich und der daraus hervorgegangenen Regierung. Das US-Element zeigte sich dennoch besorgt, denn man befürchtete, dass die Sowjets – nachdem sie in Sitzungen des Alliierten Rates Ende August und Anfang September nicht auf die Möglichkeit zur Anfechtung der Wahlen verzichtet hatten, wenn vom Alliierten Rat nicht zugelassene Parteien kandidieren würden – die von der ÖVP vorgetragenen Fakten über den VdU zum Anlass nehmen könnten, deren Funktionären die errungenen Mandate zu verweigern.[73]

---

72 NARA College Park, RG 59, 1945–1949 Central Decimal File 1945–49, Box 4015, US-Gesandtschaft Ehrhardt an Acheson Nr. 450, Der Verband der Unabhängigen (Vertraulich), 21.9.1949, 10 f.

73 NARA College Park, RG 59, 1945–1949 Central Decimal File 1945–49, Box 4015, Telegramm Nr. 1359, Ehrhardt an Acheson (Geheim), 8.10.1949.

Die Wahlkampagne selbst wurde aufmerksam verfolgt, wesentliche Slogans, Reden und Haltungen der Parteien nach Washington berichtet. Dazu gehörte auch der Wahlkampfauftakt der ÖVP am 1. September 1949 mit einer Rede Figls, in der er unter anderem davor warnte, dass »die Politik der SPÖ zu einer kommunistischen Diktatur« führen würde. Er sprach sich auch gegen die Neugründung von Parteien aus, da es riskant sei, das österreichische Volk zu diesem Zeitpunkt weiter zu spalten. Figl beschuldigte darüber hinaus den sozialistischen Bürgermeister von Linz, mit Ehemaligen über deren Unterstützung verhandelt zu haben. Der Berichterstatter wies dabei darauf hin, dass die SPÖ angenommene Kontakte der ÖVP zu Ehemaligen in großem Maße in ihrer Kampagne aufgegriffen hätte. Vertreter der ÖVP hätten die US-Gesandtschaft informiert, dass Bürgermeister Ernst Koref zweimal seinen NS-Vorgänger als Linzer Stadtoberhaupt, Franz Langoth[74], getroffen hätte, um mögliche Aktionen ehemaliger Nationalsozialisten während der Wahl zu besprechen. Zwischen der SPÖ und Ehemaligen hätten keine Verhandlungen stattgefunden, so der Informant.[75]

Die Schwierigkeiten des VdU im Wahlkampf wurden klar gesehen, wenn etwa von Störungen von dessen Versammlungen (meist durch kommunistische Aktivisten) die Rede ist. Die gegenseitigen Vorwürfe der Großparteien, die sich jeweils Treffen mit hochrangigen ehemaligen Nationalsozialisten vorwarfen, Kontakte des VdU zu den Sowjets oder die mangelnde Verfolgung von Nazifunktionären durch den SPÖ-Innenminister Helmer wurden genau beobachtet und teils trocken kommentiert, wenn es etwa heißt: »Wenn die Sozialisten kein Geld an die Kraus-Gruppe gegeben haben, dann zumindest Ratschläge und Sympathie, während die Angst der ÖVP vor Neonazismus am meisten sichtbar ist, wenn die Neonazis drohen, jemanden anderen zu wählen.«[76] Hier spricht eine gesunde Distanz des Beobachters abseits parteipolitischer Präferenzen aus dem Bericht, der seine Schlussfolgerungen für die Stimmung in der Bevölkerung entsprechend unaufgeregt zieht:

> Trotz all dieses Tohuwabohus erwartet die österreichische Öffentlichkeit, soweit man das beurteilen kann, die Wahlen ruhig und es wird erwartet, dass die meisten Leute entsprechend ihrer traditionellen Orientierung wählen werden. Der wesentliche unbekannte Faktor ist die Stärke der neuen Parteien, besonders des Verbands der Unabhängigen.[77]

---

74 Langoth wurde trotz seines hohen Ranges in der NS- bzw. SS-Hierarchie 1950 von Bundespräsident Karl Renner amnestiert.

75 NARA College Park, RG 59, 1945–1949 Central Decimal File 1945–49, Box 4015, Ehrhardt an Acheson (Vertraulich), 6.9.1949.

76 NARA College Park, RG 59, 1945–1949 Central Decimal File 1945–49, Box 4015, US-Gesandtschaft Wien an DoS, Austrian Political Report for August 1949, Nr. 427 (Vertraulich), 14.9.1949, 5.

77 NARA College Park, RG 59, 1945–1949 Central Decimal File 1945–49, Box 4015, US-Gesandtschaft Wien an DoS, Austrian Political Report for August 1949, Nr. 427 (Vertraulich), 14.9.1949, 6.

Die US-Gesandtschaft in Wien erarbeitete zur Vorhersage des Wahlausganges auch komplexe Modellrechnungen mit verschiedenen Annahmen, in denen als mitentscheidend die Verteilung der durchgehend als solche bezeichneten »Nazi vote« gesehen wurde.[78]

Die Frage nach der Stimmung in der Bevölkerung wurde von der Bundesregierung im Umgang mit den (West-)Alliierten immer wieder genutzt, um dem eigenen Standpunkt Nachdruck zu verleihen. Besonders eindrucksvoll wurde dies ja oben im Falle Renners beschrieben. Die Nationalratswahlen des Jahres 1949 und ihr Ausgang boten auch hier Anknüpfungspunkte. Sogar bei den Verhandlungen zum Staatsvertrag spielte dies intern eine Rolle. In einem Gespräch mit dem US-Außenminister im Beisein des US-Staatsvertragsverhandlers Samuel Reber in Paris (dort war gerade eine Konferenz der Außenminister im Gange) brachte Gruber diesen Punkt auf: Er (Gruber) sei nach Paris gekommen, um die Außenminister aufzufordern, die Schwierigkeiten, die einem Vertrag noch im Wege stünden, auszuräumen. Dies würde für die österreichische Regierung auch angesichts der kommenden Wahlen immer wichtiger. Nicht nur die verständliche Ungeduld der Österreicher, die Besetzung zu beenden, mache dies notwendig. Darüber hinaus bestünde die Gefahr, dass, wenn die Österreicher den Eindruck bekämen, dass ihre Zukunft allein von Vereinbarungen über Deutschland abhinge, sie den Mut verlieren und das Bemühen um eine von Deutschland unabhängige Existenz Österreichs gefährdet werden könnte. Die Westmächte sollten jedenfalls eine Lösung versuchen, wenn diese dann an einem sowjetischen Einspruch scheitern würde, wäre es der Welt und besonders dem österreichischen Volk klar, dass allein die Sowjetunion daran schuld wäre, wenn weiter kein Vertrag zustande käme. Gruber ersuchte in diesem Gespräch auch um Verständnis, dass es in der kommenden Wahlkampagne notwendig sein könnte, von Zeit zu Zeit die Besatzung zu verurteilen, dies würde sich aber vorrangig gegen die Sowjetunion und nicht gegen die Westmächte richten.[79]

Die Frage der Sicherheitslage in der sowjetischen Zone und die dort vorkommenden Entführungen waren ein wichtiger Faktor für das Meinungsbild der Österreicher. Ende August 1949 hatte sich ein sowjetischer Jeep mit einem österreichischen Gefangenen (einem Architekten, der an der Ennsbrücke verhaftet wurde, weil ihm Spionage für Amerikaner und Franzosen vorgeworfen wurde) in die britische Zone verirrt und auf der Philadelphiabrücke nach dem Weg ins sowjetische Hauptquartier in Baden gefragt. Der Gefangene rief um Hilfe und der Wagen wurde sofort von einem Motorradfahrer und mehreren LKWs blockiert, eine Menschenmenge bildete

78 NARA College Park, RG 59, 1945–1949 Central Decimal File 1945–49, Box 4015, US-Gesandtschaft Wien an Acheson, Austrian Election Mathematics, Nr. 424 (Eingeschränkter Zugriff), 13.9.1949.

79 NARA College Park, RG 59, 1945–1949 Central Decimal File 1945–49, Box 4015, Memorandum of Conversation, Teilnehmer Gruber, Acheson, anwesend Reber (Geheim), 8.6.1949, 1.

sich, es wurden die Reifen des Fahrzeugs aufgeschlitzt, der Gefangene konnte aus dem Auto flüchten und dem sowjetischen Soldaten wurde sogar von einer unbekannten Frau die Pistole, die er bei der Verfolgung des Gefangenen zur Drohung eingesetzt hatte, aus der Hand geschlagen. Der Vorfall – so ein US-Bericht – wäre für die österreichische Bevölkerung ermutigend gewesen und die nichtkommunistische Presse hätte ihn als Beweis für den ungebrochenen Mut der Österreicher gefeiert.[80] Um das Ausmaß dieser Frage deutlich zu machen, sei hier angemerkt, dass die US-Behörden davon ausgingen, dass zwischen 1945 und 1951 etwa 700 bis 800 Österreicher von sowjetischen Agenten entführt worden sind. Bis Ende 1951 waren auch keinerlei Informationen über deren Verbleib bekannt.[81] Dies umfasste nur jene, die regelrecht gekidnappt worden sind, darin nicht enthalten sind jene, die offiziell festgenommen wurden. Das bedeutete, dass in diesem Zeitraum jede Woche 2 bis 3 Österreicher aus der sowjetischen Besatzungszone einfach in Richtung Osten »verschwanden«.

Die US-Regierung verwendete auch alternative Quellen, um die Innenpolitik und die Stimmung in der Bevölkerung zu analysieren. Hierzu dienten auch die bei der alliierten Zensurstelle kontrollierten Poststücke. Aus diesen wurden Stimmungsbilder erstellt, die bei der Entscheidungsfindung und Orientierung behilflich sein sollten. Zwar wies die Gesandtschaft darauf hin, dass die Ergebnisse »umsichtig« zu interpretieren seien, da sie auf Grundlage der Bemerkungen »einer sehr kleinen Gruppe von Wiener Schreibern« entstanden wären, sie stellten aber eine wertvolle Ergänzung anderer Informationsquellen des State Department über die öffentliche Meinung in Österreich dar.[82] Angesichts der hohen Zahl an ausgewerteten Briefen zeugt dies wohl von übergroßer Vorsicht, allerdings handelt es sich um Briefe nur aus Wien, was eine gewisse Einschränkung der Aussagekraft in Bezug auf die öffentliche Meinung in ganz Österreich darstellt. Zudem war den Menschen die Briefzensur wohl bewusst, was eine gewisse Selbstzensur zur Folge gehabt haben dürfte. Nichtsdestoweniger können diese Berichte wesentliche Tendenzen wiedergeben.

Im Juli 1949 wurden im Vorfeld der Oktoberwahl von der Wiener Postzensurstelle 1.154.799 private Briefe ausgewertet, von diesen wurden wiederum 100.421 ein zweites Mal überprüft, um die Arbeit der Auswerter zu kontrollieren. 13.200 dieser Briefe wurden exzerpiert, der Bericht basierte auf diesen Exzerpten. Daraus wurde eine Rangliste der meistkommentierten Topoi erstellt. Mit 40 Prozent am meisten

80 NARA College Park, RG 59, 1945–1949 Central Decimal File 1945–49, Box 4015, US-Gesandtschaft Wien an DoS, Austrian Political Report for August 1949, Nr. 427 (Vertraulich), 14.9.1949, 3.

81 NARA College Park, RG 59, Decimal File 1950–54, Austria 50–54, Box 3914, DoS Bloomfield an US Delegation bei den UN Thompson, 8.11.1951.

82 NARA College Park, RG 59, 1945–1949 Central Decimal File 1945–49, Box 4015, US-Gesandtschaft Wien an DoS, Public Opinion Report (Vertraulich), 12.9.1949.

genannt wurden die kommenden Wahlen, gleich danach mit 35 Prozent der »Friedensvertrag« (gemeint ist der Staatsvertrag), dann mit 10 Prozent der Lebensstandard, danach mit 5 Prozent die Warenverfügbarkeit, sodann mit jeweils 3 Prozent das Lohn-Preis-Verhältnis und die Besatzungskosten, mit nur 2 Prozent die europäische Politik und schließlich mit jeweils 1 Prozent Marshallplanhilfe und Arbeitslosigkeit. Nur der Staatsvertrag wäre in der Lage gewesen, mit der überragenden Bedeutung der Wahlen für die Menschen zu konkurrieren. In der Detailanalyse der Topoi heißt es zu den Wahlen, dass die diesbezüglichen Kommentare eher dazu tendierten, sich zu fragen, wie sie ausgehen würden, als einen Ausgang vorherzusagen. Die Masse der Kommentare wären in keiner Weise enthusiastisch. Weiter heißt es, dass Kommentare, die einer Seite oder Partei zuneigen würden, »verdächtig abwesend« wären. Über den Staatsvertrag heißt es, dass die Menschen davon ausgingen, dass es noch sehr lange bis zum Ende der Besatzung dauern würde. Kritische oder analytische Kommentare wären dabei selten.[83] Die Abwesenheit von parteipolitisch klar zuordenbaren Tendenzen spricht sehr dafür, dass die Menschen um die Zensur wissend darauf verzichteten, sich zu einem Lager zu bekennen. In einer Zeit der militärischen Besetzung und internationaler Unsicherheit – der kommunistische Putsch in der Tschechoslowakei war erst etwas über ein Jahr her – im Zusammenspiel mit einer jahrelangen Erfahrung autoritärer oder totalitärer Herrschaft wollte man für den Fall eines neuen Umschwunges in Richtung Diktatur keine Zielscheibe abgeben. Dies passt auch zu den Beobachtungen der Briten über das Verschwinden von probritischen Gruppen am Rande der sowjetischen Besatzungszone in Zeiten erhöhter Spannung.[84] Es ist daher wohl eher schwierig, aus diesen Daten die politische Einstellung abzulesen, was aber möglich sein dürfte, ist, die Wichtigkeit gewisser Ereignisse oder Umstände für den Einzelnen abzuschätzen. Am Beispiel der Topoi Lohn-Preis-Verhältnis und Besatzungskosten, die kaum mehr Erwähnung finden, zeigt sich den US-Beobachtern zufolge auch, dass gewisse Dinge inzwischen einfach als gegeben akzeptiert würden. »Die Kommentare sind meist bittere Beschwerden mit einigem Sarkasmus.«[85] Für den Augustbericht wurden 939.032 Briefe ins Ausland ausgewertet, 105.230 erneut kontrolliert und 12.200 als Basis des Berichts exzerpiert. An erster Stelle standen mit 50 Prozent die Wahlen, danach mit 35 Prozent der Staatsvertrag, dann kamen mit 10 Prozent der Lebensstandard und mit 3 Prozent die Versorgungslage mit Konsumgütern. Die sonst üblichen Themen wurden so knapp vor der Wahl fast völlig verdrängt. Zu den Wahlen wurde bemerkt, dass Kommentare von Parteianhängern nur

83 NARA College Park, RG 59, 1945–1949 Central Decimal File 1945–49, Box 4015, US-Gesandtschaft Wien an DoS, Public Opinion Report (Vertraulich), 12.9.1949, 1 f.

84 Vgl. S. 388.

85 NARA College Park, RG 59, 1945–1949 Central Decimal File 1945–49, Box 4015, US-Gesandtschaft Wien an DoS, Public Opinion Report (Vertraulich), 12.9.1949, 2.

von ÖVP und SPÖ gekommen wären, wobei die ÖVP-Anhänger eher vom Erfolg ihrer Partei überzeugt waren als die SPÖ-Anhänger. Der Großteil der Kommentare waren jedoch parteiungebunden und brachte Unsicherheit über den Wahlausgang zum Ausdruck. Vereinzelt kämen noch immer Kommentare vor, die sich negativ über die Bemühungen der Parteien um »Nazi-Wähler« äußerten.[86]

Die Stimmung während der Wahlkampagne war durchaus angespannt. Am 21. September wurde eine Versammlung in Mödling, auf der auch Kanzler Figl sprach, von 500 Kommunisten attackiert, die zuvor per Lastwagen aus nahegelegenen Fabriken herangebracht worden waren. Die Angreifer versuchten vergeblich, die Versammlung zu sprengen. Als Figl abfuhr, versuchten sie, sein Auto umzuwerfen, und warfen mit Steinen nach ihm. Die lokale Polizei hielt die Menge zurück, bis Verstärkung von der Gendarmerieschule eintraf. Die sowjetische Kommandantur griff nicht ein, so der Bericht.[87]

Nach den Wahlen wurde ein unaufgeregtes Fazit gezogen. Die Wahlkampagne hätte nichts Neues ergeben, die Parteien wären mehr daran interessiert gewesen, den Gegner zu attackieren, als ihre eigenen Leistungen zu präsentieren. Zwar gab es Anzeichen, dass die Sowjets den Linksblock unterstützt hätten, aber ohne direkt zu intervenieren. Deutlicher wäre hingegen die Unterstützung der katholischen Kirche für die Volkspartei gewesen. Sie hätte den VdU »bitter für jede Sünde im Katechismus attackiert« und wäre seinetwegen offensichtlich besorgt um die relative Mehrheit der ÖVP gewesen. Die Öffentlichkeit hingegen wäre gelassen geblieben.[88] Der erbitterte Wahlkampf und die Angst der ÖVP vor dem VdU führten sogar dazu, dass Erstere kundtat, dass die Wahlen wohl angefochten würden, wenn der VdU antreten würde, und Vorwürfe erhob, die nur im erhofften Zuspruch der Ehemaligen an den Urnen ihren Ursprung haben konnten. So wurde etwa kritisiert, dass Kraus und Reimann 1945 Ehemalige bei den US-Geheimdiensten denunziert hätten und beide es an Loyalität der Wehrmacht gegenüber hätten mangeln lassen.[89] Wie erwähnt hätten die meisten Österreicher allerdings nicht sehr großen Anteil an diesen politischen Auseinandersetzungen genommen. Es wurde erwartet, »dass der Mann auf der Straße mehr oder weniger so wählen würde wie 1945 und sein Vater 1918«. In privaten Gesprächen hätten führende Vertreter der Großparteien klargemacht, dass nach der Wahl all dieser Streit vergessen sein und man wieder an die Arbeit

86 NARA College Park, RG 59, 1945–1949 Central Decimal File 1945–49, Box 4015, US-Gesandtschaft Wien an DoS, Public Opinion Report (Vertraulich), 12.9.1949, Beilage 2 vom 6.9.1949, 1 f.

87 NARA College Park, RG 59, 1945–1949 Central Decimal File 1945–49, Box 4015, Telegramm Ehrhardt an Acheson Nr. 1267 (Vertraulich), 22.9.1949.

88 NARA College Park, RG 59, 1945–1949 Central Decimal File 1945–49, Box 4015, US-Gesandtschaft Ehrhardt an Acheson, Political Review for September 1949 (Vertraulich), 7.10.1949, 1.

89 NARA College Park, RG 59, 1945–1949 Central Decimal File 1945–49, Box 4015, US-Gesandtschaft Ehrhardt an Acheson, Political Review for September 1949 (Vertraulich), 7.10.1949, 6.

gehen würde.[90] Das Ergebnis der Wahl wurde differenziert betrachtet. Der Umstand, dass die Regierungsparteien noch immer über eine sehr große Mehrheit verfügten, wurde als »Sieg für Demokratie und Mäßigung« erachtet. Als bemerkenswerteste Umstände wurden allerdings der leichte Zuwachs der Kommunisten, der Verlust der Mehrheit an Stimmen für die ÖVP, ein betonter Rechtsdrall mit Verlusten der SPÖ vor allem in Wien und die Stärke des VdU gesehen. Letzteres wäre am wichtigsten, da der VdU nun den Königsmacher spielen könnte. Eine erneute große Koalition würde Stabilität sichern, aber der Abfluss von den Sozialisten zum Linksblock, der sich nach Ansicht des Beobachters aus Kritik an der Politik der SPÖ in der Regierung speisen würde, könnte zu einer härteren Linie der Partei führen. Der rechte Flügel der ÖVP könnte, nachdem der Versuch, die Ehemaligen zu umwerben, gescheitert wäre, eine Zusammenarbeit mit dem VdU fordern. Die Schwäche der SPÖ könnte diese Elemente in der ÖVP dazu herausfordern, unerfüllbare Forderungen an die Sozialisten zu stellen. »Zum Glück« gäbe es aber noch keine Anzeichen für eine Zusammenarbeit von ÖVP und VdU. Die Situation bliebe daher wohl zunächst unverändert. Aber die Zuwächse der Linken und besonders der Rechten auf Kosten des Zentrums würden eine besondere Wachsamkeit in der Zukunft rechtfertigen, wenn auch kein Grund für Alarmismus gegeben sei.[91] Es wäre zwar bemerkenswert, dass in einer Zeit, in der das ganze Land nach rechts driften würde, die Kommunisten mancherorts sogar leichte Stimmenzuwächse auf Kosten der Sozialisten verzeichnen könnten. Der zentrale Satz für die USA war jedoch, dass »die überwältigende Mehrheit der Bevölkerung den Kommunismus 1949 ebenso abgelehnt hat wie 1945«.[92] Dieser Satz zeigt wiederum die bereits bekannten Maximen der US-Politik: Antikommunismus (bzw. eine antisowjetische Haltung) und Stabilität. In Bezug auf die ÖVP meinte man, zwei mögliche Szenarien ausmachen zu können: zum einen nach dem gescheiterten Versuch, ganz rechts neue Wähler zu finden, zurückzukehren zum Wesen einer bäuerlich-wirtschaftsorientiert-katholisch-konservativ demokratischen Partei, was für die Fortführung der Koalition wünschenswert wäre. Andererseits wäre es möglich, dass einige hohe Funktionäre der ÖVP, die den Marxismus als Hauptfeind sähen und ideologisch »nicht im Gegensatz zur faschistisch orientierten Rechten stehen«, die Führung übernehmen könnten. Dafür gäbe es aber glücklicherweise keine Anzeichen. Die Drohung mit einer Koalition mit dem VdU gegenüber der geschwächten SPÖ könnte zu einer »Wiederholung der Ereignisse

---

90 NARA College Park, RG 59, 1945–1949 Central Decimal File 1945–49, Box 4015, US-Gesandtschaft Ehrhardt an Acheson, Political Review for September 1949 (Vertraulich), 7.10.1949, 7.

91 NARA College Park, RG 59, 1945–1949 Central Decimal File 1945–49, Box 4015, Telegramm Nr. 1361, Ehrhardt an Acheson (Vertraulich), 10.10.1949.

92 NARA College Park, RG 59, 1945–1949 Central Decimal File 1945–49, Box 4015, US-Gesandtschaft Ehrhardt an Acheson Nr. 492, Austrian Elections of 1949 (Vertraulich), 11.10.1949, 2.

der Jahre 1933–34 und zum Ende der österreichischen Demokratie führen«. Es gäbe gute Gründe zu der Annahme, dass die verantwortliche Führung der ÖVP diesen Weg eines Bruchs mit der SPÖ gestützt auf »eine Partei, die zumindest Zeichen faschistischer Tendenzen zeigt«, nicht beschreiten würde, schon deshalb, weil eine von der ÖVP geführte Koalition mit der SPÖ den Interessen ihrer Anhänger am besten dienen würde. Zudem könnte sich dann eine weiter geschwächte SPÖ nicht gegen die Kommunisten erwehren.[93] Der Hoffnung auf ein Ende des Umwerbens der Ehemaligen stand allerdings ein wichtiger Umstand entgegen, den der US-Beobachter klar formulierte: »Aus der Sicht eines praktischen Politikers gibt es mehr Stimmen zu gewinnen, indem man die Ex-Nazis favorisiert als durch die Bevorzugung ihrer weniger zahlreichen Opfer.«[94] Eine bittere Wahrheit, die viel über das politische Geschäft aussagt und vieles in der österreichischen Nachkriegsgeschichte erklärt.

Die britische Presse entsprach in ihrer Einschätzung durchaus den diplomatischen Beobachtern. Die *Times* war der Meinung, es sei schwer zu sagen, ob der VdU einfach eine »Wiedergeburt« der NSDAP sei, jedenfalls wäre es besser, diesen Teil des politischen Spektrums im Parlament zu haben als im Untergrund oder als rechten Flügel der Parteien. Da beide Koalitionsparteien »Extremisten« an die extremen Parteien verloren hätten, wäre ein moderates Programm jetzt sogar noch leichter zu erreichen. Das Fehlen einer Einigung brächte große Gefahren für die Zeit nach dem Ende der Besatzung. Der Guardian nannte das Auftauchen des »neo-faschistischen« VdU weniger überraschend als die leichten Zugewinne der Kommunisten. Die Koalition würde bestehen bleiben, wenn die Gründe für deren Einigkeit aber wegfielen, brächte der VdU »explosives Material« mit sich, und man könne dann davon ausgehen, dass »man nicht nur in Bonn von einem Anschluss hören wird«. Der *Telegraph* hingegen war der Meinung, dass sieben Jahre unter den Nazis und die darauffolgende Erfahrung der »Befreiung« durch die Russen ausreichend gewesen wären, um zu verinnerlichen, dass offen ausgetragene innere Streitigkeiten zum Import äußeren Totalitarismus führen würden. Zudem wäre die aktuelle österreichische Republik viel hoffnungsvoller als jene 30 Jahre zuvor. Österreich wäre jetzt eher bereit, ein Kleinstaat zu sein, als kurz nach 1918 und die ökonomische Attraktivität des Anschlusses wäre jetzt gering, da das Reich in zwei Teile zerschlagen sei. Die Schlagzeile des *Daily Worker* hingegen war weniger optimistisch »Wiederaufstieg der österreichischen Nazis – mögliche Koalition mit den Konservativen«.[95]

93 NARA College Park, RG 59, 1945–1949 Central Decimal File 1945–49, Box 4015, US-Gesandtschaft Ehrhardt an Acheson Nr. 492, Austrian Elections of 1949 (Vertraulich), 11.10.1949, 5.

94 NARA College Park, RG 59, 1945–1949 Central Decimal File 1945–49, Box 4015, US-Gesandtschaft Ehrhardt an Acheson, A 870 (Verschluss), 28.11.1949, 2.

95 NARA College Park, RG 59, 1945–1949 Central Decimal File 1945–49, Box 4015, Telegramm Holmes (London) an Acheson Nr. 4079, 11.10.1949.

Gleich nach der Wahl versicherte allerdings Außenminister Gruber den Amerikanern, dass die ÖVP keine Verbindung mit dem VdU anstrebe, sondern die Koalition zumindest für die nächsten Jahre noch notwendig sei und unter Figl und Schärf weitergeführt werde. Zwar stehe man innerparteilich bereits unter Druck aus der Steiermark und Kärnten, dort Landesregierungen mit dem VdU unter Ausschluss der Sozialisten zu bilden, man würde diese Ansinnen aber ablehnen.[96] Ein Grund für die nicht übergroße Sorge der Amerikaner vor dem VdU mag auch gewesen sein, dass Herbert Kraus in recht engem Kontakt mit ihnen stand, sie über sein weiteres Vorgehen informierte[97] und nicht nur immer wieder versicherte, dass seine Partei keine Neonaziorganisation sei, sondern auch, dass er diese und ihre Anhänger kontrollieren könne.

Das erneut schlechte Abschneiden der Kommunisten war dabei schon keine große Überraschung mehr, die Gründe dafür waren aus der Sicht der britischen Mission in Wien wenig überraschend. Demzufolge hatte das Verhalten der Sowjets in Staatsvertrags- und Besatzungsfragen einen beständigen Einfluss auf die österreichische Innenpolitik und das schlechte Ergebnis der KPÖ mit hervorgerufen. Das Fortbestehen der Besatzung und der anhaltende Entzug von Gütern durch die Sowjets führten zu einer schlechten Verfassung der Wirtschaft, obwohl »reichlich« Mittel aus dem Marshallplan ins Land gepumpt würden.[98]

Bei der Berichterstattung über das »Dritte Lager« wurde wie bereits erwähnt eher berichtend und zurückhaltend formuliert, Alarmismus kam bei den Westalliierten aus geostrategischen Gründen eher in Bezug auf die Kommunisten auf. Beim Verbot gewisser Periodika wurden jedoch deutliche Worte gewählt. Unter der Überschrift »Die Nazi-Presse« wird vom Verbot zweier Publikationen durch den Alliierten Rat berichtet, die nationalsozialistische und großdeutsche Artikel veröffentlicht hätten, den *Berichten und Informationen* des VdU-Chefs Kraus und den *Freien Stimmen*. Kraus hätte das Verbot seiner Zeitung für Kritik an den Allliierten genutzt, die seine einzige Einkommensquelle auf Initiative der ÖVP hin abgeschnitten hätten. Anstelle des verbotenen Blattes hätte er nun den *Ausweg* im Umfang erweitert, um Ersatz zu schaffen.[99]

Bereits 1947 hatte die »Figl-Fischerei« zu einer ähnlichen, fast ausschließlich auf den Erhalt einer stabilen Koalition ausgerichteten britischen Haltung geführt. Das geheime Gespräch Bundeskanzler Figls mit Ernst Fischer über eine Änderung in we-

96 NARA College Park, RG 59, 1945–1949 Central Decimal File 1945–49, Box 4015, Telegramm Ehrhardt an Acheson Nr. 1383 (Vertraulich), 13.10.1949, 1.

97 Vgl. NARA College Park, RG 59, 1945–1949 Central Decimal File 1945–49, Box 4015, US-Gesandtschaft Ehrhardt an Acheson Nr. A-734 (Vertraulich), 27.10.1949.

98 NA Kew FO 425/468, Austria: Annual Review for 1949, Caccia an McNeil (Vertraulich), 10.1.1950, 1.

99 NARA College Park, RG 59, 1945–1949 Central Decimal File 1945–49, Box 4015, US-Gesandtschaft Wien an DoS, Austrian Political Report for August 1949, Nr. 427 (Vertraulich), 14.9.1949, 8.

sentlichen Positionen der Bundesregierung einschließlich des Bundeskanzlers selbst führte, als es bekannt bzw. von Außenminister Gruber öffentlich gemacht wurde, zu innenpolitischen Turbulenzen, da man sich von Seiten der SPÖ übergangen fühlte, weil man nicht informiert worden war und die Aspirationen Fischers als Versuch sowjetischer Einflussnahme gesehen wurden. Als die atmosphärische Krise beigelegt war, sah der britische Gesandte ausschließlich positive Aspekte in der Angelegenheit. Die öffentliche Meinung hätte hinter ihrer Regierung gestanden, als diese »einen mutigen Kampf zur Verteidigung österreichischer Souveränität und Unabhängigkeit führte[,] und sah sich durch den erfolgreichen Widerstand gegen sowjetischen Druck und kommunistische Unterwanderung ermutigt«.[100] Noch mehr:

> Daher ergab sich nur Gutes aus dem Geschehen. Die Volkspartei bekam einen heilsamen Vorgeschmack auf die Gefahren, wenn man sich mit den Kommunisten verbrüdert[,] und die Sozialisten bekamen die Chance – die sie weise wahrnahmen –[,] den Wert, den eine Fortsetzung der Koalition hat, zu zeigen. (…) Ende 1947 hat diese politische Stabilität ein Vertrauen in die Parteiführer und in Demokratie als Regierungsform begünstigt, wie sie in Österreich seit 1934 unbekannt war.[101]

Hier wird der Fokus der Briten nur zu deutlich. Die Abwesenheit einer demokratischen Regierung seit 1934 wird klar gesehen, eine Gefahr für die neu etablierte Demokratie befürchtet man aber nur in allgemeiner politischer Instabilität und kommunistischen Einflüssen.

Den Seitenhieb des britischen Gesandten auf den erhofften Lerneffekt bei der ÖVP im Zuge der »Figl-Fischerei« könnte man mit gutem Willen dem Umstand zuschreiben, dass zu dieser Zeit eine Labour-Regierung die Geschicke in London lenkte. Abgesehen davon, dass die Farbe der Regierung in westlichen Ländern üblicherweise keinen übergroßen direkten Einfluss auf die diplomatische Berichterstattung hat, wird die Haltung der Briten auch bei der Berichterstattung betreffend das Nationalsozialistengesetz 1947 deutlich. Dessen Unterscheidung in »belastete« und »minderbelastete« ehemalige Nationalsozialisten schuf die Grundlage der späteren Zulassung Letzterer zu den Nationalratswahlen des Jahres 1949. Der britische Berichterstatter urteilte über das Gesetz:

> (…) Obwohl die Bestimmungen des Gesetzes an britischen Standards gemessen harsch waren, war es ein gewissenhafter Versuch, ein dorniges Problem zu beseitigen. Jedenfalls

100 NA Kew FO 425/468, Austria: Annual Review for 1947, Cheetham an Bevin (Vertraulich), 6.4.1948, 1.

101 NA Kew FO 425/468, Austria: Annual Review for 1947, Cheetham an Bevin (Vertraulich), 6.4.1948, 4.

mussten die Bestimmungen des Gesetzes fast rachsüchtig sein, um die Zustimmung des sowjetischen Elements des Alliierten Rates sicherzustellen.[102]

Zwei Jahre nach dem verlustreichen Sieg über das nationalsozialistische Deutschland und im selben Jahr, als im September 1947 erst offiziell der Kriegszustand zwischen dem Vereinigten Königreich und Österreich beendet wurde, gab es also weniger Sorge um Reste nationalsozialistischen Gedankengutes in Österreich als darum, dass ein Gesetz, das den Umgang mit den »Ehemaligen« regelte, zu streng sein könnte. Es überrascht nicht, dass die entsprechenden Berichtsteile über die Kommunisten wesentlich detailreicher ausgefallen sind. Diese wären durch die Anwesenheit der Sowjets wesentlich weniger durch »demokratische Attacken« verwundbar, als es ansonsten durch ihre geringe Zahl der Fall wäre. Versuchte Streikaktionen der Kommunisten hätten in der britischen Zone kaum Widerhall gefunden, abgesehen von einigen Aktionen von Mitgliedern der slowenischen Befreiungsfront OF wäre es sehr ruhig in der britischen Zone gewesen. Da keine großen Demonstrationen stattgefunden hätten, wäre auch ein Einschreiten der Besatzungstruppen nicht notwendig gewesen. Der österreichischen Polizei wurde großer Mut attestiert, immer wieder im Lichte wiederholt vorkommender Entführungen gegen sowjetische Einschüchterungsversuche aufzutreten und sich nicht von ihrer Pflicht abbringen zu lassen. Die Absetzung und Verhaftung hoher Polizeioffiziere und andere Entführungen hätten »unter österreichischen Amtsträgern ein Unsicherheitsgefühl entstehen lassen, das jenem unter dem NS-Regime vergleichbar war, aber trotzdem hat die Mehrheit nicht lockergelassen«. Eine weitverzweigte Naziorganisation wäre nicht entdeckt worden, »obwohl verstreute Gruppen ehemaliger Nationalsozialisten von Zeit zu Zeit von den österreichischen und alliierten Sicherheitsbehörden ausgehoben worden seien«. Die größte dieser Aktionen betraf kurz vor Weihnachten 1947 die Steiermark, Oberösterreich und Tirol, wo insgesamt 200 Personen verhaftet worden wären. Allerdings hätten die Vorerhebungen ergeben, dass diese Ehemaligen vor allem Schwarzmarktaktivitäten nachgegangen waren, statt auf ideologischer Basis zu konspirieren. Den österreichischen Behörden wurde zugestanden, die Situation unter Kontrolle zu haben. Im Gegensatz zu kommunistischen Vorwürfen einer weitverzweigten und aus Deutschland unterstützten Nationalsozialistenorganisation hatte die britische Gesandtschaft einen anderen Eindruck: »Im Gegenteil, es scheint[,] als wäre der Nazismus in Österreich eine überholte Kraft, zumindest im Augenblick.«[103] Erneut wurde in der Folge die Vorgehensweise der Sowjets als die eigentliche Gefahr dargestellt. Diese würden die Entnazifizierung in skrupelloser Weise zur Eliminierung politischer Gegner benützen. Im Rahmen dieser würden einige Hochverratsprozesse in

102 NA Kew FO 425/468, Austria: Annual Review for 1947, Cheetham an Bevin (Vertraulich), 6.4.1948, 5.
103 NA Kew FO 425/468, Austria: Annual Review for 1947, Cheetham an Bevin (Vertraulich), 6.4.1948, 6.

den Volksgerichten geführt, obwohl die Österreicher wenig Enthusiasmus für solche Prozesse nach osteuropäischem Muster zeigen würden.[104] Der britische Beobachter vergleicht hier also österreichische Volksgerichtsprozesse – im vorliegenden Fall jenen gegen Guido Schmidt, den früheren Außenminister unter Schuschnigg – mit den kommunistischen Schauprozessen in Osteuropa. Die zuvor gezeigte Hochachtung vor den österreichischen Behörden findet sich hier nicht mehr, wenn dieser Vergleich so leicht von der Hand geht. Der Hochverratsprozess[105] gegen Schmidt endete mit einem Freispruch[106], nicht zuletzt, weil unter anderen Bundeskanzler Figl für ihn aussagte. Der britische Bericht qualifizierte den Prozess als wichtig für die Rehabilitierung des christlichsozialen Flügels der ÖVP, »der nach Meinung der ›Arbeiterzeitung‹ als Ganzes mit auf der Anklagebank hätte sitzen sollen«. Auf das Betreiben der SPÖ ginge es auch zurück, dass Schmidt schließlich der Kollaboration für schuldig erachtet und als »belasteter Ehemaliger« im Sinne des Nationalsozialistengesetzes eingestuft wurde.[107]

Der (zeitgenössische) Blick von außen auf die Wahlen des Jahres 1949 war also ein anderer als jener von innen. Dies ist bis zu einem gewissen Grad selbstverständlich. Allerdings bleibt auch bei der Rückschau in der Historiografie eine Diskrepanz zwischen Innen- und Außensicht. Naturgemäß war für die Westalliierten und auch für die Sowjetunion die Verortung Österreichs im Gleichgewicht der Kräfte entscheidend. Die Tendenz zu politischen Extremismen oder autoritären Tendenzen war

104 NA Kew FO 425/468, Austria: Annual Review for 1947, Cheetham an Bevin (Vertraulich), 6.4.1948, 6 f.

105 Das Kriegsverbrechergesetz 1945 besagte in seinem § 8: Hochverrat am österreichischen Volk: »Wer für sich allein oder in Verbindung mit anderen in führender oder doch einflussreicher Stellung etwas unternommen hat, das die gewaltsame Änderung der Regierungsform in Österreich zugunsten der NSDAP oder die Machtergreifung durch diese vorbereitete oder förderte, es sei solches durch Anraten, Aneiferung und Anleitung anderer oder durch persönliches tätiges Eingreifen, durch Mittel der Propaganda oder durch was sonst immer für eine dahin abzielende Handlung geschehen, hat das Verbrechen des Hochverrates am österreichischen Volke begangen und ist hiefür mit dem Tode zu bestrafen.« Subjekt konnte jeder sein, der sich vor der Machtergreifung der Nationalsozialisten in Österreich in führender oder einflussreicher Stellung befunden hat. Das heißt, dass alle jene, die die Machtergreifung der NSDAP nach dem 13. März 1938 unterstützten, nur aus diesem zeitlichen Unterschied heraus nicht unter die Bestimmungen des KVG fielen. Ein Renner mit seiner öffentlichen Anschlussbefürwortung oder die österreichischen Bischöfe mit ihrer Erklärung hätten ansonsten wohl vor dem Volksgericht angeklagt werden können. Zwar hat Renner erklärt, dass er die Methoden, mit denen der Anschluss durchgeführt worden war, abgelehnt habe, jedoch ist eine Werbung für den Anschluss, der das vorderhand wesentlichste Ziel der NSDAP in Österreich darstellte und von den anderen politischen Faktoren – schon gar nicht von der VF – nicht gefordert wurde, wohl geeignet, als Beförderung der Machtergreifung der NSDAP gesehen zu werden. Dies zeigt den rechtlich wie moralisch schmalen Grat, auf dem sich die österreichische Nachkriegsgesellschaft bewegte.

106 Der Hochverratsprozess gegen Dr. Guido Schmidt vor dem Wiener Volksgericht, Wien: Verlag der Österreichischen Staatsdruckerei, 1947.

107 NA Kew FO 425/468, Austria: Annual Review for 1947, Cheetham an Bevin (Vertraulich), 6.4.1948, 6 f.

aber natürlich indirekt ein Faktor, der diese Verortung mitbeeinflussen musste. Aus westalliierter Sicht war daher die Rolle des Kommunismus in der österreichischen Innenpolitik der wichtigere Beobachtungsgegenstand. Die notorische Schwäche der Kommunisten hatte sich in den Wahlen 1945 nur zu deutlich gezeigt und es gab keinen Grund zur Annahme, dass sich daran etwas Wesentliches geändert haben könnte. Die Entwicklungen auf der Rechten wurden zwar durchaus aufmerksam verfolgt, ihnen wurde aber intrinsisch kein großes Gefahrenpotenzial für die Demokratie in Österreich beigemessen, da sie nicht zu einem Ausscheren aus der grundsätzlichen Westorientierung Österreichs geführt hätten. Die größte Sorge galt in diesen frühen Nachkriegsjahren der Großen Koalition. Deren (Fort-)Bestand wurde als das wesentliche Kriterium für eine stabile und weiterhin demokratische Entwicklung des Landes gesehen. Dramatische Entwicklungen rechts von der ÖVP wurden vor allem insofern wahrgenommen, als sie von der SPÖ und/oder den Kommunisten als Sprachrohr der Sowjets als Gefahr für die innenpolitische Balance gesehen wurden. Dies war aber – trotz aller dramatischer diesbezüglicher Rhetorik vor den jeweiligen Wahlen – nicht ernsthaft der Fall. Die Wiederzulassung der minderbelasteten ehemaligen Nationalsozialisten führte daher in der innerösterreichischen Wahrnehmung zu weit größeren Verwerfungen als von außen gesehen.

1950: Aufstandsbekämpfung und Geopolitik

Beim Kommunikationsereignis »Oktoberstreik« spielt neben den widerstreitenden politischen Vorstellungen der Beteiligten der Topos Ruhe und Ordnung eine besondere Rolle. Die Bekämpfung von Unruhen wurde nicht nur akutes Thema, sondern auch ein wichtiger Aspekt bei der Frage der Ausrüstung des zukünftigen Bundesheeres. Die Wahlen 1949 und ihr Ergebnis wurden zwar als Rechtsruck wahrgenommen, die nächsten Gefahren für die Stabilität des österreichischen politischen Systems zeichneten sich aber anderswo ab, in der Gefahr, dass die politische Auseinandersetzung vom Parlament auf die Straße überwechseln könnte. Spätestens, seit die Arbeitermilizen in der Tschechoslowakei[108] 1948 zur kommunistischen Machtübernahme beigetragen hatten, war der sogenannte »Werkschutz« der USIA-Betriebe in den Fokus der Politik geraten. Organisierte Arbeiter unter sowjetischer bzw. kommunistischer Kontrolle hatten schon mehrfach eine unrühmliche Rolle bei der Störung politischer Veranstaltungen gespielt. Als Mittel möglicher Machtprojektion wurde

---

108 Anfang 1949 wurden sogar Dokumente der KPÖ von den US-Behörden entdeckt, die verlässlichen Mitgliedern mitteilten, dass sie sich um die Aufnahme in den »Militärdienst der tschechoslowakischen Volksmiliz« bewerben könnten. NARA College Park, RG 59, 1945–1949 Central Decimal File 1945–49, Box 4015, USFA Army Message P 2880 an Acheson (Geheim), 8.1.1949, 5.

der Werkschutz von den US-Behörden natürlich im Auge behalten. Wie eine Art Präludium konnte die US-Armee bereits Ende 1948 in ihrem Monatsbericht unter »Psychological« im Unterpunkt »Subversive« berichten, dass der Werkschutz gerade von direkter sowjetischer Kontrolle in die Verantwortung des ZK der KPÖ überginge unter dem operativen Kommando von Major Alexander Eifler. Seinen Aussagen zufolge sei es mit sowjetischer Hilfe möglich gewesen, 70 Prozent der Werkschutzmitglieder einem paramilitärischen Training zu unterziehen. Darüber hinaus werde versucht, alle Fabrikarbeiter in Niederösterreich, die Parteimitglieder seien, auch in den Werkschutz zu integrieren. Auch außerhalb der sowjetischen Zone sei die Organisation aufgebaut worden, allerdings ohne signifikante Stärke zu erreichen.[109] Rückblickend gesehen war es von Vorteil für die Sowjets, die direkte Kontrolle über diese Einheiten abzugeben. So konnten sie eingesetzt werden, ohne dass eine direkte sowjetische Intervention behauptet werden konnte. Bald darauf wurde von der Existenz von sechs neuen »Schulen« berichtet, in denen durch Paramilitärs 290 Mann gleichzeitig trainiert werden könnten. In Wien seien zehn neue Einheiten mit ca. 200 Mann zusätzlich aufgestellt worden.[110] Die innenpolitischen Spannungen waren durch die Wahlen 1949 mit dem Einzug einer vierten Partei in den Nationalrat jedenfalls nicht kleiner geworden.

Die Vorgänge im September und Oktober 1950 sind Teil der politischen Ikonografie des Landes geworden und werden in Schulbüchern neben anderen der von uns gewählten Ereignisse gelehrt. Der Bezug zur KPÖ und zur Sowjetunion sowie zur Besatzung insgesamt und zur sowjetischen Besatzung im Speziellen spielt hier eine große Rolle. Die Angst vor einem Putschversuch durch die Kommunisten mit Unterstützung der Sowjetunion war groß. Bedenkt man, dass erst zwei Jahre zuvor die KP in der benachbarten Tschechoslowakei erfolgreich die Kontrolle übernommen hatte und das ohne die Anwesenheit regulärer sowjetischer Truppen in der Hauptstadt, wird die entsprechende Angst nur zu verständlich. Nicht zufällig war eine erhöhte Nervosität der Bevölkerung sogar in Gebieten, die nur an die Sowjetzone angrenzten, zu bemerken. Dabei ging es etwa um den Besuch von Veranstaltungen des British Council oder überhaupt das Verschwinden offen anglophiler Gruppen wie etwa in Weiz. Die Betroffenen trauten sich nicht mehr, offen Sympathien für die Westmächte zu zeigen.[111] Dies offenbar, um im Falle eines befürchteten kommunistischen Umsturzes oder eines militärischen Konfliktes, der das ganze Land betreffen hätte können, nicht auf einer Liste politischer Gegner aufzutauchen. Dabei hatte

109 NARA College Park, RG 59, 1945–1949 Central Decimal File 1945–49, Box 4015, USFA Army Message P 2704 an Acheson (Geheim), 19.11.1948, 3.

110 NARA College Park, RG 59, 1945–1949 Central Decimal File 1945–49, Box 4015, USFA Army Message P 2784 an Acheson (Geheim), 12.12.1948, 4.

111 NA Kew BW 13/8, British Council/Wickham an Controller (Vertraulich), Wien, 1.7.1950, 1.

die Sowjetunion unter Stalin aus verschiedenen Gründen nicht die Absicht, einen Putschversuch der KPÖ, hätte es einen solchen gegeben, zu unterstützen, und zog es ab 1946 sogar vor, sowohl mit der ÖVP als auch mit der SPÖ über Fragen der Österreichpolitik zu verhandeln.[112]

Der Vorwurf eines Putschversuches wurde von den anderen Parteien auch ganz offen erhoben.[113] Außenminister Gruber bezeichnete 1951 die Vorgänge in einem vertraulichen Gespräch mit dem in Wien zu Besuch weilenden britischen Außenminister Morrison als »coup d'état«, der durch die Einheit der Arbeiter zurückgeschlagen worden wäre.[114]

Aus der Zeit heraus sind diese Aussagen auch deshalb nicht verwunderlich, weil viele Zeichen in Richtung eines Putschversuchs gedeutet wurden. Bereits Ende 1948 berichteten amerikanische Quellen, dass das ZK der KPÖ seine Landesorganisationen aufgefordert hatte, Listen mit Namen möglicher Mitglieder der Landesregierungen für den Fall einer kommunistischen Machtübernahme zu nennen. Solche unvollständigen Listen für Tirol und Salzburg seien im Besitz des Hauptquartiers der US-Streitkräfte in Österreich. Dieser Vermerk in der Rubrik »Subversive« wurde mit dem Kommentar versehen, dass man nicht annehme, dass diese Aktivitäten darauf hindeuteten, dass die Führung der österreichischen Kommunisten ernsthaft an eine baldige Machtübernahme glaube.[115] Bei den engen Kontakten der österreichischen Regierung zum US-Element ist es aber möglich, dass dieses entsprechende Indizien anders bewertet hat. Es wird nicht beruhigend gewirkt haben, dass noch Ende des Jahres 1948 Dokumente der KPÖ gefunden wurden, in denen neben Maßnahmen zur Spionage und Gegenspionage auch das Training möglichst aller Parteimitglieder im Umgang mit Waffen und die Erstellung von Listen mit »Feinden der Volksdemokratie« gefordert werden.[116]

Über Jahrzehnte wurde auch in der Historiografie, jedenfalls aber auch in der Gesellschaft von einem Putschversuch gesprochen. Oliver Rathkolb sprach diesbezüglich sogar von einem »Mythos, der aus der Österreich-Identität der Nachkriegsgeneration nicht wegzudenken ist«.[117] Dies ist inzwischen hinreichend widerlegt, ein

---

112 Stefan Karner, Peter Ruggenthaler, Stalin und Österreich. »Sowjetische Österreich-Politik 1938 bis 1953«, in *Jahrbuch für Historische Kommunismusforschung 2005*, Berlin 2005, 102–140.

113 Vgl. Migsch, Alfred, *Anschlag auf Österreich. Ein Tatsachenbericht über den kommunistischen Putschversuch im September-Oktober 1950*, hrsg. vom Zentralsekretariat der SPÖ, Wien 1950.

114 NA Kew, FO 800/630, Conversation between the Secretary of State and the Austrian Minister for Foreign Affairs. Morale in Austria, 24.4.1951, 17.

115 NARA College Park, RG 59, 1945–1949 Central Decimal File 1945–49, Box 4015, USFA Army Message P 2805 an Acheson (Geheim), 17.12.1948, 3 f.

116 NARA College Park, RG 59, 1945–1949 Central Decimal File 1945–49, Box 4015, USFA Army Message P 2852 an Acheson (Geheim), 12.12.1948, 3.

117 Oliver Rathkolb, *Die paradoxe Republik. Österreich 1945 bis 2010*, Wien 2011, 33.

Putschversuch war nicht geplant und wurde nicht unternommen. Jüngst hat auch der ÖGB in einem Forschungsprojekt[118] über die diesbezügliche eigene Geschichte Selbiges festgestellt und die damals vorgenommenen Ausschlüsse als ungerechtfertigt zurückgenommen, sofern dies nicht schon geschehen war.

Der Bezug zum Autoritären speist sich in diesem Fall aus der Vorgangsweise eines – fälschlich angenommenen – Putschversuches und der im Falle eines Erfolges befürchteten volksdemokratischen, sprich: kommunistischen Einparteienherrschaft. Man kann die Ereignisse aber auch ganz anders deuten, wie etwa Emmerich Tálos, der vom »weitreichendsten und zugleich letzten manifesten Widerstand gegen sozialpartnerschaftliche Politik«[119] spricht. Hier zeigt sich, wie auch in anderen Fällen seit 1945 bzw. während des Kalten Krieges die besondere Aufmerksamkeit der US-Regierung für kommunistische Umtriebe in Österreich oder gar offene Aktionen wie eben jene Streikbewegung und ihre Auswirkungen auf die österreichische Innen- und damit auch Außenpolitik. Denn nicht nur war die österreichische Innenpolitik in Bezug auf die vier Besatzungsmächte eine Art »innere Außenpolitik«, ihre Auswirkungen auf die Position Österreichs zwischen den Blöcken während des Kalten Krieges war natürlich auch ein kleiner Teil der Weltpolitik. Österreichische Innenpolitik und ihr Verhältnis zum Kommunismus und der Sowjetunion waren daher für die USA ebenso interessant wie jene anderer Länder in anderen Weltgegenden wie Asien oder Afrika.

Ein ebenso wichtiger wie interessanter Faktor war dabei auch die aktive Rolle des VdU in der Streikbewegung. Die Regierungsparteien sahen in den Geschehnissen die demokratische Ordnung sogar von zwei Seiten bedroht. Entsprechend besorgt waren auch die Einschätzungen österreichischer Politiker jenem Element gegenüber, dass sie als stärkste und verlässlichste Stütze gegen Aspirationen von sowjetischer oder kommunistischer Seite sahen – den USA.

Die Alliierten beobachteten die Vorgänge natürlich genau und bildeten sich ihre eigene Meinung dazu. Im Falle Großbritanniens gehörte das British Council zu jenen Institutionen, die Berichte über die Lage in Österreich nach Hause schickten. Dabei ging es nicht nur um die politische Lage und das Image der Briten in Österreich, sondern auch um eine Einschätzung der österreichischen Bevölkerung und ihrer Haltungen. Die Monate vor den Herbstereignissen zeigen sich auch in den Berichten des British Council als von sich verstärkenden Schwierigkeiten geprägt. Die Abwertung des Schillings führte nicht nur zu Rückgängen bei den Mitgliedschaften in bilateralen Kulturorganisationen um 35 Prozent in einem Jahr, sondern auch zu 30 Prozent weniger Theater- und 19 Prozent weniger Kinobesuchen. Das weiterbe-

118 Autengruber, Peter und Manfred Mugrauer, *Oktoberstreik. Die Realität hinter den Legenden über die Streikbewegung im Herbst 1950. Sanktionen gegen Beteiligte und ihre Rücknahme*. Wien: ÖGB, 2017.

119 Emmerich Tálos, »Sozialpartnerschaft. Austrokorporatismus am Ende?« in: *Politik in Österreich. Das Handbuch*, hrsg. von Herbert Dachs u. a. (Wien: Manz, 2006), 425–442, 426.

stehende Bedürfnis nach Bildungs- und Kulturangeboten bei weniger Möglichkeiten, sich dieses leisten zu können, bezeichneten die Briten als »eines der tragischen Dilemmata eines hoch entwickelten Landes, von jenen Bereichen abgeschnitten zu sein«, in denen es zuvor eine Rolle gespielt hatte. Man stellte fest, dass die österreichischen Bildungseinrichtungen und Universitäten überlaufen wären, was durch die große Anzahl an Displaced Persons inklusive Volksdeutschen verschärft würde. Daher gäbe es »natürlich den Wunsch zu emigrieren«. Man schlug daher sogar vor, prüfen zu lassen, welche Möglichkeiten zur Emigration aus Österreich in die Dominions und Kolonien es denn gäbe, da es vor allem aus Letzteren immer wieder Anfragen nach Personen mit akademischer und technischer Ausbildung gäbe.[120]

In Bezug auf den Oktoberstreik berichtete das Council vertraulich, dass die Sowjets diesen »irgendwie krampfhaft« unterstützt hätten und dass nach dem Scheitern viele Kommunisten eher aktivistische Führer wie Johann Koplenig anstatt Ernst Fischer bevorzugen würden. Wien hätte am Beginn des Streiks wie hypnotisiert auf einen »unvermeidlichen« Putsch gewartet. Der Misserfolg des Streiks sei aber keinesfalls als ein Erfolg für die Demokratie und die repräsentativen Institutionen zu werten, denn das Lohn-Preis-Abkommen hätte auch in den Augen vieler Gewerkschafter einen Streik gerechtfertigt. Dass die Gewerkschaften diesen aus Angst vor den Kommunisten nicht unterstützt haben, hätte dazu beigetragen, dass die einfachen Gewerkschaftsmitglieder den Glauben an ihre Führung verloren hätten. Dies wäre trotz des Fehlschlagens des Streiks ein Erfolg der Kommunisten. Die Regierungsparteien würden die Verantwortung für das Lohn-Preis-Abkommen nicht übernehmen wollen, dafür aber das Verdienst der Beendigung des Streiks umso mehr in Anspruch nehmen. Das habe weder das Vertrauen des Durchschnittswählers in die Parteien gefördert, noch war es für seine »politische Erziehung« hilfreich. Die britische Einschätzung der Lage geht mit der österreichischen Innenpolitik sogar noch schärfer ins Gericht: Keine der großen politischen Parteien habe eine politische Philosophie und ihre Anhänger würden ihnen eher aus Bequemlichkeit als aus Überzeugung folgen. Auf der anderen Seite würden Lehrer, die zur Summer School des British Council aus der sowjetischen Zone gekommen wären, bereits deutlicher als zuvor die »Auswirkungen einiger Jahre kommunistischer Indoktrination« zeigen.[121] Zumindest wurde festgestellt, dass durch den verstärkten Kontakt mit dem Ausland die Qualität des Hochschulunterrichts der überfüllten Universitäten besser würde. Einen großen Anteil daran hätte das amerikanische Austauschprogramm, obwohl es »zum Teil als Schlacht gegen die Russen auf dem Feld der Kultur um Einfluss auf die Jugend« gesehen würde.[122] Zugleich beklagten auch die Briten, dass die Republik

120 NA Kew BW 13/8, British Council/Wickham an Controller (Vertraulich), Wien 1.7.1950, 1 f.
121 NA Kew BW 13/8, British Council/Wickham an Controller (Vertraulich), Wien 4.1.1951, 1.
122 NA Kew BW 13/8, British Council/Wickham an Controller (Vertraulich), Wien 4.1.1951, 2.

völlig zwischen den beiden Regierungsparteien aufgeteilt war: Man müsse darauf aufmerksam machen, dass das Leben in Österreich von der Politik durchdrungen sei. Es wäre für jeden, der im öffentlichen oder sogar nur im privatwirtschaftlichen Bereich beschäftigt sei, notwendig, zu einer der Anhängerschaften zu gehören. Das British Council selbst sah sich genötigt, seine engen Kontakte zum ÖVP-geführten Unterrichtsministerium durch bewusste Herbeiführung von Beziehungen zu SPÖ-nahen Vereinigungen auszugleichen.[123] Die britische Kritik an politischen Verhältnissen auch im Streikjahr 1950 richtete sich also nicht unbedingt primär gegen die Kommunisten, sondern gegen den Proporzstaat. Ein interessanter Befund einer Außensicht auf die österreichische Innenpolitik, wenn man ihn mit dem subjektiven Empfinden der österreichischen Politik und Gesellschaft rund um das Jahr 1950 und auch zu anderen Zeitpunkten der Zweiten Republik vergleicht.

Ein Vergleich mit den Berichten der britischen diplomatischen Mission in Österreich lohnt in diesem Fall. Diese sah in den Ereignissen des Jahres 1950 eine »Akzentuierung« der Unsicherheit seit 1945. Das Wort »Befreiung« wurde in diesem vertraulichen Bericht unter Anführungszeichen gesetzt. Die negative Einstellung der Bevölkerung den Kommunisten gegenüber hätte sich trotz dieser ungünstigen Voraussetzungen noch verstärkt. Den Oktoberstreik sah sie als Kulmination einer sowjetischen Zermürbungsstrategie mit Unterstützung ihrer kommunistischen »Lakaien«. Zwar war man der Meinung, dass die österreichischen Kommunisten und die sie unterstützenden Sowjets »ihr Bestes taten, um die Autorität der Regierung und der Gewerkschaften zu zerstören«. Ebenso hätten die Gewerkschaften eben den Vorwurf erhoben, dass die verfassungsmäßige Ordnung zerstört und die Macht durch die Kommunisten übernommen werden sollte. Die britische Mission sah das aber anders: Es seien keine überzeugenden Beweise vorgebracht worden, die die These vom Putsch untermauert hätten, die Kommunisten wären eher auf einen taktischen Vorteil aus gewesen und hätten diesen so groß wie möglich werden lassen (indem sie die Streikbewegung fortführten). Sowohl die »Russen« als auch die Kommunisten hätten bewusst vor jenem Punkt haltgemacht, an dem es kein Zurück mehr gegeben hätte. Die österreichische Regierung wäre bei den Vorgängen Ende September »materiell und psychologisch« unvorbereitet getroffen worden. Weder die Behörden noch die Polizei hätten entschlossen genug reagiert, was daran abzulesen gewesen wäre, dass es erlaubt worden wäre, dass Demonstranten das Bundeskanzleramt stundenlang belagern konnten.[124] Die Frage blieb, ob die österreichische Regierung die (West-)Alliierten um Hilfe oder gar ein direktes Eingreifen gebeten habe. Oliver Rathkolb schreibt in seinem Artikel[125], dass Innenminister Helmer ein entsprechendes Vorge-

123 NA Kew BW 13/8, British Council/Wickham an Controller (Vertraulich), Wien 1.7.1950, 1.

124 NA Kew FO 425/468, Austria: Annual Review for 1950, Caccia an Bevin (Vertraulich), 8.1.1951, 3.

125 Oliver Rathkolb, »Die »Putsch«-Metapher in der US-Außenpolitik gegenüber Österreich, 1945–1950«,

hen Figls behauptet habe. Der vertrauliche Bericht der britischen Vertretung in Wien spricht jedenfalls im Indikativ über die Angelegenheit: Während der Belagerung des Bundeskanzleramtes durch die Menge am 26. September »ersuchte der Kanzler ohne Rücksprache mit dem zuständigen Innenminister in einem persönlichen und voreiligen Appell um eine Intervention der alliierten Truppen, was klugerweise vom US-Vorsitzenden des Alliierten Rates ignoriert wurde«.[126] In einem geheimen Gespräch mit dem US-Botschafter beschwerten sich Helmer und Schärf unabhängig voneinander über Figl, da dieser US-Militär zu Hilfe gerufen hätte, dies aber nur der letzte Ausweg sein sollte, wenn die österreichische Polizei die Situation nicht mehr kontrollieren könne; der voreilige Einsatz von US-Truppen könnte die Situation verschlimmern.[127] Der US-Bericht über diese Vorgänge vermeldet hingegen, dass an diesem Tag »das Bundeskanzleramt die USFA um Militärpolizei gefragt hat, aber als Kanzler und Innenminister erreicht werden konnten, diese sagten, es ist nicht notwendig«. Zwar wären die Demonstrationen die »effektivsten« seit den Hungerdemonstrationen 1947, man nahm aber an, dass diese »Machtdemonstration keine ernsten Konsequenzen haben werde«.[128] Diese Zusammenfassung war aber jene der politischen Vertreter in Österreich. Dieselben Ereignisse wurden von der US-Armee dramatischer geschildert. 6000 Demonstranten hätten die Polizeisperren beim Innenministerium überrannt und wären zum Bundeskanzleramt weitermarschiert, die Polizei wäre trotz des Einsatzes von Verstärkung mit improvisierten Wasserwerfern machtlos und die 400 das Bundeskanzleramt bewachenden Polizisten würden mit Steinen beworfen. Das Bundeskanzleramt hätte dringend um Unterstützung ersucht, der kommandierende General der US-Truppen in Österreich hätte diese in Wien in Alarmbereitschaft versetzt, was auch die Briten und Franzosen getan hätten. Eine Sitzung des Wiener Interalliierten Rates wäre von den Sowjets boykottiert worden. Das Ersuchen des Bundeskanzleramtes um dringende Unterstützung wäre dreimal wiederholt worden. Der Innenminister ließ aber wissen, dass die Polizei die Situation meistern könne. Nach Informationen der US-Truppen war die Regierung inklusive Kanzler nicht in direkter Gefahr und die Demonstration »politischer Natur«, weswegen keine alliierten Truppen involviert wurden. Der Alarmzustand für die alliierten Truppen wäre nach dem Abebben der Gewalt und Demonstrationen um 15:00 Uhr beendet worden.[129]

---

in *Der Oktoberstreik 1950: Ein Wendepunkt der Zweiten Republik*, hrsg. von Michael Ludwig (Wien: Picus 1991).

126 NA Kew FO 425/468, Austria: Annual Review for 1950, Caccia an Bevin (Vertraulich), 8.1.1951, 3.

127 NARA College Park, RG 59, Decimal File, Austria 50–54, Box 3915, US-Gesandtschaft Kidd an DoS Williamson, Memo of Conversation with Schärf and Helmer, Oct. 28, Participants Schärf, Helmer, Imhof (Geheim), 15.12.1950.

128 NARA College Park, RG 59, Decimal File 1950–54, Austria 50–54, Box 3914, US-Botschaft Dowling an DoS Nr. 552 (Vertraulich), 26.9.1950.

129 NARA College Park, RG 59, Decimal File 1950–54, Austria 50–54, Box 3914, Army Message P 5610,

Die Vorgänge im Oktober wurden von den Briten als ernster gesehen. Doch obwohl die Initiative für einen Generalstreik von den Kommunisten ausgegangen wäre, hätten sie diese Initiative dabei verloren. Trotz offenerer sowjetischer Unterstützung wäre der Oktoberstreik »angesichts starker Gegnerschaft einer vereinten Bevölkerung und einer entschlossenen Regierung kläglich gescheitert«.[130]

Auch in den Berichten der US-Diplomaten in Wien wird der Ernst der Lage deutlich. Am 1. Oktober werden die von der Bundesregierung avisierten Maßnahmen beschrieben, die als Reaktion auf die Drohung der »Gesamtösterreichischen Betriebsrätekonferenz« in Floridsdorf mit einem Generalstreik ergriffen worden waren. Demnach hatte das Kabinett am 1. Oktober zur Aufrechterhaltung der öffentlichen Ordnung beschlossen, nicht nur alle Kommunisten möglichst umgehend aus der Polizei zu entlassen. Darüber hinaus sollte ein dringendes Ersuchen an die Westalliierten zur Lieferung von Helmen, Bajonetten und zusätzlicher Munition gestellt werden. Die Polizei sollte angewiesen werden, »alle ihr zur Verfügung stehenden Mittel gegen die Demonstranten einzusetzen, wenn notwendig auch Schusswaffen«. Im Notfall sollte das Bundeskanzleramt ins Landwirtschaftsministerium in der US-Zone übersiedeln und das Innenministerium in einer Polizeikaserne untergebracht werden. Den Informationen der US-Diplomaten zufolge rechneten die Minister der Bundesregierung nicht damit, dass die Kommunisten in der Lage wären, einen Generalstreik herbeizuführen, dass einem solchen aber im Fall der Fälle mit Entschlossenheit begegnet werden müsste.[131]

In einer weiteren »Army Message« vom 4. Oktober 1950, also auf dem Höhepunkt der Streikbewegung, zeigte sich die Einschätzung der Lage durch die Bundesregierung und die Westalliierten. In einem Schreiben des US-Vorsitzenden der Alliierten Kommission in Österreich wurde die westliche Sicht auf die Unruhen klar. Die sowjetische Unterstützung wurde im Bericht über die Zusammenkunft des britischen, französischen und US-Elements am 28. September noch einmal thematisiert. Dabei hatte man auch vereinbart, einen gemeinsamen Protest bei den Sowjets in der Sitzung des Allliierten Rates am selben Tag gegen die Unterstützung der Sowjets für die entsprechenden Elemente vorzubringen. Der politische Berater des kommandierenden US-Generals (Geoffrey Keyes) schreibt darin ganz offen, dass er Bundeskanzler Figl, Vizekanzler Schärf und Innenminister Helmer zu sich gerufen hätte, um die Lage zu besprechen. In Anwesenheit eines britischen und eines französischen Vertreters besprach man »unsere Pläne und die Schritte, die unternommen werden sollten«. Keyes meinte dabei, dass der Einsatz von Besatzungstruppen die letzte Möglichkeit

USFA an DoS (Vertraulich), 26.9.1950.

130 NA Kew FO 425/468, Austria: Annual Review for 1950, Caccia an Bevin (Vertraulich), 8.1.1951, 3.

131 NARA College Park, RG 59, Decimal File 1950–54, Austria 50–54, Box 3914, US-Botschaft Dowling an DoS Nr. 582 (Geheim), 1.10.1950.

darstellen würde, um Unruhen zu unterdrücken. Unruhen würden außerdem den Sowjets den Vorwand liefern, ähnliche (militärische) Maßnahmen zu ergreifen. Figl betonte bei diesem Treffen, dass seiner Meinung nach die Mehrheit der Beteiligten vor allem Zuschauer und die Polizei und Gendarmerie loyal wären. Er meinte dabei auch, dass der Einsatz von westlichen Besatzungstruppen ein ernstes Mittel sei. Innenminister Helmer betonte erneut die Loyalität der Polizei und, dass deren etwaiges Versagen in deren mangelnder Ausstattung begründet sei. Er verlangte dringend nach Gummiknüppeln, Stahlhelmen, Tränengas, Gasmasken, Gewehren, Maschinenpistolen und Munition. Nach Überlegungen, woher die materielle Unterstützung kommen sollte, betonte der US-Vertreter, dass – wenn US-Truppen eingesetzt werden sollten – sich diese nicht auf ihre Zahl, sondern auf ihre Waffen verlassen müssten, was »zweifellos Blutvergießen bedeuten würde«. Daraufhin bedankten sich die österreichischen Offiziellen für das US-amerikanische Verständnis und zeigten sich überzeugt, die Situation mit einer zahlen- und waffentechnisch verstärkten Polizei kontrollieren zu können.[132] In diesem Bericht über eine Zusammenkunft in dramatischer Stunde bestätigt sich erneut, was hier schon gezeigt wurde: Die österreichische Bundesregierung war entschlossen, jedwede Aufstandsbewegung, die die Regierung gefährden könnte, notfalls auch mit Waffengewalt niederzuschlagen, und die US-Behörden waren bereit, dabei auch mit Besatzungstruppen auf Seiten der Regierung einzugreifen und dabei auch Blutvergießen in Kauf zu nehmen.

In US-amerikanischen Dokumenten des Department of State und des Nationalen Sicherheitsrates, die bis jetzt nicht zugänglich waren und erst für dieses Projekt freigegeben worden sind, lassen sich die amerikanische Einschätzung der Vorgänge in Österreich und ihre Reaktion darauf gut erkennen. Im Juli 1950 ist in Bezug auf die innere Sicherheit Österreichs vor allem davon die Rede, dass es notwendig sei, eine österreichische Armee auszurüsten und zu trainieren, die die innere Sicherheit nach Abzug der alliierten Truppen sicherstellen könne. Ganz klar wird festgehalten:

> Das Verteidigungsministerium und die Vereinigten Stabschefs haben übereinstimmend sowohl in den Papieren des Nationalen Sicherheitsrates als auch in der Kommunikation mit dem [Außen-]Ministerium klargemacht, dass die US-Truppen nicht aus Österreich abgezogen werden, bis eine österreichische Armee trainiert, ausgerüstet, aufgestellt und darauf vorbereitet ist, die innere Sicherheit aufrechtzuerhalten.

Das notwendige Material solle in einer Art bereitgestellt werden, dass es im Notfall auch in Griechenland oder Jugoslawien oder für EUCOM[133] oder die NATO

132 NARA College Park, RG 59, Decimal File 1950–54, Austria 50–54, Box 3914, Army Message P 5631, USFA an Joint Chiefs of Staff (JCS) und Secretary of State (Geheim), 4.10.1950.

133 Dem European Command der US-Streitkräfte.

eingesetzt werden könnte. Alle mit der Aufstellung einer österreichischen Armee zusammenhängenden Fragen, auch das schon vorher durchzuführende Training für die Gendarmerie, wurden mit den österreichischen Spitzenpolitikern besprochen.[134] Die Briten erklärten sich in dem in enger Abstimmung mit den beiden anderen Westalliierten akkordierten Vorgehen dazu bereit, eine österreichische Luftwaffe auszurüsten und zu trainieren, wobei dieses Training außerhalb Österreichs stattfinden könnte.[135] In einem erläuternden Papier erklärten die Vereinigten Stabschefs, dass das Fehlen einer solchen Armee bei Abzug der Alliierten

> ein Vakuum in Zentraleuropa schaffen würde, in dem es zu erwarten sei, dass die Kommunisten in ihrer üblichen Art die Macht ergreifen und das Land dominieren würden, was eine sowjetische Ausbuchtung in der Ost-West-Linie schaffen würde.[136]

Im ersten »Fortschrittsbericht«[137] zu der Österreich betreffenden National Security Council-Direktive NSC 38/6 von Ende August 1950 wird auf die Einigung mit Briten und Franzosen hingewiesen, Österreich möglichst als souveränen Staat zu behandeln und eigene Eingriffe auf das Minimum zu beschränken, und darauf, dass man im Fall einer Blockade Wiens in der Lage wäre, binnen 90 Tagen im britischen Sektor eine Start- und Landebahn für große Frachtmaschinen zu errichten.[138]

In einem Dokument bezüglich der genauen Implementierung der Österreich betreffenden Richtlinien heißt es noch am 4. August 1950, dass die USA keinen Versuch machen würden, mit Österreich einen bilateralen Vertrag anstelle des Staatsvertrages aller vier Mächte abzuschließen, »es sei denn, man werde dazu durch radikal veränderte Umstände gezwungen«.[139] Hier könnte man sich fragen, ob ein gelungener Umsturz im kommunistischen Sinne (obwohl nicht geplant) solche geänderten Umstände bedeutet hätte. In all diesen Dokumenten – einschließlich eines darauf noch

134 NARA, College Park, RG 59, Decimal File, Austria 50–54, Program for an Austrian Security Force, Perkins an Ohly (Streng geheim), 20.7.1950, 1 f.

135 NARA, College Park, RG 59, Decimal File, Austria 50–54, Austria's Internal Security, (Streng geheim, teils U. S. Eyes Only), 24.7.1950, 5.

136 NARA, College Park, RG 59, Decimal File, Austria 50–54, Austria's Internal Security (Streng geheim, teils U. S. Eyes Only), 24.7.1950, 1.

137 In solchen Berichten wurde die Umsetzung vorangegangener Direktiven berichtet und bewertet, um gegebenenfalls Anpassungen vorzunehmen.

138 NARA, College Park, RG 59, Decimal File, Austria 50–54, Memorandum for Mr. James S. Lay, Jr., Executive Secretary, National Security Council, First Progress Report on NSC 38/6 »Future Courses of U. S. Action with Respect to Austria« (including references to NSC 38/4 and NSC 63/1) (Streng geheim), 28.8.1950, 1 f.

139 NARA, College Park, RG 59, Decimal File, Austria 50–54, Attachment to Memorandum for Mr. James S. Lay, Jr., Executive Secretary, National Security Council, Implementation of NSC 38/6 (Streng geheim), 28.8.1950, 1 f.

folgenden vom 30. August 1950[140] – sind mögliche Unruhen noch kein Thema einer möglichen US-amerikanischen oder westalliierten Vorgangsweise, man hat allein die Sowjetunion im Auge. Mögliche Auswirkungen der verstärkten sozialpolitischen Spannungen werden zwar im Bericht des British Council thematisiert, die Spitze der US-Politik haben diese Überlegungen aber noch nicht erreicht.

Nach den Ereignissen von September und Oktober 1950 werden zivile Unruhen aber zunehmend in der Planung für etwaige Einsätze berücksichtigt. Ende November einigen sich die kommandierenden Generäle der Westalliierten über ihre Vorgangsweise im 1. Bezirk Wiens während des sowjetischen Monats.[141] Man geht von zwei Alternativen aus: kommunistisch inspirierte Unruhen einmal mit und einmal ohne direkte sowjetische militärische Unterstützung. In letzterem Fall »würden sie offensichtlich an einem Versuch teilnehmen, die österreichische Regierung zu stürzen«. In jedem Fall würde der Alliierte Rat in Wien nur auf Aufforderung der österreichischen Regierung handeln. Sollte der sowjetische Vorsitzende ein solches Hilfsersuchen ignorieren oder den Alliierten Rat gar nicht mehr einberufen, so würden die Westmächte »geeignete Maßnahmen setzen« und im 1. Bezirk die Ordnung herstellen. Sollten die österreichischen Kommunisten sowjetische militärische Unterstützung haben, wäre die Frage, inwieweit die Befehlshaber Waffengewalt einsetzen dürften, um ihre Aufgabe zu erfüllen. Dies hätten die jeweiligen Regierungen zu entscheiden. »Betreffend die US-Truppen wird auf NSC 63/1 hingewiesen, die amerikanische Maßnahmen gegen sowjetische Aktionen eher auf ›Machtdemonstration‹ als auf ›Einsatz von Gewalt‹ limitiert.« Man sei darüber hinaus einig, dass für den Fall von Unruhen im 1. Bezirk die österreichische Polizei weiter durch Zuführung von Ausrüstung verstärkt werden sollte.[142] Ende November ist man also schon bereit, gewisse Maßnahmen auch im Alleingang gegen den Willen der Sowjets militärisch durchzusetzen.

In einem ursprünglich als »Top Secret« bezeichneten »Fortschrittsbericht« zu den Österreich betreffenden National Security Council-Direktiven NSC 38/4 und 38/6 vom 15. Dezember 1950 wird die US-Vorgangsweise in Bezug auf den »Oktoberstreik« 1950 und die Vorgangsweise im Alliierten Rat geschildert. Die Vereinigten Staaten hätten die Führung bei der vollen Unterstützung der Aktionen der österreichischen Regierung gegen die von den Kommunisten angezettelten und den Sowjets unterstützten Unruhen im September und Oktober übernommen. Man

140 NARA, College Park, RG 59, Decimal File, Austria 50–54, Austrian Policy, Problem: To obtain a tripartite review of Austrian policy (Streng geheim), 30.8.1950.

141 Wien war zwar in vier Besatzungszonen aufgeteilt worden, der 1. Bezirk wurde aber von den Alliierten gemeinsam verwaltet, wobei der Vorsitz monatlich rotierte.

142 NARA, College Park, RG 59, Decimal File, Austria 50–54, Donnelly to DoS (Geheim), Wien, 24.11.1950.

habe energisch gegen die sowjetische Vorgangsweise im Alliierten Rat protestiert und das auch im November in zwei Noten an die sowjetische Regierung zum Ausdruck gebracht, dabei habe volle Übereinstimmung mit Briten und Franzosen geherrscht. In Beantwortung eines direkten Appells der österreichischen Regierung hat der amtierende Außenminister Anfang Oktober versichert, dass seine Regierung alle geeigneten Maßnahmen ergreifen würde, um die internationalen Verpflichtungen, die sie in Bezug auf Österreich übernommen habe, zu erfüllen, insbesondere, die Aufrechterhaltung von Recht und Ordnung in ihrem Verantwortungsgebiet sicherzustellen. Ähnliche Versicherungen wären von der britischen und französischen Regierung übermittelt worden.

> Die Position der Vereinigten Staaten kann kurz als eine der Bereitschaft angegeben werden, alle notwendigen Schritte, einschließlich der Verwendung zur Verfügung stehender US-Truppen, falls notwendig, um in allen von den Vereinigten Staaten kontrollierten Gebieten und im internationalen Sektor von Wien jede Aktion, außer direkte militärische Handlungen sowjetischer Truppen, zu verhindern, die Kontrolle über die österreichische Regierung an sich zu reißen. Jedoch sollten Truppen nur als letzte Möglichkeit eingesetzt werden und nur, wenn klar ist, dass die Ordnung durch die österreichischen Behörden nicht aufrechterhalten werden kann.[143]

Da war es nur konsequent, dass im selben Papier auch darüber berichtet werden konnte, dass weitere Anstrengungen der Westalliierten unternommen worden waren, um die österreichische Polizei und Gendarmerie besser auszurüsten.[144] Es hatte also definitiv eine Anfrage der österreichischen Regierung gegeben, ob die Westalliierten oder die USA eingreifen könnten. Die Vereinigten Staaten wären also auch bereit gewesen in dem Falle, dass die österreichische Seite des Geschehens nicht Herr geworden wäre, eigene Truppen einzusetzen. Die Einschränkung, dass sowjetische Truppen nicht direkt angegriffen werden sollten, darf als Minimum an notwendiger Zurückhaltung angesehen werden.

Es ist wohl auch nicht als Zufall zu werten, dass im selben Dokument von Ende 1950 noch eine andere Klarstellung bezüglich der Haltung der USA in Wien erfolgt: Der US-Hochkommissar sei informiert worden, dass die Hochkommissare der Westmächte im Alliierten Rat unter Umständen unabhängig vom Sowjetelement

143 NARA, College Park, RG 59, Decimal File, Austria 50–54, Memorandum for Mr. James S. Lay, Jr., Executive Secretary, National Security Council, Second Progress Report on NSC 38/4 and NSC 38/6 »Future Courses of U. S. Action with Respect to Austria« (Streng geheim), 15.12.1950, 3.

144 NARA College Park, RG 59, Decimal File, Austria 50–54, Memorandum for Mr. James S. Lay, Jr., Executive Secretary, National Security Council, Second Progress Report on NSC 38/4 and NSC 38/6 »Future Courses of U. S. Action with Respect to Austria«, (Streng geheim), 15.12.1950, 3 f.

agieren müssten, sollte es notwendig sein, im 1. Bezirk (der von allen vier Alliierten gemeinsam verwaltet wurde) die Ordnung aufrechtzuerhalten. Im Fall der Fälle würde dies auch geschehen, obwohl das Zweite Interalliierte Abkommen (»Command Agreement«) im 1. Bezirk auf jeden Fall eine Abstimmung aller vier Alliierten vorsehen würde, wenn sowjetische Aktionen den normalen Ablauf im Sinne dieses Abkommens stören würden. Man wäre der Ansicht, dass die restriktiven Vorgaben der Direktive NSC 63/1 »US-Politik im Falle einer Blockade Wiens« den Einsatz von Militär im 1. Bezirk Wiens nicht betreffen würde.[145] Dies ist schon eine wesentliche Verschärfung im Vergleich zur akkordierten Vorgangsweise Ende November. Dort war noch von einer Beschränkung auf eine Machtdemonstration die Rede, nun wird diese Zurückhaltung aufgegeben und der Einsatz von Gewalt als Ultima Ratio erlaubt. Beide Teile des Dokuments machen klar, dass die USA – und mit ihnen auch die anderen Westalliierten – einseitige Aktionen, die das Ziel eines Umsturzes in Österreich zum Ziel gehabt hätten, wenn notwendig auch mit eigenen Truppen gewaltsam niedergeschlagen hätten. Die nachvollziehbare Einschränkung, dabei nicht direkt gegen sowjetische Truppen vorzugehen, ändert nichts an der offensichtlichen Bereitschaft, offensiv vorzugehen. Wäre diese implizite Garantie für die österreichische Regierung schlagend geworden und die Westalliierten hätten den Fortbestand der österreichischen Bundesregierung auf dem von ihnen kontrollierten Territorium durchgesetzt, hätte wohl eine Teilung des Landes im Raum gestanden. Der Oktoberstreik 1950 hat offenbar aufgezeigt, wie notwendig es war, die diesbezügliche Haltung der Westalliierten festzulegen.

Die US-Besatzungsbehörden meldeten die Ereignisse des Jahres 1950 auf verschiedenen Kanälen nach Washington. Neben den politischen Vertretern sammelte auch die US-Army selbst Informationen. In einer »Army Message« vom 13. Oktober 1950 ist dabei von einem Vorfall am Abend des 10. Oktober die Rede. In einem Dorf östlich von Wien an der »tschechischen« Grenze hätten Kommunisten eine Veranstaltung der Sozialisten gestört. Franz Olah, dessen Bauarbeitergewerkschaft »höchst aktiv bei der Formierung von Sicherungsgruppen während der Streikwelle« gewesen sei, habe dabei vor einer Versammlung von 250 Sozialisten gesprochen. Diese wurde durch eine gut organisierte Gruppe von 50 Kommunisten, die von den nahen Ölfeldern herangebracht worden waren, gestört. Sie schlichen sich zunächst als normale Teilnehmer des Treffens ein und begannen nach einem vereinbarten Zeichen (dem Ausschalten des Lichts), die anderen Teilnehmer mit Schlagringen, Schlagstöcken und Messern zu attackieren. Drei Personen wurden schwer, mehrere leicht verletzt, darunter Olah. Eine Duldung durch die sowjetische Besatzungsmacht

145 NARA College Park, RG 59, Decimal File, Austria 50–54, Memorandum for Mr. James S. Lay, Jr., Executive Secretary, National Security Council, Second Progress Report on NSC 38/4 and NSC 38/6 »Future Courses of U. S. Action with Respect to Austria«, (Streng geheim), 15.12.1950, 4.

sei dadurch offensichtlich, dass am Nachmittag vor der Attacke der lokale Gendarmeriekommandant nach Zistersdorf gerufen worden sei. Während der Attacke wurden die Telefonverbindungen teils unterbrochen, sodass weder die vier lokalen Gendarmen zu Hilfe, noch durch diese Verstärkung von außen gerufen werden konnte. Vier Personen wurden später verhaftet. Der US-Army zufolge »könnte der Vorfall eine Bedeutung haben, die weit über das Ereignis selbst hinausgeht«.

> Solch eine Entwicklung [ist] geeignet, die derzeitige Tendenz der Großparteien, eigene Gruppen zum Schutz von Versammlungen und zum möglichen Einsatz gegen Kommunisten in möglichen künftigen Unruhen aufzustellen, zu beschleunigen. Derzeit [stehen] keine bekannten Waffenlager einer dieser Gruppen zur Verfügung.[146]

Einige Tage später berichtet die US-Gesandtschaft in Wien über weitere Details des Vorfalls in Dürnkrut. Der Betreff »Kommunistischer Druck auf sozialistische Arbeiter in Niederösterreich« zeigt ebenso wie die zuvor zitierte »Army Message« die Sorge, dass die Auseinandersetzung möglicherweise noch nicht vorbei sei oder auch weiter eskalieren könnte. Es gäbe Hinweise, dass die Kommunisten »schwarze Listen« von sozialistischen Streikbrechern anlegen würden. Laut Innenministerium hätten die Sowjets die Gendarmerie angewiesen, deren Häuser zu durchsuchen. Schon vor dem September wären lokale Funktionäre der SPÖ von sowjetischen Organen mit Drohungen einer Deportation nach Sibirien eingeschüchtert worden. Der Vorfall in Dürnkrut sei nun ein »noch ernsterer Versuch, die Moral der Sozialisten durch Terrorismus zu schwächen«, gewesen. Die Arbeiter der Zuckerfabrik in Dürnkrut hätten sich als besonders antikommunistisch erwiesen, weswegen die Versammlung dort abgehalten wurde. Laut diesem Bericht wurde der SPÖ-Bürgermeister durch einen Bauchstich schwer verletzt, ein SPÖ-Landtagsabgeordneter wurde am Kopf getroffen und schwer verletzt, als die Menge ihn überrannte, und Olah »was battered and bruised«. Laut *Arbeiterzeitung* »terrorisierte der kommunistische Mob« das Dorf, bevor er singend zu den Lastwagen abzog. Die KPÖ Niederösterreichs distanzierte sich von dem Vorfall. Als Reaktion auf diese Vorgangsweise hätte die Gewerkschaft beschlossen, Olah einen ständigen Bodyguard beizugeben, und es würden Schritte unternommen, um Arbeiter in verschiedenen Betrieben zu organisieren, um kommunistische Attacken abzuwehren.[147] Der Vorfall, von dem hier berichtet wird, hat sich bereits nach dem am 6. Oktober durch die Gesamtösterreichische Betriebsrätekonferenz verkündeten Streikende zugetragen. Er erscheint

146 NARA College Park, RG 59, Decimal File, Austria 50–54, Box 3917, Army Message P 5648, CGUSFA (Commanding General US Forces in Austria) an Department of State (Geheim), 13.10.1950, 2.

147 NARA College Park, RG 59, Decimal File, Austria 50–54, Box 3918, US-Gesandtschaft Dowling an Department of State (Vertraulich), 17.10.1950, 1 f.

in diesem Lichte eher wie ein Racheakt an den »Streikbrechern« Olahs und ihm selbst, der mit Unterstützung der Sowjets ausgeführt wird. Die hier zutage tretende organisierte Gewalt lässt die Anspannung der Zeit verständlich erscheinen. Besonders interessant ist hier allerdings die Sorge der US-Armee und der Gesandtschaft, dass aus der Keimzelle der Bedrohung durch die kommunistischen Kommandos des »Oktoberstreiks« erneut bewaffnete Parteiarmeen entstehen könnten, wie das in den 1930er-Jahren mit verheerenden Folgen der Fall war. Besonders fällt die Information auf, da eine solche »Tendenz zu Parteiarmeen der Großparteien« für den Beobachter sonst weniger greifbar wird. Es stellt sich hier die Frage, ob die amerikanischen Beobachter Olahs Rollkommandos bereits als Nukleus einer solchen – in diesem Fall sozialistischen – Parteiarmee wahrgenommen haben oder erst die Aktivierung von Bodyguards für ihn und die Anfänge eines »sozialistischen Werkschutzes«. Das State Department hätte solche bewaffneten Gruppen der Regierungsparteien wohl nicht unterstützt, wie die hier und im Unterkapitel zu 1955 zitierten Richtlinien zeigen. Darin ist stets nur von einer notwendigen ausreichenden Ausrüstung der österreichischen Polizei, der Gendarmerie und des Bundesheeres die Rede, um Unruhen im Inneren niederschlagen zu können. Eine solche Unterstützung wäre auch widersinnig gewesen, denn dem überragenden amerikanischen Interesse daran, Österreich als demokratisches Land außerhalb des sowjetischen Einflussbereiches aufrechtzuerhalten, hätte eine Radikalisierung der Koalitionsparteien, die mit eigenen bewaffneten Gruppen einhergegangen wäre, sicher geschadet. Wie der zuvor gemachte Vorschlag, ÖVP und SPÖ in der Regierung und im Kontakt der US-Behörden zu ihnen noch weiter zu verschränken, zeigt, gab es für die USA nur Kommunisten und Antikommunisten. Unter der Rubrik »Psychological«[148] wird in der »Army Message« weiter darauf verwiesen, dass die Kommunisten nach dem Ende des Streiks darauf gepocht hätten, dass diese zum einen sehr erfolgreich gewesen und zum anderen nur beendet worden seien, um »Blutvergießen und Bürgerkrieg« zu verhindern, die das Ziel der Regierungsparteien gewesen seien. Die Sozialisten hätten die Arbeiter verraten und bildeten mit der ÖVP eine »neue Vaterländische Front«. Grubers Besuch in Washington kritisierten sie als Versuch, den Amerikanern eine Möglichkeit zu bieten, in Österreich einen »neuen Koreakrieg auf österreichischem Boden« auszulösen.[149] Reminiszenzen an die Zwischenkriegszeit waren also auf beiden Seiten gern bemühte Bilder, um echte oder imaginierte autoritäre Tendenzen oder Gefährdungen der demokratischen Ordnung anzuprangern. Ein weiterer Bericht nur eine Woche später beschrieb die Maßnahmen der Regierung als umsichtig, man würde jeden Schritt abwägen, bevor der nächste gesetzt würde. Trotz sowjetischen Wider-

148 Diese Rubrik kann wohl am ehesten mit »Stimmungslage« übersetzt werden.

149 NARA College Park, RG 59, Decimal File, Austria 50–54, Box 3917, Army Message P 5648, CGUSFA (Commanding General US Forces in Austria) an Department of State (Geheim), 13.10.1950, 4.

stands bei der Absetzung niedrigerer Dienstgrade der Polizei, die sich Verfehlungen zuschulden haben kommen lassen, würde es gelingen, den »gefährlichen kommunistischen Polizeichef des 1. Bezirks Kurt Frisch«[150] loszuwerden. Er würde nach Innsbruck versetzt und, wenn er dies nicht akzeptieren würde, entlassen, eine Vorgangsweise, die ähnlich schon bei Heinrich Duermayer[151] funktioniert hätte. Extra erwähnt wird auch die Entlassung von Kurt Kirszen, eines Mitarbeiters der RAVAG, da er Erklärungen der Regierung verändert oder unterdrückt habe. Er wäre schon Monate zuvor fast entfernt worden, da er sich eine Schlägerei mit seinem ÖVP-Vorgesetzten geliefert hätte, die Sowjets hatten aber seine Wiedereinsetzung erzwungen. Seine Haltung während »der von den Kommunisten verursachten Krise« gäbe jetzt eine Handhabe, um ihn loszuwerden.[152] Trotzdem war man nicht mit allen Aspekten der weiteren Ereignisse im Nachgang des

Oktoberstreiks zufrieden. 8 kommunistische Polizisten waren für ihr Verhalten während der Unruhen von einer Disziplinarkommission bestraft worden. In einem Gespräch des US-Botschafters mit Figl, teilte ersterer dem Bundeskanzler mit, dass die US-Behörden und vor allem Washington unzufrieden mit der Milde der Strafe wären, man dürfe den Sowjets auch in kleinen Punkten nicht nachgeben und das Prestige der Westmächte stünde auf dem Spiel, da sie im Alliierten Rat und in Moskau Druck gemacht hätten[,] und jetzt würden diese Polizisten kaum bestraft. Auch die Verschiebung eines Prozesses gegen 5 Bezirkspolizeichefs wäre negativ, es wäre blamabel, wenn auch sie nur geringe Strafen erhielten. Figl antwortete[,] er sähe die Angelegenheit genauso und hätte mit Innenminister Helmer darüber gesprochen. Es wäre nicht die Intention der Bundesregierung gewesen, von den Westalliierten Hilfe anzufordern und dann den Eindruck zu erwecken[,] als würde man zurückweichen. Er würde sich darum kümmern, dass die fraglichen Polizisten entlassen würden, es gäbe auch keine weitere Verzögerung des Verfahrens. Auch würden Ermittlungen eingeleitet, um ein Leck im Bundeskanzleramt ausfindig zu machen. Stars and Stripes hatte eine entsprechende Geschichte abgedruckt. Figls Bitte um den Namen des Informanten im Innenministerium, der die Information an das Blatt weitergegeben hatte[,] wurde vom Botschafter mit dem Hinweis auf die Pressefreiheit abgewiesen.[153]

150 Vgl. diesbezüglich auch: NARA College Park, RG 59, Decimal File, Austria 50–54, Box 3917, Army Message P 5656, CGUSFA an Department of State (Geheim), 27.10.1950, 2. Hier wird er als »Armand Frisch« bezeichnet und angemerkt, dass er entlassen würde, wenn er dieser Versetzung nicht nachkommen, und verhaftet, wenn er seinen Posten weiter ausführen würde.

151 Duermayer war 1945 zum Leiter der Staatspolizei ernannt worden und stand der KPÖ nahe.

152 NARA College Park, RG 59, Decimal File, Austria 50–54, Box 3917, Army Message P 5654, CGUSFA an Department of State (Geheim), 20.10.1950, 1 f.

153 NARA College Park, RG 59, Decimal File, Austria 50–54, Box 3915, US-Gesandtschaft Kidd an DoS Williamson, Memo of Conversation with Chancellor Figl, Dec. 7, Participants Donnelly, Figl, Imhof (Geheim), 15.12.1950.

Der Übermittler der Aufzeichnung dieses und anderer Gespräche merkte an, dass

> es höchst interessant gewesen wäre, den Gesichtsausdruck auf Kanzler Figls Gesicht zu sehen, als Mr. Johnson feststellte, dass es Zweifel gäbe[,] ob untergeordnete österreichische Beamte die Anweisungen der Regierung ausführen würden.

Minister Helmer wiederum sah demselben Gesprächspartner gegenüber im Koreakonflikt ein sowjetisches Ablenkungsmanöver, um in weiterer Folge Westeuropa überfallen zu können, wenn der Westen in Korea engagiert wäre. Auf die Frage des Botschafters, ob es erhöhten Druck der Sowjets auf die Regierung gäbe, musste er dies allerdings verneinen, sogar das Gegenteil wäre der Fall. Als die Frage der Entnazifizierung angesprochen wurde, die die Sowjets im Alliierten Rat immer wieder thematisieren würden, wandte Helmer ein, dass die Sowjets Neonazibewegungen wie die Nationale Liga tolerieren würden.[154]

Die US-Gesandtschaft in Wien urteilte in einer ersten Gesamtanalyse der Ereignisse von September/Oktober 1950, dass kommunistische Versuche, die Massen aufzuwiegeln, scheitern werden, solange die ökonomische Situation nicht so schlecht wird, dass die SPÖ die Kontrolle über die Arbeiterschaft verliere.[155] Die überstandene Krise veranlasste die US-Behörden in Wien, eine 22-seitige tiefergehende Analyse über die Stärke der Kommunisten in den Gewerkschaften zu erstellen. In seinen Schlussfolgerungen zitiert der stellvertretende Hochkommissar Walter Dowling die *Arbeiter-Zeitung*, die das Ende des Streiks als »größten Rückschlag, den die Kommunisten jemals in Mitteleuropa erlitten hätten«, bezeichnet hatte. Dies würde nicht nur das Ende des »kommunistischen Terrorismus, sondern auch der kommunistischen Partei in Österreich« bedeuten. Dowling hielt diese Sicht für »eher optimistisch als realistisch«. Zwar wäre die KPÖ in mancherlei Hinsicht offensichtlich schwach, die Gewerkschaften von der SPÖ dominiert, der ÖGB westlich orientiert, die KPÖ-Führung wäre ineffektiv, es gäbe Anzeichen für Konflikte im ZK und die Kominform dürfte auch nicht ganz hinter der KPÖ stehen, weswegen der Streik auch erfolglos gewesen sei. Die Mehrheit der Arbeiter würde den Kommunismus ablehnen. Im Gegensatz dazu würde die Stärke der KPÖ in Arbeiterkammer und Betriebsräten zunehmen und die sowjetische Kontrolle der USIA-Betreibe würde helfen. Am wichtigsten wären aber die prekäre ökonomische Situation Österreichs und der relativ niedrige Lebensstandard der Arbeiter. Vor allem deswegen würde

154 NARA College Park, RG 59, Decimal File, Austria 50–54, Box 3915, US-Gesandtschaft Kidd an DoS Williamson, Memo of Conversation with Minister Helmer, Dec. 5, Participants Donnelly, Helmer, Imhof (Geheim), 15.12.1950.

155 NARA College Park, RG 59, Decimal File, Austria 50–54, Box 3918, US-Gesandtschaft an Secretary of State (Geheim), Nr. 688, 16.10.1950, 2.

die Stärke der Kommunisten nicht nur bestehen bleiben, sondern zunehmen. Das derzeitige Ausmaß an ausländischer Hilfe wäre ausreichend, um einen Lebensstandard aufrechtzuerhalten, der den Kommunismus für den Großteil der Arbeiterschaft unattraktiv macht. Aber eine Reduktion der Hilfe, die nicht von einer entsprechend erhöhten Produktion, Produktivität und Außenhandel ausgeglichen würde und der damit einhergehende Reallohnverlust könnten auf gefährliche Weise von den Kommunisten ausgenutzt werden. Er schließt mit dem Satz: »Die Gefahr ist real.«[156]

Diese Befürchtungen überdauerten das Jahr 1950. Anfang 1951 gab es Sorgen, es könnte wieder zu ähnlichen Ausschreitungen kommen wie 1950. Donnelly ersuchte daher Schärf und Figl um ein Gespräch, um ihre Einschätzung der Lage zu erfahren. Schärf sei in »ernster Stimmung« gewesen. Die kommunistische Forderung nach 20 Prozent Lohnerhöhung in Verbindung mit verstärktem Training von »kommunistischen Schlägertrupps zur gewaltsamen Übernahme von Industrieanlagen und öffentlichen Einrichtungen« hatte ihn in diese Stimmung versetzt. Schärf vermutete, dass die Unruhen gleichzeitig in Linz, Wien und anderen Industriegebieten mit ähnlichen Mitteln wie im Oktober 1950 beginnen würden. Dieses Mal wäre die Gefahr größer, da die hohe Arbeitslosigkeit eine effektive Kontrolle der Arbeiter durch die SPÖ verhindern würde. Vollbeschäftigung würde sicherstellen, dass die SPÖ 70 Prozent der Arbeiter unter Kontrolle halten könnte, sodass etwaige Unruhen weniger groß ausfallen und daher kontrollierbar wären. Um dies zu erreichen, sollten beschleunigt Gelder des ERP-Counterpart-Fonds freigegeben werden. Schärf kritisierte dabei die Langsamkeit der diesbezüglichen amerikanischen Verwaltung. Die Freigabe von Geldern würde die Moral in Österreich heben. Donnelly fragte Schärf nach seiner Meinung zum Ziel der kommunistisch inspirierten Unruhen, dieser antwortete, das Ziel wäre der Sturz der Regierung gewesen. Figl wäre weniger besorgt gewesen. Auch er hielte kommunistische Unruhen im Februar oder März für wahrscheinlich, jedoch wären die Sicherheitsbehörden dazu in der Lage, die Situation zu kontrollieren. Dies vor allem, da inzwischen vier Einheiten Bereitschaftspolizei in Kompaniestärke aufgestellt und mit US-Unterstützung ausgerüstet worden wären. Aber auch er sah als oberste Priorität die Reduktion der Arbeitslosigkeit. Donnelly schlug den beiden vor, nun endlich in diese Richtung aktiv zu werden, was diese auch zusagten.[157]

Die US-Gesandtschaft in Wien erstellte einen detaillierten Bericht über die Gründungsversammlung der Nationaldemokratischen Union im Februar 1950, die kurz

156 NARA College Park, RG 59, Decimal File, Austria 50–54, Box 3918, Dowling (Stv. Hochkommissar) an Department of State Nr. 386, Stärke der Kommunisten in den österreichischen Gewerkschaften (Geheim), 26.10.1950, 21 f.

157 NARA College Park, RG 59, Decimal File, Austria 50–54, Box 3918, Donnelly an Secretary of State Nr. 1643 (Geheim), 2.2.1951.

zuvor vom Innenministerium als politische Partei zugelassen worden war. Im Wiener Konzerthaus waren laut dieser Darstellung 500 bis 600 Personen zusammengekommen, »einige davon junge Männer in typischer Naziaufmachung mit Trenchcoat, Stiefeln und Edelweiß-Boutonnieren«.[158] Die Rede des Vorsitzenden Josef Heger hätte »die üblichen politischen Plattitüden enthalten und jedem alles versprochen«, daneben hätte sie die Themen Neutralität zwischen den Blöcken und einen »eher schwachen deutschen Nationalismus« zum Inhalt gehabt. Er äußerte sich abschätzig über jene, die mit den Besatzungstruppen zusammenarbeiten würden, und erwähnte die nationalen Kräfte in Deutschland positiv. Zwar hätte er nicht »nieder mit der Demokratie« gerufen, wie manche Zeitungen berichtet hätten, sich aber kritisch über »extremen Parlamentarismus« geäußert. Applaus hätte er jeweils erhalten, als er die Verfolgung ehemaliger Nationalsozialisten kritisierte, die alliierten Bombardierungen anprangerte, und als er »sentimental« über die Kriegstoten sprach. Einige Störenfriede hätten ihn immer wieder unterbrochen und sogar einen Raufhandel begonnen, aber es hätte keine offene Auseinandersetzung (»open riots«) gegeben, wie Wiener Zeitungen berichtet hätten. Es gäbe keinen Zweifel, dass Heger von den Sowjets aktiv unterstützt würde, er wäre oft mit der sowjetischen Gesandtschaft und dem Hauptquartier in Kontakt gewesen, spätestens seit Sommer 1949, als er über die sowjetische Zustimmung zum Antreten des WdU in der sowjetischen Zone verhandelt hätte. Verlässliche Geheimdienstberichte sprächen davon, dass er substanzielle finanzielle Unterstützung von den Sowjets erhalten habe. Das Ausmaß seines Nationalismus wäre zweifelhaft. Die Partei würde die Idee eines österreichischen Staates stark unterstützen, er würde aber zweifellos deutschnational genug agieren, um dem rechten Flügel des VdU attraktiv zu erscheinen. Bis jetzt schiene es, als wäre das hauptsächliche Ziel der Partei, ein prorussisches Sammelbecken für rechte Wähler zu werden. Da diese aber den Sowjets kaum Sympathien entgegenbrächten, wäre dieser Versuch wohl nicht von Erfolg gekrönt. Trotz der Abwerbung einiger Funktionäre vom VdU wäre es unwahrscheinlich, dass die NDU eine Massenbewegung werden oder irgendeine signifikante Rolle im politischen Leben Österreichs spielen würde, solange die Sowjets dies nicht offen erzwingen würden. Die ebenfalls gegründete Nationale Liga hätte bei ihrer ersten Versammlung nur 60 Teilnehmer erreicht. Die verschiedenen Einflüsse der Sowjets auf das rechte Lager würden aber insgesamt nicht den Eindruck erwecken, dass sie »österreichischen Pangermanismus fördern« würden. Das französische Element wäre über diese Möglichkeit besorgt gewesen. Es wäre eine Sache, einer Partei den Weg zu bereiten, und verglich Ostösterreich mit Ostdeutschland.[159] Sorgen der USA bei der Beobachtung rechter Par-

158 Knöpfen.

159 NARA College Park, RG 59, Decimal File, Austria 50–54, Box 3918, US-Gesandtschaft an Secretary of State A-158 (Vertraulich), 27.2.1950, 1–3.

teigründungen und -spaltungen bestanden dem Bericht entsprechend vor allem in Bezug auf eine mögliche Rolle der Sowjetunion, die sich solche Bewegungen zunutze machen könnte, weniger in Bezug auf den Einfluss solcher Bewegungen in Richtung erhöhter Akzeptanz autoritärer Tendenzen. Bei der Erwähnung der Kritik Hegers an der »Verfolgung« ehemaliger Nationalsozialisten und den dadurch hervorgerufenen Beifallsbekundungen des Publikums denkt man unvermeidlich an die Aussage Renners dem US-Vertreter gegenüber,[160] der derselben diesbezüglichen Meinung ist wie der Vorsitzende der NDU.

Die Beobachtung autoritärer Tendenzen bedeutete bei den Westalliierten, ein Auge sowohl auf die Kommunisten als auch auf den rechten Rand des Parteienspektrums, den VdU und noch weiter rechts stehende Gruppen von ehemaligen und »Neonazis« zu haben. In manchen Jahren gab es zwischen diesen Polen engere Verbindungen, als man im ersten Moment annehmen würde. 1950 bezeichneten britische Berichterstatter z. B. als »schlechtes Jahr« für die österreichischen Kommunisten nicht nur wegen der Ereignisse rund um den Oktoberstreik. Auch abseits dieser Vorgänge würde sich ihr Einfluss in der »Intelligentsia« verringern, einige prominente Mitglieder hätten die Partei oder den ihr zuzurechnenden »Friedensrat« verlassen. »Sowjetischen ›Frieden‹ in einem Land zu predigen, das teilweise von sowjetischen Truppen besetzt ist, hat sich als harte Arbeit herausgestellt.«[161] Dabei spielte wohl nicht nur der Ausgang des Oktoberstreiks eine Rolle, sondern auch der Beginn des Koreakrieges. Interessant ist hier auch der Unterschied in der Einschätzung der Kommunisten durch das British Council, welches ja den Oktoberereignissen sogar positive Auswirkungen für die KPÖ zusprach, und der Botschaft, die diesbezüglich eine kritischere Haltung einnahm.

Der VdU schaffte es der britischen Einschätzung zufolge nicht, die Hoffnungen seiner Wähler des Jahres 1949 zu erfüllen, und versank zudem in internen Streitigkeiten, wie dem Austritt der niederösterreichischen Landesorganisation und dem Konflikt zwischen Parteigründer Kraus und Generalsekretär Gollob. Nach neonazistischen Vorfällen bei einer Parteiveranstaltung in Graz wurde die steirische Landespartei vom Innenminister verboten. Zudem musste die eigene Tageszeitung eingestellt werden. All das diskreditierte die Partei sowohl in den Augen ihrer moderaten Wähler, die sich wegen der neonazistischen Umtriebe abwandten, als auch in jenen der Rechtsaußenvertreter, die die Partei nun als ineffektiv für ihre Ziele sahen. Deswegen wären auch einige neonazistische Elemente zu Splittergruppen wie der Nationaldemokratischen Partei Hegers und der »National League of Working Austrians« des früheren SS-Obersturmführers Adolf Slavik abgewandert. Letzterer, der nach dem Krieg in Moskau instruiert worden war, betrieb vor allem Propaganda,

160 Siehe S. 357.
161 NA Kew FO 425/468, Austria: Annual Review for 1950, Caccia an Bevin (Vertraulich), 8.1.1951, 4.

um ehemalige Nationalsozialisten ins Lager der Sowjetunion zu ziehen. Dies sollte durch Angriffe auf die Westmächte »unter dem Deckmantel der ›Neutralität‹« geschehen. In der Folge wurde die Publikation der Gruppierung, der *Österreichische Beobachter*, vom Alliierten Rat für zwei Monate verboten.[162] Es ist hier also einerseits ein relativ unaufgeregter Zugang zu den extremen Rändern der österreichischen politischen Landschaft zu erkennen. Andererseits wurden verschiedentlich auch direkte Eingriffe, wie etwa das Verbot von Druckwerken, wenn dies nicht das österreichische Innenministerium selbst besorgte, durchgeführt.

Ein nicht unwesentlicher Punkt in Bezug auf die Haltung der Österreicher gegenüber den verschiedenen politischen Lagern war auch die Besatzung und das Bild dieser Besatzungsmächte bei der Bevölkerung. Dass das Verhalten der Roten Armee den österreichischen Kommunisten nicht zu höherem Ansehen verholfen hatte, ist evident und bekannt. Es führte damit sozusagen zu einer Abwendung von einer autoritären Strömung, die unter anderen Bedingungen in Österreich vielleicht eher hätte Fuß fassen können, auch darüber waren sich die ausländischen Beobachter einig. Eine Dichotomie »böse Russen, gute Westalliierte« wäre allerdings zu kurz gegriffen und wird im Rückblick oft verkürzt so dargestellt. Die zeitgenössische Wahrnehmung war natürlich komplexer. Die britische Mission in Wien sah die Frustration über die andauernde Besetzung, die nicht nur mit hohen direkten Kosten, sondern auch mit Abflüssen an Rohstoffen und Produkten durch die sowjetischen USIA-Betriebe in Zusammenhang stand. Die Briten urteilten: »Wäre der österreichische Charakter nicht so gelassen und optimistisch[,] hätte die Moral ernsthaft von der Aussicht auf unbegrenzte Fortführung eines Systems, das auf Gangstertum und Ausbeutung basiert, erschüttert werden können.«[163] Als Gegengewicht konnte man nur eine gewisse Sicherheit für Österreich durch die Anwesenheit der Westalliierten in die Waagschale werfen, »eine Sicherheit, die nicht absolut ist, aber von der Effektivität des westlichen Verteidigungssystems abhängig ist, auf dem die Zukunft Österreichs als eigenständiger Staat inzwischen beruht«.[164] Das Bild der Österreicher von der Besatzung unterschied sich zwar, je nachdem, wie stark sie selbst von deren Auswirkungen betroffen waren, aber man war der Ansicht, dass abgesehen von den höchstens fünf Prozent überzeugten Kommunisten »die Russen« in ganz Österreich mit einer Mischung aus Ablehnung und Angst gesehen wurden. Die Franzosen wurden der britischen Einschätzung zufolge als Besatzer nicht besonders respektiert. Zwar wäre General Béthouart ein Asset für die Franzosen, doch würden sie von der Bevölkerung nicht als Sieger gesehen, deren Anteil an der Besatzung gerechtfertigt wäre. Das Bild der Amerikaner war ein komplexes: ehrliche Dankbarkeit für die geleistete

162 NA Kew FO 425/468, Austria: Annual Review for 1950, Caccia an Bevin (Vertraulich), 8.1.1951, 4 f.
163 NA Kew FO 425/468, Austria: Annual Review for 1948, Jerram an Attlee (Vertraulich), 19.4.1949, 2.
164 NA Kew FO 425/468, Austria: Annual Review for 1950, Caccia an Bevin (Vertraulich), 8.1.1951, 6.

und andauernde Hilfe, die aber durch »den irrationalen Unmut, [den] (…) die arme Verwandtschaft nicht umhin kann, dem großzügigen aber kritischen und herablassenden Onkel gegenüber [zu empfinden,] gemindert« wird.[165] Die Amerikaner würden keine Anstalten machen, diese Gefühle zu mindern, sie würden großspurig auftreten, vor allem auf den Straßen, man ging sogar so weit, zu vermelden, dass die Zufahrten nach Linz bereits aussehen würden wie das Umland einer durchschnittlichen amerikanischen Stadt. Die amerikanischen Soldaten würden dabei ebenso allergisch auf die europäischen Sitten reagieren wie die Österreicher auf den »american way of life«. Trotz alldem würden die guten Absichten und ihre Großzügigkeit geschätzt und man wäre entsetzt, wenn sie abziehen würden. Die Briten selbst würden hingegen für ihr zurückhaltendes Auftreten gelobt und die Einwohner der Steiermark und von Kärnten hätten nicht vergessen, dass es die Anwesenheit der Briten war, die eine Abtretung von Gebieten der beiden Länder an Jugoslawien verhindert hatte.[166] Das Bild auf die US-Besatzung war nach 1945 oft von der Einbettung Österreichs in die westliche, demokratische Welt bestimmt und vom scheinbar unvermeidlichen Vormarsch US-amerikanischer Kultur und Lebensart. Obwohl es in den großen Zügen nicht falsch ist, den Sowjets ein schlechteres Image bei den Österreichern zuzuschreiben als den Amerikanern, darf doch nicht vergessen werden, dass solche Haltungen nie einheitlich waren und es, wie hier deutlich wird, auch kritische Stimmen und Empfindungen gegeben hat. Die britische Mission spricht hier vom »reichen Onkel« und mancher Inkompatibilität der Lebensweisen. Wenn im sowjetischen Fall aber klar ist, dass die NS-Propaganda, die vor den »bolschewistischen Horden« gewarnt hatte, insofern auch nach dem Ende des Krieges Widerhall gefunden hat, als man sich durch das Verhalten der Roten Armee in Österreich in seinen Befürchtungen bestätigt gesehen hatte, dann darf man die andere Seite nicht vergessen. Zwar waren das Feindbild und die Auseinandersetzung damit weit weniger heftig, doch wurden die Westalliierten und vor allem die USA ebenfalls Ziel solcher Propaganda, deren wohl bekanntester Topos jener der verabscheuungswürdigen »Negermusik« war. Gewisse Nachwirkungen dieser Bilder sollten auch im Falle der Westalliierten nicht ganz vergessen werden. Nicht zufällig ist das Schicksal jener »Besatzungskinder«, die aus Beziehungen mit farbigen Besatzungssoldaten entstanden waren, meist ein eher Unerfreuliches gewesen, das nicht selten von Ausgrenzung geprägt war. Das politische Urteil der britischen Mission über die österreichische Politik im Jahre 1950 ist eines über die österreichischen Politiker und es fällt recht positiv aus: Die Politiker der Koalition würden zwar die Stimmungen der Bevölkerung in ihren Äußerungen berücksichtigen, gleichzeitig ließen sie aber Ressentiments nicht zum Teil ihrer Politik werden. 1950 wäre ein herausforderndes Jahr gewesen, man habe aber

165 NA Kew FO 425/468, Austria: Annual Review for 1950, Caccia an Bevin (Vertraulich), 8.1.1951, 6.
166 NA Kew FO 425/468, Austria: Annual Review for 1950, Caccia an Bevin (Vertraulich), 8.1.1951, 6.

kühlen Kopf bewahrt. Die Konflikte zwischen den beiden großen Parteien wären – wo vorhanden – nicht von großer Wichtigkeit. Ihr Optimismus und Mut wären dabei unvermindert. Die österreichischen Politiker wären auf dem Weg zu »politischer Reife« und wären diesem Ziel noch näher, wenn sie ihre »überholte und starre Auffassung von politischen Parteien« loswerden könnten.[167] Am Ende des Jahres wurde noch der Tod Bundespräsident Renners beklagt. Sein Tod würde die Aufgaben der Bundesregierung erschweren, da

> plötzlich eine Figur von der politischen Szene verschwunden ist, deren staatsmännische Fähigkeit und gesunder Hausverstand starke Faktoren gewesen sind, um sowohl das reibungslose Arbeiten der Koalition zu ermöglichen, als auch die österreichische Moral seit dem Kriegsende aufrechtzuerhalten.[168]

Dieses Lob zeigt ein wenig die Prioritäten der Briten bzw. Westalliierten insgesamt, wenn man es in Zusammenhang mit der Berichterstattung über österreichische innenpolitische Entwicklungen sieht. Als Gefahr für die Demokratie in Österreich wurden selten bis nie autoritäre Tendenzen auf der rechten Seite des politischen Spektrums wahrgenommen, sondern nur jene am linken Rand desselben. Fast ausschließlich die Kommunisten wurden diesbezüglich kritisch gesehen. Natürlich waren der Kalte Krieg und strategische Überlegungen hier im Vordergrund. Dass aber selbst in internen Berichten abseits politischer Äußerungen, die für die Außenwelt gedacht waren, solche Gefahren nicht thematisiert wurden, ist schon bemerkenswert. Bei Renner wird dies besonders deutlich. Als ehemaliger Großdeutscher und Anschlussbefürworter war er auch einer jener, die eine möglichst schnelle Reintegration ehemaliger Nationalsozialisten ins politische Leben der Zweiten Republik gefordert hatten. Wären bei anderen Politikern – vor allem des VdU – wohl Fragen nach deren demokratischer Gesinnung oder Anfälligkeit für autoritäres Gedankengut gestellt worden, sind Renner all diese Dinge nie zum Verhängnis geworden. Sein politisches Geschick beim Lavieren zwischen den Interessen der Alliierten überdeckt all das bis heute fast vollständig.

Die zeitliche Nähe der Bundespräsidentschaftswahlen des Jahres 1951 zu den Oktoberereignissen lässt einen gewissen Einfluss derselben nicht unwahrscheinlich erscheinen. Die sich verschlechternde wirtschaftliche Lage wurde neben anderen Faktoren auch durch die Beendigung der Kohlelieferverträge mit Polen und der Tschechoslowakei bedingt. Die Abschottung des Ostblocks wurde in den letzten Jahren des Stalinismus immer rigider. Die ÖVP hatte Heinrich Gleißner zur Wahl gestellt, die SPÖ Theodor Körner, der VdU Burghard Breitner. Die Frage, welchen der

167 NA Kew FO 425/468, Austria: Annual Review for 1950, Caccia an Bevin (Vertraulich), 8.1.1951, 6.
168 NA Kew FO 425/468, Austria: Annual Review for 1950, Caccia an Bevin (Vertraulich), 8.1.1951, 6 f.

Kandidaten die VdU-Wähler in der Stichwahl unterstützen würden, blieb schließlich die wahlentscheidende, nachdem Gleißner im ersten Durchgang noch vorne gelegen hatte. Die Vertreter des British Council nahmen zunächst an, dass Gleißner trotz der angenommenen Unterstützung kommunistischer Wähler für Körner im zweiten Durchgang ebenfalls gewinnen würde. Nachdem Körner die Stichwahl für sich entschieden hatte, gestand man sich schließlich ein, dass man »die anti-klerikale, oder besser anti-konfessionelle Attitüde der VdU-Wähler« vergessen habe, die »die anti-konfessionellen (das heißt anti-Dollfuß und anti-christdemokratischen) Ansichten der Sozialisten den katholischen Bindungen der ÖVP vorgezogen« hätten.[169] Bemerkenswert war aber das starke Abschneiden des VdU-Kandidaten Burghard Breitners im ersten Durchgang. Seine 15,4 Prozent der Stimmen waren deutlich mehr als die 11,67 Prozent des VdU bei den Nationalratswahlen 1949. Es stellte sich daher die Frage, ob das »Dritte Lager« bzw. das rechte Spektrum sich so stark erweitert hätte oder andere Gründe für das gute Abschneiden Breitners verantwortlich waren. Die US-Botschaft beschrieb die 650.000 Wähler als inhomogene Gruppe, die vor allem als Opposition abseits der Kommunisten zu sehen sei. Man könne nicht einfach von einer »rechten« Opposition sprechen, da sich in der Stichwahl mehr als die Hälfte von ihnen für den Kandidaten der SPÖ, Theodor Körner, entschieden hätte. »Nationalistisch« im Sinne von großdeutsch würde es schon eher treffen, dies wäre aber nicht breit genug, denn dieser Terminus allein würde nicht die ganze Wählergruppe umschreiben. Auch wären nicht alle Ehemalige oder aktuelle Nationalsozialisten, auch wenn die Ablehnung der Verbotsgesetzgebung ein wichtiges Wahlmotiv gewesen wäre. Der Umstand, dass ehemalige Nationalsozialisten und großdeutsch Gesinnte innerhalb von Breitners Wählerschaft einen homogenen Block bilden würden, hätte dazu geführt, die ganze Gruppe so einzuschätzen. Eine große Zahl an Gruppen hätte hier zusammengefunden, von Ehemaligen und Großdeutschen über Ultramontane und Antiklerikale, frühere Heimwehranhänger, einige Monarchisten und viele mehr. Geografisch wäre diese Opposition eher im Westen zu verorten. Breitner selbst hätte keine Reden gehalten und hätte auch keine programmatischen Statements gemacht, denn all das hätte ihn nur Stimmen gekostet. So konnte er für eine heterogene Opposition attraktiv bleiben, während der VdU auseinanderfallen würde. Ein ausgesprochener VdU-Kandidat hätte nicht einmal die Stimmenzahl der Partei von 1949 erreicht.[170] Die US-Behörden bleiben sich hier insofern treu, als sie in politischen Bewegungen am rechten Rand des politischen Spektrums kaum eine Gefährdung für die Demokratie in Österreich erkennen.

---

169 NA Kew BW 13/8, British Council/Wickham an Controller (Vertraulich), Wien, 27.7.1951, 1.

170 NARA College Park, RG 59, Decimal File 1950–54, Austria 50–54, Box 3914, US-Botschaft Dowling an DoS Nr. 1158, Regroupings among the Non-Communist Opposition (Vertraulich), 30.1.1952, 1 f.

1955: Freiheit, völkerrechtliche Hängematte oder Brückenbauer?

Das Jahr 1955 selbst ist eher als »Jahr der Befreiung« in Erinnerung als 1945. Diese Befreiung kam in Form eines politischen Vertragswerks, in dem die zukünftige Gestalt Österreichs festgelegt wurde und mit dem nicht nur völkerrechtliche Pflöcke eingeschlagen wurden, sondern auch eine Abkehr von autoritären Strömungen und eine demokratische Entwicklung sichergestellt werden sollte. Dazu gehörten unter anderem das Verbot nationalsozialistischer Wiederbetätigung, die die neue Regierung zu verhindern hatte, die Minderheitenklauseln und die mit aufgenommenen Habsburgergesetze. Die mittlerweile zehnjährige Besatzung wurde mit den Jahren als zunehmend absurd empfunden. Man glaubte schon nicht mehr recht an eine Veränderung, was seinen bemerkenswerten Niederschlag etwa in dem von der Bundesregierung finanzierten Film »1. April 2000« fand, der in einer fiktiven Zukunft spielt, in der Österreich nach 55 Jahren noch immer von den vier Mächten besetzt ist. Die Erreichung des Vertrages 1955, die mit dem Tod Stalins 1953 schon nähergekommen schien, aber erst 1955 Wirklichkeit wurde, war rasch und unerwartet gekommen. Das Wort vom »Annus mirabilis« für Österreich bürgerte sich schnell ein und das Jahr 1955 wurde auch von ausländischen Beobachtern als solches bezeichnet. Österreich müsse nun als souveräner Staat allerdings erst seine Rolle finden. Dies wäre auch schwierig, da es so lange unter fremder Herrschaft oder fremdem »Schutz« gestanden hätte, dass der Bundeskanzler das einzige Regierungsmitglied wäre, das bereits einmal in einer unabhängigen österreichischen Regierung eine Funktion bekleidet hätte. Das Land müsse seinen Glauben an sich selbst erst finden.[171] Der Staatsvertrag konnte am 15. Mai unter dem Jubel der Massen unterzeichnet werden und »Österreich empfing die guten Wünsche der ganzen Welt außer von Westdeutschland«.[172] Die verärgerten Deutschen drohten wegen der Klauseln zum »deutschen Eigentum« Berichten zufolge gar Raab und Figl mit einem Tourismusembargo, sollte dies auch so umgesetzt werden. Dies war auch Thema einer Pressekonferenz am 16. Mai, in der die Verpflichtungen aus dem Vertrag verteidigt wurden und Schärf den Deutschen mitteilte, man könnte eine große Rechnung stellen, wenn man nicht gleichzeitig auch auf alle Reparationsforderungen gegen Deutschland verzichtet hätte.[173] Das Neutralitätsgesetz wird vom westlichen Beobachter zumindest in seiner Rolle kritisch gesehen, denn nach Abzug der letzten alliierten Soldaten »verabschiedete das Unterhaus des Parlaments das Gesetz über die freiwillige und immerwährende Neutralität, durchtränkt mit der Fiktion, dass es aus freien Stücken handeln würde«. Die Geschwindigkeit, mit der all das erreicht

171 NA Kew FO 425/468, Austria: Annual Review for 1955, Wallinger an Lloyd (Vertraulich), 23.1.1956, 1.

172 NA Kew FO 425/468, Austria: Annual Review for 1955, Wallinger an Lloyd (Vertraulich), 23.1.1956, 2–5.

173 NARA College Park, RG 59, 1955–1959 Central Decimal File, Box 3579, US-Botschaft Davis an DoS, Joint Weeka Nr. 20 – Section 1 (Geheim), 18.5.1955, 2.

wurde, hätte die Österreicher und ihre Führer atemlos, verwirrt und zunächst ungläubig zurückgelassen. Zu oft hätte man gedacht, den Vertrag erreicht zu haben, um ihn dann doch nicht unterschrieben zu sehen. Als er unterzeichnet war, meinten einige, es erst glauben zu können, wenn die Alliierten bzw. vor allem die Sowjets abgezogen wären. Sie »packten ihre Sachen (und einige waren gar nicht ihre) und gingen einige Wochen früher, als sie mussten.« Niemand außer den ungläubigen Deutschen hätte den Vertrag aber gelesen und diese wären schockiert gewesen, als sie bemerkt hätten, dass die Österreicher und die Alliierten ihren zukünftigen Einfluss in Österreich limitieren wollten. Die Österreicher sahen sich nun als neutral wie Schweden oder die Schweiz, obwohl sie noch weniger Ahnung gehabt hätten, was das bedeuten würde, als ihre Führer. Aber diese Unkenntnis kümmerte sie kaum und die Aussicht, dass die Alliierten ihre Grenzen garantieren würden, wurde nicht nur als Entschädigung für vergangene Unbill erachtet, sondern wäre auch als »Versprechen für ein Federbett bis zum Ende ihrer Tage« empfunden worden. Nach dem Ende der Besatzung wären die Dinge zum Normalzustand zurückgekehrt. Nicht nur hätte jede Partei das größere Verdienst um den Staatsvertrag bei sich gesehen, auch über die Frage nach der Art der neuen Armee herrschte keine Einigkeit. Während die ÖVP ein professionelles Offizierskorps mit einer Wehrpflichtigenarmee gewollt hätte, wäre bei der SPÖ aufgrund der Erinnerung an die Privatarmeen der 1930er-Jahre eine grundsätzliche Ablehnung einer Armee vorherrschend, weswegen sie eine nur 4-monatige Wehrpflicht und vollständige demokratische Kontrolle der Armee gefordert hätte. »Keine der beiden Parteien scheint die zwingende Notwendigkeit akzeptiert zu haben, eine nationale militärische Moral aufzubauen, und beide dachten offenbar, dass die Verteidigung nur mit sehr geringen Mitteln beteilt werden sollte.« Die für 1956 angesetzten Wahlen und das Ende der Besatzung hätten die Politiker dazu gebracht, sich vor allem innenpolitischen Dingen zuzuwenden und sie »Politik spielen« zu lassen, und zwar auf Kosten der für den Beobachter von außen offensichtlichen schwierigen aber notwendigen Entscheidungen, die zu treffen wären. Die Dynamik und der Sinn für das gemeinsame nationale Ziel, die sich in den Jahren der wirtschaftlichen Erholung entwickelt hatten, wären geschwächt. Fortschritte bei der Aufstellung des Bundesheeres würden – wegen der Bedenken der SPÖ und des allgemeinen Versagens, zu erkennen, dass eine Neutralität ohne den Willen und die Mittel, zumindest zu Beginn einem bewaffneten Angriff auf die Unabhängigkeit widerstehen zu können, wahrscheinlich sehr kurzlebig wäre – »deprimierend langsam« vonstattengehen. »Vorbereitende Arbeiten haben sich verzögert, das Wehrbudget ist lächerlich gering, kein Ruf zur nationalen Pflicht, geschweige denn zum Opfer wurde erteilt.« Wie eine »aktive Neutralität« unter diesen Vorzeichen aussehen solle, sei unklar und die Aufnahme in die Vereinten Nationen hätte diesen Unwillen noch befördert, indem sich die Österreicher in dem vorherrschenden Gefühl bestärkt gesehen hätten, Österreich sei von erheblichem Wert für die Welt. Darüber hinaus hätten Österreichs Wohlstand, sein übergroßes

Selbstvertrauen in seine Fähigkeit, mit allen Slawen gut umgehen zu können, und seine erfolgreiche feste Haltung in lokalen Fragen der sowjetischen Besatzung gegenüber viele, darunter auch Regierungsmitglieder, zur Überzeugung gebracht, dass Österreich das Geheimnis erfolgreicher Existenz in einer geteilten Welt kenne. Dabei könne ein mangelnder Wille zur Selbstbehauptung schnell dazu führen, ein Satellit der Sowjetunion zu werden. Als Positivum wird vom Beobachter der »österreichische Charakter« angeführt: »Der im Grunde derbe [earthy] Deutsch-Österreicher [sic!] ist (...) sehr gut in der Lage[,] seinen eigenen Vorteil in jeder Situation zu erkennen und[,] wenn es notwendig ist[,] mit großer Beharrlichkeit auf diesen Vorteil hinzuarbeiten.« Die wenigen fähigen Männer in der Regierung würden ebenfalls über diese Eigenschaft verfügen, und obwohl sie keine internationale Erfahrung hätte, wäre die Regierung nicht schlechter als andere von in den Jahren zuvor unabhängig gewordenen Staaten. Um die Unabhängigkeit aufrechtzuerhalten, müsse die Regierung aber das Möglichste tun, um ein Nationalbewusstsein zu bilden.[174]

Als der Alliierte Rat am 27. Juli 1955 in seiner 249. Sitzung zum letzten Mal tagte und die Fotografen und Journalisten nach 15 Minuten den Raum verlassen hatten, wurden von den Vertretern der Alliierten kurze Reden gehalten. Der französische Vertreter endete mit guten Wünschen für Regierung und Volk, der britische Vertreter zeigte sich optimistisch über die Zukunft des Landes und der amerikanische freute sich über den Erfolg der 10-jährigen Bemühungen der USA um eine österreichische Unabhängigkeit und die nun möglichen normalen diplomatischen Beziehungen. Nur der sowjetische Vertreter erwähnte die »bemerkenswerte erfolgreiche Arbeit des Alliierten Rates bei der Wiederherstellung eines gesunden demokratischen nationalen Lebens in Österreich« und wünschte dem österreichischen Volk und seiner Regierung Erfolg bei der Entwicklung als unabhängigem, demokratischem und neutralem Staat.[175] Auch wenn solch formalen Dingen nicht zu viel Bedeutung beigemessen werden sollte, fällt es doch auf, dass die Westalliierten weder mahnende noch besorgte noch freudige Worte über Entwicklung und Zustand der österreichischen Demokratie gefunden hatten. Dabei war es doch eines der erklärten Ziele der alliierten Kontrolle, nicht nur die Unabhängigkeit von Deutschland wiederher- und sicherzustellen, sondern auch die Abkehr vom großdeutschen und nationalsozialistischen Gedankengut fördernd zu begleiten. Man könnte dies auch als Versuch werten, bereits bei diesen letzten Akten alliierter Kontrolle ebendiese vergessen zu machen und Österreich nicht mehr zu beurteilen – wenigstens öffentlich. Solche Feinheiten waren für die österreichische Öffentlichkeit zu diesem Zeitpunkt wohl eher sekun-

174 NA Kew FO 425/468, Austria: Annual Review for 1955, Wallinger an Lloyd (Vertraulich), 23.1.1956, 2–5.

175 NARA College Park, RG 59, 1955–1959 Central Decimal File, Box 3581, US-Botschaft Davis an DoS Nr. 103, 249th Allied Council Meeting, July 27, 1955 (Official Use Only), 27.7.1955.

där. Als kurz nach der Sitzung am Schwarzenbergplatz alliierte militärische Abordnungen von jeweils 30 Mann plus Kapellen die Einholung der Flaggen begleiteten, jubelte die Menge und musste zeitweise von der Polizei zurückgehalten werden.[176]

Der Abzug ging zügig und fast problemlos vonstatten. Die Sowjets allein brauchten 12.000 Waggons, um all ihre Truppen und Material abzuziehen. Kleinere Vorfälle störten das Bild kaum, etwa als sie »in ihrer Effizienz« in der Nähe von Melk einige Kilometer österreichisches Telefonkabel demontierten. Sie brachten die Angelegenheit »in Ordnung«, indem sie das Material, anstatt es mitzunehmen, an einen Schrotthändler verkauften.[177] Der Staatsvertrag sah eine 90-tägige Frist zur Evakuierung der Truppen vor, die nach seinem Inkrafttreten am 27. Juli am 25. Oktober ablief. Die letzten Franzosen, Briten und Amerikaner hatten am 24. die Grenze überschritten. Die Sowjets hatten ihren Abzug als Erste bereits am 19. Oktober beendet, kehrten allerdings am 23. und 24. mit einigen Flugzeugen zurück, um hastig Möbel und Funkausrüstung abzuholen, die sie vergessen hatten. Die US-Truppen stellten am 23. fest, dass einer ihrer Panzer versehentlich vom Weg abgekommen war, man schaffte es aber, ihn vor Ablauf der Frist über die Grenze zu bringen. Ein ehemaliger britischer Besatzungssoldat wollte das Land nicht verlassen, nachdem er neun Jahre zuvor desertiert war, suchte er in Österreich um Asyl und die österreichische Staatsbürgerschaft an, weswegen die britische Botschaft indigniert seine Auslieferung beantragen musste.[178]

Aus westlicher Sicht war der Abzug aus Österreich keine Gefahr für die Demokratie, es gab keine Sorgen, dass autoritäre Tendenzen, etwa in Form rechter Parteien, einen wesentlichen Einfluss auf die österreichische Politik nehmen könnten. Das großkoalitionäre Proporzsystem saß fest im Sattel und hatte sein wichtigstes Ziel – das Ende der Besatzung – erreicht und das noch in Verbindung mit einer florierenden Wirtschaft, die auch die negativen Effekte des Endes der Besatzung abfedern konnte. Im Gegenteil fiel die Bedrohung einer kommunistischen Machtübernahme nach Abzug der Sowjets endgültig weg. Darüber hinaus konnte die US-Botschaft berichten:

> Innerhalb von 10 Tagen nach Inkrafttreten des Vertrages hatten die Sowjets Berichten zufolge ihre Fabrikswachen (Werkschutz) entwaffnet, eine Organisation, die oft für den Nukleus eines potentiellen kommunistischen Putschs gehalten wurde.[179]

---

176 NARA College Park, RG 59, 1955–1959 Central Decimal File, Box 3581, US-Botschaft Davis an DoS Nr. 103, 249th Allied Council Meeting, July 27, 1955 (Official Use Only), 27.7.1955, 2.

177 NARA College Park, RG 59, 1955–1959 Central Decimal File, Box 3581, US-Botschaft Penfield an DoS Nr. 324, Status of Troop Evacuation in Austria, September 30, 30.9.1955, 1.

178 NARA College Park, RG 59, 1955–1959 Central Decimal File, Box 3581, US-Botschaft Davis an DoS Nr. 441, Final Military Evacuation of Austria, 4.11.1955.

179 NARA College Park, RG 59, 1955–1959 Central Decimal File, Box 3581, US-Botschaft Davis an DoS Nr. 221, Interim Report on Military Evacuation of Austria (Vertraulich), 29.8.1955, 2.

Auch eine zweite Bedrohung der Freiheit der Österreicher wurde ausgeschaltet, der direkte Zugriff auf seine Bürger durch die Sowjets (auch wenn den USA nun ein Zugriffsrecht zumindest auf Flüchtlinge zugestanden worden war, s. u.). Dies wurde in Verbindung mit einem weiter zunehmenden österreichischen Selbstbewusstsein bei einem Vorfall im August 1955 deutlich.

> Am 21. August vergaßen sich die Sowjets für einen Moment und verhafteten zwei Österreicher wegen des Verteilens antisowjetischer Flugblätter. Die lokalen Zeitungen erklärten umgehend, dass das sowjetische Recht zur Verhaftung von Österreichern am 27. Juli geendet hätte, und die Männer wurden kurz darauf entlassen.[180]

Das Innenministerium begann sofort mit der Versetzung von Polizeibeamten, die »falsche Loyalitäten« gezeigt hätten (das heißt kommunistische oder sowjetische). Zwar wurde kommunistischen Organisationen wie dem Weltgewerkschaftsbund, dem Weltfriedensrat und dem Internationalen Verband der Widerstandskämpfer erlaubt, ihre Hauptquartiere in Wien zu behalten. Einem Vertreter der US-Botschaft gegenüber vertraute Innenminister Helmer aber an, dass er sie »foltern und belästigen« würde, indem er jedes passende Gesetz, jede Weisung und Regel peinlich genau anwenden werde.[181] Dies entspricht auch den Aussagen damaliger Mitarbeiter des Außenministeriums. Trotz Protesten der Sowjets wurden in den österreichischen Vertretungen auf Weisung des Innenministeriums bereits Mitte 1955 keine Visa für solche kommunistischen Organisationen mit Sitz in Wien mehr ausgestellt.[182] Die Westmächte hatten also jeden Grund anzunehmen, dass die Westorientierung Österreichs bestehen bleiben würde, was wohl auch als wesentlicher erachtet wurde als die demokratische Reife des Landes, seiner Bevölkerung oder seiner politischen Klasse.

> Der österreichische Jubel ist abgeklungen, aber ein warmes Glühen der Freude über das Ende der Besatzung existiert weiterhin. Die Österreicher werden wohl geneigt sein, Ost und West ein oder zwei Mal ihre Muskeln der Souveränität zu zeigen, nur um sich selbst zu versichern, dass diese nicht ernstlich geschwunden sind, aber ihre intellektuellen und kulturellen Bindungen werden ohne Zweifel beim Westen bleiben.[183]

---

180 NARA College Park, RG 59, 1955–1959 Central Decimal File, Box 3581, US-Botschaft Davis an DoS Nr. 221, Interim Report on Military Evacuation of Austria (Vertraulich), 29.8.1955, 2.

181 NARA College Park, RG 59, 1955–1959 Central Decimal File, Box 3581, US-Botschaft Davis an DoS Nr. 221, Interim Report on Military Evacuation of Austria (Vertraulich), 29.8.1955, 6.

182 Gespräch mit Botschafter Grubmayr am 14.4.2018.

183 NARA College Park, RG 59, 1955–1959 Central Decimal File, Box 3581, US-Botschaft Davis an DoS Nr. 221, Interim Report on Military Evacuation of Austria (Vertraulich), 29.8.1955, 6.

Die Wünsche und Vorhersagen Renners aus der zweiten Hälfte der 1940er-Jahre wurden zehn Jahre später Wirklichkeit. Bald nach dem Ende der alliierten Kontrolle und noch vor dem Ende der Frist zum Abzug der Besatzungstruppen wurden im Ministerrat Gesetzesnovellen als Regierungsvorlage beschlossen. Dabei ging es um die Auszahlung von Pensionsansprüchen, die von Volksgerichten nach 1945 entzogen worden waren, die Rückgabe von durch Volksgerichte von Ehemaligen konfiszierte Vermögenswerte und eine Novellierung des Nationalsozialistengesetzes, das Personen Zugang zur österreichischen Staatsbürgerschaft ermöglichte, denen als belasteten Nationalsozialisten oder freiwillig Reichsbürger Gewordenen dies zuvor verboten gewesen war. Die entsprechenden Gesetze waren vom Alliierten Rat 1952 und 1954 abgelehnt worden. Die Rückgabe konfiszierten Vermögens wurde in Umgehung des Beschlusses des Alliierten Rates einfachgesetzlich umgesetzt, da zu diesem Zeitpunkt nur mehr Verfassungsgesetze dessen Zustimmung erforderten. Die US-Botschaft gab sich keinen Illusionen hin: »Alle drei Maßnahmen sind Pro-Nazi-Gesetze. Die Botschaft erwartet, dass sie vom österreichischen Parlament beschlossen werden und nur die Kommunisten dagegen opponieren werden.« Da es ein Abkommen der Regierung mit jüdischen Organisationen über einige von deren Forderungen gäbe, würden diese Organisationen wohl keine wesentlichen Proteste dagegen starten. Trotzdem hätten Organisationen wie der Verband der Opfer des Faschismus, der behauptet, 20.000 Mitglieder zu haben, und auch Juden repräsentiert, die nicht zur Kultusgemeinde gehören, Demonstrationen gegen diese Maßnahmen angekündigt.

> Die Botschaft nimmt nicht an, dass die Opposition der Kommunisten oder dieser Gruppen sich zu einem ernsten politischen Problem entwickelt und dass die Gesetze ohne bedeutende öffentliche Demonstrationen beschlossen werden.[184]

Welche Symbolik in diesem Vorgang doch liegt, dass die österreichische Politik die neugewonnene Freiheit von politischer Kontrolle durch die Alliierten – noch vor deren endgültigem physischem Abzug – wie zum Trotz nützte, um Entnazifizierungsmaßnahmen zurückzunehmen und die Ehemaligen, ob belastet oder minder belastet, zu umgarnen! Maßnahmen, die Karl Renner als undemokratisch oder in ihren Auswirkungen für die Demokratie schädlich bezeichnet hatte, wurden zurückgenommen.

Naheliegend für die Westalliierten war es, sich ein Bild über die Chancen der Kommunisten in Österreich nach Abschluss des Staatsvertrages zu machen. Das Ergebnis ist wenig überraschend. Die KPÖ wäre bestenfalls eine »Splittergruppe« in

184 NARA College Park, RG 59, 1955–1959 Central Decimal File, Box 3582, US-Botschaft Penfield an DoS Nr. 397, Proposed Enactment of Laws Favoring Former National Socialists (Vertraulich), 21.10.1955.

der österreichischen Politik, die nicht einmal unter den für sie positiven Bedingungen sowjetischer Besatzung und mit Förderung der Sowjets mehr als fünf Prozent der Wähler erreicht hätte. Der Abzug hätte sie weiter geschwächt. Es gäbe daher keine Basis für eine zunehmende Stärke der Kommunisten, die Partei wäre aber auch gut genug organisiert, um einen dramatischen Abfall von Mitgliedern oder Wählern zu verhindern. Den größten Einfluss hätte sie über ihre Presseerzeugnisse auf die österreichische Politik genommen, aber auch nur, weil die Regierung diese als Sprachrohr der Sowjets wahrgenommen hätte. Dies wäre nun ihr größter Nachteil.[185]

Während der Besatzung war eine Verpflichtung der Alliierten auch die Sorge um Flüchtlinge und DPs[186] gewesen. Dabei hatte sich diese Aufgabe etwas von den vertriebenen deutschsprachigen Bevölkerungsteilen aus Osteuropa hin zu Flüchtlingen, die aus politischen und religiösen Gründen den Ostblock verließen, verschoben. Mit dem Inkrafttreten des Staatsvertrages wurde auch das Alliierte Kontrollabkommen obsolet, das diese Verantwortung den Alliierten zugeschrieben hatte. Zusammenfassend konnte die US-Botschaft festhalten, dass sie zufrieden über die Haltung der österreichischen Regierung sei. Die österreichischen Gesetze brächten zusammen mit dieser »adäquate Sicherheiten für den Schutz von Flüchtlingen gegen jedwede Versuche der Sowjets oder ihrer Satelliten zwangsweiser Repatriierung« dieser Personen.[187] Ein für die USA dabei ebenso wichtiger Aspekt war die Möglichkeit, Flüchtlinge für ihre Nachrichtendienste zu nutzen. Während der Besatzung wurden alle Flüchtlinge durch alliierte Stellen geschleust und konnten dort von interessierten US-Agenturen solange befragt werden, wie es notwendig war. Dies fiel nun weg. Der österreichische Plan, das Flüchtlingswesen den Gemeinden zu überantworten, bedeutete für die USA, keinen zentralen Zugang zu diesen Personen mehr zu haben. Zwar mussten die US-Dienste für sie interessante Personen jetzt in ganz Österreich ausfindig machen, allerdings kam ihnen die Bundesregierung in einem entscheidenden Punkt entgegen, denn man konnte nach Washington berichten, dass Beamte des österreichischen Innenministeriums zugestimmt hätten, dass die US-Geheimdienste für sie interessante Flüchtlinge nach Deutschland verbringen durften. Bedingung war nur, dass die USA die volle Verantwortung für sie übernähmen und zustimmen würden, dass solche Flüchtlinge nach ihrem »screening« nicht mehr nach Österreich zurückkehren würden. Es wäre dabei von Vorteil, die eigenen Operationen

---

185 NARA College Park, RG 59, 1955–1959 Central Decimal File, Box 3580, US-Botschaft Penfield an DoS, Assessment of Present Strength and Outlook of the Communist Party (Vertraulich), 15.12.1955, 1.

186 Die sogenannten Displaced Persons waren Personen, die infolge der Kriegs- und Nachkriegsereignisse aus ihrer Heimat vertrieben worden waren oder diese hatten verlassen müssen, und sich nun auf dem Gebiet der Republik Österreich befanden.

187 NARA College Park, RG 59, 1955–1959 Central Decimal File, Box 4799, US-Botschaft Davis an Dulles Nr. 162, Embassy Analysis of the Post-Occupation Status of Displaced Persons and Refugees in Austria (Vertraulich), 11.8.1955, 2.

parallel zu dem beginnenden nachrichtendienstlichen Interesse Österreichs bzw. seines wachsenden Militärs an Osteuropa zu organisieren. Neben solchen besonderen Fällen wäre es allerdings auch wichtig, die »normalen« Flüchtlinge zu erreichen.[188] Auch wenn die Unterschiede offensichtlich sind, kann man gewisse Ähnlichkeiten zu den früheren »Entführungen« durch die Sowjets nicht abstreiten.

Ein weiteres Element US-amerikanischer Besorgnis war ebenfalls eines, an das man wohl nicht vorderhand beim Staatsvertrag denkt: Vor allem in Salzburg, aber auch im Land Salzburg, verfügte die USFA über eine große Anzahl österreichischer Zivilangestellter. Per Ende März 1955 handelte es sich in diesem Bundesland um 5949 Angestellte bei 102.000 insgesamt unselbstständig Beschäftigten, in der Stadt Salzburg um ca. 5000 bei 54.000 Beschäftigten insgesamt. Der Abzug musste daher zu vorübergehender Arbeitslosigkeit von fast 10 Prozent aller unselbstständig Beschäftigten führen. Nach Meinung der Botschaft konnte dies zu einer nachhaltigen Schädigung des Rufs der USA führen. Würden sich die US-Behörden nicht darum kümmern, könnte dies die USA um einen Gutteil an Sympathien der Bevölkerung der US-Zone bringen. Zusätzlich würden die Ausgaben der US-Streitkräfte der lokalen Wirtschaft fehlen. Als eine Möglichkeit, diese negativen Folgen hintanzuhalten, wurde erwogen, Salzburg direkte Hilfe anzubieten und es bei der Zuteilung von ERP-Geldern besonders zu berücksichtigen.[189]

In den Akten findet sich wenig über Auswirkungen des Abzugs auf die österreichische Demokratie. Indirekte Auswirkungen wie die ehestmöglich angestrebte Aufnahme von Beziehungen mit Franco-Spanien sind wohl jene Dinge, die zur Interpretation der Entwicklung herangezogen werden müssen. Die Sowjets hatten ein Veto gegen die schon vor Ende der Besatzung eingebrachten Anträge eingelegt, die diplomatischen Beziehungen wiederaufzunehmen, da Spanien nicht Mitglied der UNO sei und zudem als faschistischer Staat geächtet war.[190]

Gleichzeitig mit der positiven Einschätzung der gesetzlichen Lage und der Haltung der Regierung musste der Beobachter aber auch von faktischen Problemen für Flüchtlinge berichten, die nach dem Ende der Besatzung auftraten.

188 NARA College Park, RG 59, 1955–1959 Central Decimal File, Box 4799, US-Botschaft Davis an Dulles Nr. 162, Embassy Analysis of the Post-Occupation Status of Displaced Persons and Refugees in Austria, Appendix Intelligence and Psychological Warfare Aspects (Geheim), 11.8.1955.

189 NARA College Park, RG 59, 1955–1959 Central Decimal File, Box 3581, US-Botschaft Davis an DoS Nr. 1320, Transmittal of position paper concerning withdrawal from the U. S. Zone (Official Use Only), 17.5.1955.

190 Im Falle Portugals hatten die Sowjets 1953 schließlich nachgegeben, da dieses im Gegensatz zu Spanien UN-Mitglied war. Vgl. Müller, Stefan, David Schriffl und Adamantios Skordos, *Heimliche Freunde. Die Beziehungen Österreichs zu den Diktaturen Südeuropas nach 1945: Spanien, Portugal, Griechenland* (Wien: Böhlau, 2016).

> Es ist bedauerlicherweise wahr, dass lokale Beamte Instruktionen der Bundesregierung betreffend Flüchtlinge in einer Art ausgelegt haben, die über die Maßen einseitig und feindlich den Flüchtlingen gegenüber genannt werden könnte[n].

Die Botschaft würde immer wieder etwa aus Salzburg von Fällen von Diskriminierung oder der Ausübung von Druck auf lokaler Ebene auf Flüchtlinge hören. Die Presse würde diese zwar verurteilen und die Zustände hätten sich seit dem Ende der Besatzung nicht wesentlich geändert, nur hätten die Flüchtlinge jetzt keine (alliierte) Instanz mehr, an die sie sich wenden könnten.[191]

Das Ende der Besatzung war von vielen Politikern in Österreich auch als Möglichkeit gesehen worden, das politische Profil des Landes zu stärken und vermehrt zwischen den beiden Blöcken zu vermitteln. Diese Versuche waren aber in den Augen der Westalliierten nicht von Erfolg gekrönt. Das Ende des »Brückenbauermythos« sieht dann mehr als ein Jahrzehnt später auch der US-Beobachter gekommen: Nach dem Abschluss des Staatsvertrages hätten die Österreicher angenommen, ihre Rolle zwischen Ost und West als »Brückenbauer« zu finden. In ihren Augen hätte nichts nähergelegen, als geografisch jener Ort zu sein, an dem die Großmächte zu einem dauerhaften Auskommen gebracht werden könnten.

> Aber die sanfte, manchmal nicht so sanfte, Erinnerung der Mächte in den Jahren ihres Einschreitens, dass sie lieber ihre eigenen Brücken bauen würden, hat scheinbar die meisten Österreicher davon überzeugt, diese Rolle aufzugeben.[192]

1965: Ein politischer Toter ohne Schockwirkung

Dieser Teil des Projekts analysiert den Blick »von außen« auf die österreichische Innenpolitik und Kulminationspunkte, an denen sich die Frage nach »autoritären Tendenzen« in der Politik oder der Haltung der Menschen besonders stellt. Diese Sicht von innen und von außen weicht naturgemäß voneinander ab, manchmal stärker, manchmal schwächer. Die Ereignisse des Jahres 1965, die als Borodajkewycz-Affäre in die Geschichtsbücher einging, sind einer jener Punkte, in denen Außen- und Innensicht stärker differieren. Mit ihnen geriet neben der politischen Dimension des Autoritarismus auch wieder der rassistische Aspekt in den Fokus der Auseinandersetzung. Nicht zufällig wurde dieses Datum auch für dieses Projekt ausgewählt, da es

191 NARA College Park, RG 59, 1955–1959 Central Decimal File, Box 4799, US-Botschaft Penfield an DoS, Recent Developments in Austria affecting Refugees (Vertraulich), 17.11.1955, 8.

192 NARA College Park, RG 59, Central Foreign Policy Files 1964–66, Political and Defense, Pol 17 AUS-US, Riddleberger an DoS, 16.6.1965, 2.

einen frühen und gewaltsamen Kulminationspunkt im Entnazifizierungsprozess darstellte. Nicht nur wurden Straßenschlachten um Fragen des Gesellschafts- und Geschichtsbildes ausgetragen, es war auch der erste politische Tote der Zweiten Republik 20 Jahre nach deren Gründung zu beklagen. Die Vorgänge um die Mitschriften Ferdinand Lacinas, die die antisemitischen Äußerungen des Professors an der Schule für Welthandel bezeugten und deren Verwendung und Öffentlichmachung durch den späteren Bundespräsidenten Heinz Fischer, sind einer politisch interessierten Öffentlichkeit als Wegmarken der österreichischen Nachkriegsgeschichte bekannt. Überraschenderweise äußert sich der politische Bericht der britischen Botschaft in Wien über das Jahr 1965 gar nicht zu den Vorgängen. Bemerkt wurden sie selbstverständlich, denn im jährlichen »Calender of Events« wurden sie neben vielen anderen Dingen vermerkt. Am 31. März ist die Rede von »Prügeleien auf der Straße in Wien ausgelöst durch einen Ex-Naziprofessor an der Universität«. Für den 2. April ist vermerkt: »Tod eines linken Teilnehmers, der bei den Unruhen am 31. März verletzt worden war«.[193] Weiter kommentiert wurde der Vorfall nicht, auch nicht, um wen es sich bei dem Toten – Ernst Kirchweger – gehandelt hatte. Knapp einen Monat nach dem ersten politischen Toten der Zweiten Republik starb am 9. Mai 1965 der erste Bundeskanzler der Zweiten Republik, Leopold Figl. Man darf sich fragen, ob ihn die Wiederkehr tödlicher Gewalt im politischen Straßenkampf in Österreich an seinem Lebensende an unsägliche Zeiten erinnert hat. Das Fehlen einer inhaltlichen Auseinandersetzung mit der Affäre beim professionellen britischen Beobachter war aber sicher nicht einem Desinteressement an der österreichischen politischen Entwicklung oder der Qualität der österreichischen Demokratie geschuldet. Denn im selben Bericht wird einer anderen diesbezüglichen Frage breiter Raum gewidmet: jener nach der demokratischen Qualität des Proporzsystems. Zusammenfassend attestierte der britische Beobachter der Koalition im Herbst 1965 eine Krise, die sich in der Debatte widerspiegelte, »ob die Fortsetzung der Koalition nach den Wahlen nächsten März gerechtfertigt wäre und ob sie selbst demokratisch wäre«. Seit der Einführung des geheimen und gleichen Wahlrechts 1907 wäre die österreichische Wählerschaft durchweg in zwei fast gleich große Teile zerfallen, einen konservativen und einen progressiven. Der Fortbestand dieses Musters hätte zur Großen Koalition geführt, die »einem besiegten und besetzten Land Einheit und Zusammenhalt« gegeben habe und die allgemein als bis zum Staatsvertrag sehr nützlich anerkannt worden wäre. »Im Zuge der letzten 10 Jahre verknöcherte die Koalition zu einem System, das ans Undemokratische grenzt.« Trotzdem schiene es die Mehrheit der Wähler und der Parteimitglieder zufriedenzustellen. Seine kluge aber zögerliche Politik wäre zum größten Teil die Ursache des stetigen Aufschwunges Österreichs. Aufgrund der Katastrophen der beiden Weltkriege wären die Menschen extrem vorsich-

193 NA Kew FO 425/468, Austria: Annual Review for 1965, Pilcher an Stewart (Vertraulich), 10.1.1966, 4.

tig geworden und ihre Forderungen seien daher bescheiden. Die Gewerkschaften verhandelten mit Besonnenheit, man wäre daher dankbar, legislativen Experimenten abgeneigt und vor allem auf dem Land mit der Koalition zufrieden. Mit zunehmendem Wohlstand hätten aber vor allem in Wien progressive Geister in beiden Parteien die Verkümmerung des Parlaments in diesem System beklagt, in dem alles zwischen den beiden Parteien hinter den Kulissen ausgemacht würde. Man stelle fest, dass die beiden großen Parteien gemeinsam »in einer Art agieren könnten, die jener der totalitären Parteien in den Nachbarstaaten nicht völlig unähnlich wäre«. Diese Vorhersage zeige bis zu einem gewissen Grad eine gesunde Selbstkritik, würde aber nur dann eintreffen, wenn »der Proporz (der keine politische, polizeiliche oder religiöse Tyrannei ausübt) auch nach einem Erdrutschsieg einer der Parteien aufrecht bliebe«. Die aktuelle Krise der Koalition wäre dadurch entstanden, dass die Frontleute nicht mehr miteinander auskämen. »Dies ist vielleicht nicht überraschend, da die Generation der Staatsmänner beider Parteien, die einander in den Konzentrationslagern zu respektieren lernten, ausstirbt.« Nachdem Wahlen für den März 1966 angesetzt worden waren, hätte das Jahr in einer heftigen Debatte darüber geendet, ob die österreichische Öffentlichkeit bei dem vorhandenen Ausmaß an Patronage und persönlichen Interessen überhaupt in der Lage sei, eine der beiden Parteien in eine dominierende Position zu bringen. Viele hätten die Auffassung vertreten, dass so etwas nur mehr mit Gewalt möglich wäre, »und das rief schmerzhafte Erinnerungen an die konservative Unterdrückung Mitte der Dreißigerjahre hervor«.[194] Bemerkenswert scheint auch die Bezeichnung des Ständestaates als »konservative Unterdrückung«. Hier wird wohl bewusst auf den Terminus »faschistisch« verzichtet, obwohl dieser durchaus Teil des innenpolitischen Diskurses über die Zwischenkriegszeit und die Regierungsdiktatur Dollfuß' und Schuschniggs war. Die Briten waren sich wohl zum einen der Unterschiede zwischen VF- und NS-Regime nur allzu bewusst. Zum anderen war es auch inopportun, die Vergangenheit oder einen Teil der Vergangenheit der einen Hälfte der doch als stabilisierender Faktor so wichtigen Großen Koalition mit dem Wort Faschismus in Verbindung zu bringen. De facto hing und hängt die Definition des Regimes des Ständestaates als »Austro-« oder sonstiger Faschismus bis heute mit der politischen Herkunft oder Einstellung desjenigen zusammen, der diese Begriffe verwendet.

Ein Teil des Partei- und Proporzsystems war die sogenannte »Ochsentour«, die Politiker durch die Gremien machen mussten, bevor sie an verantwortliche Positionen kommen konnten. Ein interessanter Aspekt der US-Berichterstattung ist in dieser Hinsicht das sogenannte »Potential Leaders Biographic Reporting«. Dabei wurde durch das »Country Team« versucht, Personen ausfindig zu machen, die in der Politik des Landes in der Zukunft eine wichtige oder sogar bestimmende Rolle

194 NA Kew FO 425/468, Austria: Annual Review for 1965, Pilcher an Stewart (Vertraulich), 10.1.1966, 1 f.

spielen könnten. Solche Personen konnten dann besser eingeschätzt, beobachtet oder im Sinne der US-Politik beeinflusst werden. Eine gewisse Treffsicherheit konnte den Amerikanern hier nicht abgesprochen werden. Im Bericht des Jahres 1967 tauchen auch Namen wie Klestil, Mock, Androsch, Fischer, Gratz, Sinowatz, Kruenes, Schieder, Lendvai, Portisch und Zilk auf. Einen Grund für diese im Nachhinein feststellbare Richtigkeit der Einschätzung der Chancen verschiedener Personen nennt ein einleitender Kommentar des Berichts aber im Sinne einer Bestätigung der »Ochsentour« selbst: »(…) Es gibt wenige kometenhafte Aufstiege zur Macht in einem Land wie Österreich.«[195] Damit wird auf der Ebene der Karrieren Einzelner nachgezeichnet, was als strukturelle Eigenart des österreichischen politischen Systems über die Jahrzehnte immer wieder auch von außen festgestellt worden ist: die Übermacht der Struktur über die Ideologie, des Partei- und Proporzsystems über den Einzelnen. Bis zu einem gewissen Grad sind diese Mechanismen in der Politik ubiquitär, im österreichischen Fall aber nicht nur in der Innen-, sondern – wie die hier zitierten Dokumente eindrucksvoll bestätigen – auch in der Außensicht besonders stark ausgeprägt.

Ängste gab es im Vorfeld der Wahlen des Jahres 1966 allerdings auf beiden Seiten, sodass der neue Bundespräsident Franz Jonas am Ende des Jahres den Proporz anpries, um Ängste auf der rechten Seite des politischen Spektrums zu zerstreuen, die eine scharfe Unterdrückung befürchteten, sollten die Sozialisten alleine an die Macht kommen.[196] Anstelle der Demonstrationen für und wider Borodajkewycz analysiert die britische Vertretung in ihrem Jahresbericht 1965 die Frage, wie demokratiepolitisch verträglich der Proporz der Großen Koalition in Österreich ist, und fällt dabei ein teils harsches Urteil, das von Grenzen der Demokratie und Vergleichen mit totalitären Regimen Osteuropas spricht. Die Amerikaner hatten sich bereits an die österreichische Realverfassung gewöhnt und offenbar weniger Probleme damit, wenn der Beobachter am Ende einer langen Analyse schreibt:

> Egal, ob das derzeitige System vollständig demokratisch oder in Übereinstimmung mit der Verfassung ist, es hat offenbar Österreichs grundsätzliche Bedürfnisse erfüllt. Wenn der durchschnittliche österreichische Wähler keinen Gebrauch von seinem Recht macht, sich an den politischen oder berufsständischen Gruppen zu beteiligen, die die Auswahl der Mitglieder des Parlaments kontrollieren, sich an Wahldiskussionen zu beteiligen, Kandidaten zu streichen, die er ablehnt, die Abgeordneten über seine Ansichten zu informieren usw., dann bekommt er vermutlich das Parlament und die Regierung[,] die er verdient.[197]

195 NARA College Park, RG 59, Central Foreign Policy Files 1967–1969, Box 1855, US-Botschaft an DoS A-861, Potential Leaders Biographical Reporting List (Geheim), 5.5.1967.

196 NA Kew FO 425/468, Austria: Annual Review for 1965, Pilcher an Stewart (Vertraulich), 10.1.1966, 1 f.

197 NARA College Park, RG 59, Central Foreign Policy Files 1964–1966, Box 1902, US-Botschaft Riddleberger an DoS A-708, Some Anomalies of the Austrian Political System, 9.2.1966, 6.

In einer gewissen Tradition geht es dem internationalen Beobachter offenbar mehr um die Mechanismen der Macht als die Gedanken der Menschen. Ausdruck der Verkrustung des Systems wären auch diverse Finanzskandale und die Verhaftung eines Sektionschefs im Zuge des Skandals um den Bau der Westautobahn. Es wird eine Abwärtsentwicklung ausgemacht, die mit diesem System zu tun habe und offenbar Korruption befördere:

> Das alte Reich hatte eine große Tradition hoher moralischer Standards in der Verwaltung. Die Verhaftung eines Sektionschefs schien die Richtigkeit des Spruches zu bestätigen, wonach für Metternich zur Zeit des Wiener Kongresses der Balkan am Rennweg (...) begonnen hat, er nun aber am Arlberg (...) beginnt. (...) Die Standards der guten alten Zeit haben sich schlimm verschlechtert.[198]

Etwaige autoritäre – sprich undemokratische – Tendenzen werden offenbar eher im System und den Institutionen befürchtet. Ein Beispiel dafür ist das Verkümmern des Parlamentarismus, als im Nationalrat nur mehr wenig entschieden, dafür aber umso mehr abgenickt wurde, was vorher bereits in den Institutionen der Sozialpartnerschaft paktiert war. Das Auftauchen ehemaliger oder neuer Nationalsozialisten auf der innenpolitischen Bildfläche wird offenbar mehr als etwas gesehen, das eben passiert, denn als Ausdruck einer Veränderung der politischen Gesinnung der Bevölkerung. Ein Beispiel dafür ist die ebenfalls kommentarlose Erwähnung der »ersten öffentlichen Versammlung der neonazistischen NDP in Graz« Mitte Juni 1969.[199] Das viel zitierte Dritte Lager ist – fast so sehr wie die Kommunisten – durch die Ubiquität der Koalition und ihrer Ausformungen an den Rand gedrängt. Bis zu den bilateralen Sanktionen des Jahres 2000 aufgrund der Beteiligung der FPÖ an der Regierung ist es da für den westlichen Beobachter ebenso in Jahren wie in der Wahrnehmung noch ein weiter Weg. Der Ausgang von Kriegsverbrecherprozessen wird – etwa 1966 – durchaus kritisch wahrgenommen, wenn davon die Rede ist, dass »es wieder einige unschöne Erscheinungen bei Kriegsverbrecherprozessen gegeben hat«. Die österreichische Öffentlichkeit würde die völlige Diskrepanz zwischen den begangenen Verbrechen und den ausgesprochenen Strafen wahrnehmen. Es gäbe Kommentare, dass es keine angemessene Strafe für Verbrechen gäbe, die über die normale menschliche Erfahrung hinausgingen. Außerdem müsse wohl jeder österreichische Geschworene persönlich oder durch Familienangehörige die Bedeutung der Befolgung von Befehlen unter den Nazis erfahren haben, das würde sie zur Gnade tendieren lassen, vor allem nach so langer Zeit. Nichtsdestotrotz bliebe ein

198 NA Kew FO 425/468, Austria: Annual Review for 1966, Pilcher an Brown (Vertraulich), 9.1.1967, 2 f.

199 NA Kew FO 425/468, Austria: Annual Review for 1969, Rumbold an Secretary of State (Vertraulich), 12.1.1970, 6.

seltsamer Schmerz im Bewusstsein. Die Österreicher wüssten, dass andere denken, sie würden sich den Fakten nicht stellen. Sie selbst hätten lieber, dass sie für human gehalten würden.[200]

Bei der Schilderung und Einschätzung der Ereignisse selbst sind die US-Berichte ergiebiger. Direkt nach den Vorfällen, als Kirchweger noch in kritischem Zustand war und Bundeskanzler Josef Klaus antiösterreichische, antidemokratische und antisemitische Äußerungen verurteilte und seine Sorge über die Gewalt auf den Straßen ausdrückte, sah die US-Botschaft bereits wenig Grund zur Sorge: Obwohl das Ausmaß und die Gewalt des Zusammenstoßes beunruhigend seien, sollten die Demonstrationen nicht als Beweis für irgendeine politische Instabilität in Österreich gesehen werden. Die Widerstandskämpfer und verschiedene andere Gruppen reagierten natürlich mit starken Emotionen auf jede Manifestation von nationalsozialistischen Stimmungen. Auf der anderen Seite gäbe es in Österreich eine Gruppe rechter Studenten von beträchtlicher Größe, die zu großdeutschen Ideen tendiere und nicht vor dem Gebrauch von Gewalt bei der Durchsetzung ihrer Ideen zurückschrecke. Die Schwere des Zusammenstoßes am 31. Mai könnte allerdings einen ernüchternden Effekt auf diese rechtsgerichteten Elemente haben und könnte auch die Regierung dazu veranlassen, effektiver darauf hinzuarbeiten, solche Zusammenstöße in Zukunft zu vermeiden und die Affäre so schnell wie möglich zu klären. Die Koalitionsparteien schienen sich in der Angelegenheit im Wesentlichen einig zu sein, obwohl die Sozialisten eher schnellen Aktionen zuneigten und öffentlich Druck auf Unterrichtsminister Piffl ausübten, Borodajkewycz zu suspendieren. Piffl und die Volkspartei schienen dies nur nach eindringlicher Untersuchung der Fakten tun zu wollen.[201] Anfang April wurden die Vorgänge bei Demonstration und Begräbnis und der darauffolgende Disput zwischen den Großparteien im Ministerrat vom 6. April detailliert geschildert. In den Augen des Beobachters hätten die beiden Parteien, nachdem sie im Ministerrat »Dampf abgelassen« hätten, entschieden, die Situation zu beruhigen. Daher wäre eine geplante Attacke der SPÖ auf Unterrichtsminister Theodor Piffl-Perčević in der Nationalratssitzung vom 7. April unterblieben. Obwohl die SPÖ mit seiner formalistischen Haltung unzufrieden wäre, hätte sie die Hoffnung, dass Borodajkewycz auf die eine oder andere Art von der Hochschule entfernt werden würde. Wegen dieser Entwicklungen war die Botschaft der Ansicht, dass die »Affäre ihren Höhepunkt überschritten« hätte. Borodajkewycz hielte keine Vorlesungen mehr, die Hochschule für Welthandel wäre bis Ende des Monats geschlossen, die Polizei hätte bereits eine Demonstration untersagt und wäre bereit, härter durchzugreifen, um Probleme zu vermeiden, und die Politik wäre bereit, parteipolitische Polemi-

200 NA Kew FO 425/468, Austria: Annual Review for 1966, Pilcher an Brown (Vertraulich), 9.1.1967, 3.

201 NARA College Park, RG 59, Central Foreign Policy Files 1964–1966, Box 1901, US-Botschaft Riddleberger an DoS A-927, Joint Weeka Nr. 13 (Limited Official Use), 2.4.1965, 2.

ken hintanzuhalten.[202] Mitte April wurde bereits von einer sich beruhigenden Lage berichtet, es gäbe keine weiteren Demonstrationen nach dem Begräbnis von Ernst Kirchweger. Erwähnt wurden die Statements von Klaus und Bruno Pittermann, die Antisemitismus und antiösterreichische Aktivitäten verurteilten. Klaus bezeichnete Antisemitismus als »Rückfall in die Barbarei« und Pittermann rief zu gemeinsamen Aktionen gegen antisemitische, antidemokratische und antiösterreichische Aktionen auf. Auch hier fehlt ein weiterer Kommentar.[203] Im Juni blieb die Weiterführung des Verfahrens von Borodajkewycz gegen Veröffentlichungen der SPÖ nicht unerwähnt, aber unkommentiert.[204] Im Oktober berichtete man über das milde Urteil gegen Günther Kümel, jenen Studenten, der für den Tod Kirchwegers verantwortlich gemacht wurde. Statt wegen Mordes wurde er zu 10 Monaten wegen Notwehrüberschreitung verurteilt, womit nach Abzug der Untersuchungshaft drei Monate übrig blieben.[205] Was vom Botschafter sehr wohl kommentiert wurde, war das Begräbnis Kirchwegers. 25.000 Teilnehmer hätte es insgesamt mit jenen, die an der Route gestanden hätten, umfasst, Vertreter und Minister sowohl der SPÖ als auch der ÖVP hätten den Schweigemarsch angeführt, teilgenommen hätten auch kommunistische Funktionäre und Abordnungen antifaschistischer und linker Gruppierungen. Hier setzte auch die Kritik an: Im Nachhinein hätte es Kritik gegeben, dass die Koalitionsparteien gemeinsam mit der KPÖ in einer Art »Volksfront« auf Kirchwegers Tod reagiert hätten. Diese Kritik hätte eine gewisse Validität, allerdings hätte es wohl kaum eine andere Möglichkeit gegeben. Die Führungen beider Großparteien hätten die unmittelbare Notwendigkeit gesehen, gegen »Neo-Nazism« und Gewalt aufzutreten. Die Kommunisten hätten nicht außen vor gelassen werden können, denn schließlich wäre Kirchweger ein Parteimitglied gewesen. Die Kommunisten würden ihn sicherlich als kommunistischen Märtyrer darstellen, um Unterstützung für ihre Ziele zu erhalten.[206] Man muss nicht zwischen den Zeilen lesen, um zu erkennen, dass für den Berichterstatter ein möglicher politischer Vorteil für die Kommunisten schwerer wiegt als andere mögliche Überlegungen.

---

202 NARA College Park, RG 59, Central Foreign Policy Files 1964–1966, Box 1901, US-Botschaft Riddleberger an DoS A-955, Joint Weeka Nr. 14 (Limited Official Use), 9.4.1965, 2 f.

203 NARA College Park, RG 59, Central Foreign Policy Files 1964–1966, Box 1901, US-Botschaft Riddleberger an DoS A-974, Joint Weeka Nr. 15, 16.4.1965, 3 f.

204 NARA College Park, RG 59, Central Foreign Policy Files 1964–1966, Box 1901, US-Botschaft Riddleberger an DoS A-1191, Joint Weeka Nr. 25, 25.6.1965, 3.

205 NARA College Park, RG 59, Central Foreign Policy Files 1964–1966, Box 1901, US-Botschaft Riddleberger an DoS A-383, Joint Weeka Nr. 43, 29.10.1965, 4 f.

206 NARA College Park, RG 59, Central Foreign Policy Files 1964–1966, Box 1902, US-Botschaft Riddleberger an DoS A-975, Victim of Anti-Nazi Demonstration Receives Public Funeral (Limited Official Use), 16.4.1965.

Die USA sahen die österreichische Innenpolitik in diesem Zeitraum zumindest rückblickend nicht unähnlich wie die Briten am Beginn des Kapitels. Im »U. S. Policy Assessment« des Jahres 1966 über Österreich heißt es, dass die politisch-ökonomische Situation im Land auch weiterhin günstig für die wesentlichen Interessen der Vereinigten Staaten sei. Österreich würde seine Unabhängigkeit als neutral mit überwiegend westlichen Bindungen und Sympathien erfolgreich aufrechterhalten. Über die österreichische Demokratie wird auch mit Blick auf die Ereignisse des Jahres 1965 festgestellt, dass sich die Demokratie »als Form der Regierung und Lebensart« weiter entwickle. Dies würde durch die Konzentration der politischen Macht in den Händen der beiden Großparteien, den fortgesetzten Niedergang der rechten liberalen Partei und den vernachlässigbaren Einfluss der KPÖ bewiesen. Das Zutagetreten eines latenten Antisemitismus im vorigen Jahr sei von verantwortlichen Politikern und der Presse rundweg verurteilt und in den USA bis zu einem gewissen Grad übertrieben und überdramatisiert worden.[207] Ende März 1966 übergab ein Vertreter der österreichischen Botschaft in Washington Stellungnahmen von vier österreichischen Politikern, in denen Anzeichen von Antisemitismus in Österreich verurteilt wurden. Der zuständige Leiter der Abteilung für Österreichische und Schweizer Angelegenheiten erklärte, es sei nützlich, diese Statements zur Hand zu haben, vor allem, weil es Berichte gäbe, ein US-Fernsehsender würde im Mai eine Sendung über Antisemitismus in Österreich bringen.[208] Die Haltung der österreichischen Regierung, vertreten durch ihre Diplomaten, war nachvollziehbar. Österreich sollte nicht als Hort des Antisemitismus dargestellt werden können. In den Vereinigten Staaten, wo viele vertriebene Österreicher lebten und viele jüdische Organisationen und Lobbygruppen angesiedelt waren, erachtete man dies für umso wichtiger. Die Kommentierung der Übernahme durch die US-Behörden zeigt hier die Haltung der US-Administration: Österreich sollte gegen entsprechende Vorwürfe verteidigt werden. Material bereitzuhalten, um entsprechende Aussagen von Medienunternehmen im Sinne Wiens zu beantworten, zeigt, dass im US-Außenministerium sicher nicht die Sorge vor einem Überhandnehmen antisemitischer Tendenzen in Österreich bestimmend war. Viel eher war man bestrebt, ein befreundetes Land bzw. eine befreundete Regierung medial zu unterstützen. Selbst wenn man den strategischen Hintergrund dieser Haltung ausblendet, kommt man zu dem Schluss, dass offizielle US-Stellen auftretenden Antisemitismus zwar als Negativum betrachteten, nicht aber als ein in seinem Ausmaß oder seiner Entwicklung bedrohliches Phänomen für die Position Österreichs als demokratisches, westlich orientiertes Land.

207 NARA College Park, RG 59, Central Foreign Policy Files 1964–66, Political and Defense, Pol 17 AUS-US, Riddleberger an DoS, 19.7.1966, 1 f.

208 NARA College Park, RG 59, Central Foreign Policy Files 1964–66, Political and Defense, Pol 17 AUS-US, Box 1903, DoS, Memorandum of Conversation, Austrian Matters, 31.3.1966, 1.

Zur selben Zeit wurde die US-Botschaft in Wien aus den USA selbst um Auskunft gebeten, wie es um nationalsozialistisches Gedankengut in Österreich bestellt sei, denn aufgrund eines Zeitungsartikels, der einen Anstieg desselben unter anderem durch den Bürgermeister einer Stadt nahe Wien konstatierte, hatte ein Wähler seinen New Yorker Abgeordneten kontaktiert, der wiederum von der Botschaft Informationen aus erster Hand erhalten wollte. Die Botschaft schlug vor, zu antworten, dass die derzeitigen Artikel über »Nazism« in Österreich kein richtiges Bild wiedergäben. Obwohl es Reste nationalsozialistischen Gedankenguts gebe, könne man keinen Anstieg desselben feststellen. Die Regierung sei durch den Staatsvertrag verpflichtet, entsprechende Aktivitäten zu verhindern, und würde diese Aufgabe auch wahrnehmen. Ein anderes, wenn auch verwandtes Problem sei »das alte Übel Antisemitismus«, der in Österreich unglücklicherweise ebenso existiere wie anderswo auf der Welt. Dieser wäre vor allem latent in Form von Vorurteilen vorhanden und würde nur gelegentlich hervorbrechen. Der erst kurz zurückliegende Nationalratswahlkampf hätte einige solche Vorfälle gesehen, die wohl auch der Grund für manchen Artikel im Ausland gewesen seien. Die Schlussfolgerung, dass deswegen nationalsozialistisches Gedankengut am Vormarsch wäre, sei schon deswegen nicht berechtigt, besonders da zwei der Schuldigen selbst Opfer des Nationalsozialismus gewesen seien, einer davon hätte sieben Jahre in Dachau verbracht.[209] Obwohl das Vorhandensein von Antisemitismus abscheulich wäre, seien solche Übel schwer auszurotten und gesetzliche Maßnahmen dagegen oft ineffektiv oder würden nur langsam greifen. Die Verurteilung solcher Anzeichen durch die zwei Großparteien und die Medien sei ermutigend. Ebenso ermutigend sei es, dass in diesem Frühjahr eine Delegation des World Jewish Congress trotz aller Sorgen und Forderungen nach mehr Aktivität der österreichischen Führung der Meinung gewesen sei, dass es keine generelle antisemitische Tendenz unter den Österreichern gäbe. Diese Sprachregelung solle auch in Zukunft verwendet werden.[210]

Anfang 1967 berichtete die US-Botschaft über die Vorwürfe des World Jewish Congress. In seinem Bericht von September 1966 hatte der Kongress unter dem Titel »Austria – Lingering Shadows« festgehalten, die Österreicher hätten 1938 den Nationalsozialismus begrüßt, ihm während des Krieges treu gedient und wären ihm noch immer emotional verbunden. Daraufhin hatte der österreichische Botschafter in Washington eine Gegendarstellung übermittelt, in der davon die Rede war, dass die überwältigende Mehrheit der Österreicher rassische und religiöse Diskriminierung jeder Art ablehne. Es habe zwar in den vorangegangenen Jahren einige antisemitische Vorfälle gegeben, er verneinte aber, dass diese ein Zeichen zunehmender

209 Die Quelle gibt keine genaueren Informationen über die Identität der genannten Personen.

210 NARA College Park, RG 59, Central Foreign Policy Files 1964–1966, Box 1902, US-Botschaft Riddleberger an DoS A-953, Congressional Inquiry – Nazism in Austria, 26.4.1966.

antijüdischer Gefühle seien.[211] Diese Vorwürfe und die österreichische offizielle Reaktion darauf können wohl als durch die Ereignisse des Jahres 1965 rund um Borodajkewycz und Kirchweger mitverursacht verstanden werden. Die US-Botschaft in Wien nahm in dieser Frage eine Mittelposition ein. Sie bezeichnete die Aussendung des WJC als »harten Kommentar«, der »in seinen Schlussfolgerungen etwas inobjektiv« wäre. Dem Artikel fehle es an »perspective« und antisemitische Vorfälle würden in Zusammenhänge gesetzt, die die aktuelle Situation nicht richtig wiedergäben. Gleichzeitig wären die Behauptungen des österreichischen Botschafters, dass die Österreicher den Anschluss 1938 nicht begrüßt hätten und dass die Verbrechen gegen Juden nur von Individuen ohne offizielle Beteiligung begangen worden wären, nicht einmal in Österreich unwidersprochen.[212] Die fehlende »offizielle Beteiligung« bezog sich dabei auf die Republik Österreich, die ja nach Ansicht der Bundesregierung durch die deutsche Besetzung handlungsunfähig gewesen sei.

1968: Käse und Optimierung

1968 sah sich Österreich von einer ÖVP-Alleinregierung regiert. Ihr Wahlsieg war in den Augen des ausländischen Berichterstatters auch dem Umstand zu verdanken gewesen, dass die SPÖ sich nicht glaubwürdig genug von kommunistischer Unterstützung hatte freimachen können. »Mit einigem Befremden« sah sich das österreichische Volk zum ersten Mal »seit den unheilvollen Tagen der 1930er« einer konservativen Einparteienregierung gegenüber. Die Ängstlichen hätten sich gefragt, ob das in Österreich, dem eine Tradition »loyaler« Opposition fehlen würde, nicht zu riskant wäre, andere sahen eine Chance für einen lebendigeren Parlamentarismus. Geändert hätte sich aber nicht viel.[213] Neben diesen scheinbar drohenden politischen Aspekten des Autoritarismus ging es Mitte der 1960er-Jahre zumindest im Rückblick auch um moralische Aspekte, den Aufbau einer anderen Gesellschaft und Toleranz für neue Lebensentwürfe. Von gesellschaftlicher Unruhe ist aber aus dem Blickwinkel von außen nicht viel zu bemerken. Für das Jahr 1968 gilt in der diplomatischen Berichterstattung über Österreich Ähnliches wie das für 1965 Geschriebene. Die für die Aufnahme in die Liste maßgeblicher Fragen nach gegenkulturellen Protesten in Österreich bzw. weltweit wird nicht verhandelt. In diesem Fall gibt es allerdings einen Unterschied zum Jahr der Borodajkewycz-Affäre: Während diese innenpolitisch

---

211 NARA College Park, RG 59, Central Foreign Policy Files 1967–1969, Box 1854, US-Botschaft Riddleberger an DoS A-561, Joint Weeka Nr. 4 (Limited Official Use), 21.7.1967, 3 f.

212 NARA College Park, RG 59, Central Foreign Policy Files 1967–1969, Box 1854, US-Botschaft Riddleberger an DoS A-561, Joint Weeka Nr. 4 (Limited Official Use), 21.7.1967, 3 f.

213 NA Kew FO 425/468, Austria: Annual Review for 1966, Pilcher an Brown (Vertraulich), 9.1.1967, 2.

große Auswirkungen auf den Diskurs hatte, war 1968 in Österreich auch subjektiv nur das viel zitierte »Mailüfterl« zu spüren. Waren schon politisch-ideologisch zu mehr Alarmismus taugende Vorgänge wie die Auseinandersetzung mit dem Erbe des Nationalsozialismus wenig zur diplomatisch-politischen Reflexion oder Sorge geeignet, war es die »68er-Bewegung« in Österreich naturgemäß noch weniger. Neonazismus wurde im Ergebnis ebenso wie gegenkultureller Protest in die Annalen verbannt. In jenen der britischen Botschaft des Jahres 1967 sind ebenso die »Störungen der öffentlichen Ordnung bei einem Auftritt der Rolling Stones in der Wiener Stadthalle« am 2. April vermerkt wie die »formelle Konstituierung der neonazistischen Nationaldemokratischen Partei (NDP) in Linz« am 11. Februar.[214] Näher eingegangen wurde auf beides nicht. Dabei wären wesentliche gesellschaftliche Umwälzungen ebenso berichtet worden wie militärische oder ökonomische Vorkommnisse und Entwicklungen, standen sie doch in direktem Zusammenhang mit der geostrategischen Situation in Mitteleuropa. Wenn 1948 sogar die Emigration eines bestimmten Bevölkerungsteiles angeregt wurde, um die gesellschaftliche Ruhe und Ordnung sicherzustellen, wäre 1968, in Zeiten eines weltweit wahrgenommenen Wandels in dieser Richtung, sicherlich intensiv berichtet worden, hätten Umwälzungen stattgefunden, die tiefere Auswirkungen gehabt hätten als Aktionen einer zahlenmäßig eher kleinen Gruppe Progressiver. Im US-Bericht über Österreichs Aussichten für das Jahr 1969 findet sich eine Bestätigung dieser Annahme. Dort heißt es – treffenderweise im Unterkapitel »Education«: »Unruhe unter den Studenten, die 1968 aufgetaucht ist (…) hat sich bis jetzt nicht in nennenswertem Ausmaß über akademische Zirkel hinaus ausgebreitet.« Dies wäre zumindest zum Teil den Versuchen des »Establishments« geschuldet, mit den Studenten und anderen Jugendgruppen in einen Dialog zu treten. Universitätsvertreter, die Regierung und verschiedene Politiker und die extra eingerichtete Universitätsreformkommission hätten die Notwendigkeit für Reformen eingeräumt, die Maßnahmen würden 1969 aber wohl nicht die Erwartungen erfüllen. Der Unterrichtsminister hätte Veränderungen in der Verwaltung, den Curricula, studentische Mitbestimmung und Investitionen versprochen. Das Parlament könnte sich gezwungen sehen, das erst 1965 eingeführte neunte Schuljahr wieder abzuschaffen. Es wäre mit zunehmender Unruhe und Aktivität unter den Studenten zu rechnen.[215] Diese etwas detailliertere Schilderung zeigt den Umfang der Vorgänge in den Augen der USA: Es handelte sich in Österreich um Unruhe in einem relativ kleinen Teil der Bevölkerung, keineswegs um revolutionäre Umwälzungen auf gesamtgesellschaftlicher Basis – zumindest nicht rund um das Jahr

214 NA Kew FO 425/468, Austria: Annual Review for 1967, Rumbold an Brown (Vertraulich), 9.1.1968, 5.

215 NARA College Park, RG 59, Central Foreign Policy Files 1967–1969, Box 1854, US-Botschaft Macarthur an DoS A-98 (Vertraulich), 24.1.1969, 4.

1968.[216] Sie machte auch nur einen sehr kleinen Teil des Berichts aus. Ein weiterer bemerkenswerter Aspekt in dieser Hinsicht ist wohl, dass unter der fast regelmäßig enthaltenen Rubrik »Austro-American Relations« nichts von der 68er-Bewegung vorkommt. Schließlich war Antiamerikanismus im Zuge der Vietnamkriegsproteste ein wichtiger Teil der internationalen 68er-Bewegung, die Bilder aus Frankreich oder Deutschland mit Demonstranten, die Ho-Chi-Minh-Bilder trugen, sind bekannt. Im Falle Österreichs war das offenbar anders, wie der Bericht vermuten lässt: Die Beziehungen wären exzellent und ein »bemerkenswertes Reservoir« an Freundschaft und Verständnis für die USA wäre vorhanden. Die Beziehungen seien aber – nicht wegen politischer, sondern aus ökonomischen Gründen – 1968 unter Druck geraten. Die direkt betroffenen Österreicher und Politiker wären »geschockt und gekränkt«. Das Thema: Handelshemmnisse für Ölpresskuchen und österreichischen Käse. Wenn keine vernünftige Lösung für das (für Österreich) sehr wichtige Käseproblem gefunden würde, könnte sich das auf die Landtagswahlen auswirken, indem die SPÖ der ÖVP vorwerfen könnte, sie würde Österreichs »(Käse-)Interessen« nicht verteidigen, was zu einer weiteren Erosion des Images der USA führen könnte.[217] Dieser Vergleich der Wichtigkeit gewisser Themen in ein und demselben Bericht macht recht deutlich, wie gering der Eindruck war, den die 68er in Österreich auf den westlichen politischen Beobachter gemacht haben. Bemerkenswert ist auch, dass selbst österreichische Beobachter dem Thema wenig Aufmerksamkeit schenkten, selbst wenn sie sich nicht die Zurückhaltung auferlegen mussten, die bei öffentlichen Meinungsäußerungen oft unabdingbar oder zumindest ratsam erscheint. Die US-Behörden tauschten sich regelmäßig mit österreichischen Politikern und anderen Persönlichkeiten aus. Einige solcher Gespräche wurden hier schon zitiert. Im Herbst 1968 sprach ein Vertreter der US-Botschaft mit Norbert Leser (mit dem er sich regelmäßig traf). Selbst in Lesers Einschätzung der Lage 1968 kommen die 68er eigentlich nicht vor. Nur in einem Halbsatz erwähnt er, dass die SPÖ den Großteil der Studenten und Mittelschüler wohl bald außerhalb der Partei wiederfinden würde, ansonsten ist dieser Komplex kein Thema.[218] Ein weiterer regelmäßiger Gesprächspartner des US-Berichterstatters war Bruno Kreisky. In einem Gespräch am 21. Mai 1968 über die innenpolitische Situation spricht auch er über Wahlen (die er schon für

216 Sogar jene Demonstration, die in Fernsehdokumentationen oft als Beispiel für das Jahr 1968 in Österreich gezeigt wurde, war wesentlich kleiner, als die Bilder es vermuten lassen würden, und diese Bilder wurden auch noch auf Betreiben des ORF-Journalisten Teddy Podgorski gestellt, um entsprechendes Filmmaterial drehen zu können, wie er selbst in einer ORF-Dokumentation zum Jahr 1968 in Österreich schilderte.

217 NARA College Park, RG 59, Central Foreign Policy Files 1967–1969, Box 1854, US-Botschaft Macarthur an DoS A-98 (Vertraulich), 24.1.1969, 6 f.

218 NARA College Park, RG 59, Central Foreign Policy Files 1967–1969, Box 1854, US-Botschaft Macarthur an DoS A-1540, A Socialist Intellectual Looks at Austrian Politics (Limited Official Use), 4.10.1968.

1969 annimmt), die Regierung, den Koren-Plan, verliert aber kein Wort über Studenten oder gesellschaftliche Umbrüche.[219] Zumindest für 1967 gibt es Berichte über eine Anti-Vietnam-Woche im April unter anderem unter Führung von Peter Kreisky und einen Konflikt zwischen dem VSStÖ (Peter Kreisky) und der SPÖ (Bruno Kreisky) über die Frage, ob Ersterer eigenständig Demonstrationen organisieren dürfe, was die Presse dankbar aufnahm.[220] Der Generationenkonflikt wurde in Österreich also auf kleinerer Flamme als anderswo, aber in perfekter Übereinstimmung von familiärer und politischer Rolle – recht zivilisiert – ausgetragen. Vorfälle rund um eine Demonstration gegen den Militärputsch in Griechenland trugen ebenfalls zum Bild einer rebellischen Parteijugend bei, deren Inhalte sich teils mit jenen der Kommunisten deckten. Diese Auseinandersetzung, die in der SPÖ intern verhandelt wurde, wurde vom Beobachter aber eben auch als genau das eingeschätzt – ein parteiinternes Problem der SPÖ. Sein Kommentar: Obwohl man die Vorgänge leicht als Konflikt Vater gegen Sohn, Partei gegen Jugend oder Kreisky gegen Pittermann wahrnehmen könne, wäre die Sache komplexer. Auch ein Konflikt Revisionismus (sic) gegen Traditionalismus liege nicht vor. »Das zentrale Bemühen scheint dem Berichterstatter zu sein, dass Kreisky versucht, die Partei zu modernisieren, damit sie effektiv in der politischen Arena konkurrieren kann.«[221] Der Aufbruch der 60er-Jahre als parteipolitisch-taktische Optimierung.

Kreiskys eigene Einschätzung dieses Themenkomplexes entspricht diesem Eindruck. In einem vertraulichen Gespräch mit der US-Botschaft im März 1968 über die »Neue Linke« und die Aussichten der Mitte-links-Parteien in Europa gab er eine recht pragmatische Analyse der Lage zu Protokoll. Die kommunistischen Parteien seien – im Gegensatz zu der Zeit 20 Jahre zuvor – keine Gefahr mehr, zum einen wegen des gestiegenen Lebensstandards im Westen, zum anderen, weil sie sich selbst in ihrer Moskauhörigkeit diskreditiert hätten und weil sie einer veralteten Auslegung der marxistischen Doktrin anhingen. Die Doktrin vom »Klassenkampf« sei in der heutigen westlichen Welt zum Beispiel »ein bisschen lächerlich«. Dieser Wegfall der Kommunisten sei verantwortlich für eine »neue Gefahr«, nämlich die

---

219 NARA College Park, RG 59, Central Foreign Policy Files 1967–1969, Box 1854, US-Botschaft Macarthur an DoS A-1064 (Vertraulich), 21.5.1968.
Dass auch die SPÖ Mitte der 1960er kein Hort revolutionärer Progressivität gewesen zu sein scheint, illustriert eine kleine Bemerkung anlässlich der Maifeiern 1967 in Wien: »Und überall dröhnten am 1. Mai Lautsprecher- Slogans, vortrefflich passend für jedes Datum zwischen 1880 und 1910.« NARA College Park, RG 59, Central Foreign Policy Files 1967–1969, Box 1854, US-Botschaft Mac Arthur an DoS A-984, Ist es nur Jugend? (Limited Official Use), 16.6.1967, 2.

220 NARA College Park, RG 59, Central Foreign Policy Files 1967–1969, Box 1854, US-Botschaft Mac Arthur an DoS A-984, Ist es nur Jugend? (Limited Official Use), 16.6.1967, 2 f.

221 NARA College Park, RG 59, Central Foreign Policy Files 1967–1969, Box 1854, US-Botschaft Mac Arthur an DoS A-984, Ist es nur Jugend? (Limited Official Use), 16.6.1967, 4.

»Neue Linke«. Diese sei ein neuer Hafen für enttäuschte Kommunisten. Unglücklicherweise sei diese auch eine Möglichkeit für die Jugend vieler Länder, sich zu äußern – einer Jugend, die weder politische noch praktische Erfahrung oder Verantwortung habe, um sie zu leiten, aber instinktiv, wie dies immer bei der Jugend der Fall sei, idealistischen oder extremen Zielen folge. Die Gefahr für die europäischen Gesellschaften bestünde darin, dass die heutige Jugend, wenn sie in einflussreiche Positionen käme, so indoktriniert und manipulierbar sei, dass sie einige traurige Wahrheiten erst durch Erfahrung lernen würde. Eines dieser gefährlichen Dogmen sei, dass der Zweck das Mittel der Gewalt und die Ablehnung des Rechts heilige. Die »Neue Linke« sei jedenfalls eine Gefahr für die sozialdemokratischen Parteien. Am deutlichsten würde das in Schweden und Dänemark. In Österreich habe die »Neue Linke« keinen wesentlichen Einfluss, da es traditionell konservativer sei und eigene Erfahrungen mit der »extremen Linken« durch die sowjetische Besatzung gemacht hätte. Es gäbe aber Anzeichen, dass die »Neue Linke« der SPÖ besonders bei der Jugend in den nächsten Jahren Probleme bereiten könnte. Das Problem mit der Jugend läge nicht nur im Fehlen von Wissen und Erfahrung, sondern auch in der Generationenlücke. Er selbst habe viel Zeit mit Diskussionen mit Studenten verbracht und viele zu Mäßigung und Vernunft »bekehrt«, es kämen aber natürlich immer neue Jahrgänge nach. Die Jugend zu erreichen, benötige viel Zeit, die die politischen Führer, ihn eingeschlossen, nicht hätten. Professoren und Intellektuelle, die der Jugend inhaltlich nahestånden, seien oft Opfer ihrer eigenen Arroganz, hätten auch keine praktische Erfahrung und seien daher wenig hilfreich. Auf lange Sicht sei er aber doch optimistisch. Denn es gäbe nicht nur die »Neue Linke« in Westeuropa, sondern auch die »Neue Rechte«[222] in Osteuropa und Letztere habe mehr Einfluss auf den Gang der Geschehnisse als Erstere. Die »Neue Linke« sei ein Phänomen, das nach 10 bis 15 Jahren wieder vorüberginge. Der Berichterstatter fügte hier noch an, dass dies eine vertrauliche Unterhaltung gewesen sei und Kreiskys hier geäußerte Ansichten nicht öffentlich mit ihm in Verbindung gebracht werden sollten.[223]

1967 gab es allerdings einen Vorfall, von dem die US-Botschaft betroffen war. Am 18. Mai 1967 sollte der stellvertretende Presseattaché in Graz bei einer vom ÖVP-Akademikerbund organisierten Veranstaltung über Vietnam sprechen. Die Halle war aber von »unfreundlichen Elementen«, bestehend aus sozialistischen Studenten, ausländischen Studenten und vermutlich auch Kommunisten gefüllt. Sie verteilten Flugblätter und aufgrund der Unruhe musste die Veranstaltung abgebrochen und der Raum von der Polizei geräumt werden. Am nächsten Tag wurde sie vor eingeladenen

222 Damit waren anti- oder reformkommunistische Strömungen gemeint.

223 NARA College Park, RG 59, Central Foreign Policy Files 1967–1969, Box 1856, US-Botschaft Mac Arthur an DoS A-859, Views of Socialist Party Chairman Kreisky on the »New Left« based on youth and the future of left-of-centre political parties in Europe (Vertraulich), 22.3.1968.

Gästen unter Anwesenheit Landeshauptmann Krainers ohne Störung nachgeholt. Die führenden Zeitungen verurteilten den Vorfall und die Vorgangsweise als »undemokratisch und ungastfreundlich«, die Möglichkeit strafrechtlicher Ermittlungen stand im Raum. Der VSStÖ erklärte später offiziell, dass »unangebrachte« Methoden angewandt worden seien, es aber positiv sei, dass dem Thema Vietnam nun mehr Aufmerksamkeit zukomme. Im Kommentar des Berichterstatters heißt es, man müsse abwarten, wie die sozialistischen Studentenorganisationen und der ehemalige Vorsitzende Pittermann auf den Beschluss reagierten, dass Kommunisten neben Faschisten noch immer als Feinde der SPÖ gelten würden, die Angelegenheit habe aber der Botschaft schlussendlich jedenfalls genützt.[224] Zwar gab es also gewisse Vorfälle, von einer revolutionären Stimmung kann aber wohl kaum gesprochen werden, wenn die Störung einer Versammlung von ihren Organisatoren im Nachhinein als Fehler bezeichnet wird und der Spin in der Öffentlichkeit, wie man heute sagen würde, schließlich zugunsten der kritisierten Institution ausfällt. Das passt auch gut zu dem eineinhalb Jahre später konstatierten Umstand, dass die Proteste nicht oder kaum über akademische Kreise hinausreichen würden.

Ein anderes Ereignis wurde wesentlich stärker auch in seinen Auswirkungen oder Nichtauswirkungen auf Österreich besprochen: die Invasion der Warschauer-Pakt-Staaten in der Tschechoslowakei. Das Urteil des Beobachters war jedoch klar: »Die Invasion in der Tschechoslowakei am 21. August hat keinen Einfluss auf die österreichische Innenpolitik gehabt (da die Kommunisten hier nicht zählen) und sie hatte einen bemerkenswert geringen Effekt auf die Einschätzung der Zukunft durch den Einzelnen.« Regierung und Bevölkerung seien der Meinung, dass sich die Sicherheitslage Österreichs kaum verändert habe. Obwohl der österreichische Luftraum vielfach verletzt worden war, hielt man sich strikt an die Rolle des Neutralen, ohne Presse und Rundfunk zu reglementieren, die sehr klar gegen die Sowjets Stellung bezogen. Man diskutierte im Nachgang sogar die Notwendigkeit des Bundesheeres.[225] Fünf Schweigeminuten, die der ÖGB am 27. August als Solidaritätsbekundung des österreichischen Volkes mit der Tschechoslowakei organisiert hatte, bleiben ebenfalls dem Kalender des diplomatischen Berichts vorbehalten, sind aber nicht Thema tiefergehender Reflexion.[226] Die Invasion im Nachbarland füllte im Gegensatz zu gesellschaftlichen Veränderungen die Papiere der Diplomaten. Nicht nur die erwähnten Luftraumverletzungen schürten Ängste, dass die Sowjets nun mit dem Warschauer Pakt im Schlepptau nach 13 Jahren nach Österreich zurückkehren könnten. Die Entscheidung der Regierung, das Bundesheer einige

224 NARA College Park, RG 59, Central Foreign Policy Files 1967–1969, Box 1854, US-Botschaft Mac Arthur an DoS A-918, Joint WeekA Nr. 21 (teils Limited Official Use), 26.5.1967, 2 f., 6.

225 NA Kew FO 425/468, Austria: Annual Review for 1968, Rumbold an Stewart (Vertraulich), 6.1.1969, 2.

226 NA Kew FO 425/468, Austria: Annual Review for 1968, Rumbold an Stewart (Vertraulich), 6.1.1969, 4.

Kilometer von der Grenze zurückzuziehen, um die Gefahr von Zwischenfällen militärischer Natur zu verringern, ließ vor allem die Grenzbevölkerung verängstigt zurück und stand im Gegensatz zur festen Haltung 1956, als sogar ein sowjetischer Soldat auf österreichischem Boden von österreichischen Kräften erschossen worden war. Zwar waren Einheiten mit Schießbefehl im Einsatz, um eine Luftlandung in Schwechat notfalls mit Gewalt zu verhindern, der öffentliche Eindruck war aber ein anderer. Die US-Behörden erkundigten sich in Wien nach der Lage, im Außenministerium hatte man aber keinerlei Hinweise auf einen geplanten Einmarsch.[227] Alle Österreicher, die Militärs eingeschlossen, seien von den Ereignissen in der Tschechoslowakei sehr erschüttert gewesen. Das österreichische militärische Establishment, »zugegebenermaßen sehr klein und nicht sehr effektiv«, sei offensichtlich nicht auf eine solche Krise vorbereitet gewesen, bei der viele mit Aktionen gegen Österreich gerechnet hätten. Zwar hätten viele Politiker in der Folge von einer Stärkung des Bundesheeres gesprochen, diese würde aber wohl aus budgetären Gründen nicht stattfinden.[228]

Eine weitere Möglichkeit zur Einordnung der österreichischen 68er (in dem Fall fast eher 67er) ist das Verhältnis der Mobilisierungskraft zwischen internationalen und heimischen Themen unter den Studenten. Am 20. Oktober 1967 fand im internationalen Gleichklang eine Antikriegsdemonstration vor der Wiener Universität mit ca. 600 Teilnehmern statt. Von dieser löste sich später eine 80 Personen starke Gruppe und marschierte zur US-Botschaft, wo sie von der Polizei zerstreut wurde. Diese Gruppe bestand aber hauptsächlich aus asiatischen und arabischen Studenten, kaum aus Einheimischen. Im Vergleich dazu zeigten sich bei einer Demonstration am 24. Oktober offensichtliche Unterschiede. In einem »beispiellosen Akt«, wie der US-Berichterstatter schreibt, seien mehrere Tausend Studenten auf die Straße gegangen, um ihren Protest gegen das von der Regierung vorgeschlagene Universitätsbudget zum Ausdruck zu bringen. In Parenthese schreibt er: »Österreichische Studenten sind konservativer und weniger geneigt zu demonstrieren als ihre Kollegen in den meisten anderen westeuropäischen Ländern.« Zwar seien leichte Budgeterhöhungen vorgesehen, diese seien den Studenten aber nicht genug, besonders in Bezug auf die Erhöhung der Zahl der Professoren. Nach einer geordneten Demonstration auf den Straßen hätten sie das von einem Polizeikordon umringte Parlament erreicht und »Klaus, Klaus, komm heraus« gerufen, worauf Bruno Kreisky und der FPÖ-Abgeordnete Otto Skrinzi zu den Studenten sprachen und Klaus eine fünfköp-

227 NARA College Park, RG 59, Central Foreign Policy Files 1967–1969, Box 1854, Telegramm US-Botschaft an Rusk Nr. 6333 (Vertraulich), 31.8.1968.

228 NARA College Park, RG 59, Central Foreign Policy Files 1967–1969, Box 1854, US-Botschaft Macarthur an DoS A-98 (Vertraulich), 24.1.1969, 6.

fige Delegation im Inneren des Hauses empfing.[229] Die Einschätzung des Berichterstatters über das Wesen österreichischer Studenten deckte sich mit dem Gesamtbild dieser Zeit. Ende Mai 1968 schreibt der Berichterstatter, das weltweite Phänomen studentischen sozialen und politischen Bewusstseins sei spät nach Österreich gekommen. Es gebe zwar ein »Erwachen«, aber keine »Neue Linke« im skandinavischen oder westdeutschen Sinn, es gebe keine »außerparlamentarische Opposition« nach dem deutschen Muster Rudi Dutschkes, die Zahl politischer Aktivisten sei sehr gering und die meisten Studenten seien US-freundlich, obwohl der Vietnamkrieg und die Rassenunruhen das Bild der USA beschädigt hätten.[230]

Mitte 1968 konnte noch von einem »allmählichen Erwachen« der österreichischen Jugend und ihres Potenzials zu politischer Veränderung gesprochen werden und es komme auf die Reaktion der Partei, der Polizei, der Universitäten und anderer an, ob sich die Studenten in großen Zahlen »auf die Barrikaden« begäben oder weiter »im System« blieben.[231] Dieser Eindruck war wohl eher den Ereignissen in Westeuropa und den USA geschuldet als einer Analyse der österreichischen Wirklichkeit. Die Antwort war jedenfalls innerhalb weniger Monate zugunsten des »Systems« gegeben, wie auch die US-Behörden bald feststellten.

Auch ein anderes US-Dokument zeigt das Fehlen einer – zumindest für den ausländischen Beobachter bemerkenswerten – Umbruchbewegung rund um 1968. Unter den Papieren zur Vorbereitung des Besuches von Bundeskanzler Klaus in den USA findet sich auch ein dreiseitiges Dokument »Background Notes on Austria«, das dem US-Präsidenten einen Überblick über das Herkunftsland seines Besuchers geben sollte. Darin werden gesellschaftliche Umbrüche oder studentische Unzufriedenheit nicht einmal erwähnt. Aufgrund der US-Außenpolitik wird zwar die Haltung Österreichs zu Vietnam thematisiert, diese richte sich offiziell nach der österreichischen Neutralität. Der Bundeskanzler und andere Regierungsmitglieder hätten privat ihre Unterstützung für die Vietnampolitik der USA zum Ausdruck gebracht und einige »Regierungszeitungen« würden regelmäßig in ihren Kommentaren die im Europavergleich stärkste Unterstützung für diese Vietnampolitik veröffentlichen. Die oppositionellen Sozialisten wären einer Kritik an der Vietnampolitik der USA eher zugeneigt, aber diese Kritik im Wesentlichen von Kreisky ziemlich unter Kontrolle gehalten worden.[232] Sogar die linken Studenten konnten in Österreich als Boll-

229 NARA College Park, RG 59, Central Foreign Policy Files 1967–1969, Box 1854, US-Botschaft Mac Arthur an DoS A-363, Joint Weeka Nr. 43 (Limited Official Use), 27.10.1967, 2 f.

230 NARA College Park, RG 59, Central Foreign Policy Files 1967–1969, Box 1856, US-Botschaft Mac Arthur an DoS A-1078, US Policy Assessment (with Policy Guidance) (Vertraulich), 25.5.1968, 8.

231 NARA College Park, RG 59, Central Foreign Policy Files 1967–1969, Box 1856, US-Botschaft Mac Arthur an DoS A-1176, Austrian Youth as A Force for Change (Vertraulich), 21.6.1968, 1.

232 NARA College Park, RG 59, Central Foreign Policy Files 1967–1969, Box 1855, DoS, Memorandum for Mr. Walt W. Rostow, The White House, Background Papers for the April 10–11 Visit to Washington of

werk gegen Extremismus gesehen werden. Anlässlich einer Protestnote des VSStÖ an die tschechoslowakische Gesandtschaft beschrieb die US-Botschaft den Verband als »klein aber hochaktiv«, 1969 hätte er bei den Hochschülerschaftswahlen 12 Prozent erreicht. Die Gruppe würde die linke und Mitte-links-Position in der österreichischen Studentenpolitik abdecken und hätte es geschafft, das kleine linksextreme Spektrum davon abzuhalten, sich im politischen Leben der Studenten zu verankern. Die Wiener VSStÖ-Führung hielte ihre Position, indem sie das »Establishment«, den Vietnamkrieg und die Invasion in der Tschechoslowakei kritisierte und hin und wieder sogar »die Hand[,] die sie füttert«, die SPÖ.[233] Im Bericht zur Wahl selbst wird – man denke daran, dass die Studenten der aktivste Teil der 68er-Bewegung waren – ein klares Bild von Auftreten und Chancen der Bewegung und von den Studenten allgemein gezeichnet: Die wirkliche Überraschung bei diesen Wahlen wäre nicht gewesen, wer gewonnen hätte, sondern das Desinteresse der Studenten an Politik. Die Wahlbeteiligung (55 Prozent nach 67 Prozent 1967) wäre die niedrigste seit dem Zweiten Weltkrieg gewesen. Der VSStÖ sei »durch Ideologie gefesselt«. Obwohl er weiter für verschiedene Dinge demonstrieren und dafür übertriebene Aufmerksamkeit bekäme, könnte er nur eine wesentliche Rolle in der österreichischen Studentenpolitik spielen, wenn er »sein großes Design, die Welt zu verändern[,] aufgibt und sich an die österreichische Studentengesellschaft gewöhnt und mit ihr arbeitet[,] so wie sie heute ist.« Ein weiteres Problem neben fehlenden Wahlerfolgen sei der Konflikt mit der SPÖ unter Kreisky. Viele in der Partei sähen die Studenten schon als verloren an und wollten die Ressourcen der Partei in verlässlichere sozialistische Jugendorganisationen investiert sehen. 1969 sei daher ein Jahr der Unsicherheit für den VSStÖ auch wegen wachsender Gegnerschaft zur Partei, die ihm kaum Sympathie entgegenbringe. Die überwältigende Gleichgültigkeit seiner Studienkollegen hätte ihren Glauben an die studentischen Massen unterminiert. Man würde daher sehen, ob sich Partei und Verband trennten und Letzterer einen radikaleren Weg gehe, egal wie schwierig dieser wäre oder ob er die politische Arena ganz verlasse und sich ganz den Büchern, Prüfungen und Abschlüssen widme.[234] Diese Einschätzung klingt ganz anders als die Beschwörungen einer Umbruchsgeneration im Gleichklang mit der 68er-Bewegung in Westeuropa und der Welt. Die Schilderung erinnert vielmehr

Chancellor Klaus of Austria, 3. Background Notes on Austria (Vertraulich), 12.3.1968. Dieses Bemühen sahen die USA als Teil einer Strategie zur Vorbereitung auf eine Machtübernahme durch Kreisky. NARA College Park, RG 59, Central Foreign Policy Files 1967–1969, Box 1856, US-Botschaft Irving an DoS A-505, Socialist Party Chairman Kreisky – His Stature, His Approach (Vertraulich), 12.12.1967, 5.

233 NARA College Park, RG 59, Central Foreign Policy Files 1967–1969, Box 1856, US-Botschaft Mac Arthur an DoS A-697, Student Group Protests Ban on Czech Student Groups (Limited Official Use), 3.7.1969.

234 NARA College Park, RG 59, Central Foreign Policy Files 1967–1969, Box 1856, US-Botschaft Mac Arthur an DoS A-138, Austrian Student Elections (Limited Official Use), 4.2.1969.

an jene Stimmung an den Universitäten, wie wir sie aus der jüngsten Vergangenheit kennen.

Erzherzog Otto und die Monarchisten oder die wirklichen 60er in Österreich

Passend zum Gesamteindruck der westlichen Beobachter von den 1960ern in Österreich waren konservative politische Vorstellungen und das Bedürfnis nach Ordnung politisch wirkmächtiger als neue Gesellschaftsentwürfe, zumindest in ihrem Potenzial, die ersehnte Stabilität ins Wanken zu bringen. Als Bundeskanzler Raab 1958 Gerüchte über einen Einreiseantrag Otto Habsburgs[235] bestätigte, löste dies Beunruhigung in der ÖVP und der innenpolitischen Szenerie insgesamt aus. Der britische Botschafter zeigte sich jedenfalls – ohne ein klares Motiv Ottos für seine Reisepläne zu kennen – besorgt um den Koalitionsfrieden: Mit dem Wiederauftauchen des Erzherzogs könnte der harte Kern der Monarchisten, so zahlenmäßig gering er auch zweifellos sei, besonders auf die ÖVP einen spaltenden Einfluss ausüben. Zudem wären viele Österreicher besorgt über die Auswirkungen, die die Rückkehr Ottos auf die Beziehungen zur Tschechoslowakei, Ungarn und der Sowjetunion haben könnte.[236] Die Einschätzung, dass die Zahl der Monarchisten in Österreich gering sei, war richtig. Diesen – mit oder ohne Otto – einen wesentlichen Einfluss auf die ÖVP zuzuschreiben, sei wohl ein Irrtum. Die schnelle Abwendung schon der Christlichsozialen von monarchistischen Loyalitäten den Habsburgern gegenüber (spätestens seit den Restaurationsversuchen Karls I./IV. in Ungarn 1921) hätte klarmachen sollen, dass ein Zurück hinter diese Linie schwer vorstellbar war. Die Monarchisten waren keinerlei Gefahr für die demokratische Entwicklung Österreichs, wurden aber nicht zuletzt deswegen überschätzt, weil sie gelegentlich Teil der sowjetischen und kommunistischen Propaganda der Nachbarländer waren. In deren Fall konnten historische Animositäten mit ideologischen Frontstellungen verwoben werden.

Ottos Auftreten in Österreich und die Reaktionen der österreichischen Politik darauf wurden jedenfalls intensiv und kontinuierlich beobachtet. Mitte 1967 besuchte er einige Orte in Osttirol. Der enthusiastische Empfang irritierte in Ostösterreich, die SPÖ protestierte ebenso wie Gewerkschaften, die ÖVP lehnte jede Verantwortung für die Gefühle und Begeisterung ihrer Lokalfunktionäre in Osttirol ab und Otto fühlte sich missverstanden.[237] Sein erster Kurzbesuch in Österreich seit 50 Jah-

235 Als ältester Sohn des letzten Kaisers Karl war Otto für kurze Zeit Thronfolger Österreich-Ungarns gewesen.

236 NA Kew FO 425/468, Austria: Annual Review for 1958, Bowker an Lloyd (Vertraulich), 5.1.1959, 3.

237 NARA College Park, RG 59, Central Foreign Policy Files 1967–1969, Box 1855, US-Botschaft an DoS A-53, Joint Weeka Nr. 29, 21.7.1967, 2 f.

ren am 4. Juli 1967 in Wien wurde in der Berichterstattung mit dem Titel »Otto Habsburg Rides Again« versehen.[238] Diese Aufregung war Grund genug, monarchistische Strömungen in Österreich im Auge zu behalten oder, wie es die US-Botschaft ausdrückte, sie habe »eine gewisse Neugier über die monarchistische Bewegung in Österreich« wiederbelebt. Die Erfolglosigkeit bei Wahlen (1923: 1235 Stimmen, 1930: 150 Stimmen, 1953: 1210 Stimmen)[239] zeige ihre faktische Bedeutungslosigkeit. Wesentlichste Organisation sei die »Aktion Österreich-Europa«, die 1966 durch die Umbenennung der »Monarchistischen Bewegung Österreichs« entstanden war, zwei Nationalratsabgeordnete waren zu diesem Zeitpunkt Mitglieder, aber auch Mitte der 1960er-Jahre hatte sie keine nennenswerte Gefolgschaft.[240]

Ende Oktober überreichte Bruno Kreisky dem US-Botschafter in Wien unter dem Siegel strikter Vertraulichkeit die Ergebnisse einer Meinungsumfrage, die die SPÖ zum Thema in Auftrag gegeben hatte. 1033 Wähler in Wien, dem Burgenland, Oberösterreich und der Steiermark waren in der zweiten Septemberhälfte befragt worden. Das Ergebnis war, dass Otto wenig Unterstützung in der Bevölkerung hatte. Für die Botschaft überraschend war, dass 41 Prozent der Wähler der »regierenden Volkspartei« Otto »Sympathien entgegenbrachten« (47 Prozent der ÖVP-Wähler waren indifferent, 12 Prozent kritisch ihm gegenüber), 20 Prozent der ÖVP-Wähler der Meinung waren, er könne einige »gute alte Traditionen und solide Politik« zurück nach Österreich bringen, und 15 Prozent, dass er in den Konflikten, der Korruption und den Feindseligkeiten der österreichischen Politik »Ordnung schaffen« könne. Wenig überraschend war dies bei Anhängern der SPÖ anders, dort standen ihm 60 Prozent ablehnend gegenüber. 92 Prozent wussten von Ottos regelmäßigen Besuchen, fast 40 Prozent fürchteten innere politische Unruhe und internationale Komplikationen, wenn Otto in die Politik einsteigen würde (bei ÖVP-Anhängern nur 19 Prozent, bei SPÖ-Anhängern 61 Prozent). Die größten Sympathien genoss Otto dabei bei älteren, höher gebildeten, männlichen Wählern.[241] Dies unterstreicht die spätere Einschätzung. Otto allein hatte nicht genug Unterstützung, um ein politischer Faktor zu werden. Es wurden ihm vor allem in der ÖVP genug Sympathien entgegengebracht, um das politische Gleichgewicht zu stören. Einige der gestellten Fragen zielen auch direkt in jene Bereiche, die sozialwissenschaftlich den Terminus autoritär umkreisen, vor allem der Topos des »Ordnung Schaffens« fällt in diese Kategorie. Auch wenn Otto keine Ambitionen zeigte, selbst Politik zu machen, sind

238 NARA College Park, RG 59, Central Foreign Policy Files 1967–1969, Box 1855, US-Botschaft Mac Arthur an DoS A-12, Joint Weeka Nr. 27, 7.7.1967, 3.

239 Die US-Behörden hatten dabei auf die Stimmen legitimistischer Parteien rekurriert.

240 NARA College Park, RG 59, Central Foreign Policy Files 1967–1969, Box 1856, US-Botschaft Mac Arthur an DoS A-143, The Monarchist Movement in Austria (Limited Official Use), 18.8.1967.

241 NARA College Park, RG 59, Central Foreign Policy Files 1967–1969, Box 1856, US-Botschaft Mac Arthur an DoS A-406, Public Opinion Poll on Otto Habsburg (Vertraulich), 10.11.1967.

seine Aktivitäten z. B. im Rahmen des CEDI (Centre Européen de Documentation et d'Information) und seine Kontakte in Salazars Portugal und Francos Spanien wohl ein Zeichen, dass die Zuschreibung gewisser Ordnungsvorstellungen in katholisch-konservativem Sinn wohl nicht völlig grundlos erfolgt sein wird.

Anfang 1968 schlug ein Gespräch Ottos mit Präsident Lyndon B. Johnson unter anderem in der *Kronen Zeitung* gewisse Wellen. Dabei ging es um seine Funktion als Vizepräsident der Paneuropaunion. Der US-Berichterstatter spricht davon, dass »Otto Ambitionen hätte, möglicherweise eine politische Rolle in Österreich zu spielen« und seine Kontakte zum US-Präsidenten im Bewusstsein der Öffentlichkeit halten wolle. In Interviews verwies er darauf, dass er ihn schon seit 25 Jahren kenne. Grund für sein Auftauchen in der Presse wären sein Kurzbesuch in Osttirol und eine Rede zum 30. Jahrestag des Anschlusses in Göttweig gewesen, wo er eine wirtschaftliche Integration Europas unter Einschluss des Ostens vertrat, sowie von ihm gegebene Hinweise, er könnte nach Salzburg ziehen. Ottos Besuch in Osttirol 1967 wäre »triumphal« gewesen und sein »imperiales Auftreten« hätte seine Freunde in Verlegenheit gebracht und den oppositionellen Sozialisten Munition geliefert, die Regierung zu kritisieren. Die Sozialisten hätten daher eine Pressekampagne gegen die ÖVP lanciert und dabei auch das Schreckgespenst einer Gefahr für die Republik erschaffen. 1968 wäre dieses Presseecho geringer. Wenn er in Österreich seinen Wohnsitz nähme, würden das die Kommunisten und linksgerichtete Sozialisten gegen die ÖVP verwenden und große Propaganda gegen Bonn und Washington betreiben und die Gefahr eines neuen Anschlusses heraufbeschwören. Allerdings »hätte die große Mehrheit der Österreicher keine starken Gefühle Otto gegenüber und würde ihn auch nicht als Gefahr für die republikanischen Institutionen Österreichs sehen«.[242] Die fünftägige Osttirolvisite Ottos wurde per Telegramm nach Washington gemeldet und beschrieben. Es wurden die verliehenen Ehrenbürgerschaften erwähnt, die Reise hätte viele Aspekte eines Triumphzuges gehabt mit dem Austausch von Grußadressen mit Bürgermeistern, Salutschüssen, Abschreiten von Ehrenkompanien, Paraden und Versammlungen. Die SPÖ kritisierte diesen staatsbesuchartigen Charakter der Reise. Otto vermeldete zwar, kein Interesse an einer monarchistischen Partei zu haben, die ÖVP kritisierte ihn aber auch öffentlich für sein Verhalten, da er »wie ein zurückgekehrter Souverän« gewirkt habe. Die US-Botschaft kontaktierte ein »prominentes ÖVP-Mitglied«, welches Otto seit Jahren kenne, ihm persönlich verbunden sei und sein Wissen über internationale Angelegenheiten bewundere. Sogar dieser Informant bekannte dem US-Botschafter gegenüber, dass Ottos Reise so unklug wie unglücklich gewesen sei. Sie zeige Ottos mangelndes Verständnis für die Realität der österreichischen Politik. Seine triumphale Tour, bei der er seine Vor-

242 NARA College Park, RG 59, Central Foreign Policy Files 1967–1969, Box 1855, US-Botschaft Mac Arthur an DoS A-838, Otto Habsburg (Limited Official Use), 19.3.1968.

fahren imitiert hätte, hätte nicht nur ihn etwas lächerlich erscheinen lassen, sondern auch ihm, seinen Freunden und der Volkspartei Probleme bereitet. Nur wegen der bevorstehenden Urlaubszeit würde wohl keine Krise aus der Angelegenheit entstehen. Otto würde immer Respekt und Nostalgie bei vielen Österreichern auslösen, bei dieser Reise wäre er aber schlecht beraten gewesen.[243] Man beruhigte sich in der US-Botschaft quasi selbst damit, dass Osttirol eine Sonderstellung einnehme. Es wäre zu bezweifeln, ob Otto in Vorarlberg (seinem nächsten Ziel) oder anderswo in Österreich ähnlich begeistert und formell empfangen werden würde. Osttirol wäre, da es fast ausschließlich ländlich und abgeschieden sei, als Bastion des Traditionalismus zu sehen, Sympathien für die Dynastie, wenn nicht sogar die Monarchie wären hier bis zu einem gewissen Grad vorhanden. Bundeskanzler Klaus sah sich nach einer Resolution des ÖAAB genötigt, Otto öffentlich zu einer Änderung seines Gehabes aufzufordern, und das Präsidium der ÖVP Burgenland wies auf die Gefahren eines möglichen ähnlichen Besuches in einer »sensiblen Grenzregion« hin.[244] In der Frage des Burgenlandes muss man zum Verständnis dieser Reaktion der Landespolitik anmerken, dass dessen schwierige teilweise Abtretung durch Ungarn zeitlich mit den Restaurationsversuchen von Ottos Vater Karl 1921 zusammengefallen war, die im Burgenland ihren Ausgang genommen hatten. Nach dem Besuch vom 4. Juli 1967 in Wien hatte es im Blätterwald rumort. Eine »verlässliche Quelle« im österreichischen Außenministerium hatte der US-Botschaft anvertraut, dass Bundeskanzler Klaus ursprünglich geplant hatte, Otto bei seinem Wienbesuch zu empfangen. Als »ÖVP-Party Whip« (Klubobmann) Hermann Withalm das gehört habe, sei er »an die Decke gegangen« und überzeugte Klaus, das nicht zu tun. Einen Tag vor dem Besuch informierte Außenminister Gruber den US-Botschafter, dass die SPÖ gedroht habe, das Parlament einzuberufen, wenn Klaus Otto empfangen würde. Gruber meinte weiter, dass die SPÖ mit diesen fortgesetzten Drohungen gewisse Elemente in der ÖVP »auf Linie halten würde. Auf die Frage des Botschafters, ob er der Meinung sei, dass Otto wieder in die österreichische Politik einsteigen wolle, meinte dieser, dass es sicher monarchistische Elemente geben würde, die sich ihm anschließen würden. Der Berichterstatter selbst war der Meinung, die SPÖ hätte »aus ihren früheren Fehlern gelernt« und würde nicht mehr bei jedem Grenzübertritt Ottos Alarm geben. Solange Otto sich von offensichtlich politischer Tätigkeit fernhielte, würde die SPÖ keine drastischen Schritte unternehmen. Was viele ÖVP-Mitglieder trotzdem fürchten würden, wäre, dass es gerade genug monarchistisch gesinnte Elemente in ihrer Partei gäbe, um Otto ein entzweiendes Element in der derzeitigen Balance

243 NARA College Park, RG 59, Central Foreign Policy Files 1967–1969, Box 1855, Telegramm US-Botschaft Mac Arthur an DoS Nr. 208, Otto Habsburg Visit East Tirol (Vertraulich), 18.7.1967.

244 NARA College Park, RG 59, Central Foreign Policy Files 1967–1969, Box 1855, Telegramm US-Botschaft Mac Arthur an DoS A-66, Otto Habsburg Visit to East Tirol, 25.7.1967.

zwischen ÖVP und SPÖ werden zu lassen.[245] Niemand überschätzte die (mögliche) Rolle Ottos in der österreichischen Innenpolitik. Seine Anwesenheit und vor allem sein Auftreten gaben jedoch genug Anlass, um über seinen indirekten Einfluss auf diese nachzudenken. Oder wie es der US-Beobachter formulierte: »Objektiv gesehen ist das Material zu dünn für die Handlung einer Operette, aber die Reaktion der Volkspartei zeigt, wie schädlich sogar solche Launen in der österreichischen Politik sein können.«[246] Wenn ÖVP-intern die Sorge geäußert wurde, dass Otto die Balance zwischen den Großparteien gefährden könnte, dann war das auch aufgrund der äußeren Umstände ernstzunehmen. Es wurde bereits beschrieben, dass auch in den Augen der westlichen Beobachter das Ende der großen Koalition nicht das Ende des Proporzsystems gebracht habe, das sich als ein wesentlicher Stabilisator darstellte. Die für die Zweite Republik damals neuartige Situation einer Alleinregierung einer Partei war zum Zeitpunkt dieser »Habsburgerkrise« erst ein gutes Jahr alt. Eine solche konservative Regierung, die – so eine mögliche Sichtweise der SPÖ und ihrer Anhänger – auch noch einen Habsburger hofiert, der zumindest von Zeit zu Zeit auftrat, als hätte er eine offizielle Funktion inne, konnte durchaus eine Bedrohung des bisherigen politischen Kondominiums darstellen, die die Republik bis dahin gewesen war: nach einer formalen eben nun auch eine reale Veränderung des Kräftegleichgewichts. Die Frage nach Ottos Handeln und Behandlung hatte daher größere Auswirkungen, als das (geringe) politische Gewicht Ottos und letzter verbliebener monarchistisch gesinnter Personengruppen hätten annehmen lassen. Es ist hier bemerkenswert zu sehen, dass, wenn man Ausmaß und Art der Berichterstattung als Indizien heranzieht,[247] aus Sicht des westlichen Beobachters die Habsburgerfrage zumindest 1967/68 offenbar eine größere Gefahr für die politische Stabilität Österreichs darstellte als die 68er-Bewegung.

Dieses Ungemach war denn auch bald wieder vorbei. Eine geplante Rede vor dem Ring Freiheitlicher Studenten am 30. April 1968 musste auch wegen der Nähe zu den Maifeiern auf Bitte des Polizeipräsidenten und des Innenministers abgesagt werden, da Demonstrationen befürchtet wurden.[248] Als Otto aber im Dezember 1968 in Wien vor 1000 Gästen unter Schutz von 250 Polizisten eine im Wesentlichen unpolitische Rede hielt, waren nur 35 Demonstranten der kommunistischen FÖJ (Freie Österreichische Jugend) aufgetaucht. Die Kritik an ihm in der veröffentlichten Mei-

245 NARA College Park, RG 59, Central Foreign Policy Files 1967–1969, Box 1855, Telegramm US-Botschaft an DoS A-38, Otto Returns to Vienna (Vertraulich), 18.7.1967.

246 NARA College Park, RG 59, Central Foreign Policy Files 1967–1969, Box 1855, Telegramm US-Botschaft Mac Arthur an DoS A-66, Otto Habsburg Visit to East Tirol, 25.7.1967, 2.

247 Auch in den beiden Jahrzehnten davor wurde immer wieder über Ottos Aktivitäten berichtet.

248 NARA College Park, RG 59, Central Foreign Policy Files 1967–1969, Box 1855, US-Botschaft Irving an DoS A-1104, Otto Habsburg, 1.6.1968.

nung war abgeebbt und *Die Presse* konnte schreiben, dass der Hausverstand gesiegt hätte und die ganze Affäre zu Ende sei.[249]

Macht man sich auf die Suche nach gesamtgesellschaftlichen Umbrüchen und Erschütterungen, die man aufgrund der Jahreszahl vermuten würde, so findet der erstaunte Leser in Berichten, die den Blick »von außen« zum Inhalt haben – passend zur Schilderung des studentischen politischen Lebens – das genaue Gegenteil: Dr. Pittermann, als alternder Präsident der Sozialistischen Internationale wäre als einer der letzten Vertreter des »Austro-Marxismus« bekannt, er selbst hätte aber den Begriff »Austro-Provinzialismus« geprägt, für den er die ÖVP-Alleinregierung verantwortlich machen würde. Dem britischen Beobachter zufolge wäre es nicht die Schuld der Regierung, aber der »moderne Österreicher« würde sich mehr und mehr ausschließlich um sich selbst und immer weniger um die Ereignisse oder auch nur die Moden der Außenwelt kümmern. Das »ohne nennenswerte Ereignisse« vergangene Jahr 1969 hätte dieses Phänomen weiter verstärkt. So negativ das Ergebnis dieses Prozesses aber auch gesehen werden könne, so positiv wären einige seiner Ursachen. Denn es wäre nicht nur so, dass die Österreicher zunehmend abgeneigt wären, sich mit Dingen zu beschäftigen, die zu kompliziert wären, um sie zu verstehen, oder dass sie insgesamt charakterlich schwach wären. Es wäre eben auch so, dass sich die meisten des ständig steigenden Lebensstandards bewusst seien und dass sie sich niemals so sicher vor äußeren Gefahren gefühlt hätten wie heute. Sie wären »glücklich in der Dumpfheit ihres täglichen Lebens«.[250] Der Vergleich mit den Briten selbst fiel ebenfalls eindeutig aus: Da die Österreicher süchtig nach den privaten Freuden seien und sich im Gegensatz zum modernen Engländer kaum Sorgen um die Rolle ihres Landes in der Welt machten, wären sie so fröhlich geblieben, wie sie üblicherweise seien, besonders wenn der Sommer ein guter gewesen wäre.[251] Dieses Zurückziehen ins Private ist eine bemerkenswerte Parallelität zur Tschechoslowakei. Wenn dort allerdings der Grund das Scheitern eines politisch-gesellschaftlichen Reformprojekts durch äußere Einwirkung – die Niederschlagung des Prager Frühlings – war, so zeichnete in Österreich dafür eine materiell zunehmend saturierte und politisch im Proporz erstarrte Gesellschaft verantwortlich. Noch zwei Jahre zuvor hätten österreichische Politiker gerne Reden über die Rolle des Landes in der Welt als Brücke zwischen Ost und West oder über die Philosophie der Neutralität gehalten. All das wäre fast verschwunden. Die für den 1. März 1970 angesetzten Wahlen würden nur um lokale »Brot-und-Butter-Themen« und Personalfragen kreisen. Obwohl letzte

249 NARA College Park, RG 59, Central Foreign Policy Files 1967–1969, Box 1855, US-Botschaft Mac Arthur an DoS A-1773, Otto Habsburg (Limited Official Use), 13.12.1968.

250 NA Kew FO 425/468, Austria: Annual Review for 1968, Rumbold an Stewart (Vertraulich), 6.1.1969, 4. »Of their annals«.

251 NA Kew FO 425/468, Austria: Annual Review for 1967, Rumbold an Brown (Vertraulich), 9.1.1968, 1.

erfolgreiche Schritte in der Frage unternommen worden seien, würde sich außerhalb Tirols auch kaum jemand mehr für Südtirol interessieren. Sowohl für die wirtschaftliche Westintegration als auch für die Vorgänge in der Tschechoslowakei hätte das Interesse stark nachgelassen. Auch die Programme der Koalitionsparteien würden ebenso wie die Tagespolitik kaum auf Interesse bei den Menschen stoßen. In privaten Gesprächen beschwerten sich Politiker beider Parteien über die Schwierigkeit, diese »Apathie« zu überwinden. Zu kämpfen hätte mit dieser Stimmung vor allem Bundeskanzler Klaus, denn obwohl es kaum noch Armut und Vollbeschäftigung gäbe, würden die Menschen keine Dankbarkeit der Regierung gegenüber empfinden. Klaus hätte nur noch die einfacheren Gemüter unter den ÖVP-Sympathisanten hinter sich, die anspruchsvolleren hielten ihn für einen »frömmelnden Langweiler«.[252] Schon zuvor war noch härtere Kritik am politischen Personal geübt worden: Die Alleinregierung Klaus hätte zunächst einmal nichts falsch gemacht aber auch nichts Wesentliches zustande gebracht. Der wesentliche Grund dafür wäre ein Mangel an Talent gewesen.

> Der Kanzler, Dr. Klaus, ist ein ehrenhafter Mann vornehmer Erscheinung und als Parteichef nicht in Zweifel. Aber seine Qualitäten sind dergestalt wie man sie in England nur von einem Vorsitzenden eines Grafschaftsrates erwarten würde und seine Kollegen sind ähnlich eingeschränkt. Sie sind allesamt nicht qualifiziert, die Geschicke eines modernen Industriestaates zu lenken.

Der einzige Politiker von internationalem Format wäre Kreisky. »Aber auch er hat einen sehr parteiischen Zugang zum öffentlichen Leben[,] indem er seinen Blick starr auf die nächsten Wahlen richtet, die er erwartet zu gewinnen.« Mit Blick auf die Lage der ÖVP und ihr Unvermögen, eine Strategie zu entwickeln, wurde festgehalten, dass es scheine, als würden in Österreich Entscheidungen nur widerwillig getroffen und auch dann nur verspätet und nach wiederholten Beratungen und Streitereien.[253] Der britische Beobachter rechnete mit einem Verlust der Mehrheit für die ÖVP und einer Neuauflage der Koalition. Eine Koalition aus SPÖ und FPÖ »nach deutschem Vorbild« würde schon dadurch nicht zustande kommen, da sich die FPÖ von der SPÖ abgrenzen müsse, um ihre Wähler nicht zu verschrecken, die aus dem konservativen Wählerreservoir kämen. Kreisky hätte seine Hoffnung auf eine Koalition nach »Herrn Brandts' Beispiel«[254] aufgeben müssen und daher seine höfliche Wortwahl der FPÖ gegenüber verändert. Er würde sie nun offen als »extrem kon-

252 NA Kew FO 425/468, Austria: Annual Review for 1969, Botschafter an Secretary of State (Vertraulich), 12.1.1970, 2 f.
253 NA Kew FO 425/468, Austria: Annual Review for 1967, Rumbold an Brown (Vertraulich), 9.1.1968, 2 f.
254 Gemeint ist Willy Brandt.

servativ« bezeichnen, womit er aber »extrem nationalistisch« meinen würde, »was sie natürlich auch sei«.[255] Erwähnt werden in dieser zunächst kundgetanen Ereignislosigkeit einige Finanzskandale, die an die Oberfläche gekommen seien, darunter auch der Prozess um Franz Olah, dem die Veruntreuung von Gewerkschaftsgeldern vorgeworfen wurde. Die öffentliche Meinung empfände dabei viel Sympathie für Olah und er selbst meinte, wenn jeder vor Gericht käme, der gehandelt habe wie er, müsste die Anklagebank auf Ringstraßengröße vergrößert werden. Die Verbreitung kleinerer Skandale würde von der Öffentlichkeit dem »System« selbst zugeschrieben, das eben auf Kompromiss und persönliche Netzwerke ausgelegt sei und dadurch undurchsichtige Methoden in Politik und Wirtschaft befördere. Das alles würde als kleiner Preis für Wohlstand und Stabilität akzeptiert und man wüsste, dass trotz des nominellen Endes der Koalition 1966 alles so weitergelaufen wäre wie bisher. Intermediäre Institutionen würden den normalen politischen Prozess ergänzen, die Bundeswirtschaftskammer wäre etwa so mächtig wie das Außenhandelsministerium. Der Nachteil des Systems wäre, dass Reformen schwierig umzusetzen seien und große Kurswechsel unwahrscheinlich würden. Aber obwohl die Österreicher manchmal diese Stagnation bekritteln würden, wollten sie eigentlich keine großen Kurswechsel und wüssten um die positive Lage, in der sie sich befänden.[256] Nicht nur ist in Berichten von Ende der 60er-Jahre kaum etwas über gesellschaftlichen Wandel oder Generationenkonflikt zu lesen und die FPÖ wird vor allem als Koalitionsvariante thematisiert, weniger als ideologische Gefahr, es wird vor allem Stagnation wahrgenommen. Der Proporz und die starren Strukturen haben 20 Jahre nach dem Ende des Krieges sowohl in den Überlegungen des Beobachters als auch in den Gedanken der Österreicher den Kommunismus und die Sowjetunion und den Warschauer Pakt als größte Sicherheitsrisiken und Bedrohung von Freiheit und Demokratie abgelöst. Die Konsensdemokratie, die sich in den ersten Jahren der Zweiten Republik als idealer Garant stabiler demokratischer Verhältnisse herausgestellt hatte, ist mehr und mehr zu einem Hemmschuh für Reform und Anpassungsfähigkeit an äußere Veränderungen geworden. Einzige Ausnahme in diesem Bild war eine neue, jüngere Politikergeneration, auf die man langsam aufmerksam wurde. Der britische Botschafter sprach von »einer überraschenden Zahl an Bürokraten und Politikern, die noch in ihren Mittdreißigern« wären und von ihren Parteien gegen die alte österreichische Tradition der »Ochsentour« durch die Hierarchien gefördert worden wären, um junge Wähler anzusprechen.

255 NA Kew FO 425/468, Austria: Annual Review for 1969, Botschafter an Secretary of State (Vertraulich), 12.1.1970, 2 f.

256 NA Kew FO 425/468, Austria: Annual Review for 1969, Botschafter an Secretary of State (Vertraulich), 12.1.1970, 3 f.

> Das auffallendste Beispiel ist der neue Unterrichtsminister Dr. Alois Mock, 35. Indem er große Energie mit beachtlicher Eloquenz und einer anziehenden Persönlichkeit verbindet[,] scheint es ihm bestimmt zu sein, eines Tages Kanzler zu werden.[257]

Die Einschätzung des Botschafters über die Zukunft des jungen Alois Mock war grundsätzlich richtig, auch wenn er es schlussendlich »nur« bis zum Vizekanzler brachte.

Conclusio

Dieses Kapitel ist der Versuch, eine spezifische Außensicht auf die österreichische Innenpolitik und hier auf besondere Ereignisse, Wendepunkte und Entwicklungen abzubilden, die von uns ausgewählt wurden, um der Frage nach Existenz und Entwicklung »autoritärer Tendenzen« in der Zweiten Republik nachzugehen. Es wurden hier aus zu Beginn genannten Gründen diplomatische und militärische Quellen der USA und Großbritanniens gewählt. Diese geben einen Einblick in die Wahrnehmung der Besatzungsmächte auch als später wichtiger befreundeter Staaten. Einerseits müssen die Autoren dieser Quellen – Diplomaten und Militärs – aufgrund der Vertraulichkeit der Dokumente keine Rücksicht auf die öffentliche Meinung nehmen oder ihre Aussagen in dieser Hinsicht filtern. Andererseits sind die politischen Interessen des Entsendestaates der Maßstab für die Einschätzung politischer Entwicklungen im Empfangsstaat, also Österreich.

Bereits kurz nach Kriegsende und im Dunstkreis der ersten Wahlen 1945 und dann 1949, als das Buhlen um die nun wieder wahlberechtigten ehemaligen Nationalsozialisten und das Antreten des WdU als deren Sammelbecken im Zentrum standen, wird diese spezifische Sichtweise deutlich. Zwar wird die selbstgestellte Aufgabe der Entnazifizierung durchaus ernstgenommen und zeitweilig auch Kritik geübt, wenn die österreichische Politik sehr schnell eine immer versöhnlichere Haltung den »Ehemaligen« gegenüber einnimmt. Trotzdem wird niemals eine ernsthafte Sorge über politische Entwicklungen deutlich, die eine Stärkung des rechten politischen Randes andeuten. Ein gutes Beispiel dafür ist Karl Renner, dessen Aussagen in Bezug auf die Nationalsozialistengesetzgebung sowohl den Alliierten als auch der Bundesregierung gegenüber wohl eher in einem Gespräch mit dem Gründer des VdU zu erwarten gewesen wären als vom sozialdemokratischen Staatskanzler und späteren Bundespräsidenten. Ganz anders verhält es sich mit Entwicklungen am linken Rand des politischen Spektrums. Allen voran die

257 NA Kew FO 425/468, Austria: Annual Review for 1969, Botschafter an Secretary of State (Vertraulich), 12.1.1970, 4.

KPÖ und ihre Anhängerschaft werden zwar realistischerweise als keine wesentliche Größe im innenpolitischen Spektrum aus eigener Kraft gesehen. Doch die sowjetische Besatzungsmacht, die ideologisch und geostrategisch hinter ihr stand, machte sie für die Westalliierten zu einer größeren Gefahr als Neonazigruppen. Rechte Gruppierungen wurden nur als Problem wahrgenommen, wenn sie die politische Stabilität der großen Koalition gefährden konnten. Die ideologische Flexibilität der Westalliierten wird überdeutlich, wenn sogar Pläne zur Emigration von Teilen des Bürgertums gewälzt werden, sollte diese Bevölkerungsgruppe aufgrund mangelnder Beschäftigungsmöglichkeiten im öffentlichen Dienst zu einem Hort der Instabilität werden. Diese großkoalitionäre Stabilität wurde von den Beobachtern zuerst als Segen, später zunehmend, wenn nicht als Fluch, so doch als Problem für eine westlich-liberale demokratische Entwicklung gesehen. Solange ein kommunistischer Umsturzversuch befürchtet wurde, tat man alles, um die Zusammenarbeit von ÖVP und SPÖ zu stärken, als diese Gefahr nicht mehr virulent zu sein schien, erkannte man die problematischen Seiten allzu eng verzahnter Regierungsparteien und deren Proporzwirtschaft. Kulminationspunkt der Sorge um Österreichs politische Stabilität war der Oktoberstreik 1950. Zwar handelte es sich in Wahrheit nicht um den befürchteten Putschversuch, dennoch waren – wie neue Dokumente der US-Regierung zeigen – sowohl die österreichische Bundesregierung als auch die Westalliierten bereit, alle vorhandenen, auch gewaltsamen Mittel einzusetzen, um einen Umsturz wie den in den Staaten des Ostblocks zu vermeiden. Erstere rief in Gestalt Bundeskanzler Figls bereits um Unterstützung durch US-Militär und die USA waren im Extremfall dazu bereit, einen Aufstand mit eigenen Truppen niederzuschlagen, wenn auch nicht direkt gegen sowjetische Einheiten vorzugehen. Dass es nicht zu einer solchen Eskalation kam, muss als Glücksfall betrachtet werden, der Österreich einen Bürgerkrieg erspart hat. Das Ende der alliierten Besatzung in Österreich wurde und wird als Wiedergewinnung von Freiheit und Souveränität wahrgenommen. In der Außensicht werden in den Berichten neben der Freude der Bevölkerung aber auch zwei andere Aspekte deutlich: zum einen die umfassende Nutzung der neuen politischen Freiheit zur Beseitigung letzter noch aufrechter Sühnemaßnahmen gegen ehemalige Nationalsozialisten und zum anderen das als übertrieben empfundene neue Rollenverständnis Österreichs als »Brückenbauer« zwischen Ost und West. Die zehn Jahre später virulent werdende Borodajkewycz-Affäre zeigte erste Risse im Nachkriegskonsens über Österreichs eigenen Status (und seiner Bevölkerung) als »erstem Opfer«. In Fortsetzung einer zwanzigjährigen Haltung rechten und antisemitischen Tendenzen gegenüber findet diese Angelegenheit trotz des »ersten politischen Toten der Zweiten Republik« weniger Niederschlag in westlichen Berichten als in den österreichischen Medien. Erneut ist die fehlende Bedrohung der innenpolitischen Stabilität des Landes ausreichender Grund, um nicht allzu besorgt zu sein. Man stellt sich im Hintergrund sogar unterstützend auf die Seite Österreichs bei der Abwehr von Antisemitismusvorwürfen durch jüdische Organisationen in den USA. Der konservative Grundtenor österreichischen politischen Lebens findet in den Berichten über die 1960er-Jahre schließlich erneut seinen Niederschlag. Denn im Gegensatz zu manchen Rückblicken damals Beteiligter erschien die 68er-Bewegung in den Augen der westlichen Beobachter, die unter anderem auch durch vertrauliche Gespräche etwa mit Bruno Kreisky informiert waren, abgesehen von einem kleinen Teilspektrum der Studentenschaft in Österreich kaum wirkmächtig. Dies wird im Gegenbild umso deutlicher, wenn die Auswirkungen der Besuche Erzherzog Ottos in Österreich auf die Innenpolitik als unmittelbarer wahrgenommen werden als Kunstaktionen oder vereinzelte Anti-Vietnam-Demonstrationen.

Das westliche Bild von Österreich ist also ein recht konstantes: Die überragende Bedeutung politischer Stabilität bei gleichzeitiger möglichster Hintanhaltung oder Zurückdrängung kommunistischen ergo sowjetischen Einflusses ist unbestritten. Die Strukturen der großen Koalition mit ihrem Proporzsystem, die auch Einparteienregierungen überdauern, werden zwar durchaus als wenig demokratisch wahrgenommen, sind aber das kleinere Übel gegen eine gefürchtete Instabilität, die von den Sowjets hätte ausgenutzt werden können. Das latente Vorhandensein von nationalsozialistischem Gedankengut und Antisemitismus wird akzeptiert, die prowestliche Haltung ihrer Vertreter reicht im Wesentlichen aus, um größere Sorgen zu vermeiden. Der Hort westlich-liberaler Demokratie eckt manchmal weniger an autoritären Tendenzen in der österreichischen Politik an, als es diese selbst – vor allem im Rückblick – tut. Zur Erreichung der von den Westalliierten gewünschten Stabilität war keine große Einflussnahme – sofern sie speziell nach 1955 überhaupt möglich gewesen wäre – notwendig. Österreich blieb durch die Jahrzehnte in der Wahrnehmung der Westalliierten, der hier nicht widersprochen werden soll, ein konservatives Land, dessen politischem Grundtenor auch die als Prototyp einer Umbruchphase gesehenen 1960er-Jahre kaum etwas anhaben konnte. Man könnte hier den im Buch zitierten Renner paraphrasieren, der in – bewusster oder unbewusster Abkehr von der Realität – von einem Strom österreichischer demokratischer Gesinnung gesprochen hat, der unbeeinflusst vom Nationalsozialismus weitergeflossen wäre: In Österreich floss der Strom vergleichsweise konservativer, auf Ordnung und Stabilität ausgerichteter Einstellungen vermischt mit Additiven autoritärer Herrschaft fast unbeeinflusst von den Entwicklungen anderswo auf der Welt zumindest in den ersten beiden Nachkriegsjahrzehnten gemächlich weiter.

Literatur

Bischof, Günter, Anton Pelinka und Michael Gehler, Hg. *Austrian Foreign Policy in Historical Context*. New Brunswick: Transaction Publishers, 2006.

Bielka, Erich, Peter Jankowitsch und Hans Thalberg, Hg. *Die Ära Kreisky. Schwerpunkte der österreichischen Außenpolitik*. Wien: Europaverlag, 1983.

Fiesinger, Klaus. *Ballhausplatz-Diplomatie 1945 1949. Reetablierung der Nachbarschaftsbeziehungen und Reorganisation des Auswärtigen Dienstes als Formen außenpolitischer Reemanzipation Österreichs*. München: Tuduv, 1993.

Gehler, Michael. *Österreichs Außenpolitik der Zweiten Republik. Von der alliierten Besatzung bis zum Europa des 21. Jahrhunderts*. Innsbruck: Studienverlag, 2005.

Kropiunigg, Rafael. *Eine österreichische Affäre: Der Fall Borodajkewycz*. Wien: Czernin, 2015.

Ludwig, Michael, Klaus Dieter Mulley und Robert Streibel, Hg. *Der Oktoberstreik 1950: Ein Wendepunkt der Zweiten Republik*. Wien: Picus, 1991.

Müller, Stefan, David Schriffl und Adamantios Skordos. *Heimliche Freunde. Die Beziehungen Österreichs zu den Diktaturen Südeuropas nach 1945: Spanien, Portugal, Griechenland*. Wien: Böhlau, 2016.

Rathkolb, Oliver. *Gesellschaft und Politik am Beginn der Zweiten Republik: Vertrauliche Berichte der US-Militäradministration 1945 in englischer Originalfassung*. Wien: Böhlau Verlag, 1985.

Rathkolb, Oliver, Otto Machke und Stefan August Lütgenau, Hg. *Mit anderen Augen gesehen. Internationale Perzeptionen Österreichs 1955 1990*. Wien: Böhlau Verlag, 2002.

Rathkolb, Oliver. *Die paradoxe Republik: Österreich 1945 bis 2010*. Wien: Zsolnay, 2011.

Rauchensteiner, Manfried und Reinhard Meier-Walser. *Die Außenpolitik der monocoloren Regierung Klaus in Österreich 1966 1970*. München: Herbert Utz, 1988.

Rauchensteiner, Manfried. *Stalinplatz 4: Österreich unter alliierter Besatzung*. Wien: Edition Steinbauer, 2005.

Rauchensteiner, Manfried. *Zwischen den Blöcken. NATO, Warschauer Pakt und Österreich*. Wien: Böhlau Verlag, 2010.

Rauchensteiner, Manfried. *Unter Beobachtung: Österreich 1918–2018*. Wien: Böhlau Verlag, 2017.

Reimann, Viktor. *Die dritte Kraft in Österreich*. Wien: Molden, 1980.

Röhrlich, Elisabeth. *Kreiskys Außenpolitik. Zwischen österreichischer Identität und internationalem Programm*. Göttingen: V & R Unipress, 2009.

Saage, Richard. *Der erste Präsident: Karl Renner – eine politische Biografie*. Wien: Paul Zsolnay, 2016.

Steininger, Rolf, Günter Bischof und Michael Gehler, Hg. *Austria in the Twentieth Century*. New Brunswick: Transaction Publishers, 2002.

Stourzh, Gerald. *Um Einheit und Freiheit. Staatsvertrag, Neutralität und das Ende der Ost-West-Besetzung Österreichs 1945–1955*. Wien: Böhlau, 5. Aufl. 2005.

Zusammenfassung

Wesen und Unwesen autoritärer Tendenzen in der Zweiten Republik werden nicht immer auf den ersten Blick sichtbar. Manchmal aber finden sich deutliche Anzeichen. Wenn etwa angesichts parlamentarischer Kontroversen nach einem »starken Mann« oder einer »starken Hand« gerufen wird, um die als zu langwierig empfundenen Debatten zu beenden, dann liegt der autoritäre Bezug unmissverständlich auf eben dieser Hand. Doch oft genügt der Blick auf die Oberfläche nicht. Vielmehr bedarf es des Zusammendenkens verschiedener Bereiche des öffentlichen Lebens, in denen das autoritäre Potenzial der verschiedenen ProtagonistInnen weniger eindeutig hervortritt. Die Ablehnung von Zuwanderung etwa oder die Zustimmung für ein punitives Strafrecht müssen nicht notwendigerweise mit autoritären Vorlieben einhergehen, tun dies aber oft.[1] Autoritäre Herrschaft entsteht nicht spontan aus dem Nichts, sondern baut auf für sie günstige Vorbedingungen in politischen Strukturen sowie im Denken und Handeln der Menschen auf. Ausgehend von dieser allgemeinen Beobachtung untersucht dieses interdisziplinär angelegte Buch vier Schlüsselbereiche der österreichischen Politik: die Programme politischer Parteien sowie die internationale Beurteilung dieser Parteien und ihres Führungspersonals, das Meinungsspektrum von WählerInnen und schließlich die Medien. Lassen sich in der jüngeren Geschichte dieser Handlungsfelder autoritäre Ausprägungen feststellen, dann ist ein wichtiger Schritt zum umfassenden Verständnis aktueller Phänomene – wie in der Einleitung angesprochen – getan. Dieses Buch will also zeitgeschichtlich und politikwissenschaftlich fundierte Grundlagen liefern für weiterführende Untersuchungen der autoritären Tendenzen in der Gegenwart.

Da es sich bei den ins Auge gefassten Gegenständen um oft indirekte Indizien für Autoritarismus handelt, wurden auch die Analysekategorien dieser Ausgangslage entsprechend gewählt. Es handelt sich um sozialpsychologische Zugänge, welche die Ablehnung der oder des »anderen« in den Mittelpunkt stellen. Derartige Intoleranz – ob gegenüber politisch Andersdenkenden, gegenüber zugewanderten Menschen oder in ethisch-moralischen Fragen – zeigt autoritäre Dispositionen an. Um sie systematisch zu erfassen und ihre Bedeutung für die österreichische Gesellschaft zu ermessen, muss eine interdisziplinäre Perspektive auf ihre jeweils spezifischen

1 Die Frage nach punitiven Neigungen in Österreich wird von Martin Dolezal allgemein im Verlauf der Nationalratswahlkämpfe behandelt; Berthold Molden spricht sie im Zusammenhang mit dem österreichischen Strafrecht und dessen Reformierung seit den 1960er-Jahren sowie mit den Ermittlungsfreiheiten der Polizei gegenüber terroristischen Bedrohungen (Oberwart) an.

Manifestationen in unterschiedlichen Politikfeldern eingenommen werden. Die vier Kapitel untersuchen daher aus jeweils eigenständigen Blickwinkeln verschiedene Diskursfelder: Meinungsumfragen, Wahlprogramme und -prozesse, Meinungsartikel in österreichischen Medien und diplomatische Dokumente der USA und Großbritanniens. Jedes dieser Felder ermöglicht durch die ihm eigenen Quellen spezifische Fragestellungen und beleuchtet unterschiedliche AkteurInnen. Auch die Auswahl der politischen Ereignisse und Daten, um die die analysierten Diskurse kreisen – Meinungsumfragen, Wahlen, politische Reformprozesse oder Affären –, hing von der Datenlage und dem Archivzugang ab. Während zu den ersten drei Jahrzehnten nach 1945 kaum Meinungsumfragen zu autoritären Einstellungen vorliegen, begrenzten im Falle der Außenwahrnehmung Österreichs durch internationale Diplomaten archivalische Einschränkungen die Untersuchung mit dem Ende der 1960er-Jahre. Im Gegensatz dazu kann vor allem die Analyse von Wahlprogrammen die gesamte Untersuchungsperiode erfassen.

Auch hinsichtlich der Interpretationsmöglichkeiten unterscheiden sich die Quellen stark, was nicht zuletzt mit den Untersuchungsmethoden zusammenhängt: quantitative Auswertungen von Wahlprogrammen und statistischen Umfragedaten stehen der hermeneutischen Betrachtung diplomatischer Dokumente gegenüber; die Zeitungsartikel wiederum wurden einer historischen Diskursanalyse unterzogen. In dem einen Kapitel »sprechen« politische Parteien als kollektive Leitakteurinnen, im anderen der politische Souverän – das Volk – selbst, gefolgt von der meinungsbildenden Gruppe der JournalistInnen und internationalen BeobachterInnen. Obwohl also jedes Kapitel eigenständige Ergebnisse für unterschiedliche Forschungsfelder vorlegt, lassen sich einige übergreifende Schlussfolgerungen aus den vier Untersuchungen ziehen. Die Abstimmung der Untersuchungszeiträume, soweit dies möglich war, und vor allem die dem Buch zugrunde liegenden Fragestellungen und Analysekategorien erlauben die Verknüpfung der Resultate.

Eine allen Kapiteln gemeinsame Thematik ist die »ethnische Intoleranz« – eine der diesem Buch zugrunde liegenden erkenntnisleitenden analytischen Kategorien, welche als Grundbedingungen für Autoritarismus gelten. Bereits in der Einleitung wurde darauf hingewiesen, dass die Herausforderungen im Zusammenhang mit Migration als eine der wirkmächtigsten Gefährdungen der Demokratie gelten. Zudem ist die Kategorie der ethnischen Intoleranz auf eben diesen Gegenstand ausgerichtet. Das Thema war denn auch in allen Bereichen dieser Studie manifest, wenn auch in ganz unterschiedlichen Formen. Die intensive Diskussion von Flucht- und Migrationsthemen seit 2015 stellt eine neue Dimension der altbekannten, oft sogenannten »Ausländerfrage« dar, die aufgrund des Quellenzugangs vor allem von Martin Dolezal behandelt wurde. Dolezal weist die »Migrationsfrage« als die seit den 1990er-Jahren am stärksten ausgeprägte Subdimension der Konfliktlinie zwischen »Freiheit« und »Autorität« (Liberty-Authority) aus. Angesichts dieser Linie als

Gradmesser autoritärer Entwicklung ist also die migrationspolitische Positionierung der Parteien jener Bereich im wahlprogrammatischen Spektrum, in welchem sich am ehesten autoritäre Entwicklungen beobachten lassen. Auch Peter Grand zeigt in älteren Meinungsumfragen die Zusammenhänge von antimigratorischer Haltung und punitiven Vorlieben auf, denen rassistische Haltungen in Teilen des politischen Führungspersonals der Nachkriegsjahrzehnte gegenüberstehen, wie sich in David Schriffls Kapitel nachlesen lässt. Und Berthold Molden weist insbesondere für die Zeit seit den 1980er-Jahren die Korrelation zwischen patriotischen Einheitsparolen und kaum verbrämten rassistischen Ressentiments nach. Sowohl in der Waldheim-Debatte – Stichwort: »Ostküste« – als auch nach dem Terroranschlag in Oberwart verbanden sich Vorstellungen ethnischer Homogenität mit denen von nationaler Identität.

Eine weitere gemeinsame Schlussfolgerung betrifft die immer wiederkehrende Thematik politischer Stabilität. Die Angst vor chaotischen Zuständen im Verhältnis zwischen ArbeitgeberInnen und ArbeitnehmerInnen, vor extremen Ausprägungen der Parteienideologien und vor der entsprechenden Radikalisierung der politischen Konflikte tritt in fast allen Kapiteln zutage.[2] Dissens wurde meist als bedrohlich wahrgenommen, Konsens als positiv. Die Kommentare der britischen und US-amerikanischen Diplomaten sahen diese Entwicklung sehr wohl als paradox. Was nach innen als überlebensnotwendige Konfliktvermeidungsstrategie – Absetzung vom Chaos der Ersten Republik – empfunden und kommuniziert wurde (und natürlich auch dem Machterhalt der beiden Großparteien der ersten vier Nachkriegsjahrzehnte nützlich war), galt den britischen und amerikanischen Diplomatenberichten als potenziell undemokratisch. In Österreich eine Tugend – Einigkeit als demokratische Pflicht –, war es in den Augen der Westalliierten ein Übel, das allerdings zur Eindämmung kommunistischer Einflussversuche in Kauf genommen werden musste. So überraschte es denn auch nicht, dass die *Volksstimme* als kommunistische Parteizeitung diese Praxis anprangerte, während »bürgerliche« JournalistInnen bei allem etwaigen Ekel vor großkoalitionären Deals und sozialpartnerschaftlichen Verwicklungen kaum je die dahinterstehende »Staatsräson« infrage stellten.

Der Mainstream der medialen Innensicht und die diplomatische Außenwahrnehmung auf österreichische Konventionen wie Sozialpartnerschaft und Koalitionsübereinkommen lagen also mitunter nah beieinander. Die meisten Medien beschworen angesichts staats- und gesellschaftspolitischer Grundsatzfragen das Prinzip nationaler Einheit. Ein wesentlicher externer Faktor war hier der Kalte Krieg, dessen Spannungen in den Augen vieler BeobachterInnen zu besonderer Zurückhaltung in der

2 Die Ausnahme stellt hier Martin Dolezals Untersuchung der Wahlprogramme dar, die auf eine rein quantitative Analyse abzielt und keine bewertenden Einschätzungen und Emotionen außerhalb dieses Quellenkorpus erfasst.

nationalen Politik Anlass gaben. Konflikt wurde als gefährlich angesehen. Auch hier spielt Parteinähe eine Rolle – zum Beispiel bei der *Arbeiter-Zeitung*, die die SPÖ stets in Schutz nahm, wenn ihr die ÖVP in den 1970er- und 1980er-Jahren mit der Opposition oder dem Koalitionspartner nicht abgesprochene außenpolitische Alleingänge vorwarf, die die exponierte Position Österreichs im Kräftespiel der Weltpolitik gefährden könnten. In unserer Studie trat die Frage der Konsensfindung schon bei den Wahlen von 1945 und erneut rund um den Staatsvertrag in den Vordergrund, vor allem aber im Zuge der Waldheim-Affäre. Bei innenpolitischen Themen lässt sie sich bei sämtlichen Kommunikationsereignissen nachweisen, am stärksten ausgeprägt ist die Kontroverse angesichts der weltanschaulich aufgeladenen Fristenlösung, die als Einzelfrage die jahrelange Konsensbildung der Rechtsreform bedrohte.

Demgegenüber zeigen die Ergebnisse der Meinungsumfragen, dass in der österreichischen Bevölkerung wenig Begeisterung für parlamentarische Entscheidungsfindung herrschte. Die Aushandlung gemeinsamer Antworten auf kontroverse gesellschaftliche Fragen, die oft im Streit geschieht, wurde und wird von der Bevölkerung als Zeichen mangelnder Qualifikation der handelnden Personen – also der PolitikerInnen – empfunden. Dies wird nicht nur als Belästigung der BürgerInnen mit »ewiger Streiterei« interpretiert, sondern oft als gefährliches Echo des delegitimierten Parlamentarismus der Zwischenkriegszeit und des darauffolgenden faschistischen Regimes. Die außerparlamentarische Verhandlungsebene der Sozialpartnerschaft hingegen, deren erzielte Kompromisse gleichsam eine »Outputlegitimation« vorlegten, stand während des Untersuchungszeitraums in höherem Ansehen, besonders da diese Aushandlungen in der Regel nicht in der Öffentlichkeit stattfanden. Dies mag vor dem Hintergrund einer starken Neigung zu stabilitätssichernden Strukturen verständlich erscheinen, wird aber im Lichte zunehmender Affinität zu »Führergestalten« bedenklich. Die von Peter Grand diagnostizierte »Untertanenmentalität« der Nachkriegszeit deckt sich auch mit den Diskursmustern der Medien und mit der Außensicht auf Österreich während dieser Periode.

Damit in unmittelbarer Verbindung steht denn auch ein weiteres Phänomen, das durch die vierfache Betrachtung deutliche Gestalt angenommen hat: der Ruf nach dem sogenannten »starken Mann« an der Spitze von Staat und Gesellschaft. Die Vorstellung von einer – bisher fast immer männlich konnotierten – Führerfigur, die als Erlöser auftritt und mit entschlossener Hand die scheinbar unlösbaren Probleme einer Gesellschaft zu lösen vermag, ist die vielleicht wichtigste Konstante autoritärer Einstellungen. Diese messianische Qualität des viel zitierten »starken Mannes« besteht darin, die komplexen und konfliktreichen Aushandlungsprozesse zwischen den verschiedenen und oft gegensätzlichen politischen Interessen zu übergehen und diese damit einer bereits konfliktmüden Öffentlichkeit zu ersparen. Der vielleicht überraschendste Aspekt am Führerphänomen ist die hegemoniestiftende Fähigkeit, Angehörige auch jener sozialen Gruppen hinter der autoritären Fahne zu versammeln, deren Interessen von der neuen Politik nicht unbedingt vertreten werden. Frauen wählen Parteien, die ihre gesellschaftliche Partizipation reduziert sehen wollen. Am Rand der Armut lebende US-AmerikanerInnen bejubeln Donald Trump, der die ohnedies schwach ausgeprägte Solidargemeinschaft von Sozial- und Gesundheitsversicherungen zu demontieren verspricht. ÖsterreicherInnen waren von Jörg Haider oft auch dann noch begeistert, als sein und seiner ParteifreundInnen unbeflecktes Image der Korruptionsbekämpfung – »Er hat euch nicht belogen« – nicht mehr haltbar schien. Dieser Nachfrage bot die FPÖ programmatisch zunächst im Konzept der »Dritten Republik« eine starke politische Führungskonzentration an und betonte sie erneut in Norbert Hofers Präsidentschaftswahlkampf 2016.

Auch in der Geschichte der Zweiten Republik trat der Wunsch nach dem »starken Mann« immer wieder in den Vordergrund. Zur Nachfrage in Teilen der Bevölkerung gesellte sich dabei immer auch das Angebot von Politikern, die diese Rolle übernehmen wollten. Von Renner über Waldheim und Haider bis zu Hofer variierte dabei zwar die jeweilige Ausprägung des Führungsanspruchs, nicht aber das spezifische Heilsversprechen einer zielgerichteten Politik, die der »ewigen Streiterei« der Parlamentsparteien und Sozialpartner ebenso ein Ende setzen würde wie der im gleichen Zuge angeklagten Korruption der bisherigen Regierungskräfte. Diesen argumentativen Zusammenhängen kommt Peter Grand auf die Spur, wenn er Zustimmungsdaten zu Parlamentarismus, Sozialpartnerschaft und zur Führung durch einen »starken Mann« zusammenführt. Der Ruf nach einem »Führer« nimmt zwar in Österreich bedenklich zu, bleibt aber zumindest im Vergleich mit Polen und Ungarn noch einigermaßen minoritär.

Relevant erscheint auch die historische Herleitung der Neigung zur autoritären Führung. In den verschiedenen Mediendebatten seit 1945 taucht die Nachfrage nach entschlossenen Führern immer wieder auf. Besonders stark ausgeprägt ist diese bei Wahlkämpfen, während das dieser Nachfrage gegenüberstehende »autoritäre Angebot« an den leitenden ParteifunktionärInnen sichtbar wird. In Parteiprogrammen allerdings tauchen kaum direkte Forderungen nach Führerfiguren auf, vielmehr nimmt das formale Bekenntnis zur pluralistischen Demokratie zu; in den Programmen lassen sich autoritäre Positionen an anderen politischen Themen festmachen. Eben darin liegt der Beitrag dieses Buches: Die »autoritäre Dimension« im Verhältnis zwischen politischen Parteien und Führungspersonal und der politischen Öffentlichkeit (Medien, WählerInnen) ist oft erst an der Synchronizität unterschiedlicher Diskurse abzulesen, die auf verschiedene Weise autoritäre Ausrichtungen ansprechen. Diese Dimension wird also erst deutlich, wenn die Analyseebenen der verschiedenen Kapitel gemeinsam betrachtet werden. Blicken wir etwa gleichzeitig auf die immer wiederkehrenden Initiativen für charismatische Führergestalten und auf die Konstanz eines Einheitsdiskurses in zahlreichen Printmedien im Verlauf der Zweiten Republik, dann lässt sich eine bedeutsame – und aus demokratiepolitischer Sicht gefährliche – Konstellation erkennen: Der Wunsch nach einer politischen Landschaft ohne Parteienstreit und Kontroversen zwischen Interessensvertretungen – und die tendenzielle Ablehnung des Aushandlungscharakters von Demokratie – geht einher mit einer Schwäche für starke Führung.

Es ist daher wenig überraschend, dass gerade in Österreich als postfaschistischem Land die Rolle und Wahrnehmung historischer Kontinuitäten Indizien für autoritäre Tendenzen zu liefern vermögen. An den Ausführungen David Schriffls wird deutlich, dass die Alliierten die Eingliederung ehemaliger NationalsozialistInnen in den demokratischen Alltag der Zweiten Republik zwar als problematisch empfanden, sie aber nolens volens hinnahmen, vor allem wenn sie der Stärkung des antikommunistischen oder antisowjetischen Grundkonsenses diente. Während die Alliierten personale und ideologische Kontinuitäten von der Herrschaft des Nationalsozialismus in die demokratische Periode hinein letztlich akzeptierten, beschäftigte das Thema nicht nur die österreichischen Parteien, sondern auch die öffentliche Meinung. Freilich gibt es keine homogene Presselinie zu diesem Thema. Die kommunistische *Volksstimme* versucht sich als verlässliche Verfechterin eines kompromisslosen Antifaschismus zu etablieren. Sie hebt sich dabei – wenn auch bei den Wahlen erfolglos – von den Bemühungen der SPÖ und ÖVP um die Stimmen ehemaliger Nazis ab. Dennoch trat in den beobachteten Kommunikationsereignissen auch die sozialistische *Arbeiter-Zeitung* firm gegen NS-Kontinuitäten auf; dies ist jedoch nicht notwendigerweise repräsentativ für die gesamte Zeit der Republik noch für die Parteiführung. Und andererseits war auch die KPÖ nicht gänzlich über das Werben um die Unterstützung »kleiner Nazis« erhaben.

Martin Dolezal beschreibt eingangs die zumindest streckenweise Kontinuität von Parteiprogrammen durch den Betrachtungszeitraum, nicht zuletzt über die Systemgrenze von 1945 hinweg. Personelle und programmatische Verbindungen bestimmten in allen drei Lagern die politische Neuausrichtung von SPÖ, ÖVP und FPÖ mit. Zum System der Demokratie bekannten sich alle drei Parteien, was aber spezifische Markierungen in den Parteien und unter ihren WählerInnen – wie die positive Haltung vieler FPÖ-AnhängerInnen zu einem fiktiven Anschluss an Deutschland noch in den 1960er-Jahren – nicht ausschloss. Dieses scheinbare Paradoxon wurde bereits in der Einleitung angesprochen: Autoritäre Transformationen schließen eine formale Bejahung der Demokratie nicht unbedingt aus, untergraben jedoch deren partizipative und kompromissorientierte Ausprägungen; an deren Stelle treten submissive Führervorstellungen und politische, ethnische oder moralische Intoleranz.

Diesen scheinbaren Widerspruch zwischen Demokratiebekenntnis und der autoritären Mutation politischer Handlungsmuster finden wir auch in den ideologischen Rahmenstellungen von Parteien. Beispielsweise finden sich in Programmen der FPÖ bis in die Gegenwart deutschnationale Bezüge, auch wenn die Partei nun austropatriotisch auftritt. Die beobachtete ideologische Beharrlichkeit und gleichzeitige taktische Flexibilität der politischen Lager gerade in der Nachkriegszeit fällt mit der von Peter Grand gezeigten starken Lagerbindung der WählerInnen in dieser Periode zusammen. In den Umfragedaten, die Grands Analysen zugrunde liegen, kommen kaum historische Themen vor, doch Beobachtungen wie die Zunahme von autoritärer Unterwürfigkeit (eben in der Formel des »starken Mannes«) bei gleichzeitig zunehmender Zustimmung zur parlamentarischen Demokratie (jedenfalls prinzipiell) lassen sich mit anderen Studien zusammendenken. Besonders erwähnenswert ist in diesem Zusammenhang die von Grand bereits zitierte Studie von Günther Ogris und Oliver Rathkolb aus dem Jahr 2010. Nicht zuletzt spielen Geschichte und ideologische Kontinuitäten eine große Rolle in den untersuchten Zeitungsartikeln. Dies hat nicht nur mit der Auswahl der Kommunikationsereignisse zu tun, die in zwei Fällen – Borodajkewycz und Waldheim – direkt mit historischen Kontroversen zum Zentrum hatten. Auch rund um die anderen Ereignisse treten Anzeichen unserer erkenntnisleitenden Intoleranzen in geschichtlich codierten Debatten zutage.

Zuletzt sei noch eine Relativierung unserer Ergebnisse vorgenommen – und ihrerseits wieder relativiert. Diese betrifft die Bedeutung einiger der hier besprochenen autoritären und libertären Tendenzen im Gesamtkontext politischer Kommunikation in Österreich. Autoritäre Einstellungen und die Themenkomplexe, an denen diese sicht- und messbar werden, nehmen in den Diskurszusammenhängen der Zweiten Republik zunächst keinen zentralen Stellenwert ein. Besonders deutlich wird dies an den von Martin Dolezal durchgeführten Inhaltsanalysen der Wahlprogramme. Berthold Moldens historische Medienanalyse hat zwar keine systematische quantitative Auswertungsebene, doch aus einem schematischen Überblick der herangezogenen Artikel geht ebenfalls hervor, dass autoritäre Politik – sei es als Gefahr oder als Versprechen – selten explizit im Vordergrund stand. Wirtschafts- und Sozialpolitik dominierten über weite Strecken die politische Landschaft. Dieser Umstand ist jedoch auch dem Faktum geschuldet, dass Forderungen nach autoritärer Politik oftmals auf die Ausgestaltung von Entscheidungsfindungsprozessen gerichtet sind und erst in zweiter Linie auch auf Sachpolitik, wie z. B. in der Asyl- und Fremdenpolitik oder generell Politiken, welche vermeintlich normgerechtes Verhalten reglementieren und abweichendes Verhalten ächten oder bestrafen sollen. Diese analytische Unterscheidung zwischen Politikprozessen und Politikinhalten verschwimmt, sobald das institutionelle Gefüge eines politischen Systems selbst im Fokus autoritärer Umgestaltungspolitik liegt.

Selbst wenn Ökonomie und Sozialpolitik die Aufmerksamkeit der österreichischen Politik- und Medienarenen und die Alleinstellungsversuche politischer Parteien stärker beherrschten als die Identitätsmarker der Liberty-Authority-Konfliktlinie, so macht der Blick auf die Medienuntersuchung eine weitere Ebene deutlich. In gewisser Weise handelt es sich hierbei um eine thematische Querverbindung oder, in kommunikationstheoretischer Terminologie, um eine Form von Framing. Eine solche themenübergreifende Rahmung konnte festgestellt werden, wenn Kernthemen der in diesem Buch untersuchten autoritären Intoleranz in wirtschafts- oder sozialpolitischen Interpretationsmustern kontextualisiert wurden. Im Zuge der Waldheim-Affäre etwa warfen die Kontrahenten einander vor, dem Lande ökonomischen Schaden zuzufügen. Der Vorwurf wirtschafts- und handelspolitischer Inkompetenz wurde implizit und explizit mit jenem des »Nestbeschmutzers« verbunden, die Legitimität des jeweiligen Gegners damit infrage gestellt und somit die Auseinandersetzung um die NS-Vergangenheit als Frage wirtschaftspolitischer Kompetenz codiert.

Da sich dieses Buch um historische und gegenwärtige Grundlagen für das Verständnis aktueller autoritärer Tendenzen bemüht, beantwortet es nicht nur die eingangs gestellten Fragen, es wirft auch neue auf. Fragen, die am Anfang weiterführender Forschung stehen sollten: nach den Verbindungen zwischen den verschiedenen AkteurInnen, die in den vier Kapiteln untersucht wurden. Die Untersuchung »kausaler« Zusammenhänge zwischen politischen Parteien, der Bevölkerung, einer Reihe von Leitmedien und internationalen Beobachtern scheint vielversprechend, wenn auch ihrerseits durch die Quellenlage auf die Zeit seit den 1980er-Jahren begrenzt. Wer reagiert auf wen? Setzen Medien die Agenda für die Politik? Richten PolitikerInnen ihre Programme und Kampagnen nach der mutmaßlichen Meinung der WählerInnen aus? Welchen Einfluss haben ausländische AkteurInnen auf die öffentliche Meinung in einem Land? Mit den Ergebnissen dieses Buches hoffen die Autoren, einen Beitrag für eine der wichtigsten Herausforderungen unserer Zeit zu liefern.

Abbildungen

1: Karl Renner (Staatskanzler der am Vortag gebildeten provisorischen Staatsregierung) und Theodor Körner (provisorischer Bürgermeister von Wien) zeigen sich am 29. April 1945, also noch vor Ende des Krieges und der Kampfhandlungen in Teilen Österreichs, auf dem Wiener Rathausplatz der jubelnden Bevölkerung.

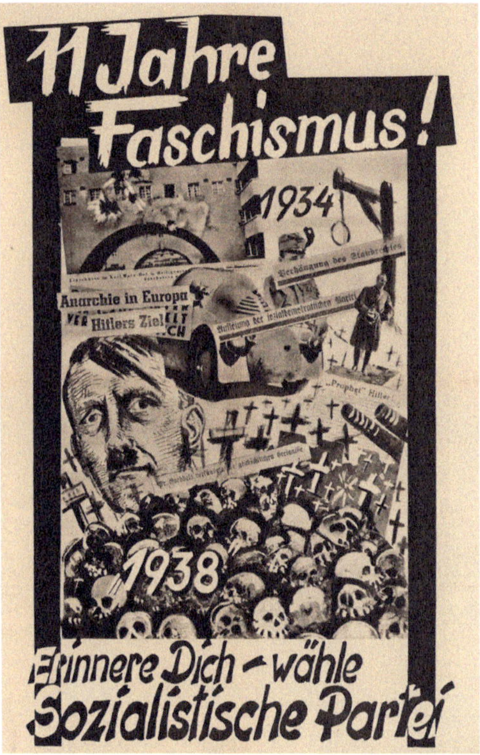

2 (l.): Die SPÖ erinnerte bei der Nationalratswahl 1945 an »11 Jahre Faschismus« und setzte damit – auch als Spitze gegen die ÖVP – den Ständestaat mit dem Nationalsozialismus gleich.
3 (u.): Der Staatskanzler und spätere Bundespräsident Karl Renner bei der ersten freien Wahl nach dem Krieg am 25. November 1945. Der Umgang mit ehemaligen Nationalsozialisten, die von dieser Wahl noch ausgeschlossen waren, grenzte für ihn an »Verfolgung«.
Rechte Seite:
4 (o.): Die Eröffnung des neugewählten Parlaments am 19. Dezember 1945 im Reichsratssaal des noch schwer beschädigten Parlamentsgebäudes in Anwesenheit der Konzentrationsregierung der drei zugelassenen Parteien ÖVP, SPÖ und KPÖ.
5 (u. l.): Die ÖVP übernahm im Nationalratswahlkampf 1945 die »Nie wieder«-Parole und positionierte sich somit als antifaschistische Partei, die mögliche Überreste des NS-Regimes mit einem Besen hinwegfegt.
6 (u. r.): In ihrer Plakatwerbung für die Nationalratswahl 1945 setzte sich die ÖVP nicht nur von der Rassenideologie des NS-Regimes ab. Auch Klassengegensätze sollten im neuen Österreich, zu dem auch Südtirol zählen sollte, keinen Platz haben.

Nie wieder
DIKTATUR
FASCHISMUS
TERROR
KRIEG
Wählt ÖVP
ÖSTERREICHISCHE
VOLKSPARTEI

Keine Klassen-
Keine Rassen!
ÖVP
ÖSTERREICHISCHE VOLKSPARTEI

7: Bei der Wahl am 25. November 1945 thematisierte die ÖVP auf Plakaten die öffentliche Befürwortung des Anschlusses Österreichs an Deutschland durch den nunmehrigen Staatskanzler Renner und stellte sich als Garanten für echten Österreich-Patriotismus dar.

Rechte Seite:
8 (o.): Bundespräsident Renner im Kreise von Regierungsmitgliedern (v.r.: Außenminister Gruber, Minister Krauland, Staatssekretär Graf, Bundeskanzler Figl, Justizminister Gerö, Renner, Minister Weinberger, Vizekanzler Schärf, Innenminister Helmer) bei der Parade zum ersten Jahrestag des alliierten Sieges am 8. Mai 1946 auf dem Wiener Schwarzenbergplatz. Renners Meinung über seine ehemaligen Regierungskollegen war nicht die beste, wie er US-Vertretern gegenüber freimütig offenbarte.

9 (u.): Demonstrationszug am 1. Mai 1948 auf der Wiener Ringstraße, ein Transparent fordert »Ein sozialistisches Österreich im sozialistischen Europa«. Erst gut einen Monat zuvor hatten die Kommunisten in der Tschechoslowakei im sogenannten »Februarumsturz« die Macht erobert. Diese Gemengelage führte zu großen Ängsten in Österreich, aber auch bei den Westalliierten, dass in Wien ähnliches passieren könnte (Foto: Bildarchiv Austria/New York Times Photo).

10: Auch in Österreich stellte sich die Frage einer Wiederbewaffnung, wenngleich die Debatte darüber weniger heftig war als in Deutschland. Bei der Nationalratswahl 1949 warben die Kommunisten für eine Entmilitarisierung und erinnerten an den Einsatz des Bundesheers im Bürgerkrieg von 1934.

11: Als »Dolchstoß gegen Österreich« bezeichnete die ÖVP bei der Nationalratswahl 1949 den erstmals antretenden Verband der Unabhängigen (VdU). Die ÖVP fürchtete eine Spaltung des bürgerlichen Lagers und den damit verbundenen Verlust der absoluten Mehrheit.

Rechte Seite:
12 (o.): Der Antikommunismus wurde ab den späten 1940er Jahren zu einem zentralen Motiv der ÖVP-Wahlwerbung. 1949 warnte die ÖVP vor einer expansiven Politik der Sowjetunion, die sie als bedrohlichen Kraken karikierte.

13 (u.): Kommunistische Demonstration gegen das 4. Lohn-Preis-Abkommen im Herbst 1950 (vermutlich am 26. September). Zahlreiche Polizisten bilden ein Spalier, um das Bundeskanzleramt vor einer befürchteten Erstürmung zu bewahren. In dieser chaotischen Situation ersuchte Bundeskanzler Figl laut US-Armee um die Entsendung von US-Militärpolizei, wozu es dann nicht kam. Österreich schlitterte wohl knapp an einem Bürgerkrieg vorbei.

Erkenne die Gefahr!
Wähle
ÖSTERREICHISCHE VOLKSPARTEI

14: Kommunistische Demonstration gegen das 4. Lohn-Preis-Abkommen im 1. Bezirk in Wien 1950. Der sogenannte »Oktoberstreik« schürte erneut Ängste vor einer gewaltsamen kommunistischen Machtübernahme, die aber von der KPÖ nicht intendiert war.

15: Am 15. Mai 1955 wurde der Staatsvertrag im Wiener Belvedere unterzeichnet und der jubelnden Menge präsentiert. Das Ende politischer Kontrolle durch die Alliierten löste bei diesen mitunter auch Sorgen über die innenpolitische Entwicklung aus. Von links winkend Bundeskanzler Figl, der sowjetische Außenminister Molotow und sein britischer Amtskollege MacMillan.

16: Am 27. Mai 1955 fand auf dem Wiener Schwarzenbergplatz nach der Auflösungssitzung des Alliierten Rates vor dessen Amtssitz eine Militärparade der Besatzungsmächte statt, die von einer jubelnden Menschenmenge umgeben war. Viele empfanden erst das Jahr 1955 als Befreiung.

17: Als die Kontroverse um den deutschnationalen Historiker und ehemaligen Nationalsozialisten Taras Borodajkewycz im März 1965 wieder aufflammte, standen einander die gegnerischen Gruppen bald auf der Straße gegenüber. Am 31. März organisierte die Österreichische Hochschülerschaft (ÖH) gemeinsam mit Gewerkschaften und ehemaligen Widerstandskämpfern eine Demonstration, bei der auch die Entlassung anderer NS-belasteter Hochschullehrer – wie des FPÖ-Politikers Helfried Pfeifer – gefordert wurde.

18: Die Anhänger von Borodajkewycz – unter Führung des Rings Freiheitlicher Studenten – organisierten am 31. März 1965 eine Gegendemonstration bei der Wiener Staatsoper. Auf einem der hochgehaltenen Transparente steht die Forderung »Keine Diktatur – Lehrfreiheit«. Einer der Gegendemonstranten, der Neonazi Günther Kümel, schlug im Zuge eines Zusammenstoßes der beiden Gruppen den ehemaligen Widerstandskämpfer Ernst Kirchweger nieder. Kirchweger erlag zwei Tage darauf seinen Verletzungen.

19: Die Protestwellen der sogenannten »68er-Bewegung« erreichten auch Österreich. Der Widerstand gegen den Vietnam-Krieg war eines der wichtigsten Themen des politischen Protests einer jungen Generation. Nicht zuletzt junge SozialistInnen verlangten von »ihrem« Kanzler Bruno Kreisky eine Verurteilung der USA – wie bei dieser Demonstration im Mai 1970 in Wien.

20: Demonstration gegen die Einreise Otto Habsburgs am 23. Dezember 1968 in Wien. Die Frage nach einer etwaigen politischen Betätigung des Kaisersohnes in Österreich nahm in der politischen Berichterstattung der Westalliierten breiteren Raum ein als die »68er-Bewegung« und war auch innenpolitisch heiß umstritten. Wenn er selbst auch nicht als Faktor großen politischen Einflusses wahrgenommen wurde, so wurde ihm doch innerhalb der ÖVP eine gewisse Gefolgschaft nachgesagt.

21: Nach jahrelangem Ringen um eine Reform des österreichischen Strafrechts war die parlamentarische Einigung fast gelungen, als 1972 der Streit um die Legalisierung der Abtreibung eskalierte. Vor allem katholische Gruppen und die »Aktion Leben« demonstrierten bis in die 1980er Jahre gegen die Fristenlösung. Am 3. April 1979 protestierten ÄrztInnen vor dem Wiener Parlament gegen das 1975 in Kraft getretene Gesetz, das sie als Legalisierung von »Kindermord« bezeichneten.

APOTHEKE
MUCHA
KINDER SOLLEN GLÜCKLICH SEIN
SAGT ZUM PARAGPHEN NEIN

Antisemitismus.
Jetzt erst recht?
Gedächtnislücke
als
Bundespräsident?
Wir wollen Hitler
als
Entlastungszeugen.
Herr W.: „Ich habe erst
1986 von Juden-
deportationen aus
Saloniki erfahren."
Verdrängung
als
Bundespräsident?

24: Die Affäre um die NS-Vergangenheit ihres Präsidentschaftskandidaten Kurt Waldheim wurde von der ÖVP zur Frage eines nationalen Schulterschlusses stilisiert: Es gelte, Österreich gegen »Nestbeschmutzer« und ausländische Einmischung zu verteidigen. In einer Kundgebung am 3. Mai 1986 rief Waldheim dazu auf, sich zur »gemeinsamen Sache« Österreichs zu bekennen.

25: In den 1990er Jahren drängte Jörg Haider den traditionellen Deutschnationalismus der FPÖ in den Hintergrund. Das offensive Werben mit rot-weiß-roten Fahnen, hier bei der Abschlussveranstaltung des Nationalratswahlkampfs 1995 in der Wiener Hofburg, wurde zu einem neuen Markenzeichen der Partei.

Linke Seite:
22: Die BefürworterInnen eines legalisierten Schwangerschaftsabbruchs gingen ebenfalls auf die Straße. Frauen aus der SPÖ gründeten das Aktionskomitee zur Abschaffung des § 144 und setzten Kanzler Kreisky und Justizminister Broda parteiintern unter Druck. Die von den Frauen initiierten Proteste wurden legendär – vor allem jener der Aktionskünstlerin Erika Mis auf der weihnachtlichen Mariahilfer Straße im Dezember 1972 in Wien.

23: Um die Anschuldigungen wegen seiner Wehrmachtsvergangenheit zu entkräften, brachte Kurt Waldheim ZeitzeugInnen auf, die seine Unschuld beteuern sollten. Bei einer Pressekonferenz im April 1986 trat unter anderen Waldheims ehemaliger Vorgesetzter auf dem Balkan, Oberstleutnant Herbert Warnstorff (fünfter von links), auf. Im Hintergrund formierte sich der Widerstand gegen Waldheim.

26: Die berühmteste Ikone der Waldheim-Affäre war das hölzerne Pferd, das der Künstler Alfred Hrdlicka gemeinsam mit Kuno Knöbl für den Republikanischen Club schuf. Hrdlicka nahm damit Bezug auf eine spöttische Bemerkung von Bundeskanzler Fred Sinowatz (SPÖ), wonach nur Waldheims Pferd und nicht er selbst bei der SA gewesen sei. Heute befindet sich das Holz-Pferd im Haus der Geschichte Österreich.

27: Das Thema Migration ist seit den 1990er Jahren ein zentrales Konfliktfeld der österreichischen Politik. Aber schon 1972 kritisierte die Aktion Mitmensch in einer Plakatkampagne die Diskriminierung von GastarbeiterInnen aus Jugoslawien und spielte dabei auf die Herkunft vieler ÖsterreicherInnen an.

28: Bei dem Bombenanschlag von Oberwart ermordete der rechtsradikale Terrorist Franz Fuchs am 4. Februar 1995 die vier burgenländischen Roma Karl und Erwin Horvath, Peter Sarközi und Josef Simon. In der österreichischen Öffentlichkeit standen einander Betroffenheit – wie dieses Gedenken bei einer Ortstafel von Oberwart – und rassistische Reaktionen gegenüber.

29: Die Grünen warben bei der Nationalratswahl 1995 für faire Asylverfahren, den Familiennachzug von Flüchtlingen und Integration. Einmal mehr positionierten sie sich in der Migrationsfrage als Gegenpol zur FPÖ.

Abbildungsnachweis

1 ÖNB/Obransky
2 ÖNB
3 ÖNB/Blaha
4 ÖNB/Zvacek
5 ÖNB
6 ÖNB
7 ÖNB
8 ÖNB
9 VGA
10 ÖNB
11 ÖVP-Bundespartei
12 ÖVP-Bundespartei
13 ÖNB/Kern, F.
14 ÖNB/Kern, F.
15 ÖNB/Kern, F.
16 ÖNB
18 ÖNB/Salus
17 ÖNB/Salus
19 ÖNB
20 VGA
21 ÖNB
22 VGA
23 ÖNB/M. Leckel/APA-Archiv/picturedesk.com
24 ÖNB/R.Jäger/APA-Archiv/picturedesk.com
25 ÖNB/Hans Klaus Techt/APA-Archiv/picturedesk.com
26 VGA
27 Mit freundlicher Genehmigung der Initiative Minderheiten
28 ÖNB/Georges Schneider/APA-Archiv/picturedesk.com
29 Die Grünen

Die Autoren

Martin Dolezal ist Senior Scientist am Fachbereich Politikwissenschaft und Soziologie (Abteilung Politikwissenschaft) der Universität Salzburg und Fellow am Institut für Höhere Studien (IHS) in Wien. Seine Forschungsschwerpunkte liegen im Bereich der vergleichenden Wahl- und Parteienforschung sowie in der Analyse von »unkonventionellen« Formen der politischen Partizipation.

Peter Grand ist Senior Researcher am Institut für Höhere Studien (IHS) und externer Lektor im Fach Politikwissenschaft an der Universität Wien. Grand leitet die Europäische Sozialstudie (European Social Survey, ESS) in Österreich. Seine Forschungsschwerpunkte liegen im Bereich des Wahlverhaltens sowie im Bereich der Einstellungsforschung zum Wohlfahrtsstaat.

Berthold Molden lehrt Globalgeschichte an der Universität Wien und forscht zur globalen Ideologiegeschichte des 20. Jahrhunderts. Den Transfer von Ideen, politischen Bewegungen und intellektuellen Biografien verfolgt Molden vor allem zwischen Nord-, Zentral- und Südamerika und Europa. Seine Arbeiten zur österreichischen Mediengeschichte fügen sich in diesen globalhistorischen Rahmen.

David Schriffl ist wissenschaftlicher Mitarbeiter am Institut für Neuzeit- und Zeitgeschichtsforschung der Österreichischen Akademie der Wissenschaften. Seine Forschungen reichen unter anderem von der österreichischen Zeitgeschichte über die österreichisch-slowakischen Beziehungen im 20. Jahrhundert bis zu österreichisch-portugiesischen Zusammenhängen im globalen Rahmen.

Personenregister